Unter dem Märchenmond

Unter dem Märchenmond

Lieblingsmärchen aus aller Welt

Herausgegeben von
Ulf Diederichs

Droemer Knaur

Für Melina

Die Deutsche Bibliothek – CIP-Einheitsaufnahme

Diederichs, Ulf (Hg.):
Unter dem Märchenmond – Lieblingsmärchen aus aller Welt
Ulf Diederichs (Hg.) - München, Droemer Knaur, 1996
ISBN 3-426-26900-7

Dieses Buch wurde auf chlor- und säurefrei gebleichtem Papier gedruckt.
Die Folie des Umschlages sowie die Einschweißfolie sind PE-Folien und
biologisch abbaubar.

Umschlaggestaltung: Tilman Michalski, München
Umbruch: Quark Xpress im Verlag
Reproduktion: Gschwendtner Offsetrepro, Germering
Druck und Bindearbeiten: Spiegel Buch GmbH, Ulm
Printed in Germany
ISBN 3-426-26900-7

1 3 5 2 4

Inhalt

EIN GROSSES MONDTREFFEN ist anberaumt worden.
Monde und alles, was mit dem Mond zu tun hat,
werden sich da einstellen.
Mondquellen,
befiederte Monde,
Mondglocken,
weiße Monde mit diamantenem Nabel,
Monde mit Handgriffen aus Elfenbein,
winzige Mondlakaien, die über alles gerne
Polstermöbel mit kochend heißem Wasser begießen,
größenwahnsinnige Rosen,
die sich für einen Mond halten.
Weiße Monde, die schwarze Tränen weinen,
Mondanagramme, die beinahe ausschließlich
aus Anna bestehen
und denen nur einige Gramme
Mond beigefügt wurden.
Ein Mondkonglomerat von silbernen Zweigen,
das sich silbern weiterverzweigt
und an dem Mondfrüchte reifen.

Ein nackter Mond, wie alle Monde nackt,
jedoch mit einem Hut, an dem ein Feigenblatt
befestigt ist.
Altehrwürdige Mondeier
und darunter viele schrecklich verschimmelte
in Sfumatosänften.
Leider ist nicht alles Mond, was Silber ist.
Einige blümerante Unholde sind unter
den freßsäckenden Talmimonden,
die eine Schattenmatte um die andere Schattenmatte,
Riesentränen aus Pech,
und mit gleicher Lust die eigene Brut
verschlingen verschlingen verschlingen.
Doppelköpfige Monde,
Monde mit einem Nabel von gewaltiger Brisanz
und was sich darauf reimt wie
Glanz, Kranz, Vakanz, Byzanz, Hans.
Ja, auch Mondfahrer und Mondträumer,
wie ich einer bin,
werden sich zu dem Mondtreffen einstellen.

Aus Hans Arp, »Mondsand«
Pfullingen 1960

Einige Ansichten über den Mond

Chang Ou, die Mondfee

Zur Zeit des Kaisers Yao lebte ein Fürst namens Hou Yi, der war ein tapferer Held und vorzüglicher Bogenschütze. In jener Zeit gingen zehn Sonnen am Himmel auf, die schienen sehr hell und versengten die Erde. Die Menschen konnten es vor Hitze nicht aushalten. Da gab der Kaiser dem Hou Yi den Befehl, nach ihnen zu schießen. Er schoß neun der Sonnen herunter.

Der Sonnenschütze hatte ein Pferd, das war so schnell, daß es den Wind einholen konnte. Als er sich darauf setzte, um zur Jagd zu reiten, rannte das Pferd davon und ließ sich nicht mehr halten. So kam er an das Kunlun-Gebirge und sah die Königinmutter des Westens am Jaspissee. Die gab ihm zur Belohnung das Kraut der Unsterblichkeit. Das nahm er mit nach Hause und verbarg es im Zimmer. Er hatte eine Frau namens Chang Ou. Sie aß dieses Kraut, als er einmal nicht zu Hause war. Davon wurde sie unsterblich. Sogleich schwebte sie zu den Wolken empor, und wie sie beim Mond angekommen war, lief sie zum Palast der weiten Kälte und nahm dort für immer ihre Wohnung. Häufig sieht man sie mit ihren zwei Kindern und mit dem Mondhasen (aus Jaspis), wie er neben dem Kassiabaum mit dem Stößel den marmornen Mörser stampft und die Kräutlein zerstößt.

Aus dem Chinesischen von Julia Weber

Diese Mondmythe, eine der ältesten Chinas, ist den Menschen im »Reich der Mitte« bis heute geläufig. Sie dient auch zur Unterscheidung von Yin und Yang. Im alten Wortsinn bedeutet Yin die der Sonne abgewandte Seite eines Berges; als weibliche Natur-

kraft steht sie für die Erde wie für den Mond, den Norden, den Westen, das Kalte. »Hier
das Beschattete, dort das Besonnte« (yi yin, yi yang), so weiß es schon Xici, der »Große
Kommentar« zum I Ging (Yijing, Buch der Wandlungen). Dem Yang entspricht der
Himmel, die Sonne, der Kaiser, der Drache, der Süden, der Osten. Folgerichtig nahm der
Schütze Hou Yi, nachdem er Chang Ou vergeblich verfolgt hatte, auf der Sonne seinen
Wohnsitz.

Der Kaiser von China besucht den Mond

Der Kaiser Xuan-zung saß einmal beim Mondfest (Mittherbst, 15. Tag des achten Monats), zusammen mit dem Himmelsmeister Shen und dem Taoistenmeister Hung Tu-k'o. Als es spätabends war, vollführte der Himmelsmeister einen Zauber. Er nahm eine Bambusstange und warf sie in die Luft. Da wurde eine Himmelsbrücke daraus, und auf ihr stiegen die drei zum Mond hinauf. Zuerst durchschritten sie ein riesiges Tor. Dahinter sahen sie, glänzend vor Edelsteinen, eine Fülle fliegender Paläste, die immerzu auf- und niederschwebten. Ein eisiger Hauch machte ihnen zu schaffen, und ein Nebelregen durchnäßte ihre Kleider. Nach einer Weile sahen sie vor sich plötzlich einen Palast, worauf geschrieben stand: »Palast des weiten Frostes und der klaren Leere«. Die Soldaten vor dem Portal sahen ehrfurchtgebietend aus, ihre weißen Schwerter blitzten, und sie wirkten von ferne wie aus Eis und Schnee.

Die drei Männer blieben eine Zeitlang unten am Palast stehen und konnten nicht hinein, dann aber führte der Himmelsmeister den Kaiser hinauf. Ihre Körper schwebten, als träten sie auf Nebel oder Dunst. Unter sich sahen sie die königliche Stadt liegen wie eine Gebirgslandschaft. Sie spürten den reinen Duft von Weihrauch, und als ihre Blicke wieder abwärts gingen, war ihnen, als läge über zehntausend Meilen hingestreckt eine Fläche mit gläsernen Felsen vor ihnen, zwischen denen Unsterbliche und Taoistenmeister spielerisch auf Wolken dahinglitten oder auf Kranichen (Symbol der Langlebigkeit) ritten.

Als die drei sich aber noch einige Schritte vorwagten, fühlten sie jäh einen eis-

blauen Schein und einen kalten Glanz, daß es ihnen schwindlig wurde vor Augen. Die Kälte war so schneidend, daß sie keinen Schritt mehr vorwärts gehen konnten. Unter sich erblickten sie nun etwa ein Dutzend Mondfeen, die, in weißglänzenden Gewändern auf dem Rücken weißer Luan-Vögel herumtollend, im Schatten riesiger Zimtbäume am Palastberg tanzten und lachten. Dazu hörte man die verschiedensten Melodien, auch sie von äußerster Klarheit und Schönheit. Der Kaiser liebte Musik besonders, er genoß das Schauspiel mit Begeisterung und war wunschlos glücklich. Bald aber schon drängte der Himmelsmeister zur Rückkehr, und so sausten denn die drei wie in einem Wirbelsturm wieder hinab auf die Erde.

Als der Kaiser wieder zu sich kam, war ihm, als sei er aus einem rauschhaften Traum erwacht. Am nächsten Abend äußerte er den Wunsch, wieder eine Reise dorthin zu unternehmen. Aber der Himmelsmeister entschuldigte sich lächelnd und meinte, das ginge nicht. Der Kaiser mußte jedoch immer an die Mondfeen denken, wie sie, im Winde fliegend, mit wehenden Ärmeln und Umhängen getanzt hatten. So begann er zu komponieren und verfaßte die Melodie zu dem Tanz »Wolkengewand und Federkleid«. Von alters her bis heute hat es nie etwas Reineres und Schöneres gegeben.

Aus dem Chinesischen von Wolfgang Bauer

Dieses Märchen ist einer der ältesten literarischen Nachweise einer Reise zum Mond mittels taoistischer Künste, zugleich Spiegelung irdischer Vorstellungen – wie hier der Palastwelt. Als Richard Wilhelm unter dem Titel »Die Mondfee« eine Kurzfassung erstellte (Chinesische Volksmärchen, 1914), merkte er als Quelle an: mündliche Über-lieferung. Tatsächlich geht die Phantasiebeschreibung von Schlössern und Feen-palästen auf dem Mond, wie der Münchner Sinologe Wolfgang Bauer nachgewiesen hat (China und die Hoffnung auf Glück, 1971), auf ein Werk aus der Tang-Zeit zurück, auf das Longcheng lu (8. Jh.).

Der Flug zum Mond

Einst beschloß ein mächtiger Angaqok (arktischer Schamane), dessen Tornaq (Schutzgeist) ein Bär war, dem Mond einen Be-such abzustatten. Er ließ sich im hinteren Teil seiner Hütte nieder, wobei er seinen Rücken den Lampen zukehrte, die er zuvor gelöscht hatte. Seine Hände waren zusammengebun-den, und ein Strick schlang sich um beide Knie und den Hals. Nun rief er seinen Tornaq zu sich. Der trug ihn rasch durch die Lüf-te und brachte ihn zum Mond. Er sah es genau, der Mond war ein Haus, fein be-deckt mit weißen Rentierfellen, die der Mann im Mond in der Nähe getrocknet

hatte. Zu beiden Seiten des Eingangs streckte ein riesiges Walroß seinen Ober-
körper vor, bereit, den kühnen Eindringling in Stücke zu reißen. Obwohl es
also gefährlich war, an den wilden Tieren vorbeizukommen, gelang es dem
Angaqok, unter dem Schutz seines Tornaq, in das Haus einzutreten.

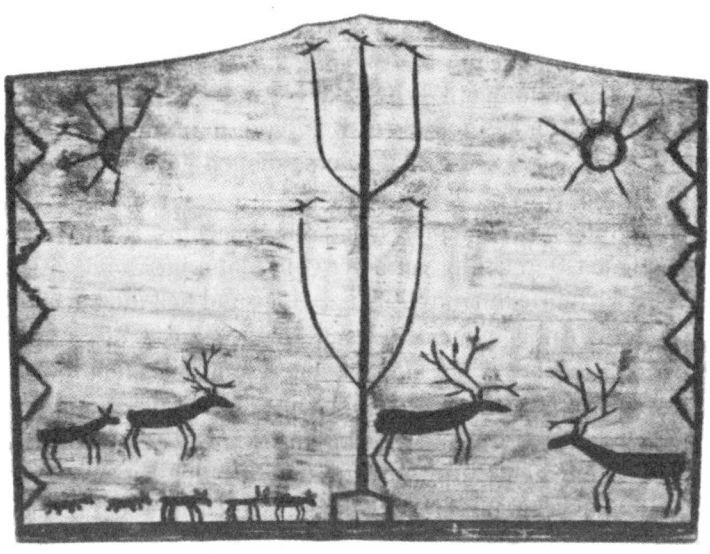

In dem langen Durchgang erblickte er den einzigen Hund des Mondmannes, der
Tirie-tiang hieß und weiß und rot gefleckt war. Als er den Hauptraum betrat,
bemerkte er zu seiner Linken einen kleinen Anbau, in dem eine schöne Frau –
die Sonne – vor ihrer Lampe saß. Sobald sie den Angaqok eintreten sah, blies
sie ins Feuer und verbarg sich hinter der auflodernden Flamme. Der Mann im
Mond kam ihm freundlich entgegen; er erhob sich von seinem Sitz auf der
Schlafbank und hieß den Fremden willkommen. Hinter den Lampen waren
ganze Stapel Wildbret und Seehundfleisch aufgehäuft, doch bot ihm der Mann
im Mond kein bißchen davon an. Er sagte: »Meine Frau Ululiernang wird bald
eintreffen, und wir werden einen Tanz aufführen. Sieh dich vor, daß du nicht
lachst, sonst schlitzt sie dir mit ihrem Messer den Bauch auf, nimmt deine
Eingeweide heraus und füttert damit mein Hermelin, das da draußen in dem
Hüttchen lebt.«
Es dauerte nicht lange, da trat eine Frau ein; sie trug einen rechteckigen Kessel,

15

in dem ihr Ulo lag (das halbmondförmige »Weibermesser«). Sie stellte ihn auf den Boden und beugte sich nach vorn, wobei sie den Kessel einem Kreisel gleich herumwirbelte. Dann begann sie zu tanzen, und wie sie dem Angakoq den Rücken zukehrte, zeigte es sich deutlich, sie war hinten hohl. Rücken, Rückgrat und Eingeweide fehlten ihr ganz, nur die Lungen und das Herz waren da. Der Mann begleitete ihren Tanz, die beiden verrenkten Körper und Gesichter so seltsam, daß der Angakoq sich das Lachen kaum verbeißen konnte. Aber gerade noch rechtzeitig kam ihm die Warnung des Mannes im Mond wieder ins Gedächtnis, und er sprang aus dem Haus. Der Mann rief ihm hinterher: »Uqsureliktaledqdjuin«, was soviel heißt wie: Nimm deinen großen Eisbären-Tornaq. So entkam er unversehrt.

Bei einem weiteren Besuch gelang es ihm, seiner Lachlust Herr zu werden, und nach dem Ende der Darbietung wurde er vom Mann im Mond gastfreundlich aufgenommen. Er führte ihn durchs ganze Haus und ließ ihn auch einen Blick tun in den kleinen Anbau nahe dem Eingang. Da sah er große Rentierherden, die augenscheinlich über weite Ebenen zogen, und der Mondmann erlaubte ihm, sich ein Tier auszusuchen, das dann sofort durch eine Öffnung auf die Erde fiel. In einem anderen Gebäude sah er eine Unmenge Seehunde, die sich in einem Ozean tummelten, und wieder durfte er sich einen herausgreifen. Schließlich gab ihm der Mann im Mond den Abschied, und sein Tornaq trug ihn ebenso schnell in die Hütte zurück, wie er von dort aufgebrochen war.

Während seines Besuches beim Mond hatte sein Körper unbeweglich und unbeseelt dagelegen, doch nun kehrte er ins Leben zurück. Die Stricke, mit denen seine Hände gebunden waren, fielen ab, obschon sie fest verknotet gewesen waren. Der Angakoq fühlte sich völlig erschöpft, doch als die Lampen wieder angezündet waren, konnte er den aufmerksam lauschenden Männern von den Abenteuern bei seinem Flug zum Mond berichten.

Nach Franz Boas' Bericht, aus dem Amerikanischen von Ulf Diederichs

Diese Mythe erzählte man sich bei den Oqomiut und Akudnirmiut auf Baffinland. Wie bei allen arktischen Völkern ist die Mythologie der Inuit stark bestimmt von den Naturverhältnissen; die Bedeutung der Sonne tritt hinter die des Mondes zurück. Eine Gegensätzlichkeit der Gestirne, wie sie andere Mythologien betonen, ist dieser Vorstellung fremd. Die Sonne – hier als weiblich gedacht – wohnt beim Mondmann im

Haus, bei dessen Betreten der Besucher ähnliche Proben zu bestehen hat, wie in süd-
licheren Märchen im Haus der Sonne. Gilt sie zumindest von vorne als schön, so ist
sie von hinten hohl, ist rückenlos und ohne Eingeweide (wie sich beim Tanz zeigt).
Anderswo kann der Mond dieses Gerippe sein. Dem Bericht des Schamanen zufolge
gleicht das Haus des Mondes den Inuithäusern; auch sie haben lange Durchgänge,
welche die Kälte abhalten müssen, und dazu seitliche Anbauten, und auch hier
befindet sich die Schlafbank auf der Rückseite.

Der Mond gilt den Leuten von Baffinland als der Schneemacher. Allgemein wird er als
Beschützer der Waisen und der Armen angesehen, und wenn er auf seinem Schlitten
einmal hernieder saust, um ihnen zu helfen, dann nimmt er seinen Hund mit.

Franz Boas, einem deutschstämmigen Naturwissenschaftler (1858–1942), der auf-
grund eigener Feldforschung bald nach seiner Übersiedlung in die USA den Bericht
»The Central Eskimo« veröffentlichte (1888) – dort findet sich »The Flight to the
Moon« –, gelang als einem der ersten die Erforschung der Inuit-Kultur.

Der Mondmann als Liebhaber

Ein Mann schickte seine Frau jeden Tag in den Wald, Beeren zu sammeln. Eines Tages sah sie dort der Mann im Mond, der Sohn des Sench. Er fand Gefallen an ihr und stieg vom Himmel herab, um etwas bei ihr zu bleiben. Dann kehrte er in den Himmel zurück. Die Frau ging nach Hause, hatte aber keine Beeren, da sie, statt zu sammeln, sich mit dem Mondmann zusammengetan hatte. Als sie nun jeden Tag ohne Beeren nach Haus kam, obwohl ihrer viele im Wald wuchsen, wurde ihr Mann mißtrauisch und beschloß, sie zu belauschen. Er fand sie mit ihrem Liebhaber zusammen. Unbemerkt schlich er nach Hause zurück, beschloß aber, sich zu rächen.

Am nächsten Tag sprach er zu seiner Frau: »Du findest ja nie Beeren, ich will jetzt selbst einmal gehen und sehen, ob es keine gibt.« Er setzte sich nun seiner Frau Hut auf, hing ihren Mantel um, unter dem er ein Messer verbarg, und ging zu dem Platz, wo die beiden sich zu treffen pflegten. Es währte nicht lange, da kam der Mondmann. Als der ihn umarmen wollte, schnitt er ihm mit dem Messer den Kopf ab. Er trug ihn nach Haus, und als seine Frau ihn erblickte, erschrak sie sehr und fing an zu weinen. Da er wissen wollte, wer jener sei, rief er alle Leute zusammen, den Kopf anzusehen. Aber niemand erkannte ihn.

Sench stieg nun zur Erde herab, um seinen Sohn zu suchen. Endlich kam er auch zu dem Mann, der ihn erschlagen hatte. Er fragte: »Hast du meinen Sohn nicht gesehen?« Der Mann antwortete: »Nein, ich kenne ihn nicht und habe ihn nicht gesehen.« Da erblickte Sench den Kopf seines Sohnes, der über dem Feuer hing. Er wurde sehr zornig und machte ein großes Feuer auf der Erde, so daß alle Menschen umkamen.

Nur die Geliebte des Mondmannes blieb verschont. Sie nahm einen Eimer voll Wasser aus dem Fluß, ehe er austrocknete, und fing mit dem Wasser viele kleine Fische. Als alles ausgebrannt und die Flüsse vertrocknet waren, schüttete sie das Wasser in den Fluß, der nun wieder zu laufen begann. Die Fische schwammen darin umher und vermehrten sich rasch.

Nach einer Mythe der Bilchula aufgezeichnet und übersetzt von Franz Boas

Die Geschichte einer vom Mond verführten Frau und der Rache des betrogenen Gatten wurde im indianischen Nordamerika in vielen Varianten erzählt – hier in einer Version der Bilchula vom Volk der Selisch an der Nordwestküste. Wie sonst nur die Pawnee und die Pueblovölker (Hopi, Navaho) hat dieser Stamm einen eigenen Götterhimmel gebildet; in seinen Märchen kommen außer Gott Sench auch die Masmasalanichs (Kulturbringer) vor und Sisiutl, ein Fabeltier in Gestalt einer doppelköpfigen Schlange. In der Kopfform wird der Mond veranschaulicht; in seiner Enthauptung mag sich das Abnehmen in der dritten und vierten Mondphase versinnbildlichen. Diese Mythe wurde erstmals in »Indianische Sagen von der Nord-Pacifischen Küste Amerikas« (Berlin 1895) abgedruckt; die alten Stammesüberlieferungen hat der Deutschamerikaner Franz Boas systematisch gesammelt.

Als Frau Mond sich von Herrn Sonne trennte

Antü, die Sonne, und Küyén, der Mond, sind früher ein Ehepaar gewesen, und sie hatten einen kleinen Sohn. Es war ausgemacht, daß Antü das Kind bei Tage, die Mutter Mond es nachts betreuen sollte, da sie am Tag doch schlief. Aber eines Tages spielte Antü Verstecken, und während des Spiels wurde der kleine Sohn geraubt. Zwei große schwarze Vögel holten ihn hinweg, nach dem, was der Hase aussagte. Sicherlich wollten die Vögel den Jungen fressen, und Mutter Küyén weinte und schrie und zog sich während der Nachtwache andauernd etwas über den Kopf – so groß war der Jammer um ihr Kind.

Zuletzt sagte Antü, der Vater: »Weine nicht mehr, ich werde überallhin Boten schicken, und wenn wir nur ein Knöchelchen finden, so werde ich unser Kind wieder lebendig machen. Aber weine nicht mehr, ich bitte dich.«

Unter den Tieren, die ausersehen waren, Späherdienste zu leisten, befand sich auch der Hase. Der aber verlangte vor allem eine Gunst, die ihm dann auch gewährt wurde: Er bat sich aus, mit offenen Augen schlafen und mit geschlossenen wachen zu dürfen. Auch sollte er nach geglücktem Späherdienst sich eine bequeme Schlafstätte aussuchen dürfen, die nur ihm allein gehörte. Also zog er aus, um die beiden schwarzen Vögel zu finden.

Er ging und ging, fand aber weder den Knaben noch die Vögel, und da es ihm Spaß machte, die anderen Lebewesen mit seinen geschlossenen Augen zu narren, ging er wieder zurück und sagte: »Ich hörte zwei Vögel miteinander reden, die scheinen dein Kind gefressen zu haben. Warum soll ich da noch länger suchen?« Es war aber eine Erfindung von ihm.

Da wurde Mutter Küyén sehr zornig und warf ihm einen schwarzen Rußscherben an den Kopf, der ihm die Lippe spaltete. Wie heulte der Hase! Aber da die eine Gnade ihm im voraus gewährt war, blieb sie ihm; nur die Schlafstätte durfte er sich nicht mehr aussuchen, und nun muß er irgendwo schlafen, ohne besonderen Schutz.

Küyén weinte immer und immer und konnte nachts gar nicht mehr wachen, die Erde beschwerte sich bei ihrem Mann darüber, und Antü sagte: »Ich allein werde die schwarzen Vögel fangen. Ich werde mich auf den Boden legen, nachdem ich mich in einen Strauß verwandelt habe, und werde mir die eine Körperhälf-

19

te aufreißen, bis Blut fließt. Sehen sie den blutenden, leblosen Körper, so kommen sie gewiß, und ich kann sie fangen.«

Als Küyén das hörte, freute sie sich sehr und sagte: »Ich werde dir helfen, denn du kannst doch nur einen Vogel fangen, den zweiten fange ich.« So verwandelte sie sich in einen Flamingo und stellte sich hinter einen Busch. Trippelte aber ungeduldig immer hin und her, auf und ab, und der Strauß wurde ärgerlich. Und als die beiden schwarzen Vögel wirklich herankamen und am rohen Fleisch pickten, schrie Küyén laut auf, und so konnte Antü nur einen Vogel erwischen, der andere entkam.

Schnell machten sie den Bauch des Vogels auf und fanden die Knöchelchen des Kindes, konnten es aber nicht zum Leben erwecken, weil zwei der wichtigsten Knöchelchen fehlten. Die hatte der entflohene Vogel im Leib. Wieder begann Küyén zu weinen, aber da wurde der Vater böse und beschimpfte sie und sagte, daß durch ihre Schuld und ihr Geschrei der andere Vogel verscheucht wurde. So stritten sie sich, eines dem andern die Schuld gebend, und so kam es, daß Antü seiner Frau die Knöchelchen ins Gesicht warf, was ihr viele Kratzer verursachte. Dies war das letzte Mal, daß sie beisammen waren: Küyén fühlte sich sehr geschädigt, gekränkt und verunstaltet, und deswegen trennten sie sich. Und immer noch rennt Antü seiner Frau nach, erreicht sie aber nie.

Doch weint sie häufig, und die Alten behaupteten, daß man viele dieser Tränen an dem Ort Quille-hue findet, dem Ort der Tränen am Fuß des Lanin (3370 m hoher Vulkan, die

Grenzscheide Argentinien-Chile). Versteinerte Tränen sind es, die viele Windungen haben und im Innern wie Tränen glitzern.

Gesammelt und aus dem Araukanischen übertragen von Bertha Kößler-Ilg

Für die südliche Hemisphäre, in diesem Fall das Gebiet der Anden in Chile und Peru, gilt der Mond als Frau, die Sonne als Mann. Diese Mondmythe führt uns anschaulich das zerkratzte Gesicht einer Drangsalierten vor Augen. Als Lokalmythe bezieht sie sich auf den Kordillerenpaß Quille-hue am Tromen: der Name eines erloschenen Vulkans und zugleich der eines Sees. Die Geschichte stammt aus dem noch unveröffentlichten Nachlaß der Sammlerin und Erforscherin araukanischer Folklore, Bertha Kößler-Ilg (1881–1965), die seit 1920 mit ihrem Mann, einem sehr angesehenen Arzt, in San Martin de los Andes lebte.

Einem anderen Bericht zufolge, den Bertha Kößler-Ilg als Nr. 32 ihrer »Indianermärchen aus den Kordilleren« (1956) abdruckte, war Antü-Sonne ein Sohn der Berge, Küyén-Mond eine Tochter des Sees Lakar. »Sie hatten nach und nach viele Kinder, die sich aber fast alle unabhängig gestalteten und die Eltern nur noch aus der Ferne grüßten.« Auch dort kam es zum Bruch.

Der Fischer und der Dämon

Als die achte Nacht kam, sagte Dinarzad zu ihrer Schwester Schahrazad (Scheherazade): »Bei Gott, liebe Schwester, wenn du nicht schläfst, dann erzähl uns doch eine von deinen schönen Geschichten, damit wir diese Nacht wach verbringen.« Sie sagte: »Gern und voll Verehrung und Respekt.

Es wird gesagt, glücklicher König, daß der dritte Greis dem Dschinn (Dämon, Luftgeist) eine Geschichte, noch wunderbarer und sonderbarer als die beiden anderen, erzählte. Und der Dschinn verwunderte sich höchlichst und schüttelte sich vor Vergnügen und sagte: »Dir habe ich ein Drittel seiner Schuld (die Restschuld des Kaufmanns) geschenkt.« Dann überließ er ihn ihnen und ging davon. Und der Kaufmann wandte sich zu den Greisen und dankte ihnen, und sie beglückwünschten ihn, daß er heil davongekommen war. Und der Kaufmann ging in sein Land und traf bei seiner Familie und seiner Frau und seinen Kindern ein und lebte mit ihnen, bis ihn der Tod erreichte.

Aber das ist nicht wunderbarer und sonderbarer als die Geschichte vom Fischer!«

Da sagte Dinarzad: »Bei Gott, Schwester, was ist das für eine Geschichte vom Fischer?«

Sie sagte:

Ich habe gehört, daß es einmal einen Fischer gab, einen bejahrten Mann in fortgeschrittenem Alter, der hatte eine Frau und drei Töchter. Er war arm und besaß nichts, wovon er sich ernähren konnte. Er hatte die Gewohnheit, sein Netz viermal auszuwerfen; so war er's gewohnt. Nun ging er eines Tages mit seinem Netz beim Gebetsruf im Mondenschein aus der Stadt hinaus und kam zum Meeresufer und setzte seinen Korb nieder, schürzte sein Hemd auf und tauchte bis über die Hüften ins Meer, warf sein Netz aus und wartete geduldig, bis es auf Grund lag. Er wollte es herausziehen und nahm die Stricke zusammen, langsam ganz langsam; da fand er, daß es schwer war und zog daran und konnte es nicht schaffen. So ging er an Land und trieb einen Pfahl in den Boden, band ein Ende der Leine daran, legte seine Kleider ab und entblößte sich und tauchte ins Meer, nahe um das Netz. Er schüttelte es und quälte sich ab, bis er es an Land gebracht hatte. Da freute er sich gewaltig. Als das Netz draußen auf dem Land war, zog er sich wieder an und ging hin, das Netz aufzumachen. Da fand er einen toten Esel darin, der das Netz zerrissen hatte. Als er das erblickte, wurde er traurig und betrübt und sprach: »Es gibt keine Stärke und keine Kraft als bei Gott dem Hohen dem Gewaltigen!« Dann sagte er: »Das ist ein sonderbar täglich Brot« und begann zu rezitieren:

> Der du ins Wasser tauchst in finstrer, dunkler Nacht –
> Sich regen bringt nichts – Schluß sei mit der Müh' gemacht!
> Siehst du den Fischer nicht? Er quält sich ab im Meer
> Fürs täglich Brot; doch still das Sternenheer dort wacht!
> Er taucht in Tiefen ein, die Wellen peitschen ihn,
> Doch hat sein Auge nur des Netzes Zug bewacht.
> Bis schließlich er, erfreut von seinem nächt'gen Werk,
> Hat einen Fisch – im Schlund den Haken – eingebracht.
> Den kauft ihm einer ab, der fern von Kälte schlief
> Und im beglückten Schlaf der Nöte nie gedacht!
> Erhaben ist mein Herr! *Dem* gibt Er, und *dem* nicht:
> *Der* fängt den Fisch und seufzt; *der* ißt den Fisch und lacht!

Und Schahrazad bemerkte den Morgen und redete nicht weiter. Da sagte ihre Schwester Dinarzad: »Schwester, was für eine hübsche Geschichte!« Sie sagte: »In der nächsten Nacht, wenn ich noch lebe und der König mich am Leben läßt, erzähle ich euch beiden das Ganze, und das ist noch wunderbarer und sonderbarer als dies.«

Und als die nächste Nacht kam, sagte Dinarzad zu ihrer Schwester Schahrazad: »O Schwester, wenn du nicht schläfst, dann erzähl uns die Geschichte vom Fischer fertig!« Sie sagte: »Gern und mit Freude.
Ich habe gehört – o glücklicher König –, als der Fischer zu Ende rezitiert hatte, zog er den Esel aus dem Netz, setzte sich auf die Erde und flickte sein Netz, zog es zusammen und auseinander und stand auf, um ins Wasser zu tauchen. Er rief Gott den Erhabenen an, warf es aus und wartete, bis es auf Grund lag. Dann zog er an der Leine, langsam ganz langsam, aber es saß noch viel fester als beim ersten Mal. Da dachte er, es seien Fische, und freute sich riesig, legte seine Klei-

der ab, tauchte ins Meer und machte das Netz los. Und er quälte sich immer weiter ab, bis er es an Land gebracht hatte. Da fand er einen großen Tonkrug voll mit Sand und Lehm. Als er das sah, wurde er betrübt und weinte und sprach: »Das ist ein sonderbarer Tag« und rief: »Wahrlich, wir sind Gottes, und zu Ihm kehren wir zurück!« Dann rezitierte er ein Gedicht:

> Unglück! Laß genug es sein!
> Ist's genug nicht, halt doch ein!
> Ging ich, suchte Nahrung mir,
> Sprach man: Sie ist nicht mehr dein!
> Nicht bringt sie des Glücks Geschenk,
> Nicht der Hand Geschick dir ein:
> Mancher Dummkopf himmelhoch,
> Mancher Kluge wird ganz klein!

Dann warf er den Krug weg, reinigte sein Netz, zog es zusammen und zog es auseinander und flehte Gott um Vergebung an und ging wieder zum Meer. Dann warf er es zum dritten Mal aus und wartete geduldig, bis es auf Grund lag, und zog es zu sich; da fand er Scherben und Steine, Glasstücke und Knochen und Dreck und solches Zeug darin. Da weinte der Fischer, weil er so viel Pech und so wenig Glück hatte, und begann ein Gedicht aufzusagen:

> Den Unterhalt kannst lösen nicht noch binden,
> Durch Bildung nicht, durch Glück kannst ihn nicht finden!
> Denn zugeteilt sind dir das Glück, die Nahrung,
> Manch Land wirst fruchtbar, manches dürr du finden.
> Den Wohlgebildeten läßt's Schicksal fallen
> Den Niedren aber wirst du oben finden.
> Komm, Tod, zu mir, denn elend ist dies Leben,
> Wo Enten steigen, Falken stürzend schwinden!
> Kein Wunder, wenn du arm siehst einen Edlen
> Und Schurken prahlend laut mit Goldgewinden!
> Denn festgeschrieben ist für uns die Nahrung,
> Doch Vögel gibt's, die immer Nahrung finden:
> Manch Vogel sitzt im Nest und wird gefüttert,
> Manch einer fliegt umsonst in allen Winden!

Dann wandte der Fischer seinen Blick zum Himmel, wo die Morgenröte gerade anbrach und der Morgen aufschien und der Tag aufstieg, und sprach: »O Gott, Du weißt, daß ich mein Netz nur viermal auswerfe; nun habe ich es schon dreimal ausgeworfen und kann es nur noch dieses eine Mal auswerfen! O Gott, mache mir das Meer untertan, wie Du es dem Moses untertan gemacht hast!« Dann richtete er das Netz und warf es ins Meer und wartete, bis es festsaß und schwer wurde; er zog daran und schaffte es nicht, und er schüttelte es; es hatte sich am Grund verheddert. Da sprach er: »Es gibt keine Kraft und keine Stärke außer bei Gott dem Hohen dem Gewaltigen!«, legte seine Kleider ab, tauchte hinunter und bemühte sich sehr, bis er es losgemacht hatte, und brachte es an Land. Da fand er etwas Schweres darin. Er quälte sich immer weiter ab, bis er es aufbekam und darin eine langhalsige Messingflasche fand; sie war voll und ihr Ausguß war mit Blei versiegelt, darauf war ein Siegelabdruck.

Als der Fischer das sah, freute er sich und sagte: »Die verkaufe ich bei den Messinghändlern, die muß doch zwei ardibb Weizen wert sein!« Dann bewegte er sie und fand, daß sie voll und schwer war und sich nicht rührte, und er fand, daß ihre Tülle mit Blei verschlossen war. Da sagte er bei sich: »Ich will sie aufmachen und herauskratzen, was darin ist, und dann rolle ich sie vor mir her, bis ich beim Markt der Messinghändler angekommen bin.« Dann zog er ein Messer aus dem Gürtel und schnitt damit das Blei auf und quälte sich ab, bis er es gelöst hatte. Er nahm die Flasche und legte sie auf ihre Öffnung; dann drehte er sie auf dem Boden auf die Seite und schüttelte sie, damit er das, was darin war, herausholen konnte, aber nichts kam heraus. Der Fischer wunderte sich höchlichst. Doch nach einer Weile kam ein gewaltiger Rauch aus der Flasche, stieg auf und verbreitete sich über die Erde und wuchs, bis er das Meer bedeckte und zu den Wolken des Himmels aufstieg und das Sonnenlicht davon verhüllt wurde. Nach einer Weile war der Rauch völlig aus der Flasche, und der Rauch sammelte sich und zog sich zusammen und löste sich und wurde zu einem Ifrit (bösartiger, ranghoher Dschinn), dessen Füße im Staub waren und sein Kopf in den Wolken – mit einem Kopf wie eine Brunnenmauer und wie scharfe Haken seine Hauer, wie eine Höhle sein Schlund und wie Steine die Zähne im Mund, mit Nüstern wie Trompeten, Ohren wie Schilde auch und einem Hals wie ein Schlauch, mit Augen als seien sie zwei Lampen – wir machen's aber jetzt kurz: ein wilder gräßlicher Knurz! Als der Fischer den sah, erbebte seine Halsschlagader, seine Zähne klapperten, und ihm blieb die Spucke weg. Darauf sprach der Ifrit: »O Salomo, Gesandter Gottes, verzeihe, verzeih! Ich werde dir nie mehr widersprechen und mich nie mehr gegen dich empören!«

Da bemerkte Schahrazad den Morgen und erzählte nicht weiter. Ihre Schwester sagte: »Was für eine sonderbare Geschichte ist das, Schwester, und wie merkwürdig!« Sie sagte: »Nächste Nacht erzähle ich euch etwas noch Sonderbareres und Seltsameres, wenn ich noch am Leben bleibe!«

ليلة

Als die nächste Nacht kam und Schahrazad mit König Schariyar zu Bett ging, sagte ihre Schwester Dinarzad: »Bei Gott, Schwester, erzähl uns die Geschichte vom Fischer zu Ende!« Sie sagte: »Gern und mit Freude!

Ich hörte – glücklicher König –, daß, als der Ifrit das sagte, der Fischer zu ihm sprach: »Was sagst du da, du Ungeheuer? Der Prophet Salomo ist vor 800 und einigen Jahren gestorben, und wir sind am Ende der Zeit! Aber was für eine Geschichte hast du, und weshalb bist du in diese Flasche gekommen?«

Als der Ifrit die Worte des Fischers hörte, sagte er zu ihm: »Frohe Kunde!« Der Fischer sprach. »O Glückstag!« Er sagte zu ihm: »Frohe Kunde bringe ich, daß ich dich sofort töten werde!«

Da sagte der Fischer: »Für solch frohe Kunde verdienst du, daß dein himmlischer Schutz aufhöre! Weshalb willst du mich töten, wo ich dich befreit und aus der

26

Tiefe des Meeres gerettet und aus der tiefen See herausgeholt habe?« Der Ifrit sagte: »Wünsch dir etwas von mir!« Da freute sich der Fischer und fragte: »Was soll ich mir denn von dir wünschen?« Er antwortete: »Wünsch dir von mir, wie du sterben willst und auf welche Art ich dich töten soll!« Der Fischer fragte: »Aber was habe ich denn gesündigt? Ist das mein Lohn von dir, der Lohn dafür, daß ich dich befreit habe?« Der Ifrit sagte: »Hör meine Geschichte, Fischer!« Er sagte: »Erzähl, aber mach's kurz, denn mein Lebensatem schwebt mir in der Nase.« Er sagte: »Wisse, daß ich zu den abtrünnigen rebellischen Dschinnen gehöre. Ich und der böse Geist Sachr empörten uns wider Gottes Gesandten, Salomo Sohn Davids. Da schickte er mich zu Asaf ibn Barchia, und der brachte mich unter Zwang und überkam mich und führte mich gedemütigt, gegen meinen Willen, vor den Gesandten Gottes Salomo. Und als er mich sah, sprach er die Zufluchtsformel über mich und mein Volk aus und bot mir an, ihm Gehorsam zu leisten, aber ich weigerte mich. Da ließ er diese Messingflasche kommen, sperrte mich in ihr ein, versiegelte sie mit Blei und drückte den Größten Namen Gottes darauf und befahl den Dschinnen, mich fortzutragen und ins Meer zu werfen. Da blieb ich 200 Jahre und sagte zu mir: ›Wer immer mich in diesen 200 Jahren befreit, den mache ich reich bis an sein Lebensende.‹ 200 Jahre vergingen, und keiner befreite mich. Dann gingen wieder 200 Jahre vorüber und ich sagte: ›Wer immer mich befreit, dem öffne ich alle Schätze der Welt.‹ So gingen 400 Jahre an mir vorüber, und keiner befreite mich. Dann begannen wieder 100 Jahre, und ich sagte zu mir: ›Wer immer mich in diesen 100 Jahren befreit, den mache ich zum König und mache meinen Geist zu seinem Diener und erfülle ihm jeden Tag drei Wünsche.‹ Und so gingen wieder 100 Jahre vorüber, und in all diesen Jahren befreite mich keiner. Da wurde ich wütend und brüllte und schnaubte und tobte und toste und sagte zu mir: ›Wer mich von jetzt an befreit, den werde ich töten auf schlimmste Art, oder ich lasse ihn wünschen, auf welche Art er sterben will.‹ Und es dauerte nicht lange, bis du gekommen bist und mich erlöst hast. So wünsch dir also, wie du sterben willst!«

Als der Fischer die Worte des Ifrit hörte, sprach er: »Wahrlich wir sind Gottes, und zu Ihm kehren wir zurück! Wie hat es sich getroffen, daß ich dich gerade in diesem Jahr befreie! Aber ich habe ein noch unseligeres Geschick. Bitte verzeih mir, dann möge Gott dir statt meiner verzeihen! Laß mich nicht umkommen, sonst schickt Gott einen über dich, der dich umbringt!« Er sagte: »Es muß sein! Wünsch dir, wie du sterben willst!« Da war der Fischer überzeugt, daß er getötet würde, und betrübte sich, weinte und sprach: »Möge Gott euch nicht ein-

sam werden lassen, meine Kinder!« Dann wandte er sich
wieder zu dem Ifrit und sagte zu ihm: »Bei Gott, laß
mich frei als Lohn dafür, daß ich dich freigelassen
und aus dieser Flasche befreit habe!« Er erwiderte: »Aber daß ich dich töte, ist doch der Lohn
dafür, daß du mich befreit hast!« Der
Fischer sagte: »Ich habe dir eine Wohltat erwiesen, und du vergiltst es mit
einer Untat! Aber das Sprichwort
lügt nicht, wenn es dies sagt:

Wir haben Gutes getan, doch
man vergalt es mit Bösem.
Bei meinem Leben! Das
sind nur schurkischer Kerle
Pläne!
Wer einem der's nicht ver-
dient, je Gutes tut – sieh, den trifft
Was dem geschah, der befreit aus der Gefahr
die Hyäne!«

Da sagte der Ifrit: »Mach nicht so lang, du mußt
getötet werden, wie ich gesagt habe!« Da sagte
der Fischer bei sich: »Das ist ein Dschinn und ich
bin ein Mensch. Gott hat mir Verstand gegeben
und mich ihm vorgezogen, als plane ich etwas
gegen ihn mit meinem Verstand, während er etwas gegen mich als Dschinn plant.« Dann sagte
er zum Ifrit: »Also muß ich getötet werden?«
Der sagte: »Ja.« Er sagte: »Beim Größten
Namen Gottes, der auf dem Siegel des
Salomo ibn Daud eingeschrieben war
– wenn ich dich etwas frage, sagst
du's dann ehrlich?« Der Ifrit zitterte
und erbebte und sagte: »Frag mich,
aber mach's kurz!«

28

Da bemerkte Schahrazad den Morgen und erzählte nicht weiter. Ihre Schwester Dinarzad sagte: »Was für eine schöne Geschichte ist das, Schwester, und so seltsam!« Sie sagte: »Was ist das schon im Vergleich mit dem, was ich euch nächste Nacht erzählen werde, wenn der König mich am Leben läßt! Das ist noch wundersamer!«

Als die nächste Nacht kam, sprach Dinarzad zu ihrer Schwester Schahrazad: »O Schwester, wenn du nicht schläfst, dann erzähl uns die Geschichte vom Fischer und dem Dschinn zu Ende!« Sie sagte: »Gern und mit Freude!
Ich habe gehört, o König, daß der Fischer sagte: »Beim Größten Namen! Du warst wirklich in dieser Flasche?« Der Ifrit sagte: »Ja beim Größten Namen, ich war in dieser Flasche gefangen!« Der Fischer sagte: »Du lügst! In diese Flasche passen nicht mal deine Hände oder deine Füße – wie kannst du ganz hineinpassen?« Da sagte der Ifrit: »Bei Gott, ich war drin – und du glaubst nicht, daß ich drin war?« – »Nein!« sagte der Fischer. Da schüttelte sich der Ifrit und wurde zu Rauch und stieg auf und dehnte sich übers Meer aus und kroch über die Erde und zog sich zusammen und ging langsam, ganz langsam in die Flasche. Und das ging so weiter, bis der ganze Rauch in der Flasche war und er von drinnen rief: »Fischer, hier bin ich in der Flasche – glaubst du's jetzt?« Da eilte der Fischer herbei und holte den versiegelten Bleistöpsel heraus und legte ihn auf die Flasche und rief: »Nun, du Ifrit, wünsch dir von mir, wie *du* sterben willst! Soll ich dich ins Meer werfen und hier ein Haus bauen, und jeden Fischer, der hier auf Fang gehen will, den hindere ich und warne ihn und sage: Hier ist ein Ifrit – wer den heraufbringt, den bringt er um und läßt ihn wünschen, wie er sterben will.«
Als der Ifrit die Worte des Fischers hörte und seinen Geist gefangen sah, wollte er heraus und konnte nicht, denn das Siegel hinderte ihn; das war nämlich der Siegelabdruck Salomos des Sohnes Davids. Da wußte er, daß der Fischer ihn überlistet hatte. Er sagte: »Fischer, tu das nicht, ich hab doch nur Spaß mit dir gemacht!« Der Fischer antwortete: »Du lügst, du dreckigster und geringster der Dämonen!« Dann rollte der Fischer die Flasche zum Meer hin, und der Ifrit schrie: »Nein, nein!« und der Fischer sagte: »Ja, ja!« Da wurde der Ifrit ganz weich und redete ganz demütig und fragte: »Was willst du denn machen, Fischer?« Er sagte: »Dich ins Meer werfen, und wenn du da zuerst 800 Jahre geweilt hast, dann laß ich da bleiben, bis die Stunde des Gerichts anbricht!

Hab ich dir nicht gesagt: Laß mich leben, dann wird Gott dich leben lassen, und töte mich nicht, dann wird Gott dich nicht töten? Und du hast dich geweigert und wolltest mich betrügen und töten, und so habe ich dich auch betrogen.« Er sagte: »Fischer, mach mir auf, damit ich dir wohltue und dich reich mache!« Der Fischer sagte: »Du lügst, du lügst! Denn mit dir geht es wie mit dem König Al-Yunan und dem Weisen Duban.« Da fragte der Ifrit: »Was für eine Geschichte ist das über diese beiden?«

(Nun erzählt der Fischer die Geschichte des Königs Yunan, des Weisen Duban und des neidischen Wesirs, und er flicht darin eine andere ein, die von König Sindbad und dem treulosen Wesir. Sie enden damit, daß der König Dubans Tod bewirkt und der den seinen: indem er, nunmehr der Kopf »Hakim«, ihm ein vergiftetes Buch zu lesen gibt. Davon handelt die 11. bis 17. Nacht.)

Als die nächste Nacht kam, sagte Dinarzad zu ihrer Schwester Schahrazad: »Bei Gott, Schwester, wenn du nicht schläfst, dann erzähl uns eine von deinen hübschen Geschichten!« Der König sagte: »Aber es soll der Schluß von der Geschichte von Ifrit und dem Fischer sein!« Sie sagte: »Gern und mit Freuden! Ich habe gehört, o König, daß der Fischer zum Ifrit sagte: »Wenn der König den Hakim am Leben gelassen hätte, wäre er auch am Leben geblieben, und Gott hätte ihn am Leben gelassen, aber er weigerte sich und wollte nichts als ihn töten, und da tötete Gott der Erhabene ihn. Und du, Ifrit, wenn du mich zunächst am Leben ließest, dann würde ich dich am Leben lassen, aber du wolltest nichts als mich töten, und so töte ich dich, indem ich dich in diese Flasche einsperre und sie auf den Grund des Meeres werfe.« Da schrie der Ifrit: »O Fischer, tu das nicht! Laß du mich leben und befrei mich und nimm mir nicht übel, was ich gesagt habe und was ich Übles getan habe! Und wenn ich ein Übeltäter bin, so bist du dann ein Wohltäter, denn das Sprichwort sagt: O du, der dem wohltut, der Übles tut! Mach es nicht so, wie Umama es mit Atika gemacht hat!« Der Fischer fragte: »Was hat Umama denn mit Atika gemacht?«
Der Ifrit sagte: »Jetzt ist keine Zeit zum Erzählen, wo ich in diesem engen Kerker bin. Aber bis du mich losläßt ...« Der Fischer sagte: »Ich muß dich unbedingt ins Meer werfen; es gibt keine Möglichkeit, dich herauszuholen und wieder loszulassen, weil ich dich immer wieder angefleht habe und zu dir gekommen bin,

während du alles abgeschlagen hast außer mich zu töten, ohne eine Schuld, die das erfordert hätte. Und ich habe dir nichts Schlechtes getan, wo ich dich aus deinem Gefängnis herausgeholt habe, und als du das mit mir gemacht hast, habe ich begriffen, daß du von dreckigem Ursprung und häßlicher Natur bist, da du Gutes mit Bösem vergiltst, und so werfe ich dich ins Meer und baue mir an dieser Stelle eine Hütte, wo ich deinetwegen wohne, damit ich jedem, der außer mir dich heraufholt, mitteile, was mir mit dir passiert ist, und ihn warne, damit der dich ins Meer wirft und du dort bis ans Ende der Zeiten bleibst, bis du umkommst, o du dreckigster aller Ifrite!« Der Ifrit sagte: »Laß mich diesmal frei, und ich schwöre dir, daß ich dich nicht weiter quälen und stören werde, sondern dir mit etwas nütze, das dich reich machen wird.«

Da nahm der Fischer ihm Eid und Vertrag ab, daß er, wenn er ihn freiließe, nicht weiter quälen, sondern ihm Gutes und Wohltaten erweisen werde.

Als er sich nun seines Glaubens versichert und jener beim Größten Namen Gottes geschworen hatte, öffnete er ihm die Flasche, und der Rauch stieg auf, bis sie leer war, und wurde vollständig, bis es ein gleich großer Ifrit geworden war. Der stieß mit dem Fuß an die Flasche, und sie flog mitten ins Meer. Als der Fischer ihn das tun sah, war er sicher, daß es etwas Schlimmes war, näßte in seine Kleider und sagte: ›Das bedeutet nichts Gutes.‹ Und er war sicher, daß er sterben würde. Dann stärkte sich sein Herz und er sagte: »O Ifrit, du hast einen Vertrag mit mir gemacht und mir geschworen – so täusche mich nicht, kehre um! Gott der Erhabene möge dich bei deinem Verrat ergreifen, und ich sage dir jetzt, Ifrit, wie Duban zum König Yunan sagte: ›Laß mich am Leben, so wirst du am Leben bleiben, und töte mich nicht, sonst wird Gott dich töten!‹« Da lachte der Ifrit über seine Worte. Der Fischer sagte: »Ifrit, laß mich leben!« Da sagte der Ifrit: »Fischer, folge mir!«

Der Fischer ging hinter ihm her und glaubte nicht an seine Rettung, bis sie außerhalb der Stadt waren. Er stieg auf einen Berg und stieg wieder hinab in eine ausgedehnte Ebene, in deren Mitte vier Hügel waren und inmitten dieser ein Teich mit Wasser. Da blieb der Ifrit stehen und befahl dem Fischer, sein Netz auszuwerfen und zu fischen, und der Fischer blickte auf den Teich. Da waren farbige Fische darin, weiß und rot und blau und gelb, darüber wunderte er sich. Dann warf er das Netz aus und zog es zu sich, da kamen vier Fische heraus, ein roter, ein weißer, ein blauer und ein gelber. Als der Fischer die sah, wunderte er sich und freute sich darüber. Der Ifrit sagte zu ihm: »Bring sie zum Sultan deiner Stadt, biete sie ihm an, und er wird dir geben, was dich reich macht. Und nimm meine Entschuldigung an! Nur, bei Gott, laß keinen anderen den Weg wissen! Fische aber täglich nur einmal, und laß mich in der Einsamkeit!« Dann stampfte der Ifrit mit seinem Fuß auf die Erde, und die spaltete sich und verschlang ihn. Und der Fischer, o König, ging zur Stadt, verwundert über das, was ihm mit dem Ifrit passiert war, und auch wegen der bunten Fische. Dann betrat er das Schloß des Königs und bot sie ihm an. Der Sultan sah sie an ...«

Da bemerkte Schahrazad den Morgen und erzählte nicht weiter. Dinarzad sagte: »O Schwester, wie hübsch ist deine Geschichte und wie seltsam!« Sie sprach: »Was ist das im Vergleich mit dem, was ich euch nächste Nacht erzählen werde, wenn ich am Leben bleibe!«

Aus dem Arabischen von Annemarie Schimmel

Die Orientalistin Annemarie Schimmel hat diese berühmte Geschichte aus Tausendundeiner Nacht für dieses Buch neu übersetzt – nach der maßgeblichen arabischen Ausgabe von Mushin Mahdi »The Thousand and One Nights / Alf Layla wa-Layla. From the Earliest Known Sources« (Leiden 1984). Dort wurde die Rekonstruktion der arabischen Handschrift versucht, die Antoine Gallands epochaler Übersetzung (1704–17) zugrunde lag, und damit die Wiederherstellung des ältesten erreichbaren Textes (syrische Redaktion), der bis zur 282. Nacht reicht und dann abbricht. Die Geschichte vom Fischer und dem Dämon umfaßt mit ihren Einschüben die 8. bis 27. Nacht; in der Ausgabe von Enno Littmann sind dies in Band 1 die Seiten 48–96.
Die Rahmenhandlung, das Dreiergespräch zwischen der Erzählerin Schahrazad, ihrer jüngeren Schwester Dinarzad und dem König Scharijar, macht zweierlei deutlich: Erzählt wird nur bei Nacht, und es geht – bei jeder Erzählung, in jeder Nacht – ums Überleben. Schahrazad teilt mit dem König das Lager; damit es ihr nicht wie ihren Vorgängerinnen ergeht, die des Morgens getötet wurden, erzählt sie und erzählt, solange, bis der König von seinem Tötungstrieb geheilt ist. Fiktiver Auslöser für die bedeutendste Erzählsammlung der Weltliteratur ist ein Trauma: Der König kann den Treubruch seiner ersten Ehefrau nicht verwinden. Die Geschichte vom Fischer und dem Dämon hat selber eine reiche literarische Tradition begründet. Sie reicht bis zu Alain-René Lesage, »Le diable boiteux« (Der hinkende Teufel, 1707), Grimms »Der Geist in der Flasche« und Robert L. Stevensons samoanischem Märchen »The Bottle Imp« (Das Flaschenteufelchen, 1891).

Der fliegende Koffer

Es war einmal ein Kaufmann, der war so reich, daß er die ganze Stadt und fast noch eine kleine Gasse dazu mit Silbergeld pflastern konnte; aber das tat er nicht, er wußte sein Geld anders zu verwenden. Und gab er einen Schilling aus, so bekam er einen Taler wieder: ein so kluger Kaufmann war er – bis er starb.

Der Sohn bekam nun all das Geld, und er lebte lustig, ging jede Nacht zur Maskerade, machte Papierdrachen aus Talerscheinen und warf Fitschen auf der See mit Goldstücken statt mit flachen Steinen. Auf diese Weise konnte das Geld schon alle werden, und das wurde es. Zuletzt besaß er nicht mehr als vier Schillinge, und er hatte keine anderen Kleider als ein Paar Pantoffeln und einen alten Schlafrock. Nun kümmerten sich seine Freunde nicht mehr um ihn, da sie ja nicht zusammen auf die Straße gehen konnten. Nur einer von ihnen, der gutmütig war, sandte ihm einen alten Koffer, mit der Bemerkung: »Packe ein!« Ja, das war nun recht schön, aber er hatte nichts einzupacken; darum setzte er sich selbst in den Koffer. Das war ein merkwürdiger Koffer. Sobald man an das Schloß drückte, konnte der Koffer fliegen. Er drückte und wips! flog er mit ihm durch den Schornstein hoch über die Wolken hinauf, weiter und weiter. Sooft aber der Boden ein wenig knackte, war er sehr in Angst, daß der Koffer in Stücke gehen möchte, denn dann hätte er einen ganz tüchtigen Purzelbaum gemacht – Gott bewahre uns! Auf solche Weise kam er in das Land der Türken. Den Koffer verbarg er im Wald unter den welken Blättern und ging dann in die Stadt hinein. Das konnte er auch ganz gut, denn bei den Türken gingen ja alle so wie er: in Schlafrock und Pantoffeln. Da begegnete er einer Amme mit einem kleinen Kind: »Höre, du Türken-Amme«, sagte er, »was ist das für ein großes Schloß hier dicht bei der Stadt, wo die Fenster so hoch sitzen?« – »Da wohnt die Tochter des Königs«, erwiderte sie. »Es ist prophezeit, daß sie über einen Geliebten sehr unglücklich würde, und deshalb darf niemand zu ihr, wenn nicht der König und die Königin mit dabei sind.« – Ich danke«, sagte der Kaufmannssohn, und dann ging er hinaus in den Wald, setzte sich in seinen Koffer, flog auf das Dach und kroch durch das Fenster zur Prinzessin hinein.

Sie lag auf dem Sofa und schlief. Sie war so schön, daß der Kaufmannssohn sie küssen mußte. Da erwachte sie und erschrak gewaltig. Aber er sagte, er sei der Türkengott, der durch die Luft zu ihr heruntergekommen sei, und das gefiel ihr. So saßen sie nebeneinander, und er erzählte ihr Geschichten von ihren Augen: das seien die herrlichsten dunklen Seen, und die Gedanken schwämmen darin wie Meerjungfrauen. Und er erzählte von ihrer Stirn: die sei ein Schneeberg mit den prächtigsten Sälen und Bildern. Und er erzählte vom Storch, der die lieblichen kleinen Kinder bringe.

Ja, das waren schöne Geschichten! Dann freite er um die Prinzessin, und sie sagte gleich ja. »Aber Sie müssen am Sonnabend herkommen!« sagte sie. »Da sind der König und die Königin bei mir zum Tee. Sie werden sehr stolz darauf sein, daß ich den Türkengott bekomme. Aber sehen Sie zu, daß Sie ein recht hübsches Märchen wissen, denn das lieben meine Eltern ganz außerordentlich. Meine Mutter will es moralisch und vornehm haben, und mein Vater belustigend, so daß man lachen kann.« – »Ja, ich bringe keine andere Morgengabe als ein Märchen«, sagte er, und dann nahmen sie Abschied. Aber die Prinzessin gab ihm einen Säbel, der war mit Goldstücken besetzt, und die konnte er grade gebrauchen.

Nun flog er fort, kaufte sich einen neuen Schlafrock und saß dann draußen im Wald und dichtete ein Märchen: das sollte bis zum Sonnabend fertig sein, und es ist doch nicht so leicht. Er wurde fertig damit, und da war es Sonnabend.

Der König, die Königin und der ganze Hof warteten mit dem Tee bei der Prinzessin. Er wurde sehr nett empfangen. »Wollen Sie uns nun ein Märchen erzählen«, sagte die Königin, »eins, das tiefsinnig und belehrend ist?« – »Aber worüber man doch lachen kann!« sagte der König. »Ja, schon«, erwiderte er und erzählte; da muß man nun gut aufpassen.

Es war einmal ein Bund Schwefelhölzer, die waren so außerordentlich stolz auf ihre hohe Herkunft! Ihr Stammbaum, das heißt die große Kiefer, von der jedes ein kleines Hölzchen war, hatte als ein großer alter Baum im Wald gestanden. Die Schwefelhölzer lagen jetzt auf dem Wandbrett zwischen einem Feuerzeug und einem alten eisernen Kochtopf, und diese erzählten von ihrer Jugend. »Ja, als wir auf dem grünen Zweig waren«, sagten sie, »da waren wir aber wirklich auf einem grünen Zweig! Jeden Morgen und Abend gab es Diamant-Tee, das war der Tau; den ganzen Tag hatten wir Sonnenschein, wenn die Sonne schien, und all die kleinen Vögel mußten Geschichten erzählen. Wir konnten wohl merken, daß wir auch reich waren, denn die Laubbäume waren nur im Sommer bekleidet, aber unsere Familie konnte sich Sommer wie Winter grüne Kleider leisten. Doch da kam der Holzhauer, das war die große Revolution, und unsere Familie wurde zersplittert. Der Stammherr erhielt eine Stelle als Hauptmast auf einem prächtigen Schiff, welches die ganze Welt umsegeln konnte, wenn es wollte; die anderen Zweige kamen anderswohin, und wir haben nun das Amt, der gemeinen Menge das Licht anzuzünden. Deshalb sind wir vornehmen Leute hier in der Küche gelandet.«

»Mein Schicksal war ein anderes«, sagte der eiserne Kochtopf, neben dem die Schwefelhölzer lagen. »Von Anfang an, seit ich in die Welt kam, bin ich viele Male gescheuert und gekocht worden. Ich sorge für das Solide und bin der Erste hier im Haus. Meine einzige Freude ist, so nach Tisch rein und fein an meinem Platz zu liegen und ein vernünftiges Gespräch mit meinen Kameraden zu führen. Wenn ich den Wassereimer ausnehme, der hin und wieder einmal auf den Hof hinunterkommt, so leben wir immer innerhalb unserer vier Wände. Unser einziger Neuigkeitsbote ist der Marktkorb, aber er redet so beunruhigend von der Regierung und dem Volk; ja, neulich war da eine alte Schüssel, die vor Schreck darüber herunterfiel und sich in Stücke schlug. Die ist liberal, sage ich Euch!«

»Nun sprichst du zuviel«, fiel das Feuerzeug ein, und der Stahl schlug gegen den Feuerstein, daß es sprühte. »Wollen wir uns nicht einen lustigen Abend machen?« – »Ja, laßt uns davon sprechen, wer der Vornehmste ist!« sagten die Schwefelhölzer. »Nein, ich liebe es nicht, von mir selbst zu reden«, wandte der Tontopf ein. »Laßt uns eine Abendunterhaltung veranstalten. Ich mache den Anfang. Wir werden etwas erzählen, was ein jeder erlebt hat; da kann man sich so gut hineinversetzen, und es ist so erfreulich. An der Ostsee bei den dänischen Buchen ...«

»Das ist ein hübscher Anfang«, sagten alle Teller. »Das wird sicher eine Geschichte, die uns gefällt.« – »Ja, da verlebte ich meine Jugend bei einer ruhigen Familie; die Möbel wurden gebohnert, der Fußboden gescheuert, und alle vierzehn Tage wurden saubere Gardinen aufgehängt.« – »Wie Sie doch interessant erzählen!« sagte der Kehrbesen. »Man kann gleich hören, daß es ein weibliches Wesen ist, welches erzählt; es geht so etwas Reinliches durch das Ganze.« – »Ja, das fühlt man«, sagte der Wassereimer und machte vor Freude einen kleinen Sprung, so daß es auf dem Fußboden platschte.

Und der Topf fuhr fort zu erzählen, und das Ende war ebensogut wie der Anfang.

Alle Teller klapperten vor Freude, und der Kehrbesen zog grüne Petersilie aus dem Sandloch und bekränzte den Topf, denn er wußte, daß es die anderen ärgern würde. »Bekränze ich ihn heute«, dachte er, »so bekränzt er mich morgen.«

»Nun will ich tanzen!« sagte die Feuerzange und tanzte. Ja, du meine Güte, wie die das Bein in die Höhe bekam! Der alte Stuhlüberzug im Winkel platzte, als er das sah. »Werde ich nun auch bekränzt?« fragte die Feuerzange, und sie wurde es.

»Das ist doch nur Pöbel«, dachten die Schwefelhölzer.

Nun sollte die Teemaschine singen; aber sie sagte, sie habe sich erkältet, sie könne nicht singen, wenn sie nicht koche. Aber das war bloße Vornehmtuerei: Sie wollte nicht singen, wenn sie nicht drinnen bei der Herrschaft auf dem Tische stand.

Im Fenster stak eine alte Gänsefeder, mit der das Mädchen zu schreiben pflegte. Es war nichts Bemerkenswertes an ihr, außer daß sie gar zu tief in die Tinte getaucht worden war. Aber das machte sie stolz. »Will die Teemaschine nicht singen«, sagte sie, »so kann sie es bleiben lassen! Draußen hängt eine Nachtigall im Käfig, die kann singen. Die hat zwar nichts gelernt, aber das wollen wir diesen Abend dahingestellt sein lassen.«

»Ich finde es höchst unpassend«, sagte der Teekessel, der Küchensänger war und ein Halbbruder der Teemaschine, »daß man sich solch einen fremden Vogel anhören soll! Ist das patriotisch? Der Marktkorb mag darüber richten!«

»Ich ärgere mich nur!« sagte der Marktkorb. »Ich ärgere mich innerlich dermaßen, wie niemand es sich denken kann. Ist das eine passende Art, den Abend hinzubringen? Wäre es nicht richtiger, das ganze Haus auf den Kopf zu stellen? Jeder würde dann an seinen Platz kommen, und ich würde das ganze Spiel leiten. Das wäre etwas anderes!«

»Ja, laßt uns Spektakel machen!« sagten alle. Da ging die Tür auf. Es war das Dienstmädchen, und da standen sie still. Keiner muckste. Aber da war nicht ein Napf, der nicht gewußt hätte, was er zu tun vermöge und wie vornehm er sei. »Ja, wenn ich gewollt hätte«, dachte jeder, »dann wäre es in der Tat ein recht lustiger Abend geworden!«

Das Dienstmädchen nahm die Schwefelhölzer und machte Feuer damit an. Mein Gott, wie die sprühten und flammten! »Nun kann doch ein jeder sehen«, dachten sie, »daß wir die Ersten sind! Welchen Glanz wir haben, welches Licht!« – Und damit waren sie verbrannt.

»Das war ein herrliches Märchen«, sagte die Königin. »Ich fühle mich so ganz in die Küche versetzt zu den Schwefelhölzern. Ja, nun sollst du unsere Tochter haben.« – »Ja, gewiß!« sagte der König, »du bekommst unsere Tochter am Montag« (denn jetzt sagten sie du zu ihm, da er zur Familie gehören würde). Die Hochzeit war nun bestimmt, und am Abend vorher wurde die ganze Stadt festlich erleuchtet. Wecken und Brezeln regneten auf das Volk nieder, die Straßenjungen standen auf Zehenspitzen, riefen hurra und pfiffen auf den Fingern; es war außerordentlich prachtvoll.

»Tja, ich werde wohl auch etwas zum Besten geben müssen«, dachte der Kaufmannssohn. Und so kaufte er Raketen, Knallerbsen und alles erdenkliche Feuerwerk, legte es in seinen Koffer und flog damit in die Luft. Rrrutsch, wie das abging und wie das fauchte!

Alle Türken hüpften dabei in die Höhe, daß ihnen die Pantoffeln um die Ohren flogen. Eine solche Lufterscheinung hatten sie noch nie gesehen. Nun konnten sie begreifen, daß es der Türkengott selbst war, der die Prinzessin haben sollte.

Sobald der Kaufmannssohn mit seinem Koffer wieder in den Wald hinunterkam, dachte er: »Ich will doch in die Stadt hineingehen, um zu erfahren, wie es sich ausgenommen hat!« Und das war ja nur natürlich, daß er Lust dazu hatte.

Nein, was die Leute doch erzählten! Ein jeder, den er danach fragte, hatte es auf seine Weise gesehen, aber schön gefunden hatten es alle. »Ich habe den Türkengott selber gesehen«, sagte der eine, »er hatte Augen wie blinkende Sterne und einen Bart wie schäumende Wasser!« – »Er ist in einem feurigen Mantel geflogen«, sagte ein anderer, »die lieblichsten Engelskinder schauten aus den Falten hervor!« O ja, es waren hübsche Dinge, die er da vernahm, und am nächsten Tag sollte er Hochzeit machen.

Nun ging er zurück in den Wald, um sich in seinen Koffer zu setzen – aber wo war der? Der Koffer war verbrannt. Ein Funken des Feuerwerks war übriggeblieben, der hatte Feuer gefangen, und der Koffer lag in Asche. Und er – er konnte nicht mehr fliegen, nicht mehr zu seiner Braut gelangen.

Sie stand den ganzen Tag auf dem Dach und wartete; sie wartet wahrscheinlich noch. Er aber durchwandert die Welt und erzählt Märchen, doch sind sie nicht mehr so lustig wie das, welches er von den Schwefelhölzern erzählte.

Nach der von Hans Christian Andersen besorgten deutschen Ausgabe (1847)

Hans Christian Andersens »Den flyvende Koffert« (1839) ist eine Erzählung mit doppeltem und dreifachem Boden. Sie parodiert einen Text aus François Pétis de la Croix' bekannter Sammlung »Tausendundein Tag«, nämlich die Geschichte des Malik und der Prinzessin Schirin – dort ist eine Kiste das Fluggerät, mit Schraubenmechanismus und Federsteuerung. Dann gibt sie, im ästhetischen Disput des Königspaares und im eingebauten Märchen vom Vornehmheitsstreit der Küchengeräte, eine satirische Schilderung des Kreises um Ludvig Heiberg; sie spielt auch an auf die vergötterte »schwedische Nachtigall« Jenny Lind. Obendrein gerät die Geschichte zu einem Gleichnis der eigenen Poetenexistenz; das Sichausdenken und Erzählen von Märchen wird selbst zum Thema, bis in den Schluß.

Andersen selbst war ein leidenschaftlicher Reisender – und begabt für Science Fiction, wie er in seinem Sketch »In Jahrtausenden« (1852) bewies: »Ja, in Jahrtausenden kommen sie auf den Flügeln des Dampfes durch die Luft über das Weltmeer herüber. Die jungen Bewohner Amerikas besuchen das alte Europa – und haben es in acht Tagen gesehen.« Die Illustratoren der Zeit vor dem Flugzeug haben sich verständlicherweise besonders des Koffers und des orientalischen Dekors angenommen, während die modernen sich mehr dem Küchentanz widmen, den sie virtuos in Szene setzen.

Die drei empfindlichen Brahmanensöhne

Im Reich Anga liegt ein großer Landstrich namens Vrikscha-gatha, der nur von Brahmanen verwaltet werden darf. Dort lebte einst ein reicher und frommer Brahmane, Vischnusva-min. Seine ebenbürtige Gemahlin gebar ihm drei Söhne. Sie wuchsen zu Jünglingen heran und allen eignete ein über-natürlich feines Gefühl.

Eines Tages nun, als der Vater wie gewöhnlich sein Opfer verrich-tete, sah er, daß die ihm dazu nötige Schildkröte fehlte. So schickte er seine drei Söhne fort, sie zu holen. Sie gingen ans Meer und fanden dort eine. Da sprach der älteste zu den jüngeren Brüdern: »Einer von euch kann das Tier anfassen, das der Vater zum Opfer braucht, ich bringe es nicht fertig, es riecht so übel und ist so schlüpfrig.« Die beiden jüngeren riefen sofort: »Wenn du dich davor ekelst, wir ekeln uns erst recht.« Doch der älteste hielt ihnen vor: »Ihr müßt schon die Schildkröte anfassen, denn wenn ihr es nicht tut, so unterbrecht ihr das Opfer unseres Vaters und kommt dafür sicherlich in die Hölle.« Da lachten ihn die jün-geren Brüder aus und riefen: »Wenn du unsere Pflichten so genau kennst, war-um weißt du denn nicht, daß deine genau dieselben sind?«

Der älteste erwiderte böse: »Ihr könntet doch auch wissen, wie empfindlich ich bin; so bin ich bei Speisen sehr wählerisch und einfach nicht imstande, üble Dinge anzurühren.« Wie er das hörte, rief der mittlere Bruder: »Mir ergeht es ge-nauso bei den Frauen, darum bin ich noch empfindlicher und wählerischer als du.« Darauf sprach wieder der älteste: »Dann soll der jüngere von euch beiden die Schildkröte anfassen.« Der aber zog die Brauen zusammen und rief: »O ihr Narren! Genauso wie euch ergeht es mir bei den Betten, darum bin ich der aller-empfindlichste.«

So gerieten die drei, obwohl sie Brüder waren, in heftigen Streit. Weil nun ihr Stolz nach einer Entscheidung dürstete, so ließen sie die Schildkröte liegen und gingen sofort nach Vitankapura, wo der König des Landes, Prasenadschit, hof-hielt. Sie ließen sich durch den Türhüter anmelden, begaben sich zum König selbst und trugen ihm ihre Sache ganz genau vor. »Wartet hier«, sprach der Kö-nig, »ich werde euch der Reihe nach prüfen.« Das waren sie auch ganz zufrie-den.

Zur Mittagszeit wies er ihnen einen Ehrenplatz zu und ließ ihnen eine Speise

vorsetzen, die alle sechs Wohlgeschmäcke in sich vereinigte; sie war eines Königs wohl würdig. Während nun alle aßen, rührte allein der speisenempfindliche Brahmane nichts an, sondern empfand solchen Ekel, daß er sich den Atem anhielt. Als ihn nun der König selbst fragte: »Warum ißt du die Speise nicht, die doch so lieblich duftet und uns allen so gut mundet«, erwiderte er, konnte aber die Worte kaum herausbringen: »Aus dem Reis, den Ihr in die Speise getan habt, dringt ein Gestank zu mir wie von dem Rauch, der bei Verbrennung von Leichen entsteht. Ich bin darum nicht imstande, sie zu essen, Herr, wie gut sie auch sein mag.« Alle berochen nun die Speise, weil der König dazu aufforderte, und sagten einstimmig: »Es ist der beste Reis darin. Wir können in der Speise nichts Schlechtes finden, sie duftet vorzüglich und schmeckt ausgezeichnet.« Doch der speisenempfindliche Jüngling konnte nichts essen, er saß da und hielt sich die Nase zu. Jetzt glaubte der König doch, daß etwas an der Sache dran sei; er ließ seinen Diener Nachforschungen anstellen, und aus diesen ergab sich wirklich, daß der Reis in der Speise auf einem Feld gewachsen war, das nahe dem Leichenplatz eines Dorfes lag. Darüber verwunderte sich der König sehr, war zufriedengestellt und sagte zu dem Brahmanen: »Du bist, was Essen anlangt, wirklich hochempfindlich. So genieße denn eine andere Speise.«

Nach dem Mahl wies der König den Brüdern Wohnungen an und schickte nach der schönsten seiner Frauen. Gegen Abend sandte er die an Leib und Gliedern wohlgestaltete Schöne, reich mit Schmuck behangen, zu dem zweiten Brahmanen, dem frauenempfindlichen. So machte sie sich auf, von den Dienern des Königs begleitet, reich geschmückt, herrlich am ganzen Leib, ihr Antlitz lieblich wie der Vollmond, sie hätte sogar den Liebesgott entflammt. Als sie in sein Wohngemach eintrat, schien sie es mit ihrer Schönheit ganz zu erleuchten. Aber der frauenwählerische Brahmane fiel beinahe in Ohnmacht, hielt sich mit der linken Hand die Nase zu und schrie die Diener des Königs an: »Bringt sie fort, sonst sterbe ich! Ein Bocksgeruch verbreitet sich von ihr.« Die Diener brachten das ganz bestürzte Mädchen zum König, dem sie alles erzählten. Der ließ sogleich den Brahmanen holen und sprach zu ihm: »Dies Mädchen, eingehüllt in Sandelduft, Kampfer und schwarzer Aloe, das mit ihren Wohlgerüchen alle Himmelsrichtungen erfüllt – wie kann es denn einen Bocksgeruch haben?« Doch der frauenwählerische Jüngling blieb bei seiner Meinung, und so kamen den König Zweifel an. Durch geschicktes Fragen erfuhr er dann von dem Mädchen selbst, daß sie als Kind von Mutter und Amme getrennt worden war und mit Ziegenmilch genährt wurde. Der König war wieder aufs höchste erstaunt und pries die feine Witterung des Brahmanen, der so frauenempfindlich war.

Dann ließ er sofort dem dritten der Brüder, der in bezug auf Betten empfindlich war, ein Lager bereiten, das den verwöhntesten Ansprüchen gerecht wurde: eine Bettstelle, bestehend aus sieben übereinandergeschichteten Baumwollmatratzen, überdies mit feinen Tüchern und weichen Decken belegt. Darauf schlief also der in punkto Betten so empfindliche Jüngling ein. Kaum war jedoch die Hälfte der ersten Nachtwache verstrichen, sprang der Brahmane vom Bett auf und rieb sich mit der Hand den Rücken, dabei schrie er vor Schmerz hell auf. Dort auf seinem Rücken aber sahen die Diener des Königs ein rotgeschlängeltes Mal, als habe sich ein einzelnes Haar tief eingedrückt. Sie gingen und sagten's dem König, der befahl ihnen, sie sollten einmal nachsehen, ob nicht etwas unter der Matratze wäre. Sie sahen nun unter jeder Matratze nach, schließlich fanden sie mitten unter der allerletzten ein Haar. Dies und den Brahmanen dazu brachten sie dem König. Der erstaunte zutiefst, als er das feine Haar sah und den wunden Körper des Brahmanen damit verglich. Die ganze Nacht sann er darüber nach, wie ein Haar durch sieben Matratzen hindurch sich so tief eindrücken könne.

Am nächsten Morgen sagte er den Brüdern: »Ihr besitzt alle eine ganz wunderbare Gabe zu schmecken und zu fühlen.« Und er schenkte den drei empfindlichen Brahmanensöhnen dreihunderttausend Goldstücke. Sie lebten nun dort glücklich weiter, die Schildkröte hatten sie längst vergessen. Und es kümmerte sie auch nicht, daß sie des Vaters Opfer gestört und sich so eines schweren Verbrechens schuldig gemacht hatten.

Diese merkwürdige Geschichte erzählte der Geist auf der Schulter des Königs Trivikramasena und stellte ihm die Frage: »O Herr, sage mir: Wer von den dreien war empfindlicher, der mit den Speisen, der mit den Frauen oder der mit dem Bett?« Der Fürst antwortete dem Geist: »Ich meine, der Empfindlichste war der mit dem Bett. Denn auf seinem Rücken war der Abdruck des Haares deutlich sichtbar, ein Betrug daher ausgeschlossen. Die anderen hätten ihr Wissen auch von jemand anders vorher haben können.«
Kaum hatte er das gesagt, so glitt der Geist wieder von seiner Schulter, und der König lief ihm unverdrossen nach.

Aus dem Sanskrit von Friedrich von der Leyen

Was für uns Europäer Andersens »Die Prinzessin auf der Erbse« ist, bedeutet den Indern die Geschichte von den drei empfindlichen Brahmanensöhnen, oder vielmehr die des dritten und letzten, dessen Sensibilität kaum überbietbar erscheint. Sie ist Teil einer seit jeher sehr populären Sammlung »Fünfundzwanzig Erzählungen eines Leichendämons« (Vetālapancavimsatikā, 10. Jh.), die ihrerseits in das berühmte Kathasaritsagara, »Ozean der Märchenströme«, eingebettet ist – eine Sammlung von 124 »Wellen«, d. h. Erzählabschnitten, in denen die einzelnen Märchen wie Tropfen in den Wogen des Ozeans aufscheinen. Die Sammlung der 25 Erzählungen ist hierzulande auch durch Heinrich Zimmers anschaulichen Überblick »Der König mit dem Leichnam« bekanntgeworden. Das Motiv der sechsten Erzählung – zwei Freunde, die zu Ehren einer Göttin einander die Köpfe abschneiden – hat Thomas Mann in den »Vertauschten Köpfen« verwendet. Die Übersetzung findet sich in Friedrich von der Leyen, »Indische Märchen« (Halle 1898).

Wie der Spinnenmann dem Himmelsherrscher dessen Geschichten abkaufte

Eines Tages ging Kweku Ananse der Spinnenmann zu Nyankonpon, dem Himmelsherrscher, weil er ihm seine Geschichten abkaufen wollte. Der Himmelsgott sagte: »Wie kommst du darauf, daß ausgerechnet du sie kaufen könntest?« Herr Spinne erwiderte: »Ich weiß, daß ich es kann.« Darauf sagte der Himmelsgott: »Großmächtige Städte kamen vor dir, so Kokofu, Bekwai, Asumengya, doch es ist ihnen nicht gelungen, sie zu bekommen. Und doch sagst du, der du nur ein einfacher Mann bist, daß es dir gelingen würde.« Herr Spinne sagte: »Nenne mir den Preis für die Geschichten.« Der Himmelsgott sagte: »Wer sie kaufen will, muß mir Onini die Pythonschlange dafür bringen, Osebo den Leoparden, Mmoatia die Fee und Mmboro die Hornisse.« Herr Spinne sagte darauf: »Ich werde dir all dies herbeischaffen und gebe dir meine alte Mutter Nsia, das sechste Kind, als Dreingabe.« Der Himmelsgott sagte: »Dann geh und schaff sie mir herbei.«

Herr Spinne ging nach Hause und erstattete seiner Mutter Bericht: »Es ist mein Wunsch, die Geschichten des Himmelsherrschers zu kaufen, und er sagt, ich muß ihm dafür bringen: Onini die Pythonschlange, Osebo den Leoparden, Mmoatia die Fee und Mmboro die Hornisse. Und ich sagte dem Himmelsgott, daß ich dich als Dreingabe gebe.« Dann beriet sich Herr Spinne mit seiner Frau Aso und sagte: »Wie können wir es anstellen, daß wir Onini die Pythonschlange einfangen?« Aso sagte zu ihm: »Geh hin und schneide einen Palmzweig, und bring mir auch ein paar Schlingpflanzen mit.« Und Herr Spinne brachte beides. Und Aso sagte: »Geh damit zum Fluß.« Und Ananse nahm beides und zog los. Und als er so des Weges ging, sagte er: »Es ist länger als sie, es ist nicht so lang wie sie. Du lügst, es ist länger als sie.«

Herr Spinne sagte: »Da drüben liegt sie ja.« Die Pythonschlange hatte die (vermeintliche) Unterhaltung mit angehört und fragte nun: »Worum geht es hier?« Worauf Herr Spinne erwiderte: »Da will doch meine Frau sich mit mir streiten und sagt, dieser Palmzweig wäre länger als du, und ich sage, sie lügt.« Und Onini die Pythonschlange sagte: »Komm doch her und nimm Maß.« Ananse nahm den Palmzweig und legte ihn neben den Schlangenkörper. Dann sagte er:

»Streck dich.« Und die Pythonschlange streckte sich, und Ananse nahm das Schlinggewächs und wickelte es ihr um, und es hörte sich an wie *nwenene! nwenene! nwenene!* bis er beim Kopf angelangt war. Ansanse der Spinnenmann sagte: »Du Törin, ich werde dich dem Himmelsherrscher bringen und dafür seine Geschichten in Empfang nehmen.« Und so brachte Ananse sie zu Nyame dem Himmelsgott. Der sagte: »Meine Hand hat es berührt; es bleibt zu tun, was noch zu tun bleibt.«

Herr Spinne kehrte nach Hause und erzählte seiner Frau, was vorgefallen war, und sagte: »Da bleiben noch die Hornissen.« Seine Frau sagte: »Such dir eine Kalebasse und fülle sie mit Wasser und mach dich auf den Weg.« Herr Spinne streifte durch den Busch, und als er einen Schwarm Hornissen hängen sah, goß er etwas Wasser aus und besprühte sie damit. Mit dem restlichen Wasser begoß er sich selbst, dann schnitt er ein Bananenblatt ab und bedeckte damit seinen Kopf. Und an die Hornissen gewandt, sagte er: »Es hat angefangen zu regnen. Wäre es da nicht besser, ihr kommt in meine Kalebasse, so daß der Regen euch nichts anhaben kann? Ihr seht ja, daß ich mir ein Bananenblatt zu meinem Schutz geholt habe.« Darauf sagten die Hornissen: »Wir danken dir, Aku, wir danken dir, Aku.« Und alle Hornissen flogen auf und verschwanden in der Kalebasse, *fom!* Vater Spinne verschloß die Öffnung und rief: »Dummköpfe, jetzt habe ich euch, und ich werde euch für die Geschichten des Himmelsherrschers eintauschen.«

Und er brachte die Hornissen dem Himmelsgott. Der sagte: »Meine Hand hat es berührt; es bleibt zu tun, was noch zu tun bleibt.«

Herr Spinne kehrte wieder nach Hause und erzählte es seiner Frau und sagte: »Da bleibt noch Osebo der Leopard.« Aso sagte: »Geh hin und grabe ein Loch.« Ananse sagte: »Ist gut, ich versteh schon.« Darauf machte Herr Spinne sich auf die Suche nach Leopardenspuren, und als er sie gefunden hatte, hob er eine tiefe Grube aus, deckte sie wieder zu und kehrte nach Hause zurück. Ganz früh am nächsten Morgen, als die Welt eben sichtbar wurde, sagte Herr Spinne, er wolle sich auf den Weg machen, und als er hinkam, schau, da lag ein Leopard in der Grube. Ananse sagte: »Kind des kleinen Vaters, Kind der kleinen Mutter, ich habe dir gesagt, du sollst dich nicht betrinken, und jetzt, das sieht dir ähnlich, hast du schwer einen sitzen und bist deshalb in die Grube gefallen. Was wäre denn, wenn ich zu dir sagen würde, ich könnte dir heraushelfen, und was wäre dann, wenn du mich oder eins meiner Kinder am nächsten Tag sähest: Du würdest doch mich oder sie schnappen.« Der Leopard sagte: »O nein! Niemals würde ich so etwas tun.«

Ananse schnitt zwei Stöcke zurecht, legte einen hierhin und einen dahin und sagte: »Leg die eine Pfote hierhin und die andere dahin.« Und der Leopard tat, wie ihm geheißen. Wie er hinaufgeklettert kam, zog Ananse sein Messer, und wie ein Blitz zuckte es auf seinen Kopf nieder. *Gao!* zischte das Messer. Und *fom!* machte es, als der Leopard herunterstürzte. Ananse nahm eine Leiter und stieg in die Grube hinab, um den Leoparden heraufzuholen. Und als er mit ihm auftauchte, rief er: »Du Dummkopf, ich werde dich jetzt für die Geschichten des Himmelsherrschers eintauschen.« Er schulterte den Leoparden und brachte ihn zu Nyame dem Himmelsgott. Der Himmelsgott sagte: »Meine Hand hat es berührt; es bleibt zu tun, was zu tun bleibt.«

Da kehrte Herr Spinne zurück und schnitzte sich ein Akua-Kind, eine schwarze flachnasige Holzpuppe, und er zapfte von einem Baum eine klebrige Flüssigkeit und bestrich damit den Körper der Puppe. Dann machte er *eto*, gestampfte Yamswurzeln, und gab der Puppe davon auf die Hand. Er stampfte noch mehr Wurzeln zu Brei und füllte sie in eine Messingschale. Dann nahm er die Puppe, band ihr eine Schnur um die Taille und legte sie zu Füßen des Odum-Baumes,

an den Ort, wo die Feen spielen. Und schon kam eine Fee herbei. Sie sagte: »Akua, darf ich von deinem Brei essen?« Ananse zog an der Schnur, und die Puppe nickte mit dem Kopf. Die Fee wandte sich an eine ihrer Schwestern und sagte: »Sie sagt, ich darf.« Die aber sage: »Also, dann iß.« Als sie gegessen hatte, bedankte sie sich. Doch auf dieses Dankeschön gab die Puppe keine Antwort. Die Fee sagte zu ihrer Schwester: »Ich bedanke mich, und sie gibt keine Antwort.« Die Schwester sagte: »So gib ihr einen Klaps auf ihre Tränenstelle.« Und sie gab ihr einen Klaps, *pa!* Und ihre Hand blieb stecken. Sie sagte zur Schwester: »Meine Hand ist steckengeblieben.« Sie sagte: »So nimm die andere und gib ihr nochmal einen Klaps auf ihre Tränenstelle.« Sie gab ihr mit der anderen einen Klaps, *pa!* und auch diese steckte fest. Und die Fee sprach zur Schwester: »Meine beiden Hände sind steckengeblieben.« Sie sagte: »Gib ihr einen Stoß mit dem Bauch.« Sie gab ihr einen Stoß, und ihr Bauch blieb kleben. Nun kam Ananse herbei und band sie fest und sagte: »Du Törin, jetzt habe ich dich, und ich bringe dich zum Himmelsherrscher und tausche dich gegen seine Geschichten ein.« Und dann ging er nach Hause.

Jetzt sprach Ananse zu seiner Mutter Ya Nsia, dem sechsten Kind: »Steh auf, laß uns gehen. Ich werde dich zusammen mit der Fee zum Himmelsherrscher bringen und gegen seine Geschichten eintauschen.« Er hob beide auf seine Schultern und ging mit ihnen dorthin, wo der Himmelsgott war. Als er ankam, sagte er: »Himmelsherrscher, hier bringe ich dir eine Fee, und hier bringe ich dir auch meine Mutter, wie ich dir gesagt habe.« Nun rief der Himmelsgott seine Ratgeber, die Führer der Kontire und Akwam, der Adonten, der Gyase, der Oyoko, Ankobea und Kyidom. Und er legte ihnen die Sache dar und sagte: »Großmächtige Könige sind gekommen, und es ist ihnen nicht gelungen, die Geschichten des Himmelsgottes zu kaufen. Aber Kwaku Ananse dem Spinnenmann gelang es, den Preis zu bezahlen. Ich erhielt von ihm Osebo den Leoparden; ich erhielt von ihm Onini die Pythonschlange, und aus freien Stücken hat er noch seine Mutter beigesteuert. All das liegt vor unseren Augen.« Er sagte: »Singt sein Lob.« – »*Eee!*« riefen alle aus. Der Himmelsgott sagte: »Kwaku, von heute an und in alle Ewigkeit, ich nehme meine himmlischen Geschichten, und ich übergebe sie dir, *kose! kose! kose!* mit meinem Segen, Segen, Segen! Wir werden sie nicht länger die Geschichten des Himmelsgottes nennen, sondern wir werden sie Spinnengeschichten nennen.«

Das ist meine Geschichte, so wie ich sie erzählt habe, ob nun süß oder nicht süß, bringt ein Stück sonstwohin, und laßt ein Stück davon zu mir zurückkehren.

Aus dem Amerikanischen von Ulf Diederichs

Anansesem, Spinnengeschichten, nennen die westafrikanischen Völker diese Märchen. In analphabetischen Gesellschaften ziehen solche Tierhelden – zu denen auch der Schildkrötenmann und vor allem Rabbit (Kaninchen, Hase) zählen – stets mehrere Rollen auf sich: die des einfallsreichen Helden, die des Narren, die des betrogenen Betrügers, kurz, die eines »Trickster«. Es ist eine Figur, die vor allem ihren Trieben folgt und dabei ihren eigenen Kopf gebraucht; sie ist ebenso impulsiv wie energiegeladen – und wird dadurch zum »Kulturbringer«, der z. B. den Menschen, die bisher nur Rohes aßen, das Feuer beschafft. Daß ein solcher Trickster in der Lage ist, selbst den Erzählschatz des Himmels zu ergattern, um ihn unter die Leute zu bringen, zeigt diese Mythe der Aschanti (Goldküste), die der amerikanische Ethnologe Paul Radin in »African Folktales« (New York 1952) niederlegte.

Geschichten vom Jabuti

Ein kleiner Jabuti (Schildkröte) wollte seine Verwandten besuchen und begegnete einem Hirsch. Der Hirsch fragte ihn: »Wohin gehst du?« Jabuti antwortete: »Ich gehe meine Verwandten einladen, damit sie meine große Jagdbeute, den Tapir, holen.« Der Hirsch sprach: »Du hast also einen Tapir getötet? Gehe, rufe alle deine Leute; ich bleibe hier, um sie alle zu sehen.« Der Jabuti aber antwortete: »Dann gehe ich nicht. Ich will wieder zurückkommen, wenn der Tapir verfault ist, um aus einem seiner Knochen eine Flöte zu machen. Es ist gut, Hirsch, ich gehe.« Der Hirsch sprach: »Du hast den Tapir getötet, jetzt will ich sehen, ob du mit mir um die Wette laufen kannst.« Der Jabuti antwortete: »Dann erwarte mich hier. Ich gehe, den Weg zu sehen, den ich zu laufen habe.« Der Hirsch sagte: »Wenn du auf der anderen Seite läufst, und ich rufe, dann antwortest du.« Und weiter sprach er zu ihm: »Jetzt gehe und spute dich, ich will deine Tüchtigkeit sehen.« Jabuti aber sprach: »Warte noch ein wenig, laß mich auf die andere Seite gehen.«

Er ging dorthin und rief alle seine Verwandten. Er stellte sie alle längs des Ufers des kleinen Flusses auf, um dem dummen Hirsch zu antworten. Dann sprach er: »Hirsch, bist du bereit?« Der Hirsch antwortete: »Ich bin bereit.« Der Jabuti fragte: »Wer läuft zuerst?« Der Hirsch lachte und sprach: »Elender Jabuti, du läufst zuerst.« Der Jabuti lief nicht, täuschte den Hirsch und blieb am Ende der Laufbahn. Der Hirsch war sehr zuversichtlich, da er sich auf seine Beine verließ.

Der Verwandte des Jabuti rief dem Hirsch (von vorn) zu. Der Hirsch antwortete von hinten: »Hier gehe ich, elende Schildkröte, aus dem Wald.« Der Hirsch lief, lief, lief, darauf schrie er: »Jabuti!« Der Verwandte des Jabuti antwortete immer vor ihm. Der Hirsch sagte: »Siehe, ich gehe, Elender.« Der Hirsch lief, lief, lief und schrie: »Jabuti!« Der Jabuti antwortete immer vor ihm. Der Hirsch sagte: »Ich will erst Wasser trinken.«

Dann aber schwieg der Hirsch. Der Jabuti rief, rief, rief. Niemand antwortete ihm. Da sagte er: »Es ist möglich, daß jener Elende schon gestorben ist; laßt mich ihn erst noch sehen.« Der Jabuti sagte zu seinen Verwandten: »Ich gehe langsam, um ihn zu sehen.« Als der Jabuti vom Flußufer wegging, sagte er: »Ich habe nicht einmal geschwitzt.« Der Hirsch aber antwortete ihm nicht.

Als die Begleiter des Jabuti den Hirsch sahen, sagten sie: »Wirklich, er ist schon tot.« Der Jabuti sagte: »Wir wollen ihm den Knochen herausziehen.« Die übrigen fragten: »Warum willst du das?« Jabuti antwortete: »Damit ich jederzeit darauf flöten kann. Jetzt gehe ich fort von hier bis auf einen anderen Tag.«

Der Jabuti saß in seiner Höhle und spielte Flöte. Die Leute, die vorübergingen, lauschten. Einer sagte: »Ich will diesen Jabuti fangen.« Er trat vor die Höhle und rief: »Jabuti!« Der antwortete: »U!« Der Mann sagte: »Komm heraus, Jabuti!« – »Wohl, hier bin ich, ich komme schon.« Der Jabuti kam heraus. Der Mann faßte ihn und trug ihn nach Hause. Dort steckte er ihn in einen Kasten.

Am andern Morgen sagte der Mann zu seinen Kindern: »Jetzt laßt den Jabuti nicht heraus«, und er ging zu der Pflanzung. Der Jabuti aber blies seine Flöte in dem Kasten. Die Kinder hören es und kommen zu lauschen. Da schwieg der Jabuti. Darauf sagten die Kinder: »Flöte, Jabuti!« Da antwortete der Jabuti: »Ihr findet das schön. Wie würdet ihr euch erst wundern, wenn ihr mich tanzen sähet!«

Die Kinder öffnen den Kasten, um den Jabuti tanzen zu sehen. Der Jabuti tanzt im Zimmer herum: tum-tum-tum-tum-tum-tum-tum-tum-tein! Da bat der Jabuti die Kinder, daß er seine Notdurft verrichten dürfe. Die Kinder sagten zu ihm: »Gehe, Jabuti, jetzt fliehe aber nicht.« Der Jabuti geht hinter das Haus, läuft und versteckt sich mitten im Wald. Ein Kind sagt: »Was wird es jetzt geben? Was werden wir unserem Vater sagen, wenn er kommt? Wir wollen einen Stein bemalen wie den Schild des Jabuti, sonst wird er uns schlagen, wenn er kommt.« Sie tun das. Abends kommt der Vater und sagt: »Stellt den Topf aufs Feuer, damit wir dem Jabuti den Schildpatt abziehen.« Der Vater legte den bemalten Stein in den Topf und meint, es sei der Jabuti. Darauf sagte er zu den Kindern: »Bringt die Teller, damit wir den Jabuti essen.« Die Kinder brachten sie. Der Vater zog den Jabuti aus dem Topf, und als er ihn auf die Schüssel legte, zerbrach sie. Der Vater sagte zu den Kindern: »Habt ihr den Jabuti fliehen lassen?« Sie sagten: »Nein!« Als sie dies sagten, blies der Jabuti auf seiner Flöte.

Als der Mann das hörte, sagte er: »Ich will ihn wieder fangen.« Er ging und rief: »Komm, Jabuti!« Dieser antwortete: »U!« Der Mann ging ihn suchen in dem Wald und rief: »Komm, Jabuti!« Er rief auf der einen Seite, und der Jabuti antwortete auf der anderen. Der Mann wurde es müde, kehrte zurück und ließ ihn gehen.

Der Jabuti saß in einem Baumloch und spielte auf seiner Flöte. Ussu (nämlich der Riese Kahapora-Ussú) hörte es und sagte: »Dies ist niemand anderer als der Jabuti. Ich will ihn fangen.« Er ging an das Loch. Der Jabuti spielte seine Flöte: fin-fin-fin-kuló-fom-fin. Der Ussu rief: »Jabuti!« Dieser antwortete: »U!« – »Komm, Jabuti, wir wollen unsere Kraft erproben.« Der Jabuti antwortete: »Wir wollen uns messen, weil du es so willst.«
Ussu ging in den Wald, schnitt Sipó (seildicke Schlingpflanze), brachte den Sipó an das Ufer des Flusses und sagte zu Jabuti: »Wir wollen es versuchen, Jabuti, du im Wasser, ich auf dem Land.« Der Jabuti sagte: »Gut, Ussu.«
Der Jabuti sprang ins Wasser mit dem Seil und band es an den Schwanz des Walfisches (d. h. eines großen Fisches). Dann ging der Jabuti heimlich an Land und verbarg sich im Wald. Der Ussu zog an dem Seil. Der Walfisch zog auch und schleppte den Ussu an dem Hals bis ins Wasser. Ussu zog wieder, als wollte er den Schwanz des Walfisches an Land ziehen. Der Walfisch zog wieder und riß den Riesen am Hals bis ins Wasser.
Der Jabuti sah es vom Wald aus und lachte. Als der Ussu ermüdete, sagte er: »Es ist genug, Jabuti.« Der Jabuti lachte, sprang ins Wasser und löste das Seil vom Schwanz des Walfisches. Der Jabuti ging an Land. Der Ussu fragte ihn: »Bist du müde, Jabuti?« Der antwortete: »Nein, wovon soll ich müde sein?« Da sagte der Riese: »Jetzt weiß ich es sicher, daß du mehr Mannes bist als ich. Ich ziehe fort, lebe wohl.«

Aus dem Portugiesischen von Carl Teschauer, S. J.

Jabuti, der Schildkrötenmann, ist bei den Indios in Brasilien und Paraguay eine über-
aus populäre Märchenfigur. Viele der Geschichten, die bis Anfang dieses Jahrhunderts
noch von Mund zu Mund gingen, handeln davon, daß Klugheit und Umsicht der
bloßen Kraft spielend überlegen sind. Der Jabuti ist im Grunde ein schwaches, lang-
sames Tier, genau wie der Swinegel, und er macht es – wie dieser – wett durch Schläue
und Voraussicht, notfalls auch durch Einsatz seines Schildpatt. Wie es bei tapferen
Kriegern, zumindest mythopoetisch, üblich ist, entnimmt er dem besiegten Feind den
Schienbeinknochen und schnitzt sich eine Flöte daraus. Die drei Geschichten sind von
dem Portugiesen Couto de Magalhaes aus der Tupi-Sprache ins Portugiesische über-
tragen (O Selvagem, Rio de Janeiro 1876) und von dem Jesuitenpater Carl Teschauer
ins Deutsche übersetzt (Mythen und alte Volkssagen aus Brasilien, in: Anthropos, 1. Jg.
1906).

Die Schwanfrau

Einst lebte ein Burjate mit Namen Tangkalshing bei dem Stamm der Chorin im Osten. Er hatte fünf Söhne und fünf Töchter. In der Nähe seines Wohnplatzes befand sich ein See. Zu diesem See kamen einmal fünf Schwäne herbeigeflogen. Die Leute sahen sie und dachten: »Die wollen nach Norden fliegen, es sind Zugvögel.«

Als Tangkalshing sie sah, bemerkte er, daß es fünf Mädchen waren. Sie entkleideten sich, um zu baden. Da kam ihm der Gedanke, einem der Mädchen die Schwanenkleider wegzunehmen. Er schlich sich unbemerkt zum Ufer, ergriff eines der Kleider und versteckte sich hinter den Sträuchern. Als die Mädchen ihr Bad beendet hatten, ergriff jedes sein Kleid, und nachdem es sich angezogen hatte, war es plötzlich wieder ein Schwan. Jedoch das eine Mädchen suchte vergeblich nach seinem Gewand. Als es dieses nirgends fand, begann es zu weinen und sagte: »Wenn jemand mein Kleid weggenommen hat, der gebe es mir zurück.« Denn ohne Kleid konnte es nicht fliegen. Die anderen vier Schwanenmädchen flogen endlich fort, nur das eine blieb nackt am Ufer zurück. Und es sagte weiter: »Derjenige, der mein Kleid weggenommen hat, möge sich von mir erbitten, was es auch sei, ich gebe es ihm.«

Da kam Tangkalshing herbei und sagte, er sei es, der ihr Kleid entwendet habe. Aber er brachte ihr nur die Unterhosen und das Leibchen, den Rock jedoch nicht. Dann machte er ihr den Vorschlag: »Werde meine Frau!« Sie war schließlich damit einverstanden. Und er legte den Rock in einen Eisenkasten.

Das Schwanenmädchen gebar ihm fünf Söhne und fünf Töchter. Zwei von ihnen starben wahrscheinlich, und man weiß nichts von ihnen. Der älteste Sohn hieß Choriodé und die älteste Tochter Chobshe. Eine andere Tochter war Jabshe. Andere Söhne waren Helüng und Holüng. Auch Saran war ein Sohn. Ob Tabshe ein Sohn oder eine Tochter war, ist nicht bekannt, und ebenso unbestimmt ist Bitcho.

Einmal nun sagte die Schwanfrau zu ihrem Mann: »Wir haben nun so viele Kinder. Mache Tarassun (Milchbranntwein), wir wollen trinken.« Und sie begannen, den Tarassun zu trinken. Da sagte die Frau zu ihrem Mann: »Wieviele Jahre wir zusammen gelebt haben, soviele Kinder haben wir. Jetzt fliege ich nicht mehr weg von dir. Du kannst mir ruhig den Rock wiedergeben, den du mir damals genommen hast.« Tangkalshing öffnete die Kiste, wo er den Rock verborgen hatte, und gab ihn ihr. Dann tranken sie weiter Tarassun. Sie saßen in der Jurte, und in der Mitte lagen drei große Steine und darauf die Brennschüssel. Jetzt zog die Frau den Rock an und schrie dreimal mit Schwanenstimme: »Gü, gü!«

Die älteste Tochter war damit beschäftigt, den Tarassun-Apparat einzulehmen. Und gerade in diesem Augenblick flog die Schwanfrau weg. Die Tochter ergriff sie noch an den Beinen, als sie aus dem Rauchloch davonfliegen wollte, und kam mit ihren Lehmhänden daran. Seit dieser Zeit haben die Schwäne keine roten, sondern etwas schmutziggelb aussehende Beine. Die Tochter konnte sie aber nicht mehr festhalten, und sie entkam. Sie machte noch einige Kreise über der Jurte und sprach: »Meine Kinder, meine Töchter, werdet Schamaninnen, meine Söhne, werdet Schamanen!«

Darauf flog sie weg. Und ihre Kinder wurden Schamanen, und seitdem erscheinen erst welche. Diese Schamanen fanden das Bestehen der Götter schon vor. Es waren acht außergewöhnlich große Schamanen. Sie konnten sich unsichtbar machen, konnten sich den Kopf abschneiden und dabei schamanisieren, sie konnten sich den Leib aufschlitzen und dabei schamanisieren, und sie konnten fliegen.

Als sie gestorben waren, wollten sie zu den fünfundfünfzig Himmeln fliegen, um an dem Schöpferwerk teilzunehmen. Als sie nun so dahinflogen, lebte bei den Kudinischen Burjaten ein großer Schamane namens Gabne Barlak, seine Frau hieß Suutän. Diese beiden sahen die Tangkalshin-Kinder wegfliegen, und sie merkten auch, wohin sie fliegen wollten. Das aber sahen die beiden nicht gern, daß Menschen zu den Göttern wollten, und sie meinten, die Tangkalshin-Kinder sollten auf Erden bleiben und nicht im Himmel leben. Deshalb riefen sie ihnen zu: »Bleibt auf Erden und werdet Schöpfer der hiesigen Welt. Werdet Helfer der fünfundfünfzig Himmel!« Gabne Barlak zeichnete fünf von ihnen auf Goldplättchen und sagte: »Bleibt, hier werden die Menschen euch anbeten!«

Außer Tangkalshing lebte da noch ein Burjate namens Als'chung. Er war etwas älter als der erste und hatte zehn Kinder, vier Töchter und sechs Söhne. Sie wollten ebenfalls mit den Tangkalshin-Kindern wegfliegen. Barlak zeichnete auch diese, und sie blieben daraufhin auf Erden.

Aus dem Burjatischen aufgezeichnet und übertragen von Hans Findeisen

53

Dieses Schwanjungfraumärchen, zugleich die Mythe vom Ursprung eines mächtigen Schamanengeschlechts, hat der deutsche Ethnologe Hans Findeisen 1927/28 von einem burjatischen Schamanen gehört und in »Dokumente urtümlicher Weltanschauung der Völker Nordeurasiens« (Oosterhout 1970) niedergelegt. Die Burjaten selbst sind im Umkreis des Baikal-Sees beheimatet und mongolischen Ursprungs.

Die Schwanjungfrau, ein weibliches Jenseitswesen im Tierkleid, gehört zu den frühesten Figuren der Erzählliteratur. Eine der berühmtesten ist die Heldin in der Geschichte des Juweliers Hasan von Basra aus 1001 Nacht: Auch Hasan hält das Federkleid der Vogeljungfrau in einer Truhe versteckt, kann aber nicht verhindern, daß seine alte Mutter es ihr während seiner Abwesenheit aushändigt. Sie wirft es sich um, drückt ihre beiden Kinder an sich und wird zusehends zu einem Vogel: »Sie begann sich zu biegen und zu wiegen und schritt dahin, tanzend und spielend, während alle auf sie schauten, ganz bezaubert durch ihre Bewegungen.«

An den Wegflug in ursprünglicher Gestalt schließt sich im Märchen meist die Suchwanderung des verlassenen Gatten an, so auch in der Erzählung aus 1001 Nacht: Hasan muß sieben Täler, sieben Meere, sieben Gebirge überwinden und einige Abenteuer dabei überstehen, ehe er Frau und Söhne auf den Inseln Wakwak wiederfindet. Anders als die Schamanenmythe führt das Märchen, eben durch den Einbau einer langen, unbeirrten Suchwanderung des Mannes, letztlich ein glückliches Ende herbei.

Der Bärenmann

An einem Morgen im Frühling verabschiedete sich ein Cherokee mit Namen Wirbelwind von seiner Frau und verließ das
Dorf, um in den Rauchbergen nach wilden Tieren zu jagen.
Im Wald sah er einen schwarzen Bären, und er verwundete
ihn mit einem Pfeil. Der Bär wandte sich um und lief davon,
doch der Jäger setzte ihm nach und schoß einen Pfeil nach dem
anderen in das Tier, aber er konnte es nicht zu Fall bringen. Der
Mann Wirbelwind wußte nicht, daß dieser Bär geheime Kräfte besaß, daß er
reden konnte und die Gedanken der Menschen zu lesen vermochte.

Der Bär blieb schließlich stehen. Er zog die Pfeile aus seinem Körper und gab
sie Wirbelwind. »Es nützt dir nichts, wenn du auf mich schießt«, sagte er. »Du
kannst mich nicht töten. Komm mit und ich zeige dir, wie Bären leben.« – »Dieser Bär könnte mich töten«, dachte Wirbelwind, doch der Bär las seine Gedanken und sagte: »Nein, ich tu dir nichts zuleide.« – »Wie komme ich an etwas zu
essen, wenn ich mit diesem Bären gehe?« dachte Wirbelwind. Und wieder wußte der Bär, was der Jäger dachte, er sagte: »Ich habe reichlich zu essen.«

Wirbelwind entschied sich dafür, mit dem Bären zu gehen. Sie zogen des Wegs
und kamen schließlich zu einer Höhle an der Flanke eines Berges, und der Bär
sprach: »Das hier ist nicht meine Wohnung, doch wir halten hier eine Versammlung ab, und du kannst dir anhören, worum es geht.« Sie betraten die Höhle, die sich immer mehr weitete, je tiefer sie hineingingen, bis sie so groß war
wie ein Rathaus der Cherokee (im Reservat). Viele Arten von Bären drängten
sich hier, alte und junge, braune und schwarze, und ein großer weißer Bär hatte den Vorsitz. Wirbelwind kauerte sich in eine Ecke neben den schwarzen
Bären, der ihn mitgebracht hatte, doch bald witterten die anderen Bären seine
Anwesenheit. »Was ist das für ein übler Menschengeruch?« fragte einer, doch
das Bärenoberhaupt wies ihn zurecht: »Sprich nicht so. Es ist ein Fremder, der
zu Besuch gekommen ist. Laß ihn in Frieden.«

Die Bären fingen untereinander zu reden an, und Wirbelwind verstand zu seinem Erstaunen alles, was sie sagten. Sie besprachen, daß es in den Bergen kaum
noch Nahrung gab, und versuchten herauszufinden, was sie dagegen tun könnten. Sie hatten in alle Himmelsrichtungen Boten gesandt, zwei von ihnen waren gerade zurückgekehrt und berichteten, was sie ausfindig gemacht hatten. In

einem Tal im Süden, sagten sie, hätten sie einen großen Bestand von Kastanienbäumen und Eichen vorgefunden, und die Erde sei übersät gewesen von Kastanien und Eicheln. Erfreut über diese Neuigkeiten kündigte ein riesiger schwarzer Bär an – er hieß Long Hams, Große Hinterbacke –, nun wolle er einen Tanz anführen.

Während sie so tanzten, bemerkten die Bären Wirbelwinds Pfeil und Bogen, und Große Hinterbacke hörte auf zu tanzen und sprach: »Das benutzen die Menschen, um uns zu töten. Laßt uns ausprobieren, ob auch wir in der Lage sind, sie zu benutzen. Vielleicht können wir sie mit ihren eigenen Waffen schlagen.« Große Hinterbacke nahm dem Mann Wirbelwind Pfeil und Bogen weg. Er legte einen Pfeil an, spannte den Bogen – aber als er abschoß, verfing sich die Sehne in seinen langen Klauen, und der Bogen fiel zur Erde. Da erkannte er, daß er Pfeil und Bogen nicht gebrauchen konnte, und gab sie Wirbelwind zurück. Die Bären hatten inzwischen ihren Tanz beendet und verließen die Höhle, um ihre eigenen Wohnungen aufzusuchen.

Wirbelwind begleitete den schwarzen Bären, der ihn hergeführt hatte, und nach langem Marsch kamen sie zu einer kleineren Höhle auf der anderen Seite des Berges. »Hier wohne ich«, sagte der Bär und ging ihm nach drinnen voraus. Wirbelwind konnte in der Höhle nirgends Nahrung entdecken, und er fragte sich, wie er wohl seinen Hunger stillen könnte. Der Bär, der seine Gedanken las, richtete sich auf seine Tatzen und machte eine Bewegung mit den Vorderpfoten. Dann streckte er sie Wirbelwind entgegen, und sie waren voller Kastanien. Diese Zauberei wiederholte er, und diesmal hielt er Blaubeeren in seinen Pfoten und bot sie Wirbelwind an. Dann hielt er ihm Brombeeren hin und schließlich eine Handvoll Eicheln.« Eicheln kann ich nicht essen«, sagte Wirbelwind. »Außerdem hast du mir für heute schon genug zu essen gegeben.«

Viele Monde lang, den Sommer und den Winter über, lebte Wirbelwind mit dem Bären in der Höhle. Nach einiger Zeit stellte er fest, daß ihm wie bei einem Bären am ganzen

Körper Haare wuchsen. Er gewöhnte sich daran, auch Eicheln zu essen und sich wie ein Bär zu verhalten; aber noch immer ging er aufrecht wie ein Mensch. Am ersten warmen Frühlingstag erzählte ihm der Bär, er habe von dem Cherokeedorf unten im Tal geträumt. Und im Traum hörte er, wie die Cherokee von einer großen Jagd in den Bergen sprachen.

»Wartet meine Frau noch immer auf mich?« fragte Wirbelwind. »Sie wartet auf deine Rückkehr«, erwiderte der Bär. »Aber du bist jetzt ein Bärenmann. Wenn du zurückkehrst, mußt du dich sieben Tage lang ohne Essen und Trinken von deinen Leuten fernhalten. Wenn diese Zeit herum ist, wirst du wieder ein Mensch sein.«

Einige Tage später drang eine Gruppe Cherokeejäger in die Berge vor. Der schwarze Bär und Wirbelwind versteckten sich in der Höhle, doch die Hunde der Jäger fanden den Eingang und erhoben ein wüstes Gebell. »Ich habe gegen die Pfeile keine Macht mehr«, sagte der Bär. »Deine Leute werden mich töten und mir das Fell abziehen, dir aber werden sie nichts tun. Sie werden dich mit nach Hause nehmen. Vergiß nicht, was ich dir gesagt habe, wenn du deine Bärennatur ablegen und wieder ein Mensch werden willst.«

Die Cherokeejäger schickten sich an, glimmende Kiefernäste in die Höhle zu werfen. »Sie werden mich töten, mich ins Freie zerren und in Stücke schneiden«, sagte der Bär. »Danach mußt du mein Blut mit Blättern bedecken. Wenn sie dich dann hinwegführen und du zurückblickst, wirst du etwas sehen.«

Wie der Bär vorausgesagt, töteten ihn die Jäger mit Pfeilen, zerrten seinen Körper ins Freie und zogen ihm das Fell ab und schnitten sein Fleisch in Stücke, um es hinunter ins Dorf tragen zu können. Aus Angst, sie könnten auch ihn für einen Bären halten, blieb Wirbelwind in der Höhle, doch die Hunde hörten nicht auf, ihn zu verbellen. Als die Jäger die Höhle betraten, sahen sie einen haarigen Mann aufrecht stehen, und einer von ihnen erkannte Wirbelwind. Da sie vermuteten, der Bär habe ihn gefangengehalten, fragten sie ihn, ob er nicht mit ihnen nach Hause kommen und versuchen wolle, sich von der Bärennatur zu befreien. Wirbelwind erwiderte, er käme mit ihnen, erklärte aber, daß er sich sieben Tage ohne Essen und Trinken allein in einem Haus aufhalten müsse, damit wieder ein Mensch aus ihm werde. Während die Jäger das Fleisch auf den Rücken luden, schichtete Wirbelwind an der Stelle, wo sie den Bären getötet hatten, Blätter auf und bedeckte damit sorgfältig die Blutstropfen. Als sie auf ihrem Weg abwärts einige Schritte zurückgelegt hatten, schaute sich Wirbelwind um. Er sah, wie sich ein Bär von den Blättern erhob, sich schüttelte und

sich dann in die Höhle verzog.

Ins Dorf zurückgekehrt, brachten die Jäger Wirbelwind zu einem leeren Haus und versperrten ganz nach seinem Wunsch die Eingangstür. Doch obwohl er sie gebeten hatte, niemandem ein Wort über seine Behaarung und seine Bärennatur zu sagen, muß einer der Jäger erzählt haben, daß er sich im Dorf befand. Denn schon am nächsten Morgen hörte Wirbelwinds Frau, er sei da. Sie eilte zu den Jägern und bat und bettelte darum, sie zu ihrem lange verschollenen Mann vorzulassen. »Du mußt sieben Tage lang warten«, sagten die Jäger zu ihr. »Komm nach sieben Tagen wieder, dann wird Wirbelwind ganz so zu dir zurückkehren, wie er vor zwölf Monden das Dorf verließ.«

Tief enttäuscht ging die Frau davon, doch jeden Tag kam sie wieder zu den Jägern und flehte sie an, sie zu ihrem Ehemann zu lassen. Sie bat so inständig, daß sie sie am fünften Tag zu dem Haus brachten, die Tür entriegelten und Wirbelwind bedeuteten, er möge herauskommen, daß seine Frau ihn zu Gesicht bekäme.

Wirbelwind war zwar immer noch behaart und tappte wie ein Bär, dennoch war seine Frau so voller Freude, ihn zu sehen, daß sie darauf bestand, er solle mit ihr nach Hause kommen. Wirbelwind ging mit ihr, doch ein paar Tage später war er tot, und die Cherokee wußten, daß die Bären ihn geholt hatten, weil er immer noch die Bärennatur besaß und nicht wie ein Mensch leben konnte. Hätten sie ihn bis zum Ende der sieben Tage ohne Nahrung in dem Haus verwahrt gehalten, wäre er wieder ein Mensch geworden.

Und deshalb sind in den ersten warmen und dunstigen Frühlingsnächten in diesem Dorf bis auf den heutigen Tag die Geister von zwei Bären zu sehen, einer auf allen Vieren und der andere mit aufrechtem Gang.

Aus dem Amerikanischen von Ulf Diederichs

Eine Geschichte der Cherokee-Indianer von den Südabhängen der Appalachen, die wie die weiter nördlich beheimateten Erie, Huronen, Mohawk zur irokesischen Sprachfamilie gehören.

In den Erzählungen der nordamerikanischen Jägervölker ist der Bär oft ein hilfreiches Wesen, was sich darin zeigt, daß er aus seinen Vorderpfoten Früchte und Beeren hervorschüttelt. Der Besitz übernatürlichen Wissens wird ihm nachgesagt, eine gewisse Menschenähnlichkeit ist ihm eigen. So kann er mit dem Jäger, der doch sein Verfolger und natürlicher Feind ist, sogar eine Symbiose bilden. In einer Mythe der Nez-Percé (Oregon und Idaho) wird der Jäger zum Mann einer Bärin. Und auch sie weiß, wie der Bär hier, um den Zeitpunkt des eigenen Todes: »Zehn Jäger werden kommen, und das Blut in meinem Mund wird mein eigenes sein.« Das Motiv der Bärenhatz bestimmt, daß es, anders als in europäischen Volksmärchen, kein Happy-End geben kann. Seine geheimen Kräfte überträgt das Tier auf den Menschen, der mit ihm gelebt hat. Jener erlangt »Bärennatur«, und wie diese Geschichte (aus Dee Browns »Folktales of the Native American«, New York 1979) es will, bleibt sie ihm auch.

Der Kondor

Es waren einmal drei Brüder, die hießen Chirihue (Gelbfink), Chiuchiu (Stieglitz) und Chinkolko (Sperling). Immer gingen sie auf die Jagd, um wilde Rinder zu jagen. Sie jagten zu zweit; einer blieb stets zu Hause, um zu kochen, doch wechselten sie jeden vierten Tag mit der Arbeit ab, denn keiner wollte gern das Essen zubereiten.

Eines Tages, als die Reihe an Chirihue, den ältesten der Brüder, kam, geschah es, daß ein riesig großer, schwarzer Hund in die Hütte kam und sagte: »Was treibst du hier?« Chirihue erschrak etwas, denn er hatte noch nie gehört, daß ein Hund mit menschlicher Stimme reden könne. Er sagte: »Ich bereite Essen vor für meine Brüder«, worauf der Hund sagte: »Was ist dir lieber, dein Leben oder dein Puchero (Suppenfleisch)?« Und Chirihue antwortete: »Eher das Leben als der Puchero.« Angst hatte Gelbfink! Da deckte der Hund den Kessel auf und fraß das Gekochte. Dann eilte er aus der Hütte.

Gelbfink mußte sich setzen, weil er zitterte. Als die beiden Jäger nach Hause kamen, war das Essen, das der ältere Bruder aufgestellt hatte, noch nicht gar, und ärgerlich sagten sie: »Jetzt erst hast du den Puchero aufgestellt?« worauf der Bruder vom schwarzen, gefräßigen Hund und seiner menschlichen Stimme erzählte.

Der zweite Bruder sagte: »Morgen werde ich zu Hause bleiben und sehen, ob der große Hund meinen Puchero fressen wird.« Als der Puchero fertig war, kam der große schwarze Hund, und nachdem er dieselbe Frage gestellt hatte wie am vorigen Tag, sagte er: »Ist dir mehr am Leben als am Puchero gelegen?« worauf Chiuchiu, der Stieglitz, wahrheitsgemäß sagte: »Am Leben mehr als am Puchero.« Somit fraß der schwarze Hund den Puchero und entwich.

Stieglitz mußte wieder den Puchero aufsetzen, und als die Jäger kamen, war er erst halbgar. Diese waren sehr hungrig und gaben dem Bruder ungute Worte, weil das Essen noch nicht fertig sei. Darauf erzählte er ihnen vom gefräßigen Hund.

Da rief der Jüngste, der Sperling genannt wurde: »Wenn ich koche, bekommt der Räuber weder mein Leben noch meinen Puchero.« Also blieb er nun zu Hause, und als der Puchero fertig war, kam der große Hund und stellte dieselbe Frage. Der tapfere Sperling antwortete und sagte: »Mir ist der Puchero lieber als mein Leben.« Da ergrimmte der Hund und fiel den kleinen Sperling an, der aber mutig kämpfte. Als er schon sehr müde war, sagte er voller Grimm: »Du kannst mich töten, aber Puchero bekommst du keinen.« Und mit diesen Worten riß er aus einer dunklen Ecke ein altes, verrostetes Schwert heraus und setzte dem Hund arg zu. Zuletzt gelang es ihm, dem Wütenden ein Ohr abzuhauen. Ein Strom von Blut bezeichnete den Weg, den der ermüdete, geschändete Hund nahm, den der Sperling nun verfolgte. Überall am Weg machte er sich Zeichen, um wieder heimzufinden. Der Hund hauste unter einem riesigen Felsen, in einer Höhle, die ganz dunkel war.

Als die Brüder heimkamen, erzählte er alles, und sie nahmen sich vor, den gefräßigen Hund zu fangen und zu töten. Der Junge sagte: »Ich habe den Hund zum Pilon (Einohr) gemacht. Ein Pilun (Ohr) habe ich hier auf der Brust. Das verschafft ihm keine Magierin.«

Sie aßen nun und dann suchten sie den riesigen Felsen auf, wo der Hund sein Lager hatte. Sie arbeiteten sehr lange. Vier Tage lang arbeiteten sie, um den Felsen zu untergraben und umzustürzen. Endlich gelang es, aber sie fanden kein Lager, sondern einen Schacht, der sehr tief hinabzureichen schien. Sie suchten den längsten Bambusstab des Waldes, doch damit ließ sich der Boden der weiten Öffnung nicht ergründen, aus der kalte, eisige Luft kam.

Sie gingen nach Hause. Da sie immer so viele wilde Rinder gejagt hatten, besaßen sie eine Unmenge von Rinderhäuten. Zwanzig davon schnitten sie in Streifen und machten ein Lasso daraus, denn der junge Bruder hatte gesagt, daß er hinuntersteigen wolle. Er entblößte seine Brust, steckte das rostige Schwert zu sich und sagte: »Sieht es unten schlecht aus und will ich herauf, so rüttele ich am Seil, damit ihr mich schnellstens hinaufzieht.«

Langsam stieg er, sich am Lasso haltend, hinab. Es war ein weiter Weg, und wund riß er sich die Hände, als er sich von den vorspringenden Zacken der Felsen abstieß. Dabei heulte und jammerte es von der Tiefe herauf, böse Geister schienen versammelt zu sein, Schlangen pfiffen, Tiger schrien.

Als er endlich unten ankam, erblickte er eine sehr schöne Jungfrau, und als er sie fragte, was sie denn in der schrecklichen Höhle treibe – denn sie befand sich in einem gewaltig großen Raum –, da antwortete sie: »Überaus traurig ist mein Leben, kein Mensch findet hier jemals herunter.« Der junge Sperling sagte: »Gern würde ich dich heiraten, wenn du mir nur folgen möchtest. Willst du mir folgen?« Da weinte die Jungfrau und sprach: »Unmöglich kann ich dir folgen, denn mich bewachen eine Riesenschlange, ein Tiger und ein böser Geist. Jeder will mich besitzen, und sie bewachen sich gegenseitig. Zerreißen werden sie dich.«

Da kam auch schon die große Schlange, auf deren Kopf ein Feuer brannte. Der Junge kämpfte mit seinem Schwert und erstach sie zuletzt. Doch kaum streckte er sich aus, kam grimmig schnaufend der Tiger gerannt, und es wurde ein sehr harter Kampf. Aber mit dem magischen Schwert gewann er auch diesmal, der tapfere Sperling. Mit ihren blonden Haaren trocknete ihn die Jungfrau ab. Doch da kam auch schon (wohl anstelle des bösen Geistes) der schwarze Hund gerannt und sagte: »Mich zu töten wird sehr schwierig sein, doch …« Da erkannte er den Jungen, der ihm sein Ohr genommen hatte, und mit einem Wutschrei entfloh er; das verrostete Schwert hatte ihm Angst eingejagt.

Nun konnte die Jungfrau zur Oberwelt hinaufgezogen werden. Sie sagte aber zuvor: »Ich sehe in die Zukunft und sehe deine Brüder, wie sie mich besitzen wollen, dich aber töten wollen. Sie werden beide miteinander kämpfen, und der Sieger wird mein Gebieter werden. Ach, ich Arme!« Der Sperling sagte: »Ich folge dir doch sofort nach und werde dich befreien.« Die Jungfrau aber sagte: »Sie werden dich nicht hinaufziehen. Binde einen Stein an das Lasso und du wirst sehen, daß ich dir gut geraten habe.« Der Junge sagte: »Wenn es so sein soll, so nimm hier das Schwert. Und wenn die Brüder um dich kämpfen, so sage: ›Ich heirate den, der das Schwert aus der Scheide ziehen kann.‹ Irgendwie werde ich schon aus dieser tiefen Schlucht herauskommen. Warte du nur auf mich, und bleib in der Nähe der Schlucht.«

Er rüttelte am Lasso, und so wurde die Jungfrau hinaufgezogen. Es kam, wie sie vorausgesagt hatte: Die beiden Brüder beneideten den jüngsten, dem die wunderschöne Braut gehören sollte, und da sie nur den einen Gedanken hatten, die Jungfrau für sich zu gewinnen, kämpften sie miteinander. Keiner jedoch konnte den anderen besiegen, und so sagte die Jungfrau: »Kämpft nicht länger um mich. Ich werden den heiraten, der dieses Schwert aus der Scheide ziehen kann. Aber bringt nun endlich den anderen Bruder herauf!«

Er hatte unten einen schweren Stein entdeckt und ihn am Lasso festgebunden. Als er nun am Lasso rüttelte, zogen sie (aber nach ungefähr einer Stunde erst) das Lasso hoch, doch nur so weit, bis sie die Hälfte des Lassos in Händen hatten: so viele Streifen nämlich, wie zehn Rinderhäute ausmachten. Da ließen sie das Lasso fallen und begannen nun, am Schwert zu zerren. Aber keiner vermochte es aus der Scheide zu ziehen, es war wie angewachsen.

Voller Wut ließen sie davon ab und gingen ihrer Wege. Die Jungfrau suchte sich eine Felsengrotte, wo sie hauste, sich im Wald Nahrung suchte und wartete, wartete. Sie versuchte, aus Lianen einen Strick zu drehen, aber die Hände bluteten so sehr, daß sie mit ihrer Arbeit nicht vorankam. Ganz rot war das Stückchen Strick von ihrem Blut ... Nun war da unten ein Gebieter, der dem Sperling Arbeit gab: Er muß-

te Hammel und Schafe hüten. Aber er war sehr traurig und weinte oft, weil er keinen Ausweg fand, weil er seine Braut verloren hatte, weil seine Brüder ihn betrogen hatten, weil sie ihm das Leben nehmen wollten.

Eines Tages kam ein riesig großer Kondor geflogen, dessen Schwingen furchtbaren Lärm in der Höhle machten; einem Sturmwind gleich fegten sie um sich. Der Kondor fragte: »Was machst du Kleiner hier unten? Du bist hier doch meilenweit unter der Erde. Wie willst du jemals wieder hinaufkommen?« Der Jüngling war so traurig, daß er seinen Schmerz laut hinausschrie.

Daraufhin sagte der Kondor: »Ich werde dich hinaufbringen, weine nicht mehr. Ich werde dich erlösen: Nachdem du einen ganzen Monat hier unter der Erde gelebt hast, sollst du wieder Tageslicht sehen und deine Braut finden und mit ihr zusammenleben. Sollst keine ›Hammel‹ mehr hüten!« Während der Kondor so redete, bemerkte der Jüngling, daß der große Vogel auf der einen Gesichtshälfte eine blutende Wunde hatte, die Stelle war kahl, und die Federn außenherum blutig gefärbt.

Weiter sagte der Vogel: »Verlange von deinem Gebieter fünf Hammel. Der Schacht, in dem wir hier sind, hat fünf Windungen. Nach jeder Windung muß ich mich stärken, indem ich einen Hammel zu mir nehme; sonst erreiche ich den Ausgang nicht.«

Der Jüngling bekam die fünf ›Hammel‹ geschenkt, also fünf Ratten, und nahm sie mit sich, als er den Kondor bestieg. Es ging in großen Windungen aufwärts, doch nach jeder Buchtung schrie der Kondor: »Hunger, Hunger«, und erst nachdem er sich durch einen ›Hammel‹ gestärkt hatte, flog er mit neuer Kraft weiter. Nach der fünften Buchtung, als keine Ratte mehr übrig war und er dennoch »Hunger« schrie, mußte der Indianerjüngling zugeben, daß er keinen ›Hammel‹ mehr habe. Der Kondor schrie wütend: »Wie schön, sich wohlzubefinden auf dem Rücken des betrogenen Kondors! Wir haben noch zwei große Windungen vor uns, und ich muß dich fallenlassen, wenn du mir kein Futter gibst. – Was du mir geben kannst? Ein Bein kannst du mir geben.« Der Junge stimmte zu, um nicht in den bodenlosen Abgrund geworfen zu werden. Also biß der Kondor ihm das Bein ab und flog bis zur nächsten und letzten Windung. Dort hatte er wieder Hunger und verlangte schließlich das zweite Bein, das er ebenso verschlang wie das erste. Glücklich kamen sie oben an, und der Kondor warf den Jüngling unbarmherzig ab. Er lag nun hilflos auf spitzen Steinen.

Da sagte der Kondor: »Ein gutes Geschäft kannst du machen, können wir miteinander machen: Du gibst mir mein Ohr und ich gebe dir deine Beine. Ohne Beine kannst du deine Braut nicht suchen gehen.« Der Jüngling willigte ein, ganz erstaunt, in dem Kondor den schwarzen Hund zu sehen, dem er das Ohr abgehauen hatte.

Der Kondor sagte: »Klebe mir mit deinem Speichel das Ohr an.« Der Junge sagte aber: »Erst wenn du mir meine Beine mit deinem Speichel angeklebt hast, gebe ich dir das Ohr.«

Da rülpste und drückte der Kondor so lange, bis das Bein heraussprang aus dem Magen. Er klebte es an, es saß sehr gut. Und das gleiche geschah mit dem zweiten Bein. Als er nun wieder stehen und gehen konnte und der Kondor ganz ermattet vom vielen Erbrechen auf dem Boden lag, brachte er ihm das Ohr an. Und siehe, es war die kahle, blutige Stelle, an der er es befestigen mußte, wo es fehlte. Der böse Geist war der Kondor und auch der schwarze Hund. Nun sprach er: »Unter der Erde ist unser König, doch ich durfte mich ohne Ohr nicht vor ihm zeigen. Nun aber ist es gut, ich habe mein Ohr und du deine Beine. Möge es dir gutgehen, mögest du deine Braut finden.« Nachdem er dies gesprochen, flog er wieder den meilenlangen Schacht hinunter, und der Jüngling, der Sperling hieß, suchte und fand seine Braut. Sie hatte den blutgetränkten Strick aus Nocha an der Öffnung des Schachts befestigt, und so brauchte er ihm nur zu folgen, um das schöne Mädchen zu finden: Das Blut schrie!

Sie erzählten sich nun ihre Schicksale und beschlossen, die bösen Brüder nicht aufzusuchen, sondern in das Land zu gehen, das die Alten, die Vorangegangenen, Ayün T'ue nannten, weil sie ihnen Mapu, geliebte Erde, war. Also verließen sie die Gegend, durch die der Fluß Ta-lelfun lief, der aus drei kleinen Seen kam, die man früher Kla-Lafkén, die drei Seen, nannte. Nie wieder hörten die bösen Brüder von ihren Verwandten, die beide magische Kraft in sich hatten und das Glück zu finden wußten.

Zu dieser Geschichte gehört noch: Die Brüder hatten die Braut geschlagen, um sie willfährig zu machen. Und der Kondor hatte den Jüngling absichtlich mit der Zahl der Windungen betrogen, um sein Ohr zurückzugewinnen.

Nun erzähle ein anderer eine ähnliche Geschichte.

Aus Bertha Kößler-Ilgs Sammlung araukanischer Volkserzählungen

Der Kondor gleicht dem Riesenvogel, der der Prinzessin im polnischen Märchen zum Aufstieg aus tiefster Schlucht (Unterwelt) verhilft; auch sie muß zweimal Fleisch von ihrem Fleisch hergeben, damit ihre Rettung und die ihrer zwölf verwunschenen Adlerbrüder gelingt. Oben auf der Erde angekommen, haucht der Vogel auf ihre Wunden, und die beiden Brüste heilen ihr auf der Stelle.

Dieses Märchen, das aus Patagonien stammt, findet sich als Nr. 26 der »Erzählungen« im noch unveröffentlichten Nachlaß der Sammlerin und Erforscherin araukanischer Folklore, Bertha Kößler-Ilg (1881-1965); es ist mündlicher Überlieferung abgewonnen und trägt den Herkunftshinweis: Paraje Kla-Lafquen (Picunches).

In 35jähriger Märchensammeltätigkeit hat Bertha Kößler-Ilg, die in San Martin de los Andes lebte und geschult war durch maltesische Märchenforschung zu Anfang dieses Jahrhunderts, die Volksliteratur und Mythologie der Araukaner erschlossen. Ihre »Indianermärchen aus den Kordilleren« (1956) wurden bahnbrechend, erschlossen einen Erzählreichtum sondergleichen.

Was die »Cuentan los araucanos« bedeuten, läßt sich an ihrem Götterhimmel ablesen: Der blaue König Nguenéchen, der als höchster Gott im blauen Himmel dual Weibliches und Männliches in sich vereinigt, gebietet auch über die Milchstraße (Wenu Kalfü), deren richtiger Name aber Rüpü Epeu ist, die Märchenstraße (im Spanischen: Calle de los Cuentos).

Der Sohn des Kimanaueze und die Tochter
von Sonne und Mond

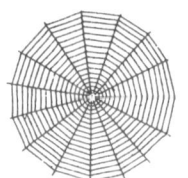Einige Male habe ich schon von Kimanaueze erzählt, der einen Sohn gezeugt hat. Das Kind wuchs heran. Er kam in das Alter, wo man heiratet. Sein Vater sagte: »Heirate!« Und er sagte: »Ich will keine Frau von der Erde heiraten.« Sein Vater sagte: »Von woher willst du sie denn heiraten?« Er sagte: »Es müßte schon so sein, daß ich die Tochter von Herrn Kumbi (Sonne) und der Mbeji (Mond) heirate.« Die Leute sagten: »Wer kann schon zum Himmel gelangen, wo die Tochter von Herrn Kumbi und der Mbeji ist?« Doch er sagte: »Ich natürlich, denn ich will sie; eine von der Erde heirate ich nicht.«

Er schrieb einen Heiratsbrief und gab ihn der Antilope. Die Antilope sagte: »Ich kann nicht bis an den Himmel fliegen.« Er gab ihn dem Geier. Der Geier sagte: »Halbwegs erreiche ich ihn; an den Himmel hinkommen vermag ich nicht.« Da sagte der junge Mann: »Was soll ich tun?« Er legte ihn beiseite ins Kästchen und verhielt sich ruhig.

Die Leute von Herrn Kumbi und der Mbeji pflegten auf der Erde Wasser zu holen. Kommt der Frosch, trifft den Sohn des Kimanaueze, sagt zu ihm: »Junger Herr, gib mir den Brief, ich besorge ihn.« Er aber, der junge Herr, sagte: »Scher dich fort! Wenn selbst Leute mit Flügeln es aufgegeben haben, wie kannst du sagen: Ich komme da schon hin? Wie willst du denn das schaffen?« Der Frosch sagte: »Junger Herr, ich bin dazu imstande.« Da gab er ihm den Brief und sagte dabei: »Wenn du nicht dort hinkommst und damit nicht wieder zurückkehrst, bekommst du von mir eine Tracht Prügel.«

Der Frosch lief los. Er geht zu der Quelle, zu der die Leute von Kumbi und Mbeji gewöhnlich kommen. Er nimmt den Brief ins Maul, steigt hinein in die Quelle, verhält sich ruhig. Nach einer Weile kommen die Leute von Kumbi und Mbeji, um Wasser zu holen. Sie lassen einen Krug in die Quelle hinab. Der Frosch steigt in den Krug.

Als sie das Wasser geschöpft haben, heben sie ihn herauf. Sie wissen nicht, daß der Frosch in den Krug gestiegen ist. Sie kommen im Himmel an, stellen die Krüge an ihre Plätze und gehen weg. Der Frosch klettert heraus aus dem Krug. In dem Raum, in dem die Krüge mit Wasser aufbewahrt wurden, stand auch ein

Tisch. Der Frosch spuckte den Brief aus und legte ihn mitten auf den Tisch, dann ging er und hielt sich in einer Ecke verborgen.

Nach einer Weile kommt Kumbi selbst in den Wasserraum, er schaut auf den Tisch, sieht den Brief. Er nimmt ihn, fragt: »Woher kommt dieser Brief?« Die Leute sagen: »Herr, wir wissen es nicht.« Kumbi öffnet ihn und liest ihn. Das Schreiben besagt: »Ich, der Sohn des Kimanaueze von Tumb'a Ndala auf der Erde, möchte die Tochter von Kumbi und Mbeji heiraten.« Kumbi denkt nach, denkt in seinem Herzen: »Kimanaueze lebt auf der Erde, ich aber bin ein Mann des Himmels. Der, der mit dem Brief kam, wo steckt er?« Er legte den Brief in ein Kästchen und verhielt sich ruhig.

Als Kumbi fertig war mit dem Lesen des Briefes, stieg der Frosch wieder in den Krug. Nach einer Weile sind die Krüge leer, die Wassermädchen nehmen die Krüge auf und gehen damit zur Erde nieder. Sie kommen zur Quelle, tauchen die Krüge ins Wasser; der Frosch steigt aus, geht unter Wasser, verbirgt sich. Als die Mädchen mit Schöpfen fertig sind, gehen sie. Der Frosch steigt aus dem Wasser, geht ins Dorf und verhält sich ruhig. Nach einer Reihe von Tagen fragt der Sohn des Kimanaueze den Frosch: »Na, Kamerad, wo bist du mit dem Brief hin?« Der Frosch antwortete: »Herr, den Brief habe ich abgegeben, ich hab nur noch keine Antwort.« Der Sohn des Kimanaueze sagte: »Mann, du lügst. Du bist gar nicht dort gewesen.« Der Frosch gab zurück: »Herr, du wirst schon sehen, wo ich gewesen bin.«

Sechs Tage vergingen. Der Sohn des Kimanaueze schrieb erneut einen Brief, um sich nach dem vorigen zu erkundigen, es hieß darin: »Ich schreibe euch, werte Kumbi und Mbeji. Mein Brief ging ab, aber ihr gabt mir noch keine Antwort, in der ihr entweder sagt ›wir akzeptieren dich‹ oder ›wir lehnen dich ab‹.« Er beendete den Brief und machte ihn zu. Er rief den Frosch und gab ihm den. Der Frosch geht los, er kommt an die Quelle. Er nimmt den Brief ins Maul, steigt ins Wasser, kauert sich auf den Grund der Quelle.

Nach einer Weile kamen die Mädchen, die Wasserträgerinnen, hernieder; sie erreichen die Quelle, sie tauchen die Krüge ins Wasser, der Frosch steigt in einen Krug. Sie sind mit dem Schöpfen fertig, sie heben sie heraus. Sie steigen an dem Spinnenfaden, den Herr Spinne wob, empor. Sie kommen im Himmel an und betreten das Haus. Sie setzen die Krüge nieder und gehen. Der Frosch steigt aus dem Krug und spuckt den Brief aus. Er legt ihn auf den Tisch und verbirgt sich in einer Ecke.

Nach einer Weile kommt Kumbi durch den Wasserraum. Er blickt auf den Tisch, da liegt ein Brief. Er öffnet ihn, liest ihn. In dem Brief steht: »Ich, der Sohn des Kimanaueze von Tumb'a Ndala, möchte mich bei dir, Kumbi, nach meinem vorigen Brief erkundigen. Du ließest mir gar keine Antwort zuteil werden.« Kumbi sagt: »Ihr Mädchen, wenn ihr immer Wasser holen geht, bringt ihr da auch immer Briefe mit?« Die Mädchen sagten: »Wir nicht, Herr.« Kumbi befielen Zweifel. Er legte den Brief in ein Kästchen. Er schreibt an den Sohn des Kimanaueze folgendes: »Du, der du mir Heiratsbriefe in bezug auf meine Tochter gesandt hast, ich bewillige sie dir – unter der Bedingung, daß du, der Mann, mit deinem Erstgeschenk selber hierher kommst, damit auch ich dich kennenlerne.« Er beendete den Brief, faltete ihn, dann legte er ihn auf den Tisch und ging. Der Frosch kommt aus seiner Ecke, er nimmt den Brief, steckt ihn ins Maul, steigt in einen Krug und verhält sich ruhig.

Nach einer Weile ist das Wasser in den Krügen alle. Die Mädchen kommen, heben die Krüge auf. Sie gehen zum Faden des Spinnenmannes und lassen sich auf die Erde herunter. Sie gelangen zur Quelle, tauchen die Krüge ins Wasser. Der Frosch steigt aus dem Krug und geht auf den Grund der Quelle. Als die Mädchen mit Schöpfen fertig sind, steigen sie hinauf. Der Frosch hüpft ans Ufer, kommt ins Dorf und verhält sich ruhig.

Als es Abend wurde, sagte er sich: »Jetzt will ich den Brief hinbringen.« Er spuckte ihn aus, er kam an am Haus des Sohnes von Kimanaueze. Er klopft an die Tür; der Sohn des Kimanaueze fragt: »Wer da?« Der Frosch sagt: »Ich bin's, Mainu, der Frosch.« Der Sohn des Kimanaueze springt auf vom Bett, auf dem er geruht hatte, und sagt: »Komm herein.« Der Frosch trat ein, überreichte ihm den Brief, ging wieder. Der Sohn des Kimanaueze öffnet ihn, liest ihn. Was Kumbi in Aussicht stellt, gefällt ihm; er sagt sich: »Frosch, es war also wahr, was du mir gesagt hast: ›Du wirst sehen, wo ich gewesen bin.‹« Er hielt inne und schlief bald.

Am andern Morgen nahm er vierzig Macutas (Geldstücke) und schrieb einen Brief, der besagte: »Für euch, Kumbi und Mbeji, kommt hier das Erstgeschenk. Jetzt bleibt mir noch, nach dem Werbungsgeschenk zu forschen. Ihr dort, bitte teilt mir die Höhe des Werbungsgeschenkes mit.« Er beendete den Brief und rief Mainu den Frosch. Der kam. Er gab ihm den Brief und das Geld mit und sagte: »Trag es hin!«

Der Frosch geht los, er kommt an die Quelle. Er läßt sich hinab ins Wasser und verhält sich ruhig. Nach einer Weile kommen die Mädchen herab und tauchen die Krüge ins Wasser; der Frosch steigt in einen Krug. Die Mädchen sind mit

Schöpfen fertig und heben sie heraus. Sie klettern den Spinnenfaden hinauf, sie kommen im Wasserraum an, setzen die Krüge nieder und gehen.

Der Frosch steigt aus dem Krug, legt den Brief und das Geld auf den Tisch, geht weg und verbirgt sich in einer Ecke. Nach einer Weile kommt Kumbi in den Wasserraum, findet den Brief auf dem Tisch, nimmt ihn und das Geld und liest ihn. Er erzählt seiner Frau die Nachricht, die vom Schwiegersohn kam; seine Frau stimmt zu. Kumbi sagt: »Ich kenne den nicht, der den Brief gebracht hat. Wie soll die Speise für ihn zubereitet werden?« Seine Frau sagte: »Wir werden sie irgendwie kochen und auf den Tisch stellen, da wo immer die Briefe liegen.« Kumbi sagte: »Ausgezeichnet.« Sie töten eine Henne und kochen sie. Als der Abend kommt, kochen sie Maisbrei. Sie stellen die Speisen auf den Tisch und schließen die Tür. Der Frosch kommt an den Tisch, er ißt die Verpflegung. Er geht wieder in seine Ecke und verhält sich ruhig.

Kumbi schreibt einen Brief, in dem er sagt: »Mein lieber Schwiegersohn, das Erstgeschenk habe ich bekommen. Was die Höhe des Werbungsgeschenks angeht, so solltest du mir einen Sack voll Geld geben.« Er beendete den Brief, legte ihn auf den Tisch und ging. Der Frosch kam aus seiner Ecke hervor, nahm den Brief, stieg in den Krug und schlief.

Am Morgen nehmen die Mädchen die Krüge auf. Sie steigen nieder zur Erde, kommen an die Quelle, tauchen die Krüge ins Wasser. Der Frosch stieg heraus aus dem Krug. Sobald die Mädchen mit Schöpfen fertig waren, kletterten sie hinauf.

Der Frosch verließ das Wasser, gelangte in das Dorf. Er tritt ins Haus ein und wartet. Kumbi ist untergegangen, der Abend hereingebrochen. Da sagt er: »Jetzt bringe ich den Brief hin.« Er ging los und kam an das Haus des Sohnes von Kimanaueze. Er klopfte an die Tür. Der Sohn des Kimanaueze fragt: »Wer da?« Der Frosch antwortet: »Ich bin's, Mainu der Frosch.« Er sagt: »Komm herein.« Der Frosch trat ein, gab ihm den Brief und ging. Der Sohn des Kimanaueze öffnet den Brief, liest ihn, dann legt er ihn beiseite.

Sechs Tage brauchte er, um das Geld für den Sack zusammenzubekommen. Er rief den Frosch; der Frosch kam. Der Sohn des Kimanaueze schrieb folgenden Brief: »Meine lieben Schwiegereltern, hier kommt das Werbungsgeschenk, und bald komme ich selbst; ich werde einen Tag ausfindig machen, an dem ich sie als meine Frau heimbringe.« Den Brief gab er dem Frosch zusammen mit dem (Sack) Geld.

Der Frosch zog los, er kam an die Quelle, tauchte unter Wasser und verbarg sich.

Eine Weile noch, und die Wassermädchen stiegen herab und kamen zur Quelle. Sie tauchten die Krüge ins Wasser, und der Frosch stieg in einen Krug. Als sie mit Schöpfen fertig waren, hoben sie sie heraus. Sie steigen am Spinnenfaden von Herrn Spinne empor und kommen im Himmel an. Sie setzen die Krüge im Wasserraum nieder und gehen hinaus. Der Frosch steigt aus dem Krug, legt den Brief auf den Tisch, zusammen mit dem Geld, geht in seine Ecke und verbirgt sich. Kumbi kommt in den Wasserraum, findet den Brief und das Geld, nimmt beides und zeigt das Geld Mbeji, seiner Frau. Mbeji sagt: »Sehr gut.« Sie nehmen ein junges Schwein, schlachten es. Als sie das Essen gekocht haben, stellen sie es auf den Tisch und schließen die Tür. Der Frosch kam, um zu essen, und aß es. Als er damit fertig war, stieg er in den Krug und schlief.

Am Morgen nehmen die Wassermädchen die Krüge auf und steigen nieder zur Erde. Sie kommen an die Quelle und tauchen die Krüge ins Wasser. Der Frosch steigt aus dem Krug und versteckt sich. Als sie mit Schöpfen fertig sind, gehen sie himmelwärts. Der Frosch stieg an Land, kam ins Dorf, ging in sein Haus, verhielt sich ruhig und schlief.

Am andern Morgen gibt er dem Sohn des Kimanaueze Bericht, er sagt ihm: »Junger Herr, als ich dort war, gab ich ihnen das Werbungsgeschenk, sie haben es erhalten. Sie haben mir ein junges Schwein gekocht, ich aß es. Nun ist es an dir, den Tag zu bestimmen, an dem du sie heimführen willst.« Der Sohn des Kimanaueze sagte: »Gut so.« Es vergingen zehn Tage und noch zwei.

Der Sohn des Kimanaueze sagte: »Ich brauche Leute, die die Braut für mich heimbringen, doch ich finde sie nicht. Sie sagen: ›Wir können nicht an den Himmel heran.‹ Was soll ich nun machen, Frosch?« Der Frosch antwortete: »Mein junger Herr, sei unbesorgt; ich bin dazu imstande, hinzugehen und sie heimzuholen.«

Der Sohn des Kimanaueze sagte: »Das schaffst du nicht. Du hast die Briefe in der Tat besorgen können, aber sie mir heimzuholen, das kannst du nicht.« Der Frosch fing wieder an: »Junger Herr, sei beruhigt, quäle dich nicht unnötig. Ich bin wirklich dazu imstande, sie heimzuführen; schätze mich nicht gering.« Der Sohn des Kimanaueze sagte: »Versuchen wir's mit dir.« Er nahm Lebensmittel, gab sie dem Frosch.

Der Frosch zieht los. Er kommt an die Quelle, taucht hinein. Nach einer Weile kommen die Wassermädchen hernieder und erreichen die Quelle. Sie tauchen ihre Krüge unter, der Frosch steigt ein. Sie sind mit Schöpfen fertig und gehen wieder himmelwärts. Sie kommen in den Wasserraum, setzen ihre Krüge ab und gehen. Der Frosch steigt aus dem Krug und verbirgt sich in seiner Ecke. Kumbi geht unter. Abends spät verläßt der Frosch den Wasserraum und sucht das Zimmer, in dem die Tochter von Kumbi schläft. Er findet sie schlafend. Er nimmt ihr eines ihrer Augen heraus, nimmt dann auch das andere. Er band die Augen in ein Tuch, kam zurück in den Wasserraum und in seine Ecke, verbarg sich dort und schlief.

Am Morgen standen alle Leute auf. Nur die Tochter von Kumbi kann nicht aufstehen. Sie fragen sie: »Stehst du denn nicht auf?« Sie antwortet: »Meine Augen sind zu. Ich kann nichts sehen.« Vater und Mutter sagen: »Was mag der Grund dafür sein? Gestern klagte sie noch nicht.«

Kumbi schickte zwei Boten los, trug ihnen auf: »Geht zu Ngombo, damit er wahrsagt über mein Kind, das an den Augen krank ist.« Sie gehen los und kommen zu den Ngombo-Leuten. Sie unterbreiten ihnen die Sache. Der Ngombo nimmt die Zauberwürfel heraus. Die, die den Wahrsager befragen, sagen ihm nichts von der Krankheit, sie sagen nur: »Wir sind gekommen, daß du uns wahrsagst.« Der Ngombo blickt in die Zauberwürfel und sagt: »Krankheit hat euch zu mir geführt. Die, die krank ist, ist eine Frau; das Übel, das sie leiden macht, sind ihre Augen. Ihr seid geschickt worden, seid nicht nach eurem Willen gekommen. Ich habe gesprochen.« Die zu dem Wahrsager gekommen waren, sagten: »Das ist wahr. Sieh nun nach der Ursache des Leidens.« Der Ngombo blickt wieder hinein und sagt: »Sie, die kranke Frau, ist noch nicht verheiratet, sie ist nur erwählt. Ihr Gebieter, der um sie angehalten hat, sandte den Uanga (Zauber), der besagt: ›Laßt meine Frau kommen; wenn sie nicht kommt, wird sie sterben.‹ Ihr, die ihr zum Wahrsagen kamt, bringt sie zu ihrem Mann, damit sie (dem Zauber) entkommt. Ich habe gesprochen.«

Die Wahrsagesucher stimmten zu, stiegen auf. Sie finden Kumbi, sie überbringen ihm die Worte von Ngombo. Kumbi sagte: »Also gut. Gehen wir schlafen; morgen wird man sie zur Erde bringen.« Der Frosch in seiner Ecke hört alles, was sie sagen. Sie schliefen nun. Am Morgen stieg der Frosch in den Krug. Die Wassermädchen kommen und nehmen die Krüge auf. Sie steigen zur Erde herab und erreichen die Quelle. Sie tauchen ihre Krüge ins Wasser. Der Frosch kam heraus und versteckte sich unter der Quelle. Die Wasserträgerinnen stiegen hinauf. Kumbi sagt zu Kabube, dem Spinnenmann: »Spinne ein großes Spinngewebe bis zur Erde hinunter, denn heute ist der Niedergang meiner Tochter zur Erde.« Kabube wob und wurde fertig. Darüber verging Zeit.

Der Frosch stieg aus der Quelle heraus. Er geht ins Dorf. Er trifft den Sohn des Kimanaueze und sagt: »O junger Herr! Deine Braut kommt heute.« Der Sohn des Kimanaueze sagt: »Geh bloß weg, Mann, du bist ein Lügner.« Der Frosch sagt: »Herr, es ist die reine Wahrheit. Heute abend spät bringe ich sie dir.« Sie sagten weiter nichts.

Der Frosch kehrte zur Quelle zurück, stieg ins Wasser, blieb ganz still. Kumbi, die Sonne, ging unter, Sie brachten die Tochter von Kumbi nieder zur Erde und setzten sie an der Quelle ab. Sie verließen die Quelle, gingen wieder empor.

Der Frosch steigt aus der Quelle heraus und spricht die junge Frau an, er sagt: »Ich bin dein Führer. Laß uns gehen, ich will dich hinführen zu deinem Gebieter.« Der Frosch gab ihr ihre Augen zurück, und sie machten sich auf den Weg. Sie kamen in das Haus des Sohnes von Kimanaueze. Der Frosch sagt: »O junger Herr, hier ist deine Braut.« Der Sohn des Kimanaueze erwiderte: »Sei willkommen, Mainu der Frosch!«

So heiratete der Sohn des Kimanaueze die Tochter von Kumbi und Mbeji, und sie lebten miteinander. Alle hatten es aufgegeben, zum Himmel hinaufzugehen; der einzige, der dies vermochte, war Mainu, der Frosch.

Ngateletele kamusoso kami. (Ich habe meine kleine Geschichte erzählt, und nun Schluß.)

Aus dem Amerikanischen von Ulf Diederichs

Das sehr besondere Märchen vom Spinngewebe, das die beiden Welten verbindet, und vom Frosch als dem ebenso listigen wie hilfreichen Boten zwischen dem Brautwerber und den Schwiegereltern in spe, haben sich die Mbundu in Angola erzählt.

Nicht von ungefähr haben Spinnen die Brücke zwischen Himmel und Erde errichtet, afrikanischen Mythen zufolge verfügen sie über einen »besonderen Draht« zum Himmelsherrscher. Und nicht zufällig ist der Frosch hier der heimliche Held: Er ist in der diesseitigen wie in der jenseitigen Welt des Wassers zu Hause, die himmlische Vorratskammer und der irdische Brunnen sind gleichermaßen sein Element. Die auf die Erde herabgestiegenen wasserschöpfenden Mägde lassen sich auch als die Sterne denken, die sich in Brunnen spiegeln.

Die Mbundu, die im Hinterland von Luanda leben, sind Angolas wichtigster Bantustamm. Der Legende nach war Kimanaueze ein höchst angesehener Mann. Seine Frau mochte nur Fisch, »Wasser-Essen«, und sein Sohn ehelichte zunächst die Tochter des Gouverneurs, bevor er um die Tochter des Sonnenmannes warb. Verbürgt ist dies vor allem durch zwei Menschen: den märchenerzählenden Schuster Jelemia dia Sabatelu aus Malange (Malanji) und den amerikanischen Märchenforscher Heli Chatelain, der den Bantumann für ein Jahr (1891) mit in sein Haus in Vineland, N. Y., nahm und dessen Repertoire dort aufzeichnete. Dies schlug sich in den »Folk-Tales of Angola« (Boston 1894), einer Pionierleistung der Afrikanistik, nieder. Sämtliche Märchen sind dort auch im Original wiedergegeben, so auch dieses: »Mon'a Kimanaueze ni mon'a Kumbi ni Mbeji«.

König Salomo und die Königin von Saba

Einst trug es sich zu, daß sich Salomos Heerscharen vor ihrem König versammelten, die Dschinnen (Geister), Menschen und Vögel, und sie waren in geschlossener Ordnung. Als sie dann in das Tal der Ameisen zogen, sprach eine Ameise: »O ihr Ameisen, sucht eure Wohnungen auf, daß euch nicht Salomo und seine Heerscharen unter die Füße treten, ohne daß sie es merken.« Salomo, der dies hörte, lächelte über ihre Worte und sprach: »Erwecke mich, o Herr, daß ich deiner Gnade danke, die du über mich und meine Eltern so freigebig ausgebreitet hast. Und erwecke mich zu dem rechten Verhalten nach deiner Vorschrift, und führe mich ein in deine Barmherzigkeit zu deinen rechtschaffenen Dienern.«

Und er musterte die Vögel und sprach: »Wie kommt es, daß ich den Hudhud (Wiedehopf) nicht sehe? Ist er vielleicht abwesend? Wahrlich, ich will ihn scharf züchtigen oder ihn gar schlachten, es sei denn, er bringe mir eine annehmbare Entschuldigung.« Allein der Hudhud säumte nicht lange, um sich vor Salomo zu stellen, und sagte: »Ich habe ein Land gesehen, welches du noch nicht gesehen hast. Ich komme von Saba mit sicherer Kunde. Dort fand ich eine Frau über sie herrschend, der von allen Dingen gegeben ward, was einem Beherrscher zukommt, und sie sitzt auf einem herrlichen Thron. Und ich fand sie und ihr Volk die Sonne anbeten an Stelle Allahs, und der Satan hat ihnen ihre Werke angeordnet und sie vom Wege abgebracht. Deshalb sind sie nicht rechtgeleitet, als bis sie Allah verehren, der zum Vorschein bringt, was verborgen ist im Himmel und auf der Erde, und der weiß, was sie heimlich tun und was offenkundig. Allah – es gibt keinen Gott außer ihm, und er ist der Herr des erhabenen Thrones.«

Salomo antwortete dem Hudhud: »Wir wollen schauen, ob du die Wahrheit gesprochen hast oder ob du ein Lügner bist. Flieg hin zu ihr mit diesem Brief und wirf ihn vor sie hin; dann kehr dich zur Seite und nimm auf, was sie antworten werden.«

Als die Königin den Brief empfangen hatte, sprach sie zu den Häuptern des Gemeinwesens: »O ihr Edlen, ein ehrenvolles Schreiben ist mir zugeworfen worden, es ist von Salomo, sein Inhalt lautet: ›Im Namen Allahs, des allbarmherzigen Gottes, erhebt Euch nicht wider mich, sondern kommt zu mir und unterwerft Euch!‹« Und sie sprach weiter: »O ihr Edlen, gebt mir in dieser meiner Angelegenheit guten Rat. Ohne eure Überlegung will ich nichts entscheiden.« Sie antworteten: »Wir sind zwar beherzte Leute und haben Mut genug, einen Krieg zu führen, du aber hast zu befehlen; überlege daher, was du anzuordnen gedenkst.« Darauf sagte sie: »Wenn die Könige wider eine Stadt zu Felde ziehen, so pflegen sie es so zu halten, daß sie sie zerstören und ihre angesehensten Bewohner in den Staub ziehen. Sie werden gegen uns genauso handeln. Ich will ihnen daher Geschenke übersenden und die Antwort abwarten, welche mir die Gesandten zurückbringen.«

Als die Gesandten nun zu Salomo kamen, sagte er: »Wollt ihr etwa meinen Reichtum vermehren? Die Güter, die mir Allah gegeben, sind ungleich größer als die, welche er euch gab. Erfreut euch selbst eurer Geschenke und kehrt wieder zu denen zurück, die euch hersandten. Wir aber werden zu ihnen mit einem Heer kommen, gegen das sie nichts ausrichten können. Wir wollen sie aus der Stadt vertreiben, wollen sie demütigen und verächtlich machen.« Danach sprach Salomo zu seinen Leuten: »Hört, ihr Vornehmen, wer von euch kann mir ihren Thron bringen, und zwar eher, als sie kommen und sich unterwerfen?« Ein Ifrit unter den Dschinnen (d. h. ein mächtiger, bösartiger Geist) antwortete: »Ich will ihn dir bringen, noch ehe du von deinem Platze dich erhebst, zu diesem Geschäft fehlt es mir weder an Macht noch an Redlichkeit.« Ein anderer Dschinn

aber, der sich auf Schrift verstand, sagte: »Ich will ihn dir bringen, noch ehe du dein Auge auf etwas richtest und den Blick dann zurückziehst.«

Als nun Salomo den Thron vor sich stehen sah, rief er aus: »Dies ist eine Gnade meines Herrn! Er will die Gesinnung meines Herzens prüfen, ob ich dankbar oder undankbar sei. Wer aber dankbar ist, ist es zu seinem eigenen Besten, und wer undankbar ist – siehe, so ist mein Herr reich und von milder Güte.« Und er wandte sich an seine Leute: »Macht ihren Thron unkenntlich für sie; wir wollen sehen, ob sie rechtgeleitet ist oder nicht.«

Als die Sabäerin nun zu Salomo kam, wurde sie gefragt: »Sieht dein Thron ebenso aus wie dieser?« – »Ja«, erwiderte sie, »er ist ihm völlig gleich.« Darauf sagte Salomo: »Wir haben die richtige Erkenntnis von Gott eher bekommen als sie, indem wir Gottergebene geworden sind. Ihre Abgötterei hat sie von der Wahrheit abgelenkt; sie gehörte bis zur Stunde zu einem ungläubigen Volk.«

Der Königin wurde nun gesagt: »Geh hinein in diesen Palast!« Als sie diesen erblickte, glaubte sie nicht anders, als daß sie durch ein tiefes Wasser waten müßte, und sie entblößte daher ihr Beine. Salomo sprach zu ihr: »Sieh nur, es ist ein Palast, mit Glas gepflastert.« Darauf sagte die Königin: »Mein Herr, ich habe bisher gegen mich selbst gehandelt. Aber nun unterwerfe ich mich mit Salomo Allah, dem Herrn der Welten.«

Nach der Koran-Übertragung von Friedrich Eberhard Boysen

Das biblische »Buch der Könige« berichtet von der Königin von Saba nur, sie sei zu Salomo gereist, ihn »zu versuchen mit Rätseln«. Der Koran dagegen stellt die Begegnung der Bilqis mit Suleiman und die Bekehrung der Sonnenanbeterin zur Muslimin ins Zentrum. Die 27. Sure, die sogenannte Ameisensure, handelt davon; sie ist dem Ablauf nach das einzige »Märchen« im Koran, der um 650 zur heiligen Schrift des Islam wurde.

Um die beiden Königsgestalten rankt sich seither die Märchenphantasie: Salomo wird als Befehliger der Luft- und Feuergeister zur Figur in 1001 Nacht, sein Siegel zum magischen Zeichen der Allbeherrschung (bis hin zu Brentanos »Gockel, Hinkel und Gackeleia«), seine drei Ratschläge bringen dem Helden letztlich das Glück. Die Königin von Saba wiederum wird zur Verführerin mit behaarten Waden, zu »La reine pédauque«, zur Rätselmeisterin. Ihre Namen sind Bilqis, Balkis oder, wie im jiddischen Märchen, Malke Schwa; in Äthiopiens hoher Literatur heißt sie Makeda, in volkstümlichen Legenden Etiya Azieb.

Die Geschichte der kleinen Fatima

Es war ein Tag, es war kein Tag, und außer Gott gab es niemand. Fatima war ein kleines Mädchen, dessen beide Eltern noch am Leben waren, und sie nahm Unterricht bei einer studierten Frau. Die Lehrerin hatte selbst ein kleines Mädchen, das auch Fatima hieß, doch der Vater des Kindes war bereits gestorben.

Eines Tages gab die Lehrerin der kleinen Fatima eine Schale mit den Worten: »Geh nach Hause und sag zu deiner Mutter: ›Bitte gib mir etwas Essig!‹ Wenn sie ihn dann holen geht, mußt du mit ihr gehen, und bei jedem Krug, den sie aus dem großen Essigfaß schöpfen will, mußt du sagen: ›Nein, diesen will ich nicht‹, bis ihr an den siebten kommt. Wenn sie sich mit dem siebten Krug vorbeugt, um Essig zu schöpfen, dann faß sie bei den Beinen und stoß sie in den Krug hinein, dann verschließ ihn gut und komm zu mir zurück.« Fatima tat wie ihr geheißen und hatte nun keine Mutter mehr.

Einige Tage darauf sprach die Lehrerin zu ihr: »Geh hin und streu auf deinen Kopf Koriandersamen. Wenn dann am Abend dein Vater nach Hause kommt, so blas die Lampe aus und schüttle deinen Kopf, so daß all die kleinen Samenkörner ins Feuer prasseln. Dein Vater wird sagen: ›Kind, was sind das für Dinge?‹ Dann mußt du sagen: ›Nun, Vater, das kommt davon, daß ich keine Mutter habe, die mir das Haar hübsch und ordentlich kämmt. Diese schrecklichen Dinge sind mir ins Haar geraten.‹ Dann wird dein Vater sagen: ›Was kann ich bloß dagegen tun?‹ und du mußt antworten: ›Du sollst dir eine Frau nehmen, die sich wie eine Mutter um mich kümmert.‹ Darauf wird er sagen: ›Und wen soll ich zur Frau nehmen?‹ und du sagst: ›Nimm eine Leber und befestige sie über der Tür, und die erste, die mit dem Kopf dagegen stößt, wird die Richtige für dich sein.‹«

Fatima tat wie ihr geheißen, und ihr Vater nahm eine Leber und befestigte sie über der Tür. Sobald er damit fertig war, erhob sich die Lehrerin und kam zum Haus der beiden, und so war sie die erste, die mit dem Kopf an die Leber stieß. »Holla, was hat da meinen Kopf getroffen?« rief sie aus. Da erzählte ihr der Vater die ganze Geschichte, nahm sie zur Frau und führte sie heim.

Nach vierzig Tagen indes verwandelte sich Fatimas Mutter in eine gelbe Kuh und kam aus dem Essigfaß hervor. Die neue Frau des Vaters übergab die Kuh ihrer Stieftochter und sagte: »Bring sie jeden Tag auf die Weide.« Also brachte Fatima die Kuh jeden Tag auf die Weide in der Einöde, und die Stiefmutter gab ihr jedesmal einen großen Ballen Baumwolle zum Spinnen mit. Aber sie war ja noch ein Kind und konnte unmöglich an einem Tag soviel abspinnen, und so bekam sie von der Stiefmutter Schläge.

Eines Tages fing sie voller Verzweiflung an zu weinen. Da kam die Kuh herbei und fraß die ganze Baumwolle und brachte dafür aus ihrem Maul eine Spule feingesponnenen Garns hervor. Von nun an tat die Kuh das Tag für Tag.

Als Fatima eines Tages vor ihrer Baumwolle saß, ergriff der Wind ein Büschel und wehte es in einen Brunnen. Sie bekam es mit der Angst und fing an zu weinen: »Was soll ich nur tun, o was soll ich nur tun? Meine Stiefmutter wird mich schlagen.« Als die Kuh dies vernahm, begann sie plötzlich zu sprechen: »Weine nicht. Steig hinab in den Brunnen, dort triffst du auf eine Div (hörnertragende Dämonin) und zu ihr mußt du sagen: ›Friede sei mit dir‹, und verneige dich höflich vor ihr, und was immer sie dir aufträgt, tu genau das Gegenteil davon. Dann nimm dein Baumwollbüschel und komm zurück.«

Fatima tat wie ihr geheißen, und unten am Brunnen sah sie eine Div sitzen. Sie verneigte sich und sagte: »Friede sei mit dir«, und die Div erwiderte: »Friede sei auch mit dir. Es war gut, daß du mich so höflich gegrüßt hast, sonst hätte ich dich mit einem Haps verschlungen. Komm her und schlag mir den Kopf ein.« Da entsann sich Fatima, daß sie genau das Gegenteil tun müsse, also säuberte sie der Div den Kopf und wusch und kämmte ihr das Haar. Als nächstes verlangte die Div: »Nimm diese Wasserkrüge und zerbrich sie.« Fatima nahm die Krüge mit sich und füllte sie mit frischem Wasser. »Und jetzt reiß mein Haus nieder.« Aber Fatima erinnerte sich sehr wohl an den Rat der Kuh: Sie griff sich einen Besen und kehrte gründlich alle Stuben. Nun fragte die Div: »Was willst du hier?« – »Ich bin auf der Suche nach dem Baumwollbüschel, das mir abhanden kam«, sagte Fatima. »Na, dann komm schon, geh in meine Schatzkammer. Dort findest du es auf dem Berg Juwelen. Nimm dein Büschel und steck dir soviel Edelsteine ein, wie dein Herz begehrt.« Das Mädchen ging in die Kammer und fand auch ihr Büschel, doch sie rührte nicht einen der kostbaren Steine an.

Als sie sich anschickte, den Brunnen zu verlassen, und schon auf halber Höhe war, rief die Div ihr nach: «Weißer Wind, komm und rüttel sie!«

Und der Wind kam und rüttelte sie und schüttelte sie, doch sie hielt ihr Büschel fest, und nichts fiel aus ihren Taschen und Kleidern. Sie kletterte immer weiter, und als sie oben angelangt war, rief die Div aus: »Schwarzer Wind, komm und rüttel sie!«

Und der Wind kam und rüttelte sie, doch nichts fiel zu Boden. Da erkannte die Div, daß sie nichts eingesteckt hatte, und rief: »Geh hin in Frieden, kleines Mädchen. Gott möge einen Mond dir auf die Stirn wachsen lassen und einen Stern auf das Kinn!« Und so geschah es auch. Fatima aber zog sich sorgfältig das Kopftuch über das Gesicht und band es mit einem Taschentuch fest, damit die Stiefmutter nichts merken sollte, und sie verließ die Einöde und kehrte heim.

Als der Abend anbrach, sagte die Stiefmutter: »Marsch, hol mir den Schaumlöffel!« Sie ging (in die Rumpelkammer) nach dem Schaumlöffel, aber es war so dunkel, daß sie rein gar nichts sehen konnte. So schlug sie einen Zipfel ihres Tuchs zurück, damit Mond und Stern ihr ein wenig leuchten konnten.

Nun wußte aber die andere Fatima, die leibliche Tochter der Lehrerin, daß ihre Schwester sich vor der Dunkelheit fürchtete, und war ihr deshalb still und leise gefolgt, um zu sehen, was sie tun würde. Und als sie das Licht erblickte, lief sie zur Mutter zurück und kreischte: »Mama, die kleine Fatima hat eine eigene Lampe.« Da spähte die Stiefmutter hinaus und sah sehr wohl, daß der andere Raum hell erleuchtet war. »Sie trat näher und gewahrte, die kleine Fatima trug einen wunderschönen Mond auf der Stirn und einen strahlenden Stern auf dem Kinn. Da rief sie: »Kind, wie bist du bloß dazu gekommen?« Da erzählte ihr das Mädchen die Geschichte soweit wahrheitsgetreu, setzte aber hinzu: »Ich tat in allem, wie die Div mir geheißen.«

Die Stiefmutter war wie verwandelt. Sie, die Fatima zuvor grausam behandelte und halb verhungern ließ, indem sie ihr nichts als ein wenig Gerste mitgab und einen kümmerlichen Hiseflladen für den ganzen Tag in der Einöde – mit einem Mal war sie freundlich und liebevoll. Eines Tages buk sie ein großes Brot aus Weizenmehl, mit Datteln, mit Butter und Eiern, wie für eine Reise. Und zur kleinen Fatima sagte sie: »Dieses schöne Brot ist für dich; jetzt geh mit deiner

Schwester in die Einöde, zeig ihr, wo dein Brunnen ist, und laß sie hinuntersteigen zu der freundlichen Div.« – »Ist gut«, sagte Fatima.

Die beiden machten sich auf den Weg in die Einöde und kamen zum Brunnen. Dort warf die kleine Fatima ein Baumwollbüschel, das sie eigens dafür mitgenommen hatte, in den Brunnen und sagte zu ihrer Schwester: »Steig jetzt hinab in den Brunnen und verneige dich vor der Div, und was immer sie dir befiehlt, befolge es genau. Dann nimm das Baumwollbüschel und komm zurück.« Also kletterte die Stiefschwester hinab, traf unten am Brunnen auf die Div, verneigte sich vor ihr und entbot ihr den Gruß. Die Div gab ihr zur Antwort: »Es ist gut, daß du dich so höflich verneigt hast, denn sonst hätte ich dich auf einen Haps verschlungen.« Dann sagte sie: »Komm und schlag mir den Kopf ein.« Die Stiefschwester sah sich um und entdeckte einen großen Steinbrocken. Sie hob ihn auf und schlug damit auf den Kopf der Div ein, bis er zerbrach. Da sagte die Div: »Nun geh und zerschlage die Wasserkrüge.« Und das Mädchen warf sie augenblicklich zu Boden, so daß sie zertrümmert waren. Als nächstes sagte die Div: »Reiß mein Haus nieder.« Und unverzüglich griff das Mädchen zur Hacke und hieb das Haus kurz und klein. Dann fragte die Div: »Was suchst du hier?« – »Ich will mein verlorengegangenes Büschel Baumwolle holen«, antwortete sie. »Gut, geh in meine Schatzkammer, dort findest du auf dem Berg kostbarer Steine dein Baumwollbüschel. Nimm es dir und nimm dir auch so viele Edelsteine, wie dein Herz begehrt.« Die Stiefschwester ging hinein, nahm das Baumwollbüschel und ergriff so viele Juwelen, wie sie in Taschen, Kleidern und Händen nur tragen konnte. Dann schickte sie sich an, den Brunnen hinaufzuklettern.

Als sie auf halber Höhe war, rief die Div ihr nach: »Weißer Wind, komm und rüttel sie!«

Und als das Mädchen oben angelangt war, rief sie: »Schwarzer Wind, komm und rüttel sie!«

Da kamen die Winde und zogen und zerrten an ihr, und all die Juwelen, Goldstücke und Edelsteine, die sie eingesteckt hatte, kullerten mit Getöse den Brunnen hinab. Und die Div rief: »Geh hin in Frieden, kleines Mädchen, Gott möge dir ein Eselsohr aus der Stirn wachsen und einen Eselsschwanz aus dem Kinn sprießen lassen!« Und so geschah es.

Als sie nach Hause kam und die Mutter sie erblickte, schlug sie sich an die Brust und rief: »Kind, um Himmels willen, was ist mit dir?« Und sie holte eine Schere und schnitt ihr die Eselsohren und den Eselsschwanz ab und streute Salz auf die Schnittstellen. Doch als es Morgen wurde, waren sie wieder nachgewachsen.

Nun geschah es, daß die Hochzeit der Königstochter bevorstand und jeder zum Fest geladen wurde. Die Stiefmutter ging zur kleinen Fatima, gab ihr Bohnen und Linsen, die sie zuvor zusammengeschüttet hatte, und sagte: »Die mußt du auseinandersortieren, bevor ich zurück bin.« Und sie gab ihr noch einen leeren Krug und sagte: »Du mußt so lange weinen, bis du diesen Krug mit Tränen gefüllt hast.« Dann machte sie sich mit ihrer Tochter zur königlichen Hochzeit auf. Die arme kleine Fatima saß da in großer Verzweiflung und war so traurig und enttäuscht, daß sie zu weinen anfing. Da erschien die Kuh und schüttelte ihren Kopf, und aus den Hörnern flatterten ein Hahn und eine Henne, die im Nu die Bohnen von den Linsen trennten. Und wieder schüttelte sie ihren Kopf, da floß aus einem der Hörner salziges Wasser und füllte den leeren Krug. Wiederum

schüttelte sie ihren Kopf, da fielen aus dem anderen Horn wunderschöne seidene Kleider. Nun sprach die Kuh zu ihrer Tochter: »Zieh diese schönen Kleider an und geh zum Hochzeitsfest.« Fatima tat dies mit Freuden.

Als sie sich dem Palast näherte, glänzten ihre Kleider so schön und so kostbar, daß jedermann annahm, sie sei eine der vornehmsten Damen des Landes, und man erhob sich, als sie vorüberschritt, und wies ihr einen der besten Plätze an. Unterdessen hatten ihre Stiefmutter und Stiefschwester lediglich bei den Bediensteten in der äußeren Halle Platz gefunden, dort, wo die Leute ihre Schuhe auszogen.

Nach einer Weile stieß die andere Fatima ihre Mutter an und sagte: »Sieh nur, Mama, ist das nicht die kleine Fatima?« Doch die Mutter meinte: »Unsinn, Kind, die sitzt zu Hause und flennt. Übel soll es ihr gehen!«

Als das Fest zu Ende ging, erhob sich die kleine Fatima vor allen anderen und eilte nach Hause. Doch als sie es verließ, sah sie der Königssohn und verliebte sich in sie; er folgte ihr nach, bis sie an einen Bach kam. Sie nahm Anlauf, um darüber zu springen, und dabei fiel einer ihrer Pantoffeln ins Wasser. Der Königssohn wies einen Diener an: »Fisch den Pantoffel heraus.« Als er den Pantoffel dann näher in Augenschein nahm, fand er ihn zierlich und allerliebst. Da reichte er ihn an seine Diener weiter und sprach: »Nehmt ihn und forscht in jedem Haus des Königreiches nach, wem er gehört.« Sie suchten landauf, landab und kamen schließlich vor das Haus der kleinen Fatima. Sofort versteckte die Stiefmutter das Kind im Backofen und legte einen Sack Hirse über die Öffnung und ein Fünf-Mann-Gewicht oben drauf.

Als die Diener des Prinzen eintraten, präsentierte sie ihnen ihre eigene Tochter, und sie probierten ihr den Pantoffel an, doch er wollte nicht passen. Nun gab es da einen Hahn im Haus, der flatterte auf den Backofen und begann zu krähen. Die Stiefmutter schlug und schlug nach ihm und rief dabei: »Husch, runter mit dir, raus mit dir!« Doch die Abgesandten sagten: »Muttchen, warum schlägst du nach ihm? Gib ihm Ruhe und laß hören, was er uns zu sagen hat.« Dann hörten sie aufmerksam zu und hörten ihn sagen:

> »Kikeriki, kikeriki,
> Sucht ihr die Pantoffeldame allhie?
> Sucht ihr die?
> Der Backofen ist zugestellt,
> Ihr könnt's nicht sehn, wenn nichts fällt.
> Doch Fatima ist ganz in der Nähe,
> Wenn einer in den Ofen unter mir spähe!
> Ihr gehört das schöne Schuhchen hie,
> Kikeriki, kikeriki.«

Da traten sie zum Ofen, hoben das Mädchen heraus und probierten ihr den Pantoffel an. Und als sie sahen, daß er paßte, führten sie sie mit sich als Braut des Königssohnes. Ihre Stiefmutter und Stiefschwester aber zerplatzten vor Wut. Nun ist meine Geschichte aus, der Sperling aber kam nie nach Haus.

Aufgezeichnet im Dialekt von Kerman
Aus dem Englischen von Ulf Diederichs

Die persische Klein-Fatima ist eine Mischung aus Goldmarie und Aschenputtel (Erd-küklein), wobei die Rolle von Frau Holle eine Div einnimmt. Divs sind nach persischem Volksglauben zumeist bösartige, riesenhafte Wesen mit Tiergesichtern, Hörnern an der Stirn und mit Krallen an Händen und Füßen. Wie die positiv besetzten Dämonen, die schönen Peris (Feen), haben sie die Fähigkeit, sich in alle möglichen Gestalten ver-wandeln zu können.

Fatima ist nun keineswegs so idealistisch gezeichnet wie die deutschen Märchenhel-dinnen. Sie wird mitschuldig am Tod ihrer Mutter, und ausgesprochen clever treibt sie die Stiefschwester ins Verderben. Das Märchen ist auch als »Stirnmöndlein« bekannt und die Lehrerin unter dem Namen »Tante Bîbî«. Von den Lebensverhältnissen erfah-ren wir so viel, daß die glühenden Kohlen des Warmbeckens als Stubenheizung üblich sind und der Backofen nach oben geöffnet ist; wir nehmen die höflichen Grußformen wahr – wie auch die besonderen Eingangs- und Schlußformeln des persischen Mär-chens.

Den Text haben D.L.R. Lorimer und E. O. Lorimer aus dem Kerman-Dialekt ins Englische übertragen (Persian Tales, Written Down for the First Time in the Original Kermani and Bakhtiari, London 1919).

Das Märchen von Iwan Zarewitsch, dem Feuervogel und dem grauen Wolf

In einem Land, in einem Reich lebte einmal ein Zar namens Wyslaw Andronowitsch. Er hatte drei Söhne: der erste war Dimitrij Zarewitsch, der zweite Wassilij Zarewitsch und der dritte Iwan Zarewitsch. Dieser Zar Wyslaw Andronowitsch besaß einen so üppigen Garten, wie man ihn schöner in keinem anderen Reich hätte finden können. In diesem Garten wuchsen die verschiedensten Bäume, mit Früchten und ohne Früchte. Doch am meisten liebte der Zar einen Apfelbaum, und an diesem Apfelbaum wuchsen Äpfel von reinem Gold. In den Garten des Zaren Wyslaw kam ein Feuervogel geflogen. Er hatte ein goldenes Gefieder und Augen wie orientalisches Kristall. Jede Nacht flog er nun in den Garten und setzte sich auf den Lieblingsapfelbaum des Zaren Wyslaw, pflückte ihm goldene Äpfelchen ab und flog wieder fort. Zar Wyslaw Andronowitsch war sehr bekümmert, daß der Feuervogel so viele Äpfel von seinem Apfelbaum abriß; er berief seine drei Söhne zu sich und sagte zu ihnen: »Meine lieben Kinder, wer von euch kann in meinem Garten den Feuervogel fangen? Wer ihn lebendig fängt, dem werde ich zu meinen Lebzeiten die Hälfte des Reiches geben und bei meinem Tod das ganze.« Da erwiderten die Zarewitsche, seine Kinder, wie aus einem Mund: »Gnädiger Herr, Vater, Kaiserliche Majestät, wir werden uns mit großer Freude bemühen, den Feuervogel lebendig zu fangen.«

In der ersten Nacht ging Dimitrij Zarewitsch in den Garten auf Wache, und nachdem er sich unter den Apfelbaum gesetzt hatte, von dem der Feuervogel die Äpfel abriß, schlief er ein und hörte nicht, wie der Feuervogel angeflogen kam und viele Äpfel abrupfte. Am Morgen rief der Zar Wyslaw Andronowitsch den Dimitrij Zarewitsch zu sich und fragte: »Nun, mein lieber Sohn, hast du den Feuervogel gesehen oder nicht?« Er antwortete seinem Vater: »Nein, gnädiger Herr Vater, in dieser Nacht flog er nicht herbei!«

In der nächsten Nacht ging Wassilij Zarewitsch in den Garten, um den Vogel abzupassen. Er setzte sich unter den Apfelbaum, und als er eine Stunde und eine zweite da gesessen hatte, schlief er so fest ein, daß er nicht hörte, wie der Feuervogel angeflogen kam und Äpfel abrupfte. Am Morgen rief ihn der Zar Wyslaw zu sich und fragte: »Nun, mein lieber Sohn, sahst du den Feuervogel oder nicht?« – »Gnädiger Herr Vater, in dieser Nacht flog er nicht herbei!«

In der dritten Nacht ging Iwan Zarewitsch in den Garten, um zu wachen, und setzte sich unter den Apfelbaum. Er saß eine Stunde, eine zweite und eine dritte. Plötzlich erhellte sich der ganze Garten, so als wäre er von vielen Feuern erleuchtet. Der Feuervogel kam angeflogen, setzte sich auf den Apfelbaum und begann, Äpfel abzureißen. Iwan Zarewitsch griff nach ihm so geschickt, daß er ihn an seinem Schwanz zu fassen bekam, aber er konnte ihn nicht festhalten. Der Feuervogel riß sich los und flog davon; nur die Schwanzfeder, an der er ihn gepackt hatte, blieb dem Iwan Zarewitsch in der Hand. Am Morgen, kaum daß Zar Wyslaw aus dem Schlaf erwacht war, ging Iwan Zarewitsch zu ihm und überreichte ihm die Feder des Feuervogels. Zar Wyslaw war sehr erfreut darüber, daß es seinem jüngsten Sohn geglückt war, ihm wenigstens eine Feder vom Feuervogel zu verschaffen. Diese Feder war so wunderbar und leuchtete dermaßen, daß, wenn man sie in ein dunkles Zimmer brachte, dieses erhellt wurde wie von einer großen Menge Kerzen. Zar Wyslaw legte die Feder in sein Kabinett, gleich einer Sache, die ewig bewahrt werden müsse. Seit der Zeit kam der Feuervogel nicht mehr in den Garten geflogen.

Zar Wyslaw berief seine Kinder wieder zu sich und sagte zu ihnen: »Meine lieben Kinder, macht euch auf, ich gebe euch meinen Segen. Sucht den Feuervogel und bringt ihn mir lebendig. Und was ich euch zuvor versprochen habe, das soll derjenige bekommen, der mir den Feuervogel bringt.« Die Zarewitsche Dimitrij und Wassilij grollten ihrem jüngsten Bruder Iwan Zarewitsch, weil es ihm gelungen war, dem Feuervogel eine Feder aus dem Schwanz zu reißen; sie ließen sich vom Vater segnen und ritten zusammen aus, den Vogel zu suchen.

Auch Iwan Zarewitsch bat den Vater um seinen Segen. Zar Wyslaw sagte zu ihm: »Mein lieber Sohn, mein geliebtes Kind, du bist noch zu jung und für solch weiten und schwierigen Weg nicht vorbereitet; warum soll ich dich ziehen lassen? Deine Brüder sind schon fort. Was ist mit mir, wenn auch du von mir gehst und ihr drei lange Zeit ausbleibt? Ich bin schon bei Jahren und auf dem Weg zu Gott. Wenn der Herr mein Leben nimmt, während ihr abwesend seid, wer soll dann mein Reich regieren? Es kann einen Aufruhr geben oder einen Zwist in unserem Volk, und keiner ist da, dies zu schlichten. Oder der Feind dringt in unser Reich ein, und keiner ist da, der unser Heer befehligt.« Doch so sehr sich Zar Wyslaw mühte, den Iwan Zarewitsch zurückzuhalten, er konnte ihn von seinen Bitten nicht abbringen, und so gab er ihm den Segen. Iwan Zarewitsch wählte

sich ein Pferd aus und machte sich auf den Weg. Er ritt fort, ohne zu wissen, wohin.

Ob sein Weg bald in die Nähe, bald in die Ferne ging, bald bergab und bald bergauf – ein Märchen ist schnell erzählt, aber die Sache nicht so rasch getan. Schließlich kam er auf das freie Feld hinaus, auf grüne Wiesen. Mitten auf dem Feld steht ein Pfeiler, und auf dem Pfeiler sind die Worte eingeschrieben: »Wer von diesem Pfeiler an geradeaus geht, der wird verhungern und erfrieren; wer nach rechts geht, der wird am Leben bleiben und gesund sein, aber sein Pferd wird sterben; wer nach links geht, der wird selbst sterben, aber sein Pferd wird lebendig und gesund bleiben.« Iwan Zarewitsch las diese Inschrift und ritt nach rechts, denn er dachte, sein Pferd werde zwar den Tod finden, er selbst aber am Leben bleiben und mit der Zeit ein anderes Pferd bekommen. – Er ritt einen Tag, einen zweiten, einen dritten. Plötzlich kam ihm ein riesiger grauer Wolf entgegen und sprach: »Ach, du bist es, Jüngling Iwan Zarewitsch! Auf dem Pfeiler hast du gelesen, daß dein Pferd sterben wird – warum reitest du also hierher?« Der Wolf sprach diese Worte, zerriß das Pferd des Iwan Zarewitsch in zwei Stücke und lief seitwärts davon.

Iwan Zarewitsch war um sein Pferd sehr betrübt, er weinte bitterlich und lief zu Fuß weiter. Er ging den ganzen Tag, wurde unsäglich müde und wollte sich gerade hinsetzen und ausruhen. Da stand plötzlich der graue Wolf vor ihm und sprach: »Du tust mir leid, Iwan Zarewitsch, weil du dich zu Fuß abplagen mußtest; auch tut es mir leid, daß ich dein Pferd zerrissen habe. Also gut, setz dich auf mich, den grauen Wolf, und sag mir, wohin ich dich tragen soll und wozu?« Iwan Zarewitsch sagte dem grauen Wolf, wohin er ihn tragen solle, und der graue Wolf jagte mit ihm davon, schneller als ein Pferd, und brachte nach einiger Zeit, es war Nacht, Iwan Zarewitsch zu einer steinernen Mauer, nicht eben hoch; er verhielt und sagte: »Nun, Iwan Zarewitsch, steige von mir, dem grauen Wolf, herunter, und klettere über die Steinmauer. Dort hinter der Mauer ist ein Garten, und in dem Garten sitzt der Feuervogel in einem goldenen Käfig. Nimm du den Feuervogel, aber rühre den goldenen Käfig nicht an. Nimmst du den Käfig, so kommst du nicht mehr fort; sie werden dich sogleich gefangennehmen.«

Iwan Zarewitsch stieg über die Steinmauer in den Garten, erblickte den Feuervogel in dem goldenen Käfig und verspürte großes Verlangen nach ihm. Er nahm den Vogel aus dem Käfig und ging zurück. Aber dann dachte er nach und sagte sich: »Warum nahm ich den Feuervogel ohne Käfig? Wo soll ich ihn denn nun hinsetzen?« Er kehrte um, doch kaum hatte er den goldenen Käfig in der Hand, da ertönte plötzlich durch den ganzen Garten ein Dröhnen und Donnern, denn der goldene Käfig war mit Saiten bespannt. Die Wächter fuhren sogleich hoch, stürzten in den Garten, ergriffen Iwan Zarewitsch samt dem Feuervogel und führten ihn vor ihren Zaren, der Dolmat hieß. Zar Dolmat ergrimmte sehr und schrie Iwan Zarewitsch mit zorniger Donnerstimme an: »Schämst du dich denn nicht zu stehlen, Bürschchen! Was bist du für einer, aus welchem Land,

welches Vaters Sohn, und wie heißt du?« Iwan Zarewitsch antwortete ihm: »Ich bin aus dem Wyslawschen Reich, Sohn des Zaren Wyslaw Andronowitsch, und ich heiße Iwan Zarewitsch. Dein Feuervogel ließ sich dazu verleiten, jede Nacht zu uns in den Garten zu fliegen und goldene Äpfel abzureißen vom Lieblingsbaum meines Vaters; er hat fast den ganzen Baum leergepflückt. Deshalb schickte mich mein Vater aus, den Feuervogel zu suchen und ihm zu bringen.« – »Ach, Jüngling Iwan Zarewitsch! War das recht von dir, so zu handeln, wie du es getan hast? Du hättest zu mir kommen sollen, ich hätte dir den Feuervogel in Ehren gegeben. Wie wird es jetzt aussehen, wenn ich in allen Reichen verkünden lasse, daß du in meinem Reich reichlich ehrlos verfuhrst? Höre, Iwan Zarewitsch! Wenn du mir den Dienst erweist und in das dreimal zehnte Land hinter den dreimal neun Ländern reitest und mir von dem Zaren Afron das Pferd mit der goldenen Mähne verschaffst, dann will ich dir deine Schuld verzeihen und dir den Feuervogel als große Ehrbezeugung geben. Wenn du mir aber diesen Dienst nicht erweist, werde ich allen Reichen kundtun, daß du ein ehrloser Dieb bist.« Iwan Zarewitsch versprach Zar Dolmat, ihm das Pferd mit der goldenen Mähne zu verschaffen, und verließ ihn in großem Kummer.
Er ging zum grauen Wolf und erzählte ihm alles, was Zar Dolmat ihm gesagt hatte. »Ach, Jüngling Iwan Zarewitsch«, sprach der graue Wolf, »warum hast du nicht auf meinen Rat gehört und den goldenen Käfig genommen?« – »Ich habe mich vor dir schuldig gemacht«, sagte Iwan Zarewitsch zum Wolf. »Gut, dem sei so«, meinte der graue Wolf. »Setz dich auf mich, den grauen Wolf, ich werde dich dahin bringen, wo du hin mußt.« Iwan Zarewitsch setzte sich dem grauen Wolf auf den Rücken, und der Wolf flog dahin wie ein Pfeil und lief, ob lang, ob kurz, und kam schließlich bei Nacht in das Reich des Zaren Afron. Als er vor dem Pferdestall des Zaren, erbaut aus weißem Stein, angelangt war, sagte der graue Wolf zu Iwan Zarewitsch: »Geh in diesen Stall aus weißem Stein (die Stallknechte, auch die auf Wache, schlafen alle fest) und nimm das Pferd mit der goldenen Mähne. Dort an der Wand hängt ein goldener Zaum, den berühre nicht, es wird dir sonst schlecht ergehen.«
Iwan Zarewitsch ging in den Stall aus weißem Stein, nahm das Pferd und wollte schon zurückkehren. Doch da sah er an der Wand den goldenen Zaum, und der gefiel ihm so sehr, daß er ihn vom Nagel nahm. Kaum hielt er ihn in der Hand, als plötzlich in allen Ställen ein Dröhnen und Donnern ertönte, denn der Zaum war mit Saiten versponnen. Die Stallknechte fuhren auf, stürzten herbei, ergriffen den Iwan Zarewitsch und führten ihn vor den Zaren Afron. Zar Afron

begann ihn auszufragen: »Ach, du junges Bürschchen! Sag mir doch, aus welchem Reich du bist, welches Vaters Sohn und wie du heißt?« Iwan Zarewitsch gab ihm zur Antwort: »Ich bin aus dem Reich Wyslaws, bin Sohn des Zaren Wyslaw Andronowitsch und heiße Iwan Zarewitsch.« – »Ach, Jüngling Iwan Zarewitsch«, sagte Zar Afron, »handelt ein ehrenhafter Ritter so, wie du es tatest? Du hättest zu mir kommen sollen, und ich hätte dir das Pferd mit der goldenen Mähne in Ehren gegeben. Wie wird es jetzt aussehen, wenn ich in allen Reichen verkünden lasse, daß du in meinem Reich unehrlich handeltest? Höre, Iwan Zarewitsch! Wenn du mir einen Dienst erweist und hinter die dreimal neun Länder in das dreimal zehnte Land reitest und die Königstochter Jelena, die Wunderschöne, für mich bringst, der ich seit langem mit Herz und Seele zugetan bin und sie doch nicht holen kann, dann will ich dir diese Schuld verzeihen und dir das Pferd mit der goldenen Mähne samt dem goldenen Zaum in Ehren geben. Wenn du mir aber diesen Dienst nicht erweist, werde ich allen Reichen kundtun, daß du ein ehrloser Dieb bist und in meinem Reich Übles getan hast.« Da versprach Iwan Zarewitsch dem Zaren Afron, ihm die Königstochter Jelena, die Wunderschöne, zu holen. Dann verließ er den Palast und weinte bitterlich.

Er ging zum grauen Wolf und erzählte alles, was ihm zugestoßen war. »Ach, Jüngling Iwan Zarewitsch«, sagte der graue Wolf, »warum hast du nicht auf meinen Rat gehört und den goldenen Zaum genommen?« – »Ich habe mich vor dir schuldig gemacht«, sagte Iwan Zarewitsch zum Wolf. »Gut, dem sei so«, fuhr der graue Wolf fort, »setz dich auf mich, den grauen Wolf; ich bringe dich dorthin,

wo du hin mußt.« Iwan Zarewitsch setzte sich dem grauen Wolf auf den Rücken, und der Wolf flog dahin wie ein Pfeil, so schnell, wie es sich nicht erzählen läßt, und schließlich kam er in das Reich der Königstochter Jelena, der Wunderschönen. Als er an ein goldenes Gitter kam, das einen herrlichen Garten umgab, sagte der Wolf zu Iwan Zarewitsch: »Steig von mir, dem grauen Wolf, herunter, Iwan Zarewitsch, geh auf demselben Weg zurück, auf dem wir hierher kamen, und erwarte mich unter der grünen Eiche im freien Feld.«

Iwan Zarewitsch ging, wie ihm geheißen. Der graue Wolf setzte sich neben das goldene Gitter und wartete zu, bis die Königstochter Jelena, die Wunderschöne, lustwandelnd in den Garten käme. Gegen Abend, als die liebe Sonne anfing, sich weit nach Westen zu senken, und die Luft nicht mehr so heiß war, kam die Königstochter Jelena, die Wunderschöne, mit Ammen und Dienerinnen und allen Hofbojarinnen in den Garten, um zu lustwandeln. Als sie sich der Stelle näherte, wo der graue Wolf am Gitter saß, sprang er plötzlich über das Gitter in den Garten, packte die Königstochter Jelena, die Wunderschöne, und lief mit ihr in mächtigen Sätzen davon. Er eilte auf das freie Feld zu, wo ihn Iwan Zarewitsch unter der grünen Eiche erwartete, und sprach zu ihm: »Iwan Zarewitsch, setz dich ganz schnell auf mich, den grauen Wolf!« Iwan Zarewitsch saß auf, und der graue Wolf trug beide in das Reich des Zaren Afron. Die Ammen und Dienerinnen und alle Hofbojarinnen, die mit der schönen Königstochter Jelena lustwandelnd im Garten gewesen waren, liefen sogleich in den Palast und schickten Leute los, um den grauen Wolf aufzugreifen. Doch so viele Eilboten auch umherjagten, sie konnten ihn nicht einholen und kehrten unverrichteter Dinge zurück.

Als Iwan Zarewitsch nun so zusammen mit der schönen Königstochter Jelena auf dem grauen Wolf saß, verliebte er sich von Herzen in sie und sie sich in den Iwan Zarewitsch. Und als der graue Wolf im Reich des Zaren Afron angekommen war und es für Iwan Zarewitsch Zeit wurde, die schöne Königstochter Jelena in den Palast zu führen und dem Zaren zu übergeben, da wurde der Zarewitsch sehr betrübt, und er vergoß Tränen. Der graue Wolf fragte ihn: »Warum weinst du, Iwan Zarewitsch?« Der antwortete ihm: »Grauer Wolf, mein Freund, wie soll ich denn nicht weinen und nicht betrübt sein? Ich habe die schöne Königstochter Jelena von Herzen liebgewonnen und muß sie nun dem Zaren Afron für das Pferd mit der goldenen Mähne geben, und wenn ich sie ihm nicht gebe, wird der Zar Afron mich in allen Reichen für ehrlos erklären.« – »Ich habe dir schon manchen Dienst erwiesen, Iwan Zarewitsch«, sagte der graue

Wolf, »ich will dir auch noch diesen erweisen. Höre, Iwan Zarewitsch! Ich werde mich in die schöne Königstochter Jelena verwandeln, du führst dann mich zum Zaren Afron und läßt dir das Pferd mit der goldenen Mähne geben. Er wird mich für die echte Königstochter halten. Und wenn du auf das Pferd aufgesessen und weit fortgeritten bist, dann bitte ich mir beim Zaren aus, im freien Feld spazierenzugehen. Und wenn er mich mit den Ammen und Dienerinnen und allen Hofbojarinnen gehen läßt und ich mit ihnen im freien Feld bin, dann erinnere dich an mich – und ich werde wieder bei dir sein.«

Nach diesen Worten ließ sich der graue Wolf auf die feuchte Erde fallen und verwandelte sich in die schöne Königstochter Jelena, so daß keiner erkennen konnte, daß er nicht sie war. Iwan Zarewitsch nahm den grauen Wolf bei der Hand, geleitete ihn zum Palast des Zaren Afron – und die schöne Königstochter Jelena mußte unterdessen hinter der Stadt warten. Als Iwan Zarewitsch mit der vermeintlichen Jelena, der Wunderschönen, zum Zaren Afron kam, da freute sich dieser in seinem Herzen, daß er solch einen Schatz bekommen hatte, nachdem er schon so lange Verlangen gehabt. Er nahm die falsche Königstochter auf und übergab Iwan Zarewitsch das Pferd mit der goldenen Mähne. Iwan Zarewitsch saß auf und ritt hinter die Stadt hinaus, hob Jelena, die Wunderschöne, zu sich aufs Pferd und ritt weiter, dem Reich des Zaren Dolmat zu.

Der graue Wolf indes lebte bei dem Zaren Afron einen Tag, einen zweiten und einen dritten, an Stelle der schönen Königstochter Jelena; und am vierten Tag ging er zum Zaren Afron und bat darum, auf dem freien Feld spazierengehen zu dürfen, um das grausam böse Heimweh zu vertreiben. Da sagte ihm Zar Afron: »Ach, meine wunderschöne Königstochter Jelena, für dich tue ich alles, und ich erlaube dir daher, auf dem freien Feld zu spazieren.« Sogleich befahl er den Ammen, Dienerinnen und allen Hofbojarinnen, die schöne Königstochter auf ihrem Spaziergang zu begleiten.

Unterdessen ritt Iwan Zarewitsch mit Jelena, der Wunderschönen, weiter dahin, unterhielt sich mit ihr und vergaß über dem beinahe den grauen Wolf. Doch endlich erinnerte er sich an ihn. »Ach, wo mag jetzt mein grauer Wolf sein?« Plötzlich, woher auch immer, stand er vor Iwan Zarewitsch und sagte zu ihm: »Setz du dich, Iwan Zarewitsch, auf mich, den grauen Wolf, und laß die schöne Königstochter auf dem Pferd mit der goldenen Mähne reiten.« Iwan Zarewitsch setzte sich auf den grauen Wolf, und sie ritten auf das Reich des Zaren Dolmat zu. Sie ritten, ob lang, ob kurz, und als sie in jenes Reich gekommen waren, hielten sie drei Werst vor der Stadt an. Iwan Zarewitsch bat den grauen Wolf: »Hö-

re, du mein lieber Freund, grauer Wolf! Du hast mir so viele Dinge erwiesen, erweis mir noch einen letzten: Kannst du dich nicht in ein goldmähniges Pferd verwandeln? Ich kann mich von diesem Pferd mit der goldenen Mähne nicht trennen.«

Da ließ sich der graue Wolf auf die feuchte Erde fallen und wurde zum goldmähnigen Pferd. Iwan Zarewitsch hieß die schöne Königstochter Jelena auf der grünen Wiese zurückbleiben, bestieg den grauen Wolf und ritt zum Palast des Zaren Dolmat. Als er dort ankam, erblickte der Zar den Iwan Zarewitsch, wie er auf dem goldmähnigen Pferd einritt, und freute sich sehr. Sogleich kam er aus dem Palast, ging dem Zarensohn auf dem weiten Hof entgegen, küßte ihn auf den süßen Mund, nahm ihn bei der rechten Hand und führte ihn in den Palast aus weißem Stein. In übergroßer Freude befahl Zar Dolmat, einen Festschmaus herzurichten, und sie setzten sich an eichene Tische mit gemusterten Tischdecken. Sie aßen, tranken, trieben Kurzweil und verlustierten sich so zwei volle Tage; am dritten Tag übergab Zar Dolmat dem Iwan Zarewitsch den Feuervogel samt dem goldenen Käfig. Der Zarensohn nahm den Feuervogel, ging vor die Stadt, setzte sich zusammen mit der schönen Königstochter Jelena auf das

Pferd mit der goldenen Mähne und ritt auf sein Vaterland zu, ins Reich des Zaren Wyslaw Andronowitsch.

Zar Dolmat gedachte anderntags auf seinem goldmähnigen Pferd ins freie Feld zu reiten. Er befahl, es zu satteln, saß auf und ritt ins freie Feld hinaus. Aber kaum war das Pferd losgeprescht, als es den Zaren Dolmat abwarf; es verwandelte sich in den grauen Wolf zurück, und der jagte davon und holte Iwan Zarewitsch ein. »Iwan Zarewitsch«, sagte er, »setz dich auf mich, den grauen Wolf, und die Königstochter Jelena, die Wunderschöne, laß auf dem Pferd mit der goldenen Mähne reiten.« Iwan Zarewitsch setzte sich auf den grauen Wolf, und so ritten sie ihres Weges.

Als der graue Wolf den Iwan Zarewitsch bis zu jener Stelle getragen hatte, wo er ihm sein Pferd zerrissen, hielt er an und sagte: »So, Iwan Zarewitsch, ich habe dir lange genug treu und ergeben gedient. Hier an dieser Stelle zerriß ich dein Pferd, hier an diese Stelle führte ich dich zurück. Steig jetzt ab von mir, dem grauen Wolf. Du hast nun das Pferd mit der goldenen Mähne, so setze dich darauf und reite, wohin du willst. Ich bin dein Diener nicht länger.« Der graue Wolf sprach diese Worte und lief seitwärts davon.

Ob sie lang ritten oder kurz: Als sie ihr Ziel bis auf zwanzig Werst erreicht hatten, hielt Iwan Zarewitsch an, stieg vom Pferd und legte sich zusammen mit der schönen Königstochter unter einen Baum, um in dessen Schatten auszuruhen. Das Pferd mit der goldenen Mähne band er an den Baum, den Käfig mit dem Feuervogel stellte er neben sich. Als sie so im weichen Grase lagen und verliebte Gespräche führten, schliefen sie fest ein.

Gerade um diese Zeit kehrten die Brüder von Iwan Zarewitsch, die Zarensöhne Dimitrij und Wassilij, mit leeren Händen in ihr Vaterland zurück; sie hatten in verschiedenen Reichen nach dem Feuervogel gesucht. Unverhofft stießen sie auf ihren schlafenden Bruder Iwan Zarewitsch, neben sich die schöne Königstochter Jelena. Als sie im Gras das Pferd mit der goldenen Mähne und den Feuervogel im goldenen Käfig sahen, lockte sie dies alles sehr, und sie beschlossen, ihren Bruder Iwan Zarewitsch zu töten. Dimitrij Zarewitsch zog sein Schwert aus der Scheide, hieb auf Iwan Zarewitsch ein und schlug ihn in kleine Stücke. Darauf weckte er die schöne Königstochter Jelena und begann sie auszufragen: »Schöne Jungfrau, aus welchem Reich stammst du, welches Vaters Tochter bist du, und wie heißt du?« Als die schöne Königstochter Jelena ihren Iwan Zarewitsch tot sah, erschrak sie sehr, fing bitterlich zu weinen an und sagte unter Tränen: »Ich bin die Königstochter Jelena, die Wunderschöne, und Iwan Zarewitsch, den ihr einem bösen Tod überantwortet habt, hat mich erlangt. Ihr wäret wahre Ritter gewesen, wenn ihr mit ihm aufs freie Feld geritten wäret und ihn im Wachen besiegt hättet; doch ihr erschlugt ihn im Schlaf. Welchen Ruhm trägt euch das ein? Ein schlafender Mensch ist wie ein Toter!«

Darauf richtete Dimitrij Zarewitsch sein Schwert auf das Herz der schönen Königstochter Jelena und sagte zu ihr: »Höre, Jelena, du Wunderschöne! Du bist jetzt in unserer Gewalt. Wir werden dich zu unserem Vater führen, dem Zaren Wyslaw Andronowitsch, und du wirst ihm sagen, daß wir dich erlangt haben und den Feuervogel und das Pferd mit der goldenen Mähne. Wenn du das nicht sagst, werde ich dich auf der Stelle töten!« In ihrer Todesangst versprach die schöne Königstochter Jelena alles und schwur bei dem, was ihr heilig war, so auszusagen, wie sie ihr befahlen. Darauf warf Dimitrij Zarewitsch mit Wassilij Zarewitsch das Los darüber, wem die schöne Königstochter Jelena und wem das Pferd mit der goldenen Mähne zufallen solle. Und das Los ergab, daß die schöne Königstochter dem Wassilij Zarewitsch zufallen solle und das Pferd mit der goldenen Mähne dem Dimitrij Zarewitsch. Darauf hob Wassilij Zarewitsch die schöne Königstochter Jelena auf sein braves Pferd, und Dimitirj Zarewitsch bestieg das Pferd mit der goldenen Mähne und nahm auch den Feuervogel, um ihn seinem Vater, dem Zaren Wyslaw Andronowitsch, zu übergeben; und so zogen sie ihres Weges.

Iwan Zarewitsch lag tot an dieser Stelle genau dreißig Tage lang, da kam der graue Wolf vorbei und erkannte an dem Geruch den Iwan Zarewitsch. Er wollte ihm gern helfen, wieder lebendig zu werden, doch wußte er nicht, wie er das anstellen sollte. Just zu der Zeit sah der graue Wolf einen Raben und zwei Rabenjunge, wie sie auf die Leiche zuflogen und sich auf die Erde setzen wollten, um an dem Fleisch des Iwan Zarewitsch zu fressen. Der graue Wolf versteckte sich hinter einen Busch, und sobald die Rabenjungen sich niederließen und anfingen, von der Leiche des Iwan Zarewitsch zu fressen, sprang er aus dem Gebüsch, packte ein Rabenjunges und war eben dabei, es in Stücke zu reißen. Da ließ sich der alte Rabe auf die Erde nieder, setzte sich in einiger Entfernung vom grauen Wolf hin und sagte zu ihm: »Ach, du bist es, grauer Wolf! Rühr doch mein jüngstes Kind nicht an, es hat dir nichts getan.« – »Höre, Rabe Rabensohn!« sagte der graue Wolf, »ich werde dein Kind nicht anrühren und es gesund und unversehrt lassen, wenn du mir einen Dienst erweist. Fliege hinter die dreimal neun Länder in das dreimal zehnte Reich und bringe mir das Wasser des Todes und das Wasser des Lebens.« Darauf sagte Rabe Rabensohn zum grauen Wolf:

»Ich werde dir diesen Dienst erweisen, rühr du mir nur in keiner Weise meinen Sohn an.«

Nachdem er diese Worte gesprochen, flog der Rabe davon und war bald nicht mehr zu sehen. Am dritten Tag kehrte der Rabe zurück und brachte mit sich zwei Bläschen: In einem war das Wasser des Lebens, im andern das Wasser des Todes. Und er gab diese Bläschen dem grauen Wolf. Der nahm die Bläschen, zerriß das Rabenjunge in zwei Teile, bespritzte es mit dem Wasser des Todes – und die Teile des Rabenjungen wuchsen wieder zusammen. Dann bespritzte er es mit dem Wasser des Lebens – da regte sich das Rabenjunge und flog auf und davon. Darauf bespritzte der graue Wolf den Iwan Zarewitsch mit dem Wasser des Todes – sein Körper wuchs wieder zusammen. Er bespritzte ihn mit dem Wasser des Lebens – Iwan Zarewitsch erhob sich und sagte: »Ach, was habe ich doch lange geschlafen.« Da sagte der graue Wolf zu ihm: »Ja, Iwan Zarewitsch, du hättest ewig geschlafen, wenn ich nicht gewesen wäre. Deine Brüder haben dich in Stücke geschlagen und die schöne Königstochter Jelena, das Pferd mit der goldenen Mähne und den Feuervogel mit sich fortgeführt. Jetzt eile so schnell wie möglich in dein Vaterland. Dein Bruder Wassilij Zarewitsch heiratet heute deine Braut, die schöne Königstochter Jelena. Damit du rascher dorthin gelangst, setz dich besser auf mich, den grauen Wolf, ich werde dich hinbringen.« Iwan Zarewitsch setzte sich auf den grauen Wolf, und der graue Wolf lief mit ihm in das Reich des Zaren Wyslaw Andronowitsch und kam über kurz oder lang zu der Stadt.

Iwan Zarewitsch stieg vom grauen Wolf ab, ging in die Stadt hinein, und als er zum Palast gelangt war, kommt er gerade an, als sein Bruder Wassilij Zarewitsch mit der schönen Königstochter Jelena getraut worden ist. Sie waren eben von der Trauung zurück und sitzen bei Tisch. Iwan Zarewitsch betrat das Festgemach, und sobald ihn Jelena, die Wunderschöne, erblickte, sprang sie sogleich vom Tisch auf, küßte ihn auf den Honigmund und rief: »Dies ist mein geliebter Bräutigam Iwan Zarewitsch – nicht jener Bösewicht, der da bei Tische sitzt!« Darauf stand der Zar Wyslaw Andronowitsch von seinem Platz auf und begann die schöne Königstochter Jelena zu fragen, was das zu bedeuten hätte und wovon sie spräche.

Jelena, die Wunderschöne, erzählte ihm die ganze lautere Wahrheit: wie Iwan Zarewitsch sie, das Pferd mit der goldenen Mähne und den Feuervogel erlangt hätte, wie die älteren Brüder ihn im Schlaf getötet und sie gezwungen hätten, zu sagen, sie beide hätten dies alles erworben. Der Zar Wyslaw Andronowitsch wurde sehr zornig auf die Zarensöhne Dimitrij und Wassilij und ließ sie ins Gefängnis werfen. Iwan Zarewitsch aber wurde mit der schönen Königstochter Jelena vermählt, und sie lebten in solcher Liebe und Eintracht, daß der eine ohne den anderen nicht einen Augenblick sein mochte.

Aus dem Russischen von Friedrich Hildebrandt

Der Text ist Hildebrandt, »Russische Volksmärchen« (Erster Band, Leipzig 1912) entnommen, einer ersten repräsentativen Auswahl der klassischen Märchensammlung von A. N. Afanasjew (Heft 7, 1863). In Deutschland kennt man die Geschichte als »Der goldene Vogel«, und der Tierhelfer ist hierzulande ein Fuchs.

Unter dem französischen Titel »L'oiseau de feu« beziehungsweise dem russischen »Jar Ptiza« wurde der Feuervogel weltberühmt – als Ballett. Igor Strawinsky komponierte die Musik, Serge Dhiagilew schuf eine glanzvolle Inszenierung mit dem Ensemble Ballets Russes (Paris 1910). Bei der Uraufführung wirkten die Pawlowa als Prinzessin Jelena und die Karsawina als Feuervogel mit. Der Librettist Michail Fokine hatte noch weitere Märchen Afanasjews in die Handlung einbezogen, so »Marja Morewna« und »Kostschej der Unsterbliche«; das zauberisch-dämonische Element wurde dadurch verstärkt.

Ebenfalls starke Wirkungen gingen von Bildern aus: Von den Lubok (Bilderbögen) des 19. Jhs., den frühen Farbillustrationen Iwan I. Bilibins zur Einzelausgabe des Märchens (St. Petersburg 1901) und später von den Bühnenbildern Marc Chagalls zu Ballettinszenierungen (Einstudierungen Bolm/Fokine, Bolschoi-Theater 1949; Einstudierung George Balanchine, New York City Ballett 1949 und 1970).

Das kleine Rotkäppchen

Es war einmal in einem Dorf ein kleines Mädchen, das war so hübsch, wie man es sich nur denken kann. Seine Mutter war ganz vernarrt in das Kind und seine Großmutter gar noch mehr. Die gute Frau ließ ihm ein rotes Käppchen machen, und weil ihm das so gut stand, nannte man es überall nur das kleine Rotkäppchen. Eines Tages, als die Mutter Galetten (Brotkuchen) gebacken und zubereitet hatte, sagte sie zu ihm: »Lauf zur Großmutter und schau, wie es ihr geht, denn man hat mir gesagt, sie sei krank. Bring ihr eine Galette und auch dies Töpfchen Butter.«

Das kleine Rotkäppchen machte sich sogleich auf den Weg zu seiner Großmutter, die in einem anderen Dorf wohnte. Als es durch den Wald kam, begegnete es Gevatter Wolf, der große Lust verspürte, es zu fressen; doch er traute sich nicht, wegen einiger Holzfäller, die im Wald arbeiteten. Er fragte es, wohin es gehe. Das arme Kind, das nicht wußte, wie gefährlich es ist, stehenzubleiben und einem Wolf zuzuhören, sagte zu ihm: »Ich will meine Großmutter besuchen und ihr eine Galette und ein Töpfchen Butter bringen, die Mutter schickt mich« – »Wohnt sie denn weit von hier?« fragte der Wolf. »O ja«, sagte das Rotkäppchen, »es ist noch ein Stück hinter der Mühle, die Ihr dort seht, im ersten Haus vom Dorf. – »Na fein«, sagte der Wolf, »ich möchte sie auch besuchen. Ich gehe diesen Weg hier, und du gehst den andern da – mal sehen, wer als erster da ist.«

Der Wolf lief, so schnell er nur konnte, auf dem kürzeren Weg, und das kleine Mädchen ging auf dem längeren Weg weiter und hatte seine Freude daran, Haselnüsse zu pflücken, Schmetterlinge zu jagen und aus den zarten Blumen, die es fand, Sträuße zu winden.

Der Wolf brauchte nicht lange, um das Haus der Großmutter zu erreichen. Er klopfte: toc, toc. »Wer ist da?« – »Euer Enkelkind, das kleine Rotkäppchen«, sagte der Wolf, indem er seine Stimme verstellte. »Ich bringe Euch eine Galette und ein Töpfchen Butter, die Mutter schickt mich.« Die gute Großmutter, die im Bett lag, weil sie kränkelte, rief ihm zu: »Zieh den Pflock, dann fällt der Riegel.«

Der Wolf zog den Pflock, und die Tür ging auf. Er stürzte sich auf die gute Frau und verschlang sie im Nu, denn er hatte schon seit mehr als drei Tagen nichts gegessen. Dann verschloß er die Tür und legte sich ins Bett der Großmutter, um das kleine Rotkäppchen zu erwarten, das einige Zeit später kam und an die Tür klopfte: toc, toc. »Wer ist da?« Als das kleine Rotkäppchen die rauhe Stimme des Wolfs hörte, fürchtete es sich, doch da es annahm, die Großmutter sei erkältet, gab es zur Antwort: »Euer Enkelkind, das kleine Rotkäppchen; ich bringe Euch eine Galette und ein Töpfchen Butter, die Mutter schickt mich.« Der Wolf rief ihm zu und dämpfte dabei seine Stimme ein wenig: »Zieh den Pflock, dann fällt der Riegel.« Das kleine Rotkäppchen zog den Pflock, und die Tür sprang auf. Als der Wolf es eintreten sah, zog er sich die Decke über den Kopf und sprach: »Stell die Galette und das Töpfchen Butter auf den Mehlkasten und leg dich zu mir.«

Das kleine Rotkäppchen zieht sich aus und legt sich ins Bett, wo es mit großem Erstaunen sah, wie seine Großmutter ohne Kleider beschaffen war. Es sagte zu ihr: »Großmutter, was habt Ihr für große Arme!« – »Damit ich dich besser umfangen kann, Töchterchen!« – »Großmutter, was habt Ihr für große Beine!« – »Damit ich besser laufen kann, mein Kind!« – »Großmutter, was habt Ihr für große Ohren!« – »Damit ich besser hören kann, mein Kind!« – »Großmutter, was habt Ihr für große Augen!« – »Damit ich besser sehen kann, mein Kind!« – »Großmutter, was habt Ihr für große Zähne!« – »Damit ich dich fressen kann!« Und mit diesen Worten warf sich der böse Wolf auf das kleine Rotkäppchen und fraß es.

Moral:
Hier sieht man, wie die Kinder heute,
Zumal die jungen Mädchen, hübsch adrett,
Besonders, wenn sie schön und fein und nett,
Zu sehr Vertrauen setzen in die Leute.

Und daß es gar nicht wunder nimmt,
Wenn dann ein Wolf das schöne Kind
Auffressen tut. Doch nicht alle Wölfe haben
die gleiche Masche und die gleiche Art:
So gibt es manche, die zuvorkommend und zart,
Die ohne Lärmen, Frechheit oder Grimm,
Sogar gefällig, im Betragen gar nicht schlimm,
Die jungen Damen scharf ins Auge fassen
Und ihnen nachstelln in die Häuser, in die Gassen.
Doch ach! Die Wölfe, die so zärtlich werben,
Sie stoßen dich nur um so sichrer ins Verderben.

Aus dem Französischen von Ulf Diederichs

Unter den Superheldinnen ist das Bauernmädchen Rotkäppchen die einzige, die sich neben so berühmten Prinzessinnen wie Aschenputtel, Dornröschen, Schneewittchen behaupten kann. In der französischen Version, dem für alle europäischen Länder vorbildlichen »Le petit Chaperon rouge« (1697), fehlt ein Happy-End – denn es ist ein Warn- und Schreckmärchen, beileibe nicht nur erdacht wegen der wilden Tiere im Wald. Es fehlt daher die Figur des Jägers, der vorbeikommt, den Wolf schnarchen hört und ihm den Bauch aufschlitzt, so daß Großmutter und Enkelin lebendig zum Vorschein kommen. In dem versöhnlichen Schluß der Brüder Grimm bekommt jeder das Seinige: der Jäger den Pelz, die Großmutter Kuchen und Wein und das Rotkäppchen die Einsicht: »Du willst dein Lebtag nicht wieder allein vom Wege ab in den Wald laufen, wenn dir's die Mutter verboten hat.«
Da nennt das französische Märchen die Dinge denn doch anders beim Namen. So fordert der Wolf das Mädchen ganz unzimperlich auf, sich zu ihm zu legen (viens te coucher avec moi). Und die abschließend gereimte »Moral« geht auf die erotischen Facetten des Wolfswesens ein, seine raffinierten, oftmals subtilen Strategien. Rotkäppchen gehört auch deswegen zu den beliebtesten, häufigst gezeichneten, meistgedeuteten Märchen, weil es eine Partnerbeziehung aufbaut. Die Prinzen von Aschenputtel, Dornröschen, Schneewittchen sind eher idealistische Wesen, ohne feste Konturen. In der Erinnerung verblassen sie – anders der Wolf.

Hemmed L'Hascheschi, der Fünfzigtöter

Hemmed L'Hascheschi war ein ganz armer Mann. Er hatte keinerlei Verwandte und lebte in großem Elend. Er lebte ganz einsam in einer kleinen Hütte. Tagsüber ging er in den Wald und schlug Holz, das schleppte er heim und verkaufte es abends auf dem Markt. Er erhielt jeden Tag für seine Last zwei Geldstücke, für eines kaufte er dann Brot und für das andere Tabak. Das genügte ihm für seinen Lebensunterhalt. So ging das ungefähr zwei Jahre, einen Tag genauso wie den andern.

Da ereignete es sich, daß er eines Abends für seine Last Holz statt der zwei drei Geldstücke empfing. Als er die in der Hand hatte, wußte er sich vor Freude über seinen Reichtum nicht zu fassen. Er rief: »Was soll ich nur mit dem vielen Geld?« Dann machte er sich auf den Weg. Zunächst kaufte er wie gewöhnlich für ein Geldstück Brot und für eines Tabak. Darauf wanderte er aber von Laden zu Laden und betrachtete alles, was er für sein drittes kleines Geldstück anschaffen könne. Nichts war ihm gut und preiswert genug. Endlich kam er zu einem Milchhändler. Den fragte er: »Was verlangst du für einen Topf voll Milch?« Der Milchhändler sagte: »Ein Topf Milch kostet ein kleines Geldstück.« Das schien Hemmed L'Hascheschi preiswert, er kaufte die Milch und ging in seine Hütte.

In seiner Hütte stellte Hemmed L'Hascheschi das Brot, den Tabak und die Milch vor sich hin, freute sich über den Anblick und sagte: »Dies alles kann ich nun genießen. Wie reich ich bin!« Während er noch den Anblick genoß, kam eine Fliege herbei, setzte sich erst auf den Rand des Gefäßes und fiel dann hinein. Hemmed L'Hascheschi lachte und sagte: »Dieser ist es schlecht bekommen. Ich will doch einmal sehen, wieviel andere noch dazu kommen.« Er verhielt sich ganz ruhig, und so kam eine Fliege nach der andern, bis ihrer eine große Zahl war, die alle am Milchrand saßen und sich nährten. Da wurde Hemmed L'Hascheschi böse, er sagte: »Habt ihr mir vielleicht geholfen, wie ich tagsüber Holz schlug? Habt ihr mir vielleicht das Holz heimzutragen geholfen? Habt ihr ein Recht, an meinem Reichtum teilzunehmen?« Der Gedanke machte ihn so zornig, daß er zuschlug, und da seine tägliche Arbeit ihn ein sicheres Schlagen gelehrt hatte, traf er gerade mitten auf den Topf, und alle Fliegen fielen in die Milch und ertranken.

Hemmed L'Hascheschi blickte in den Topf. Die Milch war bedeckt von toten Fliegen. Er begann sie zu zählen. Er zählte fünfzig tote Fliegen. Er sagte stolz: »Fünfzig tote Fliegen! Hemmed L'Hascheschi hat mit einem Schlag fünfzig getötet. Hemmed L'Hascheschi ist für seinen Beruf zu gut.« Darauf nahm er das Brot und die Milch zu sich, rauchte seinen Tabak und ging zu Bett mit den Worten: »Hemmed L'Hascheschi hat fünfzig mit einem Schlag getötet. Hemmed L'Hascheschi ist für seinen Beruf zu gut.« Damit schlief er ein.

Am andern Tag stand Hemmed L'Hascheschi auf. Er begab sich zu einem Schmied und sagte: »Mach mir ein Schwert und bring darauf das Wort an: ›Ich, Hemmed L'Hascheschi, töte fünfzig mit einem Schlag.‹ Dieses Schwert stell mir gut und schnell her. Ich will damit zum Kampf ausziehen, und ich schwöre, daß ich in Zukunft nie weniger als fünfzig mit einem Schlag töten will.« Der Schmied versprach es.

Sobald das Schwert fertig war, gürtete Hemmed L'Hascheschi es um und zog von dannen. Er wanderte weit fort und kam endlich an das Gehöft eines Agellid (Gebietskönig bzw. vornehmer Dorfherr), der um sein ganzes Besitztum eine Mauer aufgeführt hatte. Auf den Spitzen waren die Köpfe von neunundneunzig Männern aufgespießt. Sie alle hatten sich um die Hand der Tochter des Agellid beworben. Der Agellid hatte aber von einem jeden verlangt, gegen vier andere Agellid, die seine Todfeinde waren und seine Stadt ständig bedrohten, zu Felde zu ziehen. Alle neunundneunzig waren aber vor diesem Unternehmen zurückgeschreckt, und der Agellid hatte dann einem jeden den Kopf abschlagen und ihn zu den anderen auf die Mauer setzen lassen.

Hemmed L'Hascheschi betrachtete noch diesen Mauerschmuck, da kam ein alter Mann vorbei und sagte: »Geh lieber weiter! Sonst könnte dein Kopf auch sehr schnell zu den anderen neunundneunzig kommen. Denn der Agellid ist sehr hart und hat jedem, der sich auch nur kurze Zeit in der Nähe seines Gartens aufhält, in dem seine Tochter oft spazierengeht, den Tod angedroht.« Als Hemmed L'Hascheschi das hörte, schlug er an sein Schwert und sagte: »Ich bin Hemmed L'Hascheschi und töte fünfzig mit einem Schlag.« Der Alte sagte: »Ich habe dich gewarnt.« Er ging weiter.

Hemmed L'Hascheschi aber sprang über die Mauer, ging in den Garten und schritt, unbekümmert alles betrachtend, umher. Er kam an einen Baum, der herrliche Früchte trug. Er kletterte hinauf, aß sich satt, füllte noch die Taschen und stieg wieder herab. Er war von der Wanderschaft müde und so kleidete er sich aus, legte seine Kleider zusammen und sein Schwert obenauf. Er streckte sich aus und schlief sogleich ein.

Nach einiger Zeit ging ein Wächter des Gartens an der Stelle vorüber; er sah den Mann und seine Kleider; er trat näher und las das Wort auf dem Schwert: »Ich, Hemmed L'Hascheschi, töte fünfzig mit einem Schlag.« Der Wächter erschrak und lief eilends zu dem Agellid und sagte: »Es ist ein Mann in deinen Garten eingedrungen, hat sich unter einen Baum gelegt und schläft da.« Der Agellid sagte: »So ergreift ihn und schlagt ihm den Kopf ab.« Der Wächter sagte: »Es ist kein gewöhnlicher Mann; es ist Hemmed L'Hascheschi, der fünfzig mit einem Schlag tötet.« Als der Agellid das hörte, erschrak er ebenfalls und befahl, einige kundige Leute sollten hingehen, den seltenen Mann betrachten und über ihn berichten.

Die kundigen Leute gingen hin. Sie sahen Hemmed L'Hascheschi und seine Kleider. Sie sahen das Schwert und lasen das Wort: »Ich bin Hemmed L'Hascheschi, der fünfzig mit einem Schlag tötet.« Da erschraken sie noch mehr als der Wächter, liefen eilends zurück zum Agellid und sagten: »Der Wächter hat die Wahrheit gesagt, es ist der schreckliche Hemmed L'Hascheschi, der fünfzig mit einem Schlag tötet.« Den Agellid befiel große Furcht, er sagte. »Welchen Rat gebt ihr mir?« Die kundigen Leute sagten: »Wir raten dir, Hemmed L'Hascheschi mit allen Ehren zu empfangen und ihn als Gast in dein Haus aufzunehmen. Wenn irgend jemand imstande ist, mit unseren Feinden, den vier Agellid, fertig zu werden, so ist er es.« Der Agellid war einverstanden.

Sogleich wurde die goldene Sänfte des Agellid von vier Männern herbeigebracht. Die kundigen Leute stellten sich an die Spitze des Zuges, und so kamen sie zu dem Baum, unter dem Hemmed L'Hascheschi schlief. Als die vielen Leute kamen, erwachte er und sagte unwillig: »Weshalb stört ihr mich? Weshalb laßt ihr mich nicht schlafen? Wißt ihr nicht, daß ich Hemmed L'Hascheschi bin, der fünfzig mit einem Schlag tötet?« Die kundigen Leute sagten: »Wir wissen es wohl, wer du bist. Wir bitten dich auch, es zu verzeihen, wenn wir dich gestört haben. Der Agellid lädt dich aber ein, in sein Haus zu kommen, denn er möchte deine Bekanntschaft machen.« Hemmed L'Hascheschi gähnte und sagte: »Euer Agellid ist mir sehr gleichgültig. Laßt mich schlafen.« Die kundigen Leute sagten: »Hemmed L'Hascheschi, dies ist kein würdiger Schlafplatz für dich. Der Agellid hat daher seine goldene Sänfte gesandt, um dich in das Haus tragen zu lassen. Er hat sein eigenes Lager bereiten lassen, daß du besser liegst.« Hemmed L'Hascheschi sagte: »Gut denn, ich will mitkommen und mich im Bett des Agellid ausschlafen. Es gelüstet mich sowieso, den Töter der neunundneunzig für seine Handlungen zu züchtigen. Ich werde es tun, sobald ich ausgeschlafen habe.« Damit erhob er sich, bestieg die Sänfte und ließ sich zu dem Haus tragen.

Der Agellid kam ihm mit seiner Musik und umgeben von seinen Dienern entgegen und begrüßte Hemmed L'Hascheschi auf das freundlichste. Hemmed L'Hascheschi aber war unfreundlich. Er schlug gegen das Schwert und sagte: »Du bist also der, der die neunundneunzig Männer hat töten lassen. Versuche das doch auch mit mir. Ich bin Hemmed L'Hascheschi.« Der Agellid war sehr erschrocken und sagte: »Hemmed L'Hascheschi, glaube mir, diese neunundneunzig waren meiner Tochter nicht würdig. Wenn dir aber meine Tochter zusagt, so weiß ich, daß ich keinen besseren Schwiegersohn finden kann, und ich bitte dich denn, sie zur Frau zu nehmen.« Hemmed L'Hascheschi sagte: »Es ist gut. Ich werde sehen.«

Hemmed L'Hascheschi wurde in das Haus geführt. Ein herrliches Mahl stand bereit. Hemmed L'Hascheschi wurde wieder freundlich, und als er die Tochter des Agellid sah, war er überrascht von ihrer außerordentlichen Schönheit und erklärte sich bereit, sie zu heiraten. Der Agellid sagte: »Du weißt, daß ich dir meine Tochter gern zur Frau gebe. Bedenke aber, daß du hier kaum in Ruhe leben kannst, denn jeden Tag können wieder die vier Agellid Leute gegen uns schicken, so daß wir kämpfen müssen.« Hemmed L'Hascheschi sagte: »Das wird dann schon mein Schwert machen. Warte nur die Zeit meiner Stärke ab!« Hemmed L'Hascheschi blieb im Hause des Agellid und ließ es sich wohlergehen.

Eines Morgens ganz früh rief der Wächter des Agellid vom Turm: »Alle Menschen sollen ausschauen. Die Nacht bricht am Morgen an!« Alle Leute sprangen auf und schauten aus. Sie sahen das Land auf allen Seiten von den Kriegern der vier feindlichen Agellid angefüllt. Die kundigen Leute gingen zum Agellid und sagten zu ihm: »Herr, es wird Zeit, sich zu erheben. Die feindlichen vier Agellid sind mit all ihren Leuten gekommen und ziehen von allen Seiten gegen uns heran.« Der Agellid erschrak und sagte: »Was sollen wir da tun? Wie sollen wir mit allen vier Feinden und ihren Massen allein fertig werden?« Die kundigen Leute sagten: »Bitte deine Tochter, daß sie Hemmed L'Hascheschi zum Kampf überredet. Hemmed L'Hascheschi ist der einzige, der uns helfen kann.« Der Agellid rief seine Tochter und sprach mit ihr. Die Tochter des Agellid ging zu Hemmed L'Hascheschi, warf sich vor ihm nieder und sagte: »Hemmed L'Hascheschi, die Feinde meines Vaters kommen von allen Seiten. Du bist der einzige, der uns helfen kann.« Hemmed L'Hascheschi erschrak. Er ließ es sich aber nicht merken und sagte: »Gut denn, Hemmed L'Hascheschi wird es tun, sie werden also Hemmed

L'Hascheschi kennenlernen. Hemmed L'Hascheschi wird es aber in seiner Weise machen.«

Hemmed L'Hascheschi ging in den Hof. Hemmed L'Hascheschi sagte: »Jetzt wird es Zeit, daß ich mich davonmache. Ich will aber wenigstens noch einigen Tabak mit auf den Weg nehmen.« Hemmed L'Hascheschi trat zum Agellid und sagte: »Laß mir fürs erste einen Ziegenhautsack voll Tabak stopfen. Dann gib mir dein schnellstes zweijähriges Pferd, das noch nie geritten ist. Endlich verlange ich, daß, während ich draußen kämpfe, alle deine Leute sich in den Häusern verstecken und keiner es wagt, herauszuschauen. Wenn ein einziger herausschaut, vernichte ich nachher deine Stadt und deine eigenen Besitztümer. Ich will den Kampf ganz allein und ohne daß auch nur ein einziger von euch zusieht, ausfechten.« Der Agellid sagte ihm alles zu.

Alle Leute gingen in die Häuser. Die drei Negersklaven des Agellid brachten das Pferd und den Ziegensack mit Tabak. Dann ließ sich Hemmed L'Hascheschi verkehrt herum, mit dem Kopf auf der Kruppe des Pferdes und mit den Beinen um den Hals des Tieres, festbinden. Den Tabak ließ er auf der einen, das Schwert auf der anderen Seite festzurren. Hemmed L'Hascheschi sagte zu den drei Negersklaven: »Nun achtet nur darauf, daß niemand aus der Stadt mir nachschaut. So, und nun laßt das Pferd frei und gebt ihm einen Schlag!« Die Negersklaven gaben dem Pferd einen Schlag. Das Pferd sprang in großem Bogen aus dem Tor heraus. Die Negersklaven schlossen das Tor hinter ihm. Hemmed L'Hascheschi dachte: »Dieses unbändige junge Pferd wird mich schnell durch die Haufen der Feinde von dannen tragen. Gott gebe nur, daß ich mir dabei nicht den Hals breche, denn ich habe noch nie auf einem Pferd gesessen.«

Das junge unbändige Pferd sprang aber nicht durch die Lücken in den Reihen der Feinde von dannen, sondern es sprang in seiner Wut über die ungewohnte Last und um sich von ihr zu befreien, mitten in die Haufen der Feinde hinein. Es warf die Feinde zu Boden und zertrat ihre Köpfe und Glieder. Es jagte wild umher. Die Menschen sprangen schreiend zur Seite. Das zornige Pferd setzte aber hinter ihnen her und raste in wilden Sprüngen überall um die Stadt herum, dahin, wo noch Haufen von Menschen sich schützend zusammendrängten. Die feindlichen Krieger flohen in gewaltigem Schrecken in Unordnung von dannen. Es lagen bald mehr Tote als Verwundete in der Ebene rund umher, es waren aber mehr Geflohene als Tote. Die Fliehenden rissen die vier Agellid mit sich fort. Als es Abend war, gab es im weiten Kreis keinen kampffähigen Gegner mehr.

Inzwischen war das junge Pferd auch müde geworden und trug Hemmed L'Ha-scheschi zurück zum Tor. Die Negersklaven öffneten, führten das Tier herein und hielten es, während Hemmed L'Hascheschi mehr tot als lebendig abstieg. Hemmed L'Hascheschi war über und über mit Blut bedeckt, auch hatte er sich aus Angst die Hosen beschmutzt. Die Negersklaven führten ihn auf seinen Wunsch in ein Bad. Dann gingen sie hin und berichteten dem Agellid, daß Hemmed L'Hascheschi alle Feinde vernichtet habe und die Leute nun wieder die Häuser verlassen und das Schlachtfeld betrachten könnten. Der Agellid, seine Tochter und alle ihre Diener, die Männer, Frauen und Kinder in der Stadt kamen heraus und sahen voller Staunen die Menge der Toten und Verwundeten. Der Agellid kam in die Stadt zurück. Als Hemmed L'Hascheschi erholt aus dem Bade kam, ging ihm der Agellid entgegen, fiel ihm um den Hals und sagte: »Ich dan-ke dir! Ich danke dir!« Er wandte sich zu seinen Leuten und sagte: »Seht, das alles hat der einzige Hemmed L'Hascheschi getan. Dieser einzige ist unser Retter. Ihr aber habt nichts getan.«
Darauf wurde ein großes Hochzeitsfest veranstaltet, das viele Tage dauerte. Von da an waren der Agellid und seine Leute glücklich und lebten in völliger Ruhe, denn niemand wagte es, die Stadt, solange Hemmed L'Hascheschi in ihr lebte, zu befeinden.
Eines Tages ereignete es sich aber, daß in der Gegend ein Löwe auftrat und von nun an täglich einen Hirten oder mindestens ein Schaf anfiel und tötete. Die kundigen Leute kamen zum Agellid, berichteten ihm von den Opfern des großen Raubtieres und sagten: »Dieses Tier ist so ungewöhnlich stark und schrecklich, daß keiner deiner Leute oder der Stadtbewohner es wagte, ihm entgegenzutre-ten. Wir bitten dich also, du möchtest durch deine Tochter den einzigen Mann zu Hilfe rufen, der helfen kann, das ist Hemmed L'Hascheschi.« Der Agellid rief seine Tochter und sprach mit ihr. Seine Tochter sagte: »Das ist für meinen Mann keine große Sache.« Die Tochter des Agellid ging zu Hemmed L'Hascheschi, er-zählte ihm alles und sagte: »Nicht wahr, du tust meinem Vater den kleinen Ge-fallen und tötest den Löwen. Es kann für dich nur eine kleine Sache sein.« Hem-med L'Hascheschi erschrak, er ließ sich aber nichts anmerken und sagte: »Ich bin Hemmed L'Hascheschi. Für Hemmed L'Hascheschi ist das eigentlich über-haupt nichts. Da die Leute aber hier so mutlos sind, wird Hemmed L'Hascheschi es auf seine Art machen.«
Hemmed L'Hascheschi ging in den Hof und sagte bei sich: »Jetzt wird es Zeit, daß ich mich davonmache. Ich will aber wenigstens noch einigen Tabak mit

auf den Weg nehmen.« Er ließ sich also eine Ziegenhaut voll Tabak stopfen, gürtete sein Schwert um, nahm Abschied und ging aus dem Tor der Stadt von dannen. Nachdem er ein Stück weit gegangen war, traf er auf einen Hirten, den fragte er: »An welchem Weg trifft man denn gewöhnlich den Löwen?« Der Hirt sagte: »Wenn man hier geradeaus geht, trifft man nach einiger Zeit auf einen Kreuzweg. Der Löwe kommt nun stets von der linken Seite her. Gehst du den linken Weg entlang, so wirst du nach einiger Zeit sicher den Löwen treffen.«

Hemmed L'Hascheschi bedankte sich und ging weiter. Er sagte bei sich: »Wenn der Löwe auf dem linken Weg kommt, werde ich den rechten gehen, um ihm sicher zu entkommen.« Er ging also erst noch geradeaus, bis er an den Kreuzweg kam, und dann bog er statt nach links nach rechts ab. Er war aber noch nicht lange auf dem falschen Weg hingegangen, da trat ihm der Löwe aus dem Busch entgegen. Hemmed L'Hascheschi wurde ganz bleich vor Schreck. Er nahm sich aber zusammen, sprang auf einen nahe stehenden Eichbaum zu und schwang sich an seinen Ästen in die Höhe.

Der Löwe stieß voll Zorn, daß die Beute ihm entronnen sei, ein starkes Brüllen aus und versuchte an dem Baum hochzuspringen. Voller Schreck ließ Hemmed L'Hascheschi seine Ziegenhaut voll Tabak los, und diese fiel dem brüllenden Löwen gerade in den Rachen. Der Löwe, der vor Wut alle Überlegung verloren hatte, glaubte statt des Tabaksackes Hemmed L'Hascheschi zwischen den Zähnen zu haben und fraß die ganze Ziegenhaut mitsamt dem Tabak auf. Diese große Menge starken Tabaks betäubte aber den Löwen derart, daß er nach wenigen Augenblicken in einen schweren Schlaf verfiel.

Hemmed L'Hascheschi erstaunte nicht wenig, als er sah, wie der erst so wütende Löwe nach einiger Zeit sich ganz ruhig niederlegte. Er pflückte also einige Eicheln und warf sie auf den Löwen. Der Löwe rührte sich nicht. Hemmed L'Hascheschis Mut stieg. Er ließ sich am Baum bis zu dem niedrigsten Ast herab und kitzelte den Löwen mit der Spitze seines Schwertes. Der Löwe rührte sich nicht. So kletterte Hemmed L'Hascheschi denn ganz herab, trat auf den Löwen zu, zupfte ihn am Ohr und sagte: »Was, mein Löwe, du weißt nicht, wer Hemmed L'Hascheschi ist? Was, du willst mit Hemmed L'Hascheschi kämpfen, der fünfzig mit einem Schlag tötet?« Als der Löwe sich immer noch nicht rührte, wuchs Hemmed L'Hascheschis Mut ins Große. Er zog eine Schnur hervor, die band er dem betäubten Löwen um den Hals. Dann zog er und sagte: »Auf, mein Löwe, folge Hemmed L'Hascheschi in die Stadt.« Der so aufgerüttelte, noch immer schwer betäubte Löwe erhob sich nun und trottete, von Hemmed L'Hascheschi geführt, gehorsam hinter ihm her.

Als Hemmed L'Hascheschi sah, daß der Löwe alles tat, was er wollte, überschritt sein wachsender Mut die letzte Grenze. Er schwang sich auf den Rücken des Löwen und ritt auf ihm weiter. Er rief immer: »Hehehe!« Er rief: »So mein Löwe! Hehehe! Immer flink vorwärts, hehehe! Bis in die Stadt.« So kam Hemmed L'Hascheschi an die Tore der Stadt und ritt hinein. Von allen Seiten kamen die staunenden Menschen zusammen und blickten auf den reitenden Hemmed L'Hascheschi. Der aber rief: »Was sagt ihr? Ein wildes, reißendes Tier soll das sein? Es ist Hemmed L'Hascheschis Esel und Reittier.« Alles Volk jubelte. Hemmed L'Hascheschi ritt aber in den Hof des Agellid, stieg vom Löwen ab und sagte:

»Nehmt die Schnur und bindet ihn da an, wo die Esel stehen.« Die Leute des Agellid taten es.

Der Agellid trat seinem Schwiegersohn entgegen. Er dankte ihm und führte ihn herein. Ein großes Fest wurde gefeiert, und spät erst gingen die aufgeregten Leute auseinander. Die Leute hatten sich aber noch nicht lange zur Ruhe gelegt, da erwachte der Löwe aus seiner Betäubung. Er schüttelte sich ein wenig, so daß sogleich der Strick, an dem er angebunden war, zerriß. Dann brüllte er, sprang auf, stürzte sich auf die neben ihm angebundenen Tiere und biß sie tot. Der Löwe brüllte. Die sterbenden Tiere brüllten. Die Wächter schrien: »Der Löwe hat sich losgerissen!« Frauen und Kinder schrien. Alle Leute schrien in ihrer Angst nach Hemmed L'Hascheschi. Hemmed L'Hascheschi hörte es. Eine große Furcht befiel ihn. Hemmed L'Hascheschi versteckte sich hinter seinen Decken und Kissen und stellte sich schlafend. Inzwischen hatte der Löwe ein Schaf gepackt, damit sprang er aus der Stadt und seinem Wald zu.

Am andern Tag kamen die kundigen Leute wieder zum Agellid und sagten ihm: »Wir bitten dich, durch deine Tochter Hemmed L'Hascheschi nochmals zu Hilfe zu rufen und ihn zu bestimmen, daß er diesmal den Löwen tötet. Was ihm das erstemal so leicht war, wird ihm das zweitemal nicht schwer werden.« Der Agellid rief seine Tochter und bat sie um Fürsprache bei Hemmed L'Hascheschi. Seine Tochter sagte: »Sicherlich wird Hemmed L'Hascheschi euch gerne helfen. Was ihm das erstemal so leicht war, kann ihm das zweitemal nicht schwer werden.« Die Tochter des Agellid ging zu ihrem Mann und sagte: »Hemmed L'Hascheschi, mein Gatte: Mein Vater und alle Leute bitten dich, du möchtest noch einmal ausziehen, den Löwen aufzusuchen. Du möchtest ihn diesmal aber nicht lebendig bringen, sondern möchtest ihn töten.« Hemmed L'Hascheschi erschrak. Er ließ sich aber nichts merken, sondern sagte: »Was Hemmed L'Hascheschi das erstemal so leicht war, wird Hemmed L'Hascheschi das zweitemal nicht schwer werden. Die Leute haben hier ja außer Hemmed L'Hascheschi keine Männer.«

Hemmed L'Hascheschi ging in den Hof und sagte bei sich: »Dieses ist der letzte Tag meines Lebens gewesen, wenn es mir jetzt nicht gelingt zu entfliehen. Ich will mir aber wenigstens noch einigen Tabak mit auf den Weg nehmen.« Hemmed L'Hascheschi packte seinen Ziegenhautbeutel mit Tabak auf, gürtete das Schwert um und machte sich auf den Weg. Erst ging er die gleiche Richtung wie das erstemal. Als er aber an den Kreuzweg kam, sagte er bei sich: »Gestern kam mir der Löwe auf dem rechten Weg entgegen, heute werde ich also am besten auf dem linken gehen, um ihm zu entrinnen.« Also schlug Hemmed L'Hascheschi den linken Weg ein.

Kaum aber war er einige hundert Schritt weit gegangen, da stand wieder der Löwe vor ihm. Hemmed L'Hascheschi stieß einen Schrei aus; er griff nach dem nächsten Ast, um sich auf einen Baum zu retten. Dabei aber blieb sein Schwert am Stamm hängen, und als er es mit sich heraufriß, schlitzte die Schwertspitze einen spitzigen Span aus dem Holz. Hemmed L'Hascheschi war soeben in Sicherheit, als der Löwe voller Zorn hinter ihm her am Baum hochzuspringen suchte. In seiner Wut sprang der Löwe blindlings hoch und achtete nicht auf den spitzen Span, der aus dem Stamm herausragte. Der Span aber schlitzte dem springenden Löwen den Leib der Länge nach auf, so daß er tot zu Boden sank.

Als Hemmed L'Hascheschi glaubte, hoch genug geklettert zu sein, schaute er sich nach dem Löwen um. Er sah den Löwen in seinem Blut liegen. Hemmed L'Hascheschi erstaunte. Er stieg einen Ast tiefer, riß einige Eicheln ab und warf sie auf den Löwen. Der Löwe rührte sich nicht. Da kletterte Hemmed L'Hascheschi ganz auf die Erde, ging rund um ihn herum, zog ihn am Ohr und sagte: »Was, mein Löwe, du weißt nicht, wer Hemmed L'Hascheschi ist? Was, du hast Hemmed L'Hascheschi gestern noch nicht einmal als deinen Herrn anerkennen gelernt? Siehst du nun, daß auch du nicht mit Hemmed L'Hascheschi, der fünfzig mit einem Schlag tötet, kämpfen kannst? Nun bist du durch das Schwert Hemmed L'Hascheschis ums Leben gekommen.«

Danach bückte sich Hemmed L'Hascheschi und rieb sein Schwert mit dem Blut des Löwen ein. Auch rieb er sich von dem Blut in seine Kleider. Alsdann machte er sich auf den Weg und ging zur Stadt zurück. Unterwegs rief er einige Wächter heran, sie sandte er zurück, damit sie die Leiche des Löwen hinter ihm hertrügen.

Vor dem toten Löwen zog Hemmed L'Hascheschi in die Stadt ein. Der Agellid kam ihm entgegen, um ihm zu danken. Alle Leute jubelten und schrien vor Freude. Als er aber daheim angekommen war, sagte er zum Agellid und den kundigen Leuten: »Hemmed L'Hascheschi, der fünfzig mit einem Schlag tötet, hat euch gern den Gefallen getan und dem Löwen sein Schwert in die Brust gerammt. In Zukunft müssen aber auch die anderen jungen Männer der Stadt kämpfen. Sie sollen mehr lernen und nicht das Wenige, was sie können, vergessen. Es ist also für die Stadt besser, wenn in Zukunft Hemmed L'Hascheschi seine Freude am Kampf unterdrückt und den anderen den Vortritt läßt.

Hemmed L'Hascheschi hat genug getan.« Die kundigen Leute sagten: »Hemmed L'Hascheschi hat recht.«

Aus der Berbersprache von Leo Frobenius

Unschwer ist in Hemmed, dem Fünfzigtöter, unser »Tapferes Schneiderlein« zu erkennen, diesmal auf kabylische Weise erzählt. Der Afrikaforscher Leo Frobenius hat die Geschichte im algerischen Djurdjura-Gebirge aufgetrieben, als er im Frühjahr 1914, nur begleitet von seiner Frau Editha und dem Kunstmaler Baron von Stetten, für einige Wochen aus der Hauptstadt Algier in die Gebirgsregion der Kabylen (Berber) kam. Das Erzählmaterial, das er dort vorfand, füllte später die ersten drei Bände seiner Sammlung Atlantis; dieses Märchen ist in Band III »Volksmärchen der Kabylen – Das Fabelhafte« (Jena 1921) als Nr. 25 abgedruckt.
Frobenius brachte in Erfahrung, daß die temaschuha, »Märchen«, früher nur abends oder nachts erzählt wurden; erzählte man sie bei Tage, »so fielen einem die Haare aus«. Und es war Sache der Alten im Dorf, Geschichten zu erzählen; das machte ihm ihre Lebensklugheit, ihren Witz erklärlich. Als gebräuchliche Eingangssätze lernte er: maschachu, »hört«, und auch l'län, »es war einmal«. Teilweise eignete er sich die Berbersprache an, teilweise half das Französische als lingua franca, wobei ihm sein Sinn für Gestik und Gebärdensprache zustatten kam.

Bukutschi-Khan

Es war einmal ein Müller, der hieß Lause-Hadschi. Ihm passierte es einmal, daß die Lumpen, die er haufenweise gesammelt hatte, verschwanden. »Das darf nicht sein«, sagte er, »den Dieb muß ich finden«, und versteckte sich hinter der Tür. Er brauchte gar nicht lange zu warten, da sah er einen Fuchs hereinschleichen, und der Fuchs hatte am Bauch keine Haare mehr und am Rücken war er ganz zerzaust. »Ach, du räudiges Luder, du bist's!« sagte Lause-Hadschi und warf sich mit einem Knüppel auf den Fuchs. »Langsam, langsam, Müller!« sagte der Fuchs, »schneller Fluß findet das Meer nicht, heißt das Sprichwort, das du ja kennst. Wegen der paar Lumpen, die ich dir weggefressen habe, willst du mich umbringen? Aber ich will dich dafür reich machen, ich verheirate dich mit der Tochter des Khans, ich mache dich groß und berühmt. Unter einer Bedingung jedoch: »Du mußt mich bis zu deinem Tod mit Kurdjuk (Steiß vom Fettschwanzschaf) füttern, und wenn ich sterbe, in einen solchen legen.« Der Müller willigte gern ein.

Dann lief der Fuchs weg und wühlte im Misthaufen herum, bis er einen Abbas (kaukasisches Zwanzigkopekenstück) fand. Damit lief er dann an den Hof des Khans, der jenseits des Flusses lag. Zum Khan aber sagte er: »Verzeih, wenn ich unbescheiden bin, ich möchte dich um ein Maß bitten, um Bukutschi-Khans Silber zu messen, ich habe schon überall danach gesucht und konnte nirgends eines auftreiben.« – »Was ist denn das für ein Bukutschi-Khan, von dem hab ich noch nie etwas gehört«, sagte der Khan. »Doch, den gibt's schon, ich bin ja sein Wesir«, sagte der Fuchs, nahm das Maß, das ihm der Khan gab, und lief dann weg.

Abends brachte er das Maß zurück, nachdem er zuvor in eine Spalte den Abbas gesteckt hatte. »Möcht nur wissen, ob es wahr ist, was der nichtsnutzige Fuchs mir erzählt hat«, sagte der Khan und schüttelte das Maß. Da fiel die Münze heraus. »Muß wohl wahr sein«, sagte er nachdenklich, »aber wer mag wohl dieser Bukutschi-Khan sein?«

Am nächsten Tag kam der Fuchs wieder, diesmal brauche er ein Maß, um seines Herrn Gold zu messen. Als er das Verlangte bekommen hatte, suchte er solange, bis er ein Goldstück fand, steckte es auch in den Spalt und brachte das Maß seinem Eigentümer zurück. »Wir sind nur mit Mühe fertig geworden bis zum Abend«, log er. Kaum war er draußen, schüttelte der Khan das Maß wieder und das Goldstück flog heraus. Wie er sich da wunderte!

Nach einiger Zeit kam der Fuchs wieder. Diesmal aber freite er um die Tochter des Khans für seinen Herrn. Der Khan wäre vor Freude fast gestorben. »Morgen komme ich mit Bukutschi-Khan zu dir«, sagte der Fuchs und lief nach Hause. Am folgenden Tag machte er für Lause-Hadschi zuerst ein Staatskleid aus lauter bunten Bergblumen, dann ein Gewehr aus Lindenholz mit Schnüren aus dem Bast dieses Baumes und noch viele andere ähnliche Sachen. Bukutschi – so hieß er jetzt – sah aus der Ferne wie ein Regenbogen aus. Als alles fertig war, sagte der Fuchs zu ihm: »Der Khan wird dir mit seinem Gefolge entgegenreiten bis zum Fluß. Wenn du durch den Fluß reitest, schrei ›Zu Hilfe, zu Hilfe, das Wasser reißt mich mit!‹ und tauche unter. Dann werden die Begleiter des Khans dich herausziehen, und unsere Sache geht in Ordnung.«

So geschah's denn auch. Als Bukutschi mitten im Fluß war, tat er, als risse ihn die Strömung mit, und rief um Hilfe. Der Fluß trug natürlich all das Zeug, das er anhatte, mit sich fort, und als die Reiter des Khans ihn herauszogen, war er

so nackt, wie seine Mutter ihn geboren hatte. Gleich aber boten sie ihm Kleider und Waffen an. Bukutschi zog sich an und sah aus wie ein feiner Kerl.

Aber ... da er außer einem lausigen Halbpelz nie etwas anzuziehen gehabt hatte, kamen ihm die neuen Kleider ein bißchen fremd vor, und er konnte das nicht verbergen; er zupfte hier und richtete da zurecht, glättete dort und schob hier zur Seite. »Was treibt er denn?« fragten die Begleiter des Khans den Fuchs, »er tut ja, als ob er nie ordentliche Kleider anzuziehen gehabt hätte.« – »Ihr täuscht euch«, antwortete der Fuchs, »das Zeug, das er anhat, gefällt ihm nur nicht.« – »Aus was waren denn seine Kleider?« fragten die Begleiter wieder, »er sah ja aus wie ein Regenbogen.« – »Unbezahlbar waren sie, über und über mit Diamanten und Edelsteinen besetzt. Aber solche hat er viele und an dem einen liegt nichts daran. Worum es mir leid tut, das ist sein Gewehr. Das war ein altes Stambuler Gewehr, das er von seinen Vorvätern ererbt hatte, ein solches gibt es gar nicht mehr«, log der Fuchs. »Ja, ja, es muß ganz aus Silber gewesen sein«, sagten die Begleiter, »wir haben es schon gesehen, wie es glänzte.«

Als sie nun im Palast des Khans angekommen waren, erstaunte Bukutschi noch viel mehr. Auf die Decke schaute er und auf den Fußboden, die Wände entlang glitten seine Blicke, und alles beguckte er sich aufs genaueste. »Was hat er denn, er tut ja so, als ob er noch nie ein Haus gesehen hätte«, sagte der Khan zum Fuchs. »Nein, so ist es nicht, bloß ... das deine gefällt ihm nicht recht«, antwortete dieser.

Und Bukutschi heiratete die Tochter des Khans. Eine ganze Woche dauerte die Hochzeit, eine prachtvolle Ausstattung bekam die Braut, und als die Neuvermählten abreisten, gab ihnen alles Geleit, was nur gehen konnte: Reiter und Fußgänger, Trommler, Flötenspieler, Sänger, Buben, Mädel, und ein Haufen Volks. »Ich laufe voraus und richte das Haus her«, sagte der Fuchs, »ihr kommt nach.« Sprachs und lief so schnell ihn seine Beine trugen.

Lange Zeit lief er, kurze Zeit lief er, endlich kam er zu einer Steppe, auf der eine große Herde weidete. »Wem gehört das Vieh?« fragte er. »Dem Drachen«, antworteten die Hirten. »Gebt acht, gebt acht!« warnte der Fuchs, »nennt den Namen des Drachen nicht mehr, der ist erledigt. Mit Mörsern und Kanonen, mit Pulver und Blei kommt das Heer der sieben Könige, um ihn zu töten. Wenn ihr sagt, daß ihr die Hirten des Drachen seid, schlagen sie euch auch tot und nehmen euch euer Vieh weg. Es gibt nämlich einen Khan – Bukutschi heißt er –, den sogar die Könige fürchten. Wenn euch jemand fragt, wem das Vieh gehört, sagt nur, es gehöre dem Bukutschi, dann tut euch niemand etwas zuleide.«

Weiter lief der Fuchs und kam zu der Pferdeherde des Drachen, danach zu der Schafherde, danach zu den Schnittern, und überall erzählte er dieselbe Geschichte.

Und immer noch weiter lief der Fuchs, bis er endlich zu des Drachen Palast kam. »Drache!« rief er, »Drache, ich habe deine Gastfreundschaft nicht vergessen und ich komme, um dich zu warnen. Das Heer der sieben Könige kommt hinter mir, mit Kanoncn, Mörscrn, Gcschossen und allem Nötigen; was gedenkst du zu tun?« – »Ach, was kann ich da machen?« antwortete der Drache, »gegen ein solches Heer kann ich ja doch nichts ausrichten. Weißt du keinen Ort, Fuchs, wo ich mich verstecken könnte?« – »Verstecke dich hier«, sagte der Fuchs und zeigte auf einen berghohen Heuhaufen, der mitten im Hof stand, »nur mach schnell, denn das Heer ist mir auf den Fersen.« Der Drache versteckte sich so schnell er konnte, und der Fuchs ... zündete den Heuhaufen an allen vier Ecken an. Wie eine Wurst schmorte der Drache in dem Riesenfeuer.

Und schließlich kam das neuvermählte Paar an, mit Musik und Trommeln, mit Vorreitern, Sängern, mit Lärm, Geschrei und Schießen. Als sie die Steppe erreichten, wo das Rindvieh weidete, fragten sie, wem die Herde gehöre. »Dem Bukutschi-Khan«, war die Antwort. Als sie zur Pferdeherde kamen und die gleiche Frage stellten, bekamen sie dieselbe Antwort. Als sie zur Schafherde kamen und fragten, wem sie gehöre, hieß es: dem Bukutschi-Khan. Als sie zu den Schnittern kamen und sich erkundigten, wem diese Felder und Wiesen gehörten, sagte man ihnen: dem Bukutschi-Khan. Nicht wenig wunderte sich da sein Gefolge über den unerhörten Reichtum ihres Herrn. Der selbst aber wußte gar nicht, wie ihm geschah; er wurde fast verrückt darüber. Schließlich kamen sie zum Drachenschloß. Dort erwartete sie der Fuchs. Die Begleiter des jungen Paares schickte er zurück; Bukutschi-Khan und seine Frau richtete er im oberen Stockwerk ein, er selbst aber ließ sich im unteren häuslich nieder. Schöne Zeiten verlebte Bukutschi da; er hatte wirklich gar nichts zu tun, bloß bei seiner Frau zu schlafen, alle anderen Sorgen nahm ihm der Fuchs ab.

Nun wollte dieser aber doch einmal wissen, was Bukutschi von ihm dachte. Zu diesem Zweck legte er sich einmal mitten im Hof hin und stellte sich tot. »Schau, da liegt unser Fuchs; es scheint, er ist verreckt«, sagte Frau Bukutschi zu ihrem Mann. »Und wenn er siebenmal verreckt ist, mir ist's gleich; hab den Nichtsnutz schon lange satt.«

Kaum aber hatte er's gesprochen, als der Fuchs aufsprang und ein Liedchen anfing:

»Erzähl ich sie, erzähl ich's nicht,
Vom Lause-Hadschi die Geschicht,
Und von der Lindenflinte,
Vom Müller in der Tinte?«

Wer fiel auf die Knie, wer bat, wer flehte den Fuchs an, nur nichts zu verraten?
Der Lause-Hadschi. Und wer verzieh großmütig? Der Fuchs.
Aber alles nimmt ein Ende ... Eines Tages starb der Fuchs wirklich. Bukutschi
aber, der fürchtete, das sei wieder nur eine Finte, wickelte ihn in einen Kurdjuk
ein. Und heute noch soll der Fuchs darinstecken.

Aus dem Awarischen von Adolf Dirr

*Bei Völkern, die Katze und Kater nicht so gern eine Heldenrolle einräumen, schlüpft
der Fuchs an die Stelle des Gestiefelten Katers. Dieser wohl berühmteste Tierhelfer
steht in einer langen Erzähltradition, war erst »verzauberte Katze« (bei Straparola,
1550/53), dann kluge, eloquente Fürsprecherin des Gagliuso (bei Basile, 1634), dann
erst der aufrecht in Stiefeln gehende »Meisterkater« (bei Perrault, 1697).
Im Türkischen nimmt der Fuchs die Brautwerberrolle ein, und das Schloß des Zauberers ist der Konak eines Dev (Dämon). Die Awaren, eines der Hauptvölker in der Berg-
region Dagestan, erzählen sich die Geschichte auf sehr originelle, deftige Art. Der
Müller hat sich den Titel eines »Hadschi« zugelegt, hat also die Pilgerfahrt nach Mekka
bereits hinter sich. Der Fuchs ist die Schlauheit in Person, der Zauberer ein Drache.
Bukutschi-Khan ist eher ein Spottname, denn auf die hohen Herrn sind die Leute
hier nicht gut zu sprechen.
Adolf Dirr, ein Pionier auf dem Gebiet kaukasischer Sprach- und Erzählforschung, hat
den Text aus dem »Sbornik svedenij o kavkazskich gorcach« (Sammlung der Nachrich-
ten über die kaukasischen Bergvölker, Tiflis 1868-1881) übersetzt und in seine »Kau-
kasische Märchen« (Jena 1920) aufgenommen.*

Die drei Wünsche

Es war einmal, und gewiß ist es schon lange her, also es lebte einmal ein armer Holzfäller mitten im großen Wald, und Tag für Tag ging er hinaus und schlug Bauholz.

So machte er sich eines Tages wieder auf, und seine brave Frau füllte ihm den Rucksack und hängte ihm die Flasche über den Rücken, damit er im Wald gut zu essen und zu trinken habe. Er hatte sich eine mächtige Eiche ausgesucht, die, wie ihm schien, viele gute Bretter liefern würde. Und als er bei ihr angelangt war, nahm er die Axt zur Hand und schwang sie um seinen Kopf, als ob er den Baum mit einem Schlag fällen wollte. Aber ehe er noch einen Hieb getan, was hörte er da anders als ein mitleidheischendes Flehen, und vor ihm stand eine Fee, die bat und beschwor ihn, den Baum zu verschonen. Er war recht verdattert, wie ihr euch denken könnt, vor Staunen und auch vor Furcht; er kriegte den Mund nicht auf und brachte kein Wort heraus. Aber schließlich fand er die Sprache wieder. »Gut«, meinte er, »ich will schon tun, worum Ihr bittet.« – »Du hast dir selber einen größeren Gefallen getan als du ahnst«, erwiderte die Fee, »und um dir zu zeigen, daß ich nicht undankbar bin, erfülle ich euch eure nächsten drei Wünsche, was immer das für welche sind.«

Und mit diesen Worten war die Fee verschwunden, und der Holzfäller schwang sich den Rucksack über die Schulter, gürtete sich die Flasche um und machte sich auf den Heimweg. Doch der Weg war lang und der gute Mann noch ordentlich benommen von der wunderbaren Sache, die ihm da passiert war, und als er nach Hause kam, hatte er in seinem Döskopf nichts als den Wunsch, sich hinzusetzen und zu verschnaufen. Vielleicht war's ja auch ein Schabernack von der Fee, wer weiß das schon? Jedenfalls hockte er sich nieder ans blakende Feuer, und wie er so saß, wuchs sein Hunger, obwohl es noch lange hin war bis zur Essenszeit. »Hast du nichts zum Abendessen da, Alte?« fragte er seine Frau. »Nein, erst in ein paar Stunden«, sagte sie. »Oje«, ächzte der Holzfäller, »ich wollte, ich hätte einen leckeren Kranz Blutwürste vor mir.« Kaum hatte er den Satz gesagt, da kam – klatter, klatter, rassel, rassel – nichts anderes den Kamin herunter als ein Kranz knackfrischer Blutwürste, wie sie nur je eines Menschen Herz begehrt. Wenn der Holzfäller sie schon anstarrte, seine Frau tat das dreimal so sehr. »Was soll das denn bedeuten?« sagte sie. Da fiel dem Holzfäller wieder sein morgendliches Werk ein, und er erzählte die ganze Geschichte, von Anfang bis Ende, und je mehr er erzählte, desto düsterer und düsterer schaute seine Frau drein, und als er damit fertig war, da brach es aus ihr heraus: »Du bist nichts als ein Trottel, Jan, nichts als ein Trottel. Und ich wollte, die Blutwürste hingen an deiner Nase, ja das wünsch ich dir.«

Und bevor einer Jack Robinson oder Humpty-pumpty sagen konnte, saß der gute Mann da, und seine Nase war um einen feinen Kranz Blutwürste länger. Er zog daran, aber sie blieben fest, und sie zog daran, aber sie blieben fest, und dann zogen sie beide, bis sie fast die Nase abrissen, aber die Würste blieben und blieben. »Was soll nun passieren?« sagte er. »Das schaut nicht mal so häßlich aus«, sagte sie und sah ihn fest an.

Da merkte der Holzfäller, wenn er noch einen Wunsch tun wollte, mußte er das schnell tun, und er tat diesen Wunsch: daß die Blutwürste von seiner Nase abfallen sollten. Heißa, da lagen sie nun, in einer Schüssel auf dem Tisch, und wenn auch der Mann und die Frau nicht in einer goldenen Kutsche daherkamen oder sich in Samt und Seide kleideten, so hatten sie doch schließlich so etwas Feines wie Blutwürste zum Abendessen – wie sie nur je eines Menschen Herz begehrt.

Aus dem Englischen von Ulf Diederichs

Diese alte Geschichte von den drei lächerlichen Wünschen geht auf Charles Perrault zurück (Les souhaits ridicules, 1695) bzw. auf Mme. Leprince de Beaumont (1756). In England fand die Geschichte der dem Ehepartner an die Nase gehexten Blutwürste großen Zuspruch, seit Catherine Ann Dorsets »Think Before You Speak, or The Three Wishes« (1809). Hängten die französischen Erzähler sie stets der Frau an, so applizierten die englischen sie mal dem Mann und mal der Frau. Sigmund Freud bestätigte in seiner Traumanalyse die französische Version: »Die Würstchen an ihrer Nase sind die Wunscherfüllung der zweiten Person, des Mannes, aber gleichzeitig auch die Strafe für den törichten Wunsch der Frau.«
Dieser Text wurde 1851 in Northamptonshire von einem Mr. Nutt aufgeschrieben und in Joseph Jacobs Sammlung »More English Fairy Tales« (London 1893) veröffentlicht.

Hans Wohlgemut

Hans Wohlgemut hatte bei seinem Herrn sieben Jahr gedient, und als er endlich nach Hause ziehen wollte, bekam er zum Lohn ein Stück Gold, so groß wie sein Kopf. Das trug er denn in ein Sacktuch eingewickelt auf der Schulter, ohne sonderliche Beschwerde, denn es fehlte ihm eben nicht an Kräften. Wie er nun des Weges dahinschlenderte und bedachte, wie er jetzt ein großer Herr sein würde, wonach immer sein Herz getrachtet, kommt ein Reiterknecht entgegengetrabt auf einem stattlichen Roß. Hans blieb stehen und gaffte ihn an; der Reiter auch, und wechselseitig fragten sich beide, woher und wohin. »Ja, lieber Herr Reiter«, antwortete Hans, »unsereiner ist schlimmer daran als Ihr. Bei Euch geht es zu Roß, bei uns zu Fuß. Hab ich doch mein Lebtag noch nicht auf einem Pferd gesessen; bei meiner Treu, das Reiten muß ein herrlich Ding sein!« – »Na, lieber Sohn«, sprach der Reiter, »wir können tauschen. Gib her das Stück Gold und nimm dafür das Pferd.« – »Ach, mit tausend Freuden«, rief der andre, sprang und klatschte in die Hände, und es fehlte nicht viel, so wäre er dem Pferd wie dem Reiter um den Hals gefallen. Seelenvergnügt trennten sich die Wandersleute; ja aus bloßer Erkenntlichkeit half noch der Reiter unserm Hans auf den Braunen hinauf und gab ihm die Zügel fest in die Hand.

So ging es denn ein Weilchen recht bequem. Wie aber Hans zu schnalzen anfing und dabei hopp, hopp rief, setzte sich das Pferd in gehörigen Trab, und ehe sichs der kühne Reiter versah, lag er ziemlich unsanft in dem Graben, der die Äcker von der Landstraße trennte. Ein Bauer, der eine Kuh vor sich her trieb, kam herbei, hielt das Roß an und wollte dem Gefallenen Beistand leisten. »Die ver-

wetterte Mähre!« fluchte Hans und schnitt ein gar jämmerliches Gesicht, während er sich wieder auf die Beine brachte. »Gott seis gedankt, daß ich noch lebe und gesund bin! Reite in Zukunft, wer Lust hat, ich habe sie – bei meiner armen Seele – nun und nimmermehr! Da lobe ich mir Eure Kuh. Hinter der läßt es sich ganz gemächlich ziehen und, was das Schönste ist, Milch, Käse und Butter hat man obendrein vollauf alle Tage.« – »Ei nun, tauschen wir«, sprach der Bauer, »gebt mir das Pferd, ich gebe Euch die Kuh.« – »Bei allen Heiligen«, rief Hans, »das ist ein gefundener Handel! Ich will Euch alle Tage in mein Gebet einschließen. Topp, guter Alter!« Hiermit griff er nach der Kuh, und der Bauer schwang sich auf das Pferd und ritt im Galopp nach Hause, aus Furcht, daß unsern Hans der Tausch noch gereuen könnte.

Die Sache war anders. Hans freute sich innig, wie er fortan das Brot nicht mehr trocken verzehren, sondern Butter und Käse dazu haben würde. In der Freude ließ er sich im nächsten Wirtshaus ein halbes Glas Bier einschenken und aß sein Mittags- und Abendbrot auf einmal auf. Dann trieb er seine Kuh weiter, immer nach dem Dorf seiner Mutter zu. Die Hitze wurde drückender, je näher der Mittag kam. Hans befand sich mitten in der Heide und hatte wohl noch ein Stündchen bis zum nächsten Dorf. Die Zunge klebte ihm am Gaumen. »Wie wärs«, fiel ihm endlich ein, »wenn du die Kuh melktest? Du bindest sie an einen Baum und läßt dir die Milch in deine Mütze laufen.« Gesagt, getan. Die Kuh wurde angebunden, aber kein Tropfen Milch kam zum Vorschein, und wie er sich ungeschickt anstellte, gab ihm das Tier mit einem der Hinterfüße einen solchen Schlag vor den Kopf, daß er taumelnd zu Boden stürzte.

Zum Glück zog ein Schlachter mit einer Karre vorbei, auf der ein junges Schwein lag. »Guter Freund, was macht Ihr denn für Dinge«, rief er ihm schon von weitem zu, und Hans erzählte ihm die Geschichte. »Die Kuh, mit der ists vorbei, die wird in ihrem Leben keine Milch mehr geben, allenfalls taugt sie noch zum Ziehen.« – »So, so«, murmelte Hans und fuhr sich mit der Hand einigemal über den Kopf. »Wie wärs, lieber Meister, wenn Ihr mir Euer Schwein gäbet und nähmet meine Kuh. Kuhfleisch ist gewiß nicht nach meinem Geschmack, aber Schwei-

nebraten und Wurst esse ich für mein Leben gern.« – »Den Gefallen kann man Euch tun«, antwortete der Schlachter, »gebt mir Eure Kuh, ich gebe Euch mein Schwein.« – »O, Ihr seid ein gar zu gefälliger Mann«, sprach Hans für sich. »Gehabt Euch wohl!« Der andere zog nun mit der Kuh links ab, und Hans rief einmal über das andere: »Ja, das muß man doch sagen, mir geht alles nach Wunsch!«

Er hatte etwa eine halbe Meile zurückgelegt, das Schwein vor sich hertreibend, als er einem Burschen begegnete, der eine Gans unter dem Arm hatte. »Gehen wir einen Weg«, fragte der Bursche. »Wer weiß«, sagte Hans. »Ich gehe zu meiner Mutter nach Susewedel.« Und zugleich ließ er sich über seinen Tausch vernehmen. »Da habt Ihr von Glück zu sagen«, antwortete der Bursche. »Ich trage die Gans zum Kindtaufsschmaus nach Gernefraß. Rund ist sie, wie eine Kugel, seht nur her. Wir haben sie aber auch an acht Wochen gemästet. Da wird es einmal Gänsefettschnitten geben, die sich zu essen verlohnen. Wenn man sie in Rauch aufhinge, müßte es, ei der trotz, eine pommersche Spickgans werden.« – »Pommersche Spickgans?« unterbrach ihn Hans. Der Mund blieb ihm vor Erstaunen offen. Gänsefettschnitten? Er leckte mit dem Zünglein. Inzwischen sah sich der Bursche nach allen Seiten bedenklich um und schüttelte mitunter den Kopf. »Hört«, fuhr er nach einer zögerlichen Weile fort, »mit Eurem Schwein mags nicht ganz richtig sein. In dem Dorf, durch das ich eben gekommen bin, hat man dem Schulzen eins aus dem Kofen gestohlen. Wenns das Eurige wäre und man träfe Euch!« – »Um Gotteswillen«, schrie Hans, der sich schon im fin-

stern Loch und alle Gänseherrlichkeiten vergangen sah, »macht mich nicht unglücklich! Ihr wißt hier herum besser Bescheid. Seht, wie Ihr zurecht kommt. Nehmt das Schwein und gebt mir die Gans.« – »Vielgewagt«, sprach der Bursche. »Wer möchte aber gern einen Menschen unglücklich machen? Da habt Ihr die Gans.« – »Wahrlich, man sieht«, dachte Hans, als er den Weg fortsetzte, »meine Großmutter hat Recht: den Sonntagskindern geht immer alles nach Wunsch. Wie werden sie zu Hause schmunzeln, wenn sie meine Gans sehen! Was sie für schöne weiße Federn hat! Zu einem Kopfkissen reichen sie sicherlich. Auf dem will ich uneingewiegt schlafen, wie ein Prinz.«
Hinter dem Dorf stieß er auf einen Scherenschleifer. Er blieb abermals stehen und sah und hörte dem Mann zu, der zu seiner schnurrenden Arbeit sang:

>»Ich schleife die Schere und drehe geschwind
>und hänge mein Mäntelchen nach dem Wind.«

Endlich wagte er es, ihn anzureden. »Noch so spät, lieber Mann? Ihr zieht wohl auch nach Gernefraß zum Kindtaufsschmaus?« – »Das sollte ich meinen«, versetzte der, »bei solchen Gelegenheiten gibts immer etwas für uns zu tun. Ein rechter Schleifer ist ein geborgener Mann. Geld hat er beständig in seiner Tasche, denn:

>Geschliffen muß heut alles sein
>und glänzen wie ein Karfunkelstein.«

»Immer Geld in der Tasche?« sagte Hans. »Das Ding lobe ich mir. Mein Lebtag hab ich es nicht anders gewünscht.« – »Ja, ja, mein Freund. Aber wohin Ihr mit der Gans?« – »Die hab ich für mein Schwein gekriegt.« – »Und woher das Schwein?« – »Das hab ich für die Kuh eingetauscht.« – »Und die Kuh?« – »Die hab ich mir für den Braunen geben lassen.« – »Und den Braunen?« – »Ih, den nahm ich für ein Stück Gold, so groß wie mein Kopf, das mir mein Herr zum Lohn gegeben.« – »Hm, hm! Wenn Ihr ein Scherenschleifer werden wolltet, so könnt Ihr, wie ich, das Geld immer in der Tasche springen hören.« – »Ach gar zu gern, bester Herr. Wer so glücklich wäre!« – »Vor allem müßtet Ihr einen Wetzstein haben. Das übrige findet sich schon von selbst.« – »Ich bitte Euch um die sieben Wunden Christi«, flehte Hans, »laßt mir einen von Euren Steinen ab, wenn er gleich etwas schadhaft sein sollte. Ich gebe Euch meine fette Gans.« Sie

wurden einig. Der Schleifer suchte ihm unter den Wetzsteinen den untauglich-
sten aus und schenkte ihm als Zugabe einen großen Feldstein, auf dem sichs,
wie er sagte, besonders gut klopfen lasse.

Hans war beinah außer sich. Er griff schon in die Tasche, als wenn er das Geld
hören wollte. »Wie hab ichs nur verdient, daß mir doch alle meine Wünsche in
Erfüllung gehen?« wiederholte er sich oft. Indes war er seit Tagesanbruch auf
den Beinen und hatte, wie man weiß, zum Frühstück seinen ganzen Mundvor
rat aufgezehrt. Der Hunger fing an ihn zu plagen, und aus Müdigkeit mußte er
jeden Augenblick haltmachen, obschon es nur noch eine Meile bis Susewedel
war. Die Beine lasteten sehr. Er konnte sich des Gedankens nicht erwehren, wie
glücklich er sein möchte, wenn er grade jetzt die Steine nicht hätte. Stärken
wollte er sich wenigstens durch einen frischen Trunk, wenn er erst ein Weilchen
geruht hätte – so meinte er, als er zu einem Feldbrunnen wie eine Schnecke an-
geschlichen kam. Damit er aber nicht etwa die Steine beim Niedersetzen be-
schädigte, legte er sie bedächtig neben sich an den Rand des Brunnens. Auf einmal ging es plump, plump, und die Steine lagen im Wasser.

Und Hans was tat er? Er kniete nieder, fast in Tränen schwimmend, und dankte Gott, daß er ihm noch das erwiesen hätte, was einzig zu seinem Glück gefehlt.
»So wahr Gott über mir lebt, bis heute hat es wohl keinen glücklicheren Menschen, als ich bin, gegeben!« So sprechend, trollte er ohne die Steinlast mit
frohem Sinn neugestärkt nach Hause.

Verfaßt von August Wernicke – dem Erfinder des »Hans im Glück«

*Hans Wohlgemut, die Vorlage für das Grimmsche Märchen, findet sich in der Zeit-
schrift »Die Wünschelruthe« Nr. 33, 23. April 1818. Der Verfasser lebte schon nicht
mehr, als Wilhelm Grimm sie für den Gebrauch der »Kinder- und Hausmärchen« um-
schrieb, dem Titelhelden den eingängigen Namen gab, die Dialoge würzte und einen
prägnanten Schluß fand – »So glücklich wie ich‹, rief er aus, ›gibt es keinen Menschen
unter der Sonne.‹ Mit leichtem Herzen und frei von aller Last sprang er nun fort, bis er
daheim bei seiner Mutter war.«
Als »Hans im Glück« wurde die Geschichte auf Anhieb berühmt. Erst stand sie in der
Zweitauflage von Grimms Märchen (1819), dann kam sie als »Hans in luck« in die erste
englische Auswahl (1823), wobei George Cruikshank alle Episoden in einer Zeichnung
zusammenfaßte; dann gelangte sie unter die 50 ausgesuchten Märchen der Kleinen*

Ausgabe (1825), dann bearbeitete sie Adelbert von Chamisso in Versen (1831), dann erzählte sie Bechstein auf seine Art (1845) und Andersen auf eine ganz andere (1861). Als das bekannteste und beliebteste Schwankmärchen der Grimmschen wie auch der Bechsteinschen Sammlung stufte es Max Lüthi schon vor dreißig Jahren ein; sein Geheimnis sei, daß der Leser, konfrontiert mit Hansens Tauschgeschäften, die eigene Überlegenheit genießen könne.

Inzwischen scheint Hans, der paradoxe Märchenheld, noch mehr aufgewertet zu sein. Aus dem Hoffnungskäufer, dem verführbaren und enttäuschten Glücksucher in der Warenwelt, wird einer, der sein Glück findet, dort, wo er es nie verloren hat: in der Welt des Seins. »To have or to be, that's the question« (Erich Fromm). Des Helden Selbstgewißheit wirkt ansteckend. So wie »der Narr« im Tarot nicht nur als Narr zu verstehen ist, so ist der Hans dieses Märchens kein Hansel, sondern eben ein Wohlgemuter – ein Lebenskünstler.

Die drei Freier

In der Stadt Udschajini lebte einst der Brahmane Harisvāmin, ein vortrefflicher Mann, treuer Diener und erster Minister des Fürsten Punjasena. Ihm gebar seine ebenbürtige Gattin einen Sohn, Devasvāmin, der dem Vater in nichts nachstand. Und sie gebar ihm auch eine Tochter, deren ungewöhnliche Schönheit bald weithin berühmt wurde. Sie trug mit Recht ihren Namen Somaprabhā, »die den Glanz des Mondes hat«. Als sie nun verheiratet werden sollte, ließ sie, stolz auf ihre übergroße Schönheit, durch die Mutter dem Vater und Bruder folgendes sagen: »Ich will einen Helden zum Mann oder einen Weisen, der die höheren Wahrheiten kennt, oder einen, der sich auf eine Zauberkunst versteht, sonst keinen – wenn euch an meinem Leben gelegen ist.«

Ihr Vater Harisvāmin war nun voller Sorgen, ob sich jemals ein Mann finden würde, auf den eine dieser Bedingungen zuträfe. Da geschah, daß er vom König Punjasena als Unterhändler zu einem Herrscher des Südens geschickt wurde, der in das Land eingefallen war; mit ihm sollte er einen Friedensvertrag aushandeln. Gerade hatte er sich seines Auftrags entledigt, da trat ein Brahmane an ihn heran und bat um die Hand seiner Tochter, von deren übergroßer Schönheit er gehört habe. Harisvāmin sagte: »Meine Tochter wünscht sich einen Weisen, der die höheren Wahrheiten kennt, oder einen Zauberkünstler oder einen Helden zum Mann, sonst überhaupt keinen, und wer bist du von den dreien?« Der Brahmane antwortete: »Ich verstehe mich auf Zauberei.« – »So zeig es mir.« Da zauberte jener einen Wagen, der durch die Luft fahren konnte. Auf den hob er Harisvāmin herauf, zeigte ihm im Nu den Himmel und die ganze Welt und brachte den hocherfreuten Vater zum Feldlager des Herrschers im Süden zurück, bei dem er seines Auftrags wegen noch weilte. Harisvāmin versprach dem Zauberkünstler seine Tochter zur Frau und bestimmte, daß die Hochzeit in sieben Tagen sein sollte.

Zur selben Zeit wurde in Udschajini ein anderer Brahmane bei dem Sohn Devasvāmin vorstellig und bat ihn um die Hand seiner Schwester. Er sprach: »Sie wünscht sich einen Weisen, der die höheren Wahrheiten kennt, oder einen Zauberkundigen oder einen Helden zum Mann.« Da bezeichnete sich jener als Held und zeigte im Umgang mit dem Schwert und mit Pfeil und Bogen ein bewundernswertes Geschick. Daraufhin versprach Devasvāmin ihm die jüngere Schwester zur Frau. Und nach dem Rat der Sterndeuter bestimmte auch er, wie der Vater, daß die Hochzeit nach sieben Tagen sein sollte. Er machte das aber fest, ohne daß seine Mutter etwas davon wußte.

Diese wiederum wurde, als sie allein war, zu derselben Zeit von einem dritten Freier ebenfalls um die Hand ihrer Tochter gebeten. »Meiner Tochter steht der Sinn nach einem Ehemann, der entweder ein Weiser ist, der über die höheren Wahrheiten verfügt, oder ein Held oder aber ein Zauberkünstler.« Da antwortete ihr der junge Brahmane: »O Mutter, ich besitze die höheren Wahrheiten.« Da befragte sie ihn über das Vergangene und das Zukünftige, und auch sie versprach ihm, daß er ihre Tochter nach sieben Tagen zur Frau bekäme.

Am nächsten Tag kehrte Harisvāmin heim und erzählte Frau und Sohn, daß er eine Vereinbarung über die Heirat seiner Tochter getroffen habe. Darauf teilten ihm die beiden, jeder unter vier Augen, die Übereinkunft mit, die sie getroffen. Da sah er zu seiner Bestürzung, daß drei Freier auf einmal eingeladen waren, und wußte nicht aus noch ein. Am festgesetzten Hochzeitstag kamen die drei wirklich in das Haus des Harisvāmin: der Weise, der die höheren Wahrheiten besaß, der Zauberkünstler und der Held. Nun geschah etwas Unerwartetes. Somaprabhā, die mondschöne Braut, war plötzlich verschwunden, und wo immer man nach ihr suchte, niemand konnte sie finden.

Da wandte sich Harisvāmin an den Weisen, der über die höheren Wahrheiten verfügte, und sprach: »Weiser Mann, schnell, sag mir, wohin ist meine Tochter verschwunden?« Der antwortete: »Der Rākṣasa (menschenfeindlicher Dämon) Dhūmacikha hat sie geraubt und in seine Behausung im Wald des Vindhya-Gebirges geschleppt.« Voller Schrecken rief der Vater: »Ach, wer kann sie von dort holen? Und wie soll nun Hochzeit sein?« Der Zauberkünstler hörte sein Jammern und sagte: »Seid guten Mutes, Herr! Ich will euch alle gleich dorthin bringen, wo sich deine Tochter nach Aussage dieses Weisen aufhält.« Sprachs und zauberte im gleichen Augenblick den Wagen, der durch die Luft fahren

127

konnte, legte Waffen aller Art hinein, ließ Harisvāmin, den Weisen und den Helden aufsteigen und brachte sie im Nu in den Vindhya-Wald zur Behausung des Rākṣasa, wie von dem weisen Mann beschrieben.

Dort angekommen, forderte der Held, von Harisvāmin angestachelt, den Rākṣasa zum Kampf heraus; der geriet in großen Zorn, als er sah, was sich zutrug. Es entstand ein staunenswerter Kampf zwischen dem Dämon und dem Menschen, ein Kampf, mit allen Waffen geführt, um einer Frau willen – vergleichbar nur dem Kampf des Dämonenkönigs Rāvana mit Prinz Rāma (geschildert im altindischen Epos Ramayana). Doch so heftig Rākṣasa auch um sich schlug, der Held trennte ihm bald das Haupt vom Rumpf mit einem Pfeil, der halbmondförmig endete. Nun bemächtigten sie sich alle der mondschönen Somaprabhā, die sie im Hause dort fanden, und kehrten mit ihr im Wagen des Zauberkünstlers zurück.

Im Haus des Harisvāmin aber entstand, obwohl nun der glückbringende Moment für die Heirat gekommen war, ein großer Streit zwischen dem Weisen, der die höheren Wahrheiten besaß, dem Zauberkünstler und dem Helden. Der Weise sprach: »Wenn ich das Versteck des Mädchens nicht entdeckt hätte, wäret ihr niemals zu ihr gekommen. Darum müßt ihr sie mir geben.« Doch der Zauberkünstler entgegnete: »Wenn ich euch meinen Wagen nicht hingezaubert hätte, würdet ihr dann wie die Götter in einem Augenblick hin- und zurückgeflogen sein? Darum müßt ihr sie mir überlassen. Denn mein Verdienst ist es, daß wir diese glückliche Stunde erleben.« Schließlich meldete sich der Held zu Wort: »Eure ganze Mühe war ja unnütz, und ihr hättet das Mädchen niemals zurückgebracht, wenn ich den Rākṣasa nicht im Kampf besiegt und getötet hätte? Darum müßt ihr sie mir geben.«

So stritten sie herum, Harisvāmin aber schwieg, denn seine Sinne waren aufgewühlt und er wußte sich nicht zu helfen.

»Wem soll sie nun angehören? Sage du mirs, König. Und wenn du es weißt und es nicht sagst, so soll dein Kopf in Stücke gehen.« Als König Trivikramasena die Drohung des Geistes vernahm, brach er sein Schweigen und sprach: »Dem Helden soll sie gehören. Als er den Rākṣasa erlegte, setzte er sein Leben für sie ein, und durch seinen mutigen Kampf hat er sie gewonnen. Der Weise und der Zauberkünstler dienten ihm als Werkzeug; der Schöpfergott wollte es so. Ist es denn nicht der Beruf der Astrologen und Zimmerleute, in Diensten anderer zu stehen?«

Kaum hatte der Geist die Rede des Königs vernommen, glitt er wie früher ihm von der Schulter, zurück zur Totenstätte. Der König aber eilte ihm nach, ohne einen Augenblick die Fassung zu verlieren.

Aus dem Sanskrit von Friedrich von der Leyen

Das Märchen von den vier kunstreichen Brüdern, bekannt seit der Ausgabe der Grimmschen Märchen von 1819, findet sich schon 800 Jahre zuvor: als die Geschichte des Zauberers, des Weisen und des Helden, die alle drei um die mondschöne Soma-prabhā freien. Sie ist eine der »Fünfundzwanzig Erzählungen eines Leichendämons« (Vetālapancavimsatikā), einer bis heute in Indien sehr beliebten Sammlung. Es ist die Erzählung von König Trivikramasena, der den Leichnam eines Gehenkten abnehmen muß; doch es sitzt ein Gespenst in dieser Leiche, der Geist Vetāla, der sie immer wieder zurück an den Feigenbaum hext, wo sie hing.
Vierundzwanzigmal muß der beherzte König zur Richtstätte laufen, und vierund-zwanzig Geschichten vernimmt er aus dem Mund des Geistes. Sie alle münden in eine Rätselfrage, die er lösen soll.
Der Text ist den »Indischen Märchen« (Halle 1898) entnommen, der ersten Märchen-edition des späteren Herausgebers der Reihe »Die Märchen der Weltliteratur«, Friedrich von der Leyen.

Von dem Mann,
der sich einen Fuchs zur Frau nahm

Es war einmal ein Fänger, der lebte ganz allein, keine Frau half ihm, und wenn er auf den Fang ging und mit Seehunden nach Hause kam, mußte er sie selbst zerlegen und das Fell bereiten. Als er eines Tages nicht wußte, womit er sich die Zeit vertreiben sollte, ruderte er aufs Geratewohl über einen Fjord. Da sah er auf einem Felsabhang einen kleinen Fuchs, ging an Land, fing ihn ein und nahm ihn mit nach Hause. Dort band er ihn erst an den Hauspfosten, nahm ihn dann mit ins Haus, liebkoste ihn und gab ihm Fleisch, wenn er selbst aß. Und der kleine Fuchs wuchs bei der guten Behandlung schnell heran und wurde ein großer Fuchs.

Als er eines Tages vom Fang nach Hause kam und wie gewöhnlich alle Arbeiten selbst verrichten wollte, fand er zu seinem Staunen die Felle, die er zur Bereitung zurechtgelegt hatte, bereits fertig vor. Und als er in sein Haus ging und Fleisch kochen wollte, war das Fleisch schon gekocht und alles so zubereitet, daß er sich nur zum Essen niederzusetzen brauchte. Er konnte es nicht fassen, wer die Arbeit getan hatte, begann aber zu essen und gab dem Fuchs wie gewöhnlich eine schöne Mahlzeit von Knochen.

Tags darauf ruderte er wieder zum Fang aus; als er aber ein Stück auf den Fjord hinausgekommen war, ruderte er in eine kleine Bucht in der Nähe seines Wohnplatzes und ging an Land. Von dort schlich er vorsichtig, indem er immer gute Deckung behielt, zu seinem Haus zurück und versteckte sich, um zu sehen, wer seine Felle bereitete und sein Fleisch kochte. Wie er so lag, kam ein wunderschönes Mädchen aus seinem Haus und begann die Felle zu bereiten. Da schlich er vorsichtig heran und faßte sie von hinten, bevor sie seiner gewahr geworden war. Es war ein sehr schönes Mädchen mit ungewöhnlich langem schwarzen Haar. Er trug sie ins Haus und dort wurde sie seine Frau.

So froh war er über sie, daß er gar nicht bemerkte, daß der Fuchs verschwunden war. Nachts lagen sie beieinander und plauderten und machten es sich so recht gemütlich; als sie ihm aber zulächelte, entdeckte er, daß ihr Zahnfleisch ganz geschwollen war. »Warum ist dein Zahnfleisch so geschwollen?« fragte er. »Als ich am Hauspfosten angebunden stand, hast du mich mit Knochen gefüttert, davon ist mir das Zahnfleisch so angeschwollen.« Da erst merkte er, wie er seine liebe kleine Frau gequält hatte, als sie noch ein Fuchs war. Von nun an lebten sie glücklich, und der Mann begann wieder wie sonst auf die Jagd zu gehen.

Eines Tages traf er auf dem Meer einen Bekannten im Kajak, sie plauderten zusammen und der Mann fragte ihn, ob er sich eine Frau genommen habe. »Na und was für eine!« sagte der andere. »Ist sie hübsch?« – »Ob sie hübsch ist! Eine schönere gibt es auf der ganzen Welt nicht.« – »Wollen wir Frauenaustauschen spielen?« fragte da der andere. Und ehe der Mann recht wußte, wie es zuging, hatte er ja gesagt, denn er war ein junger Mann und wollte gern einmal bei einer anderen Frau schlafen. Sie verabredeten einen Tag und trennten sich.

Am verabredeten Tag kam der Fremde in seinem Kajak zum Wohnplatz, und als er gelandet war, ruderte der andere zu seinem Wohnplatz und legte sich zu dessen Frau. Als aber der fremde Mann ins Haus kam, schlug ihm solch seltsamer Fuchsgestank entgegen, daß er unwillkürlich ausrief: »Pfui, wie riecht es hier nach Füchsen! Was hat das zu bedeuten?« Im selben Augenblick hatte die schöne Frau sich erhoben, und ehe der Mann wußte, wie ihm geschah, war sie zu einem Fuchs geworden und sprang aus dem Haus, indem sie »ka-ka-ka« schrie. Der Fremde stand sprachlos vor Staunen, und nachdem er sich eine Weile allein im Haus aufgehalten hatte, blieb ihm nichts anderes übrig, als zu seinem Kajak zurückzukehren und nach Hause zu rudern.

Tags darauf kam der Ehemann nach Hause und konnte seine Frau nirgends finden. Er suchte nach ihr und schließlich fand er eine Fuchsspur, die in die Berge führte. Dieser Spur folgte er, und plötzlich wurden die Fuchsspuren zu Menschenspuren; und nachdem es eine Weile Menschenspuren gewesen waren, beobachtete er, daß es abwechselnd eine Menschen- und abwechselnd eine Fuchsspur war. Kurz darauf wurden beide wieder zu Fuchsspuren, und als er ihnen immer weiter folgte, kam er schließlich zu einem Felsen. In diesem Felsen war ein Spalt, und in diesem Spalt verschwanden die Spuren. Er legte sich auf die Lauer, und es dauerte nicht lange, da hörte er drinnen jemanden sprechen.

Nachdem er eine Weile gelauscht hatte, rief er hinein: »Komm doch heraus, ich bin gekommen, um dich zu holen.« Da verstummten die Stimmen drinnen, kurz darauf aber hörte er seine Frau sagen, daß sie nicht zu ihm zurückkehren wolle. »Geh du zu ihm hinaus«, sagte sie zu jemandem, und gleich darauf kam eine Frau heraus. Hu, wie die aussah! mit großen Augen, die ihr ganz aus dem Kopf traten. Sie kam lachend auf ihn zu und sagte: »He-he-he, sie hat gesagt, daß du mich statt ihrer nehmen sollst.« – »Nein«, sagte der Mann, »dich mag ich nicht, du hast viel zu große Augen.« Da lachte die Frau wieder, kehrte ihm den Rücken und ging in die Höhle zurück, und er hörte sie lachen und sagen: »Er mochte mich nicht, weil ich zu große Augen habe.« – Es war aber eine Schmeißfliege in Menschengestalt.

Ein Weilchen saß er draußen und wartete, rief dann wieder hinein: »Komm doch heraus, ich warte auf dich.« Wieder hörte er sie sagen, daß eine andere hinausgehen solle, und abermals kam eine fremde Frau auf ihn zu. War die andere häßlich, so war diese zum Erschrecken, ein altes runzliges Weib mit furchtbar vielen Beinen. Sie sagte: »He-he-he, du sollst mich anstatt deiner Frau nehmen.« Der Mann aber antwortete: »Dich mag ich nicht, du hast zu viele Beine.« Da machte sie kehrt und ging wieder in die Höhle, und er hörte sie sagen: »Er mochte mich nicht, weil ich zu viele Beine habe.« – Es war aber eine Raupe in Menschengestalt.

Und wieder rief er nach seiner Frau und hörte sie abermals sagen: »Nein, ich will nicht zu ihm hinaus, aber geh du!« Und gleich darauf kam eine kleine schwarze Frau mit langen, langen Beinen heraus, furchtbar anzusehen, und sagte: »He-he-he, ich sollte sagen, daß du mich statt ihrer nehmen möchtest.« – »Nein«, sagte der Mann, »dich mag ich nicht, du hast zu lange Beine.« Da kehrte die Frau in die Höhle zurück, und er hörte sie lachend zu den anderen sagen: »He-he-he, er mochte mich nicht, weil ich zu lange Beine habe.« – Es war aber eine Spinne in Menschengestalt.

Und wieder rief er nach seiner Frau, sie aber antwortete: »Du hast ja gehört, daß ich nicht zu dir herauskommen will, komm du doch zu mir herein!« – »Wie soll ich denn zu dir hineinkommen? Das Loch ist ja viel zu klein.« Darauf antwortete sie: »Mach die Augen zu und versuch es.« Das tat er und so gelangte er durch das Loch. Als er die Augen öffnete und sich umblickte, befand er sich in einem kleinen Haus, und siehe da, da saß seine Frau! Er eilte gleich auf sie zu, setzte sich neben sie, und weil er ihr in seiner Freude etwas Angenehmes sagen wollte, legte er seinen Kopf in ihren Schoß und sagte: »Ach, wie lange war ich nicht bei dir; such mir die Läuse ab.« Sie begann gleich damit und während sie ihn lauste, sang sie:

»Leg dich zur Ruhe,
schlaf ein, schlaf ein!
Wenn es Frühling wird,
wenn die Spechte kommen,
magst du erwachen.
Leg dich zur Ruh, leg dich zur Ruh!
Wenn es Frühling wird,
wenn die Fliegen kommen,
magst du erwachen.
Schlaf ein, schlaf ein!
Wenn es Frühling wird,
wenn die Seeschwalben kommen,
magst du erwachen.«

Und plötzlich war es, als ob ihm die Sinne vergingen. Er fiel in einen tiefen Schlaf, und als er erwachte, war er ganz allein im Haus. Er kroch hinaus und blickte sich um, und siehe – als er hineinkroch, war es Winter gewesen, jetzt war es Frühling geworden, die Bäche hatten ihre Eisdecke gesprengt und schäumten über die Felsen, Schmeißfliegen summten ringsum, und die Spechte hackten mit ihren Schnäbeln und schwatzten durcheinander und über einer kleinen Bucht flogen die Seeschwalben wie Schneeflocken und tauchten ins Wasser nach Fischen. Langsam ging er auf sein Haus zu und lebte wieder wie damals, als der kleine Fuchs noch nicht seine Frau geworden war. Und er fing wie gewöhnlich viele Seehunde, die er selbst zerlegen mußte, und alle Felle mußte er selbst bereiten, und es nützte nichts, daß er bereute, seine Frau geopfert zu haben, um neben einer fremden Frau zu schlafen.
Und hiermit endet die Geschichte von dem Mann, der sich einen Fuchs zur Frau nahm.

Aus dem Ostgrönländischen von Knud Rasmussen und Julia Koppel

Tierfrau-Geschichten der Inuit haben mit denen der Japaner manches gemeinsam: Mensch und Tier gehen häufig eine Ehe ein – sei es, daß ein Mann eine Graugans oder Ente zur Frau nimmt, oder eine Frau einen Eisbär, Adler, Wal oder eine Krabbe –, und es gibt hier kein Happy-End. Bei den Überlieferungen der Inuit scheinen animistische

Vorstellungen stärker einzuwirken; das Naturhafte der Tierhelden wird mehr betont und auch beschrieben.

Im Frauentausch liegt nur insofern eine Tabuverletzung, als der Tauschpartner auf das Füchsische der Frau (Fuchsgestank) abfällig reagiert. Daß zwei benachbarte Familien durch die Bande des Frauentausches sich als eng verbunden empfanden, geht auch aus anderen Fuchs-Geschichten hervor. – Der Text entstammt Knud Rasmussens »Grönlandsagen« (Berlin 1922).

Die Goldfasanbraut

Vor langer Zeit lebte einmal ein altes Ehepaar, das hatte einen einzigen Sohn namens Chūtarō. Chūtarō ging seinen Eltern zur Hand, indem er Feuerholz sammelte. Eines Tages hatte er einen Einfall: Er wolle sich etwas Geld verdienen und so seinen Eltern eine Freude machen. Er bat sie darum, ihn für drei Jahre gehen zu lassen, und begab sich auf Reisen. Es traf sich, daß er bei einem Geschäft in der Stadt eine Arbeit als Ladengehilfe fand. Da er mit Kleidung und Essen sich zufrieden geben wollte, stellte man ihn ein, ohne extra einen Lohn zu vereinbaren.

Schon war fast ein Jahr vergangen und der neunundzwanzigste Tag des zwölften Monats gekommen. Chūtarō bat, da er um das Wohlergehen seiner Eltern besorgt war, den Dienstherrn um Urlaub. Dieser ließ ihn bereitwillig gehen, und als Lohn, den er sich in den acht Monaten bis jetzt verdient hatte, gab er ihm noch fünf Yen mit. Soviel hätte er bei seinen Eltern durch den Verkauf von Feuerholz nie bekommen.

Es war bereits der letzte Tag des Jahres, als Chūtarō in die Nähe seines Heimatdorfes kam. Die Leute, die tief in den Bergen lebten, waren beschäftigt, das Fest zum Jahreswechsel vorzubereiten. Und Chūtarō sah, wie einige um einen schönen Goldfasan herumstanden und hin und her berieten: »Sollen wir den Vogel als Festschmaus in der Neujahrsnacht essen oder zum Sankon (feierlicher Sake-Umtrunk) zubereiten?«

Eilends trat er vor sie hin und sprach: »Ihr seid so viele und erregt euch wegen eines Vogels, doch wie könnte ein einziger Vogel so vielen von Nutzen sein? Verkauft ihn mir. Fünf Yen habe ich, wie ihr seht.« Als sie das hörten, sagten sie: »Gut, wenn das so ist, dann laßt uns ihn verkaufen.« Da bat Chūtarō sie: »Könntet ihr den Vogel nicht auch für vier Yen verkaufen und mir wenigstens einen Yen als Zehrgeld für die Heimreise lassen? Außerdem ist doch bald Neujahr.« Aber das lehnten sie ab. »Na gut, ich nehme ihn trotzdem, auch für fünf Yen.« Er bezahlte, nahm den Vogel und machte sich auf den Heimweg.

135

Während er so dahinging, sprach er zu sich: »So wie mir mein Leben lieb ist, wird wohl auch diesem Goldfasan sein Leben lieb sein. So wie meine Eltern mich erwarten, werden wohl auch seine Eltern auf ihn warten.« Und als er in der Nähe des Bergpasses war, von wo aus er sein Heimatdorf sehen konnte, ließ er den Goldfasan frei.

War das eine Freude, als Chūtarō endlich zu Hause ankam und die Eltern ihren Sohn erblickten! Er erzählte ihnen, wie er auf dem Heimweg einen schönen Goldfasan gekauft und dann freigelassen hatte. Als das seine Eltern hörten, freuten sie sich, daß ihrem Sohn, genau wie ihnen selbst, das Leben der Vögel und der Vierfüßler lieb war.

Am ersten und zweiten Tag des Neuen Jahres kamen die Verwandten zur Begrüßung und luden ihn reihum zum Festessen ein. Doch schon am dritten Tag stieg Chūtarō wieder in die Berge, um Feuerholz zu holen. Kaum war er dort angelangt, kam zu Hause eine fremde junge Frau zu Besuch. Es war ein holdes Mädchen von sechzehn, siebzehn Jahren, das ein Bündel bei sich trug. Die Mutter vermutete, dieses Mädchen habe ihrem Sohn den Kopf verdreht, weil er doch ohne einen Yen nach Hause gekommen war. Dennoch nahmen die beiden Alten die schöne junge Frau freundlich auf. Als diese aber sah, daß Chūtarō nicht da war, setzte sie sich, ohne ihre Strohsandalen auszuziehen, mißmutig auf die Schwelle. Sie war nicht einmal bereit, das Bündel vom Rücken zu nehmen, so sehr die beiden ihr zuredeten. Was sie ihr auch vorsetzten, die junge Frau sprach kein Wort und schien nichts essen zu wollen. Das alte Paar argwöhnte schon, was denn das für eine befremdliche Person sei, als Chūtarō aus den Bergen heimkehrte. Auf einmal veränderte sich zusehends die Miene des Mädchens, es war, als träte nachts der Mondgott zwischen den Wolken hervor.

Sie fragte ihn, ob er denn Chūtarō sei, und als sie sich ganz sicher war, schien sie plötzlich wie verwandelt: Sie zog ihre Sandalen aus, ging ins Empfangszimmer, legte ihr Bündel ab und aß sämtliche Leckerbissen auf, die Chūtarōs Eltern ihr zuvor angeboten hatten. Dann bat sie ihn, sie zur Frau zu nehmen. Als er sie zurückwies, wiederholte sie ihre Bitte, doch diesmal wandte sie sich an seinen Vater und an seine Mutter. Doch auch sie lehnten ab: sie seien nun einmal von ärmlicher Herkunft. Die junge Frau aber flehte Chūtarō an: »Es ist nicht so, daß wer sich arm nennt, es immer sein wird. Und es ist nicht gesagt, daß wer sich reich nennt, es immer bleiben wird. Wenn Ihr mich aufnehmt, werde ich arbeiten, soviel ich kann, und ich werde mich auch um die Eltern kümmern.« Da konnten ihr die alten Leute die Bitte nicht mehr abschlagen, und sie beschlossen, das Mädchen dem Sohn zur Braut zu geben.

Auf der Stelle packte die junge Frau ihr Bündel aus und ging in die Küche, wo es durchaus nichts von Wert gab. Doch von dem Geld, das sie mitgebracht hatte, besorgte sie allerlei und kochte köstliche Gerichte. So bereitete sie ihnen einen schönen ersten Jahresmonat. Ihr Name sei Kō no Komatsu, sagte sie.

Eines Tages sprach sie zu Chūtarō: »Wenn man so untätig dahin lebt, kommt man auch nicht zu Geld. Da ich mir nicht vorstellen kann, wie wir anders unsere Pflicht den Eltern gegenüber erfüllen sollen, laß uns einen Handel beginnen. Ich kann feine Seidenstoffe weben, damit wollen wir uns ein kleines Vermögen erwerben. Schußfaden für acht Yen habe ich schon gekauft. Bitte besorge mir noch Kettfaden dazu.« Mit diesen Worten gab sie ihm etwas Geld. Sobald Komatsu das Garn beisammen hatte, begann sie zu weben.

Sie sagte: »Es wird mindestens drei Jahre dauern, bis der Stoff fertig gewebt ist. Ich bitte Euch, habt diese Zeit über Geduld.«

So vergingen die Tage und Monate von drei Jahren, und Komatsu, die ihre Arbeit nun beendet hatte, bat Chūtarō, den Stoff anderswo zu verkaufen. Das wollte er gern tun, aber er hatte kein Geld für die Reise. Da gab ihm Komatsu zwei Yen und sprach: »Wenn Ihr diesen Stoff erst verkauft, nachdem Ihr die zwei Yen vollständig aufgebraucht habt, werdet Ihr den besten Preis erzielen.«

Alsbald kam Chūtarō in eine Stadt, in der einer lebte, der Geld hatte, und als er ihm den Stoff zeigte, rief jener: »Verkauf ihn mir für 1000 Yen.« Da erst begriff Chūtarō, daß dieses Gewebe so kostbar war, und es erstaunte ihn sehr. Aber weil er sich an Komatsus Worte erinnerte, sagte er, dafür könne er nicht verkaufen. Als er zu einem anderen wohlhabenden Mann kam, sagte der: »Verkauf ihn mir für 4000 Yen.« Auch ihm verkaufte er den Stoff nicht.

Am nächsten Ort bot man ihm 8000 Yen. Doch auch dafür verkaufte er nicht, sondern zog weiter in die nächste Stadt, denn noch hatte er von seinem Reisegeld einen Yen übrig. Dort kam er zum Haus eines Reichen, der sagte: »Verkauf mir den Stoff für 10 000 Yen.« Und als Chūtarō erwiderte, auch dafür könne er ihn nicht hergeben, sagte der Reiche: »Dann gib ihn mir für 20 000.« Chūtarō war davon so überwältigt, daß er vergaß, da war ja noch Reisegeld übrig. So verkaufte er schließlich und unwiederbringlich seinen Stoff für 20 000 Yen.

Sogleich mietete Chūtarō einen Handkarren, packte das Geld darauf und ließ den Karren nach Hause ziehen. Voller Freude eilte er heim. Als er ankam, wartete Komatsu schon darauf zu erfahren, wie es ihm ergangen sei. Als sie vernahm, daß er den Stoff für 20 000 Yen verkauft hatte, murrte sie ein bißchen: »Hättet Ihr bloß gewartet, bis das Reisegeld aufgezehrt gewesen wäre! So habt Ihr 10 000 Yen verloren, bei etwas, das Ihr für 30 000 hättet verkaufen können.« Dennoch sei es gut so, und sie freue sich mit ihm.

Auf ihren Rat hin bauten sie ein prächtiges zweistöckiges Haus, in dessen Obergeschoß sie Vater und Mutter aufs beste versorgten. Sie gaben ihnen leckere Speisen, kleideten sie in Stoffe aus Seidenkrepp und verehrten die Eltern, wie es besser nicht hätte sein können. Da Chūtarō nun wohlhabend war, sagte er eines Tages zu Komatsu: »Daß ich ein so wunderbares Leben führen kann, verdanke ich dir. Wie wäre es, wenn wir auch deinen Vater und deine Mutter hier aufnehmen und uns um sie kümmern würden.« Und er schlug vor, ihren Eltern einen Besuch abzustatten. Doch Komatsu lehnte dies ab, und Chūtarō drang nicht weiter in sie. Nun war Komatsu in einem äußersten Zwiespalt, und sie sah keinen anderen Ausweg, als ihm endlich von ihrer Herkunft zu berichten: »Ich habe weder Vater noch Mutter. Jetzt, nachdem ich mich Euch gegenüber dankbar erweisen konnte und Ihr es zu großem Ansehen gebracht habt, habe ich meine Dankesschuld abgetragen. Ich habe nichts zu bereuen. Der Goldfasan, den Ihr einst errettet habt, der bin ich. Solltet Ihr daran zweifeln, dann seht, wie ich mich in einen Vogel verwandle und fliege.«

Chūtarō war zu Tode erschrocken, als er die Geschichte hörte, und er jammerte und klagte. Komatsu aber sprach: »Weil ich ein Vogel bin, bin ich namenlos. Den Namen Kō no Komatsu habe ich nur vorübergehend angenommen, aber Ihr sollt Euch von jetzt an als Anerkennung für Eure gute Tat auch Kō no Chūtarō nennen. Zum Abschied wollen wir mit den Eltern zum Tempel gehen und Sutren lesen lassen (heilige Merksätze, gebräuchlich beim Opferritual). Nehmt bitte ein Tablett mit Reiskörnern mit, für den Buddha-Altar.« Auch seine Eltern erschraken, als sie davon hörten, und klagten sehr.

Zu viert gingen sie zum Tempel, doch während der Mönch für sie die Sutren las, wurde Komatsu plötzlich ein Vogel und begann, die Reiskörner vom Tablett vor Buddha aufzupicken. Als die drei das sahen, waren sie bestürzt und sprangen auf; die Eltern packten die Beine des Vogels, und Chūtarō faßte ihn beim Rücken. Sie wollten ihn nicht loslassen, aber der Vogel flog auf und davon. Da trauerten sie sehr.

Der Vogel aber, so sehr er sich auch anstrengte, konnte nicht mehr weit fliegen. Er hatte zu wenig Federn, denn damals, als er den Seidenstoff webte, hatte er sich die eigenen Federn ausgerupft und als Garn verwebt. Er flog gerade noch bis in die Astgabel eines Baumes, weiter kam er nicht mehr. Dort krallte er sich fest und starb.

Und wie man sich erzählt, hat Chūtarō ihn dort später gefunden und seine Gebeine im Garten beerdigt, ihm einen Gedenkstein aufgestellt und um seine Seele getrauert.

Aus dem Japanischen von Ricarda Luley-Krantz

Ein zentrales Thema ist in Japan die Ehe zwischen Mensch und Tier. Goldfasan, Kranich, Schlange, Frosch können als Frau einen irdischen Mann ehelichen; wenn der Mann das wahre Wesen der Frau entdeckt, muß die Frau ihn verlassen. Eine Suchwanderung des verlassenen Partners, mündend in ein Happy-End, ist dem japanischen Märchen fremd. In der Melancholie des Auf-immer-dahin klingt es aus. – Auch irdische Frauen können einen Affen, Hund, Frosch, ein Wildschwein oder eine Schlange als Tiergatten haben, seltener sind es Fuchs und Dachs. Das nach altem Glauben göttliche Tier kann selbst seine Verwandlung herbeiführen.
Textgrundlage der »Goldfasanbraut« (tsuru nyobo) in einer Version der Provinz Kagoshima ist das klassische Werk von Seki Keigo, »Nihon mukashibanashi taisei« (Bd. 2, 3. Aufl., Tokio 1982).

Wie der Zwerghirsch
der Herr der Welt im Walde wurde

 Eines Tages trug sich Pelandok der Zwerghirsch mit dem Gedanken, so zu tun, als habe er auf den Rat eines Heiligen hin drei Jahre, drei Monate und drei Tage lang in Askese gelebt und dadurch die Herrschaft über alle Tiere des Waldes erlangt, so wie er dadurch auch zu übernatürlichen Kräften gekommen sei.

Er begab sich nun zum Gebirge Kaus Padang Jenaka. Dort erblickte er auf der einen Seite des Gebirges große Herden von Ziegen, auf der anderen Seite riesige Scharen von Tigern. Da beschloß er, zwischen den beiden Parteien Frieden zu machen, um seine Herrschaft zu festigen. Mit dem Saft des Feigenbaumes färbte er sich Haar, Bart und Augenbrauen weiß, wodurch er ein ehrwürdiges Aussehen erhielt, und begab sich dann zu den Ziegen. »Haben euch die Tiger bereits angegriffen?« wollte er von ihnen wissen. »Nein«, sagten sie. »Das macht meine Fürbitte«, sagte er und erzählte ihnen von seiner Askese und wie er dafür belohnt worden sei. Dann erbot er sich, zwischen den Ziegen und den Tigern, die in großer Zahl jetzt heranrücken würden, Frieden zu schließen. Die Ziegen waren einverstanden, und der Zwerghirsch ging zu den Tigern. Den Tigern erzählte er, er habe von einem Heiligen Nachricht erhalten, in kurzer Zeit werde der Jüngste Tag anbrechen. Die Welt habe sich schon umgewandelt, denn die Ziegen rückten jetzt in großen Scharen heran und verschlängen alle Tiere, die sie unterwegs träfen. Sie hätten es als nächstes auf die Tiger abgesehen, aber er, der Zwerghirsch, erböte sich, das Unglück abzuwenden – kraft seiner durch Askese erworbenen Gewalt.

Ziegen und Tiger wollten sich erst davon überzeugen, ob der Zwerghirsch auch die Wahrheit sagte. Dieser schlug vor, ihre Abgesandten sollten auf einer Hochebene, von der man das Land nach beiden Seiten überblicken konnte, zusammenkommen. Den Ziegen befahl er, von den Früchten des wilden Weins zu fressen, wodurch ihr Maul und Bart wie mit Blut beschmiert aussahen; sie sollten sich recht wild benehmen und die Gesandten der Tiger verächtlich behandeln. Es geschah alles nach seinem Willen. Als sie zusammentrafen, sahen die Ziegen mit dem blutroten Maul und Bart so furchtbar aus und benahmen sich so frech, daß die Gesandten der Tiger Hals über Kopf davonliefen und ihrem König berichteten, daß die Angaben des Zwerghirschs völlig auf Wahrheit beruhten. Beide Parteien waren jetzt für einen Vermittlungsvorschlag des Zwerghirschs zu haben, und so berief er beide Völker für den folgenden Tag auf die Hochebene. In deren Mitte zog er einen Strich. Als am nächsten Morgen die Tiger und Ziegen heranrückten, stellte sich der Zwerghirsch auf den Strich und verkündete Frieden zwischen beiden Völkern; über dem, der ihn bräche, sollten die Berge herabstürzen und ihn erschlagen. Die Parteien beschworen den Bund. Der Zwerghirsch aber nahm seit diesem Tag den Titel »Herr der Welt im Walde« an.

Eines Tages hielten die wilden Büffel, die Nashörner, Stachelschweine, Hirsche, Rehe und verschiedene andere Tiere des Waldes eine große Versammlung ab. Sie wollten beratschlagen, wie sie sich gegen den Riesen wehren sollten, der ihnen ihre Frauen und Kinder auffraß. Der Schakal hatte vom Herrn der Welt im Walde gehört und schlug vor, sich an ihn zu wenden. Der Hirsch traute dem listigen Zwerghirsch nicht, aber der wilde Büffel hatte ebenfalls von dem Friedensschluß vernommen, und auf den Vorschlag des Stachelschweins hin wurde der Schakal zum Zwerghirsch gesandt. Er fand den Herrn der Welt im Walde auf einem Marmorfelsen thronend. Ein blühender Beraksabaum breitete seine Zweige über ihn aus, wie einen gelben Schirm. Zu seinen Füßen saßen Tausende von Ziegen und Tigern. Von seinem Hochsitz aus konnte der Zwerghirsch das Land weithin überblicken. Er prophezeite sogleich das Nahen eines Boten der Tiere des Waldes. Es dauerte nicht lang, da meldete der König der Tiger, der zum Minister ernannt war, den Boten bei seinem Herrn an. Ehrfurchtsvoll näherte sich der Schakal und richtete seinen Auftrag aus, und der Herr der Welt im Walde rief zornig, weshalb man ihn erst jetzt von den Untaten des Riesen benachrichtige. Er selbst setze seine Ehre zum Pfand, daß er den Riesen anderntags an Händen und Füßen fesseln, ihn bis an den Hals in die Erde stecken und ihm dann ins Gesicht treten würde. Alle Tiere des Waldes sollten sich aber verstecken und erst zu ihm kommen, wenn sein Kriegsruf ertöne.

Der Schakal überbrachte diese Antwort den Tieren. Am nächsten Morgen begab sich der Herr der Welt im Walde in die Nähe der Wohnung des Riesen, wo er anfing, ein Loch in die

Erde zu graben. Als der Riese kam, rief der Zwerghirsch laut nach seiner Frau und seinen Kindern: Sie möchten schleunigst mit ihm in das Loch kommen, denn er hätte von einem Heiligen Nachricht erhalten, der Himmel werde einstürzen. Der Riese hörte ihn und begann ihm zu glauben, als der Zwerghirsch auf die von Wind gepeitschten Wolken zeigte. Er bat den Zwerghirsch, ihn mit in das Loch zu nehmen. Dieser erlaubte es, doch mußte der Riese es erst tief genug graben. Als dies geschehen, sprang der Riese als erster in das Loch. Der Zwerghirsch reichte ihm noch zwei Rotanggeflechte (sog. Spanisches Rohr), die er über seine Ellbogen und Knie streifen sollte; sie wären gut gegen Müdigkeit und Gliederschmerzen nach so harter Arbeit. Bereitwillig tat dies der Riese und war wehrlos gefesselt, denn je mehr er daran riß, desto fester zog sich das Geflecht zusammen.

Mit verdrehten Augen rühmte sich der Zwerghirsch der heiligen Kraft, die ihm gegeben sei. Und aufs höchste erstaunt, huldigten ihm die Tiere des Waldes. Der wilde Büffel bot ihm seinen Rücken als Sitz an, und so brachten sie den Zwerghirsch im Triumph zu seinem Felsen zurück. Dort ernannte der Herr der Welt im Walde den König der Schakale und den König der Stachelschweine zu seinen Herolden. Dann entließ er die Tiere in den Wald und hieß sie, ihm alle drei Tage ihre Aufwartung zu machen, um etwaige Klagen vorzubringen.

Einst saß der Affenkönig mit all seinen Untertanen in den Rambutan-Bäumen und schmauste. Ein kleiner Affe be-

richtete, er habe auf einer Wanderung den Zwerghirsch gesehen, dem alle Tiere des Waldes gehuldigt hätten. Der Affenkönig schwor, sich dem Zwerghirsch niemals unterwerfen zu wollen, und er erging sich in unflätigen Ausdrücken gegen den »Herrn der Welt im Walde«. Dies hörte der Schakalkönig, der gerade dort vorbeikam, und stellte ihn zur Rede. Da er dem Affenkönig oben im Baum aber nichts anhaben konnte, berichtete er die Sache dem Zwerghirsch. Lächelnd sagte dieser, er wolle sich den Affenkönig schon vornehmen. Doch der Schakalkönig und auch der Bärenkönig baten, er möge ihnen die Bestrafung des Frechlings überlassen.

Die Affen wurden besiegt, aber der Affenkönig flüchtete mit seinem Minister zum Löwenkönig (Löwen allerdings sind den Malaien nur vom Hörensagen bekannt). Er berichtete ihm, was vorgefallen, und da jener ebenfalls mit Verachtung auf den Zwerghirsch, in seinen Augen ein Bodenscharrer und Wurzelfresser, herabsah, so wies er den Schakalkönig und den Bärenkönig, die beide wegen des Affenkönigs bei ihm vorstellig wurden, barsch ab. Er werde am nächsten Tag selbst kommen und ihrem »Herrn« Bescheid geben. Da befahl der Herr der Welt im Walde, daß sich am Morgen, wenn der Löwenkönig käme, alle die ihm untertanen Tiere auf der großen Ebene vor seinem Marmorfelsen versammeln sollten.

Am nächsten Morgen holte sich der Zwerghirsch zwei Jala-Jala-Früchte (apfelsinenähnlich), ritzte die eine vorsichtig mit seinen Schlagzähnen auf und füllte sie mit Ameisen; die andere ließ er, wie sie war. Dann nahm er noch ein Blasrohr mit, das ein Jäger hatte liegen lassen, und begab sich auf seinen Marmorfelsen unter dem blühenden Bereksa-Baum inmitten der großen Ebene, auf der sich allmählich die Tiere des Waldes, nach Arten geordnet, in Reih und Glied aufstellten. Der Löwenkönig nahte heran, von seinem Heer und dem Affenkönig begleitet. Und der Herr der Welt im Walde befahl seinen Untertanen, auf ihrer Hut zu sein.

Der Löwenkönig staunte nicht schlecht über die ungeheuren Heere, die sich dort auf der Ebene versammelt hatten. Und als er an den Bären, Schakalen, wilden Büffeln, Rehen, Hirschen, Tigern und Stachelschweinen vorbei endlich zu dem Felsen kam, auf dem der Herr der Welt im Walde thronte, wurde er doch ein wenig kleinlaut. Als ihn aber der Zwerghirsch durch seinen Herold, das Stachelschwein, mit großer Höflichkeit einladen ließ, näher zu treten, überkam den Löwen die Wut, und er herrschte den Zwerghirsch an, was er von ihm wolle. Mit ausgesuchter Höflichkeit schlug ihm der Herr der Welt im Walde vor, ihre beiderseitigen Untertanen doch nicht durch einen allgemeinen Kampf aufzureiben, sondern mit ihm einen Zweikampf vor versammeltem Volk auszufechten; der Sieger würde die Ehre, der Besiegte die Schande davontragen. Der Löwe war einverstanden, und der Zwerghirsch ging zu vier Bäumen, die auf der Ebene dicht nebeneinander standen. An diese legte er das Blasrohr, und auf die andere Seite die beiden Früchte. Die Heere des Zwerghirschs und die des Löwen stellten sich auf der Ebene auf, und der Zwerghirsch schlug dem Löwen vor, erst einmal die Springprobe zu machen; jeder solle über das Blasrohr springen und dann eine der Früchte auffressen. Der Löwe war einverstanden, verlangte aber, daß der Zwerghirsch den ersten Sprung tun sollte. Blitzschnell, so daß ihm der Löwe nicht mit den Augen folgen konnte, sprang der Zwerghirsch und gelangte glücklich auf die andere Seite der Bäume, wo er die Frucht verzehrte, in der keine Ameisen waren. Dann forderte er den Löwen auf, es ihm gleichzutun; nachher wollten sie dann zum Ringen und zu anderen Kämpfen übergehen.

Mit einem Riesensatz sprang der Löwe, klemmte sich aber zwischen die Bäume ein und konnte gerade noch die Frucht erreichen. Er verschlang sie. Ihm wurde sehr schlecht, und dabei drehte und wand er sich, ohne freikommen zu können. Der Zwerghirsch sprang ihm auf den Rücken und bohrte ihm seine Schlagzähne ins Ohr, gerade da, wo es am Kopf angewachsen war, so daß der Löwe vor Schmerz aufbrüllte. Da erhoben alle Untertanen des Herrn der Welt im Walde ein donnerndes Freudengebrüll. Der Löwe erklärte sich schließlich für besiegt, bat den Zwerghirsch um Verzeihung für sein Benehmen und schwur ihm mit den heiligsten Eiden Untertanentreue. Die beiden Heere waren Zeugen. Nun ließ der Zwerghirsch von dem Löwen ab und gab Befehl, ihn aus seiner mißlichen Lage zu befreien. In feierlichem Triumphzug kehrte der Herr der Welt im Walde zu seinem Marmorfelsen zurück.

Unterdessen hatte sich der Affenkönig, als er sah, daß sich der Löwenkönig dem Zwerghirsch unterwarf, schleunigst in Sicherheit gebracht. Er flüchtete zum Elefantenkönig und erzählte diesem sein Leid, wobei er den Zwerghirsch verleumdete: Er habe sich sehr abfällig über den Elefantenkönig geäußert. Dann bat er den Elefanten, ihm seinen Schutz zu verleihen, denn er werde dem Zwerghirsch doch wohl widerstehen können. Der Elefantenkönig versprach dies. Er sei in der Lage, es mit allen Dämonen des Waldes aufzunehmen, und so erst recht mit dem Zwerghirsch; ein einziger Tritt mit dem Fuß werde ihn vernichten.

Der Herr der Welt im Walde hatte das Verschwinden des Affenkönigs bemerkt, und der Bärenkönig machte sich mit dem Schakalkönig auf, um den Flüchtling zu suchen. Sie fanden ihn beim Elefantenkönig. Der fertigte sie jedoch mit derartig unflätigen Reden gegen den Zwerghirsch ab, daß die beiden Gesandten, ohne sich zu verabschieden, wieder fortgingen und zum Herrn der Welt im Walde zurückgingen, dem sie alles berichteten. Der Zwerghirsch sagte lächelnd: »Der Elefant hat ganz recht, wenn er sich für das größte und stärkste Geschöpf hält. Ich verlasse mich allein auf die mir verliehene Kraft und siege dadurch.« Er befahl, daß sich alle Tiere, die ihm untertan waren, versammeln sollten. Am dritten Tag brach er in frühester Morgendämmerung mit seinem gewaltigen Heer auf. Ein schwarzer wilder Büffel diente ihm als Reittier. In Marschordnung zogen sie durch den Wald, und alles, was in und auf der Erde lebte, entkam nur mit knapper Not dem Zertretenwerden.

Der Elefantenherrscher hielt gerade Kriegsrat ab, als das Kampfgeschrei der herannahenden Truppen wie krachender Donner ertönte. Der Elefantenkönig erschrak. Doch als ihm der Affenkönig sagte, dies wäre das Heer des Zwerghirsches, da erwachte sein Zorn, und er zog den Feinden entgegen. Die Heere der verschiedenen Tiere zogen unter Lärmen heran. Mit schlotternden Gliedern und zitternder Zunge nannte der Affe dem Elefantenkönig die Namen der Herrscher und die ihnen verliehenen Titel. Endlich nahte auch der Herr der Welt im Walde, umgeben von seinen Vasallenfürsten, machte vor dem Elefanten halt und stellte ihn zur Rede, weshalb er so schmählich

über ihn gesprochen hätte. Der Elefant gab zu, ihn beschimpft zu haben und bot ihm Genugtuung an. Darauf schlug der Zwerghirsch ihm vor, daß sie ihre Kräfte, bevor man zu anderen Kampfarten überginge, erst einmal im Benteh-Spiel messen sollten. (Es besteht darin, daß der eine Spieler mit dem Schienbein gegen die vorgestreckte Wade des andern Spielers tritt, um dessen Fuß von der Stelle zu rücken.) Der Elefant dachte, daß er mit einem einzigen Tritt dem Zwerghirsch das Bein zerschmettern würde, und nahm den Vorschlag an.

Der Zwerghirsch hatte einen Pfosten aus festem Kernholz bemerkt, der tief in die Erde getrieben war. Dort, so schlug er dem Elefanten vor, sollten sie den Wettkampf ausfechten. Der andere wendete ein, der Pfosten würde ihn behindern. Der Zwerghirsch erklärte, er habe, klein wie er nun einmal sei, den Pfosten nötig als Stützpunkt. Da willigte der Elefant ein. Nachdem alle Tiere zu beiden Seiten Aufstellung genommen hatten, schwuren sich die beiden Kämpfer mit heiligen Eiden zu, sie wollten nach entschiedenem Kampf sich nicht mehr hassen oder einander feindlich gesinnt sein. Derjenige, der zuerst vor Schmerzen laut aufbrülle, solle als besiegt gelten.

Nun begann der Kampf. Der Elefant wollte dem Zwerghirsch den ersten Tritt überlassen, aber der wollte nichts davon wissen, sondern streckte sein Bein vor und forderte den Elefanten auf, zuzutreten. Der Elefant gehorchte, und blitzartig schnell steckte der Zwerghirsch seinen Fuß hinter den Pfosten, um ihn ebenso schnell wieder an die richtige Stelle zu setzen, ohne daß es jemand merkte. Dann leckte er eifrig sein Bein und sagte: »Nun tritt noch zweimal, Elefantenkönig!« Der Elefant wurde wütend, und den Rüssel hochgeschwungen, trat er noch zweimal mit voller Kraft zu. Der Herr der Welt im Walde wiederholte sein Spiel, und der Elefant trat gegen den Pfosten.

Niemand hatte den Betrug gemerkt. Alles staunte über die Wunderkraft des Zwerghirschs, während der Elefant furchtbare Schmerzen hatte und kaum noch seinen Fuß bewegen konnte. Als die Reihe an den Zwerghirsch kam, forderte dieser die Tiere auf, genau auf die Augen und das Maul des Elefanten zu achten. Bei seinem Tritt richtete er es so ein, daß seine scharfen Hufe genau die Stelle am Fuß des Elefanten trafen, wo dessen Hufe an das Fleisch angewachsen waren. Der Elefant empfand einen so furchtbaren Schmerz, daß er gern seinen Fuß zurückgezogen hätte, aber er konnte ihn nicht bewegen. So jammerte er und bat um Gnade, doch der Zwerghirsch sprach zu ihm: »Was, du willst deinen Fuß schon wegnehmen?« Da blieb der Elefant stehen, und noch zweimal trat der Herr der Welt im Walde mit voller Kraft zu, daß seine scharfen Hufe dem Elefanten tief ins Innere seiner Hufe drangen. Da wußte dieser nicht mehr, was er vor Schmerz anfangen sollte. Er brüllte auf, so laut er konnte, und das Wasser lief ihm aus den Augen, als er schleunigst seinen Fuß zurückzog. Schnell sprang der Herr der Welt im Walde auf den Pfosten, von dort dem Elefanten auf den Nacken und auf den Kopf, und schlug ihm seine scharfen Schlagzähne in die Ohrwurzel. Das schmerzte wie scharfes Eisen; der Elefant machte seiner Qual vorn und hinten Luft, aber nichts half.

Da mußte er sich vor allen Tieren für besiegt und unterworfen erklären und dem Zwerghirsch als dem obersten Herrn des Waldes huldigen. Dieser warnte ihn noch – vor dem Fluch Gottes, der alle Fürsten träfe, wenn sie Treue brächen. Dann sprang er vom Kopf des Elefanten herab, um in großem Triumphzug zu seinem Marmorfelsen zurückzukehren.

Aus dem Malaiischen von Hans Overbeck

Malaien und Indonesier kennen andere Märchenhelden als wir: etwa Pa Pandir, den Vater Dummkopf, der alles verkehrt macht; oder Lebai Malang, den Unglückspriester, dem alles schlecht ausgeht, oder Pa Bilalang, den glückbegünstigten Vater Heuschreck. Zwei Figuren vor allem kennt jedes Kind: den »Eulenspiegel« mit Namen Jaka Bodo (Java), Djonaha (Sumatra), Si Meuseukin (Malaysia), und den »Trickster« Pelandok, den Zwerghirsch. Dieses ebenso zierliche wie schlaue Wesen, zoologisch Tragulus javanicus, hat eine Rückenhöhe von 25 cm und ein Gewicht von fünf Pfund. In ihm zeigt sich die schwache Kreatur dank ihres Köpfchens sämtlichen Dschungelbewohnern überlegen – bis es von dem winzigen Einsiedlerkrebs übertölpelt wird. So ist es in einem alten Geschichtenbuch (Hikajat Pelanduk Djinaka) niedergelegt. Auszugsweise hat es der deutsche Exportkaufmann Hans Overbeck, der jahrzehntelang in Singapur und Surabaja tätig war, in seine »Malaiische Geschichten« (Jena 1925) übernommen. Träger solcher Geschichten war der Penglipur Lara, »Tröster im Leiden«, der von Kampong (Dorf) zu Kampong zog und seine Zuhörer in Bann schlug. Auf Bitten und Betteln der Kleinen ließ er sich erweichen: »tersebut-lah pula suwatu perkatan« (So höret wieder eine Geschichte).

Wie Rabbit den Menschen das Feuer brachte

Am Anfang gab es kein Feuer, und die Erde war kalt. Da sandten die Donnervögel ihren Blitz in eine Platane, die auf einer Insel wuchs, wo die Wiesel lebten. Die Wiesel besaßen nun als einzige das Feuer, und sie gaben nichts davon ab.

Die Menschen wußten zwar, daß es auf der Insel Feuer gab, denn aus der Platane sahen sie Rauch aufsteigen; doch das Wasser war zu tief, um es zu durchqueren. Als der Winter kam, litten die Menschen dermaßen unter der Kälte, daß sie eine Versammlung einberiefen, um einen Weg zu finden, wie man an das Feuer der Wiesel herankäme. Sie luden alle Tiere ein, die schwimmen konnten. »Wie können wir Feuer erlangen?« fragten die Menschen. Fast alle Tiere hatten jedoch Angst vor den Wieseln, weil sie blutrünstig waren, weil sie Mäuse, Maulwürfe, Fische und Vögel fraßen. Rabbit war der einzige, der so mutig war, den Versuch zu wagen, ihnen das Feuer zu stehlen. »Ich laufe geschwinder und ich schwimme schneller als die Wiesel«, sagte er. »Und ich bin auch ein guter Tänzer. Jede Nacht tanzen die Wiesel um ein großes Feuer herum. Heute nacht will ich hinüberschwimmen und beim Tanz dabeisein. Und dann laufe ich mit einer Garbe Feuer davon.« Eine Weile dachte er nach und entschied dann, wie er es anstellen würde. Bevor die Sonne unterging, rieb er seinen Kopf mit Kiefernharz ein, so daß sein Haar in die Höhe stand. Als es dann dunkel wurde, schwamm er zur Insel hinüber. Die Wiesel empfingen Rabbit voller Freude, da sie seinen Ruf als Tänzer schon vernommen hatten. Bald war ein Riesenfeuer entfacht, und alle fingen an, drumherum zu tanzen. Wie sie so tanzten, kamen sie dem Feuer in der Mitte des Kreises immer näher. Sie neigten sich dem Feuer zu und tanzten wieder von ihm weg.

Als Rabbit sich in den Kreis der Tanzenden mischte, riefen die Wiesel ihm zu: »Führ du uns an, Rabbit!« Er tanzte ihnen voran und kam dabei dem Feuer näher und näher. Er neigte sich dem Feuer zu und bog seinen Kopf tiefer und tiefer, als zöge das Feuer ihn an. Die Wiesel tanzten immer schneller, um mit ihm mitzuhalten. Plötzlich neigte sich Rabbit so tief, daß das Kiefernharz in seinem Haar wie eine Fackel brannte. Er lief davon mit flammendem Kopf und die Wiesel verfolgten ihn wütend. »Fangt ihn, fangt ihn! Er hat unser heiliges Feuer gestohlen. Fangt ihn und werft ihn zu Boden!« Doch Rabbit war schneller und sprang ins Wasser. Die Wiesel blieben am Ufer zurück. Wie er über das Wasser schwamm, loderten die Flammen immer noch aus seinem Haar.

Da riefen die Wiesel die Donnervögel an, sie möchten es regnen lassen, um so das Feuer zu vertilgen, das Rabbit gestohlen hatte. Drei Tage lang goß es auf der Erde wie in Strömen, und die Wiesel waren sich sicher, daß nirgendwo noch ein Feuer brannte, außer in ihrer Platane. Rabbit jedoch hatte Feuer in einem hohlen Baum entfacht, und als der Regen vorüber war und die Sonne schien, kam er heraus und gab den Menschen das Feuer. Seit der Zeit beschützen die Menschen das Feuer, wann immer es regnet.

Das also ist die Geschichte, wie Rabbit den Menschen das Feuer brachte.

Aus dem Amerikanischen von Ulf Diederichs

Brer Rabbit, Bruder Kaninchen, ist eine in ganz Nordamerika bekannte und sehr unterhaltsame Märchenfigur. Kreativ wie der Rabe, verschlagen wie der Kojote, gewitzt wie Reineke Fuchs, steht er wie diese in einer langen Erzähltradition. Die zentralen Figuren der nordamerikanischen Mythologie sind »Kulturbringer«: so Hiawatha bei den Ōdschibwa, so Manabōzho (Manabush), das Große Kaninchen, bei den Algonkin. Eben dies Kaninchen stahl einst dem Besitzer des Tabaks, einem Bergriesen, einen Sack voll Tabak und verteilte den Samen an alle Verwandten, damit die ihn anbauen konnten. Das Kaninchen brachte den Menschen auch das Feuer, und diese Geschichte erzählt jeder Stamm anders.

Von Manabōzho heißt es, daß er zu dem Feuerbesitzer, einem alten Mann, gerudert sei, der mit zwei Töchtern auf einer Insel lebte. Er durfte sich, dank der mitleidigen Mädchen, in der Medizinhütte wärmen und entwendete von dort ein brennendes Holzscheit, das er Großmutter Nokomis, der Tochter des Mondes, brachte. Die mußte ihm erst seine Brandwunden pflegen. Das Feuer gab sie dann an die Donnerer weiter. Den hier berichteten Feuerraub haben sich die Creek-Indianer im Gebiet von Atlanta erzählt. Dee Brown hat ihn in »Folktales of the Native America« (New York 1979) wiedergegeben.

149

Der Fuchs und der Tanuki

Es ist schon lange, lange her, da trafen sich ein Fuchs und ein Tanuki (Dachsheld).

»Wie wär's, Herr Tanuki, wir wollen sehen, wer von uns beiden sich besser verwandeln kann. Heutzutage sagt man zwar, ich sei die Nummer eins, doch wer verwandelt sich wohl geschickter, Ihr oder ich?« fragte der Fuchs. Da schwieg der Tanuki und wies auf seine Brust.

»Was? Wollt Ihr damit sagen, Ihr seid der Geschickteste?« Als der Fuchs das sagte, antwortete der Tanuki: »So ist es.« So wurde ein Wettstreit beschlossen.

Jetzt konnte der Fuchs es kaum abwarten. Geschwind eilte er voraus. »Ich muß diesen Kerl von Tanuki unbedingt besiegen, denn sollte ich diesen Angeber nicht beschämen, würde das dem Ansehen der Füchse schaden, die seit jeher für Verwandlungskunst berühmt sind«, dachte er. Im selben Augenblick entdeckte er plötzlich am Wegesrand so etwas wie einen kleinen Gedenkstein. Da verwandelte sich der Fuchs in einen Jizō, (Schutzgott der Reisenden), und stellte sich daneben auf. Bald darauf kam der Tanuki vorbei. Dieser hatte seit langem eine seltsame Angewohnheit. Immer wenn er einen Jizō sah, bekam er Hunger und hatte den Wunsch sein Obento (mitgebrachter Imbiß) zu essen. Auch heute war das wieder so.

»Oh, hab ich Hunger. Ich werde wohl etwas essen.« Er setzte sein Obento ab, das er auf dem Rücken

trug, und nahm sich einen Reiskloß heraus. Den legte er zunächst als Opfergabe vor den Jizō, verneigte sich und wahrscheinlich betete er: »Bitte mach, daß ich den Fuchs besiegen kann.« Doch als er den Kopf hob und aufsah, dachte er, nanu! Der Reiskloß, den er hingelegt hatte, war jetzt nicht mehr da. Wie merkwürdig! Wenn das so ist, dann habe ich ihn vielleicht gar nicht hingelegt, zweifelte er und legte – diesmal ganz gewiß – erneut einen Reiskloß vor den Jizō. »Namuamidabutsu, erbarme dich meiner, o heiliger Buddha.« Gleich nachdem er sich verneigt hatte, hob er den Kopf, doch der Reiskloß war schon wieder nicht mehr da. »Was für eine merkwürdige Sache.« Hierauf legte er noch einmal einen Kloß vor den Jizō, und es sah aus, als würde er sprechen: »Namuaidaa!« Er hatte noch nicht richtig den Kopf geneigt, als er ihn schon wieder hastig hob. Da sah er, wie der Jizō mit dem halb abgebissenen Reiskloß in einer Hand dastand. »He da!« rief der Tanuki und zerrte an der Hand des Jizo. Und eh er sich versah, verwandelte sich das, was gerade noch der Jizō war, in einen Fuchs.
»Ach, Ihr wart das, Herr Fuchs!« sprach der Tanuki, worauf der Fuchs sagte: »Jetzt seid Ihr an der Reihe.«
Da dachte der Tanuki eine Weile nach, wie er sich für die Reisklöße rächen könnte und sagte: »Morgen um die Mittagszeit werde ich hier als Fürst vorbeikommen, seht deshalb genau hin.«
Als dann am folgenden Tag der Fuchs an dieser Stelle wartete, kam von drüben das Gefolge eines Fürsten heran. »Auf die Knie, auf die Knie!« rief einer, den man Platzmacher nennt. Dahinter folgten viele Samurai und schließlich der Fürst in seiner Sänfte. Vor lauter Bewunderung vergaß der Fuchs, sich in einen Menschen zu verwandeln. Er sprang hervor, lief zur Sänfte des Fürsten und sagte: »Fürst Tanuki, Fürst Tanuki, ich gebe mich geschlagen.«
Doch diesen Aufmarsch des Fürsten hatte nicht der Tanuki herbeigezaubert, sondern er war echt. Darum prügelte ein Samurai den Fuchs tüchtig mit einem Stock durch, als er ihn sah.

Aus dem Japanischen von Ricarda Luley-Krantz

Der japanische Tierheld Tanuki, eine Art Dachs, ist um vieles komischer als der chinesisch-japanische Fuchs und auch dem Wesen nach völlig anders. Verwandelt sich der Fuchs mit Vorliebe in hübsche Mädchen und verführerisch-sündige Frauen, so gibt sich der Dachs gern als dickbäuchiger Abt oder als zerlumpter Bettelmönch, als bäuer-

151

licher Tölpel oder als pfiffiger Ladenjunge. Er ist entschieden männlicher Natur und eher bäuerisch-volkstümlicher Gesinnung. Über seinen Schabernack kann sich Tanuki trommelnderweise freuen – die Redensart »Tanuki no hara tsuzumi« drückt dies ebenso aus wie ein bekanntes Gedicht von Shikitei Samba: »Beim Mondenschein, die Nacht hindurch / Ganz aus dem Häuschen ist der Dachs. / Sein Trommeln auf dem Bauch, das macht ihm Spaß. / Und sonst ... denkt er an nichts.«

Die Geschichte von Fuchs und Tanuki (kitsune to tanuki) findet sich in Tsubata Joji, »Nihon mukashibanashi« (Bd. 1, 14. Aufl., Tokio 1984).

Der Katchikatchi-Wald

Da war ein alter Mann, der ging auf sein Feld und pflügte es. Danach ging er nach Hause. Als er wieder auf sein Feld kam, sah er, daß ein Tanuki es schlimm zugerichtet hatte. Er sagte: »Großmutter, Großmutter, ein Tanuki hat Schlimmes angerichtet, den werde ich fangen. Warte inzwischen, damit du ihn mir kochen kannst.« Wie er versprochen hatte, kam er mit dem gefangenen Tanuki zurück. Er band ihn fest, und obwohl es eigentlich besser gewesen wäre, ihn zu erschlagen, ließ er ihn am Leben. Dann sagte er zur Großmutter: »Nun denn, stampfe den Reis und koche den Tanuki. Mach's ordentlich und warte auf mich«, und damit ging er aufs Feld.

Sowie er gegangen war, versuchte der Tanuki die Alte zu überlisten. »Großmutter, Großmutter, könnt ihr mir den Strick nicht ein wenig lockern? Ich werde euch helfen, die Spelzen aus dem Reis zu lesen.«

»Nein, nein.« – »Wenn ihr den Strick ein bißchen lockert, dann lese ich die Spelzen aus dem Reis.« So wurde sie, ohne es zu wollen, überlistet, den Strick ein wenig zu lockern, worauf der Tanuki die Spelzen aus dem Reis las.

»Großmutter, Großmutter, könnt ihr den Strick nicht noch ein wenig mehr lösen? Dann würde ich euch beim Stampfen helfen, beim Reisstampfen.« Und weil der alten Frau das Stampfen zu beschwerlich war, lockerte sie arglos den Strick noch mehr. Da erschlug der Tanuki sie, kochte aus ihr eine Suppe, solange der Alte noch weg war, und wartete. Als der Großvater heimkam, nahm der Tanuki die Gestalt der Großmutter an.

»Bist du mit dem Kochen fertig?« – »Ja, ich bin fertig.« Wie nun der Großvater seine Suppe aß, ging der Tanuki zur Tür hinaus und rief: »Seht euch den Großvater an. Er ißt die Großmuttersuppe!« und lief schnell davon.

Da vergoß der Großvater heiße Tränen. »En-en, der Tanuki hat meine Frau erschlagen.« In dem Augenblick kam der Hase: »Großvater, Großvater, warum weint Ihr so sehr?« – »Der Tanuki hat meine Frau erschlagen. Einen größeren Kummer gibt es nicht.« – »Wenn das so ist, werde ich dich rächen.«

»Wie soll ich es nur anstellen?« sprach der Hase bei sich. Daraufhin traf er sich mit dem Tanuki: »Tanuki, Tanuki, willst du nicht mit in den Wald kommen, irgendwo Reisig sammeln?« Diesmal sollte es der Tanuki sein, der überlistet wurde, denn der Hase sprach zu ihm: »Trag du das Reisig«, lud ihm nach Herzenslust auch das auf, was er gesammelt hatte, und sagte: »Geh du voran!« Dann zündete er das Reisig von hinten an, so daß es *katchikatchi* machte. »Knistert da nicht was?« fragte der Tanuki. »Das ist nur der Katchikatchi-Vogel hier im Wald.« Nun begann das Feuer im Reisig aufzulodern. »Braust da nicht was?« – »Das ist nur das Brausen des Waldes.« Schließlich stand das Reisig in Flammen und der Tanuki verbrannte. Der Großvater war gerächt.

Aus dem Japanischen von Ricarda Luley-Krantz

»Katchikatchi« ist jedem Japaner geläufig. Einmal als Lautmalerei – das schrille Geräusch, wenn mit einem Eisen Feuer geschlagen wird, oder das Prasseln des brennenden Feuers – dann als Erzählzyklus »Der Berg Katchikatchi«, verbunden mit »Der Hase und der Bär«: ein Tierroman, der in Japan in zahlreicheren Versionen kursiert als in Europa der vergleichbare »Roman de Renart«.
Findet der beliebte Tanuki hier verdientermaßen den Tod, so bleibt er im Alltagsjapanisch lebendig. Tanuki-Udon ist ein schmackhafter Suppeneintopf, seit jeher erhältlich in allen Nudelrestaurants (oft mit einem Tanuki als Aushängeschild); Tanuki-Oyaji Babaa ist Schimpfwort für einen arg schlauen Alten; Tanuki-ne sagt man, wenn man vorgibt zu schlafen.
»Der Katchikatchi-Wald« (kachikachi yama) wurde in der Provinz Kagoshima erzählt, der Text findet sich in der Sammlung Seki Keigo, »Nihon mukahashibanashi taisei« (Bd. 1, 3. Aufl., Tokio 1982).

Lasse, mein Knecht

Da war ein Prinz oder Herzog oder was er nun war, aber von unchristlich hoher Familie war er auf alle Fälle, und zu Hause wollte er nicht bleiben. Da zog er in der Welt umher, und wohin er auch kam, war er wohlgelitten und konnte in den besten Kreisen verkehren, denn Geld, davon hatte er unheimlich viel. Freunde und Bekannte fand er natürlich, wo er auch herumzog, denn wer einen vollen Trog hat, trifft immer auf Schweine, die daran schmatzen wollen. Aber so, wie er mit dem Geld umging, wurde es allmählich weniger, und schließlich war er so abgebrannt, daß er nicht einmal mehr einen Viertelschilling besaß. Da war es dann auch vorbei mit den vielen Freunden, denn die machten es eben wie die Schweine: Als seine Taschen leer waren und er nichts mehr hatte, was er ihnen geben konnte, da begannen sie zu grunzen und zu greinen, und dann rannten sie alle ihres Weges. Da stand er nun, an der Nase herumgeführt und allein. Alle hatten sie ihm gern geholfen, sein Geld loszuwerden, aber niemand wollte ihm helfen, es zurückzubekommen, und so konnte er sich nicht anders helfen, als nach Hause zu trotten und auf dem Wege zu betteln.

So kam er eines Abends spät in einen großen Wald und wußte wirklich nicht, wie er einen Platz für die Nacht bekommen sollte; aber wie er so schaute und wie er so suchte, fiel sein Blick auf eine alte, verfallene Hütte, die zwischen den Büschen hervorlugte. Das war wohl kein Quartier für einen so feinen Herrn, aber wenn man nicht bekommt, was man will, muß man nehmen, was man kriegen kann, und weil er sich keinen anderen Rat wußte, ging er in die Hütte. Drinnen fand sich kein Mensch und nicht einmal ein Schemel zum Sitzen. Aber an der langen Wand stand eine große Kiste. Was konnte da in der Kiste sein? Denk bloß, wenn da ein paar schimmelige Brotstücke drin wären! Das würde schmecken, denn wie man sich denken kann, hatte er den ganzen Tag noch keinen einzigen Bissen bekommen und war so hungrig und leer, daß ihm die Därme an den Rippen klebten. Also auf mit dem Deckel! Aber in der Kiste war eine zweite Kiste, und in der Kiste war noch eine Kiste, und so immer weiter und weiter, eine kleiner als die andere, bis sie ganz kleine Kästchen und Schächtelchen geworden waren. Je mehr es wurden, desto wilder schuftete er, denn etwas Besonderes mußte doch wohl darin sein, nachdem es so schrecklich gut versteckt war.

Endlich kam er an ein winzig kleines Schächtelchen, und in dem Schächtelchen lag ein Zettel
aus Papier – und das war alles, was er für seine
Mühe bekam. Das war natürlich schon ärgerlich. Aber dann bemerkte er, daß auf dem Zettel etwas zu lesen stand, und als er nochmal
hinsah, konnte er auch Worte zusam-
menbuchstabieren, obwohl sie
zuerst ein wenig wunderlich
aussahen. Da las er:
»Lasse, mein Knecht!«
Und als er die Worte
ausgesprochen hat-
te, da antwortete es
dicht an seinem
Ohr: »Was befiehlt
der Herr?«

Er sah sich um, doch er sah niemanden. Das war aber seltsam, dachte er sich,
und dann las er noch einmal: »Lasse, mein Knecht!« und es antwortete genauso: »Was befiehlt der Herr?« Aber auch diesmal sah er niemanden.
»Ist hier ein Mensch, der hört, was ich sage, so wäre es nett von ihm, mir ein wenig zu essen zu besorgen«, sagte er; und im selben Augenblick stand da ein Tisch
in der Hütte, mit allen Herrlichkeiten gedeckt. Da machte er sich also ans Essen
und Trinken und schmückte sich einmal wieder richtig den Bauch. So gut hatte er es sein Lebtag noch nicht gehabt, fand er. Als er sich nun richtig sattgegessen hatte, fühlte er sich schläfrig, und da nahm er den Zettel wieder.
»Lasse, mein Knecht!« – »Was befiehlt der Herr?« – »Ja, nun hast du mir zu Essen und zu Trinken beschafft, und nun sollst du mir auch ein Bett besorgen,
um darin zu schlafen. Aber ein richtig schönes Bett will ich haben«, sagte er,
denn man kann sich denken, daß er jetzt schon ein wenig anspruchsvoller war,
nachdem er sich sattgegessen hatte. Ja, so kam es dann auch, und da stand in
der Hütte ein so feines und so schönes Bett, daß selbst der König nach einem
ähnlichen Schlafplatz lange suchen könnte. Nun war das alles ja schon ganz
schön, aber die Menschen kriegen nie genug, und als er sich hingelegt hatte,
meinte er, die Hütte sei doch allzu elend für ein so schönes Bett. Da nahm er
den Zettel.

»Lasse, mein Knecht!« – »Was befiehlt der Hausherr?« – »Wenn du mir solches Essen und ein solches Bett besorgen konntest, hier im wilden Wald, dann bist du wohl auch so nett und gibst mir auch noch eine feine Kammer dazu, denn weißt du, ich bin einer, der im Schloß zu schlafen pflegt, mit Goldspiegeln und Tapeten und Zierat und Bequemlichkeiten aller Art«, sagte er. Na, er hatte die Worte noch gar nicht ganz gesagt, bevor er in der herrlichsten Kammer lag, die er je gesehen hatte. Nun hatte er es schön, fand er, und war recht zufrieden, als er die Nase zur Wand drehte und die Augen schloß.

Aber es war noch nicht genug mit der Herrlichkeit, denn als er am Morgen erwachte und sich umsah, da hatte er in einem großen Schloß geschlafen. Da war ein Zimmer neben dem anderen, und wohin er auch kam, war alles voller Verzierungen und Rankenwerk aller Art, sowohl an den Wänden als auch an den Decken, und die schimmerten so schön, wenn die Sonne auf sie schien, daß er die Hand vor die Augen halten mußte, so hell war es von Gold und Silber, wohin er auch blickte. Dann sah er aus einem Fenster, und – ujujuj! – was war das schön! Das war etwas anderes als Tannenwald und Wacholderbüsche, denn da war der schönste Garten, den man sich nur wünschen konnte, mit prächtigen Bäumen und Rosen aller Art, an Büschen und Stöcken. Aber er konnte keinen Menschen entdecken, nicht einmal eine Katze, und es war alles leer, wo er es doch so schön hatte und wieder ein Herr geworden war.

Da nahm er den Zettel. »Lasse, mein Knecht!« – »Was befiehlt der Herr?« – »Ja, nun hast du mir zu essen besorgt, und ein Bett und ein Schloß, um darin zu wohnen, und ich gedenke hier zu bleiben, denn hier gefällt es mir«, sagte er. »Aber so allein kann ich hier nicht bleiben. Ich brauche Knechte und Mägde, die mich bedienen und denen ich bei der Arbeit zusehen kann«, sagte er. Und so geschah es; es kamen Diener und Lakaien und Mägde und Mamsellen aller Art, und manche verbeugten sich und manche verneigten sich, und da fühlte sich der Herzog so richtig zufrieden.

Aber nun war es so, daß auf der anderen Seite des Waldes ein großes Schloß lag, und darin wohnte der König, dem der Wald gehörte und das große, große, weite Land rundherum. Als er nun durch sein Haus ging und aus dem Fenster sah, da sah er das neue Schloß, wo die goldenen Wetterfahnen sich auf dem Dach hin und her drehten und ihm ab und zu in den Augen glitzerten. Das ist seltsam, dachte er sich und rief seine Hofleute. Die kamen gleich herein und verbeugten sich und schmeichelten ihm. »Seht ihr das Schloß dort?« sagte der König. Sie sperrten die Augen auf und schauten. Ja, sicher sahen sie es alle. »Wer wagt es, auf meinem Land ein solches Schloß zu bauen?« sagte der König. Sie buckelten und scharrten mit den Füßen, aber sie wußten es nicht.

Da rief der König seine Offiziere. Sie kamen herein und trampelten und präsentierten das Gewehr. »Geht los mit allen meinen Soldaten und Reitern«, sagte er, »und reißt das Schloß dort nieder und hängt den auf, der es gebaut hat, und zwar auf der Stelle!«

Na, sie machten sich in größter Eile fertig, und dann zogen sie los. Die Trommler, sie schlugen auf das Trommelfell, und die Trompeter, sie tuteten in die Trompeten, und auch die anderen Musikanten machten jeder auf seine Weise einen solchen Lärm, daß der Herzog sie schon lange hören konnte, bevor er sie zu Gesicht bekam. Aber er hatte solche Töne schon früher einmal gehört, und was sie bedeuteten, das wußte er auch. So nahm er den Zettel. »Lasse, mein Knecht!« – »Was befiehlt der Herr?« – »Da kommen Soldaten«, sagte er, »und nun sollst du mir so viele Soldaten und Reiter besorgen, daß ich doppelt so viele habe, wie die dort draußen im Wald; und Säbel und Pistolen und Büchsen und Kanonen und alles Zubehör – aber schnell muß es gehen.« Schnell ging es auch, und als der Herzog hinaussah, da war da eine unzählbare Menge von Soldaten rund um das Schloß aufgestellt.

Als nun die Männer des Königs kamen, da blieben sie wie angewurzelt stehen und wagten nicht, weiterzugehen. Aber der Herzog war nicht schüchtern; er ging geradewegs auf den Obersten der Leute des Königs zu und fragte ihn, was er wolle. Der Oberste nannte ihm seinen Auftrag. »Kann alles nichts nützen«, sagte der Herzog. »Du siehst wohl, wie viele Leute ich habe, und wenn der König auf mich hören will, dann werden wir statt dessen Freunde, und ich werde ihm gegen seine Feinde helfen, und das wird uns schon gelingen, denke ich.« Der Oberste stimmte ihm zu, und da lud der Herzog ihn und alle Offiziere ins Schloß ein, und die Leute bekamen ein, zwei Schluck und auch viel zu beißen, von jeder Art. Aber als sie nun aßen und tranken, da kamen sie auch ins Erzählen, und da erfuhr der Herzog, daß der König eine Tochter hatte, die war sein einziges Kind, und so ungeheuer hübsch und fein, daß niemand etwas Ähnliches jemals gesehen hatte. Und je mehr man den Offizieren des Königs anbot, desto mehr meinten sie, sie würde als Frau zu dem Herzog passen. Aber wie sie so sprachen, da dauerte es nicht lange, bis der Herzog begann, ihnen zuzustimmen. Das Schlimmste sei, sagten die Offiziere, daß sie, so hübsch sie war, so stolz sei, daß sie keinen Mann auch nur ansehen wollte. Aber darüber lachte der Herzog nur. »Wenn es weiter nichts ist«, meinte er. »Für die Krankheit gibt es wohl ein Heilmittel.«

Als nun die Kriegsherren soviel getrunken hatten, wie sie nur vertragen konnten, riefen sie Hurra!, daß es von den Bergen widerhallte, und zogen davon. Aber man kann wohl glauben, daß sie die Beine ordentlich warfen, denn jetzt waren sie ein wenig lockerer in den Knien, und unter den Soldaten waren viele, die diesmal den Daumen nicht auf der Schraube hatten. Der Herzog bat sie, den König zu grüßen. Er werde ihn am nächsten Tag besuchen, sagte er.

Als der Herzog nun wieder allein war, da begann er wieder, an die Prinzessin zu denken, und ob sie wirklich so hübsch und fein war, wie sie ihm erzählt hatten, das wollte er gerne sehen. Und nachdem so viel anderes Seltsames an diesem Tag vor sich gegangen war, sollte doch auch dies nicht unmöglich sein, dachte er.

»Lasse, mein Knecht!« – »Was befiehlt der Herr?« – »Ja, nun sollst du mir die Königstochter herschaffen, sobald sie eingeschlafen ist«, sagte er. »Aber sie darf nicht wach werden, weder auf dem Weg hierher noch auf dem Rückweg, hörst du«, sagte er. Na, es dauerte nicht lange, bis die Prinzessin auf dem Bett lag. Sie schlief so gut und sah so ungeheuer schön aus, wie sie dort lag. Ja, sie war zuckersüß, kann ich euch sagen! Der Herzog ging rundherum, und sie war von allen Seiten gleich schön, so daß er sie immer lieber gewann, je länger er sie ansah. »Lasse, mein Knecht!« – »Was befiehlt der Hausherr?« – »Nun sollst du die Prinzessin wieder heimtragen«, sagte er, »denn nun weiß ich, wie sie aussieht, und morgen werde ich um sie werben«, sagte er.

Am anderen Morgen sah der König zum Fenster hinaus. »Nun sollte ich doch wohl das Schloß dort drüben nicht mehr sehen müssen«, dachte er. Aber zum Teufel – da stand es genau wie am vorigen Tag, und die Sonne schien so schön auf das Dach, daß die Windfahnen ihn blendeten. Da wurde er böse und schrie nach seinen Leuten. Die kamen hinein, schneller als sonst. Die Hofleute, sie machten Verbeugungen und Kratzfüße, und die Offiziere präsentierten das Gewehr und trampelten.

»Seht ihr das Schloß da?« schrie der König. Sie reckten die Hälse und glotzten und stierten. Ja, sie sahen es wohl. »Habe ich euch nicht befohlen, das Schloß niederzureißen und den Bauherrn aufzuhängen?« sagte er. Ja, das konnten sie nicht leugnen, aber nun trat der Oberste selbst vor und berichtete, was geschehen war und wie schrecklich viele Soldaten der Herzog hatte und wie unbegreiflich schön es dort auf dem Schloß gewesen war. Dann erzählte er, was der Herzog gesagt hatte und daß er ihm auch Grüße an den König bestellt hatte.

Dem König wurde ganz schwindelig im Kopf, und er mußte die Krone auf den

Tisch stellen und sich am Kopf kratzen. Das alles war nicht leicht zu begreifen, obwohl er doch König war. Er hätte schwören können, daß das alles in einer einzigen Nacht entstanden war; und wenn der Herzog nicht der Teufel selber war, so mußte er wohl ein Zauberer sein.

Als er noch so dasaß und grübelte, kam die Prinzessin herein. »Guten Morgen, Vater«, sagte sie. »Wißt ihr, ich habe heute nacht einen so seltsamen und wunderschönen Traum gehabt«, sagte sie. »Was hast du denn geträumt, mein Mädchen?« fragte der König. »Ja, ich träumte, daß ich dort in dem neuen Schloß war, und dort war ein Herzog, so prächtig und schön, daß ich mir nie etwas ähnliches vorstellen konnte. Und nun will ich heiraten, Vater«, sagte sie. »Du willst dich jetzt verheiraten, du, die niemals einen Mann auch nur ansehen wollte; das ist ja seltsam!« sagte der König. »Mag sein«, sagte die Prinzessin, »aber so ist es nun mal. Jetzt will ich mich eben verheiraten, und es muß der Herzog sein«, sagte sie. Der König war ganz außer sich vor Staunen über diesen Herzog. Aber genau in diesem Moment konnte er einen großen Lärm von Trommeln und Trompeten und Instrumenten aller Art hören, und es kam die Nachricht, daß der Herzog angekommen war mit einer großen Gesellschaft, und alle waren sie so prächtig, daß sie von Gold und Silber aus jeder einzelnen Naht nur so funkelten. Der König setzte sich schnell die Krone auf und zog sein prächtigstes Gewand an und rannte dann hinaus zur Treppe; und auch die Prinzessin hatte es mächtig eilig.

Der Herzog grüßte sehr freundlich, und der König natürlich auch, und als sie so über ihre Sachen und Angelegenheiten sprachen, da wurden sie gute Freunde. Es gab ein großes Fest, und der Herzog durfte neben der Prinzessin am Tisch sitzen. Was sie miteinander redeten, kann man nicht gut wissen, aber der Herzog sprach so schön, daß die Prinzessin nicht gut nein zu dem sagen konnte, was er sagte, und so ging er zum König, um um sie anzuhalten. Der König konnte auch nicht gut nein sagen, denn der Herzog war einer, mit dem er lieber nicht streiten wollte, das konnte er wohl sehen. Aber seine Zustimmung so plötzlich geben, das konnte er ja auch nicht. Er wollte zuerst das Schloß des Herzogs ansehen und sich Gewißheit verschaffen, wie es bei ihm in dieser und jener Hinsicht aussehe – das sei ja klar. So wurde verabredet, daß er den Herzog besuchen und die Prinzessin mitbringen sollte, so daß sie seine Wirtschaft ansehen konnten, und damit trennten sie sich für dieses Mal.

Als nun der Herzog heimkam, da gab es für Lasse viel zu tun, denn nun bekam er viele Aufträge. Aber weil er so sprang und schuftete, wurde auch alles so fein und prächtig, als der König mit seiner Tochter kam, daß es ganz unbeschreiblich war. Sie gingen durch alle Räume und sahen sich um, und alles war so, wie es sein sollte, und noch viel schöner, fand der König, und er war richtig zufrieden. Nun wurde Hochzeit gefeiert, und als sie aus war und der Herzog mit seiner Braut nach Hause kam, da feierte er noch ein großes Fest, und das war es.

Als einige Zeit vergangen war, da hörte der Herzog eines Abends die Worte: »Seid ihr nun zufrieden?« Das war natürlich Lasse, auch wenn der Herzog ihn nicht sehen konnte. »Muß ja wohl«, sagte der Herzog. »Du hast mir ja alles verschafft, was ich habe«, sagte er. »Ja, aber was habe ich dafür bekommen?« sagte Lasse. »Nichts«, sagte der Herzog, »aber du lieber Himmel! Was sollte ich dir denn geben, wo du doch nicht aus Fleisch und Blut bist und wo ich dich doch niemals leibhaftig zu sehen bekommen habe. Aber wenn es etwas gibt, womit ich dir zu Diensten sein kann, dann sag es mir, und ich werde es tun.« – »Ja, ich will gern bitten, ob ich den kleinen Zettel bekommen kann, den Ihr in der Kiste gefunden habt«, sagte Lasse. »Wenn's weiter nichts ist!« sagte der Herzog. »Wenn ich dir mit einer solchen Kleinigkeit helfen kann, so soll das wohl angehen, denn inzwischen kann ich die Worte wohl auswendig«, sagte er. Lasse dankte und bat den Herzog, den Zettel auf den Bettpfosten zu legen, wenn er sich schlafen legte, dann wollte Lasse ihn sich in der Nacht schon holen.

Der Herzog machte es so wie verabredet, und dann gingen er und die Prinzessin und legten sich schlafen. Aber als es Morgen wurde, da erwachte der Herzog und fror so, daß ihm die Zähne klapperten, und als er die Augen richtig aufgemacht hatte, da war er ganz nackt und hatte nicht einmal mehr einen Faden am Leibe, und anstelle des feinen Bettes und der schönen Schlafkammer und des prächtigen Schlosses lag er auf der großen Kiste in der alten Hütte. Er fing gleich zu rufen an: »Lasse, mein Knecht!«, aber er bekam keine Antwort. Er rief noch einmal: »Lasse, mein Knecht!«, aber er bekam immer noch keine Antwort. Da schrie er so laut er konnte: »Lasse, mein Knecht!«, aber es war alles vergeblich.

Da begriff er allmählich, wie es um ihn stand und daß Lasse nun, da er den Zettel hatte, auch nicht mehr in seinem Dienst stand, und daß er alles mitgenommen hatte. Aber nun war es so, wie es war, und der Herzog stand nackt in der Hütte. Der Prinzessin erging es nicht viel besser, obwohl sie immerhin ihre Kleider behalten hatte, denn die hatte sie von ihrem Vater bekommen, und da hatte Lasse nichts zu bestellen.

Nun mußte der Herzog über all das mit der Prinzessin sprechen und sie bitten,

sich von ihm zu trennen; er käme wohl selbst am besten allein zurecht, meinte er. Aber das wollte sie nicht. Sie erinnere sich besser an das, was der Pfarrer gesagt hatte, als er sie traute, daß sie ihn nie, niemals verlassen sollte, sagte sie.

Inzwischen erwachte auch der König auf seinem Schloß, und als er aus dem Fenster schaute, sah er nicht einmal mehr soviel wie einen Sonnenstrahl von dem anderen Schloß, wo die Tochter mit dem Schwiegersohn wohnte. Da wurde er natürlich unruhig und rief nach seinen Hofherren. Die kamen herein und verbeugten und verneigten sich.

»Seht ihr das Schloß dort drüben hinter dem Wald?« fragte der König. Sie reckten die Hälse und starrten so sehr sie konnten. Nein, sie sahen es nicht. »Wo ist es dann hingekommen?« fragte der König. Ja, das wußten sie natürlich auch nicht.

Und es dauerte nicht lange, da machte sich der König mit seinem ganzen Hofstaat auf den Weg durch den Wald, und als er an die Stelle kam, wo das Schloß mit den prächtigen Gärten sein sollte, da sah er nichts als Heidekraut und Wacholder- und Kiefernbüsche. Aber dann fiel sein Blick auf die alte Hütte, die da zwischen den Büschen stand. Er ging hinein, und – ach herrje! – was bekam er nun zu sehen! Da drinnen stand sein Schwiegersohn, ganz nackt, und seine Tochter hatte auch nicht viel mehr am Leibe, und sie weinte und greinte, daß es nur zu entsetzlich war. »Du lieber Himmel, was geht denn hier vor?« fragte der König, aber er bekam keine Antwort, denn der Herzog wollte lieber sterben als darüber sprechen, wie das alles zustande gekommen war.

Der König drängte ihn freilich im guten wie im bösen, aber er war und blieb stur und schwieg die ganze Zeit. Da wurde der König böse, und das kann wohl auch niemanden verwundern, denn nun merkte er, daß dieser feine Herzog nicht der war, der er sein sollte, und so befahl er, der Herzog solle gehängt werden, und das auf der Stelle. Die Prinzessin bat zwar sehr für ihn, aber nun half kein Bitten und kein Weinen; denn ein Schurke war er, und wie ein Schurke sollte er auch sterben, meinte der König.

Und so geschah es. Sie stellten einen Galgen auf, und dann legten sie dem Herzog die Schlinge um den Hals. Aber als sie den Galgen vorbereiteten, da bekam die Prinzessin den Henker zu fassen und gab ihm und dem Henkersknecht ein Trinkgeld, damit sie es mit dem Hängen so anstellten, daß der Herzog dabei nicht starb. Und wenn es auf die Nacht zuging, sollten sie ihn abschneiden, und dann wollten er und die Prinzessin davonlaufen. So wurden sie sich einig. Inzwischen zogen sie ihn hinauf, und dann ging der König mit dem Hofstaat und dem ganzen Volk davon.

Nun ging es dem Herzog, wie es schlimmer nicht sein konnte. Aber er hatte auf diese Weise auch gut Zeit dazu, darüber nachzudenken, wie schlecht er gehandelt hatte, daß er nicht die Krümel geachtet hatte, als er im vollen Brotkorb saß. Und daß er so schrecklich dumm gewesen war, Lasse den Zettel zu geben, das ärgerte ihn am allermeisten. Wenn ich den doch nur wieder hätte, dann sollten sie alle sehen, daß ich durch Schaden klug geworden bin, dachte er. Aber man muß halt vorsichtig schneuzen, wenn die Nase erst mal weg ist. »Ach ja, ach ja!« Und so baumelte er mit den Beinen, denn viel anderes konnte er ja zur Zeit nicht machen.

Das war ein mühsamer Tag für ihn, und er war nicht böse, als er sah, daß die Sonne hinter dem Wald unterging. Aber gerade während des Sonnenuntergangs konnte er einen schrecklichen Lärm hören, und als er den Hügel hinunterschaute, da kamen sieben Wagen voll mit abgetretenen Schuhen, und hoch oben auf dem letzten Wagen saß ein kleiner Alter in grauen Kleidern und mit einer roten Zipfelmütze auf dem Kopf. Im Gesicht sah er aus wie das scheußlichste Gespenst, und auch ansonsten war er nicht allzu schön. Er fuhr bis an den Galgen heran, und als er genau darunter war, da hielt er und schaute den Herzog an, und dann lachte er, das Scheusal.

»Schön dumm bist du gewesen«, sagte er, »aber was soll der Narr mit seiner Dummheit auch anfangen, wenn er sie nicht benutzt.« Und dann lachte er wieder. »Ja, da hängst du nun, und hier fahre ich mit all den Schuhen, die ich für deine Streiche verschlissen habe. Ich möchte nur gerne wissen, ob du noch lesen kannst, was auf diesem Zettel steht und ob du ihn wiedererkennst«, sagte er, und dann lachte und grinste er wieder so abscheulich und fuchtelte dem Herzog mit dem Zettel unter der Nase herum.

Aber es sind nicht alle tot, die am Galgen hängen, und diesmal war Lasse der Dumme. Der Herzog packte zu und riß ihm den Zettel weg. »Lasse, mein Knecht!« – »Was befiehlt der Herr?« – »Na, daß du mich vom Galgen abschneidest und das Schloß und alles wieder genau so in Ordnung bringst, wie es war; und wenn es Nacht wird, dann bringst du die Prinzessin zurück.«

Das ging ruck-zuck, und bald war alles wieder genauso wie vorher, bevor Lasse davongelaufen war. Als der König am nächsten Morgen erwachte, schaute er wie immer aus dem Fenster, und da stand das Schloß wieder, und die Windfähnchen glitzerten schön im Sonnenlicht. Da rief er seine Hofherren, und die kamen herein und verbeugten sich und machten Kratzfüße. »Seht ihr das Schloß da drüben?« fragte der König. Sie machten die Hälse so lang sie konnten und glotzten und starrten. Ja, freilich sahen sie es. Da schickte der König nach der Prinzessin, aber die war fort. So ging er hinaus, um zu sehen, ob der Schwiegersohn noch dort hing, aber da war weder ein Schwiegersohn noch ein Galgen.

Da mußte er seine Krone abnehmen und sich ordentlich am Kopf kratzen. Aber davon wurde es nicht anders, und er konnte überhaupt nicht verstehen, wie das alles zusammenhing. Da machte er sich mit seinem ganzen Hofstaat wieder auf den Weg durch den Wald, und als er dorthin kam, wo das Schloß stehen sollte, da stand es auch da. Die Gärten und die Rosen waren genau wie immer, und die Leute des Herzogs wimmelten überall zwischen den Bäumen umher. Der Schwiegersohn selbst und die Tochter kamen ihm in den feinsten Kleidern auf der Treppe entgegen. Das geht doch mit dem Leibhaftigen zu, dachte der König, und er wagte kaum, seinen Augen zu trauen, so seltsam kam ihm das alles vor. »Grüß Gott und willkommen, Vater«, sagte der Herzog. Der König starrte ihn nur an. »Bist du mein Schwiegersohn, du?« fragte er. »Das muß wohl so sein«, sagte der Herzog, »wer sollte ich denn sonst sein?« – »Habe ich dich nicht gestern hängen lassen wie einen Landstreicher?« sagte der König. »Jetzt glaube ich fast, der Vater ist auf der Reise verrückt geworden«, sagte der Herzog und lachte. »Glaubt Vater denn, ich wäre einer, der sich so einfach aufhängen läßt? Oder ist hier irgend jemand, der das zu glauben wagt?« fragte er und sah sie alle scharf an, so daß sie es deutlich merkten, wenn er sie ansah. Sie verbeugten sich und verneigten sich und machten Kratzfüße. Wer konnte denn so etwas glauben. War das denn möglich?

»Oder ist hier einer, der zu sagen wagt, daß der König mir so übel will, dann soll er es sagen«, meinte der Herzog, und dann sah er sie noch schärfer an als beim ersten Mal. Sie verbeugten sich und verneigten sich und machten Kratzfüße. Wie sollte jemand wagen, so etwas zu sagen? Nein, nein – so dumm waren sie alle nicht, meinten sie.

Nun wußte der König überhaupt nicht mehr, was er glauben sollte. Denn wenn er den Herzog ansah, dann dachte er, niemals in aller Welt hätte er ihm so übel gewollt, aber so ganz sicher war er doch nicht. »Bin ich nicht gestern hierher gekommen, und war da nicht das Schloß weg und es stand eine alte Hütte an seiner Stelle, und bin ich nicht in die Hütte gegangen, und da hast du gestanden, ganz nackt direkt vor meinen Augen?« fragte er. »Was der Vater nicht sagt«, sagte der Herzog. »Ich glaube fast, die Trolle haben euch im Wald die Augen verwirrt – oder was glaubt ihr?«, sagte er und wandte sich an den Hofstaat. Sie verbeugten sich und legten den Rücken in fünfzehn Falten, und alle gaben dem Herzog recht – das war doch klar.

Der König rieb sich die Augen und sah sich um. »Es ist wohl so, wie du sagst«, sagte er zum Herzog. »Und es ist wohl auch so, daß ich nun wieder klar sehe und zu Verstand gekommen bin. Denn es wäre doch eine Sünde und Schande, wenn ich dich hätte hängen lassen«, sagte er, und da wurde er wieder froh, und niemand dachte mehr an die Sache.

Aber aus Schaden wird man klug, sagt man, und der Herzog begann nun, das meiste selbst zu erledigen, so daß Lasse nur noch selten seine Schuhe verschleißen mußte. Der König gab ihm bald auch das halbe Reich, und da hatte er viel zu tun, und die Leute sagten, einen solch vernünftigen Regenten müsse man lange suchen.

Da kam Lasse eines Tages zu dem Herzog, und er sah nicht viel schöner aus als beim ersten Mal, aber nun war er natürlich milder gestimmt und traute sich nicht, zu grinsen und zu feixen. »Ihr braucht meine Hilfe jetzt nicht mehr«, sagte er. »Früher habe ich die Schuhe zerschlissen, und jetzt verbrauche ich nicht einmal mehr ein einziges Paar, und es ist beinahe so, als wüchse mir Moos an den Beinen. Da könnte ich ja wohl den Laufpaß bekommen«, meinte er.

Der Herzog war der gleichen Meinung. »Ich habe wohl versucht, dich zu schonen, und ich denke fast, ich könnte dich auch entbehren«, sagte er. »Aber das Schloß und all das andere will ich nicht mehr missen, denn einen solchen Baumeister wie dich finde ich nie mehr, und ich will auch nicht noch einmal an den Galgen, das kannst du dir wohl denken. Dir also den Zettel zurückgeben, das will ich auf keinen Fall«, sagte er. »Solange Ihr den Zettel habt, besteht für mich keine Gefahr«, sagte Lasse. »Aber wenn ihn nun jemand anderer in die Hände bekommt, dann geht es wieder los mit rennen und schuften, und dem möchte ich wohl gerne entgehen, denn wenn man wie ich tausend Jahre gearbeitet hat, dann wird man allmählich müde«, sagte er.

Und als sie weitersprachen, da wurden sie sich einig, daß der Herzog den Zettel in eine Kiste legen und sie sieben Ellen unter der Erde unter einem festen Stein vergraben sollte. Dann dankten sie einander für die gute Gesellschaft, und so trennten sie sich. Der Herzog hielt sich an die Übereinkunft und ließ niemanden davon wissen. Er lebte glücklich und zufrieden mit der Prinzessin und bekam Söhne und Töchter. Als der König starb, bekam er das ganze Reich, und man kann sich denken, daß er sich dabei nicht schlechter stand als früher, und da lebt und regiert er wohl immer noch, wenn er nicht inzwischen gestorben ist. Aber nach der Kiste mit dem Zettel drin, nach der graben und suchen viele.

Aus dem Schwedischen von Ulrike Strerath-Bolz

Der Helfergeist, der seinem Besitzer Macht und Reichtum verschafft, der aber auch beinahe das Ende seines Herrn bewirkt, ist schon aus dem 1001-Nacht-Märchen von Aladin und der Wunderlampe bekannt, auch aus Grimms »Das blaue Licht« und Andersens »Das Feuerzeug«. In Schweden ist er ein Graumännchen mit sieben Wagen voll zerrissener Schuhe – eben Knecht Lasse. Seine Beliebtheit in Schweden verdankt »Lasse, min dräng« dem in jeder Beziehung lebendigen Vortrag der hochbetagten Eva Helena Norberg, die das im Dialekt von Närke erzählte Stück ihrem Freund Nils Gabriel Djurklou zum Geschenk machte. Dieser, Landwirt und Kammerherr, veröffentlichte es in seiner Sammlung »Sagor och aefventyr berättade pa Svenska landsmal« (Stockholm 1883).

Klara Stroebes »Nordische Volksmärchen« (Jena 1915) und die Erzählerin Lisa Tetzner (ab 1918) haben das Märchen auch hierzulande bekannt werden lassen. Gekonnte Dialoge und eine Dramaturgie, die den Konflikt des Herrn mit dem übernatürlichen Helfer in den Mittelpunkt rückt, hielten es mündlich lebendig.

Die Nachtigall Gisar

Es war einmal ein König, der hatte drei Söhne. Sein Verlangen war immer nach Moschee und Gebet. So baute er eine schöne Moschee, und als die Bauleute fertig waren, ging er hin, um zu beten. Während er betete, kam ein Derwisch und sagte zu ihm: »Die Moschee ist schön, aber das Beten ist unwirksam.«

Als der König das gehört hatte, riß er die Moschee von Grund auf nieder und baute anderswo eine noch schönere. Als sie fertig war, ging er wieder hin zu beten. Der Derwisch kam und sagte dasselbe wie vorher. So riß der König auch diese Moschee wieder ab und baute eine andre; darauf verwendete er so viel Geld, daß er sein ganzes Vermögen ausgegeben hatte, das ganze Königreich. Als auch die dritte Moschee fertig war, ging er wieder hin zu beten. Während seines Gebetes kam der Derwisch und sagte wieder dieselben Worte. Da erhob sich der König, ging in seinen Palast und saß betrübt da, denn um nochmals die Moschee abzureißen, hatte er nichts mehr, und falls er beten ginge, wäre das Gebet unwirksam.

Seine Söhne bemerkten, daß er so in Gedanken und sehr betrübt dasaß, und sprachen: »Was hast du, Vater, daß du so betrübt bist? Wir haben noch Vermögen, wir sind ja Könige. Warum bist du so in Gedanken versunken?« Der König antwortete ihnen: »Ich habe mein ganzes Vermögen auf die Moschee verwendet, und das Beten gelingt mir nicht.« Darauf sagten die Söhne: »Warum bleibt dir das Gebet unwirksam?« Er antwortete: »Jedesmal, wenn ich in der Moschee bete, kommt ein Derwisch und spricht zu mir: ›Das Beten ist unwirksam.‹« Darauf sagten die Söhne: »Geh morgen in die Moschee und bete, wir wollen draußen bleiben und aufpassen, daß wir den Derwisch greifen, damit wir sehen, was das auf sich hat.«

So geschah es, der Derwisch kam wie sonst und sagte zu dem König: »Die Moschee ist schön, aber das Beten ist unwirksam.« Als nun der Derwisch sich anschickte aus der Tür zu gehen, ergriffen ihn die Söhne und sagten zu ihm: »Warum sprichst du die Worte: die Moschee ist schön, und das Beten ist unwirksam?« Der Derwisch antwortete: »Die Moschee ist sehr schön, wie sonst keine in der Welt, aber sie müßte noch die Nachtigall Gisar haben, und die müßte darin singen, dann würde sie etwas sein, was es sonst in der Welt nicht gibt.« Die Söhne fragten: »Wo ist die Nachtigall Gisar? Wir wollen gehen und sie holen.« Der Derwisch antwortete: »Ich habe davon gehört, aber wo sie ist, weiß ich nicht.« Da ließen sie den Derwisch gehen, gingen in den Palast und sagten zu ihrem Vater: »Der Derwisch hat uns gesagt, daß die Nachtigall Gisar fehlt, aber wo die ist, weiß auch er nicht. Jetzt wollen wir gehen und sehen, daß wir herausfinden, wo sie ist.« So machten sich die drei Söhne auf, die Nachtigall Gisar zu suchen.

Als sie etwa zwanzig Tagereisen gemacht hatten, kamen sie an einen Ort, wo sie auf drei Wege trafen, an jedem war ein Stein, auf dem etwas geschrieben stand. An zwei Wegen besagte die Schrift: »Wer diesen Weg geht, kommt zurück«, und an einem stand geschrieben: »Wer diesen Weg geht, kommt nicht mehr zurück.« Die drei Brüder blieben nun da stehen und berieten sich, und der jüngste sagte: »Wir wollen uns hier trennen und jeder seinen Weg einschlagen. Hier wollen wir unsere drei Ringe lassen, und wer zuerst zurückkommt, soll gehen und die anderen suchen.« Sie ließen die Ringe unter einem Stein, umarmten sich und gingen auseinander.

Der jüngste nahm den Weg, wo geschrieben stand: »Wer diesen Weg geht, kommt nicht mehr zurück«, die beiden andern gingen die Wege, auf denen man zurückkommen konnte. Der eine der beiden älteren Brüder ging in eine Stadt und wurde Barbier, der andere in eine andre Stadt und machte ein Kaffeehaus auf, dort blieben sie und besorgten ihre Geschäfte. Der jüngste, der den Weg genommen hatte, auf dem man nicht zurückkommen sollte, geriet in eine Wildnis, wo es kein Dorf, kein Gasthaus und nirgends einen Menschen gab, nur wilde Tiere und andre wilde Geschöpfe. Unterwegs traf er auf eine wilde Frau, die kämmte ihr Haar mit Ginster. Der Bursche ging hin, kämmte sie mit einem Kamm und nahm ihr den Schmutz und die Läuse ab, die sie auf dem Kopf hatte. Und als er sie davon befreit hatte, sagte sie zu ihm: »Was möchtest du von mir dafür, daß du mir diese Wohltat getan und mich von den Läusen befreit hast?« Er antwortete: »Ich möchte nicht, daß du mir etwas gibst, aber ich möchte dich etwas fragen, und wenn du es weißt, sage es mir.« – »Was willst du mich fragen?« forschte sie. Der Bursche antwortete: »Ich suche die Nachtigall Gisar. Hast du irgendwo von ihr gehört, da du doch im Gebirge herumwanderst?« – »Hier ist der Vogel nicht, den du suchst«, sagte sie, »kehr nur wieder um, denn hier sind lauter wilde Tiere. Auch ich, der ich doch ein wilder Mensch bin, bin niemals über das Gebirge gegangen, denn dort sind sehr große wilde Tiere.« Der Bursche erwiderte: »Ich gehe, und wie es Gott gibt, möge es geschehen.«

Damit ging er von ihr fort und stieg auf einen Berg. Dort sah er ein Haus, das war das Haus des Tigers; dahin ging er. Der Tiger war nicht zu Hause, nur seine Frau, die war beim Brotbacken. Der Bursche redete sie an, und sie antwortete: »Was wolltest du hier? Mein Mann kommt jetzt, und der wird dich fressen.« Er sagte darauf: »Da ich jetzt einmal da bin, macht mit mir, was ihr wollt.« Als nun die Zeit kam, daß die Tigerfrau das Brot in den Backofen schieben sollte, verstand sie die Kohlen nicht anders auszubreiten als mit ihren Brüsten; dabei verbrannte sie sich jedesmal und war zehn Tage krank. Als der Bursche das sah, sprach er zu ihr: »Laß mich die Kohlen ausbreiten«, schnitt einen Zweig ab und breitete sie damit aus. Als die Frau so gelernt hatte, Brot zu bereiten ohne krank zu werden, freute sie sich sehr, aber der Bursche tat ihr leid, weil der Tiger kommen und ihn fressen würde. Als sie nun das Brot aus dem Ofen genommen hatte, gab sie dem Burschen zu essen und versteckte ihn dann in einer Kiste.

Darauf kam der Tiger nach Hause, fand seine Frau nicht krank, sondern auf den Füßen, und sagte ärgerlich zu ihr: »Warum hast du heute kein Brot bereitet?« Sie antwortete: »Ich habe Brot bereitet«, und er: »Wenn du das Brot bereitet hast, wurdest du immer krank, warum bist du jetzt nicht krank geworden?« Sie antwortete: »Ich habe ein Mittel gefunden, mich nicht zu verbrennen, wenn ich Brot bereite.« Darauf zeigte sie es ihm und sagte: »Wenn ich hier einen Menschen hätte, der mich lehrte, mich beim Brotbereiten nicht zu verbrennen, was würdest du mit ihm machen?« Der Tiger antwortete: »Mit dem Menschen würde ich mich verbrüdern.«

Da ließ sie den Menschen aus der Kiste heraus und sagte zu ihrem Mann: »Der ist's, der mich belehrt hat«, und so umarmten sich der Mensch und der Tiger und schlossen Freundschaft, und der Tiger fragte ihn: »Weshalb bist du hierher gekommen?« Der Mensch antwortete: »Ich suche einen Vogel, den man die Nachtigall Gisar nennt, hast du etwas von dem gehört oder nicht?« Darauf sagte der Tiger: »Hier ist dieser Vogel nicht, aber ich habe einen Bruder, der ist sehr alt, die Augenlider sind ihm heruntergefallen und decken die Augen zu, so daß er nicht sehen kann; dahin sollst du gehen.« Auch zeigte er ihm den Weg zu dem Haus und befahl ihm an: »Wenn du nahe an das Haus kommst, wirst du die Frau des Löwen, meines Bruders, treffen. Sie ist alt, sie hat sich gerade umgewandt und sieht auf das Haus zu, ihre Brüste hat sie über die Schultern zurückgeworfen. Du mußt nun von rückwärts kommen und die Brust in den Mund nehmen. Dann wird sie zu dir sagen: ›Wer bist du, der da meine Brust nimmt‹, und du antworte: ›Ich bin dein Sohn, ich erkenne dich als meine Mutter.‹ Dann wird mein Bruder von drinnen fragen: ›Wer ist da?‹ und du sagst darauf sogleich: ›Ich bin der Freund deines Bruders, des Tigers, und der schickt mich zu dir wegen einer Angelegenheit, die mich angeht.‹ Er wird dann sagen: ›Komm herein.‹ Du gehst hinein und hebst ihm die Augenlider auf, daß er dich sehen kann. Er kann wissen, wo die Nachtigall Gisar ist. Wenn er es aber nicht weiß, geh nicht weiter, sondern kehre um.«

Darauf umarmten sich der Tiger und der Bursche und gingen auseinander, der Bursche tat, wie ihn der Tiger geheißen hatte und fragte den Löwen, ob er wisse, wo die Nachtigall Gisar sei. Der Löwe antwortete: »Der Vogel ist nirgends, kehre um, denn von hier ab weiter sind wilde Geschöpfe aus der Geisterwelt, so daß auch ich nicht da durchkommen kann, der ich doch der König der wilden Tiere bin.«

Aber der Bursche kehrte nicht um, trotz allem, was ihm der Löwe sagte, sondern nahm von ihm Abschied und ging den Weg, von dem ihm der Löwe gesagt hatte, er solle ihn nicht gehen. So ging er eine lange Strecke, da erschienen drei Adler und machten den Mund auf, um den Burschen zu fressen. Er aber zog den Säbel, hieb dem einen den Flügel ab, dem andern das Bein, dem dritten den Schnabel. Darauf gingen sie ihres Weges, und der Bursche setzte auch seinen Weg fort.

Nach einer Weile sah er plötzlich ein Haus auf einer großen Ebene und ging darauf zu. Dort traf er eine alte Frau, die einen Kringel auf die Glut gelegt hatte und ihn buk. Als sie ihn sah, rief sie aus: »Was wolltest du hier, Sohn? Meine Töchter werden kommen und dich fressen.« Der Bursche antwortete: »Da ich nun einmal hier in deiner Hand bin, mach mit mir, was du willst.« Da nahm die Alte den

Kringel vom Feuer und gab ihm zu essen. Darauf deckte sie den Tisch mitten im Haus, stellte mitten darauf eine Schüssel mit Wasser, setzte rings um den Tisch die Speise auf und schloß dann den Burschen in einen Schrank ein, ließ ihm aber ein Loch, damit er sehen könne, was geschähe.

Da sah der Bursche nach kurzer Zeit den Adler kommen, dem er den Flügel abgehauen hatte, der kam zum Fenster herein, ging zu der Wasserschüssel auf dem Tisch, badete sich und wurde ein Mädchen. Bald darauf kamen auch die anderen Adler, die er verwundet hatte, badeten sich und wurden zu Mädchen. Die sagten nun zu der Alten, ihrer Mutter: »Es riecht uns nach Menschen.« Die Alte antwortete: »Ihr kommt von Menschen, darum riecht es euch danach.«

Als nun die Mädchen gegessen hatten, sagte die Alte: »Wenn ich hier einen Mann hätte, was würdet ihr mit ihm machen?« Darauf sagte die älteste: »Bei der Seele des Mannes, der mir den Flügel abgehauen hat, ich werde ihm kein Leid antun.« Und die zweite sagte: »Bei der Seele dessen, der mir das Bein abgehauen hat, ich werde ihm kein Leid antun.« Ebenso sprach auch die jüngste. Darauf ließ die Alte den Burschen heraus, und er sagte: »Ich bin der, der euch verwundet hat.«

Da freuten sie sich sehr, daß sie dem Burschen wieder begegnet waren, und fragten ihn: »Weshalb bist du hierher gekommen?« Er antwortete: »Ich suche die Nachtigall Gisar, und wen ich auch gefragt habe, bis ich hierher gekommen bin, keiner wußte etwas von ihr.« Sie aber sagten: »Wir wissen, wo die Nachtigall Gisar ist, aber wenn du dorthin zu Fuß gehen willst – du kommst da nicht durch, aber selbst wenn du durchkommst –, so sind es drei Jahre Reise, bis du an den Ort kommst.« Darauf sagte er: »Aber was soll ich tun?«, und sie sprachen: »Du sollst uns etwas Gutes erweisen, was wir von dir wünschen, dann wollen wir dich in einer Stunde dorthin bringen, und du kannst die Nachtigall nehmen.« Der Bursche fragte: »Was wünscht ihr von mir, was soll ich euch erweisen?«, und sie sagten: »Du sollst drei Monate bei uns bleiben, bei jeder von uns einen Monat.«

Nach den drei Monaten brachten sie ihn an den Ort, wo die Nachtigall Gisar war. Aber die Besitzerin der Nachtigall war die Schöne der Erde

171

(Bukura e dheut) und Königin. An ihrem Hofe hatte sie fünfhundert Wächter, an der äußeren Tür wachte der Wolf, an der zweiten der Tiger, an der Tür ihres Gemaches der Löwe. Dorthin brachten den Burschen seine Freundinnen und setzten ihn im Hof ab, gerade zu der Zeit, als alle die Männer, der Wolf, der Tiger, der Löwe und auch die Schöne der Erde eingeschlafen waren, und er stieg hindurch und in ihr Gemach. Dort hatte sie vier Kerzen angezündet, und andere vier standen auf dem Tisch, nicht angezündet; die angezündeten waren beinahe zu Ende. Als nun der Bursche hineinkam, zündete er die vier Kerzen an, löschte die brennenden aus, nahm den Käfig mit der Nachtigall Gisar und ging hinaus. Aber als er aus der Tür trat, erwachten alle, doch ehe sie ihn ergreifen konnten, nahmen ihn seine Freundinnen auf und brachten ihn wieder in ihr Haus.

Dort blieben sie noch einige Zeit zusammen, dann sagte der Bursche: »Jetzt bringt mich in mein Land«, und sie brachten ihn an den Ort, wo er sich früher von seinen Brüdern getrennt hatte. Dort ging er zu dem Stein, wo sie die Ringe gelassen hatten, und fand die Ringe seiner Brüder. Nun schlug er den Weg ein, den seine Brüder genommen hatten, fand den einen als Barbier, den andern als Kaffeewirt und sagte zu ihnen: »Kommt, wir wollen zum Vater gehen. Ich habe die Nachtigall Gisar gefunden und mitgebracht.«

So machten sich die drei Brüder zusammen auf den Weg zu ihrem Vater. Unterwegs bekamen sie Durst. Eine Quelle fanden sie nicht, trafen aber auf einen Brunnen, doch hatten sie nichts, womit sie Wasser schöpfen konnten. Da sagten die beiden älteren zu dem jüngsten Bruder: »Steig du hinein und schöpfe Wasser, daß wir trinken können.« Damit banden sie ihn an ein Seil und ließen ihn hinab, schnitten aber das Seil durch und gingen davon. Aber der Brunnen hatte kein so tiefes Wasser, daß der Bursche hätte ertrinken können, sondern es reichte ihm nur bis an den Hals, so daß der Kopf draußen blieb.

Als die beiden den jüngsten Bruder in den Brunnen geworfen hatten, hörte die Nachtigall Gisar auf zu singen. So nahmen sie den Vogel und brachten ihn zu ihrem Vater. Der fragte nach dem jüngsten: »Was habt ihr mit ihm gemacht?« Sie antworteten: »Er ist ein Gauner geworden und treibt sich überall in den Städten herum.«

Da zog nun die Königin, die Schöne der Erde, aus. Sie kam, den König zu bekriegen und den Mann zu fordern, der den Vogel genommen hatte. Da machte sich der älteste Bruder auf und ging zu ihr. Sie fragte ihn: »Du bist gekommen und hast die Nachtigall Gisar genommen?« Er antwortete: »Ja.« Darauf sagte sie:

»An welcher Stelle hast du sie gefunden?« Er antwortete: »Auf einer Zypresse.«
Da ließ sie ihn niederwerfen und ihre Leute mußten ihn prügeln, bis er unter den
Schlägen starb.

Als der zweite Bruder vernahm, daß sie den ältesten getötet hatte, und als sie
die Kanonen auf den Königspalast richtete und schon die Stadt und den Palast
halb zerstört hatte, da ging er dann aus Furcht zu seinem Vater und sagte ihm
die Wahrheit, was sie getan hatten, daß sie den jüngsten Bruder in den Brunnen
geworfen hatten. Der König schickte sogleich Leute hin, die holten den jüngsten Sohn halb tot aus dem Brunnen, er konnte gerade noch atmen, aber kein
Wort hervorbringen. Nach einigen Tagen kam er zu sich und sprach wieder. Sobald er sprach, fing die Nachtigall Gisar an zu singen und sang so schön, daß
alle Leute von Sinnen kamen.

Als die Schöne der Erde die Stimme der Nachtigall hörte, schickte sie sogleich
Leute, die von dem Tor des Königspalastes bis zu ihrem Dampfschiff rotes Tuch
ausbreiten mußten. Nun stieg der Königssohn zu Pferde, nahm die Nachtigall
in die Hand und ritt über das Tuch. Als die Leute ihn so reiten sahen, erschraken sie sehr und dachten, jetzt wird die Schöne der Erde die Stadt um und um
kehren, aber sie irrten sich. Als der Königssohn nahe bei dem Dampfschiff war,
kam die Schöne der Erde heraus und empfing ihn. Sie gingen auf das Schiff,
und sie fragte ihn: »Wo hast du die Nachtigall Gisar genommen?«, und er erzählte ihr getreulich, wie er den Vogel genommen hatte. Nun wurden sie einig
und heirateten sich. So bekam der Königssohn die Schöne der Erde, und sie
leben noch heute, freuen sich ihres Lebens und herrschen als Könige.

Aus dem Albanischen von Holger Pedersen

*Das albanische Dreibrüdermärchen »Birbil g'izari« variiert das Vogel-Sehnsuchts-
motiv, das von Grimms »Der goldene Vogel« und von Afanasjews »Märchen von Iwan
Zarewitsch, dem Feuervogel und dem grauen Wolf« her bekannt ist. Birbil, die Nachti-
gall (türkisch Bülbül, arabisch Bulbul) ist im Islam der Seelenvogel schlechthin; in
Tausenden und Abertausenden von Versen wird seine Liebesklage um die Rose (Gul)
besungen: gleichklangige Metaphern für die Seele, die sich nach dem ewig schönen
Geliebten sehnt.*
*Hier verbindet sich das Sehnsuchtsmotiv des Vogels mit dem der »Schönen der Erde«
(Bukura e dheut), einer mediterranen Märchenfigur, wie sie auch in Italien (la Bella del*

mondo), auf Mallorca (S'Hermosura del mon) oder in Griechenland (i Pentamorphé, die Fünfmalschöne) zu finden ist. Bei den Syrern heißt sie sinngemäß »die, deren Anblick tausend wert ist«, analog unserem »Tausendschön«. Interessanterweise wird die Nachtigall im Türkischen auch »hezar«, Tausend, genannt – die Verbindung beider Figuren erscheint daher besonders plausibel.

Holger Pedersen hat dieses Märchen zunächst im Original wiedergegeben (Albanesische Texte, Leipzig 1895), dann die Übersetzung folgen lassen (Zur albanesischen Volkskunde, Kopenhagen 1898).

Aschenputtel oder Das gläserne Pantöffelchen

Es war einmal ein Edelmann, der heiratete in zweiter Ehe eine Frau, so hochmütig und so stolz, wie man noch keine je gesehen. Sie hatte zwei Töchter ganz in ihrer Art; sie ähnelten ihr in allem. Der Mann hatte seinerseits eine Tochter; sie war von unvergleichlicher Sanftmut und Güte, von ihrer Mutter her, und die war die beste Frau von der Welt gewesen.

Kaum war die Hochzeit vorüber, so ließ die Stiefmutter ihrer bösen Art freien Lauf, sie konnte die guten Eigenschaften des jungen Mädchens nicht ertragen, machten sie doch ihre eigenen Töchter nur noch hassenswerter. Sie übertrug ihr die niedrigsten Arbeiten im Haus. Sie mußte das Geschirr spülen und die Stiegen schrubben und die Zimmer der Dame und ihrer Fräulein Töchter putzen. Sie selbst schlief auf einem elenden Schlafsack oben auf dem Dachboden, während ihre Schwestern in Gemächern mit Parkettböden ruhten, wo Betten nach der neuesten Mode standen und Spiegel, in denen man von Kopf bis Fuß anzuschauen war. Das arme Mädchen ertrug all dies mit Geduld und wagte es nicht, sich beim Vater zu beklagen; er hätte sie doch nur ausgeschimpft, da seine Frau ihn gänzlich beherrschte.

Hatte sie ihre Arbeit getan, so ließ sie sich in einer Herdecke nieder und hockte sich in die Asche, und so nannte man sie im ganzen Haus den Aschenarsch; nur die jüngere, die nicht so bösartig war wie ihre ältere Schwester, rief sie Cendrillon, Aschenputtel. Aber Aschenputtel war in ihren schlechten Kleidern hundertmal schöner als ihre Schwestern, wenn sie auch noch so kostbar ausstaffiert waren. Es ereignete sich nun, daß der Sohn des Königs einen Ball gab und alle Leute von Stand dazu einlud. Unsere beiden Fräulein waren gleichfalls gebeten, denn sie galten etwas im Lande. Da sah man sie nun gutgelaunt damit beschäftigt, Kleider und Kopfputz auszusuchen, was ihnen halt am besten stände. Für Aschenputtel war das neue Mühsal, denn sie mußte die Wäsche ihrer Schwestern bügeln und ihnen die Handkrausen fälteln. Sie sprachen über nichts anderes mehr als über ihre Kleider. »Ich«, sagte die ältere, »ich werde mein rotes Samtkeid mit dem englischen Spitzenbesatz anziehen.« – »Ich«, sagte die jüngere, »ich werde nur meinen üblichen Rock anziehen, aber dafür werde ich meinen goldgeblümten Umhang anlegen und meine Diamantspange, die nicht zu den unscheinbarsten zählt.« Man ließ die beste Friseuse kommen, damit sie Rol-

lenlöckchen in doppelter Reihe lege, man kaufte bei der
besten Putzmacherin Schön-
heitspflästerchen ein. Sie riefen Aschenputtel herzu, um
sie nach ihrer Meinung zu
fragen, denn sie hatte guten
Geschmack. Aschenputtel gab
ihnen die besten Tips von der
Welt und erbot sich sogar, sie
selber zu frisieren, was sie sich
gern gefallen ließen.
Beim Frisieren sagten sie zu

ihr: »Aschenputtel, hättest du nicht auch Lust, auf den Ball zu gehen?« – »Ach,
liebe Fräulein, Ihr macht euch lustig über mich; da gehöre ich doch nicht hin.«
– »Da hast du recht. Das gäbe ein Gelächter, wenn man so einen Aschenarsch
auf den Ball gehen sähe.« Jede andere als Aschenputtel hätte sie nun absichtlich falsch frisiert, aber sie war nun mal sanftmütig und frisierte sie tadellos. Sie
waren so außer sich vor Freude, daß sie fast zwei Tage lang nichts aßen. Man
zerriß gut ein Dutzend Schnürbänder, so fest schnürte man sie, um ihnen eine
besonders schmale Taille zu machen, und ständig standen sie vor dem Spiegel.
Endlich kam der glückliche Tag, sie brachen auf, und Aschenputtel folgte ihnen
mit den Augen, solange sie konnte. Als sie nichts mehr von ihnen sah, begann
sie zu weinen. Ihre Patin sah sie so in Tränen aufgelöst und fragte sie, was sie
habe. »Ich würde so gern ... ich würde so gern ...« Sie weinte so heftig, daß sie
nicht zu Ende sprechen konnte.
Ihre Patin, die eine Fee war, sagte zu ihr: »Du würdest gern auf den Ball gehen,
nicht wahr?« – »Ach ja!« sprach Aschenputtel seufzend. »Na schön, sei ein gutes Mädchen, und ich sorge dafür, daß du hinkommst«, sagte die Patin. Sie führte sie in ihre Kammer und sprach zu ihr: »Geh in den Garten und bring mir einen Kürbis.« Aschenputtel ging sogleich hinaus, nahm den schönsten Kürbis,
den sie finden konnte, und brachte ihn ihrer Patin; freilich konnte sie nicht erraten, wie dieser Kürbis es schaffen sollte, sie zum Ball zu bringen. Ihre Patin
höhlte ihn aus, und als er nur noch aus Schale bestand, schlug sie mit ihrem
Stab daran: Da war im Nu der Kürbis in eine schöne, über und über vergoldete
Kutsche verwandelt. Dann ging sie hin und sah in ihrer Mausefalle nach, wo sie

sechs noch lebendige Mäuse vorfand. Nun hieß sie Aschenputtel die Klappe der Mausefalle ein wenig heben; einer jeden Maus, die hinauskam, gab sie einen Schlag mit ihrem Stab, und sogleich war die Maus in ein schönes Pferd verwandelt: Das ergab ein prachtvolles Gespann, mit sechs mausgrauen Apfelschimmeln. Als sie nun unschlüssig war, woraus sie einen Kutscher machen sollte, sagte Aschenputtel: »Ich will nachschauen, ob nicht eine Ratte in der Rattenfalle ist, aus der könnten wir einen Kutscher machen.« – »Da hast du recht«, sagte die Patin, »sieh einmal nach.« Aschenputtel brachte ihr die Rattenfalle, in der drei dicke Ratten waren. Die Fee wählte von diesen dreien die mit einem mächtigen Bartwuchs aus und, kaum berührt, wurde ein dicker Kutscher daraus, mit einer der schönsten Schnurrbärte, die man je gesehen. Dann sprach sie zu ihr: »Geh in den Garten, dort wirst du sechs Eidechsen hinter der Gießkanne finden, die bring mir her.« Und kaum hatte sie sie der Patin gebracht, als sie auch schon in sechs Lakaien verwandelt waren, die mit ihren reichbetreßten Livreen sogleich hinten auf die Kutsche aufstiegen und sich dort festhielten, als hätten sie ihr Lebtag nichts anderes getan.

Darauf sagte die Fee zu Aschenputtel: »Alles fein? Nun sieh zu, daß du auf den Ball kommst. Freust du dich?« – »Aber ja. Bloß, soll ich so gehen wie ich bin, mit den häßlichen Kleidern?« Ihre Patin berührte sie mit ihrem Stab, und im gleichen Augenblick waren die Kleider in Gewänder aus Gold- und Silberstoffen verwandelt, reich mit Edelsteinen besetzt. Dazu gab sie ihr noch ein Paar gläserne Pantoffeln, die allerliebsten von der Welt. Als sie so ausstaffiert war, bestieg sie die Kutsche. Ihre Patin ermahnte sie aber, vor allem nicht über Mitternacht auszubleiben, denn wenn sie nur einen Augenblick länger auf dem Ball bliebe, so wäre ihre Kutsche wieder ein Kürbis, ihre Pferde wieder Mäuse, ihre Lakaien wieder Eidechsen, und auch ihre Kleider würden ihre frühere Gestalt wieder annehmen. Sie versprach der Patin, sie werde ganz gewiß den Ball vor Mitternacht verlassen. Dann fuhr sie davon, vor Freude ganz außer sich.

Der Königssohn, dem man gemeldet hatte, eine hohe Prinzessin, die niemand kenne, sei soeben vorgefahren, eilte ihr zum Empfang entgegen. Er bot ihr beim Aussteigen aus der Kutsche den Arm und geleitete sie in den Saal, wo die Gesellschaft versammelt war. Da trat eine große Stille ein. Man hörte zu tanzen auf, und die Geigen verstummten, und alles erging sich in Betrachtung der außergewöhnlichen Schönheit dieser Unbekannten. Man vernahm nur ein leises Raunen: »Ach, wie ist sie schön!« Selbst der König, so alt er auch war, konn-

177

te kein Auge von ihr lassen und flüsterte der Königin zu, er habe seit langem schon kein so schönes und liebenswürdiges Wesen gesehen. Sämtliche Damen musterten aufmerksam ihre Frisur und ihre Kleider, um sich gleich am nächsten Tag ähnliche zu verschaffen, vorausgesetzt, daß sich Stoffe finden ließen, die edel genug, und Schneider, die gewandt genug waren.

Der Königssohn wies ihr den höchsten Ehrenplatz an und führte sie anschließend zum Tanz. Sie tanzte mit solcher Anmut, daß man sie nur noch mehr bewunderte. Ein erlesenes Mahl wurde aufgetragen, doch der junge Prinz rührte nichts an, so sehr war er damit beschäftigt, sie anzuschauen. Sie setzte sich zu ihren Schwestern, sagte ihnen tausend Artigkeiten und gab ihnen auch von den Orangen und Zitronen ab, die der Prinz ihr geschenkt hatte – was diese sehr wunderte, denn sie kannten sie doch gar nicht.

Während sie so plauderten, hörte Aschenputtel die Uhr dreiviertel auf zwölf schlagen; sogleich machte sie eine tiefe Verbeugung vor der Gesellschaft und eilte fort, so schnell sie konnte.

Sobald sie heimgekommen, ging sie zu ihrer Patin und dankte ihr, sagte ihr auch, sie wünsche sich sehnlich, auch am nächsten Tag auf den Ball zu gehen, der Sohn des Königs habe sie darum gebeten. Wie sie noch dabei war, ihrer Patin alles zu erzählen, was auf dem Ball los gewesen war, klopften die beiden Schwestern an das Tor. Aschenputtel machte ihnen auf. »Wie spät ihr heimkommt!« sagte sie und gähnte dabei, rieb sich die Augen und reckte sich, als sei sie eben erst aufgewacht (dabei hatte sie wahrlich keine Lust zum Schlafen gehabt, seit sie sich getrennt hatten).

»Wenn du auf dem Ball gewesen wärst«, sagte die eine der Schwestern, »du hättest dich gewiß nicht gelangweilt. Die schönste Prinzessin war dort, die allerschönste, die man je gesehen. Sie hat uns tausend höfliche Worte gesagt und hat uns Orangen und Zitronen geschenkt.«

Aschenputtel war voller Freude. Sie fragte sie nach dem Namen dieser Prinzessin, doch sie antworteten, keiner wisse ihn, und der Königssohn sei darüber tief bekümmert und wolle alles auf der Welt darum geben, zu erfahren, wer sie sei. Aschenputtel lächelte und sagte: »Sie war wohl sehr, sehr schön? Mein Gott, wie glücklich müßt ihr sein. Könnte ich sie nicht auch einmal sehen? Ach, Fräulein Javotte, leiht mir doch Euer gelbes Kleid, das Ihr alle Tage anhabt.« – »Also wirklich«, sagte Fräulein Javotte, »das fände ich gelungen. Mein Kleid so einem häßlichen Aschenarsch zu leihen? Da müßte ich ja verrückt sein!« Aschenputtel hatte diese Weigerung sehr wohl erwartet; sie war froh darüber, denn sie wäre in große Verlegenheit geraten, hätte ihr die Schwester das Kleid tatsächlich leihen wollen.

Am nächsten Tag gingen die beiden Schwestern auf den Ball, und Aschenputtel tat desgleichen, nur war sie noch mehr herausgeputzt als das erste Mal. Der Königssohn blieb stets in ihrer Nähe und ließ nicht davon ab, ihr süße Worte zuzuflüstern. Das junge Fräulein langweilte sich keinen Augenblick und vergaß darüber die Warnung der Patin. So vernahm sie schon den ersten Schlag der Mitternachtsglocke und meinte immer noch, es sei erst elf Uhr. Sie stand auf und entsprang so leichtfüßig wie eine Hirschkuh. Der Prinz lief ihr nach, konnte sie aber nicht einholen. Sie verlor einen ihrer gläsernen Pantoffel, und der Prinz hob ihn sorgsam auf. Aschenputtel kam daheim ganz außer Atem an – ohne Kutsche, ohne Lakaien, in ihren alten abscheulichen Kleidern; nichts war ihr von all der Herrlichkeit geblieben als eines der Pantöffelchen, das Gegenstück zu dem, das sie hatte fallen lassen. Man befragte die Wachen am Tor des Palastes, ob sie nicht eine Prinzessin hätten herauskommen sehen; doch sie sagten, sie hätten niemand herauskommen sehen, nur ein junges, überaus schlecht gekleidetes Mädchen, das eher einer Bäuerin geglichen habe als einem Fräulein. Als die beiden Schwestern vom Ball zurückkamen, fragte sie Aschenputtel, ob sie sich wieder so gut unterhalten hätten und ob die schöne Dame wieder dagewesen sei. Sie sagten: ja, aber sie sei fortgesprungen, als es Mitternacht geschlagen habe, und das so geschwind, daß sie eines ihrer gläsernen Pantöffelchen verloren habe, das allerliebste von der Welt. Der Königssohn habe es aufgehoben und bis zum Ende des Balls unentwegt angesehen; er sei sicherlich ganz verliebt in die schöne Dame, der das Pantöffelchen gehöre.

Und sie sagten die Wahrheit, denn wenige Tage darauf ließ der Königssohn durch Trompetenschall kundtun, daß er diejenige heiraten wolle, deren Fuß genau in den Pantoffel passe. Zuerst probierte man ihn den Prinzessinnen an, dann den Herzoginnen, dann den Damen von Hof, doch vergebens. Man brachte ihn auch zu den beiden Schwestern, die ihr möglichstes taten, um ihren Fuß in den Pantoffel hineinzuzwängen, doch auch ihnen wollte das nicht gelingen. Aschenputtel, die ihnen zuschaute und ihren Pantoffel erkannte, sagte lachend: »Ich will einmal sehen, ob er mir nicht paßt!« Ihre Schwestern brachen in Gelächter aus und waren voller Spott, doch der Kammerherr, der die Pantoffelprobe vornahm, betrachtete Aschenputtel aufmerksam und fand sie überaus schön; er sagte, es sei nur recht und billig, und er habe den Auftrag, ihn allen Mädchen anzuprobieren. Er hieß Aschenputtel, sich niederzusetzen, und wie er

nun den Pantoffel an ihr Füßchen hielt, sah er, daß er mühelos darüberging und wie angegossen saß. Das Erstaunen der beiden Schwestern war groß, aber es wurde noch größer, als Aschenputtel das andere Pantöffelchen aus der Tasche zog und auf ihren Fuß steckte. Darauf kam auch die Patin herein, berührte Aschenputtels Kleider mit ihrem Stab und verwandelte sie in noch weit prächtigere, als die zuvor.

Da erkannten ihre beiden Schwestern in ihr das schöne Wesen wieder, das sie auf dem Ball gesehen hatten. Sie warfen sich ihr zu Füßen und baten sie um Verzeihung für all die schlechte Behandlung, die sie von ihnen habe erdulden müssen.

Aschenputtel hob sie auf, umarmte sie und sagte, sie vergebe ihnen von ganzem Herzen und bitte nur, sie immer lieb zu behalten. Darauf führte man sie, geschmückt wie sie war, zu dem jungen Prinzen. Er fand sie noch schöner als je zuvor, und wenige Tage später heiratete er sie. Aschenputtel aber, die ebenso gut wie schön war, ließ ihre beiden Schwestern im Palast wohnen und vermählte sie noch am gleichen Tag mit zwei vornehmen Herren von Hofe.

Moral:
Frauenschönheit ist ein selten edles Gut,
Und keiner, der sich gern von diesem Anblick reißt.
Doch was gemeinhin Anmut heißt,
Ist unschätzbar, weil's mehr bewirken tut.
Das Aschenputtel durch die Patin dies gewann,
Die es erzog und die es alles lehrte,
Sie machte sie zur Königin sodann,
Das Märchen hier durch die Moral sich nährte.
Ihr Schönen, das ist mehr als gut frisiert allein:
Wollt ihr ein Herz betören und bezwingen,

Wird Anmut aller Feengaben schönste sein.
Es kann nichts ohne sie, alles mit ihr gelingen.

Weitere Moral:
Es mag zu großem Vorteil ihm gereichen,
Hat einer Geist und Mut und all dergleichen,
Ist wohlgeboren gar, von gutem menschlichen Verstand,
Und weist Talente auf auch sonst noch allerhand,
Die ihm der Himmel schenkt als Rangabzeichen.
Doch hilft es wenig, sie nur zu besitzen.
Wollt ihr Karriere machen, seid ihr bald verraten,
Habt ihr nicht, um die Dinge voll zu nützen,
Entweder eine Patin oder einen Paten.

Aus dem Französischen von Ulf Diederichs

Buchillustrationen und Filme gehen meist auf diese Version des Aschenputtels zurück, nicht auf die der Brüder Grimm. Sie hat mehr Dekor und Zwischenspiel, sie erscheint extrovertierter. Im Unterschied zu Grimms Märchen, bei dem zunächst die Schwestern dem Aschenputtel das Leben schwer machen – sie sind es, die ihm den Platz am Herd zuweisen, die ihm Erbsen und Linsen in die Asche streuen –, spielt in Charles Perraults Geschichte »Cendrillon ou La petite pantoufle de verre« (1697) vor allem die Stiefmutter den schlimmen Part. Das Verhältnis der Halbwaise zu den Stiefschwestern ist nuanciert; die jüngere gibt ihr den freundlicheren Namen Cendrillon (statt Cucendron, Aschenarsch). In Modedingen sind sich die drei ziemlich einig. Grimms Aschenputtel wirkt dagegen isolierter, gehemmter. Stark verinnerlicht ist die Beziehung zur toten Mutter. In der Beziehung zum Vater zeigt sich ein Spannungsfeld: Den Birnbaum, in den sich Aschenputtel nach dem zweiten Festtag geflüchtet hat, fällt ausgerechnet ihr Vater; und er ist es auch, der dem Königssohn gegenüber abwertend vom »kleinen verbutteten Aschenputtel« spricht.
Die berühmte Pantoffelprobe, die sich seit der frz. Originalausgabe vor zweihundert Jahren (Kupfer von F. Clousier) kaum ein Illustrator entgehen ließ, nimmt Cendrillon wirkungssicher vor, lachend sagt sie: »Ich will einmal sehen, ob er mir nicht paßt.« Das deutsche Aschenputtel bleibt dagegen stumm – und nur auf den Prinzen bezogen –, als sie in den goldenen Pantoffel hineinschlüpft.

181

Der Prinz, das Mädchen,
das Basilikum und die Sterne

Also, es war einmal in den alten, alten Zeiten ein König, der einen Sohn besaß. Dieser Sohn stieg täglich auf das flache Dach des Palastes, um sich die Gegend anzuschauen. Eines Tages bemerkte er auf einem Nachbardach ein sehr hübsches Mädchen, das ihre Blumen begoß. Da kam ihm der Einfall, dieses schöne Mädchen zum Zeitvertreib anzurufen. Obwohl er dachte, das Mädchen müsse sehr dumm und einfältig sein, fand er nicht sogleich den Mut, ein Gespräch anzuknüpfen, sondern ging leise wieder vom Dach herunter.

Als er sich am nächsten Tag wieder auf das Dach begab, stand die Schöne schon auf dem ihren und begoß die Blumen. Da nahm der Prinz seinen Mut zusammen und rief: »Immer besprizt und begießt du deine Blumen und weißt doch nicht, wie viele Blättlein das Basilikum hat!« Und er freute sich sehr, einen so schweren Rätselspruch gefunden zu haben. Unsere Schöne aber antwortete schlagfertig: »Immer liest du und schreibst du und weißt doch nicht, wieviel Sterne das hohe Himmelszelt hat.« Da konnte er nicht antworten, und sie lachte ihn aus, gab ihm aber eine Nacht Bedenkzeit. Sein Herz ergrimmte über das böse, kluge Mädchen, dann ging er vom Dach hinab, konnte aber die ganze Nacht nicht schlafen.

Als er am andern Morgen wieder auf das Dach kam, lachte das Mädchen schon von vornherein. Der Prinz aber sprach: »Jetzt will ich ein neues Rätsel!« Da lachte die Schöne noch mehr und gab ihm das erste Rätsel nochmals auf, indem sie sprach: »Was willst du ein neues Rätsel, ohne das erste gelöst zu haben?« Wieder ärgerte ihn ihre Überlegenheit, und das Blut stieg ihm in den Kopf. Aber es half alles nichts, er vermochte das Rätsel nicht zu lösen.

Als das Mädchen ihm am dritten Tag wieder dasselbe Rätsel aufgab und sich dabei vor Ausgelassenheit gar nicht fassen konnte, beschloß er, es zu heiraten – doch nicht, weil er eine Frau haben wollte, nein –, er wollte das Mädchen töten. Und er rief dem Mädchen laut zu: »Du mußt meine Frau werden, denn du gefällst mir!« Das Mädchen lachte und antwortete: »Ach geh! Du bist ein Prinz und ich bloß ein armes Wesen. Frag nur meine Mutter!« Da ging der Prinz hin und bat ihre Mutter um die Hand der schönen Tochter.

Aber die Mutter schien die Ursache seiner Bitte zu ahnen, denn sie versetzte trocken: »Nein! Du würdest meine Tochter doch nur töten. Du bist ihr gram, weil sie dir in Weisheit und Schlagfertigkeit über ist. Das ist schlimm, denn der Mann soll die Frau an Verstand übertreffen. Du würdest sie töten.« – »Nein, töten würde ich sie nicht.« – »Aber du würdest ihr das Leben sauer machen – du hast ein Rad zuwenig im Kopf. Quälen würdest du sie, die Arme!« – »Nein, ich würde sie nicht quälen.« – »Ja, aber deine Eltern müßten auch noch befragt werden. Ich will nicht, daß meine Tochter schief angesehen wird.« – »Du kannst dich ja bei meinen Eltern erkundigen, der Palast ist ja nicht weit von hier.« – »Gut.« – »Willst du sie mir dann also als Braut geben?« – »Nein! Denn sie würde an deiner Seite kein Glück haben.« Da ergrimmte der ungestüme Prinz sehr und rief: »Dein Kopf wird mir für deine unvernünftige Widerspenstigkeit büßen. Abschlagen lasse ich ihn dir, dann ist deine Tochter in meinen Händen!« Da erschrak die arme Mutter sehr und entgegnete schließlich: »Gut, wenn deine Eltern einverstanden sind – so sollst du meine Tochter haben.«

Dann ging die Mutter des Mädchens in den Palast, um mit den Eltern des Prinzen zu sprechen. Als sie eintrat, erblickte sie den König und die Königin, die sich gerade mit einem ihrer Diener über eine ernsthafte Sache besprachen, und sofort fühlte sie Angst im Herzen. Aber da blickte der Diener sie freundlich an und führte sie vor den Thron, und nun konnte sie sprechen, soviel sie wollte. Der König und die Königin hörten ihr aufmerksam zu und antworteten dann: »Unser Sohn kann deine Tochter heiraten; er darf sie auch ruhig hierher in den Palast bringen.« Die Mutter fühlte etwas wie Furcht, als sie die unerwartete Antwort vernahm. Sie hatte immer noch Angst um das Leben ihrer Tochter, aber sie wagte nichts zu sagen. So ging sie denn nach Hause und überbrachte die Botschaft des Königs ihrer Tochter.

Der Prinz bestimmte den Tag der Hochzeit, und bald darauf wurde mit großem Gepränge die Vermählung gefeiert. Nachdem das junge Paar das Hochzeitsmahl eingenommen hatte, sprach der Prinz zu seiner jungen Braut: »Geh du nur schon allein voraus ins Schlafzimmer! Warte nicht auf mich, sondern schlafe ruhig, weil ich wohl erst spät in der Nacht kommen werde.« Die junge Frau ging also allein ins Schlafzimmer, legte sich aber nicht ins Bett, sondern unter das Bett. In das Bett aber legte sie eine sehr schöne Puppe, die gerade wie ein Mensch aussah und Brautwäsche trug.

Nach einigen Stunden kam der Bräutigam, und als er die schöne Braut schlafen sah, lachte er und sprach: »So! Jetzt kommt die Rache für das schwierige Rätsel!« Und mit diesen Worten zog er das Schwert und schlug der vermeintlichen Braut den Kopf ab. Aber gleich darauf überkam ihn die Verzweiflung, denn er hatte das schöne Mädchen eigentlich doch recht liebgehabt. Voller Verzweiflung wollte er nun sich selbst ins Schwert stürzen. Im gleichen Augenblick aber langte die Braut unter dem Bett nach dem Schwert und hielt es fest. Dabei rief sie: »Töte dich nicht, ich bin ja noch lebendig! Sieh her und beruhige dich!« Und sie kroch ganz unter dem Bett hervor. Da umarmte sie der Prinz und sagte: »Nun hast du mit deiner Klugheit uns beiden das Leben gerettet. Jetzt muß ich dir aber zuerst sagen, daß ich dich von Herzen liebe.« Da war auch das Mädchen recht vergnügt. Beide warfen gemeinsam die Puppe auf die Straße hinunter und legten sich ins Bett.

Damit ist die Geschichte aus, und wer zuerst spricht, wird kahlköpfig.

Aus dem Maltesischen von Bertha (Kößler-)Ilg

Eine muntere, hübsch erotische Plänkelei leitet die episodenhafte »novela« ein, die in dieser oder jener Kombination in nahezu allen Mittelmeerländern heimisch ist. Der Ausgangspunkt ist immer der gleiche: Ein Prinz sucht Sprechkontakt mit dem Mädchen von vis-à-vis, das eine Basilikumpflanze begießt, und ihm fällt nichts Besseres ein, als sie nach der Anzahl der Blätter zu fragen. Das kann auf höfische Tradition hindeuten, auf Einflüsse altspanischer Ritterromane, das kann aber auch mit »Blumensprache« zu tun haben, mit dem südeuropäischen Brauch, daß Basilikum am Fenster oder auf dem Balkon eines Mädchens bedeuten kann: Ich bin frei und bin heiratslustig.

Die Märchensammlung, aus der dieser Text ausgewählt wurde, ist frühes Beispiel einer »active anthropology«: Bertha Ilg, in Passau geboren (1881–1965), machte sich bald nach 1900 mit den Leuten auf Malta vertraut – das ging bis hin zur Kleidung und zu den Lebensgewohnheiten –, so daß ihr nicht weniger als 139 Märchen anvertraut wurden; die deutschte sie ein und faßte sie dialektologisch wie historisch-vergleichend in zwei Bänden zusammen (Maltesische Märchen und Schwänke, Leipzig 1906). Ihre maltesischen Aufzeichnungen sind leider nicht erhalten.

Die Prinzessin auf dem gläsernen Berg

Es war einmal ein Mann, der hatte eine Heuwiese, die lag auf einem Berg, und auf der Wiese stand ein Schober, worin er das Futter aufbewahrte. In den letzten Jahren aber war der Schober immer ziemlich leer gewesen; denn allemal in der St. Johannisnacht, wenn das Gras am schönsten und am üppigsten stand, wurde die Wiese ganz kahl, als ob eine Viehherde da gegangen und das Gras abgefressen hätte. So geschah es das eine Jahr, und so geschah es das andre. Das verdroß endlich den Mann, und er sagte zu seinen Söhnen – er hatte drei, und der dritte hieß Aschenbrödel, mußt du wissen –, es solle einer von ihnen in der St. Johannisnacht im Heuschober liegen und achtgeben, wie das Ding zusammenhinge; denn es könne nicht angehen, daß jedes Jahr das Gras mit Stumpf und Stiel abgefressen würde, sagte er.

Nun machte zuerst der älteste Sohn sich auf. Er wollte schon aufpassen, sagte er, und es sollte ihm weder Menschen noch Vieh noch der Teufel selbst das Gras von der Wiese stehlen. Darauf ging er hin und legte sich in dem Heuschober schlafen. Wie es aber auf die Nacht kam, entstand plötzlich ein solches Getöse und ein Erdbeben, daß Dach und Wände krachten. Dem Burschen ward angst und bange, und er sprang auf und lief davon, ohne sich umzusehen, und die Wiese wurde in dieser Nacht wieder ebenso kahl wie in den beiden letzten Jahren.

Den nächsten St. Johannisabend sagte der Mann wieder, es könne nicht angehen, daß sie jedes Jahr ihr Heu auf der Wiese einbüßen sollten, es müsse einer von den Söhnen die Nacht über im Schober schlafen und gut aufpassen. Da machte sich denn der zweite Sohn auf, aber es ging ihm nicht besser als seinem Bruder. Denn in der Nacht entstand wieder ein Getöse und ein Erdbeben, noch weit furchtbarer als in der vorigen Johannisnacht. Dem Burschen ward angst und bange, er sprang auf und schwang die Fersen, als ob's für Geld ginge.

Das Jahr darauf kam die Reihe an Aschenbrödel. Als er sich aber anschickte, nach der Wiese zu gehen, fingen die andern beiden an zu lachen und machten sich über ihn lustig. »Ja, du bist eben der Rechte, um das Heu zu hüten«, sagten sie, »du, der du nichts anderes gelernt hast als in der Asche zu sitzen und dich zu braten.« Aber Aschenbrödel bekümmerte sich nicht um ihr Geschwätz, sondern als es Abend wurde, ging er gradezu nach der Wiese. Als er eine Weile im Schober gelegen hatte, fing es an zu donnern und zu krachen. »Oh, wenn's nicht schlimmer wird, so kann ich's aushalten«, dachte Aschenbrödel. Als er noch eine Weile gelegen hatte, entstand ein Krachen und ein Erdbeben, daß die Heuhalme umherstoben. »Oh, wenn's nicht schlimmer wird, so halt ich's aus«, dachte Aschenbrödel. Bald darauf kam ein drittes Krachen und Erdbeben, so daß der Bursch glaubte, Dach und Wände würden zusammenstürzen. Als das aber vorbei war, wurde es mäuschenstill. »Ob's wohl wiederkommt?« dachte Aschenbrödel; aber es kam nicht wieder.

Nach einer Weile deuchte es dem Burschen, als ob draußen vor dem Schober ein Pferd stände und graste. Er schlich sich daher an die Tür und guckte durch die Ritze, und da sah er denn ein Pferd stehen, welches das Gras abbiß. Aber ein so großes und stattliches Pferd hatte Aschenbrödel noch nie gesehen, und auf dem Rücken trug es Sattel und Gebiß und eine vollständige Rüstung für einen Ritter. Alles aber war von Kupfer und so blank, daß es glitzerte. »Haha! Bist du es, der uns immer das Gras abfrißt?« dachte der Bursch, »aber das will ich dir schon verbieten.« Er nahm darauf schnell seinen Funkstahl aus der Tasche und warf ihn über das Pferd. Da konnte es sich nicht vom Fleck rühren, sondern war so zahm, daß der Bursch mit ihm machen konnte, was er wollte. Er setzte sich nun darauf und ritt damit nach einem Ort hin, den niemand kannte als er allein, und da brachte er es in Verwahrsam. Als er wieder nach Hause kam, fingen seine Brüder an zu lachen und fragten ihn, wie es denn gegangen sei. »Du bliebst wohl nicht lange in dem Schober liegen«, sagten sie, »wenn du sonst überhaupt zu der Wiese gekommen bist.« – »Ich habe so lange in dem Schober gelegen, bis die Sonne aufging«, sagte der Bursch, »aber ich habe nichts gehört noch gesehen. Gott mag wissen, was es ist, das euch so in Furcht gejagt hat.« – »Ja, wir werden bald sehen, wie du die Wiese gehütet hast«, versetzten die Brüder. Als sie aber hinkamen, stand das Gras da ebenso hoch und so dicht wie den Tag zuvor. Den nächsten Johannis war es wieder das alte Lied. Keiner von den beiden Brüdern wollte nach dem Schober gehen und die Wiese hüten, aber Aschenbrödel, der wollte. Nun ging es wieder ebenso wie in der vorigen Johannisnacht: Zuerst kam wieder ein furchtbares Getöse und ein Erdbeben, dann noch einmal, und endlich zum drittenmal; aber alle drei Erdbeben waren diesmal weit stärker als das vorige Jahr. Darauf wurde es plötzlich ganz still, und der Bursch hörte etwas draußen vor dem Schober knuppern; er schlich sich nun wieder ganz leise nach der Tür und guckte durch die Ritze. Ja, richtig! Da stand wieder ein Pferd dicht an der Mauer und fraß das Gras ab. Aber das war noch weit größer und stattlicher als das vorige, und auf dem Rücken lagen Sattel und Gebiß und eine vollständige Rüstung für einen Reiter – alles von blankem Silber und so prächtig, wie man's nur sehen kann. »Haha! Bist du es, der uns in dieser Nacht das Gras abfressen wollte?« dachte der Bursch, »aber das will ich dir verbieten«, und damit nahm er schnell seinen Funkstahl aus der Tasche und warf ihn dem Pferd über die Mähne, und nun stand es da, so fromm und so zahm wie ein Lamm. Da setzte der Bursch sich drauf und ritt damit nach demselben Ort hin, wo er das andre Pferd stehen hatte, und dann ging er wieder nach Hause. »Heute sieht es wohl schön aus auf der Heuwiese«, sagten die Brüder. »O ja, ganz gut«, versetzte Aschenbrödel. Sie wollten nun hin und zusehen, und als sie hinkamen, stand das Gras da so hoch und so schön, daß es nur eine Lust war. Aber die Brüder wurden darum nicht freundlicher gegen Aschenbrödel.

Als die dritte Johannisnacht herankam, wollte wieder keiner von den beiden älteren Brüdern in dem Heuschober liegen und die Wiese hüten; denn sie waren noch so eingeschüchtert von der ersten Nacht her, die sie da gelegen hatten, daß sie's gar nicht wieder vergessen konnten. Da mußte sich denn Aschenbrödel wieder aufmachen. Und nun ging es wieder ebenso wie die beiden vorigen Male: Es kamen wieder drei Erdbeben, das eine immer noch stärker als das andre, und bei dem letzten tanzte der Bursch von einer Schoberwand zur andern. Aber darauf wurde es mäuschenstill. Als der Bursch nun noch eine Weile gelegen hatte, hörte er wieder draußen vor dem Schober etwas knuppern. Er schlich sich nun leise nach der Tür und guckte durch die Ritze – da stand wieder ein Pferd da, noch weit größer und stattlicher als die beiden andern, die er schon gefangen hatte. »Haha! Bist du es, der mir diese Nacht das Gras abfressen wollte?« dachte der Bursch, »aber das will ich dir schon verbieten.« Und damit nahm er seinen Funkstahl und warf ihn über das Pferd, und da stand es auf dem Fleck so fest, als wär's dran genagelt, und der Bursch konnte mit ihm machen, was er wollte. Er ritt es nun nach demselben Ort hin, wo er schon die beiden andern Pferde stehen hatte, und ging dann nach Hause. Die beiden Brüder machten sich wieder über ihn lustig, ebenso wie die beiden vorigen Male. Diese Nacht, sagten sie, hätte er die Wiese wohl gut behütet, denn er sähe ja aus, als ob er noch im Schlaf ginge, und was dergleichen mehr war. Aber Aschenbrödel tat, als ob er nicht darauf achte, sondern sagte bloß, sie möchten nur hingehen und zusehen; das taten sie denn auch. Aber das Gras stand da ebenso schön und üppig wie den Tag zuvor.

Um diese Zeit geschah es, daß der König des Landes, in welchem Aschenbrödels Vater wohnte, ein Aufgebot in seinem ganzen Reich ergehen ließ. Der König

hatte nämlich eine Tochter von wunderlieblicher Schönheit, und die wollte er verheiraten. Die Tochter aber saß mit drei goldnen Äpfeln in ihrem Schoß oben auf einem hohen gläsernen Berg, der war so glatt wie Eis und so blank wie ein Spiegel. Wer nun auf den Berg reiten und ihr die drei Äpfel aus dem Schoß nehmen könnte, der sollte die Prinzessin und das halbe Reich haben; das hatte der König in allen Kirchdörfern in seinem ganzen Reich und noch in vielen andern Königreichen bekanntmachen lassen. Weil nun die Prinzessin so außerordentlich schön war, daß jeder, der sie nur ansah, sogleich in sie verliebt ward, er mochte wollen oder nicht, so hatten alle Prinzen und Ritter große Lust, sie und das halbe Königreich zu gewinnen, und kamen daher von allen Enden der Welt geritten, so stattlich, daß man den Glanz schon von weitem sah. Und ihre Pferde gingen einher, als ob sie unter ihnen tanzten – kurz, es war niemand, der nicht daran dachte, die Prinzessin und das halbe Reich zu gewinnen.

Als nun der Tag gekommen war, den der König zu dem Ritt bestimmt hatte, waren so viele Prinzen und Ritter um den gläsernen Berg versammelt, daß es von ihnen wimmelte. Und jeder, der nur kriechen konnte, wollte hin und sehen, wer die Königstochter gewönne, und die beiden Brüder von Aschenbrödel wollten auch hin, aber Aschenbrödel wollten sie nicht mithaben, denn hätten sie einen solchen Wechselbalg bei sich, so schwarz und abscheulich wie er, der immer daliege und in der Asche wühle, sagten sie, dann würden die Leute sich nur über sie lustig machen. Aschenbrödel aber sagte, es wär ihm ganz einerlei, er bliebe auch so gern zu Hause.

Als nun die beiden Brüder zu dem gläsernen Berg kamen, versuchten schon alle Ritter und Prinzen den Ritt, und sie ritten, daß die Pferde unter ihnen schäumten; aber es half ihnen alles nichts. Denn sowie nur das Pferd den Fuß an den Berg setzte, glitt es immer wieder aus, und es war kein einziger da, der nur ein paar Ellen lang an dem Berg hinaufgekommen wäre, und das war eben nicht zu verwundern, denn der Berg war so glatt wie ein Spiegel und so steil wie eine Wand. Alle aber wollten gern die Königstochter und das halbe Reich gewinnen, und sie ritten und sie glitten, aber alles umsonst. Zuletzt waren alle Pferde schon so ausgemattet, daß sie nicht mehr vom Fleck konnten, und über und über waren sie mit Schweiß bedeckt, und der Schaum stand ihnen vor dem Mund. Da mußten sich denn die Prinzen und Ritter endlich dreinschicken.

Der König wollte nun schon bekanntmachen lassen, daß das Wettreiten den nächsten Tag wieder anfangen sollte, ob's dann vielleicht einem gelingen möchte. Aber in diesem Augenblick kam ein Ritter in einer kupfernen Rüstung daher, die war so blank, daß man sich darin spiegeln konnte, und das Pferd, das er ritt, war so groß und so stattlich, wie noch keiner ein solches Pferd je gesehen hatte. Die andern Prinzen und Ritter aber riefen ihm zu, er könne sich gern die Mühe sparen, den Ritt zu versuchen, denn es würde ihm doch nichts helfen. Jener aber konnte auf dem Ohr nicht hören, sondern ritt grade auf den gläsernen Berg zu und hinan und hinauf, als wär es gar nichts gewesen. Als er aber das erste Drittel hinaufgekommen war, lenkte er mit dem Pferd um und ritt wieder zurück. Einen so schönen Ritter hatte die Prinzessin noch nie zuvor gesehen, und sie dachte bei sich selbst: »Ach Gott, wenn er doch nur heraufkäme!« Als sie aber sah, daß er mit dem Pferd wieder umlenkte, warf sie ihm einen von den goldnen Äpfeln nach, und der rollte hinab in seinen Schuh. Sobald der fremde Ritter wieder unten war, gab er seinem Pferd die Sporen und jagte davon, und niemand wußte, wo er gestoben oder geflogen war. Am Abend sollten alle Prinzen und Ritter vor dem König erscheinen, damit der, welcher an dem gläsernen Berg hinaufgeritten sei, den goldnen Apfel aufzeigen könne, den die Königstochter ihm zugeworfen hatte. Aber da war keiner, der etwas aufzeigen konnte. Einer kam nach dem andern, aber den goldnen Apfel hatte niemand.

Als nun die Brüder Aschenbrödels wieder nach Hause kamen, erzählten sie ein Langes und Breites von dem Ritt auf den gläsernen Berg; wie zuerst kein er auch nur einen Schritt lang an den Berg hätte hinaufkommen können, und wie nachher einer gekommen wäre in einer kupfernen Rüstung, so blank, daß man sich darin spiegeln konnte. »Und das war ein Bursch«, sagten sie, »der konnte reiten. Er ritt wohl über den dritten Teil an dem gläsernen Berg hinauf, und er hätte wohl auch ganz hinaufreiten können, wenn er bloß gewollt hätte. Aber da kehrte er wieder um, denn er mochte wohl denken, es sei genug für das Mal.« – »Oh, den hätt ich auch wohl sehen mögen!« sagte Aschenbrödel – er saß auf dem Herd und wühlte in der Asche, wie er es gewöhnlich zu tun pflegte. »Ja, du!« sagten die Brüder. »Du siehst auch danach aus, daß du dich vor so hohen Herrschaften kannst sehen lassen, du abscheuliches Biest, so wie du dasitzt!«

Den andern Tag wollten die Brüder wieder nach dem gläsernen Berg, und Aschenbrödel bat sie auch das Mal, sie möchten ihn doch mitnehmen, damit er auch zusehen könne. Aber nein, das ging nicht an, dazu wär er viel zu häßlich, sagten sie. »Je nun, so bleib ich auch ebensogern zu Hause«, sagte Aschenbrödel.

Als die Brüder zu dem Berg kamen, begannen eben die Ritter und Prinzen wieder ihr Wettreiten, und das Mal hatten sie ihre Pferde gehörig beschlagen lassen, kannst du glauben. Aber es half ihnen doch alles nichts, sie ritten und sie glitten ebenso wie den vorigen Tag, und keiner kam auch nur eine Elle lang an den Berg hinauf. Und als sie ihre Pferde so lange abgequält hatten, daß sie nicht mehr von der Stelle konnten, mußten sie alle wieder innehalten.

Nun wollte der König schon bekanntmachen lassen, daß das Wettreiten den nächsten Tag zum letzten Mal vor sich gehen sollte, ob's dann vielleicht noch einem gelänge; da fiel ihm aber der Ritter mit der kupfernen Rüstung ein, und er beschloß, noch ein wenig zu warten, ob er sich etwa noch einfinden möchte. Aber der Ritter mit der kupfernen Rüstung fand sich nicht ein; dagegen kam nach einer Weile ein anderer Ritter dahergesprengt, der trug eine silberne Rüstung, die blitzte schon von weitem, und das Roß, welches er ritt, war noch weit größer und stattlicher als das des kupfernen Ritters von gestern. Die Ritter und

Prinzen riefen ihm zwar zu, er könne sich gern die Mühe sparen, den Ritt zu versuchen, denn es würde ihm doch nichts helfen. Aber er achtete nicht darauf, sondern ritt grade auf den gläsernen Berg zu und hinan und hinauf, noch viel weiter als der in der kupfernen Rüstung. Als er dann aber zwei Drittel hinaufgekommen war, lenkte er mit seinem Pferd um und ritt wieder zurück. Den Ritter mochte nun die Prinzessin noch lieber leiden als den von gestern, und sie wünschte, daß er doch nur ganz hinaufkommen möchte. Als sie aber sah, daß er wieder umkehrte, warf sie ihm den andern Apfel nach, und der rollte hinunter in seinen Schuh. Der Ritter aber jagte schnell davon, und niemand wußte, wo er geblieben war. Am Abend sollten wieder alle vor dem König und der Prinzessin erscheinen, damit der, welcher den goldnen Apfel hätte, ihn aufweisen könne. Aber den goldnen Apfel hatte niemand.

Die Brüder erzählten zu Hause wieder, wie sich alles zugetragen hatte. »Alle Prinzen und Ritter, die da versammelt waren«, sagten sie, »konnten nichts ausrichten. Zuletzt aber kam einer mit einer silbernen Rüstung – alle Wetter, der konnte reiten! Er kam wohl über zwei Drittel an dem Berg hinauf, und da kehrte er wieder um. Aber das war ein Bursch! Und die Prinzessin warf ihm den zweiten Apfel nach.« – »Ach, den hätt ich auch wohl sehen mögen!« sagte Aschenbrödel. »Ja, er war ein wenig blanker als die Asche, worin du wühlst, du schwarzes Biest!« sagten die Brüder.

Am dritten Tag ging es wieder ungefähr ebenso: Aschenbrödel wollte wieder mit und zusehen, aber die Brüder wollten ihn durchaus nicht mitnehmen. Als sie zu dem gläsernen Berg kamen, konnte wieder niemand auch nur eine Elle lang hinaufkommen. Alle warteten nun auf den Ritter mit der silbernen Rüstung, aber der war weder zu sehen noch zu hören. Endlich kam ein Ritter in einer goldenen Rüstung dahergesprengt, die strahlte, daß man den Glanz schon weit in der Ferne sehen konnte, und das Pferd, das er ritt, war so groß und so stattlich, daß keiner noch dergleichen je gesehen hatte. Die Prinzen und die Ritter konnten vor lauter Verwunderung ihm nicht einmal zurufen, daß er sich die Mühe sparen solle, den Ritt zu versuchen, und ehe sie sich's versahen, war er schon bei dem gläsernen Berg und sprengte hinauf, als wär es gar nichts gewesen, so daß die Prinzessin nicht einmal Zeit bekam, zu wünschen, er möchte doch ganz hinaufkommen. Oben nahm er ihr den dritten goldnen Apfel aus dem Schoß, lenkte dann mit seinem Pferd wieder um – und fort war er, als wär er verschwunden.

Als am Abend die Brüder nach Hause kamen, erzählten sie wieder ein Langes und Breites von dem Wettreiten an dem Tag, und zuletzt erzählten sie auch von dem Ritter mit der goldnen Rüstung. »Das war aber ein Bursch!« sagten sie, »einen so stattlichen Ritter gibt's nicht mehr in der Welt.« – »Oh, den hätt ich auch wohl sehen mögen!« sagte Aschenbrödel. »Ja, es blitzt nicht völlig so in der Asche, worin du immer wühlst, du schwarzes Biest!« sagten die Brüder.

Tags darauf sollten alle Prinzen und Ritter vor dem König und der Prinzessin erscheinen – denn am Abend, glaub ich, war es schon zu spät geworden –, damit der, welcher den goldnen Apfel hätte, ihn aufweisen könne. Es kam nun einer nach dem andern, erst kamen alle Prinzen und dann die Ritter. Aber den goldnen Apfel hatte niemand.

»Ja, einer muß ihn doch haben«, sagte der König. »Denn wir sahen es ja alle mit unsern Augen, wie er da den Berg hinaufritt und ihn der Prinzessin aus dem Schoß nahm.« Da sich aber niemand meldete, gab endlich der König den Befehl, daß alle Leute in seinem ganzen Land aufs Schloß kommen sollten, damit der, welcher den goldnen Apfel hätte, ihn aufweise. Es kam nun einer nach dem andern. Aber den goldnen Apfel hatte niemand. Endlich kamen auch die beiden Brüder von Aschenbrödel, sie waren die letzten. Darauf fragte der König, ob denn gar nicht mehr Leute in seinem Reich wären. »Ja, wir haben noch einen Bruder zu Hause«, sagten die beiden, »aber der hat den goldnen Apfel wohl nicht genommen, denn er ist in der Zeit nicht aus dem Aschhaufen gekommen.« – »Einerlei«, sagte der König, »sind alle die andern hier gewesen, so mag er auch kommen!« und da mußte denn Aschenbrödel auch aufs Schloß. »Hast du den goldnen Apfel, du?« fragte ihn der König. »Ja, hier ist er, und hier ist der andre, und hier ist der dritte«, sagte Aschenbrödel, indem er alle drei goldenen Äpfel aus der Tasche nahm. Und in demselben Augenblick warf er seine rußigen Kleider ab und stand nun da in seiner goldenen Rüstung, daß es nur so blitzte. »Ja, du sollst meine Tochter und das halbe Reich haben«, sagte der König, »denn du hast beides ehrlich verdient.« Darauf wurde die Hochzeit gehalten, und Aschenbrödel bekam die Prinzessin und das halbe Reich.

Bei der Hochzeit aber ging's lustig her; denn Hochzeit feiern konnten sie alle, wenn sie auch nicht auf den gläsernen Berg reiten konnten; und haben sie nicht aufgehört zu feiern, so feiern sie noch.

Aus dem Norwegischen von Friedrich Bresemann

Askeladden, Aschenstocherer – so heißt in Norwegen das männliche Aschenputtel,
zumeist der jüngste von drei Söhnen. In »Prinsessen pa glasbjerget«, das die beiden
»nordischen Grimms«, Peter Christen Asbjörnsen und Jörgen Moe, 1844 in ihre Samm-
lung aufnahmen und Friedrich Bresemann 1847 erstmals ins Deutsche übertrug, ver-
bindet sich das beliebte Dummlings-Motiv mit dem der Besteigung des Glasberges:
eine »unmögliche Aufgabe« und zugleich ein Ritt ins Jenseitsreich.
Der Glasberg ist als der verwunschene Ort der »Sieben Raben« und als Sitz der Heldin
in »Die Rabe« und »Der Trommler« bekannt, doch in diesen drei Grimm-Märchen
kommt das Motiv nicht so zur Entfaltung wie hier. Ursprünglich hat der Glasberg, wie
I. M. Boberg in einer Studie nachwies, zu den Vorstellungen vom Totenreich gehört.
Daher ist der Glasbergritt mit seinen Hindernissen und Gefahren auch als Jenseitsreise
zu verstehen. Orientierungspunkt kann auch das Berginnere sein, so im plattdeut-
schen Märchen »Berg Sinai, tu dich auf«: Dort luchst ein Dummling zwei haferstehlen-
den Riesen die kostbaren Pferde ab (Rappe, Schimmel, Fuchs), indem er sich den
Spruch merkt, der zu ihrem Bergversteck führt.

Der Beduinenknabe

Der Kalif Hescham, der Sohn Abdolmeleks, der der Sohn Meroans war, verfolgte einst auf der Jagd eine Gazelle, und rief einem arabischen Jungen, den er unterwegs traf, und der damit beschäftigt war, seine Schafe zu weiden, zu: »Nimm dich in acht! Die Gazelle, die Gazelle!« Dieser erwiderte: »Was ist das für eine Sprache? Schlingel, Esel, der du bist!« – »Wehe dir!« rief ihm Hescham zu, »kennst du mich nicht?« – »Oho«, war die Antwort, »du hast zu deutlich zu erkennen gegeben, wer du bist, als du mich anredetest, ohne mir einen guten Tag zu bieten.« – »Wehe dir«, erwiderte der Kalif, »ich bin Hescham, der Sohn Abdolmeleks.«

Indessen hörte der Beduine nicht auf, ihm Grobheiten zu sagen, bis von allen Seiten die Hofkavaliers in großen Mengen herbeikamen und den Hescham als Beherrscher der Gläubigen und Gebieter der Muslims begrüßten. »Arretiert diesen Beduinen!« befahl der Kalif. Der Knabe, der diese Menge von Wesiren, Kammerherrn und anderen Herren von Hof sah, sprach mit keinem einzigen von ihnen, sondern warf sich, ohne ein Wort zu sagen, dem Kalifen zu Füßen. »Arabischer Hund«, sagte einer aus dem Gefolge zu ihm, »warum grüßt du den Beherrscher der Gläubigen nicht!« – »Esel, der du bist«, versetzte der Beduine, »hat er mich denn soeben gegrüßt?« – »Knabe«, sprach jetzt Hescham zu ihm, »bedenke, daß deine letzte Stunde gekommen ist.« – »Es mag sein«, sagte der Beduine, »aber tötet mich nur nicht mit Eurem Geschwätz. Wißt Ihr nicht, was in dem Koran geschrieben steht, daß nämlich ein Tag kommen wird, wo jede Menschenseele von jedem unnützen Wort Rechenschaft ablegen soll.« – »Henker«, schrie der Kalif in größter Wut, »nehmt diesen Beduinen, der seiner Zunge keinen Zaum anzulegen versteht, beim Kopf!«

Der Henker nahm den Jungen beim Kragen, schwang die Keule, und indem er sie über dem Kopf des Unglücklichen schwebend hielt, fragte er den Kalifen nach der üblichen Formel: »Beherrscher der Gläubigen! Soll es Euer Sklave wagen, den tödlichen Streich zu führen? Er ist unschuldig an dem Blute, das er vergießen soll.« So fragte der Henker einmal, zweimal, dreimal; und der Kalif antwortete alle drei Male: »Ja!«

Der Beduinenknabe erhob ein großes Gelächter, als er diese Zeremonie sah. »Elender!« sagte Hescham, »wie kannst du sogar noch in dem Augenblick lachen, wo du sterben sollst?« – »Diese Zeremonie ist komisch genug«, sprach der Beduine, »und mein ganzes Leben lang hat mir das Lachen ebensoviel Spaß gemacht wie das Reden. Aber ehe ich auf ewig schweige, muß ich Euch doch noch eine kleine Fabel erzählen. Ein Falke war im Begriff, einen Sperling zu erwürgen, den er gefangen hatte. ›Laß mich‹, sagte der Sperling, ›es verlohnt sich nicht der Mühe, mich zu knuppern‹, und der Falke schenkte ihm Leben und Freiheit und sagte: ›Es ist nur ein Sperling.‹«

Diese Fabel machte auf den Kalifen einen solchen Eindruck, daß er dem Beduinen vergab und ihn, mit Geschenken überhäuft, wieder entließ.

Aus dem Französischen von August E. Zinserling

Durch eine Geschichte sein Leben retten – um dieses Thema ging es auch Scheherezade, der Erzählerin von Tausendundeiner Nacht. Der österreichische Orientalist Joseph von Hammer-Purgstall, lange Zeit bei der Wiener Gesandtschaft in Konstantinopel tätig, kaufte auf dem Bazar eine noch unbekannte Fassung des Erzählwerks. Zu seinem Entzücken las er eine neue Version: der König habe Scheherezade nicht ihres Erzähltalents wegen das Leben geschenkt – sie soll ihn zuletzt ziemlich gelangweilt haben –, sondern einzig wegen der drei Kinder, die sie ihm während der 1001 Erzählnächte geboren hatte.

»Der Beduinenknabe« entstammt einer anderen arabischen Handschrift, die Hammer-Purgstall gleichfalls in Konstantinopel fand. Er gab ihr den Titel »Der Tausend und Einen Nacht noch nicht übersetzte Märchen, Erzählungen und Anekdoten« und übertrug sie ins Französische. Die Originalhandschrift kam ihm durch seltsame Machenschaften abhanden, und das französische Manuskript ging eigene, obskure Wege. So konnte die Sammlung nur dank der bereits vorhandenen deutschen Übersetzung August E. Zinserlings publiziert werden. Sie erschien, mit einem Vorbericht Hammer-Purgstalls versehen, in drei Bänden 1823/24 bei Cotta.

Malek Djamschid

Es war ein Tag, es war kein Tag, und außer Gott gab es niemand.

Es war einmal ein König, der hatte einen Papagei, den er sehr liebte. Er ließ ihm einen goldenen Käfig bauen und fütterte ihn mit eigener Hand. Eines Tages, als er neben dem Käfig saß und den Vogel beobachtete, fing dieser an zu sprechen: »Dem König langes Leben und Gesundheit! Ich bitte um Erlaubnis, in meine Heimat zu fliegen, nach Indien.« Der König war einverstanden, unter der Bedingung, daß der Papagei nach zwei Tagen wieder zurückkehre. Wie verabredet kam der Papagei zurück und brachte als Geschenk einen Apfelkern mit. Er sprach zum König: »Erhabener! Jeder Apfel aus diesem Kern vermag dein Leben um hundert Jahre zu verlängern.«

Der König befahl, den Kern einzupflanzen. Kaum ein Jahr war vergangen, da prangte inmitten des Gartens ein mächtiger Baum mit vier goldenen Äpfeln. Dem Gärtner wurde eingeschärft, auch nachts den Baum nicht aus den Augen zu lassen. Eines Morgens aber nahm er wahr, daß ein Apfel fehlte. Der König war über diese Nachricht sehr verärgert. Er übertrug nun die Wache am Goldapfelbaum seinem ältesten Sohn. Bis Mitternacht blieb der älteste wach – es geschah auch nichts, aber dann überwältigte ihn der Schlaf, und als er am Morgen aufwachte, fehlte wieder ein Apfel. Für die folgende Nacht wurde der mittlere Bruder zum Wächter des Baumes bestimmt. Auch er schlief, wie sein Bruder, um Mitternacht ein, und bemerkte erst morgens, daß schon wieder ein Apfel fehlte. Für die dritte Nachtwache bot sich der jüngste Königssohn, Malek (Prinz) Djamschid, als Wächter an. Als es Mitternacht wurde, fühlte Djamschid, daß er gegen den Schlaf nicht ankommen konnte. Also schnitt er sich in einen Finger, streute Salz in die Wunde, um wach zu bleiben. Nach einer Weile erbebte die Erde, der Himmel grollte, und eine Riesenhand griff nach dem goldenen Apfel. Malek Djamschid zog sein Schwert, schlug nach der Hand und verletzte sie. Ein Regen von Blut ergoß sich auf die Erde.

Als es hell geworden war, versammelte sich der ganze Hof um den Goldapfelbaum. Die drei Königskinder aber folgten den Blutspuren, sie führten sie zu einem Brunnenschacht. Der älteste der Brüder wurde mit einem Seil um die Hüften in den Schacht hinabgelassen. Auf halbem Weg schon schrie er: »Zieht mich hoch, ich verbrenne!« Das gleiche geschah mit dem mittleren der Brüder. Djamschid aber, der jüngste der drei, sagte: »Sollte ich auch darum betteln, heraufgeholt zu werden, so hört nicht darauf, sondern kappt das Seil.«

Und so geschah es auch. Malek Djamschid fiel auf den Grund des dunklen Brunnenschachts. Eine schwache Lichtquelle schimmerte in der Ferne. Djamschid tastete sich ihr entgegen und erkannte die Umrisse eines Innenhofes, in dem rundum kleine Räume angeordnet waren.

Djamschid ging in den erstbesten Raum und war erstaunt, einen schnarchenden Div (böses Geistwesen) zu sehen, den Kopf gebettet auf den Schoß eines wunderschönen Mädchens. Es fächelte ihm mit Pfauenfedern kühle Luft zu. »Wer bist du?« flüsterte Malek Djamschid. »Ich bin die Tochter des Königs Turan, seit vielen Jahren hält mich dieser Div gefangen.

Aber weißt du, wo du bist, weißt du, wo hier ist, wie kamst du nun hierher?
Kein Vogel kennt den Weg, hier hausen nur Dämonen.

Und wenn dieser hier aufwacht, zermalmt er dich mit einer Backe.«

Darauf fragte Djamschid: »Wo steht das Glas mit seinem Lebenselixier?« – »Dort oben auf dem Sims, aber deine Hand reicht nicht so weit.« Da zog Djamschid seinen Dolch und stichelte und stupste den Div damit, bis er schließlich aufwachte und in brüllendes Gelächter fiel. »Oben, unter dem Himmel, habe ich dich gesucht, und hier, unter der Erde, habe ich dich erwischt.« Und er packte Djamschid, hob ihn in die Höhe, um ihn auf die Erde zu schleudern. In dem Moment riß Djamschid das Lebensglas des Div vom Sims und rief: »Jetzt halte ich dein Leben in der Hand.« Als der Div das erkannte, stellte er Djamschid behutsam auf die Erde und fing an zu jammern. Djamschid aber zerschlug das Lebensglas am Boden, worauf der Div in sich zusammensank und starb.

Djamschid nahm das schöne Mädchen und betrat den zweiten Raum. Auch dort lag ein schlafender Div, das Haupt gebettet auf den Schoß eines schönen Mädchens. Es knetete ihm die Schultern. »Wer bist du?« flüsterte Malek Djamschid. »Ich bin die Tochter des Königs von China, seit vielen Jahren bin ich die Gefangene dieses Div.

> Aber weißt du, wo du bist, weißt du, wo hier ist, wie kamst du
> nur hierher?
> Kein Vogel kennt den Weg, hier hausen nur Dämonen.

Fliehe! Wenn der Div erwacht, wird er uns beide vernichten.«

»Wo ist sein Lebensglas?« fragte Djamschid. »Es hängt an seinem Hals.« Djamschid weckte den Div mit kleinen Dolchstichen, und wieder wurde er gepackt und in die Höhe gehoben. Als er das Lebensglas am Hals des Div zerschlagen hatte, fiel dieser in sich zusammen wie ein Haufen Trümmer.

Djamschid nahm auch dieses Mädchen mit und ging in den dritten Raum. Er fand auch hier einen schlafenden Div vor, und das Mädchen, das ihn hielt, kraulte ihm die Fußsohlen. »Wer bist du?« flüsterte Malek Djamschid. »Ich bin die Tochter des Königs vom Abendland und bin seit vielen Jahren die Gefangene des Div.

> Aber weißt du, wo du bist, weißt du, wo hier ist, wie kamst du
> nur hierher?
> Kein Vogel kennt den Weg, hier hausen nur Dämonen.«

Das Lebensglas dieses Div war auf ganz eigene Art den Blicken verborgen. »Hole die Truhe aus dem Brunnenbecken«, sagte die Schöne, »du findest ein Huhn darin, und im Magen dieses Huhns ist das Lebensglas des Div versteckt.« Djamschid fand das Huhn, schnitt ihm den Kopf ab, entnahm dem Magen das Lebensglas und zerschlug es am Boden. Der Div bäumte sich mit einem Mal auf und brach zusammen.

Nun ging Malek Djamschid mit den drei Schönen zur Öffnung des Brunnenschachtes zurück. Er rief zu den Brüdern hinauf, das Seil herunterzulassen. Die drei Prinzessinnen wurden nacheinander in die Höhe gezogen. Als aber Djamschid an der Reihe war, wurde das Seil gekappt, und er selbst fiel auf den Grund des Schachtes. Er rappelte sich auf und erblickte unversehens zwei Widder in seiner Nähe, einen schwarzen und einen weißen. Er warf sich auf den schwarzen Widder, worauf ihn dieser auf den weißen Widder schleuderte, und der weisse Widder raste mit Djamschid in die helle Welt.

An einem Ort, so schön wie das Paradies, fand er sich wieder. Die Vierjahreszeitenbäume trugen alle nur erdenklichen Früchte, und die Blüten des ganzen Jahres freuten sich ihrer Pracht. Djamschid legte sich unter einen Baum und schlief ein. Lautes Gezeter und Gezische weckten ihn auf, und er sah, wie eine riesige Schlange sich an das Nest des Simurgh (mythischer Wundervogel) heranschlich. Djamschid zog sein Schwert und schlug die Schlange in zwei Stücke. Als Simurgh zurückkam, bemerkte er, daß ein Menschenwesen in der Nähe seines Nestes schlief. Er ahnte Böses, flog in die Wüste und holte einen Stein so groß wie einen Berg, um Djamschid zu töten. Die Küken des Simurgh konnten das gerade noch verhindern, indem sie ihm erzählten, wie Djamschid sie vor dem Rachen der Schlange errettet hatte – worauf Simurgh den Berg wieder an seine Stelle zurückbrachte und seine Flügel schützend über den schlafenden Djamschid ausbreitete.

So schlief er viele Jahre, und als er erwachte, sah er sich unter einer riesigen Federndecke liegen. Simurgh sagte: »Malek Djamschid, was immer du für einen Wunsch hast, er sei dir gewährt.« – »Bring mich in die andere Welt zurück!« – »Das ist ein schwer zu erfüllender Wunsch, aber er sei dir gewährt. Besorge sieben Keulen Fleisch und sieben Schläuche Wasser und setze dich auf meine Flügel.« Viele, viele Jahre waren sie unterwegs, so lange, daß nicht einmal der Geschichtenerzähler soweit erzählen kann. Sie überquerten die sieben Eisberge, die sieben Feuerberge, die sieben Eismeere und die sieben Feuermeere. Simurgh verspeiste die sieben Keulen und trank die sieben Schläuche leer. »Sieh dich vor, halte dich fest«, sagte Simurgh, wir nähern uns der anderen Welt – deiner Welt – und müssen eine stürmische Zwischenwelt durchqueren.«

Als Malek Djamschid die Augen wieder öffnete, fand er sich unter einem Baum. Er vernahm das geheimnisvolle Geschnäbel zweier Tauben in den Zweigen:

»Schwester, Schwester, Schwesterlein, weißt du, wer er ist?
Er ist der Sohn des Königs, der nie mehr heim'kehrt ist.«

Die Tauben erzählten sich die ganze Geschichte Djamschids, bis zu der Stelle, als er von seinen Brüdern zurückgelassen wurde und der König so sehr weinte, daß seine Augen erblindeten und er nicht mehr an den Wunsch dachte, vom goldenen Apfel zu essen. Dann sagte eine der Tauben: »Du Schwesterlein, wenn Djamschid jetzt sieben Schritte weiterginge und von der kleinen Pflanze dort sieben Blättchen pflückte und sie zerriebe, könnte er mit diesem Pulver das Augenlicht des Königs retten.«

Djamschid pflückte die Blättchen und eilte in seine Heimat. Schon am Stadttor vernahm er, wie das Volk lauthals trauerte, daß er, Djamschid, verschollen gegangen sei. Da lief er zum Stadtschreier und hieß ihn, überall seine Heimkehr auszurufen. Seinem Vater, dem König, bestrich er die Augen mit dem Pflanzenpulver. Und als der König die Augen öffnete und seinen jüngsten Sohn erkannte, war er dermaßen von Freude erfüllt, daß er ihn auf der Stelle zum König krönte und die Vermählung mit der Prinzessin aus dem Abendland (die Djamschid treu geblieben war) verkündete.

Sieben Tage und sieben Nächte feierte das Volk, riesige Distelhaufen wurden entfacht und machten die Nacht zum Tag. Die beiden bösen Brüder aber wurden aus der Stadt verbannt. So endet unsere Geschichte.

Vom Himmel fielen drei goldene Äpfel. Einer für den Erfinder der Geschichte, einer für den Erzähler der Geschichte und einer für den, der sie anhört.

Aus dem Aserbaidschanischen von Nasrin und Karl Schlamminger

Wenn in Aserbaidschan Geschichten erzählt werden, dann meist an den Winterabenden; dann gehen alle, die müde und dennoch auf Märchen begierig sind, »unter den Korsi«. Der Korsi ist ein Holzkohlebecken, eingelassen in ein viereckiges Gerüst mitten im Zimmer, etwa so groß wie ein Couchtisch. In dem Becken glimmt noch etwas Kohle. Eine riesengroße Steppdecke, Lahaf-Korsi genannt, wird über das Gerüst ausgebreitet, so daß sie fast den ganzen Raum einnimmt. Kinder und auch Erwachsene schlüpfen darunter, die Füße zum wärmenden Kohlebecken hin ausgestreckt. Mitten auf der Steppdecke, in Höhe des Beckengerüsts, liegt ein Kelim oder ein Tuch (ru-Korsi), bestreut mit Granatäpfeln, Mandeln und anderem Knabberzeug, und jeder kann sich davon nehmen. Die Märchenerzählerin, oft die Großmutter, sitzt an einer Seite des Raums und erzählt die alten Geschichten. Der Wortlaut ist fast immer der gleiche. Und alle, selbst schon die Dreijährigen, hören mit. »Wer schläft, wer ist noch wach«, ruft die Erzählerin, nachdem sie ein Märchen beendet hat. Wenn keiner mehr einen Mucks gibt, wenn jeder unter dem Korsi schläft, dann kriecht auch die Erzählerin unter die große Steppdecke und schlummert ein.

Das Märchen von den unterweltlichen Abenteuern des Prinzen Djamschid kennt in Aserbaidschan jedes Kind. Verbreitet ist es auch in den angrenzenden Ländern, Iran und Türkei, und in Rußland findet sich der Papagei als »Feuervogel« wieder. Diese Version ist in Azerî, der turkischen Volkssprache der Aserbaidschaner, erzählt und wird hier erstmals veröffentlicht.

Das Märchen von Mrile

Ein Mensch bekam im Lauf der Zeit drei Kinder. Gut, und das älteste ging mit der Mutter, Kolokasienfrüchte auszugraben (kopfgroße Knollen, ein Hauptnahrungsmittel). Dabei sah er einen Samenknollen. Und er sagte: »Ui, hier ist ein Samenknollen, so schön wie mein kleiner Bruder.« Seine Mutter sagte: »Wie kann ein Samenknollen so schön sein wie ein Menschenkind?« Er aber versteckte den Samenknollen, und die Mutter band die Kolokasien zusammen, um sie heimzutragen. Und er versteckte den Samenknollen in einer Baumhöhlung. Dann sprach er zu ihm: *»msura kwivirevire tsa kambingu na kasanga«* (ein Zauberspruch).

Am anderen Tag ging er wieder hin. Da war der Steckling zu einem Kindchen geworden. Seine Mutter kochte Essen, und er trug es immer wieder hin. So trug er alle Tage Essen zu, er selbst aber magerte ab. Sein Vater und seine Mutter sahen, wie er abmagerte, und fragten ihn: Sohn, was ist's, das dich so mager macht? Wo geht das Essen, das wir immer kochen, hin? Sind doch deine jüngeren Brüder nicht so mager geworden.«

Seine jüngeren Brüder sahen, wie Essen gekocht wurde. Er erhielt seine Portion aufgelegt, aß sie aber nicht, sondern trug sie fort, als ob er sie aufzuheben ginge. Seine Brüder folgten ihm von ferne, sie belauerten ihn. Da sahen sie, wie er es in eine Baumhöhle schaffte. Sie kehrten nach Hause zurück und sagten seiner Mutter: »Wir sahen, wie er das Essen dort in die Baumhöhle schaffte und sie einem Kindchen brachte, das sich da befindet.« Sie aber sagte zu ihnen: »Wessen Kind wohnt denn in einer Baumhöhle?« Da sprachen sie zu ihr: »He, wir wollen gehen, dich dahin zu weisen, Säugerin!« Und sie führten ihre Mutter dahin und zeigten ihr den Platz. Siehe da, dort in der Höhle befand sich ein kleines Kind! Und seine Mutter traf das Kind und tötete es.

Als sie das Kindchen getötet hatte, trug Mrile Essen dahin und fand es nicht mehr, sondern fand es getötet. Er kehrte nach Hause zurück und gab sich dem Weinen hin. Da fragte man ihn: »Mrile, warum weinst du?« –»Es ist der Rauch.«

203

Da sagten sie zu ihm: »Setz dich hierher nach der unteren Seite.« Er gab sich aber weiter dem Weinen hin. Sie sagten zu ihm: »Warum weinst du immerzu?« Da sagte er: »Es ist nichts als der Rauch.« Darauf sagten sie: »Nimm dir deines Vaters Stuhl und setz dich damit auf den Hof.« Er nahm den Stuhl, setzte sich damit auf den Hof und gab sich weiter dem Weinen hin.

Da sagte er: »Stuhl, reiche in die Höhe, wie das Seil meines Vaters, mit dem er das Honigfaß aufhängt im Urwald und in der Steppe.« Da stieg der Stuhl in die Höhe und blieb an einem Baum hängen. Er sprach zum zweitenmal: »Stuhl, reiche in die Höhe, wie das Seil meines Vaters, mit dem er das Honigfaß aufhängt im Urwald und in der Steppe.« Da traten seine jüngeren Brüder auf den Hof. Da sahen sie, wie er gen Himmel fuhr. Sie verkündigten seiner Mutter: »Mrile ist zum Himmel aufgefahren.« Sie aber sagte: »Warum sprecht ihr mir davon, daß euer ältester Bruder zum Himmel auffahre? Gibt es denn einen Weg, auf dem er in die Höhe stieg?« Sie aber sprachen zu ihr: »Komm und sieh, Säugerin!« Da kam seine Mutter, nachzusehen und fand ihn in die Höhe gefahren. Da rief seine Mutter:

> »Mrile, kehre zurück,
> kehr zurück, mein Kind,
> kehr zurück!«

Mrile aber gab zur Antwort:
> »Ich kehr nicht mehr zurück,
> ich kehr nicht mehr zurück,
> Mutter, und ich,
> ich kehr nicht mehr zurück,
> ich kehr nicht mehr zurück.«

Da riefen seine jüngeren Brüder:
> »Mrile, kehr zurück,
> kehr zurück, unser Bruder,
> kehr zurück!
> Komm nach Hause,
> komm nach Hause!«

Er aber sprach:

>>Und ich,
ich kehr nicht mehr zurück,
ich kehr nicht mehr zurück,
meine Brüder!
Ich kehre nicht mehr zurück,
ich kehre nicht mehr zurück.<<

Da kam sein Vater und sprach:

>>Mrile, da ist deine Speise,
da ist deine Speise!
Mrile, da ist's!
Mrile, da ist deine Speise,
da ist deine Speise!<<

Er aber antwortete selbst und sprach:

>>Ich will nicht mehr,
ich will nicht mehr,
mein Vater, und ich,
ich will nicht mehr,
ich will nicht mehr.<<

Da kamen die Geschlechtsgenossen und sangen:

>>Mrile, komm nach Hause,
komm nach Hause!
Mrile, komm!
Komm nach Hause,
komm nach Hause!<<

Da kam sein Onkel und sang:

>>Mrile, komm nach Hause,
komm nach Hause!
Mrile, komm!
Komm nach Hause,
komm nach Hause!<<

Er aber sang zur Antwort:

> »Und ich,
> ich komm nicht mehr zurück,
> ich komm nicht mehr zurück,
> Onkel, und ich,
> ich komm nicht mehr zurück,
> ich komm nicht mehr zurück!«

Und er entschwand, so daß sie ihn nicht mehr sahen. Da traf er Holzsammler. Er grüßte sie: »Holzsammler, guten Tag! Zeigt mir doch den Weg zum Mondkönig.« Sie aber sprachen zu ihm: »Sammle etwas Holz, dann wollen wir dich hinweisen.« Da brach er für sie Brennholz. Und sie sagten ihm: »Geh nur so weiter, so triffst du auf Grasschneider.«

Darauf ging er weiter und traf auf Grasschneider. »Grasschneider, guten Tag!« Sie erwiderten ihm (den Gruß). »Zeigt mir doch den Weg zum Mondkönig.« Sie aber sagten zu ihm: »Schneide etwas Gras, so wollen wir dich hinweisen.« Da schnitt er etwas. Darauf sprachen sie zu ihm: »Geh nur so weiter, so wirst du Ackernde treffen.«

Da ging er und traf Ackernde. »Ihr, die ihr da ackert, guten Tag!« Und sie sagten zu ihm: »Guten Tag!« – »Weist mich doch zum Mondkönig.« – »Ackere etwas, so wollen wir dich dahin weisen.« Da ackerte er etwas. Darauf sprachen sie zu ihm: »Geh nur so weiter, so wirst du auf Hütende treffen.«

Er ging weiter und traf auf Weidende. »Ihr, die ihr da weidet, guten Tag!« – »Guten Tag!« – »Weist mich doch zum Mondkönig.« – »Weide eine Weile, so wollen wir dich dahin weisen.« Da half er ihnen eine Weile weiden. Dann sagten sie zu ihm: »Geh nur so weiter zu den Bohnenerntern.«

»Ihr, die ihr da Bohnen erntet, guten Tag! Weist mich doch zum Mondkönig.« – »Hilf uns ein wenig Bohnen pflücken, dann wollen wir dich hinweisen.« Da pflückte er ein wenig. Darauf sagten sie: »Geh nur den Weg weiter zu den Eleusineschnittern.« (Eleusine, eine Grasart) Da traf er die Schnitter. »Ihr Schnitter, seid gegrüßt! Weist mich doch zum Mondkönig.« – »Hilf uns etwas Eleusine schneiden, dann wollen wir dich hinweisen.« (Und darauf:) »Geh nur den Weg so weiter zu den Leuten, die Bananenstengel suchen.«

Und er grüßte sie: »Ihr Bananenstengelsucher, seid gegrüßt! Weist mich doch zum Mondkönig.« – »Hilf uns einige Bananenstengel suchen, dann wollen wir dich hinweisen.« Und er suchte ihnen einige. Da sprachen sie zu ihm: »Geh

nur so wei-
ter, bis du zu Leuten
kommst, die Wasser holen.« – »Ihr
Wasserförderer, seid gegrüßt! Zeigt mir doch den Weg zum Mondkönig.« – »Geh
nur so weiter bis zu den Leuten, die eben bei sich zu Hause essen.« – »Ihr Haus-
besitzer, seid gegrüßt! Weist mich doch zum Mondkönig.« – »Iß da etwas, dann
wollen wir dich hinweisen.«

Gut, da traf er Leute, die rohe Speise aßen. Und er sagte zu ihnen: »Warum kocht
ihr nicht mit Feuer?« Sie aber sprachen zu ihm: »Was ist das, Feuer?« Er sagte
zu ihnen: »Man kocht damit die Speise, bis sie gar ist.« Sie aber sprachen zu ihm:
»Wir wissen nichts vom Feuer, Herr.« Da sagte er zu ihnen: »Wenn ich euch
wohlschmeckendes Essen mittels Feuer bereite, was werdet ihr mir geben?« Der
Mondkönig sprach: »Wir werden dir Rinder und Kleinvieh zahlen.« Und Mrile
sagte ihnen: »Sammelt viel Brennholz, so will ich das Feuer bringen.« Da sammelten sie Brennholz. Sie gingen aber hinter das Haus, wo sie nicht von den
Leuten gesehen wurden. Mrile aber brachte einen Feuerquirl und ein Feuer-
brettchen hervor und schlug Feuer, da hinter dem Hause. Sie zündeten an, und
er legte grüne Bananen hinein.

Dann sagte er zu dem Mondkönig: »Versuche diese Bananen zu essen, die ich
im Feuer geröstet habe.« Der Mondkönig verzehrte die Banane und sah, wie es

schmeckte. Darauf setzte er Fleisch an und sagte zu ihm: »Iß auch gekochtes Fleisch!« Und er sah, wie es schmackhaft war. Da kochte er alle eßbaren Dinge vollständig durch. Darauf ließ der Mondkönig die Leute rufen. Und er sagte ihnen: »Es kam ein Medizinmann von den Ihrigen, ja von den Ihrigen.«

Dann sprach der Mondkönig: »Diesem Mann sollen Abgaben entrichtet werden, um ihm sein Feuer abzukaufen.« Sie fragten ihn: »Was soll (an ihn) entrichtet werden?« Er aber sagte: »Einer bringe ein Rind, einer bringe Sachen aus dem Speicher.« Da schafften sie alle Dinge dahin. Und er teilte ihnen Feuer aus, an dem sie ihre Speisen kochen gingen.

Er aber überlegte: »Wie kann ich nun wieder heim gelangen, wenn ich nicht Botschaft hinsende?« Und er tat allen Vögeln Befehl, da kamen sie an den Ort, wo er sich befand. Da fragte er den Raben: »Wenn ich dich als Bote in meine Heimat sende, was wirst du dort sagen?« Der Rabe sagte zu ihm: »Ich werde sprechen: kuruu, kuruu, kuruu.« Da jagte er ihn fort, und der Nashornvogel kam. »Du Nashornvogel, wenn ich dich sende, wie wirst du sagen dort?« Er sprach: »Ich werde sagen: ngaa, ngaa, ngaa.« Da jagte er ihn weg, und der Habicht erschien. »Du Habicht, wenn ich dich als Bote in die Heimat sende, was willst du dort sagen?« Er sprach: »Tschiri-i-i-o!« Da jagte er ihn fort. Hierauf sprach er zum Bussard: »Wenn ich dich sende, was wirst du sagen?« Der Bussard sprach: »Ich werde sagen: tscheng, tscheng, tscheng.« Da jagte er ihn weg. Und er prüfte alle Vögel, die ganze Reihe herum, ohne einen Vogel zu finden, der etwas verstand.

Da rief er (endlich) die Spottdrossel. »Du Spottdrossel, wenn ich dich sende, was wirst du ausrichten?« Sie sprach:

>»Mrile wird kommen übermorgen,
>den Tag nach morgen,
>Mrile wird kommen übermorgen,
>den Tag nach morgen.
>Heb ihm Fett auf im Löffel!
>Heb ihm Fett auf im Löffel!«

Da sagte er zu ihr: »So gehe nun!« Die Spottdrossel ging und gelangte bis zum Gehöfttor bei dem Vater des Mrile und sie sprach:

>»Der Mrile läßt dir sagen:
>Er wird kommen übermorgen,

den Tag nach morgen.
Er wird kommen übermorgen,
den Tag nach morgen.
Heb ihm Fett auf im Löffel!«

Und Mriles Vater machte sich auf nach dem Hof und sagte: »Was ist denn das
für ein Ding, das hier im Hofe schreit und mir sagt, daß Mrile übermorgen komme? Er ist doch schon lange verlorengegangen.« Er vertrieb sie, und sie verschwand. Sie ging zu Mrile und sagte: »Ich bin dort gewesen.« Mrile aber sprach
zu ihr: »Nein, du bist nicht da gewesen. Wenn du hingekommen bist, was
befindet sich dort in meiner Heimat?«

Und er sagte zu ihr: »Gehe zum zweitenmal, und wenn du hinkommst, so raffe
ja meines Vaters Stock auf und komme mit ihm zurück, damit ich erkenne, daß
du dort warst.« Die Spottdrossel kehrte zum zweitenmal zurück, raffte den Stock
auf und trug ihn fort. Die Kinder dort im Hause sahen sie, konnten ihn ihr aber
nicht entreißen. Und sie brachte ihn Mrile. Da erkannte Mrile, daß sie wirklich
hingekommen war.

Nun sagte Mrile: »Ich will mich also auf den Heimweg machen.« Man ließ ihn
ziehen mit seinen Rindern. Da kam er mit seinen Rindern. Auf dem Weg aber
wurde er müde. Er hatte aber dabei einen Stier. Der Stier sprach zu ihm: »Da du

so ermüdet bist, wenn ich dich mir auflade, was tust du mir? Wenn ich dich auf den Rücken nehme, wirst du mich da verzehren, wenn man mich schlachtet?« Er sprach zu ihm: »Nein, ich werde dich nicht verzehren.«

Da bestieg er den Rücken des Stiers, und er nahm ihn auf sich. Er kam aber singend:

> »Nichts fehlt von Gütern,
> das Vieh ist mein, juchhe!
> Nichts fehlt von Gütern,
> die Rinder sind mein, juchhe!
> Nichts fehlt von Gütern,
> das Kleinvieh ist mein, juchhe!
> Nichts fehlt von Gütern,
> der Mrile kommt, juchhe!
> Nichts fehlt von Gütern.«

So kam er nach Hause. Als er daheim anlangte, bestrichen ihn Vater und Mutter mit Fett. Er aber sprach zu ihnen: »Diesen Stier sollt ihr füttern, bis er alt wird. Auch wenn er alt wird, werde ich sein Fleisch nicht essen.« Als der Stier alt wurde, schlachtete ihn der Vater, da sagte die Mutter: »Soll dieser Stier, mit dem mein Sohn so Mühe hatte, ganz aufgezehrt werden, ohne daß er davon ißt?« Und verbarg das Fett, sie verbarg es im Honigtopf.

Als sie wußte, daß das Fleisch zu Ende gegangen sei, mahlte sie Mehl, nahm das Fett und gab es dazu. So überbrachte sie es ihrem Sohn, und Mrile kostete. Als er mit dem Mund kostete, da redete das Fleisch mit ihm: »Du wagst dennoch mich zu genießen, der ich dich doch auf den Rücken genommen habe?« Und es sagte ihm: »Werde also verzehrt, wie du mich verzehrst!«

Da sang Mrile:

> »Meine Mutter, ich hab dir gesagt:
> Reicht mir nicht das Fleisch vom Stiere!«

Als er aber zum zweitenmal kostete, da versank sein Fuß. Er aber sang:

> »Meine Mutter, ich hab dir gesagt:
> Reich mir nicht das Fleisch vom Stiere!«

Darauf verzehrte er das Mehl vollständig. Plötzlich versank er.
Hiermit hat es also ein Ende.

Aus der Dschaggasprache von J. Raum

Dieses Märchen stammt aus dem Gebiet des Kilimandscharo, Afrikas schneebedeck-
tem höchsten Berg – dem Mythos nach ein Mondgebirge, auf dem ein Mondkönig
lebt. Ihm bringt Mrile, der Kulturheros des Märchens, das Feuer – und tauscht dafür
Rinder und Kleinvieh ein. Diese Geschichte haben die dort ansässigen Dschagga über-
liefert, ein Bantuvolk. Ihre Nachbarn nennen sie »Bergleute«, sie selbst nennen sich:
wandu ma mnden, »Leute, die in den Pflanzungen wohnen«.
Der deutsche Missionar J. Raum hat den »Versuch einer Grammatik der Dschagga-
sprache« (Berlin 1909) unternommen und als Textbeispiel vor allem »Mrile« aufge-
führt, zweisprachig, mit Kommentar. Ihm fiel auf, daß die Bantu-Erzähler die Details
je nach Tageslaune variieren. Sie versetzen sich mit großer Suggestivkraft in die Ge-
schichte, nutzen die Liedeinlagen zu kunstvoller Dramaturgie, drücken die Handlung
mit ihrer Körperhaltung höchst lebhaft aus, lassen Hände und Gesicht mitspielen,
beziehen ihre Zuhörerschaft stets mit ein. Was sie erzählen, wirkt daher so wie eine
Augenblickserfindung, kaum wie die Nacherzählung eines Märchens, das jeder schon
kennt. Ob die Motive variieren, ob der Schluß – nach unseren Maßstäben – eine
Pointe vermissen läßt, stört keinen. Die Lust am Erzählen steht obenan.
Die Dschagga haben die Vorstellung, daß der Himmel großen Leuten vorbehalten ist,
so ihren Häuptlingen. Wenn diese sterben, gehen sie zu Gott ein: in den Himmel. Dort
aber, wo Gott ist, gibt es auch Rinder und viele Kinder.

211

Wie Maui auf Fischfang zog und Land angelte

Maui-taha und seine älteren Brüder kehrten, nachdem sie die Sonne bekämpft und ihren Lauf verlangsamt hatten, nach Hause zurück, und sie wohnten dort und wohnten und wohnten. Nach langer Zeit gingen die Brüder wieder einmal fischen, während Maui-tiki-tiki-o-Taranga untätig zu Hause herumsaß und sich von seinen Frauen und Kindern vorhalten ließ, er sei faul und solle ihnen endlich Fische bringen. Er antwortete ihnen: »Sorgt euch nicht, ihr Mütter, und ihr Kinder, habt keine Angst. Habe ich nicht schon Gewaltiges vollbracht? Und so etwas Einfaches, wie euch Essen zu besorgen, sollte ich nicht zustande bringen? Seid gewiß: Wenn ich für euch fischen fahre, werde ich einen Fisch mitbringen, so riesig, daß ihr ihn nicht aufessen könnt. Die Sonne wird ihn bescheinen, und er wird stinken, ehe ihr ihn gegessen habt.« Danach zog Maui durch seinen Zauberfischhaken eine Schnur; der Kieferknochen von Muriranga-whenua (seiner Ahnin) bildete die Spitze. Als er das getan, umwand er den Haken mit einer kräftigen Fischleine.

Seine Brüder hatten inzwischen die Vertäuung am Bug ihres Kanus geprüft, um ein weiteres Mal zum Fischen auszufahren. Als alles soweit war, schoben sie ihr Kanu ins Wasser, doch sobald sie es flott machten, sprang Maui hinein. Die Brüder, die von Mauis Zaubereien genug hatten, schrien auf: »Los, steig wieder aus! Wir haben keine Lust, mit dir auszufahren. Deine Zauberkunststücke bringen uns nichts als Scherereien.« So war er genötigt, zurückzubleiben, und die Brüder zogen los. Als sie die Fischgründe erreicht hatten, legten sie sich auf ihre Paddel und fischten und kehrten mit reichem Fang zurück.

Sobald es dunkle Nacht wurde, schlich sich Maui zum Strand, kroch ins Boot seiner Brüder und versteckte sich unter den Planken. Am nächsten Morgen kamen die Brüder hinunter zum Strand, um wieder fischen zu fahren. Sie schoben das Boot ins Wasser und ruderten hinaus auf See, ohne Maui zu bemerken; der lag in einem Versteck unter dem Boden. Sie hatten schon das offene Meer erreicht, da kroch Maui aus dem Versteck. Sobald die Brüder ihn sahen, sagten sie: »Besser, wir fahren so schnell wie möglich an Land zurück, weil dieser Bursche an Bord ist.« Doch Maui machte, durch seine Zaubereien, daß das Meer sich jäh ausdehnte und das Land immer weiter entschwand; und ehe sie gewendet hatten, war es schon nicht mehr zu sehen.

Maui sprach nun zu ihnen: »Ihr solltet mich lieber bei euch lassen. Ich will mich auch nützlich machen und das Wasser aus dem Boot schöpfen.« Sie waren einverstanden und ruderten weiter, und schnell erreichten sie die Fischgründe, wo sie auch sonst guten Fang gemacht hatten. Sobald sie dort anlangten, sagten die Brüder: »Laßt uns den Anker setzen und hier fischen.« Doch er erwiderte: »Nein, laßt das, rudert lieber noch ein Stück weiter.« Sie ruderten und ruderten, bis sie den letzten Fischgrund erreichten; und das war schon sehr weit draußen. Schließlich sagten die Brüder: »Komm, jetzt müssen wir den Anker setzen und hier fischen.« Und er antwortete: »Sicher sind die Fische hier vorzüglich, aber wir tun gut daran, hinaus aufs offene Meer zu rudern und dann zu ankern. Wenn wir dort hinkommen, wohin ich euch rate, werdet ihr, noch bevor ihr den Haken herabläßt, einen Fisch ins Boot ziehen. Ihr braucht dort nicht länger als einen Wimpernschlag bleiben, und unser Boot wird voll mit Fischen an Land zurückkehren.« Als sie das hörten, ruderten sie weiter – ruderten und ruderten eine sehr lange Strecke, dann sagten die Brüder: »Nun sind wir aber weit genug.« Doch er antwortete: »Nein, nein, wir müssen ganz außer Sichtweite des Landes kommen; erst wenn es ganz aus den Augen ist, laßt uns den Anker setzen. Aber das ist noch weit draußen, auf hoher See.«

Schließlich gelangten sie aufs offene Meer, und Mauis Brüder begannen zu fischen. Nur zweimal warfen sie ihre Angeln aus, und schon war das Boot proppenvoll mit Fischen. Nun sagten die Brüder: »Ach Bruder, laß uns jetzt umkehren!« Und er gab zurück: »Wartet ein wenig; auch ich will meine Angel auswerfen.« Seine Brüder erwiderten: »Woher hast du denn eine Angel?« Und er sprach: »Ach, kümmert euch nicht darum. Ich habe eben meine eigene Angel.« Und wieder die Brüder: »Dann beeil dich und wirf sie aus!«

Und Maui holte seine Angel unter seinen Kleidern hervor. Da ging ein strahlendes Leuchten aus von der herrlichen Perlmutteinlage am Halse des Hakens, und die Brüder sahen sehr wohl, daß der Haken kunstvoll geschnitzt und mit Haarbüscheln eines Hundeschwanzes verziert war, und er war wirklich außerordentlich schön. Maui bat seine Brüder um ein wenig Köder für seine Angel, doch sie lehnten dies rundweg ab. Da ballte er die Faust und hieb sich mit Wucht auf die Nase, daß das Blut hervorschoß; das schmierte er als Köder an seinen Angelhaken. Und er warf ihn aus, und er sank unter und immer tiefer und tiefer, bis er die kleine geschnitzte Dachfigur (Tekoteko) eines Hauses am Meeresgrund streifte; er glitt an der Figur ab, rutschte an den geschnitzten Dachbalken des Hauses vorbei und fiel vor der Tür des Hauses nieder. Da verfing sich

der Haken von Maui-tiki-tiki-o-Taranga an der Türschwelle. Als Maui merkte, daß etwas am Haken saß, begann er die Leine einzuholen. O, o! Da kam mit dem Haken das Haus des alten Tonga-nui nach oben. Es kam höher und höher, und wie es sich hob, o je, wie war die Leine straff geworden von dem riesigen Gewicht! Und mit Gurgeln kam ein Schäumen und Blubbern herauf, gerade so, als ob eine Insel emportauchen wollte. Und die Brüder sperrten ihre Münder auf und schrien laut auf.

Maui fuhr damit fort, seine Beschwörungen zu singen, obschon seine Brüder murrten und klagten, heulten und schrien: »Da seht ihr's, er hat uns auf hohe See geführt, damit wir unser Leben verlieren und von Fischen verschlungen werden.« Doch er erhob laut seine Stimme und sprach die Beschwörung (Karakia), die alle schweren Dinge leicht macht, auf daß der Fisch, den er gefangen, schneller an die Oberfläche käme:

»O Tonga-nui, warum hältst du dich so fest dort unten?«

Als er die Beschwörung beendet hatte, da tauchte Mauis Fisch auf, er hing an der Leine: Ein Stück Land von Papa-tu-a-nuku war's, ein Teil der Mutter Erde. O weh, o weh! Ihr Boot saß jetzt auf dem Trockenen.

Maui ließ seine Brüder beim Boot zurück und begab sich ins Dorf, doch bevor er ging, sprach er zu ihnen: »Wenn ich weg bin, seid besonnen und habt Geduld. Eßt nicht, bevor ich zurück bin, und schneidet den Fisch nicht auf, laßt ihn so, bis ich den Göttern ein Opfer gebracht, die uns so reiche Beute bescherten. Wartet also, bis ich einen Priester gefunden habe, der die Gebete spricht und die Opfer darbringt und die Riten einhält, so wie es sich gehört. Dann werden wir alle gereinigt sein. Ich werde wiederkommen und mit euch in Ruhe den Fisch zubereiten, ihn in Stücke schneiden und gerecht verteilen: dem einen dieser, dem anderen jener und dem Dritten ein anderer Anteil. So soll jeder bei meiner Rückkehr sein Recht bekommen, und jeder mag fröhlich nach Hause ziehen. Was wir zurücklassen, wird sich halten, und was wir mit uns nehmen, wird vorzüglich sein.«

Kaum war Maui gegangen, da zertrampelten die Brüder seine Worte unter den Füßen. Sie aßen sogleich und nahmen den Fisch aus. Als sie das taten, hatte Maui noch nicht den heiligen Ort erreicht und war noch nicht vor die Götter getreten. Wäre er eher an den heiligen Ort gelangt, so hätten sich die Götter wohl zufriedengegeben mit einem Anteil am Fisch, den ihre Lehrlinge gefangen, und alle Götter und alle Göttinnen hätten ihren Teil bekommen. Doch o weh, o weh! Diese dummen, hirnlosen Brüder nahmen den Fisch aus und luden den Zorn der

Götter auf sich. Verzehren wollten sie ihn und ihnen nichts davon abgeben! Da warf der Fisch den Kopf hoch und schlug mit dem Schwanz, da bewegten sich die Flossen auf seinem Rücken und der Unterkiefer mahlte. O, o, Tangaroa (Gott der Meere), was hast du vollbracht! Er bewegt sich auf dem Land so springlebendig wie im Wasser.

Und das ist der Grund, warum die Insel (Aotearoa) so rissig und uneben ist – hier erhebt sich ein Berg, dort breitet sich eine Ebene aus, hier senkt sich ein Tal, dort fallen Klippen steil ab. Hätten Mauis Brüder nicht so töricht gehandelt, wäre der gewaltige Fisch ruhig und glatt geblieben, hätte ein Bild abgegeben für die übrige Welt und für die Menschen von heute.

Aus dem Englischen von Ulf Diederichs

Für Polynesier, vor allem für die Urbevölkerung von Neuseeland, Tahiti und Hawaii, ist Held Maui ein Kulturbringer, ein Halbgott. Eine Mythe berichtet, daß seine Mutter, die glühende Lava, zum Himmel emporstieg und dort zur Sonne wurde. Fast jede Insel erzählt die Geschichte von dem wunderbaren Fischzug des Maui, der die Nordinsel von Neuseeland (Aotearoa) aus dem Meer emporzog, auf ihre eigene Weise. Die Nordinsel selbst heißt noch jetzt Te Ika a Maui, »Mauis Fisch«. Und Mauis Angelhaken läßt sich bis heute bewundern: Es ist die weit ins Meer reichende Landzunge Te matau a Maui, im Distrikt Heretaunga gelegen.

Den Legendenkranz um Maui gibt George Greys »Polynesian Mythology« (Christchurch 1885) anschaulich und prägnant wieder. Grey war von 1845 bis 1854 Generalgouverneur der jungen britischen Kronkolonie Neuseeland; die ersten acht Jahre verwandte er u. a. auch darauf, die Landessprache zu erlernen und die Überlieferungen der Maori aufzuspüren. Seine Sammlung »Nga Mahi a nga Tupuna« (Die Taten der Ahnen, London 1854) machte Europa erstmals mit der Mythologie der Polynesier bekannt; das spätere Werk ist eine gekürzte englische Fassung.

Sun Wukong, der Affenkönig

Vor langer, langer Zeit befand sich mitten im großen Meer, westlich von Aolai, der Berg der hundert Blumen und Früchte. Die Quellen rauschten dort, grüne Bäume wuchsen empor, wunderbare Blumen blühten, saftige Früchte reiften heran. Auf der Spitze des Berges lag ein großer schimmernder Stein. Seit Bestehen der Welt hatte dieser Stein alle geheimen Kräfte von Himmel und Erde, von Sonne und Mond in sich aufgenommen, und mit der Zeit war er davon schwanger geworden.

Eines Tages barst er und gebar ein steinernes Ei. Und aus diesem Ei schlüpfte eines Tages ein Affe. Er blickte sich nach allen Seiten um, er lernte kriechen und gehen. Bald konnte er klettern und springen, Wasser trinken und wilde Früchte essen. Er fand andere Affen und vergnügte sich mit ihnen im Spiel.

Eines Tages kamen sie an einen Bergvorsprung und sahen auf der gegenüberliegenden Seite einen Wasserfall, hinabwallend wie ein großer Türvorhang. Ein alter Affe ergriff das Wort: »Wer durch das Wasser hindurchgehen und wieder herauskommen kann, der wird zum Affenkönig ernannt.« Dreimal sprach er diese Worte. Die Affen sahen sich alle an, keiner wagte etwas zu sagen. Mit einem Mal sprang der aus dem steinernen Ei geschlüpfte Affe hervor und rief: »Ich gehe hindurch!« Er schloß die Augen, kauerte sich hin und sprang mit gestrecktem Körper in die brausende Gischt. Als er die Augen wieder öffnete, sah er vor sich eine eiserne Brücke. Sie führte zu einer großen Steinhöhle, an deren Eingang eine Tafel stand mit der Inschrift »Dies ist die Höhle hinter dem Wasservorhang.«

Als er die Höhle betrat, sah er steingehauene Betten, Herde, Tische und Bänke, und auf den Tischen Teller und Schüsseln aus Stein. Erfreut sagte er sich: »Das ist ein guter Platz hier, er ist breit und hell. Er schützt vor Wind und Wetter. Einige hundert Affen können hier leben.« Nun eilte er aus der Höhle ins Freie, sprang wieder durch den Wasserfall und erzählte den anderen Affen, was er gesehen hatte. Die hörten die Nachricht mit Freuden und waren nur zu bereit, mit ihm dorthinzugehen. Der steingeborene Affe rief: »Folgt mir!« und gemeinsam sprangen sie durch den Wasservorhang und gelangten in die Höhle.

Freudig nahmen sie Teller und Schüsseln in Beschlag, schliefen nun in Betten und saßen auf Stühlen. Mit Wein und Pfirsichen gaben sie ein Bankett; sie ernannten den steingeborenen Affen zum Affenkönig. Der bestieg einen Thron, und zu beiden Seiten saßen die anderen. Der Affenkönig ordnete die Meerkatzen, die Paviane und die übrigen Affen nach Rangfolge zu Generälen und Beamten an, und sie führten ein seliges Leben auf dem Berg, schliefen nachts in der Höhle des Wasservorhangs, aßen Früchte, tranken Quellwasser und hielten sich fern von Vögeln und Vierfüßlern.

Eines Tages, mehrere hundert Jahre waren vergangen, saß der Affenkönig betrübt da und weinte. »Was bedrückt dich so?« fragten die Affen. Der König sprach: »Wohl geht es uns gut, und Vögel und anderes Getier wagen nicht, uns etwas anzuhaben. Doch mit der Zeit werden wir unweigerlich alt und schwach, und eines Tages müssen wir sterben.« Als die Affen dies hörten, waren sie sehr bewegt und schluchzten.

Da trat ein alter Affe hervor und sagte zum Affenkönig: »Mach dir nicht soviel Sorgen, denn soweit ich weiß, kann man unsterblich werden, wenn man bei einem Heiligen in die Lehre geht.« – »Wo wohnt denn der Heilige?« fragte der Affenkönig. Da dachte der Alte eine Weile nach und sagte: »Er soll in der Welt der Menschen wohnen, in einer uralten Höhle auf dem heiligen Berg.« Der König war erfreut, als er dies vernahm. Sogleich rief er alle Affen herbei, damit sie Bambus sammelten, Holz fällten, ein Floß bauten und Früchte herrichteten. Er

erklärte ihnen, daß er nun in die Ferne reise, um den Heiligen aufzusuchen und von ihm die Kunst der Unsterblichkeit zu lernen. Beim Abschiedsbankett saßen sie ihrem Rang gemäß der Reihe nach um ihn herum, boten ihm Früchte und süßen Wein an, und sie betranken sich nach Herzenslust.

Frühmorgens bestieg der Affenkönig das Floß, nahm einen Bambusstab als Ruderstange und fuhr aufs Meer hinaus. Er ruderte mit ganzer Kraft, um recht bald mit dem Lernen beginnen zu können. Wind und Wellen waren ihm günstig, und er kam zum heiligen Ort Nanzhanbuzhou. Wie er das Südmeer befuhr, sah er am Ufer Menschen, die mit dem Bergen von Fischen und mit Netzflechten beschäftigt waren. Als er an Land stieg, flohen sie, wohl wegen seines seltsamen Aussehens. Der Affenkönig zog sich die Kleider eines Einheimischen an und sprang und hüpfte damit zum Markt.

Er sah sich unter den Menschen um. Klug wie er war, lernte er ihre Sprache, ihre Art zu gehen und die Anstandsregeln. Nach neun Jahren hatte er viele Dörfer und Städte durchwandert und war gebildet wie nur irgend ein Mensch. Doch sein Herz war einzig darauf gerichtet, die Lehre des Heiligen zu empfangen. Eines Tages kam er zum Westmeer, und ihm war, als ob er am jenseitigen Ufer den Heiligen bestimmt finden würde. So baute er sich wieder ein Floß, trieb über das Westmeer und erreichte das Land des Westens, den heiligen Ort Xiniuhezhou. Als er einen hohen Baum vor sich sah und im Wald einen Menschen wunderbar singen hörte, schien ihm, dies sei der Heilige. Er ging also an Land und drang in den Wald vor.

Dort traf er einen Holzfäller bei der Arbeit an. Er verneigte sich und redete ihn an: »Ehrwürdiger heiliger Meister, ich falle anbetend vor Euch nieder.« Der Holzfäller entgegnete: »Ich habe weder genügend Kleidung noch genügend Essen, wie könnte ich es da wagen, ein Heiliger zu werden?« – »Wenn du kein göttlicher Meister bist«, sagte der Affenkönig, »woher hast du denn dieses göttliche Lied?« – »Du kennst dich aus in der Musik«, sagte der Holzfäller lachend, »dieses Lied hat mich wirklich ein Heiliger gelehrt.« – »Wenn du mit einem Heiligen befreundet bist«, sagte der Affenkönig, »so wohnt er gewiß nicht weit. Sag mir doch, wo ich ihn finde.« Der Holzfäller zeigte es ihm: An der tiefsten Stelle des Berges sei eine Höhle, dort wohne Ahn Puti, der Heilige; von dem schmalen Weg hier seien es bis dort sieben oder acht Li (etwa 4 km). Der Affenkönig bedankte sich und stieg in den tiefen Berg ein. Wie er sich über einen Felsvorsprung beugte, sah er wirklich eine Höhle, und das Tor war verschlossen. Er wandte sich um und sah eine steinerne Tafel angebracht, mit der Inschrift »Hier ist der Berg Lingtaifangcun und die Höhle Xieyuesanxing«. Das freute ihn außerordentlich, aber er wagte nicht, an das Tor zu klopfen. So sprang er denn auf eine Kiefer und brach sich Kiefernzapfen ab.

Es dauerte nicht lange, da kam ein Jünger des Heiligen, machte das Tor auf und sprach: »Was ist das für ein Tier, das solchen Lärm macht?« Der Affenkönig sprang vom Baum und verbeugte sich. »Ich komme, um die Wahrheit zu erlernen«, sagte er, »lärmen will ich nicht.« Der Jünger begann zu lachen. »Meister Puti saß eben noch in Andacht versunken, da wies er mich an, den Wahrheitssucher vor der Tür hereinzuführen – und nun steht tatsächlich einer draußen. Also, dann komm.«

Der Affenkönig zupfte seine Kleider zurecht, rückte den Hut gerade und betrat die Höhle. Sie gingen an mehrstöckigen Pavillons vorbei und an schlichten Hütten, bis sie an das Haus Yaotai kamen. Dort saß der Meister meditierend auf einem Lotosblumensitz. Rechts und links standen Dutzende von Jüngern. Der Affenkönig warf sich zu Boden und entbot demütig seinen Gruß. »Meister, ich bitte Euch, seid großzügig, nehmt mich als Euren Schüler auf.« So sprach er. Meister Puti begann die Augen zu öffnen. Er lächelte den Affenkönig an und fragte: »Wo wohnst du, und wie heißt du?« – »Ich wohne in der Höhle des Wasservorhanges auf dem Berg der Hundert Blumen und Früchte im Land Aolai. Ich habe weder einen Namen noch Eltern. Ich bin ein Affe aus einem Stein geboren.« Da sprach der Meister: »So will ich dir einen Namen geben. Ich nenne dich Sun Wukong.«

Erfreut bedankte sich der Affenkönig und hieß von nun an Sun Wukong. Der Meister hieß die älteren Schüler, ihn zu unterweisen: im Stubenkehren und Saubermachen, in den Benimmregeln, im Hacken des Feldes und Wässern des Gartens. Nach einiger Zeit lernte er schreiben und Weihrauch abbrennen und die Sutren lesen. An den Tagen, die sich auf die (Yang-)Zahlen drei, sechs und neun beziehen, übten Sun Wukong und seine Mitschüler die Kampfeskunst ein – mit Schwert, Speer und Säbel. Er kämpfte vortrefflich. Über all dem vergingen mehr als sechs Jahre.

Eines Tages bestieg der Meister Puti sein Lehrpult und begann über die Große Wahrheit zu reden. Beim Zuhören lachte Sun Wukong und rieb sich Ohren und Backen vor Freude. Der Meister verwunderte sich: »Wukong, warum hörst du nicht gut zu?« Er erwiderte, sich verneigend: »Ich hörte Euch aufmerksam zu. Dabei ging mir der Sinn Eurer Rede auf, und ich gab meiner Freude Ausdruck.« – »Wie lange bist du schon hier?« – »Ich erinnere mich wohl an sieben Mal, daß ich mich an Pfirsichen sattgegessen habe.« – »So bist du schon sieben Jahre hier. Wenn du bereit bist, werde ich dir die Große Wahrheit (Buddhas Lehre) kundtun. Es gibt 360 Wege, um zu ihr zu gelangen. Welchen Weg soll ich dich lehren?« – »Welchen Ihr wollt, Meister.«

Da forschte Meister Puti nach: »Soll ich dich in der Magie unterweisen?« Sun Wukong fragte: »Was lernt man da?« – »Oh, man lernt, die Geister zu beschwören, das Orakel auszulegen und Glück und Unglück vorherzubestimmen.« – »Läßt sich dadurch das ewige Leben erlangen?« – »Nein, das nicht.« – »Dann will ich Magie nicht lernen.«

Der Alte begann von neuem: »Soll ich dich in der Wissenschaft unterrichten?« – »Was ist das, was lernt man da?« – »Es sind die neun Schulen der drei Religionen. Man lernt die heiligen Schriften lesen, Zaubersprüche hersagen, mit den Göttern Umgang haben und die Heiligen beschwören.« – »Läßt sich dadurch das ewige Leben erlangen?« – »Nein, das nicht.« – »Dann will ich Wissenschaft nicht lernen.«

»Nun, der Weg der Stille ist sehr gut.« – »Was bedeutet dieser?« – »Man lernt, ohne Nahrung auszukommen, ohne Geschäftigkeit; still sitzt man da, in die Betrachtung der Dinge versunken, und meditiert.« – »Läßt sich dadurch das ewige Leben erlangen?« – »Nein, das nicht.« – »Dann will ich den Weg der Stille nicht lernen.«

»Der Weg der Tat ist auch recht gangbar.« – »Was ist damit gemeint?« – »Man lernt, die Kräfte ins Gleichgewicht zu bringen, den Körper zu ertüchtigen, das Lebenselixier zu bereiten und den Atem zu beherrschen.« – »Läßt sich dadurch das ewige Leben erlangen?« – »Nein, das nicht.« – »Dann geh ich den Weg der Tat auch nicht. Ich will ihn nicht lernen.« Da stellte sich der Meister zornig, er verließ sein Pult und nahm den Stock. »Du dummer Affe! Dieses willst du nicht lernen, jenes willst du nicht lernen, Was willst du eigentlich?« Dann schlug er ihm mit dem Stock dreimal auf den Kopf, zog sich in die innere Zelle zurück und schlug die Haupttür hinter sich zu.

Alle Zuhörer waren erschrocken über den Zorn des Meisters. Sie überhäuften Sun Wukong mit Vorwürfen. Der aber blieb ungerührt, er lächelte still und dachte bei sich: »Daß er mich dreimal auf den Kopf geschlagen hat heißt, daß ich zur dritten Nachtstunde bereit sein soll. Daß er sich in die innere Zelle zurückgezogen und die Haupttür hinter sich zugemacht hat heißt, daß ich durch die Hintertür kommen soll und er mir im geheimen die Große Wahrheit kundtun will.« So wartete Sun Wukong den Abend ab, begab sich mit den anderen ins Schlafzimmer und legte sich scheinbar zur Ruhe. Um drei Uhr nachts, als alles schlief, stand er sachte auf und schlich sich zur Hintertür. Er sah, die Tür zur Zelle des Meisters war nur angelehnt. Sehr leise trat er ein, fand ihn schlafend, mit dem Gesicht zur Wand, und kniete vor seinem Bett nieder. Nach einer Weile drehte sich der Meister um, sah den Knienden und rief: »He, warum schläfst du nicht, was willst du hier?« Sun Wukong erwiderte: »Am Tag habt Ihr mich dreimal geschlagen, habt danach die Haupttür zugemacht und seid weggegangen. Ich dachte, das bedeutet, daß ich um drei Uhr in der Nacht zu Euch kommen soll, um in der Wahrheit unterrichtet zu werden. Darum habe ich es gewagt zu kommen.«

Der Meister dachte bei sich: »Dieser Affenkopf hat tatsächlich Grips. Er ist anders als die anderen.« Er ließ ihn näher zu sich ans Bett kommen und flüsterte ihm etwas ins Ohr. Es war ein heiliger Zauberspruch, der die Lebenskraft sammelt und bündelt; Wort für Wort erklärte er ihm dessen geheimen Sinn. Begierig hörte Sun Wukong ihm zu, konnte den Spruch bald auswendig. Er bedankte sich, ging wieder nach vorn und legte sich schlafen. Von nun an kam er jede Nacht drei Uhr, um vom Meister zu lernen. Er übte sich im richtigen Atem, in der Beherrschung von Samen und Ungestüm des Herzens, in Kenntnissen von Seele und Geist. Weitere drei Jahre gingen so dahin. Als letztes erlernte Sun Wukong, sich vor großen Gefahren zu schützen: die Kunst der 72 Verwandlungen.

Eines Tages ging der Meister mit seinen Schülern vor der Höhle spazieren. Er winkte Sun Wukong zu sich und fragte: »Wie steht's mit deiner Kunst – kannst du auch fliegen?« – »O ja.« – »So laß es mich sehen.« Der Affe sprang in die Luft, etliche Li hoch, und unter seinen Füßen ballten sich Wolken; auf ihnen konnte er mehrere hundert Schritt weit gehen, dann mußte er wieder zur Erde herab. Der Meister lachte: »In den Wolken herumkriechen, das kannst du, aber auf den Wolken schweben, wie es Götter und Heilige selbstverständlich tun, das geht dir noch ab. Ich will dich den Zauberspruch des Wolkenpurzelbaums lehren. Wenn du solch einen Purzelbaum schlägst, kannst du 108 000 Li weit kommen.«

Eines Tages saßen alle Schüler draußen unter einer Kiefer und disputierten über die Große Lehre. »Zeig uns doch einmal deine Verwandlungskünste«, baten sie Sun Wukong, und dieser, das Geheimnis nicht achtend, gab zurück: »In was wollt ihr, daß ich mich verwandle?« und sie: »Verwandle dich doch mal in eine Kiefer.« Da murmelte Sun Wukong einen Spruch, drehte sich um und schwupp, schon stand er als Kiefernbaum da. Alle klatschten Beifall. Den Meister störte der Lärm, er trat aus der Tür und sagte: »Was soll dieser Lärm?« Sie antworteten: »Sun Wukong hat sich in eine Kiefer verwandelt, und das fanden wir außerordentlich.«

»Komm her, Sun Wukong«, sagte der Meister, »was sollen solche Kunststückchen, was mußt du dich in eine Kiefer verwandeln? Alles, was du erlernt hast, ist dir nur dafür gut, um vor den Augen aller herumzuzaubern. Du hast dein Herz noch nicht in der Hand.« Sun Wukong kniete vor dem Alten nieder und bat um Verzeihung. »Ich trage dir das nicht nach«, sagte dieser, »aber du mußt fort.« – »Wo soll ich denn hin?« sagte der Affe mit Tränen in den Augen.

»Wo du hergekommen bist«, sagte der Meister. Der andere warf sich auf die Knie: »Ich habe bei Euch soviel gelernt, habe mich noch wenig dankbar erwiesen. Wie kann ich jetzt schon weggehen?« – »Rede nicht von Dank«, sagte der Meister. »Es ist schon genug, wenn du mit deiner wilden Art dir selbst kein Unheil bringst. Verschone auch mich davon: Sag keinem Menschen, daß du mein Schüler warst. Wenn du so etwas verlauten läßt, werde ich dir die Haut abziehen und deine Knochen brechen. Ich sperr dich in die tiefste Hölle, daß du in tausend Ewigkeiten nicht mehr herauskommst.« – »Ich werde nichts sagen«, versprach Sun Wukong. Er bedankte sich noch für die ihm erwiesene Güte, schlug einen Purzelbaum und stieg zu den Wolken empor.

Aus dem Chinesischen von Julia Weber

Dies ist der Anfang einer wahrhaft unendlichen Geschichte, die Sun Wukong zunächst wieder zum Berg der hundert Blumen und Früchte führt, der inzwischen verödet ist – das Werk des Teufelskönigs aus den hohen Norden; der Affenkönig erklärt ihm den Krieg und spaltet ihm mit seinem eigenen Messer den Kopf. Dann muß der Drachenkönig des

Ostmeeres dran glauben; durch ihn erhält Sun Wukong seine Wunderwaffe, eine ungeheure Eisenstange mit goldenen Zwingen, die sich bis auf Stecknadelgröße zusammenschrumpfen läßt. In der Unterwelt korrigiert Sun Wukong eigenhändig das Buch des Lebens, und der Herr des Himmels überträgt ihm das Amt, auf die Lebenspfirsiche im Garten der Königinmutter des Westens zu achten ...

Vor uns haben wir Chinas bekanntesten und beliebtesten Märchenhelden. Sun steht für »Affe«, Wukong bedeutet »der zur Leere (zum Nirwana) Erwachende«. Seit Wu Cheng´en (um 1550) den Roman »Die Pilgerreise nach Westen« verfaßte, ist dieser Held populär. Die insgesamt 81 Prüfungen auf dieser magisch-phantastischen Reise ergeben eine unabsehbare Fülle von Abenteuern, die der Pilger Dang Seng und seine drei Schüler – Sun Wukong, das Schwein Zhu Bajie und der Pferdeführer Sha Wujing - bestehen müssen. Jeder von ihnen steht für eine übersteigerte Tugend, so der Affenkönig für Willenskraft und Standfestigkeit, das gottvolle Schwein für Sinnlichkeit im Übermaß. Sun Wukong wurde zu einer zentralen Figur der artistischen Peking-Oper und später zum Liebling der Massenmedien; die mehrsprachige »Bilderbuchreihe vom Affenkönig« zählt allein 34 Bände, die Verbreitung in Scherenschnitt- und Heftchenform ist unüberschaubar.

Geschichten von Dschuhā

Dschuhā hatte einen kleinen Esel. Den entdeckte einst eine Gaunerbande und nahm ihn weg; sie stahlen und verkauften ihn. Dann kamen die Strolche wieder zu Dschuhā und sprachen zu ihm: »Dschuhā, dein Esel ist Kadi geworden!« Dschuhā erwiderte: »Wahrhaftig?« Sie sagten beteuernd: »Wir legten ein Buch vor uns hin und begannen zu lesen: Da hörte er uns zu!« Dschuhā ging weg, nahm einen Futtersack und begab sich zum Haus des Kadi. Der Kadi sprach gerade Recht; da hielt ihm Dschuhā den Futtersack hin und sagte zu ihm: »Komm, friß Gerste! Du bist doch ein Esel?« Der Kadi blickte auf und sprach: »Was bedeutet das? Du machst mich zu einem Esel, verfluchter Junge? Nehmt ihn fest und verabreicht ihm zweihundert Hiebe!« Seine Diener gaben nun Dschuhā die Hiebe. Dschuhā aber schrie: »Ich werde dir nie mehr Gerste und Stroh geben! Wenn ich wieder frei bin, werde ich es dir schon zeigen.« Da blickte der Kadi auf und sprach: »Der Mensch ist verrückt. Was war der Preis deines Esels, mein Junge?« Dschuhā erwiderte: »Hundert Piaster.« Der Kadi befahl: »Gebt ihm hundert Piaster und jagt ihn fort von hier!«

Dschuhā begann wieder: »Wenn du aber nicht mein Esel bist, wo ist dann mein Esel?« Der Kadi fragte: »Was war mit deinem Esel?« Dschuhā erwiderte: »Ich suchte meinen Esel, konnte ihn aber nicht finden. Da begegneten mir mehrere Leute, die sagten zu mir: ›Dein Esel ist Kadi geworden.‹ Da kam ich zu dir; du hast mir – bei Allah – nun zu dem Nötigen verholfen. Darum bist du wirklich ein Kadi und kein Esel.«

Darauf ließ der Kadi die Leute holen, die diese Geschichte angestiftet hatten. Man brachte sie, und der Kadi befahl: »Gebt jedem zweihundert Hiebe! Und ihr (sich an die Diebe wendend) müßt Dschuhā seinen Esel wiederbeschaffen.« Dschuhā nahm nun seinen Esel mit. Er steckte ihm bald darauf sechs oder sieben Goldstücke in den Hintern, begab sich dann auf den Pferde- und Eselsmarkt und bot den Esel zum Verkauf an. Dann stieg er auf den Esel und stieß ihn in den Nacken. Da blies der Esel seinen Wind, wobei die Goldstücke hinten herausfielen. Die Leute fragten Dschuhā: »Mistet dieser Esel etwa Goldstücke?« Man begann auf den Esel zu bieten. Der Kauf fiel schließlich drei Leuten zu, die sich als Teilhaber zusammenschlossen. Dschuhā verkaufte den Esel jenen Leuten für zehntausend Piaster. Sie fragten: »Was frißt er denn?« Dschuhā antwortete: »Kauft ihm grüne Gerste, belegt ihm den Fußboden eines Zimmers mit Teppichen und legt die grüne Gerste für ihn in eine Ecke. Laßt ihn aber unangebunden!« Sie nahmen den Esel und breiteten für ihn Teppiche in einem Zimmer aus.

Dschuhā hatte ihnen noch etwas gesagt: »Wenn ihr morgen früh aufsteht, hat er euch sicher eine Metze voll Goldstücke gemistet.« Sie schlossen den Esel im Zimmer ein und wollten nach Hause. Doch wie sie sich ansahen, fragten sie sich: »Bei wem wollen wir den Schlüssel lassen?« Einer riet: »Wir wollen ihn da und da bei dem Gewürzkrämer lassen.« Sie trugen dem Gewürzkrämer auf: »Gib den Schlüssel nur dann heraus, wenn wir alle drei zusammen hierher kommen.« – »Schon recht«, sagte jener.

Am folgenden Morgen kamen sie wieder, holten den Schlüssel ab und suchten das Gemach auf, wo sich der Esel befand. Der Esel hatte aber die grüne Gerste gefressen und die ganze Nacht gemistet. Man öffnete das Zimmer. Dem, der zuerst eintrat, schlug die übelriechende Luft des Mistes entgegen. Da ging er wieder hinaus und sprach zu seinen beiden Genossen: »Drinnen liegen Goldstücke in Massen umher. Aber sie riechen recht übel.« Der zweite trat ein und machte es wie der erste. Der dritte trat ein und rief: »Dschuhā hat uns angeführt!«

Sie begaben sich zu Dschuhā und sprachen zu ihm: »Du hast doch behauptet, der Esel miste Goldstücke?« Da erwiderte Dschuhā: »Euch fehlt es am Verstand. Wo auf der Welt gibt es einen Esel, der Goldstücke mistet? Ich habe zu euch gesagt, er miste Goldstücke. Und das tat er auch: Er hat mir eine schöne Stange Geld gebracht.«

Dschuhā pflegte mit seiner Mutter unter einem Tuch zu schlafen. Jeden Morgen, wenn der Muezzin auf das Minarett stieg, um zum Gebet zu rufen, stand

Dschuhās Mutter auf und legte sich das Tuch um. Dschuha mußte in der Kälte
bloßliegen.

Eines Tages sprach er bei sich: »Dieser Muezzin ist doch ein nichtswürdiger
Mensch. Er stört mich jede Nacht.« Dschuhā begab sich nun zu ihm auf das Minarett, und während jener zum Gebet rief, schlug Dschuhā auf ihn ein, tötete
ihn, schnitt ihm den Kopf ab und warf den in den Brunnen seines eigenen Hauses. Dann ging Dschuhā zu seiner Mutter und sprach zu ihr: »Jetzt habe ich dir
endlich Ruhe vor jenem Muezzin verschafft. Ich habe ihn getötet und ihm den
Kopf abgeschnitten.« Seine Mutter fragte ihn: »Wo ist denn sein Kopf?« Dschuhā
erwiderte: »Den habe ich in unsern Brunnen geworfen.« Die Mutter sprach darauf: »Geh jetzt aufs Zimmer und leg dich schlafen, sonst wird man kommen und
dich festnehmen.« Dschuhā ging und legte sich schlafen, und seine Mutter deckte ihn zu.

Sie hatte nun ein Hämmelchen, das schlachtete sie und warf dessen Kopf in den
Brunnen. Dann nahm sie das Netz und den Magen her und machte kleine Würste daraus. Sie kochte die Würste, begab sich zu ihrem Sohn Dschuhā und warf
sie vor ihm hin auf den Boden. »Steh auf, Dschuhā!« rief sie. »Es ist ein Wurstregen gefallen.« Da erhob sich Dschuhā, las die Würste zusammen und aß.

Darauf ging er aus und fand die Moschee voller Menschen. Die fragten sich gegenseitig: »Was ist das? Der Muezzin hat keinen Kopf? Wer hat ihn getötet?«
Dschuhā sprach zu den Leuten: »Ich habe ihn getötet.« Man fragte ihn: »Wo ist
der Kopf des Muezzin?« Dschuhā antwortete: »Den habe ich in unsern Brunnen
geworfen.« Jetzt hieß es: »Da müssen wir nach Dschuhās Haus gehen und sehen,
ob das wahr ist oder eine Lüge.«

Man ließ Dschuhā in den Brunnen hinab, damit er den Kopf des Muezzin heraufhole. Als Dschuhā nun im Wasser herumtastete, kamen ihm die Hörner des Hammels in die Hand. Da blickte er nach oben und rief: »Hatte euer Muezzin Hörner oder war er ohne?« Man erwiderte: »Was soll das heißen? Wann hast du ihn übrigens getötet?« Dschuhā sagte: »In der Nacht, in der der Wurstregen fiel.« Da blickten sich die Leute an und sprachen: »Ach natürlich, das ist ja der verrückte Dschuhā.«

Auf Sizilien wird die Sache mit dem seltsamen Wurstregen etwas anders erzählt; der Held ist dort jugendlicher und heißt Dschufà (Giufà).

Eines Tages ging Dschufà mit anderen Jungen zum Holzsammeln. Kaum hatten sie genug beisammen, machten sie sich wieder auf den Weg nach Hause. Nur Dschufà blieb zurück, er wollte erst sein Bündel sauber verschnüren. Dann trat auch er den Heimweg an. Auf halber Strecke wurde er müde und beschloß, in einer Höhle am Weg ein wenig auszuruhen. Dort überkam ihn ein Bedürfnis. Er pinkelte, und sein Wasser floß in vier kleinen Bächlein davon. »Ja lauft, lauft bloß weg, ich habe euch doch gesehen!« rief Dschufa.
Im selben Augenblick flohen auf der Straße unterhalb ein paar Räuber – Hals über Kopf. Dschufà sah sie laufen und sagte: »Oh, diese Dummköpfe! Ausgerechnet vor mir hatten sie Angst!« Er nahm sein Holzbündel, trat in die Höhle und fand auf dem Feuer einen Topf mit dampfender Suppe. Er nahm sich ein Stück Fleisch und Brot dazu und begann zu essen. Dann sah er sich um, denn vielleicht hatten die Räuber etwas von ihrer Beute zurückgelassen. Er fand einen ganzen Sack voller Goldmünzen. Da schnürte er das Bündel neu, band sich das Holz mitsamt dem Sack auf den Rücken und kehrte dann nach Trapani zurück.
Am Stadttor fragte ihn der Wächter: »Dschufà, was hast du auf dem Buckel?« – »Holz«, sagte er und ging ins Haus seiner Mutter. Als er die Treppe hochstieg, sah er, wie sie sich mit Nachbarn unterhielt, und rief ihr zu: »Mutter, komm doch mal!« – »Ah, Dschufà, bist du müde?« – »Komm her und sei still!« Dschufà löste die Schnüre vom Bündel und gab ihr den Sack mit den Goldmünzen. Seine Mutter, die alles andere als dumm war, versteckte den Schatz und sagte: »Sprich mit niemandem darüber. Wenn die Polizei davon Wind bekommt, stecken sie uns alle beide ins Gefängnis!«

Als Dschufà zu Bett gegangen war, nahm die Mutter eine Handvoll Rosinen und getrocknete Feigen, kletterte aufs Dach und warf sie an sein Fenster. »Mutter, Mutter!« – »Was ist denn?« – »Es regnet Feigen und Rosinen!« – »So fang sie auf, mein Sohn. Das ist der Regen Gottes!« Eines Tages geschah es, daß zwischen Mutter und Sohn ein Streit ausbrach. »Gib mir das Geld wieder, das ich dir gebracht habe, sonst zeige ich dich an!« Doch die Mutter dachte nicht daran, es ihm zu geben, und so ging Dschufà zum Richter: »Eure Exzellenz, ich habe meiner Mutter einen Sack mit Goldmünzen anvertraut, und sie will ihn mir nicht zurückgeben!«

Bald darauf wurde Dschufàs Mutter vor Gericht geladen. Sie sagte zu ihrem Sohn: »Dschufà, man hat mich aufs Gericht bestellt, zieh die Tür hinter dir zu!« Da stemmte dieser Dummkopf von Dschufà die Tür heraus, lud sie sich auf und trat so vor den Richter. Der Richter sagte zur Mutter: »Ihr müßt das Geld Eurem Sohn zurückgeben.« – »Eure Exzellenz, seht Ihr nicht, daß mein Sohn verrückt ist? Sogar mit der Tür auf dem Rücken ist er vor Gericht erschienen.« Dschufà gab zurück: »Hoher Herr, ich habe den Beweis: Es war der Tag, an dem es Trockenfeigen und Rosinen geregnet hat.« Da sprach der Richter: »Warum kommt Ihr mir damit? Seht Ihr nicht selbst, daß Euer Sohn verrückt ist?«

Aus dem Arabischen von Hans Stumme
Aus dem Italienischen von Judith Schwaab

Dschuhā ist bei den Arabern das, was bei Türken und Persern der Hodscha Nasreddin ist: ein einfältiger Weiser, ein respektloser Pfiffikus, ein naiver Betrüger, ein Träumer, ein Verrückter. In allen arabischen Ländern sind Dschuhā und sein Begleiter, der Esel, populär. Man kann ihm als libanesischem Bauern in einem Bergdorf begegnen, als gammelndem Studenten an der Al-Azhar-Hochschule oder als Kairoer Richter, als Gast des Sultans in den Palästen von Bagdad und auch beim Einkaufen in der Altstadt von Tunis. (Aus Stummes »Tunesischen Märchen«, Leipzig 1893, stammen die ersten drei Texte).
Von anderen Märchenhelden unterscheidet Dschuhā die Geschmeidigkeit, das Fließende. Was er tut und spricht, paßt sich im Grunde den Verhältnissen an. Die komischen Abenteuer, deren Held er ist, werden vom Erzähler stets aufs Aktuelle abgestimmt, sie kennzeichnen in gewisser Weise »die Lage«.

In Sprichwörtern und Redensarten ist Dschuhā allgegenwärtig. Gehen die Geschäfte schlecht, sagt man: halt so wie in Dschuhās Geschäften. Und wer in einer Situation »nur Bahnhof versteht«, der fragt zurück: Wissen Sie, was Dschuhās Tarbusch (eine Art Fez) zerrissen hat? Von arabischen Minderheiten her hat sich der »Giufà« auch in Sizilien eingebürgert. Nach ihm ist ein Preis für Jugendbuchillustratoren benannt, der jedes Jahr in Enna verliehen wird.

Fuuldowat

Da ist mal eine Frau gewesen, die hatte einen Sohn, und der war sehr, sehr faul. Seine Mutter nannte ihn nie anders als Fuuldowat, Fauler-tu-was. Eines Tages sagte sie zu ihm: »Fuuldowat, geh hin und hol mir'n bißchen Wasser. Ich will dir auch 'nen Pfannekuchen backen.« – »Nee«, sagte Fuuldowat, »ein Pfannekuchen, das ist nicht genug.« Wenn sie ihm zwei backen will, dann will er ihr was holen. Ja, dann will sie ihm auch zwei backen, sagt sie.

Da nimmt sich Fuuldowat einen Korb und geht damit hin, um Wasser zu holen. Als er sich das Wasser nun herausgeholt hatte, da läuft das durch und weg, durch den Korb hindurch, und da liegt nur so'n kleiner Fisch drin. Da sagt der kleine Fisch: »Fuuldowat, laß mich leben; dann sollst du dir auch dein Teil wünschen.« – »Nee«, sagt Fuuldowat, »ein Teil, das ist nicht genug.« – »Ja«, sagt der kleine Fisch, »dann sollst du dir auch zwei Teile wünschen.« – »Nee«, sagt er, »das ist auch noch nicht genug.« – »Ja, dann sollst du dir alles wünschen, was du willst.« Na, da ist Fuuldowat schon mit zufrieden. Und er nimmt den kleinen Fisch und schmeißt ihn wieder ins Wasser.

Nun will er ja mal sehen, ob das auch wohl wahr ist, was er sich so wünschen kann. Und da wünscht er, wenn er mit dem Korb ins Wasser taucht, daß das Wasser darin warten soll, in dem Korb. Und richtig: das Wasser bleibt im Korb stehn.

Da geht er mit seinem Korb nach Hause und setzt sich in die Küche hin. Da sagt seine Mutter zu ihm: »Fuuldowat, du hast mir ja noch kein Wasser gebracht.« – »Ja, Mutter«, sagt er, »das Wasser steht dort im Korb.« – »Ach, Junge«, sagt sie, »willst du deine Mutter noch zum Narren halten?« – »Nee, Mutter«, sagt er, »guck doch mal selber hin.« Sie guckt hin: richtig, da steht das Wasser hoch im Korb.

Nun hatte sie auch noch kein Fleisch besorgt, seine Mutter. Und da sagt sie zu ihm: »Fuuldowat, du kannst noch mal hin zum Schlachter gehen und mir'n bißchen Fleisch holen.« Also, er geht da hin. Als er sein Fleisch auf dem Teller hatte, da schmeißt er sich damit der Länge nach auf die Schlachterbank, und dann sagt er: »Nun will ich, daß der olle Block sich zu wälzen beginnt und mich wälzt vor meiner Mutter ihre Küche.« Da rührte sich der olle Block und beginnt sich zu wälzen und wälzt mit ihm los, Straße auf Straße hinab.

Als Fuuldowat bei einem Schloß vorbeigewälzt kommt, da guckt dem König seine Tochter gerad aus dem Fenster, und sie lacht darüber, daß Fuuldowat so dahergewälzt kommt. Da sagt er: »Deern, was schert dich das? Ich will, daß du alte Hure ein Kind kriegst.« Nun hat er das ja wünschen können, und da war ihr mit einem Mal so wunderlich. Und sie muß zu Bett und kriegt 'nen kleinen Jungen.

Ihr Vater und ihre Mutter zerbrechen sich den Kopf, wer da einmal der Vater gewesen sein kann. Ihre Tochter ist doch gar nicht so, daß sie hinter den Kerlen hinterher ist, und sie ist gar nirgends gewesen, wo sie das hat bekommen können. Und sie sind darüber so verdrießlich, die Alten, daß das arme Mädchen so damit ankam. Aber was hilft das alles? Da kann man sich nicht bei aufhalten: sie hat das Kind nun einmal weg.

Wie der kleine Junge so zwei, drei Jahre ist, da sagt der König: »Du«, sagt er zu seiner Frau, »was denkst du darüber? Unsere Tochter kann doch nicht ihr ganzes Leben wie eine Hure herumlaufen. Wir müssen sehen, daß sie einen Mann kriegt. Der Junge muß ja auch 'nen Vater haben.« – »Ja«, sagt sie, »da hab ich auch schon dran gedacht. Zeit wärs ja nach diesem.«

Da stiftet der König ein großes Gelage an, dazu lädt er alle jungen Prinzen ringsumher ein. Und sie müssen sich alle rundum im Saal aufstellen, und der kleine Junge kriegt 'nen Apfel in die Hand. Und wo er den Apfel hinbringt, wem er ihn gibt, der soll für den Jungen der Vater werden und soll die Königstochter zur Frau haben.

Da geht Fuuldowat hin und wünscht sich auch hinein in den Saal. Und er wünscht, daß der kleine Junge den Apfel zu ihm hinbringen soll. Da bringt der kleine Junge den Apfel zu Fuuldowat hin. Der König will das aber nicht gelten lassen – Fuuldowat war nun mal kein Prinz –, und da kriegen sie ihn beim Schlafittchen und schmeißen ihn raus.

Er wünscht sich aber sofort wieder rein in den Saal, und der kleine Junge bringt den Apfel wieder zu ihm hin. Da sieht der König wohl, daß da nichts zu machen ist. Und da wird Fuuldowat Vater von dem kleinen Jungen und kriegt die Königstochter zur Frau.

Nun ist dem König das aber so ordinär erschienen, daß seine Tochter so 'nen Bengel zum Mann gekriegt hat. Und er geht daran und läßt sich ein Schiff bauen, da kommen Fuuldowat und die Königstochter hinein, und der kleine Junge auch mit. Fuuldowat kommt in die eine Kammer und die Königstochter mit ihrem kleinen Jungen in die andere. Die beiden Kammern standen aneinander, und dazwischen war eine gläserne Tür, daß sie sich sehen konnten. Zueinander haben sie aber nicht gekonnt: die Tür war zugeschlossen.

Als sie nun auf dem Wasser sind, da hat Fuuldowat immer gut zu leben, viel besser als die Königstochter, denn er konnte sichs ja wünschen. Da fragt sie ihn: »Fuuldowat, wie geht das zu, daß du immer so'n schönes Essen und Trinken hast?« – »Ja, Deern«, sagt er, »ich kann wünschen.« – »Na, dann hast du das ja wohl auch gewünscht«, sagt sie, »daß ich'n kleinen Jungen gekriegt hab.« – »Ja«, sagt er, »das hab ich.« – »Ja, dann wünsch doch mal«, sagt sie, »daß du hier zu mir reinkommen kannst.« Da wünscht er sich herein zu ihr.

Als er nun bei ihr ist, da sagt sie: »Nun wünsch doch mal, daß du recht schmuck aussiehst, und daß du in feinem Tuch gehst.« Na, das hat er dann auch gewünscht. Zuletzt sagt sie zu ihm: »Nun wünsch doch mal, daß das Schiff wieder an Land kommt, nah bei meinem Vater seinem Schloß.« Da wünscht er sich auch das. Und mit einem Mal ist das Schiff an Land.

Am andern Morgen, als der König aufsteht, guckt er aus dem Fenster, und da dünkt ihm: »Sieh mal, da ist ja wohl genau das Schiff, wo deine Tochter mit weggefahren ist.« Und er ruft einen von seinen Schreibern und sagt, was er da sehen kann oder was er träumt – also, er soll doch mal hingehen und drauf schauen, was das da für ein Schiff ist. Der Schreiber geht hin: Richtig, das ist das Schiff. Er bringt dem König die Meldung, und da geht der König nun selber.

Als er die Tür aufmacht, da liegen sie alle drei im Bett, der kleine Junge in der Mitte, und Fuuldowat auf der einen Seite und die Königstochter auf der anderen. Da sagt der König: »Deern, wo ist er da hineingekommen zu dir?« – »Ja, Vadder«, sagt sie, »Fuuldowat kann wünschen. Den kleinen Jungen hat er mir auch zugewünscht.« – »Ja«, sagt der König da, »wenn er wünschen kann, dann ist das ja was anderes, wenn er denn auch kein Prinz ist.« Und er hatte gar nichts mehr dagegen.

Da hat sich Fuuldowat ein schönes Schloß gewünscht, und darin haben sie glücklich und vergnügt zusammen gelebt. Und wie der König gestorben ist, da ist Fuuldowat König 'worden.

Aus dem Plattdeutschen von Ulf Diederichs

Dieser niederdeutsche Held ist ein Vetter des »faulen Lars« und des »faulen Muttersohnes« aus Dänemark, die es allesamt schaffen, daß auf bloßes Wünschen hin eine Prinzessin schwanger wird, und die sich dann in der Rolle eines Familienvaters wiederfinden. Der Gymnasiallehrer Wilhelm Wisser bekam das Märchen 1898 von zwei siebzigjährigen Frauen aus der Eutiner Umgebung erzählt, Stina Schloer und Karoline Lemcke: beide echte Märchenerzählerinnen, deren Platt um einiges kräftiger, sinnlicher ist als die hier versuchte hochdeutsche Fassung. »Fuuldowat« steht im ersten, gleich sehr erfolgreichen Band »Wat Grotmoder vertellt« (1903), mit dem die Diederichs-Märchen einst begannen. Die drei Bände ostholsteinischer Volksmärchen begründeten Wissers Ruhm, ein »Grimm von unten« zu sein.

Fuuldowat hat zwei illustre Vorfahren, den Narren Pietro aus Straparolas »Le piacevoli notti« (1550) und den Pervonto aus Basiles »Lo cunto de li cunti« (1634). Die Leitfassung dieses Märchens existiert also seit bald 450 Jahren; sie handelt vom Fischerjungen Pietro Pazzo, vom wünschegewährenden großen Thunfisch und von der Prinzessin Luciana, die sich von Pietro die Wünschkraft übertragen läßt.

Trandafiru

 In jenen alten Zeiten, als die Menschen mit den übrigen Ge-
schöpfen noch in engerem Bunde standen als jetzt, begab
sichs, daß einmal ein Vater einen Sohn hatte, der bei Tag ein
Kürbis, bei Nacht aber ein so überaus schöner Mann war, daß
man seinesgleichen nicht finden konnte und der deshalb
auch Trandafiru, zu deutsch Rose, hieß.

Eines Tages sprach Trandafiru zu seinen Eltern: »Geht hin zum Kaiser und fordert von ihm seine Tochter, damit ich sie mir zur Frau nehme.« Der
Vater begriff nicht, was seinem Sohn einfiel, und sagte lachend zu ihm: »Was
denkst du, mein Sohn, der du doch nur nachts ein Mensch, bei Tag aber ein unförmiger Kürbis bist, daß dir unser Kaiser seine eigene Tochter zur Frau geben
werde?« – »Liebe Eltern«, erwiderte hierauf der Sohn, »laßt dies meine Sorge
sein; geht nur, ich bitt euch, und begehrt die Prinzessin.« Auf die Bitten ihres
einzigen lieben Sohnes gingen nun die Eltern in den kaiserlichen Palast, wo sie
dem Kaiser ihren Wunsch vortrugen. Welches Staunen ergriff sie, als sie hörten,
daß der Kaiser ohne weiteres einwilligte und nichts wünschte, als seinen künf-
tigen Schwiegersohn vorher zu sehen. Voll Freude kehrten die guten Eltern nach
Hause zurück und luden ihren Sohn, der eben, da es Tag war, seine Kürbisgestalt hatte, auf einen Wagen, um ihn an den Hof des Kaisers zu bringen.
Der Vater runzelte verzweifelt die Stirn, und die Mutter saß stumm neben ihrem
Sohn, beide aber waren sie in der peinlichsten Verlegenheit, wie sie mit dem
Kürbis vor den Kaiser und die Prinzessin treten sollten. Der Vater fürchtete, der
Kaiser werde meinen, sie wollten Spott mit ihm treiben, und ihnen daher die
Köpfe herunterschlagen lassen; der Kürbis aber, der die Verlegenheit seiner El-
tern bemerkte, sprach zu ihnen: »Liebe Eltern, kränkt euch nicht weiter über eu-
ren unförmigen Sohn! Schaut, eben ist die Sonne hinunter, und ich werde mich
gewiß zur Zufriedenheit des Kaisers und der schönen Prinzessin verwandeln!«
Als sie in der kaiserlichen Burg ankamen, war es finstere Nacht geworden, und
Trandafiru hatte sich in einen so schönen Jüngling verwandelt, daß weder der
Kaiser noch die Prinzessin etwas gegen ihn einzuwenden hatten. Daher wurde
auch auf der Stelle der Befehl gegeben, daß der ganze Hof sich zu einem glän-
zenden Fest versammeln und der Hochzeit der Kaiserstochter beiwohnen solle.
Die Prinzessin wurde wirklich Trandafirus Frau und hatte so großes Wohlge-

fallen an ihrem schönen Mann, daß sie sich aus der Kürbisgestalt, in der er seine Tage zubringen mußte, schon nach kurzer Zeit nichts mehr machte.

Als aber einmal die Mutter der Prinzessin in das Haus ihres Schwiegersohnes kam, um ihre Tochter zu besuchen und sie sie fragte, wie es ihr mit ihrem Gatten gehe, so antwortete diese: »Ja, recht gut, nur gefällt mir nicht, daß er bei Tag ein unförmiger Kürbis und nur bei Nacht ein Mann ist. Freilich ist er«, setzte sie hinzu, ein so wunderschöner Mann, daß nicht einmal eine Rose mit ihm zu vergleichen ist.« Das letztere konnte die Kaiserin, welche eine hochmütige Frau war, über den Gedanken, daß sie einen Kürbis zum Schwiegersohn haben sollte, nicht beruhigen, und sie beredete daher die Prinzessin, ihren Mann umzubringen. »Heize den Backofen tüchtig«, sagte sie zu ihr, »und fragt dich jemand, weshalb du solches tust, so sprich nur: zum Brotbacken. Wenn alsdann der Ofen recht glühend ist, so nimm den Kürbis, steck ihn hinein und verschließe den Ofen fest.« Die Prinzessin, welcher ein ganzer Mann allerdings auch lieber gewesen wäre, befolgte, als das böse Weib wieder abgereist war, den gegebenen Rat. Sie heizte den Ofen, bis er glühte, und als ihre Schwiegermutter sie fragte, warum sie den Ofen so stark heize, antwortete sie: »Zum Brotbacken.« Als sie dachte, der Ofen werde heiß genug sein, nahm sie schnell den Kürbis, drückte ihn hinein und wollte hinter ihm schließen. Ehe sie dies aber bewerkstelligen konnte, hörte sie aus dem Kürbis die Stimme ihres Mannes rufen: »Treuloses Weib, ich fluche dir, und du sollst nicht eher gebären können, als bis ich dich in Liebe wieder umarmt habe.«

Die Stimme schwieg, und in dem nach und nach erkaltenden Ofen war nichts mehr zu sehen, weder ein Kürbis noch Asche. Trandafirus Seele hatte den Kürbis verlassen, und gute Geister brachten sie nach einem entfernten Reich, wo eben der Herrscher gestorben war und wo jetzt Trandafiru vom Volk zum Kaiser ausgerufen wurde. Seine unglückliche Gattin aber fühlte sich schwanger und hatte solche Schmerzen, daß sie einen eisernen Reif um ihren Leib legen mußte. Diese herben Leiden, der Jammer ihrer Schwiegermutter über den verschwundenen Sohn, ihre Verlassenheit und das Bewußtsein der eigenen Schuld gestatteten der Kaiserstochter keine Ruhe, und sie verließ endlich in Verzweiflung das Haus, um ihren Mann aufzusuchen.

Nach vielen Drangsalen und monatelangem Umherirren kam sie endlich zur heiligen Mutter Mittwoch. Als sie dieser vor die Tür trat, rief Mutter Mittwoch sie an: »Wer bist du, fremdes Erdenkind, bist du gut oder böse? Bist du gut, so komm nur herein, bist du aber böse, so sieh dich vor, daß du fortkommst, denn wenn ich den Leikeboldeike loslasse, so reißt er dich in Stücke!« Hierauf erwiderte die Kaiserstochter: »O heilige Mutter Mittwoch, ich bin eine Unglückliche und fürchte mich nicht. Sagt mir, gute Mutter, ob Ihr nicht meinen Mann, den edlen Trandafiru gesehen habt.« – »Mein liebes Kind«, erwiderte jene, »deinen Mann Trandafiru hab ich nicht gesehen und weiß dir auch nichts von ihm zu sagen; vielleicht aber kann die Mutter Freitag Auskunft geben. Geh denn zu ihr! Damit du indessen nicht umsonst bei mir gewesen bist, so nimm hier diesen goldenen Spinnrocken; auf ihm wirst du lauter Gold spinnen, er kann dir vielleicht einmal nützlich sein.«

Als die Prinzessin von der freundlichen Alten entlassen war, ging sie weiter und kam nach abermaligem langem Umherirren zur heiligen Mutter Freitag. Auch diese fragte sie, ob sie ihren Mann, den edlen Trandafiru, nicht gesehen habe. Mutter Freitag wußte ihr aber ebenfalls nichts von ihm zu sagen und meinte, daß die heilige Mutter Sonntag dies am besten wissen könne. Auch die Mutter Freitag beschenkte die Irrende reichlich, indem sie ihr eine goldene Haspel gab, an der, wenn man sie drehte, sich lauter Goldfäden aufwanden. Bei der Mutter Sonntag angekommen, fragte die Fremde wieder nach ihrem Mann und erhielt die Antwort, daß sie nicht mehr fern von ihm sei, vielmehr sich schon in seinem Reich befinde.

Nachdem sich die gute heilige Mutter die Geschichte der unglücklichen Kaiserstochter umständlich hatte erzählen lassen, sprach sie: »Wenn du deinen Mann wiedergewinnen willst, so mußt du tun, wie ich dir sage. Sieh zu, daß du gerade des Abends zu dem Brunnen kommst, der vor dem Schloß des Kaisers sein Kristallwasser aus goldenen Röhren in die marmornen Becken gießt. Dort werden sich abends die Mägde der Kaiserin einfinden, um Wasser zu holen. Siehst du sie kommen, so nimm den Spinnrocken, welchen dir die heilige Mutter Mittwoch geschenkt hat, und spinne Gold darauf. Wenn die Kaiserin von ihren Mägden hört, welches wunderbare Werkzeug du besitzt, so wird sie's für sich haben wollen und dich nach dem Preis fragen lassen. Gib dann zur Antwort, daß du es nicht verkaufst, daß sie's aber geschenkt haben könne, wenn sie dir erlaube, daß du eine Nacht im Schlafgemach des Kaisers, ihres Gemahls, zubringen dürfest. Gelingt dir dies, so wirst du glücklich sein; wenn nicht, so versuche es am anderen Tage wieder mit der Haspel und endlich im Notfall zum drittenmal mit dieser goldenen Gluckhenne und ihren fünf Küklein, die alle sechs goldene Eier legen.«

So entließ die heilige Mutter Sonntag die Kaiserstochter, die nun frohen Sinnes nach der kaiserlichen Residenzstadt eilte, wo sie sich bei dem beschriebenen Marmorbrunnen ermüdet niedersetzte. Sie sah auf und erblickte oben auf dem Brunnen eine goldene Bildsäule, in welcher sie sogleich, ohne die goldene Unterschrift auf der Marmorplatte zu lesen, ihren Mann, den edlen Trandafiru, erkannte. Denn von dieser Stadt aus gebot er als Kaiser über ein ansehnliches Reich. Ihr Herz pochte laut, und fast hätte sie, in tiefe Gedanken versunken, vergessen, auf ihrem goldenen Spinnrocken zu spinnen, als die Mägde der Kaiserin herbeikamen, um am Brunnen Wasser zu schöpfen. Diese hatten sich kaum überzeugt, daß die Fremde wirklich an einem goldenen Spinnrocken goldene Fäden spinne, als sie eilig zu ihrer Herrin liefen, um ihr von diesem Wunder zu erzählen. Die Kaiserin ließ die Fremde sogleich vor sich kommen und hieß sie, auf ihrem Spinnrocken Fäden drehen. Als sie sah, wie der Fremden die langen Goldfäden durch die Finger glitten, konnte sie sich vor Verwunderung kaum fassen. Bald besah sie den Spinnrocken, bald die Goldfäden, ob sie echt wären, und wie sie sich von letzterem überzeugt hatte, erweckte die Goldgier in ihr den Gedanken, diesen wunderbaren Spinnrocken zu besitzen, von welchem sich Gold herunterspinnen ließ, ohne daß etwas daran angelegt wurde.

»Möchtest du«, sprach sie schmeichlerisch zu der fremden Kaiserstochter, »mir dies schöne Werkzeug verkaufen?« Hierauf entgegnete diese, wie ihr die heilige Mutter Sonntag geraten hatte, daß sie das nicht verkaufe, es ihr aber wohl zum Geschenk machen wolle, wenn sie ihr die Gunst erzeige, daß sie eine Nacht im Schlafgemach des Kaisers zubringen dürfe. Der Kaiserin kam zwar dieser Wunsch höchst sonderbar vor, doch gewährte sie ihn, weil sie der Begierde nach dem unschätzbaren Spinnrocken nicht widerstehen konnte, nach kurzem Besinnen, indem sie bei sich dachte, sie könne ja, wenn sie das Kleinod besitze, genug darauf spinnen, um alle Kaiser der Welt und die schönsten Männer zu umgarnen und in goldenen Banden zu halten. Wirklich setzte sie sich auch, nachdem sie den Spinnrocken aus der Hand der Fremden empfangen hatte, sogleich hin und spann den ganzen Tag fort, ohne aufzuhören; so sehr war sie von dem Gold entzückt, welches ihr durch die Finger glitt.

Gegen Abend aber dachte sie doch an ihr Versprechen und ließ die Fremde in das Schlafgemach des Kaisers führen, dem sie zuvor ein starkes Schlafmittel in seinen Trunk gemischt hatte, so daß er dalag wie ein Toter. Als die Kaiserstochter sich einmal wieder neben ihrem Mann, dem schönen Trandafiru, sah, fing sie an zu weinen und zu schluchzen: »O mein süßer Held Trandafiru, umschlinge mich mit deinen Armen, daß der Eisenreif von meinem Leib springt und daß ich gebären möge den Sohn von deinem Blut, den ich unter meinem Herzen trage.« Der Kaiser aber hörte nichts und rührte sich nicht.

Nun schlief im Zimmer bei ihm sein Kreuzbruder, sein förmlich angetrauter Seelenfreund, der geschworen hatte, sein ganzes Leben mit ihm zu teilen. Dieser hörte, was vorging, merkte sichs genau und erzählte es am anderen Morgen Wort für Wort dem Kaiser, welcher sehr erstaunt war und natürlich sogleich wußte, wer die Fremde war. Er versprach daher dem Kreuzbruder, heute nacht, wenn ihm die Fremde wieder zugesellt werden sollte, keinen Schlaftrunk zu sich zu nehmen, weil er wohl denken konnte, daß dieser die Ursache seines tiefen Schlafs gewesen war. Er erzählte hierauf dem Kreuzbruder seine frühere Geschichte und sagte auch, daß er seinen Fluch bereue, weil sich jene Frau durch ihre Mutter habe verführen lassen und weil er sie noch immer nicht habe vergessen können.

Als morgens die fremde Kaiserstochter gesehen hatte, daß die Erlaubnis der Kaiserin fruchtlos geblieben war, ging sie traurig wieder zum Brunnen und arbeitete auf der Wunderhaspel, die ihr die heilige Mutter Freitag geschenkt hatte. Abends kamen die Mägde der Kaiserin, um Wasser zu schöpfen, sahen die Fremde abermals mit einem so wunderbaren Werkzeug arbeiten und hinterbrachten das wiederum schleunigst der Kaiserin, welche die Fremde wie gestern vor sich rufen ließ und von ihr die Haspel zu kaufen wünschte. Wie gestern lautete die Antwort, daß sie nicht verkäuflich sei, wohl aber verschenkt werde gegen dieselbe Gunst wie der Spinnrocken. Die Kaiserin machte sich heute noch weniger als gestern ein Gewissen daraus, die Bitte zu gewähren, und nachts wurde die Fremde wieder in das Schlafgemach des Kaisers gebracht, als derselbe bereits schlief. Heute hatte er zwar keinen Schlaftrunk genossen, die Kaiserin hatte ihm aber listigerweise schon beim Abendessen ein Schlafmittel in den Wein gemischt. In der Nacht fing die arme Kaiserstochter wieder an zu weinen und zu schluchzen und den Kaiser um Erbarmen zu bitten, damit sie von ihrer bitteren Not erlöst würde. Er aber hörte von allem nichts und schämte sich am anderen Morgen sehr, daß er abends zuvor nicht vorsichtiger gewesen war.

Noch trauriger als gestern, denn sie hatte nun nur noch die goldene Gluckhenne der heiligen Mutter Sonntag mit ihren fünf Küklein zu verschenken, saß die arme Kaiserstochter am folgenden Abend beim Brunnen und sah dem munteren Wesen der goldenen Henne mit ihren Küklein zu, als die Mägde der Kaiserin kamen, um Wasser zu holen. Waren sie erstaunt gewesen über den goldenen Spinnrocken und die Goldhaspel, so konnten sie sich vollends nicht mehr fassen vor Erstaunen über dieses neue Wunder von goldenen Tieren, die lebten und um ihre Besitzerin hersprangen. Noch höher stieg ihre Verwunderung, als sie hörten, daß alle sechs goldene Eier legen könnten. Die Mägde schöpften ihre Eimer nicht voll, sondern liefen so schnell sie konnten zur Kaiserin und meldeten ihr das Wunder, das die beiden andern so weit übertreffe. Die Kaiserin konnte sich vor Habsucht kaum halten, schickte sogleich nach der Fremden und ging unruhig im Zimmer auf und ab, bis diese mit ihrer goldenen Gluckhenne und den fünf Küklein eintrat. »Du sollst«, rief sie der fremden Kaiserstochter entgegen, »drei Nächte in des Kaisers Schlafgemach zubringen, wenn du mir die Gluckhenne gibst und die fünf Küklein dazu.« Die Fremde hörte dies mit freudigem Staunen und entfernte sich still aus dem Zimmer, während die Kaiserin die Gluckhenne bereits auf dem Schoß hielt, damit sie ihr ein goldenes Ei darin legen solle.

Der Kaiser, welcher sich dachte, daß heute die Fremde wiederkommen würde, stellte sich, um diesmal dem Schlaftrunk zu entgehen, matt und krank, weswegen die Kaiserin die Wiederholung der zweimal angewendeten List jetzt unterließ. Als die Nacht kam, wurde die Fremde wieder in des Kaisers Schlafzimmer geführt, als er schon schlief. Sie fing wieder an zu weinen, zu schluchzen und mit demütigen Worten zu bitten: »Oh, mein süßer Gatte Trandafiru, umschlinge dein reuevolles Weib mit deinen Armen, daß der Eisenreif von ihrem Leib springt und sie gebären kann den Sohn von deinem Blut, den sie unter ihrem Herzen trägt.« Der Kaiser, welcher heute wach geblieben war, erkannte nun sein Weib und schlang seine Arme um sie, worauf der Eisenreif, der ihren Leib umschlossen hielt, in Stücke sprang.

Am anderen Morgen hatte die Kaiserstochter, seine erste Frau, ihm zwei goldene Kinder geboren, worüber der Kaiser eine sehr große Freude empfand. Er herzte und küßte sie und bat sie, ihm ihre Geschichte zu erzählen, wobei ihm die Tränen in die Augen traten, weil sie es mit der rührendsten Beredsamkeit tat. Auch der Kreuzbruder mußte die Geschichte seiner Frau mit anhören und war darüber nicht weniger gerührt als der Kaiser. Nachdem dieser sich etwas von seiner freudigen Überraschung erholt hatte, dachte er an die Kaiserin, die mit ihren Tieren noch immer das Zimmer nicht verlassen hatte. Sie harrte jedesmal von neuem ungeduldig, bis die Gluckhenne oder eins von den Küklein wieder ein Ei gelegt hatte; dann nahm sie die Eier, wog sie gegeneinander und verwahrte sie sorgfältig in einem Schrank. Sie ahnte nicht, wie nahe die Strafe für ihre Untreue sei.

Mit einem Mal ging die Tür auf, und der Kreuzbruder trat herein. Er sei, sprach er, vom Kaiser beauftragt, ihr den Kopf abzuschlagen, weil sie das Gold mehr geliebt habe als ihren Gemahl. Damit zog er das Schwert und schlug dem habsüchtigen Weib mit einem Streich den Kopf herunter. Hierauf hieß der Kaiser seine erste Frau als Kaiserin krönen und beging diesen Tag durch ein herrliches Fest. Danach lebten sie beide noch eine lange Reihe von Jahren glücklich miteinander und hatten an ihren Kindern viel Freude.

Aus dem Walachischen von Arthur Schott

Wo genau die Geschichte von Trandafiru, »Rosenblume«, aufgezeichnet wurde, wissen wir nicht. Sie findet sich erstmals in den »Walachischen Mährchen« der Brüder Arthur und Albert Schott (bei Cotta, Stuttgart und Tübingen 1845), dann in »Rumänische Volksmärchen« (bei Diederichs, Düsseldorf/Köln 1969), dann in einer Neuausgabe des Schottschen Werkes unter dem Titel »Rumänische Volkserzählungen aus dem Banat« (Bukarest 1973).

Erzähler war offenbar der Hauptgewährsmann von Arthur Schott, ein gebürtiger Walache aus Oravita (Orawitza) namens Draguescu. Es ist die alte Geschichte vom männlichen Partner, der in einer Dunkelgestalt lebt – ob tagsüber unsichtbar, wie Gott Amor gegenüber seiner Geliebten Psyche, ob ein Tierbräutigam, wie in »La belle et la bête«, oder aber, wie hier, als »unförmiger Kürbis«. So bewirkt sein Verbrennen im glühenden Ofen das gleiche, wie in den Märchen vom Tierbräutigam das Verbrennen der abgelegten Haut: den Fluch der Trennung.

Die Suchwanderung nach dem verschwundenen Gatten führt wie so oft zu drei wegweisenden Instanzen, hier zu den Müttern Mittwoch, Freitag und Sonntag. Albert
Schott merkt dazu an: »Die drei heiligen Frauen bezeichnen die Zeit, welche verlaufen
muß, bis die Gattin den Gatten wieder findet: daß zweimal die Vereinigung mißlingt,
hat dieselbe Bedeutung wie der Weggang Sigurds von der erweckten Brünnhilde.«
Auffällig ist die Gestalt des Kreuzbruders, vergleichbar den Bluts- oder Bundesbrüdern
in alten südslawischen Märchen; Schott selbst hat ihn mit dem »armen Heinrich« in
Grimms Märchen vom Froschkönig verglichen.

Die drei Zitronen

Es war einmal ein König von Torrelunga, welcher einen Sohn hatte, den er mehr liebte als sich selbst, auf den er alle seine Hoffnung setzte, und für den er lieber heut als morgen eine passende Gemahlin zu finden wünschte, um sich recht bald Großvater nennen zu hören. Der Prinz war jedoch dem Heiraten so feind und so eigensinnig, daß, wenn man zu ihm von Frauen redete, er den Kopf schüttelte und sich hundert Meilen weit wegwünschte; weswegen der arme Vater, da er die Unbeugsamkeit und Hartnäckigkeit seines Sohnes wahrnahm und das Verlöschen seines Stammes voraussah, so verdrießlich und traurig und so betrübt und niedergeschlagen war wie eine Hure, die ihren Kundmann (Kunden) verloren hat, wie ein Kaufmann, dessen Handelsfreund bankrott geworden, und wie ein Bauer, dem der Esel gestorben ist; denn den Prinzen rührten weder die Tränen des Vaters, noch erweichten ihn die Bitten seiner Untertanen, noch machten ihn die Ratschläge wackerer Männer anderen Sinnes, welche ihm den Wunsch dessen, der ihn gezeugt, das Bedürfnis des Volkes und seinen eigenen Vorteil vor Augen stellten sowie, daß er der letzte in der Reihe seiner königlichen Vorgänger wäre, und daß er mit der Hartnäckigkeit eines stetigen Pferdes, mit dem Eigensinn eines alten Maulesels und mit der Dickfelligkeit eines Langohrs sich mit den Füßen festgestemmt, sich die Ohren verstopft und das Herz, welches vielleicht noch verwundet werden könnte, mit einem undurchdringlichen Panzer bewehrt habe.

Da sich nun aber oft in einer Stunde mehr als in hundert Jahren zu ereignen pflegt und man gar nicht sagen kann: »Dies will ich tun und jenes lassen«, so geschah es eines Tages, daß, während sich alle bei Tisch befanden und der Prinz einen frischen Käse durchschneiden wollte, dabei aber auf das Gespräch seiner Umgebung achtete, er sich unvorsichtigerweise in den Finger schnitt, so daß zwei große Tropfen Blutes auf den Käse fielen und eine so schöne, liebliche Farbenmischung hervorbrachten, daß der Prinz, sei es nun, daß der ihm auflauernde Amor züchtigen, oder daß der Himmel sich des wackeren Mannes, seines Vaters, erbarmen wollte, dem nichts so viel Hauskreuz machte als sein Kreuzträger von Sohn, daß der Prinz, sag ich, es sich in den Kopf setzte, eine Frau für sich ausfindig zu machen, die geradeso weiß und rot wäre wie der von seinem Blut gefärbte Käse, und daher zum Vater also sprach: »Wenn ich nicht ein Weib

243

von solchem Aussehen bekomme, Herr Vater, so ist es mit mir vorbei. Nie hat eine Frau mir mein Blut erhitzt, jetzt aber wünsche ich eine Frau, die wie mein eigenes Blut aussieht. Wenn du daher willst, daß ich am Leben bleibe, so mußt du mir erlauben, in der Welt umherzuziehen und eine Schönheit, die genau diesem Käse entspricht, aufzusuchen, sonst ist mein Lebenslauf beendet und ich kann mir meine Sohlen schmieren.«

Kaum vernahm der König diesen wahnsinnigen Entschluß, so dachte er, das Dach fiele ihm auf den Kopf, er wechselte die Farbe, das Blut gerann ihm in den Adern, und als er endlich wieder zu sich kam und der Sprache mächtig wurde, rief er aus: »Mein geliebter Sohn, mein Herzblatt, mein Leben, Stütze meines Alters, bist du denn ganz von Sinnen geraten? Hast du denn ganz den Verstand verloren? Du willst entweder nichts oder alles; denn erst mochtest du gar nicht heiraten und mir keinen Enkel schenken, und jetzt hast du ein Gelüst bekommen, daß ich darüber in die Grube fahren könnte. Warum doch, warum willst du denn in der weiten Welt umherirren und dein Leben so nutzlos verbringen, dein Haus, deinen Herd, deine Heimat aber verlassen? Du weißt nicht, wie vielen Mühseligkeiten und Gefahren sich der aussetzt, der auf Reisen geht; darum schlag dir diese Grille aus dem Kopf und laß dir raten; denn sonst ist es mit meinem Leben vorbei, dies Haus stürzt zusammen, und die ganze Wirtschaft geht zugrunde.«

Aber diese und noch viele andere Worte gingen dem Prinzen zu einem Ohr hinein und zum andern hinaus und waren alle in den Wind gesprochen, so daß der arme König, welcher sah, daß er den Sinn seines Sohnes nicht beugen konnte, ihm endlich einen großen Sack mit Geld nebst einigen Dienern gab und von ihm Abschied nahm, wobei es ihm dünkte, als würde ihm das Herz aus dem Leibe gerissen; hierauf trat er, bitterlich weinend, in einen Erker und verfolgte den Prinzen so lange mit seinen Blicken, bis er ihn aus den Augen verlor.

Sobald aber dieser von dem schwerbetrübten Vater geschieden war, fing er an, durch Wälder und Felder, durch Schluchten und Ebenen, über Berg und Tal immer daraufloszureiten, viele Länder zu durchziehen und mit mancherlei Leuten umzugehen, dabei aber auch immer die Augen offenzuhalten, ob er das Ziel seiner Wünsche irgendwo finden könnte, bis er nach Verlauf von vier Monaten in Frankreich an die Seeküste gelangte, wo er die Diener alle wegen ihrer wunden Füße in einem Hospital zurückließ, sich selbst aber an Bord eines genuesischen Fahrzeuges einschiffte und sich nach der Meerenge von Gibraltar begab. Dort bestieg er ein größeres Schiff und nahm seinen Weg nach Indien, indem er immer ein Reich nach dem andern, eine Provinz nach der andern, eine Stadt nach der andern, eine Straße nach der andern, ein Haus nach dem andern und einen Winkel nach dem andern durchsuchte, um zu sehen, ob er vielleicht das genaue Original zu jenem Bilde, das er im Herzen trug, finden könnte, und so lange rührte er die Beine und trieb sich so lange umher, bis er bei der Hexeninsel anlangte. Als er nun dort vor Anker gegangen und ans Land gestiegen war, fand er eine ganz alte zusammengeschrumpfte und häßliche Frau, welcher er die Veranlassung, die ihn dorthin gebracht, erzählte. Die Alte geriet vor Erstaunen ganz außer sich, als sie die sonderbare Grille und den grillenhaften Einfall des Prinzen und die Mühseligkeiten und Gefahren vernahm, die er zur Befriedigung dieser Chimäre ertragen, und sagte endlich zu ihm: »Mach, daß du von hier fortkommst, mein Sohn; denn wenn meine drei Töchter dich hier finden, die nach nichts so lüstern sind als nach Menschenfleisch, so gebe ich keinen Dreier für dein Leben. Halb lebendig und halb gebraten kannst du dann deinen Katafalk in einem Tiegel und dein Grab in einem Bauch finden. Darum reiß aus, so schnell du kannst, denn nicht weit von hier wirst du finden, was du suchst.«

Sobald der Prinz diese Worte hörte, nahm er ganz erschrocken, bestürzt, entsetzt und voll Angst die Beine über den Buckel und fing von neuem an, Schusters Rappen zu reiten, bis er wieder in ein anderes Land kam, woselbst er wiederum eine alte Frau antraf, welche noch viel häßlicher aussah als die erste, der er gleichfalls erzählte, was er vorhatte, und die ihm ebenso sagte: »Drücke dich hurtig von hier, wenn du den Hexlein, meinen Töchtern, nicht zum Vesperbrot dienen willst. Lauf nur aber immer zu; denn du kommst jetzt bald zur Ruh und wirst finden, was du suchst.«

Kaum vernahm dies der arme Prinz, so fing er an auszukratzen, wie wenn er Sporen in den Seiten hätte, und lief so lange, bis er wieder eine alte Frau antraf, die mit einem Korb voll Pastetchen und Zuckerwerk auf einem Rade saß und damit eine Herde Esel fütterte, welche hierauf am Ufer eines Flusses umherzuspringen und einigen armen Schwänen, die sich dort befanden, Hufschläge auszuteilen anfingen. Nachdem nun der Prinz bei der alten Frau angelangt war und sie auf tausendfache Weise begrüßt hatte, erzählte er ihr die Geschichte seiner Wanderschaft, so daß die Alte ihn freundlich tröstete, ihm ein gutes Frühstück vorsetzte, daß er sich die Finger danach leckte, und ihm alsdann drei Zitronen, die erst frisch gepflückt zu sein schienen, sowie auch ein hübsches Messer überreichte, wobei sie sagte: »Du kannst nun ohne weiteres nach Italien zurückkehren, da deine Arbeit getan ist und du jetzt hast, was du suchst. Darum geh jetzt deiner Wege, und wenn du nicht mehr weit von deiner Heimat bist, so schneide bei der ersten Quelle, die du antriffst, eine von diesen Zitronen mittendurch; denn es wird aus derselben eine Fee herauskommen und zu dir sagen: ›Gib mir zu trinken!‹ Du aber sei rasch mit dem Wasser zur Hand, sonst verschwindet sie so schnell wie Quecksilber; wenn du nun aber auch nicht hurtig bist bei der zweiten und die Augen auftust bei der dritten, indem du ihnen rasch zu trinken reichst, so entgehen sie dir, ehe du dich dessen versiehst, im andern Fall aber wirst du im Besitz einer Frau sein, wie dein Herz sie verlangt.«

Der Prinz küßte hierauf der Alten voll Freude die rauhe Hand, die dem Rücken eines Stachelschweines glich, verabschiedete sich alsdann und reiste ab. An der Meeresküste angelangt, schiffte er sich nach den Säulen des Herkules ein, gelangte in das Mare nostrum und landete endlich nach tausendfachen Stürmen und Gefahren eine Tagesreise weit von seiner Heimat. Sobald er nun in einem anmutigen Gehölz angelangt war, wo das Laubdach den Wiesengrund beschattete, damit er nicht von der Sonne gesehen würde, ließ er sich bei einer Quelle, die mit kristallener Zunge die Vorübergehenden herbeirief, sich zu erquicken, auf einem prächtigen Teppich von Rasen und Blumen nieder, zog das Messer aus der Scheide und schnitt die erste Zitrone auseinander, aus der schnell wie der Blitz eine wunderschöne Jungfrau, weiß wie Milch und rot wie eine Erdbeere, hervorkam, welche alsbald zu dem Prinzen sagte: »Gib mir zu trinken.« Dieser aber saß mit offenem Munde da, so verwundert und verdutzt, daß er nicht schnell genug das Wasser darreichte und die Jungfrau ebenso rasch verschwand, als sie erschienen war. Ob nun dies der Prinz wie einen Schlag auf den Magen fühlte, mag der beantworten, welcher sein Glück schon in den Händen hatte und es dennoch verlor. Als er hierauf die zweite Zitrone durchschnitt, ging es ihm ebenso, und dies war der zweite Genickfang für den Prinzen, der nun seine Augen in zwei Quellen verwandelte und mit der, an welcher er saß, um die

246

Wette Tropfen für Tropfen, Welle für Welle, Strom für Strom hervorsprudeln ließ und ihr in nichts nachgab, wobei er anfing zu jammern und ausrief: »Was bin ich doch für ein Tölpel, für ein Einfaltspinsel! Zweimal habe ich mir sie entschlüpfen lassen, als wären mir die Hände gebunden gewesen (hol mich der Teufel!), und ich sitze da, wie aus Blei gegossen, während ich hätte hurtig sein sollen wie ein Windspiel! Meiner Treu, das war einmal brav gemacht! – Doch nur Mut, noch ist eine dritte da, und aller guten Dinge sind ja drei; entweder gibt mir dieses Mal das Messer die Fee, oder lebendig ich nimmer aufsteh!«

So sprechend durchschnitt er die dritte Zitrone, aus der hierauf die dritte Fee hervorkam, welche wie die beiden ersten zu dem Prinzen sagte: »Gib mir zu trinken!« Dieser reichte ihr alsbald Wasser dar, und sogleich sah er eine Jungfrau vor sich stehen, weiß und zart wie ein frischer Käse mit roten Streifen, daß sie aussah wie ein Abruzzenschinken und eine Preßwurst aus Nola, ein Wunder, das man noch nie in der Welt gesehen, eine Schönheit, wie sie noch nie dagewesen, eine Weiße ohnegleichen, eine Anmut, größer als man sich denken kann; auf ihre Haare hatte Zeus Gold herabgeregnet und Amor machte daraus die Pfeile, mit denen er die Herzen durchbohrt; ihre Wangen hatte Amor rot angestrichen, damit dort irgendein Unschuldiger an dem Galgen des Verlangens hängenbliebe; in ihren Augen hatte die Sonne zwei Feuerwerkslunten angebracht, damit in der Brust dessen, der sie sähe, der Zunder Feuer finge und die Schwärmer und Raketen der Seufzer emporführe; über ihre Lippen war Venus hingezogen und hatte den Rosen derselben ihre Farbe verliehen, damit sie mit ihren Dornen die Seelen tausend Liebender verwundeten; auf ihren Busen hatte Juno Milch aus ihrer Brust gedrückt, um damit die Sehnsucht und Lust der Menschen zu stillen; mit einem Wort, sie war so wunderschön von Kopf bis auf die Füße, daß man sich nichts Holdseligeres denken konnte, und der Prinz, der gar nicht wußte, wie ihm geschah, ganz außer sich diese so reizende Geburt einer Zitrone, diesen so anmutigen Schnitt einer Frauengestalt betrachtete, die durch den Schnitt einer Frucht hervorgebracht war, so daß er bei sich selbst sprach: »Schläfst du, oder bist du wach, Ciommetiello? Sind deine Augen bezaubert oder bist du blind? Was für ein weißes Geschöpf ist da aus einer gelben Schale, was für ein süßer Teig aus der Säure einer Zitrone, welch ein schöner Schmetterling aus einer Puppe hervorgekommen?«

Als er jedoch zuletzt sah, daß er nicht träumte, und daß alles Wirklichkeit war, schloß er die Fee in seine Arme, küßte sie hundert- und aberhundertmal auf das herzlichste, und nach unzähligen schmeichelnden Liebesworten, die sie zueinander sprachen, Worte, die gleich einem Canto fermo durch die zuckersüßen Küsse akkompagniert wurden, sprach er zu ihr: »Ich will dich, meine geliebte Braut, jetzt nicht ohne den Prunk, der für deine Schönheit ziemt, und ohne das Gefolge, das einer Königin zukommt, in den Palast meines Vaters bringen; darum steige auf diese Eiche, wo die Natur, als wüßte sie, wessen wir bedürfen, ein Versteck in Gestalt eines Kämmerchens angelegt hat, und erwarte dort meine Rückkehr; denn ich fliege in größter Eile zu dir zurück, und ehe du dich dessen versiehst, hole ich dich mit solcher Kleidung für dich und solchem Gefolge ab, wie es für unsern Rang sich geziemt«; nach welchen Worten er sich von ihr auf die gehörige Weise verabschiedete und sie verließ.

Inzwischen wurde eine Mohrensklavin mit einem Krug an jene Quelle nach Wasser geschickt, und da sie zufällig in den Wellen das Abbild der Fee erblickte, so glaubte sie, daß sie selbst es wäre, und rief daher ganz erstaunt aus: »Was ist das, arme Lucia? Du sein so schön, und Wasser holen gehn? Das darf nicht länger geschehn!« So sprechend, zerbrach sie den Krug und kehrte nach Hause zurück. Als die Gebieterin sie fragte, was sie da getan hätte, antwortete sie: »Ich an die Quelle gegangen sein und Krug zerbrochen an einem Stein.« Die Gebieterin nahm diese Lüge hin und gab ihr am andern Tage ein schönes Faß, das sie an derselben Quelle mit Wasser füllen sollte; sobald sie aber wieder hinkam und wiederum jene Schönheit im Wasser abgespiegelt sah, sprach sie mit einem lauten Seufzer: »Ich nicht breitmäulige Mohrin sein, ich nicht Brentgans (Wildgans) sein; ich gar schön und reizend bin, und trag ein Faß zum Brunnen hin?« So sagend, zerbrach sie, bums, auch das Faß in tausend Granatstücke, kehrte brummend nach Hause zurück und sprach zu ihrer Herrin: »Kommt Esel fürbaß, stößt mir ans Faß, auf die Erd fällt das, bricht entzwei, vorbei der Spaß.«

Als die arme Frau dies hörte, riß ihr der Geduldsfaden; sie ergriff daher einen Besenstiel und prügelte die Sklavin dermaßen durch, daß diese es ein paar Tage lang empfand; darauf gab sie ihr einen Schlauch und sprach: »Jetzt lauf und brich den Hals, du Lumpenliese, du Säbelbein, du schwarzer Mistfink, lauf und trödle mir nicht, und drehe dich nicht lange hin und her, sondern bring mir rasch diesen Schlauch voll Wasser wieder; wenn nicht, so zerdresche ich dich ganz verzweifelt und haue dich zusammen wie Kraut und Rüben.«

Die Sklavin lief fort wie gebrüht, da sie den Blitz gefühlt hatte und nicht erst den Donner abwarten wollte; während sie aber den Schlauch füllte, erblickte sie wiederum die schöne Gestalt im Wasser und sprach: »Ich Närrin bin, wenn ich Wasser schöpfe; besser ist auf eigene Faust leben; das kein Gesicht ist zum Tot-

prügeln und einer bösen Gebieterin dienen.« So sprechend, nahm sie eine große Haarnadel und fing an, den Schlauch dergestalt zu durchstechen, daß er am Ende einem freien Gartenplatz mit darunterfließendem Wasser glich, das aus hundert kleinen Springbrunnen hervorsprudelt, und die Fee bei diesem Anblick in ein lautes Lachen ausbrach. Als nun die Sklavin dies vernahm und daher emporsah, erblickte sie die versteckte Fee und sagte bei sich selbst: »Du also Ursach, daß ich geprügelt? Aber warte nur!« Hierauf sprach sie zu jener: »Was machen da oben, schönes Mädchen?« Und die Fee, welche die Freundlichkeit selbst war, gab alles von sich, was sie im Leibe hatte, ohne auch nur ein Titelchen von alledem auszulassen, was sich zwischen ihr und dem Prinzen zugetragen hatte, und fügte hinzu, daß sie stündlich und augenblicklich seine Ankunft mit Kleidern und Gefolge erwarte, um sich mit ihm in das Reich seines Vaters zu begeben und dort mit ihm ein glückliches Leben zu führen.

Sobald die boshafte Sklavin dies hörte, dachte sie, sie könnte der Fee diesen schönen Preis abgewinnen, und sagte daher zu ihr: »Da du Bräutigam erwarten, laß mich hinaufkommen, dir Haare kämmen und dich schöner machen.« – »Ei, sehr gern, sei mir tausendmal willkommen«, versetzte die Fee und reichte der Sklavin ihre weiße Hand, welche, von den schwarzen Krallen der Mohrin gepackt, aussah wie ein Kristallspiegel mit einem Rahmen von Ebenholz. Die Sklavin kletterte nun auf den Baum, und nachdem sie anfing, das Haar der Fee in Ordnung zu bringen, stach sie ihr eine große Nadel in die Schläfe. Kaum aber fühlte diese den Stich, so rief sie aus: »Taube, Taube!« und verwandelte sich sogleich in eine Taube, worauf sie sich emporschwang und davonflog. Die Mohrin zog sich nun ganz aus, wickelte die Lumpen und Fetzen, die sie auf dem Leibe trug, in ein Bündel zusammen und schleuderte sie, so weit sie konnte, von sich, sie selbst aber blieb splitternackt auf dem Baum, so daß sie aussah wie eine Bildsäule aus Gagat in einem Gehäuse von Smaragd.

Inzwischen kehrte der Prinz mit einem zahlreichen Gefolge wieder, und als er statt des Eimers Milch, den er zurückgelassen, ein Faß Kaviar vorfand, blieb er eine Zeitlang wie versteinert stehen; endlich jedoch rief er aus: »Wer hat mir diesen Tintenklecks auf das Postpapier gemacht, auf welches ich meine glücklichsten Tage zu schreiben gedachte? Wer hat mir das frischgeweißte Haus mit Trauer behangen, in welchem ich ein fröhliches Leben zu führen vermeinte? Wer läßt mich diesen Probierstein da finden, wo ich ein Silberbergwerk zurückließ, das mich reich und glücklich machen sollte?«

Sobald nun die schlaue Sklavin das Staunen des Prinzen wahrnahm, sprach sie zu ihm: »Wundere dich nicht, mein Prinz, denn ich in eine Mohrin verzaubert und aus einem Weißgesicht ein Schwarza(rsch) worden bin.« Der arme Prinz, welcher sah, daß der Sache nicht abzuhelfen war, ließ den Kopf sinken und verschlang diese bittere Pille; hierauf hieß er die Mohrin herabsteigen, kleidete sie von Kopf bis Fuß in neue Gewänder, und traurig und betrübt, niedergeschlagen und bestürzt trat er mit ihr den Rückweg in die Heimat an, woselbst sie von dem König und der Königin, die ihnen sechs Meilen weit entgegengekommen waren, mit derjenigen Freude empfangen wurden, mit welcher der Eingekerkerte das Urteil: ›Suspendatur‹ (Er wird erhängt) empfängt, indem sie nämlich wahrnahmen, welch eine Wahl ihr närrischer Sohn getroffen, der so lange und so weit in der Welt umhergeirrt war, um eine weiße Taube zu finden, und nun eine schwarze Krähe nach Hause gebracht hatte. Da sie jedoch die Sache nicht ändern konnten, so traten sie die Krone ihren Kindern ab und setzten den goldenen Dreifuß auf jenes Kohlengesicht.

Während nun so gewaltige Feste und prächtige Bankette angeordnet wurden und die Köche Gänse rupften, Ferkel schlachteten, Zicklein abzogen, Braten begossen, Töpfe abschäumten, Fleischklöße hackten, Kapaune spickten und tausend andere leckere Bissen bereiteten, kam an ein Fenster der Küche ein schönes Täubchen und sprach:

>»O Koch in der Küche, o liebster Koch!
>Wie's dem König und der Mohrin geht, sag mir doch!«

Der Koch achtete zwar anfangs wenig darauf, da aber die Taube ein zweites und drittes Mal wiederkehrte und die nämlichen Worte wiederholte, eilte er in den Speisesaal, um dieses Wunder mitzuteilen, worauf die Mohrin, welche recht wohl merkte, wer die Taube war, sie sogleich zu ergreifen, zu schlachten und zu braten befahl. Der Koch kehrte also in die Küche zurück, und es gelang ihm auch wirklich, sie zu fangen; er tat hierauf, wie ihm von der Schwarzen geboten war, brühte die Taube ab, rupfte sie und schüttete das Wasser davon und die Federn von einer Galerie aus auf ein Gartenbeet, aus welchem nach kaum drei Tagen ein schöner Zitronenbaum hervortrieb und dann rasch emporwuchs.

So geschah es nun, daß der König, als er einmal zufällig an ein Fenster trat, welches auf den Garten hinausging, diesen Baum, den er noch nie gesehen, erblickte und den Koch rufen ließ, um ihn zu fragen, wann und von wem er gepflanzt worden wäre. Indem er also von Meister Kochlöffel vernahm, wie die Sache sich verhielt, fing er an Verdacht zu schöpfen und befahl daher bei Todesstrafe, den Baum nicht anzurühren, vielmehr ihn auf das sorgfältigste zu pflegen.

Nach einigen Tagen nun zeigten sich drei sehr schöne Zitronen, denen ähnlich, die der König von der Alten empfangen hatte; und sobald sie größer geworden waren, pflückte er sie ab, schloß sich mit einer großen Schale Wasser in einem Zimmer ein und fing an, mit demselben Messer, das er noch immer an der Seite trug, die Zitronen durchzuschneiden. Zwar ging es ihm mit der ersten und zweiten Fee ebenso wie es ihm das erste Mal ergangen war; als er jedoch die dritte Zitrone durchgeschnitten und der Fee, welche herauskam, ihrem Verlangen gemäß zu trinken gegeben hatte, stand vor ihm dieselbe Jungfrau, die er auf dem Baume gelassen, und welche ihm nun das ganze schändliche Verfahren der Mohrin mitteilte. Wer könnte nun wohl den allerkleinsten Teil der Wonne schildern, die der König bei diesem glücklichen Ereignis empfand, wer das Singen und Springen, das Jubeln und Jauchzen desselben beschreiben? Denn er schwamm in einem Meer von Freude, der Himmel hing ihm voll Geigen, und die Stube wurde ihm zu eng.

Er drückte daher die Fee in seine Arme, ließ sie auf das herrlichste ankleiden und führte sie dann an der Hand in den großen Saal, woselbst sich der ganze Hof und die vornehmsten Leute aus der Stadt befanden, um das Hochzeitsfest durch ihre Gegenwart zu schmücken. Von diesen also befragte der König jeden einzelnen und sprach: »Saget mir, was würde der für eine Strafe verdienen, welcher dieser schönen Jungfrau Leides zufügte?« Worauf der erste erwiderte, daß er ein hänfenes Halsband, ein zweiter, daß er ein Grabmal von Steinen, ein dritter, daß er eine Musik mit einem Schlegel auf den Magen, ein vierter, daß er einen Schluck Schierlingssaft, ein fünfter, daß er einen Mühlstein als Busennadel, und der eine, daß er dies, und der andere, daß er jenes verdienen würde.

Als er nun zuletzt die schwarze Königin herbeirief und die nämliche Frage an sie richtete, antwortete sie: »Er verdienen, verbrannt werden und Asche in die Luft streuen.« Kaum vernahm der König nun diese Antwort, so rief er aus: »Du hast dir selbst den Strick gedreht, dein Grab gegraben, das Messer geschliffen und das Gift gemischt, denn niemand hat ihr soviel Leides zugefügt als du, nichtswürdige Betze (Hure). Weißt du wohl, daß dies die schöne Jungfrau ist, die du mit der Haarnadel durchbohrt? Weißt du wohl, daß sie das schöne Täubchen ist, das du hast schlachten und im Tiegel braten lassen? Was denkst du nun hierzu, Liese, he? Jetzt magst du sagen und tun, was du willst, es hilft dir nichts; du hast dir selbst den Brei angerührt, wie du mir, so ich dir, wer andern eine Grube gräbt, fällt selbst hinein.« So sprechend ließ er die Mohrin alsbald ergreifen und lebendig auf einen großen Holzschober setzen, und nachdem dieser angezündet und sie zur Asche verbrannt war, streute man diese von der Zinne des Schlosses in alle vier Winde, wodurch wiederum das Sprichwort wahr wurde: Wer Butter auf dem Kopfe hat, gehe nicht in die Sonne.

Aus dem Italienischen von Felix Liebrecht

Dies ist die literarische Leitfassung des berühmten mediterranen Märchens von den drei Pomeranzen, bekannt nicht zuletzt durch zwei andere Medien: das Ballett Sergej Prokofjews und das Theaterstück Carlo Gozzis, beide unter dem Titel »Die Liebe zu den drei Orangen«. Giambattista Basile hat »Le tre cetre« vor gut 360 Jahren in neapolitanischer Barocksprache verfaßt, und trotz aller hochgetürmter Sprachbilder ist es im Grunde ein autochthones, facettenreiches Volksmärchen. Als »Weiß-wie-Milch-und-rot-wie-Blut« lernt man es in späteren italienischen Fassungen kennen. Die Farbformel steht nicht nur für äußere Schönheit. Weiß steht für Unschuld, Rot für Leidenschaft. Beides scheint einander auszuschließen, doch dem Märchen gelingt es, Widersprüchliches glaubhaft zu vereinen.

Als Felix Liebrechts epochemachende deutsche Ausgabe des »Pentamerone« Basiles erschien (1846), steuerte Jacob Grimm ein sehr anerkennendes Vorwort bei. Nur war er mit einer adäquaten Übersetzung des deftigen Neapolitanisch nicht immer einverstanden; nicht nur das Liebemachen auf dem Zitronenbaum verursachte ihm Pein, auch daß Petrosinella-Rapunzel droben auf dem Turm »in reichem Maße von der Petersilienbrühe Amors genoß«, konnte er gar nicht gut finden.

Die Froschzarin

In einem Reich, in irgendeinem Land jenseits der blauen Meere, jenseits der hohen Berge, da lebten einmal ein Zar und eine Zarin. Sie hatten drei Söhne, jung, unverheiratet und so kühn, wie es nicht einmal im Märchen erzählt werden kann, noch sich mit der Feder beschreiben läßt. Der jüngste der Brüder, der schönste und kühnste, hieß Iwan Zarewitsch.

Eines Tages berief der Zar seine Söhne zu sich und sprach: »Kinder, nehmt einen Pfeil, spannt eure Armbrust und schießt den Pfeil ab, jeder in eine andere Richtung. Wo euer Pfeil niederfällt, dort sollt ihr um eure Braut werben.« Der älteste Bruder schoß, und sein Pfeil fiel auf den Hof eines Bojaren, gerade gegenüber dem Stübchen der Tochter. Der mittlere Bruder schoß, sein Pfeil flog auf den Hof eines Kaufmanns und blieb vor der Haustreppe stecken, und auf dieser Treppe stand ein schönes Mädchen, die Kaufmannstochter. Dann schoß der jüngste Bruder – sein Pfeil fiel in einen garstigen Sumpf, und ein Frosch fing ihn auf. Da sagte Iwan Zarewitsch: »Wie kann ich denn dieses Froschfräulein zur Frau nehmen? So eine ist mir doch nicht ebenbürtig.« – »Nimm sie nur«, antwortete ihm der Zar, »denn so will es dein Schicksal.« Und so verheirateten sich die Zarensöhne, der älteste mit der Bojarentochter, der mittlere mit der Kaufmannstochter und Iwan Zarewitsch mit dem Froschfräulein. Bald darauf ließ der Zar seine Söhne zu sich rufen, und er trug ihnen auf: »Eure Frauen sollen mir zu morgen ein weiches weißes Brot backen.« Mißvergnügt kehrte Iwan zurück in sein Gemach und ließ den Kopf tiefer hängen als die Schultern. »Quak, quak, Iwan Zarewitsch! Was bekümmert dich so?« fragte ihn die Froschfrau. »Hast du von deinem Vater unfreundliche Worte gehört?« – »Ach, wie soll ich nicht bekümmert sein? Mein Herr und Vater verlangt von dir, du sollst ihm für morgen ein weiches weißes Brot backen.« – »Sei doch deswegen nicht betrübt. Leg dich nur hin und schlafe. Der Morgen ist klüger als der Abend.«

Sie wartete, bis Iwan Zarewitsch eingeschlafen war, streifte dann ihre Froschhaut ab und verwandelte sich in die schöne Jungfrau Wassilissa die Allweise. Sie trat auf die Treppe des Hauses und rief mit lauter Stimme: »Ihr Ammen, ihr Kinderfrauchen, versammelt euch, rüstet euch aus und bereitet ein weiches weißes Brot, wie ich es aß bei meinem leiblichen Vater, wie ich es nur bei ihm genossen!«

Als Iwan Zarewitsch am Morgen aufwachte, war das Brot der Froschfrau längst fertig und so vorzüglich, wie man es nicht ausdenken, nicht sich vorstellen kann, wie es sich nur in einem Märchen erzählen läßt. Es war mit allerlei Zierat geschmückt, an den Seiten waren sogar die Städte des Zaren zu sehen samt Mauern und Schlagbäumen.

Iwan Zarewitsch nahm das Brot und brachte es zum Zaren. Der nahm gerade die Brote der älteren Söhne in Empfang, nahm zuerst das Brot des ältesten, betrachtete es und schickte es in die Küche; dann nahm er das des mittleren und schickte es gleichfalls dorthin. Nun kam die Reihe an Iwan Zarewitsch. Der reichte sein Brot hin, und der Vater nahm es, prüfte es und sprach: »Ja, das ist ein Brot, das man am Ostersonntag essen kann! Das ist ganz etwas anderes als das der anderen Schwiegertöchter.«

Der Zar dankte Iwan für dieses Brot und gab dann seinen drei Söhnen abermals einen Auftrag: »Eure Frauen sollen mir in einer Nacht ein Hemd nähen.« Mißvergnügt kehrte Iwan in sein Gemach zurück und ließ den Kopf noch tiefer hängen als die Schultern. »Quak, quak, Iwan Zarewitsch, was bekümmert dich denn so?« fragte ihn die Froschfrau. »Hast du von deinem Vater unfreundliche Worte gehört?« – »Wie sollte ich nicht bekümmert sein? Mein Herr und Vater befiehlt, daß du ihm in einer Nacht ein Hemd nähst.« – »Sei doch deswegen nicht betrübt. Leg dich nur hin und schlafe. Der Morgen ist klüger als der Abend.«

Sie wartete, bis Iwan Zarewitsch eingeschlafen war, streifte dann ihre Froschhaut ab und verwandelte sich in die schöne Jungfrau Wassilissa die Allweise. Sie trat auf die Treppe des Hauses und rief mit lauter Stimme: »Ihr Ammen, ihr Kinderfrauchen, versammelt euch, rüstet euch zu und näht mir ein Hemd, wie jenes, das mein leiblicher Vater trug!« Wie gesagt, so getan.

Als Iwan Zarewitsch am nächsten Morgen aufwachte, war das Hemd der Froschfrau längst fertig und so wunderschön, wie man es nicht ausdenken, nicht erahnen kann, vielleicht nur im Märchen zu erzählen vermag. Das Hemd war durchwirkt mit Gold, Silber und kunstvollen Mustern. Iwan Zarewitsch nahm das Hemd und brachte es zum Zaren. Der Zar nahm es entgegen, betrachtete es und sprach: »Ja, das ist ein Hemd, das man am Ostersonntag anziehen kann!« Der mittlere Bruder brachte ein Hemd, und der Zar bemerkte: »Darin kann man nur im Bad gehen.« Und vom ältesten Bruder nahm er das Hemd und sagte: »Das kann man nur in einer Bauernhütte tragen.« Die Zarensöhne gingen nun wieder, und die beiden älteren meinten untereinander: »Es ist doch ganz vergeblich, sich mit Iwans Frau zu messen. Sie ist keineswegs ein Frosch, sondern irgendeine ganz Schlaue.«

Da gab der Zar wieder Befehl, alle drei Zarensöhne sollten vor ihm erscheinen, aber zusammen mit ihren Frauen. Mißvergnügt kehrte Iwan in sein Gemach zurück und ließ den Kopf tiefer hängen als die Schultern. »Quak, quak, Iwan Zarewitsch, was bekümmert dich so?« fragte ihn die Froschfrau. »Hast du von deinem Vater unfreundliche Worte gehört?« – »Wie sollte ich nicht bekümmert sein? Mein Herr und Vater befiehlt, ich soll dich zu ihm bringen, doch wie kann ich dich vor den Leuten zeigen?« – »Sei doch deswegen nicht betrübt, Iwan Zarewitsch! Geh du allein zu dem Zaren, ich werde bald hinterherkommen, und wenn du es rasseln und donnern hörst, dann sag: ›Das ist mein Froschfrauchen, das im Spanschächtelchen angefahren kommt.‹«

Die älteren Brüder fanden sich mit ihren Frauen ein, die sich geschmückt und herausgeputzt hatten. Sie standen da und machten sich über Iwan Zarewitsch lustig: »Wie, du kommst ohne deine Frau? Du hättest sie wenigstens in einem Tüchelchen mitbringen können. Wo hast du diese Schöne bloß gefunden, du hast wohl alle Sümpfe durchsucht?«

Plötzlich erhob sich ein großes Gerassel und Donnern. Der ganze Palast bebte. Die Gäste erschraken, sie sprangen von ihren Plätzen auf und wußten nicht, was sie tun sollten. Da sprach Iwan Zarewitsch: »Fürchtet euch nicht, ihr Herrschaften! Das ist mein Froschfrauchen, das im Spanschächtelchen angefahren

kommt.« Vor des Zaren Freitreppe hielt eine goldene Karosse, mit sechs Pferden bespannt, und heraus stieg Wassilissa die Allweise, und sie war so schön, wie man es nicht ausdenken, nicht erahnen, nur in einem Märchen erzählen kann. Sie nahm Iwan Zarewitsch bei der Hand und setzte sich an den Eichentisch, bedeckt mit Damasttuch. Nun tafelten die Gäste, aßen und tranken. Wassilissa die Allweise trank aus ihrem Glas und goß sich den Rest in den linken Ärmel. Sie biß in den Schwanenbraten und schob die Knöchelchen in ihren rechten Ärmel. Die Frauen der älteren Zarensöhne beobachteten sie dabei und taten es ihr nach. Als darauf Wassilissa die Allweise mit Iwan Zarewitsch tanzte, schwenkte sie den linken Ärmel – und ein See breitete sich hin; dann schwenkte sie den rechten – und weiße Schwäne schwammen darauf. Der Zar und seine Gäste waren voller Verwunderung. Dann gingen die älteren Schwiegertöchter tanzen, und auch sie schwenkten den linken Ärmel – da waren die Gäste mit Wein bespritzt; und sie schwenkten den rechten Ärmel – da flog ein Knochen dem Zaren gerade ins Gesicht. Da ergrimmte der Zar und jagte sie mit Schimpf und Schande von dannen. Unterdessen war Iwan Zarewitsch unbemerkt nach Hause geeilt. Er fand die Froschhaut und warf sie ins Feuer. Wassilissa die Allweise kam zurück, wollte sich die Froschhaut greifen – sie war nicht mehr da. Sie wurde verzagt und sehr traurig, und sie sprach: »Ach, Iwan Zarewitsch, was hast du getan? Hättest du nur ein bißchen länger gewartet, wäre ich ewig die deine gewesen. Doch nun leb wohl! Such mich hinter den dreimal neun Ländern in dem dreimal zehnten Zarenreich bei Kostschej dem Unsterblichen!« Sprach's und verwandelte sich in einen weißen Schwan und flog durch das Fenster davon.
Iwan Zarewitsch weinte heiße Tränen, aber damit erreicht man nichts. Ein Jahr verging, und Iwan Zarewitsch sehnte sich nach seiner Frau. Im zweiten Jahr raffte er sich auf, bat Vater und Mutter um ihren Segen, betete zu Gott nach allen vier Himmelsrichtungen und ging los, wohin die Augen ihn führten. Er wanderte in die Nähe, in die Weite, lange Wege, kurze Wege – da kam ihm ein altes Männlein entgegen. »Guten Tag, mein Bester«, sprach es ihn an, »wen suchst du, und wohin des Wegs?« Der Zarewitsch erzählte ihm von seinem Unglück. »Oje, Iwan Zarewitsch, weshalb nur hast du die Froschhaut verbrannt? Du hast sie ihr nicht angezogen, so war es auch nicht an dir, sie auszuziehen. Als Wassilissa die Allweise geboren wurde, war sie klüger als ihr Vater und vermochte mehr als er; das hat er ihr verübelt und ihr auferlegt, drei Jahre lang als Froschfrau zu leben. Hier hast du ein Knäuel. Folge ihm unbeirrt, wohin es auch rollt.« Iwan Zarewitsch dankte dem Alten und wanderte hinter dem Knäuel her.

Er ging über freies Feld, da begegnete ihm ein Bär. »Ich will das Tier töten«, dachte er bei sich. Aber der Bär sprach: »Töte mich nicht, Iwan Zarewitsch, ich werde dir einmal nützlich sein.« Er ging weiter und sah: über ihm flog ein Enterich. Schon legte er den Bogen an und wollte den Vogel herunterschießen, als dieser mit menschlicher Stimme sprach: »Töte mich nicht, Iwan Zarewitsch, ich werde dir einmal nützlich sein.« Er hatte Mitleid und ging weiter.

Da lief ein schieläugiger Hase quer an ihm vorüber. Wieder griff der Zarewitsch zu seinem Bogen und zielte nach ihm. Doch der Hase sprach zu ihm mit menschlicher Stimme: »Töte mich nicht, Iwan Zarewitsch, ich will dir einmal nützlich sein.« Iwan Zarewitsch hatte Mitleid und ging weiter, zum blauen Meer. Da sah er auf dem Sand einen Hecht liegen und nach Luft schnappen. »Ach, Iwan Za-

rewitsch«, sprach der Hecht, »hab Mitleid mit mir und werf mich ins Meer.« So warf er ihn ins Meer und ging weiter.

Über kurz oder lang rollte das Knäuelchen zu einem Bauernhäuschen. Das Häuschen stand auf Hühnerbeinen, drehte sich um und um. Sprach Iwan Zarewitsch:

»Häuschen, Häuschen, dreh dich zu mir her, so wie früher, als die Mutter dich aufstellte: mit dem Gesicht zu mir, mit dem Hintern zum Meer.« Das Häuschen drehte sich, mit dem Hintern zum Meer, mit dem Gesicht zu ihm. Der Zarensohn stieg hinein und sah: auf dem Ofen liegt auf neun Ziegelsteinen die Baba Jaga Beinernes Bein, die Nase zur Stubendecke gedreht, der Rotz netzt die Schwelle, die Titten hängen überm Haken, und sie wetzt die Zähne. »Heissa, heeh, mein Schöner, warum besuchst du mich?« fragte die Baba Jaga. »Du altes Hexentier! Gib mir zu essen und zu trinken und halt mir das Bad unter Dampf, dann kannst du mich fragen!«

Die Baba Jaga gab ihm zu essen und zu trinken, dämpfte ihn in der Badestube, und der Zarensohn erzählte, daß er seine Frau Wassilissa die Allweise suche. »Heeh, ich weiß es«, sagte die Baba Jaga, »sie ist bei Kostschej dem Unsterblichen. Es ist schwierig, sie zu bekommen, und mit Kostschej fertig zu werden, ist nicht eben leicht. Sein Tod sitzt in der Spitze einer Nadel, aber diese Nadel ist in einem Ei, dieses Ei in einer Ente, diese Ente in einem Hasen, dieser Hase in einem Kasten, und dieser Kasten hängt in einer hohen Eiche. Und diesen Baum behütet Kostschej wie seinen Augapfel.«

Die Baba Jaga sagte ihm, an welcher Stelle die Eiche wüchse. Iwan Zarewitsch fand dorthin, wußte aber nicht, was er tun sollte, um zu dem Kasten zu gelangen. Plötzlich kam ein Bär gelaufen und drehte den Baum mitsamt den Wurzeln aus; da fiel der Kasten herunter und brach in Stücke. Heraus aus dem Kasten sprang der Hase und rannte hakenschlagend davon. Doch schau, da war hinter ihm schon ein anderer Hase her, der holte ihn ein und zerfleischte ihn. Heraus aus dem Hasen flog die Ente und schwang sich hoch in die Lüfte. Da kam ein Enterich geflogen und schlug auf sie ein, sogleich ließ die Ente das Ei fallen, und das Ei versank im Meer. Iwan Zarewitsch sah, nun war alles verloren, er ließ seinen Tränen freien Lauf. Doch plötzlich schwamm ein Hecht ans Ufer heran, er hielt das Ei zwischen seinen Zähnen. Iwan nahm das Ei, zerbrach es, bekam die Nadel heraus und brach ihre Spitze ab. Wie sehr Kostschej auch wütete und sich wehrte, wie sehr er seinem Tod zu entkommen suchte: Er mußte sterben!

Iwan Zarewitsch ging nun in das Haus des Kostschej, holte Wassilissa die Allweise heraus und kehrte mit ihr heim. Danach lebten sie lange und glücklich zusammen.

Aus dem Russischen von Gisela Strasser

An der Wolga hat man sich das Märchen von der Carevna Ljaguschka, »Zarentochter Kröte«, erzählt; es ist im siebten Band in A. N. Afanasjews Sammlung russischer Volksmärchen (1863) erstmals abgedruckt.

Die Heldin wie auch die ganze Geschichte erinnern an Grimms »Die drei Federn«, in der eine unterweltliche dicke Itsche (Kröte) dem Königssohn hilft und ihm als Braut eine junge Itsche besorgt, deren Schönheit – und Sprungvermögen – die Frauen der Brüder aussticht. Sie erinnern aber auch an eine berühmte Geschichte aus 1001 Nacht, die von Prinz Ahmed und der »Feenherrin« Peri Banu. Hier wie dort ist der Pfeilschuß der drei Königssöhne auf Geheiß des Vaters die Ausgangssituation, auch wird der dritte und jüngste Sohn verkannt, und in allen Geschichten kommt ein Dunkelreich vor, durch das Hilfe geschieht und am Ende auch Verwandlung und Versöhnung.

Das Verbrennen der Froschhaut ist eine Tabuverletzung, die zunächst Trennung, dann eine lange Suchwanderung des Mannes auslöst. Vier Tierhelfer sind zur Befreiung von Wassilissa der Allweisen notwendig, dazu die Hilfe des Mutterdämons Baba Jaga: Nur sie weiß, wo das geheime Leben des Vaterdämons der entrückten Braut zu finden ist. In russischen Märchen heißt es stets »Kostschej der Unsterbliche« – und sein Märchenschicksal will, daß er jedesmal stirbt.

Der Hund mit den kleinen Zähnen

Vor langer, langer Zeit lebte ein Kaufmann, der reiste in großen Geschäften viel in der Welt herum. Einmal, als er wieder auf Reisen war, überfielen ihn Räuber, und sie hätten ihm sein Leben und sein Geld genommen, wäre nicht ein großer Hund herbeigesprungen und hätte die Räuber verjagt.

Als der Hund die Räuber in die Flucht geschlagen, nahm er den Kaufmann mit in sein Haus, das hübsch anzusehen war. Er verband ihm die Wunden und pflegte ihn, bis er wieder auf dem Damm war. Sobald sich der Kaufmann imstande fühlte, zu reisen, machte er sich auf den Weg nach Hause. Aber bevor er aufbrach, dankte er dem Hund für seine Hilfe und fragte, was er ihm zum Dank schenken dürfe: auch das Kostbarste, was ihm gehöre, würde er ihm – so sagte er – nicht abschlagen.

Und der Kaufmann schlug dem Hund vor: »Willst du einen Fisch, der mir gehört und der zwölf Sprachen spricht?« – »Nein«, sagte der Hund, »ich will nicht.« – »Oder eine Gans, die goldene Eier legt?« – »Nein«, sagte der Hund, »ich will nicht.« – »Oder einen Spiegel, worin du sehen kannst, was jeder gerade denkt?« – »Nein«, sagte der Hund, »ich will nicht.« – »Was willst du denn?« fragte der Kaufmann. »All solche Geschenke will ich nicht«, sagte der Hund, »aber laß mich deine Tochter holen und in mein Haus schaffen.« Als der Kaufmann das hörte, war er bestürzt, aber was er versprochen hatte, mußte er halten, und so sagte er zu dem Hund: »Du kannst kommen und meine Tochter holen, wenn ich erst einmal eine Woche zu Hause gewesen bin.«

Sobald die Woche um war, kam der Hund vor das Haus des Kaufmanns, um die Tochter zu holen, doch blieb er draußen vor der Tür und wollte nicht hereinkommen. Die Tochter des Kaufmanns tat, wie ihr Vater es ihr gesagt hatte. Sie trat aus dem Haus, wie für eine Reise angezogen, und bereit, mit dem Hund mitzugehen. Als der Hund sie sah, schaute er gleich freundlich und sprach: »Spring auf meinen Rücken, ich will dich zu meinem Haus bringen.« Sie stieg auf seinen Rücken, und fort ging's in schnellem Lauf, bis sie beim Haus des Hundes anlangten, viele Meilen weit weg.

Als sie einen Monat im Haus des Hundes zugebracht hatte, ließ sie allerdings den Kopf hängen und begann zu weinen. »Warum weinst du?« fragte der Hund. »Weil ich zu meinem Vater zurück möchte«, sagte sie. Der Hund sagte: »Wenn du mir versprichst, daß du nicht länger als drei Tage zu Hause bleibst, trage ich dich dorthin. Aber zuvor sag mir doch: Wie nennst du mich eigentlich?« – »Den großen häßlichen Hund mit den kleinen Zähnen«, sagte sie. »Dann«, sagte er, »lasse ich dich nicht dorthin.«

Aber sie weinte so zum Erbarmen, daß er ihr wieder versprach, sie nach Hause zu tragen. »Bevor es losgeht, sag mir doch: Wie nennst du mich?« – »Oh«, sagte sie, »dein Name ist Süß-wie-eine-Honigwabe.« – »Spring auf meinen Rücken«, sagte er, »ich trage dich nach Hause.« Und er lief mit ihr auf dem Rücken vierzig Meilen weit, da kamen sie an einen Zaun. »Wie nennst du mich doch gleich?« fragte er, bevor sie über den Zaun setzten. Im Glauben, sie sei nun sicher auf ihrem Weg, sagte das Mädchen: »Den großen häßlichen Hund mit den kleinen Zähnen.« Aber als sie das sagte, übersprang der Hund nicht den Zaun, sondern machte auf der Stelle kehrt und jagte zurück in sein Haus, das Mädchen auf seinem Rücken.

Eine Woche verging, und das Mädchen weinte wieder so bitterlich, daß der Hund ihr erneut versprach, sie in ihr Vaterhaus zurückzubringen. Wieder stieg das Mädchen auf seinen Rücken, sie erreichten den ersten Zaun wie das letzte Mal, da blieb der Hund stehen und fragte: »Und, wie nennst du mich?« – »Süß-wie-eine-Honigwabe«, antwortete sie. Da setzte der Hund über den Zaun, und weiter ging's die nächsten zwanzig Meilen, bis sie wieder an einen Zaun kamen. »So, und wie nennst du den?« fragte der Hund, mit dem Schwanz wedelnd. Sie war in ihren Gedanken mehr bei ihrem Vater und bei sich zu Hause als bei dem Hund, und so antwortete sie: »Den großen häßlichen Hund mit den kleinen Zähnen.« Da geriet der Hund in große Rage, schnurstracks machte er kehrt und jagte zurück in sein Haus, wie schon einmal.

Als das Mädchen wieder eine Woche lang geweint hatte, versprach ihr der Hund, sie in ihr Vaterhaus zurückzubringen. Sie bestieg ein weiteres Mal seinen Rücken, und als sie den ersten Zaun erreichten, sagte der Hund: »Und wie nennst du mich?« – »Süß-wie-eine-Honigwabe«, sagte sie. Da setzte der Hund über den Zaun, und weiter ging's, immer weiter – denn das Mädchen hatte sich vorgenommen, ihm die lieblichsten Dinge zu sagen, die sie nur ausdenken konnte –, bis sie bei ihres Vaters Haus ankamen.

Als sie gerade das Tor des Kaufmannshauses erreicht hatten, fragte der Hund: »Und wie nennst du mich?« Doch in diesem Augenblick hatte das Mädchen all die liebevollen Dinge vergessen, die sie ihm sagen wollte, und sie begann: »Den großen ...«, aber der Hund wendete sich schon, und sie klammerte sich rasch an der Türklinke fest und wollte fortfahren: »häßlichen ...«, da sah sie, wie tief-traurig der Hund blickte, und es kam ihr wieder ins Gedächtnis, wie gut und wie geduldig er mit ihr gewesen, und da sagte sie: »Süßer-als-eine-Honigwabe.« Als sie das gesagte hatte, dachte sie, der Hund wäre es nun zufrieden und würde fortstürmen, aber statt dessen stellte er sich plötzlich auf die Hinterläufe, und mit den Vorderläufen zog er an seinem Hundekopf und warf ihn hoch in die Luft. Sein Haarkleid fiel von ihm ab, und vor der Kaufmannstochter stand der schmuckeste junge Mann von der Welt, mit den feinsten und kleinsten Zähnen, die man jemals gesehen. Und sie hielten Hochzeit und waren miteinander glück-lich.

Aus dem Englischen von Ulf Diederichs

Seit seinem Ersterscheinen in Sidney Oldall Addys »Household Tales« (London 1895) wird dieses Märchen als britische Version von der Schönen und dem Tier – la belle et la bète – hochgeschätzt. Aufgezeichnet wurde es in der Grafschaft Derbyshire, unter überraschend modernen Aspekten: »Der Sammler sollte seinen ältesten und schlichte-sten Anzug tragen. Er sollte sich für das Leben seiner Informanten interessieren, so sprechen wie sie und versuchen, so zu denken wie sie. Er braucht nicht so zu tun, als glaube er ihnen alles, aber er muß in allem teilnahmsvoll sein und darf sich nicht über sie lustig machen. Aufzeichnungen sollten am besten in den Worten, möglichst auch im Dialekt des Erzählers gemacht werden« (Addy 1902).
Aus dem französischen Stoff der contes de fées wird unversehens ein eigenständiges Märchen. Britische Situations- und Sprachkomik sind im Spiel, eine hübsch umgebau-te Dramaturgie. Die alte Geschichte vom Tierbräutigam, bekannt seit Apuleius' »Amor und Psyche«, bekommt dank des großen häßlichen Hundes mit den kleinen Zähnen ganz neue Facetten.

Die drei Muhammad

Es war ein Mann, der hatte drei Söhne, und alle drei hießen Muhammad. Als dieser Mann ans Sterben kam, da stieg in ihm ein Zweifel auf, ob einer von den jungen Leuten wirklich sein Sohn sei. Deshalb sprach er (auf dem Totenbett): »Muhammad soll erben, Muhammad soll erben, und Muhammad soll nicht erben!«

Als der Vater nun gestorben war, ließen die Söhne zwei Wochen verstreichen, dann begannen sie über die Verteilung der Erbschaft zu sprechen. Sie blickten einander an und sprachen: »Der Vater hat gesagt: Muhammad soll erben, Muhammad soll erben, und Muhammad soll nicht erben!« Darüber stritten sie sich nun und gingen schließlich vor den Richter. Als sie vor den Richter kamen, erschien ihm die Entscheidung ihrer Sache zu schwierig, deshalb sprach er: »Über euch soll der Kadi Hiddi Recht sprechen.« Da empfahlen sie sich Gott und reisten zum Kadi Hiddi.

Als sie des Weges einherzogen, kamen sie an einen Rastplatz für Kamele. Der erste Bruder blickte auf und sprach: »Das Kamel, das hier gewesen ist, hat keinen Schwanz gehabt.« Der zweite blickte auf und sprach: »Das Kamel war einäugig.« Der dritte sprach: »Die Last, die das Kamel trug, war auf der einen Seite etwas Süßes, auf der andern Seite etwas Saures.« Als sie weiterzogen, da begegnete ihnen der Besitzer des Kamels; der suchte sein Kamel. Er fragte die drei Brüder: »Ist euch ein Kamel begegnet?« Der erste Bruder sah auf und sprach: »Dein Kamel hat keinen Schwanz?« - »So ist es.« Der zweite Bruder fragte: »Dein Kamel ist einäugig?« - »Gewiß«. Der dritte Bruder forschte: »Dein Kamel trug auf der einen Seite eine süße, auf der andern eine saure Ladung?« Der Besitzer des Tieres bestätigte auch dies. »Ihr also habt mein Kamel!« rief er aus, »denn ihr habt mir alle seine Kennzeichen angegeben.« Die Brüder entgegneten: »Junger Mann, wir haben dein Kamel nicht.« Jener fragte sie: »Wo habt ihr es da gesehen?« Die Brüder erwiderten: »Wir haben es gar nicht gesehen.« Da hielt der Besitzer des Kamels die Brüder fest und wollte sie nicht fortlassen. Jene sprachen: »Wir wollten gerade zum Kadi Hiddi, drum geh du mit uns!«

Bald gelangten sie zum Kadi. Der Besitzer des Kamels trat zuerst vor und sprach: »Diese jungen Leute haben mein Kamel.« Der Kadi sprach zu den drei Brüdern: »Gebt ihm sein Kamel!« Die Brüder erwiderten: »Zwischen uns und ihm sei Allah Zeuge! Wahrhaftig, wir haben sein Kamel nicht.« Da blickte der Besitzer des Kamels auf und rief: »Aber sie haben mir doch genau seine Kennzeichen angegeben: mein Kamel habe keinen Schwanz, es sei einäugig und trage auf der einen Seite süße, auf der andern Seite saure Ladung.«

Der Kadi fragte darauf den ersten der Brüder. »Woran hast du erkannt, daß es keinen Schwanz hatte?« Der Gefragte entgegnete: »Wenn das Kamel scheißt, so wedelt es mit seinem Schwanz den Mist auseinander, so daß er breit gekollert wird. Als ich nun den Mist sah, fand ich ihn auf einen Haufen getürmt. Da erkannte ich sofort, daß das Kamel keinen Schwanz hatte.« Nun wandte sich der Kadi an den zweiten Bruder: »Woraus hast du geschlossen, daß das Kamel einäugig sei?« Jener gab zur Antwort: »Ich sah, daß es auf der Seite, wo sein Auge (wie ich vermute) heil war, das Gras abgefressen hatte, während auf der Seite, wo das Auge des Kamel (meiner Vermutung nach) erblindet war, das Gras noch hoch stand.«

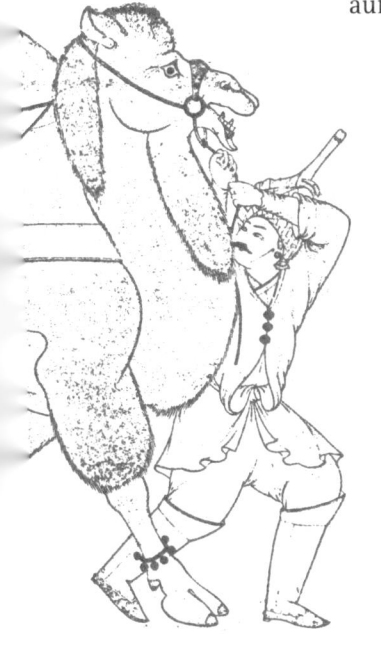

Schließlich wandte sich der Kadi an den dritten der Brüder: »Woher weißt du, daß das Kamel auf der einen Seite eine süße und auf der andren eine saure Ladung trug?« Der dritte Bruder erwiderte: »Auf der Seite, wo ich das Saure vermutete, schwärmten Mücken über dem, was heruntergetropft war. Doch auf der Seite, wo ich das Süße vermutete, summten Fliegen.« Da wandte sich der Kadi an den Besitzer des Kamels und sprach zu ihm: »Wie war dein Kamel beschaffen?« Jener entgegnete: »Es war in der Tat ohne Schwanz, ferner einäugig und trug auf der einen Seite Saures und auf der andern Süßes, nämlich auf der einen Seite Essig und auf der andern Honig.« Da sprach der Kadi: »Nun, dann such dir dein Kamel! Die Leute hier haben durch ihre eigne Schlauheit die Merkmale deines Kamels herausgefunden. Sie sind kluge Leute.«

Darauf wandte sich der Kadi an die drei Brüder und fragte sie: »Was ist eure Streitsache?« Die Brüder antworteten: »Herr, als unser Vater ans Sterben kam, da sagte er: Muhammad soll erben, Muhammad soll erben, und Muhammad soll nicht erben! Wir wissen aber nicht, wer das ist (der nicht erben soll); wir heißen alle drei Muhammad!« Der Kadi erwiderte: »Schlaft heute nacht bei mir als meine Gäste. Morgen will ich euren Streit schlichten.« Hiermit ließ er sie ins obere Stockwerk kommen, rief dann seinen Hirten her und befahl ihm: »Geh hin und schlachte für die Gäste ein Lamm!« Der Hirt schlachtete ein Lamm für die Gäste, zog es ab und schaffte es zu dem Haus, damit es der Kadi für sie braten lassen könne. Bald brachte man den Brüdern das Abendessen. Sie begannen zu speisen; der Kadi aber horchte draußen vor der Tür des Zimmers ihrem Gespräch zu. Einer von den Brüdern sah auf und begann: »Dies ist Hundefleisch« (gilt im Islam als ebenso unrein wie Esel- oder Schweinefleisch). Der andre sprach: »Die Frau, die das Abendessen bereitet hat, ist krank.« Der dritte rief: »Der Kadi ist ein unehelicher Sohn!« Die beiden anderen Brüder aber riefen: »Nein, Mensch, sage nicht, der Kadi sei ein unehelicher Sohn! Woher willst du denn das wissen?« Der Gefragte erwiderte: »Wer ein Essen auftragen läßt und nicht mit seinen Gästen speist, der ist stets ein uneheliches Kind.«

Der Kadi hatte also ihr Gespräch gehört. Dann entfernte er sich. Zunächst rief er den Hirten herbei und fragte ihn: »Warum bringst du mich vor meinen Gästen in Verlegenheit und schlachtest ihnen einen Hund?« Der Hirte entgegnete: »O nein, mein Herr, bei deinem Haupt, ich habe nichts andres als ein Lamm geschlachtet. Aber des Lammes Mutter starb, als es noch klein war; da hat es eine Hündin weiter gesäugt.« Dann begab sich der Kadi ins Haus und fragte: »Wer von den Frauen hat das Abendessen für die Gäste zubereitet?« Eine trat hervor und sagte: »Ich, mein Herr.« - »Dir ist unwohl?« Sie entgegnete: »Ja.« Darauf begab er sich zu seiner Mutter, ergriff sie, warf sie zu Boden und zückte den Dolch über ihr, wie um sie zu töten. Er sprach: »Sage mir die Wahrheit, wer mein Vater ist! Sonst töte ich dich.« Sie bekam Angst und antwortete ihm: »Mein Sohn, dein Vater war schwach. Wir hatten einen Fleischer, der brachte uns das Fleisch. Es wurde von Allah so bestimmt: Ich gab mich dem Fleischer hin, dann wurde ich schwanger und brachte dich zur Welt.« Da ließ der Kadi seine Mutter los.

Am nächsten Morgen begab er sich zur Gerichtssitzung. Er wandte sich an denjenigen der Brüder, der gesagt hatte, das Fleisch sei Hundefleisch: »Woran erkanntest du, daß das Fleisch Hundefleisch war?« Der Gefragte gab zur Antwort: »Das Hammelfleisch hat keine Fasern, aber Hundefleisch hat Fasern.« Darauf wandte sich der Kadi an den zweiten der Brüder: »Woran erkanntest du, daß diejenige, die das Abendessen gekocht hat, krank war?« Der zweite Bruder erwiderte: »Das Essen war ungesalzen.« Dem dritten aber sagte der Kadi nichts, sonder erhob sich nun und sprach: »Muhammad soll erben, Muhammad soll erben, und Muhammad (auf den dritten zeigend, der gesagt hatte, der Kadi sei ein unehelicher Sohn) soll nicht erben!« Jener fragte: »Warum denn nicht?« Da entgegnete der Kadi: »Einen unehelichen Sohn findet nur seinesgleichen heraus.«

Aus dem Arabischen von Hans Stumme

Scharfsinnsproben wie diese, die im ganzen Maghreb bekannt ist, hat der Orientalist Hans Stumme um 1890 in der Stadt Tunis aufgezeichnet und im Originaltext wie in Übersetzung wiedergegeben (Tunisische Märchen, 2 Bde., Leipzig 1893).
Nawādir heißen solche gewitzten, sprachlich geschliffenen Geschichten, die dem Arabischen Dank seiner Prägnanz besonders liegen. Sie bilden seit altersher eine eigene Erzählgattung. Kadis und Kalifen, Polizeioffiziere und Gouverneure sind ihre besonderen, ambivalenten Helden.

Der Wind bringt es, der Wind nimmt es

Es war einmal ein Spatz, der hatte sein Nest auf einer hohen Mauer. Als er eines Tages auf den Feldern nach Körnern und Wasser suchte, wehte ihm der Wind einen Baumwollsamen vor die Füße. Flink pickte er ihn auf, flog in sein Nest und fragte seinen Nachbarn: »Was ist das?« – »Es ist ein Baumwollsamen.« – »Und was macht man damit?« – »Man pflanzt ihn, und wenn seine Kapsel aufbricht, kommt ein Baumwollbällchen zum Vorschein. Dies wird zu Garn gesponnen, das Garn wird zu Stoff gewebt, der Stoff wird gefärbt und zu Kleidern geschneidert.«

Der Spatz freute sich, nahm den Samen in seinen Schnabel, flog aufs Land und suchte einen Bauern, der gerade sein Feld bestellte. Er sagte zum Bauern:

»Pflanze, pflanze, pflanz auch meines, Hälfte deines, Hälfte meines.«

»Gut«, sagte der Bauer und steckte den Samen in die Erde. Der Samen schlug an, reifte, die Kapsel brach auf und man teilte sich die Baumwolle: eine Hälfte dem Bauern, die andere dem Spatzen.

Der Spatz nahm seine Hälfte und brachte sie zum Spinnen.

»Spinne, spinne, spinn auch meines, Hälfte deines, Hälfte meines.«

Man wurde sich einig, und als das Garn gesponnen war, wurde es auf zwei Spulen gewickelt. Der Spatz nahm seinen Teil und flog damit zum Weber.

»Webe, webe, web auch meines, Hälfte deines, Hälfte meines.«

»Gut«, sagte der Weber, wob den Stoff und gab dem Spatzen seine Hälfte. Dieser nahm sie und flog zum Färber.

»Färbe, färbe, färb auch meines, Hälfte deines, Hälfte meines.«

»Warum nicht«, meinte der Färber, tauchte den Stoff in hellblaue Farbe und hing ihn zum Trocknen auf. Als der Spatz aber den schön gefärbten Stoff sah, dachte er bei sich: »Fein, fein, warum soll die Hälfte dem Färber sein?« Und schon war er mit dem Stoff im Schnabel davon.

»Sagtest du nicht: Hälfte deines, Hälfte meines«, rief der Färber. »Gesagt ist nicht getan«, rief er zurück und flog zum Schneider.

»Du, Schneider – nähe, nähe, näh auch meines, Hälfte deines, Hälfte meines.«

»Gerne«, sagte der Schneider, nähte zwei schöne Gewänder und hängte sie auf zwei Bügel. Der Spatz kam und dachte sich: »Fein, fein, warum soll eines der

Gewänder dem Schneider sein?« Und schwupp, hatte er beide Gewänder im Schnabel und flog davon.

»Sagtest du nicht: Hälfte deines, Hälfte meines?« – »Gesagt ist nicht getan«, rief er zurück und flog mit den Gewändern zum Mollah (muslimischer Geistlicher). »Du Mollah«, sagte der Spatz, »diese beiden Gewänder möchte ich bei dir lassen, bis es kalt wird. Zum Lohn bekommst du eines davon.« – »Warum nicht«, sagte der Mollah.

Die Zeit verging, kühler Wind kam auf, die Tage wurden kürzer und kälter. Da dachte der Spatz an seine Gewänder und flog zum Mollah. Als dieser den Spatz kommen sah, tat er so, als ob er jetzt beten müsse. Also wartete der Spatz geduldig. Als der Mollah sein Gebet beendet hatte, redete er ihn an: »Gib mir meine Gewänder zurück.« – »Welche Gewänder?« tat der Mollah erstaunt. »Jene Gewänder, die ich dir anvertraut hatte, von denen eins deines und das andere meines war.« – »Gesagt ist nicht getan«, sprach der Mollah.

»Es ist aber kalt, ich werde erfrieren«, rief der Spatz. »Ich werde für dich beten«, beruhigte ihn der Mollah. »Ich will kein Gebet, ich will mein Gewand«, kreischte der Spatz, worauf sich der Mollah wieder verzog und so tat, als ob er beten müsse.

Der Spatz war verzweifelt, blieb aber in der Nähe und beobachtete, wie der Mollah eines Tages die gewaschenen Gewänder zum Trocknen aufhing. Geschwind schnappte er sich die beiden Gewänder, und schwupp, weg war er. »Sagtest du nicht: eines deines, eines meines«, rief ihm der Mollah nach. »Gesagt ist lange nicht getan«, verspottete ihn der Spatz.

Wie es der Zufall wollte, flog der Spatz einige Tage später über den Hof des Mollah und bemerkte, daß dieser, während er betete, seinen Turban neben den Brunnen gelegt hatte. Schwupp, schon hatte er sich den Turban geschnappt. »Wohin mit meinem Turban? Es friert mich am Kopf bei dieser Kälte!« schrie der Mollah. »Ich werde für dich beten«, rief ihm der Spatz zu. Und der Turban wurde ein warmes Nest für seine Jungen.

Jetzt, dachte der Spatz, ist es Zeit, die Gewänder auf dem Markt zu verkaufen, um Futter für den Winter zu besorgen. Die Gewänder im Schnabel, geriet er in einen heftigen Sturm. Mächtig blies der Wind und entriß ihm beide. Eins der Gewänder landete im Hof des Färbers – das andere beim Schneider.

Aus persischer mündlicher Überlieferung erzählt von Nasrin und Karl Schlamminger

Für diese persische Geschichte gilt, was Lichtenberg über die Sammlung »Tausendundeine Nacht« gesagt hat: es stecke mehr gesunde Vernunft darin, als die meisten Menschen glauben. Nebenbei erfahren wir hier, wie die Verarbeitung der Baumwolle bis zum fertigen Kleid geschieht.

Hinter dem ebenso gewitzten wie melodiösen Märchen steht, nicht von ungefähr, eine Erzählerpersönlichkeit. So speist sich die erste deutsche Sammlung »Märchen aus Iran« (Jena 1939) zum guten Teil aus dem Geschichtenrepertoire einer begabten Erzählerin aus Schiras, literarisch hochkultiviert; und die »Persischen Märchen Miniaturen« (Köln 1985) wurden von einem Kindermädchen in Teheran nach Ende des Zweiten Weltkriegs erzählt, gewissermaßen von einer proletarischen Scheherazade.

Auch das Märchen vom durchtriebenen Spatz stammt aus dieser Zeit, von einer erzählenden Großmutter in Täbris; es wird hier erstmals veröffentlicht.

Ein Blättchen vor dem Auge

Es war einmal ein armer Bücherwurm, der in einem uralten Buch gelesen hatte, daß man sich unsichtbar machen könne. Es genüge, ein grünes Blättchen, das eine Gottesanbeterin beim Fangen einer Zikade zeige, zur Hand zu haben und sich vor die Augen zu halten. Er wanderte überallhin, um das Blättchen zu finden.

Eines Tages sah er endlich ein Blättchen, auf dem eine Gottesanbeterin lag, eben dabei, eine Zikade zu fangen. Gleich wollte er das Blättchen vom Zweig reißen. Leider fiel das Blättchen dabei zur Erde unter abgefallene Blätter. So mußte er alle auf der Erde liegenden Blätter nach Hause tragen, um das gewünschte Blättchen herauszusuchen.

Nun hielt er sich ein Blättchen nach dem andern vors Auge und fragte seine Frau jedesmal: »Kannst du mich sehen?« Und jedesmal antwortete seine Frau: »Ja, ich kann dich sehen.« Doch mit der Zeit verdroß sie diese Antwort und sie sagte ungeduldig: »Nein, ich sehe dich nicht mehr.«

Der Mann hielt das Blättchen für das, was ihn unsichtbar machte. Nun nahm er das Blättchen mit und ging in ein Kaufhaus, um etwas zu stehlen. Er wurde auf frischer Tat ertappt.

Von dieser Geschichte ist die Redensart abgeleitet: »Wegen eines Blättchens vor dem Auge sieht man den Taishan nicht.« Was doch erstaunlich ist, denn der Taishan ist einer unserer großen heiligen Berge.

Aus dem Chinesischen von Gu Sheng-qing

271

Solche Lehrgeschichten sind in China seit alters her gang und gäbe. Die »Gespräche« des Konfuzius oder das »Wahre Buch« des Zhuang Zhou (Dschuang Dsi) oder hierzulande weniger bekannte Sammelwerke sind voll von ihnen; diese hier ist dem alten »Jie Guanzi« entnommen – oder vielmehr einem der vielen bebilderten Volksdrucke, die der Germanist Gu Sheng-qing in seiner Heimatstadt Schanghai gesammelt hat und als »Sprichwörter und Lehrgeschichten der Chinesen« publizierte (Köln 1985).

Die Jagd nach dem Mond

Eines Abends sah man von Skard in Kunoy den Mond auf den Bergspitzen südlich vom Dorf; wer dort oben gewesen wäre, hätte ihn mit Händen greifen und nach Skard mit herabnehmen können; das wäre sehr schön und bequem gewesen, meinten sie, ihn die langen Winterabende bei sich zu haben; da würde es nichts schaden, wenn kein Tran zum Einschütten in die Lampe da war – der große leuchtende Mond könnte wohl für sie scheinen. Es sollten darum alle Männer, die gehen konnten, aufs Gebirge steigen und den Mond herschaffen, damit er ihnen immer leuchtete.

Das tun sie auch, aber als sie dort hinaufkamen, war kein Mond mehr auf dem Berg, er war hoch in die Luft gefahren vor ihnen und weiter südwärts gegangen, und keiner hatte so lange Arme, daß er ihn hätte erreichen und fangen können. Zurück ins Dorf zu fahren ohne Mond, hielten sie für eine allzu große Schande; sie gehen da eiligst auf eine höhere Spitze, um ihn zu fangen, und es sah auch so aus, als ob ihnen das glücken sollte, denn je weiter hinab sie von der Bergspitze kamen, desto tiefer sank der Mond auf die südliche Bergspitze herab, und nun trösteten sie sich und rannten, was sie nur konnten, auf jenen Berg; aber als sie auf ihn hinaufgekommen waren, war der Mond wieder fort.

Nun glaubten sie, der Mond fürchte sich vor ihnen, und begannen von einer Spitze zur anderen zu rennen und riefen alle so schmeichelnd als sie nur konnten:

»Mond, Mond, komm in meine Tasche,
Du sollst Butterbrot dafür bekommen.«

Aber der Mond wollte nicht in die Tasche der Skardmänner kommen und nicht ihr Butterbrot haben, sondern fuhr seines Wegs weiter, über andern als ihnen zu leuchten. Erschöpft und todmüde kamen sie nach Hause, aber keinen Mond brachten sie mit sich.

Aus dem Färöischen von Otto Luitpold Jiriczek

Das Fangen des Mondes gehört zu den weltweit beliebten Narrenstücken, so wie auch das Einschwärzen der hellen Mondscheibe. Dieser Schwank geht auf die erste repräsentative »Färösk antologie« zurück, die Propst Venceslaus Ulricus Hammershaimb, der seit Ende der 40er Jahre den Märchen auf den Färöer-Inseln nachspürte, 1891 herausgab. Die Übersetzung ist in der Zeitschrift des Vereins für Volkskunde, 2. Jg. 1892, erschienen.

Wassilissa die Wunderschöne

In einem Zarenreich lebte ein Kaufmann. Zwölf Jahre war er verheiratet gewesen, aber er hatte nur eine einzige Tochter, Wassilissa die Wunderschöne. Als die Mutter ans Sterben kam, war das Mädchen acht Jahre alt. Auf dem Sterbebett rief die Kaufmannsfrau die Tochter zu sich, holte unter der Decke eine Puppe hervor, gab sie ihr und sagte: »Hör gut zu, Wassilissa! Behalte meine letzten Worte und beherzige sie. Ich sterbe und hinterlasse dir mit meinem mütterlichen Segen diese Puppe. Behalte sie stets bei dir und zeige sie niemandem. Sollte dich etwas bekümmern, dann gib ihr zu essen und frage sie um Rat. Sie wird erst essen und dir dann sagen, wie deiner Not abzuhelfen ist.« Darauf küßte die Mutter ihre Tochter und verschied.

Nach dem Tod seiner Frau trauerte der Kaufmann eine Zeitlang, wie es sich gehört, dann begann er darüber nachzudenken, ob er nicht wieder heiraten sollte. Er war ein guter Mensch, an Mädchen im Heiratsalter war kein Mangel, doch am meisten sagte ihm eine Witwe zu. Sie war schon älter und hatte selbst zwei Töchter, fast im gleichen Alter wie Wassilissa – also dem Anschein nach eine erfahrene Hausfrau und Mutter. Der Kaufmann heiratete die Witwe, aber er hatte sich getäuscht und fand in ihr keine gute Mutter für seine Wassilissa. Wassilissa war die Schönste im ganzen Dorf; Stiefmutter und Stiefschwestern beneideten sie um ihre Schönheit und bürdeten ihr alle möglichen Arbeiten auf, damit sie von der Anstrengung mager und von Wind und Sonne braungesichtig werden sollte. Das war kein gutes Leben mehr.

Wassilissa ertrug alles ohne Murren und wurde mit jedem Tag schöner und stattlicher, während die Stiefmutter und ihre Töchter vor Bosheit immer magerer und häßlicher wurden, obwohl sie nur immer dasaßen, die Hände zusammengefaltet wie die feinen Damen. Wie ging das wohl zu? Die Puppe half Wassilissa. Wie hätte das Mädchen sonst mit all der Arbeit fertig werden können? Dafür aß Wassilissa selbst manchmal nicht und hob der Puppe die besten Bissen auf; und abends, wenn sich alle zur Ruhe legten, schloß sie sich in ihre Kammer ein, bewirtete die Puppe und sprach zu ihr: »Da, mein Püppchen, iß und höre meinen Kummer! Ich bin im Haus meines Vaters und kenne keine Freude; die böse Stiefmutter treibt mich noch aus der Welt. Lehre du mich: Wie soll ich leben, was soll ich tun?«

Die Puppe ißt zuerst und gibt ihr dann Ratschläge und tröstet sie in ihrem Kummer; und gegen Morgen verrichtet sie alle Arbeit für Wassilissa. Wassilissa ruht dann im Schatten und pflückt Blumen, und schon sind ihre Beete gejätet, ist der Kohl begossen, das Wasser geholt und der Ofen geheizt. Die Puppe zeigt Wassilissa auch ein Kraut gegen Sonnenbräune. Schön konnte sie mit der Puppe leben!

Es vergingen einige Jahre. Wassilissa war herangewachsen, war nun im besten Heiratsalter. Alle jungen Männer in der Stadt bewarben sich um Wassilissa, aber die Töchter der Stiefmutter beachtete niemand. Die Stiefmutter wurde giftiger als je zuvor und gab allen Freiern zur Antwort: »Ich gebe die Jüngste nicht vor den Älteren aus dem Haus.« Und wenn sie die Freier verabschiedet hatte, rächte sie ihren Ärger an Wassilissa mit Schlägen.

Eines Tages mußte der Kaufmann für längere Zeit von zu Hause fort und in Handelsgeschäften verreisen. Da zog die Stiefmutter in ein anderes Haus, und gleich hinter diesem Haus war ein tiefer Wald, und in dem Wald stand auf einer Lichtung ein Häuschen, und in diesem Häuschen wohnte die Baba Jaga. Die ließ niemanden zu sich heran und fraß die Menschen, als wären es Hühnchen. Sobald man in das neue Haus eingezogen war, schickte die Stiefmutter die ihr verhaßte Wassilissa immerzu nach etwas anderem in den Wald. Aber Wassilissa kam jedesmal wohlbehalten nach Hause zurück: Die Puppe zeigte ihr den Weg und ließ sie nicht in die Nähe des Häuschens der Baba Jaga kommen.

Es wurde Herbst. Die Stiefmutter teilte den drei Mädchen die Arbeit für die Abende zu: Die eine ließ sie Spitzen häkeln, die andere Strümpfe stricken und Wassilissa spinnen, und ein bestimmtes Pensum war jeder zugemessen. Sie löschte im ganzen Haus das Licht und ließ nur eine Kerze brennen, dort, wo die Mädchen arbeiteten; sie selber ging schlafen.

Die Mädchen arbeiteten. Auf einmal begann die Kerze zu rußen. Die eine Stiefschwester nahm die Schere, um den Docht zu kappen, statt dessen aber löschte sie – die Mutter hatte es ihr so geheißen – wie aus Versehen die Kerze aus. »Was sollen wir jetzt tun?« sagten die Mädchen. »Im ganzen Haus ist kein Licht, und unsere Arbeit ist noch nicht fertig. Wir müssen uns Feuer bei der Baba Jaga holen!« – »Mir ist von meinen Nadeln hell genug«, sagte die Spitzenhäklerin, »ich gehe nicht.« – »Ich gehe auch nicht«, sagte die Strumpfstrickerin, »mir ist von meinen Stricknadeln hell genug.« – »Du mußt Feuer holen gehn«, schrien sie beide, »mach dich auf zur Baba Jaga!« Und sie stießen Wassilissa aus der Stube. Wassilissa ging in ihre Kammer, stellte das abgesparte Abendessen vor die Puppe und sagte: »Hier, mein Püppchen, iß und höre meinen Kummer. Sie schicken mich zur Baba Jaga, Feuer zu holen. Die Baba Jaga wird mich auffressen!« Die Puppe aß, und ihre Augen begannen zu leuchten wie zwei Kerzen. »Fürchte dich nicht, Wassilissa«, sagte sie, »geh nur, wohin sie dich schicken, doch behalte mich immer bei dir. Wenn ich dabei bin, geschieht dir nichts bei Baba Jaga.« Wassilissa machte sich fertig, steckte die Puppe in ihre Tasche, bekreuzigte sich und machte sich auf in den tiefen Wald.

Sie geht und zittert vor Angst. Plötzlich sprengt ein Reiter an ihr vorbei: das Gesicht ganz weiß, weiß wie seine Kleider, weiß das Pferd unter ihm, und das Zaumzeug weiß – da begann es zu dämmern.

Sie geht weiter. Da sprengt ein anderer Reiter vorbei: das Gesicht ganz rot, rot seine Kleider, rot das Pferd unter ihm – da ging die Sonne auf.

Wassilissa lief die ganze Nacht und den ganzen Tag und kam erst am Abend auf die Lichtung, wo das Haus der Baba Jaga stand: Um das Haus ist ein Zaun aus Menschenknochen errichtet, auf dem Zaun stecken Menschenschädel, mit Augen; statt der Torpfosten – Menschenbeine, statt der Riegel – Hände, statt des Türschlosses – ein Mund mit scharfen Zähnen.

Wassilissa erstarrte vor Entsetzen und blieb wie angewurzelt stehen. Plötzlich kommt wieder ein Reiter geritten: das Gesicht ganz schwarz, schwarz seine Kleider, schwarz das Pferd unter ihm; er sprengte vor das Tor der Baba Jaga und verschwand dort, als hätte ihn die Erde verschluckt – da war es Nacht. Aber es blieb nicht lange finster: In allen Schädeln auf dem Zaun begannen die Augen zu glühen, und auf der ganzen Lichtung wurde es hell wie mitten am Tag. Wassilissa zitterte vor Angst, aber da sie nicht wußte, wohin sie fliehen sollte, blieb sie an der Stelle.

Bald hörte man im Wald einen fürchterlichen Lärm, die Bäume ächzten, die trockenen Blätter knisterten: Die Baba Jaga kam aus dem Wald. Sie fährt in einem Mörser, mit dem Stößel treibt sie ihn an, mit dem Ofenbesen wischt sie die Spur aus. Sie fuhr vor das Tor, hielt an, schnüffelte herum und rief: »Huh, huh! Hier riecht es nach Russen! Wer ist hier?« Wassilissa trat mit Angst an die Alte heran, verneigte sich tief und sagte: »Ich bin's, Großmütterchen! Die Stiefschwestern haben mich zu dir nach Feuer geschickt.« – »Recht so«, sagte die Baba Jaga, »die kenne ich. Bleib du eine Weile bei mir und arbeite für mich, dann gebe ich dir auch Feuer. Willst du nicht, so fresse ich dich!« Dann wandte sie sich dem Tor zu und rief: »He, ihr meine festen Riegel, löst euch, und ihr, meine weiten Tore, tut euch auf!« Die Torflügel öffneten sich, und die Baba Jaga

fuhr pfeifend hinein, Wassilissa folgte ihr, und dann schloß sich alles wieder.
Als die Baba Jaga in die Stube trat, streckte sie sich auf der Bank aus und sagte zu Wassilissa: »Gib mal her, was da im Ofen steht; ich habe Hunger.«
Wassilissa zündete an den Schädeln, die auf dem Zaun steckten, einen Kienspan
an und begann das Essen aus dem Ofen zu holen und der Baba Jaga vorzusetzen. Das Essen war reichlich für zehn Mann. Aus dem Keller holte sie Kwaß,
Met, Bier und Wein herauf. Alles aß und trank die Alte allein; für Wassilissa ließ
sie nur ein wenig Krautsuppe übrig, einen Kanten Brot und ein Krüstchen Span-
ferkel. Danach legte sich die Baba Jaga schlafen, sagte aber noch: »Wenn ich
morgen ausfahre, dann schick dich, kehre den Hof, fege das Haus aus, koch das
Essen und mach die Wäsche fertig, dann geh in die Kornkammer, hol ein Vier-
telscheffel Weizen und reinige ihn von den schwarzen Körnern. Und daß mir
alles fertig ist, wenn ich komme – sonst fresse ich dich!«
Nachdem sie dieses angeordnet hatte, begann die Baba Jaga zu schnarchen.
Wassilissa aber stellte der Puppe die Reste hin, das, was die Alte übriggelassen
hatte, weinte bitterlich und sagte: »Hier, mein Püppchen, iß und höre meinen
Kummer. Eine schwere Arbeit hat Baba Jaga mir aufgetragen, und sie droht, sie
will mich fressen, wenn ich nicht alles schaffe, hilf mir!« Die Puppe antwortete: »Fürchte dich nicht, Wassilissa du Wunderschöne! Iß zu Abend, bete und leg
dich schlafen! Der Morgen ist klüger als der Abend.«

In aller Frühe erwachte Wassilissa, doch die Baba Jaga war schon auf den Beinen und sah zum Fenster hinaus. Da verloschen gerade die Augen an den Schädeln. Der weiße Reiter sprengte vorbei – da wurde es hell. Die Baba Jaga trat auf den Hof hinaus und pfiff – da stand der Mörser vor ihr mit dem Stößel und dem Ofenbesen. Der rote Reiter sprengte vorbei – da ging die Sonne auf. Die Baba Jaga setzte sich in den Mörser und fuhr davon, mit dem Stößel treibt sie ihn an, und mit dem Besen verwischt sie die Spur. Wassilissa blieb allein zurück und sah sich im Haus der Baba Jaga um, bestaunte den Überfluß an allen Dingen und sinnierte, welche Arbeit sie zuerst anpacken sollte. Wie sie aufblickt, ist die ganze Arbeit schon getan; die Puppe sammelt aus dem Weizen die letzten schwarzen Körner. »Ach, du meine Retterin«, sagte Wassilissa zu ihrer Puppe, »du hast mir aus aller Not herausgeholfen!« – »Du brauchst nur noch das Essen zu kochen«, antwortete die Puppe und kroch in Wassilissas Tasche. »Tu das mit Gott und ruh dich dann aus!«

Gegen Abend deckte Wassilissa den Tisch und wartete auf die Baba Jaga. Es begann zu dämmern, der schwarze Reiter sprengte am Tor vorbei, und es wurde ganz dunkel. Nur die Augen an den Schädeln leuchteten. Da knarrten die Bäume, die Blätter knisterten – Baba Jaga kommt gefahren. Wassilissa geht ihr entgegen. »Ist alles getan?« fragt die Baba Jaga. »Sieh selber nach, Großmütterchen!« sagte Wassilissa. Die Baba Jaga sah überall nach, ärgerte sich, daß sie keinen Grund fand zu schimpfen, und sagte: »Na gut!« Dann rief sie: »Ihr, meine treuen Diener, meine lieben Freunde, mahlt mir meinen Weizen!« Da erschienen drei Paar Hände, ergriffen den Weizen und verschwanden damit. Die Baba Jaga aß sich satt, legte sich zum Schlaf nieder und gab Wassilissa wieder einen Auftrag: »Morgen machst du das gleiche wie heute, und nimm außerdem den Mohn aus der Kornkammer und säubere ihn von Dreck, Körnchen für Körnchen; da hat jemand böswillig mir Erde dazwischengestreut.« So redete die Alte, drehte sich zur Wand und begann zu schnarchen. Wassilissa aber gab ihrer Puppe zu essen. Die Puppe aß und sagte ihr wie tags zuvor: »Bete zu Gott und lege dich schlafen! Der Morgen ist klüger als der Abend. Alles wird getan werden, Wassilissa!«

Am Morgen fuhr die Baba Jaga wieder im Mörser davon, und Wassilissa und ihre Puppe verrichteten sogleich alle Arbeit. Die Alte kam zurück, besah alles und rief: »Ihr meine treuen Diener, meine lieben Freunde, preßt mir das Öl aus dem Mohn!« Da erschienen die drei Paar Hände, nahmen den Mohn und verschwanden damit. Die Baba Jaga setzte sich zu Tisch. Sie ißt. Wassilissa steht schweigend da. »Warum sprichst du nicht mit mir?« sagte die Baba Jaga, »du stehst da, als wärest du stumm.« – »Ich habe mich nicht getraut«, erwiderte Wassilissa, »aber wenn du erlaubst, möchte ich dich gern einiges fragen.« – »Frag nur. Aber nicht jede Frage führt zum Guten. Wer viel weiß, wird bald alt.« – »Ich möchte dich nur nach dem fragen, Großmütterchen, was ich gesehen habe. Als ich auf dem Weg zu dir war, überholte mich ein Reiter auf weißem Pferd, das Gesicht weiß und weiß seine Kleider. Wer ist das?« – »Das ist mein heller Tag«, antwortete die Baba Jaga. »Danach überholte mich ein anderer Reiter auf rotem Pferd, das Gesicht rot und ganz in Rot gekleidet. Wer ist das?« – »Das ist meine liebe rote Sonne«, erwiderte die Baba Jaga. »Und was bedeutet der schwarze Reiter, der mich dicht vor deinem Tor überholte?« – »Das ist meine dunkle Nacht. Alle sind meine treuen Diener.« Wassilissa dachte an die drei Paar Hände, aber sie schwieg. »Warum fragst du nicht weiter?« sagte die Baba Jaga. »Das genügt mir schon. Du hast doch selbst gesagt, Großmütterchen: Wer viel weiß, wird bald alt.« – »Es ist gut«, sagte die Baba Jaga, »daß du nur nach dem fragst, was du draußen vor dem Zaun gesehen hast, und nicht nach dem hier drinnen. Ich mag es nicht, wenn man den Schmutz aus meiner Hütte trägt, und wer gar zu neugierig ist, den fresse ich! Jetzt will ich dich fragen: Wie stellst du es an, daß du mit all der Arbeit fertig wirst, die ich dir auftrage?« – »Mir hilft der Segen meiner Mutter«, sagte Wassilissa. »Das ist es also! Mach, daß du fortkommst von hier, du gesegnete Tochter! Ich kann keine Gesegnete brauchen!« Sie zerrte Wassilissa aus der Stube und stieß sie vors Tor, nahm vom Zaun einen Schädel mit glühenden Augen, steckte ihn auf einen Stock, gab ihn ihr und sprach: »Da hast du Feuer für die Töchter der Stiefmutter, nimm es; deshalb haben sie dich doch hergeschickt.«

Wassilissa lief, so schnell sie nur konnte, nach Haus, der Schädel leuchtete ihr und erlosch erst bei Morgengrauen. Am Abend des nächsten Tages kam sie endlich bei ihrem Haus an. Als sie sich dem Tor näherte, wollte sie den Schädel schon fortwerfen. »Gewiß brauchen sie zu Hause kein Feuer mehr«, dachte sie. Doch auf einmal erklang eine dumpfe Stimme aus dem Schädel: »Wirf mich nicht fort, bring mich zur Stiefmutter!«

Sie schaute auf das Haus der Stiefmutter, und da sie in keinem Fenster Licht sah, entschloß sie sich, mit dem Schädel hineinzugehen. Zum ersten Mal wurde sie freundlich empfangen, und sie erzählten ihr, daß seit der Zeit, als sie fortgegangen, kein Feuer mehr im Hause brennen wollte. Auf keine Weise hätten sie welches schlagen können, und die Glut, die sie bei den Nachbarn geholt hätten, sei erloschen, sobald sie mit ihr in der Stube waren. »Hoffentlich wird sich dein Feuer halten«, sagte die Stiefmutter. Sie trugen den Schädel in die Stube, aber die Augen aus dem Schädel blickten unverwandt auf die Stiefmutter und ihre Töchter und sengten sie. Sie wollten sich verstecken, doch wohin sie auch rannten – die Augen folgten ihnen überallhin. Am Morgen waren sie ganz zu Kohle verbrannt, nur Wassilissa war unversehrt geblieben.

Am Morgen vergrub Wassilissa den Schädel in der Erde, schloß das Haus zu, ging in die Stadt und bat eine alte Frau, die alleine lebte, sie bei sich aufzunehmen. Da wohnt sie nun und wartet auf den Vater. Eines Tages sagt sie zu der Alten: »Großmutter, so ohne Arbeit langweilt es mich! Geh hin und kauf mir Flachs, vom besten, dann kann ich wenigstens spinnen.«

Die Alte kaufte schönen Flachs, und Wassilissa machte sich an die Arbeit; das Spinnen geht ihr leicht von der Hand, und der Faden wird gleichmäßig und fein wie ihr Haar. Sie hatte schon eine Menge Garn gesponnen, und es wäre an der Zeit gewesen, mit dem Weben zu beginnen. Aber nirgends fand sich ein Weberkamm, der für Wassilissas Garn fein genug gewesen wäre – und es wird sich auch niemand zutrauen, einen solchen feinen Kamm anzufertigen. Da fragte Wassilissa ihre Puppe um Rat, und die sagte: »Bring mir irgendeinen alten Kamm und ein altes Schiffchen und dazu Roßhaar; ich werd's dir schon richten.«

Wassilissa besorgte alles, was benötigt wurde, und legte sich dann schlafen. Die Puppe aber baute über Nacht den richtigen Webstuhl. Gegen Ende des Winters war das Linnen gewebt und so fein, daß man es statt eines Fadens durch ein Nadelöhr hätte ziehen können. Im Frühjahr kam es auf die Bleiche, und Wassilissa sagte zur Alten: »Großmutter, verkauf dieses Linnen und behalte das Geld für dich.« Die Alte blickte auf die Ware und schlug die Hände zusammen: »Nein, Kindchen! Solches Linnen darf nur der Zar tragen, sonst keiner; ich werde es in den Palast bringen.« Die Alte kam zum Palast und lief vor den Fenstern immer auf und ab. Das sah der Zar, und er fragte: »Was wünscht du, Großmütterchen?« – »Eure Kaiserliche Hoheit«, antwortete die Alte, »ich habe Euch eine wunderbare Ware gebracht, und keinem außer dir will ich sie zeigen.« Der Zar befahl, die Alte vorzulassen, und als er das Linnen sah, staunte er über die Maßen. »Was willst du dafür haben?« fragte er. »Das hat keinen Preis, Väterchen Zar! Ich habe es dir als Geschenk gebracht.« Da dankte der Zar und entließ die Alte mit reichen Geschenken.

Nun wollte man dem Zaren aus diesem Linnen Hemden nähen; man schnitt sie zu, aber es fand sich keine Näherin, die sie nähen konnte. Sie suchten lange. Endlich ließ der Zar die Alte rufen und sagte zu ihr: »Wenn du ein solches Linnen hast spinnen und weben können, so mußt du auch die Hemden daraus nähen.« – »Nicht ich, Herr, habe dieses Linnen gesponnen und gewebt«, sagte die Alte, »das ist die Arbeit meiner Pflegetochter.« – »Dann soll eben sie die Hemden nähen!« Die Alte kehrte heim und erzählte Wassilissa alles. »Ich wußte«, erwiderte ihr Wassilissa, »daß diese Arbeit für mich bestimmt ist.« Sie schloß sich in ihre Kammer ein und machte sich an die Arbeit; sie nähte unermüdlich, und bald war ein Dutzend Hemden fertig.

Die Alte brachte die Hemden zum Zaren. Wassilissa aber wusch sich, kämmte sich, zog sich an und setzte sich ans Fenster. Dort sitzt sie nun und wartet, was geschehen wird. Da sieht sie, wie ein Diener des Zaren in den Hof kommt. Er tritt in die Stube und sagt: »Der Zar will die kunstfertige Näherin sehen, die ihm die Hemden genäht hat, und er will sie mit eigener Hand belohnen.« Wassilissa ging und trat vor das Antlitz des Zaren. Als der Zar Wassilissa die Wunderschöne erblickte, verliebte er sich in sie besinnungslos. »Nein, du meine Schöne«, sagte er, »ich will mich nicht mehr von dir trennen; du sollst meine Frau sein.« Da nahm der Zar Wassilissa bei ihren weißen Händen, setzte sie neben sich, und bald darauf feierten sie Hochzeit.

Wenig später kehrte auch Wassilissas Vater zurück, freute sich über ihr Schicksal und lebte von nun an bei seiner Tochter. Wassilissa nahm auch die alte Frau bei sich auf, das Püppchen aber trug sie immer in der Tasche, bis an ihr Lebensende.

Aus dem Russischen von Gisela Strasser

Die Geschichte von der verfolgten Stieftochter, der, in Gestalt einer Puppe, der Segen der toten Mutter beisteht, entstammt A. N. Afanasjews klassischer Sammlung russischer Volksmärchen; »Vasilisa Prekrasnaja« findet sich im vierten Band (1858). Das Besondere dieses Märchens liegt einmal in der Helferfigur, dem Püppchen, das stets beachtet und umsorgt sein will, damit es in der Not helfen kann: Wundergabe der Mutter und zugleich »daimonion«, innere Zuversicht. Zum anderen werden die Requisiten der Baba Jaga selbst zu Handlungselementen, vor allem der Totenschädel mit den glühenden Augen, die die drei Gegenspielerinnen versengen. Feuer und Nacht als Spannungsfelder haben auch russische Illustratoren gereizt; berühmt sind die sechs Farblithographien Iwan J. Bilibins (1902), die uns u. a. von der im Mörser heranfegenden Baba Jaga ein wundervolles Bild vermitteln.

Hitschinna

Hitschinna (die Wildkatze) hatte eine Frau und einen Sohn, nur wenige Tage alt. Der kleine Hitschinpa schlief, und Hitschin Marimi, die Frau, umsorgte ihr Kind. In der Nacht hatte es Hitschinna geträumt, und es war ein schlimmer Traum gewesen. »Ich hatte einen Traum«, sagte er zu seiner Frau, »einen sehr, sehr bösen.« – »Was träumtest du denn?« fragte sie.

»Ich träumte, ich hätte eine hohe Kiefer erstiegen, sie hing voller Kiefernzapfen. Ich warf sie hinunter, und ich hatte schon eine Menge hinuntergeworfen, als ich schließlich meinen rechten Arm hinabwarf. Mir träumte dann, daß ich meinen linken hinabwarf.«

Weiter erzählte er nichts. Am frühen Morgen, noch bevor er von dem Traum gesprochen, hatte seine Frau gesagt: »Ich würde gern Kiefernkerne haben, ich möchte sie essen, ich bin wild auf Kiefernkerne.« Er machte sich auf, um die Zapfen zu besorgen, und sie nahm das Kind und ging mit. Sie kamen zu einer hohen Kiefer, und er kletterte hinauf. Hitschin Marimi setzte das Kind auf den Boden und machte in einiger Entfernung ein Feuer, um die Zapfen zu rösten. Hitschinna warf Zapfen hinunter; sie röstete sie, damit die Kerne herauskamen. Er warf eine Menge Zapfen hinab. Sie röstete die Zapfen und stampfte die Kerne heraus.

Nach einer Weile fiel Hitschinnas rechter Arm ab, er warf ihn hinunter; und dann warf er seinen linken Arm ab. Sein linkes Bein fiel ab, und er warf es hinunter; dann entfiel sein rechtes Bein, und er warf es gleichfalls zur Erde. Die Frau war beschäftigt mit dem Rösten und Stampfen der Kiefernzapfen, sie blickte eine gute Weile gar nicht auf. Dann ging sie wieder an den Baum und sah Blut daran kleben. Nun blickte sie hinauf und sah, wie ihr Mann alles von sich abwarf und daß von seinem Körper nicht mehr viel übrig war.

Hitschin Marimi erschrak fast zu Tode, die stürzte davon, nach Hause. Ihr Entsetzen war so groß, daß sie ihr kleines Kind zurückließ und es völlig vergaß. Daheim angekommen, rief sie alle Leute zusammen und berichtete: »Mein Mann kletterte auf eine Kiefer und warf viele Zapfen herunter. Dann begann er sich selbst herunterzuwerfen, erst einen Arm, dann alles andere. Wir müssen fliehen und uns irgendwo verstecken. Er wird sich sehr bald als böse erweisen, er wird uns alle töten wollen, sofern er uns findet.« Die Leute fragten: »Wo sollen wir uns denn vor ihm verstecken – im Norden, Süden, Osten oder Westen?« – »Ich weiß einen guten Ort«, sagte einer, »und der liegt nicht weit von hier: Wamarawi« (gelegen im Sacramento-Tal, dem mythischen Zentrum der Yana-Indianer). »Gut, gehen wir dorthin, aber schnell!« sagte Hitschinnas Frau, und alle stimmten ihr zu. Alles Volk lief nach Wamarawi, einem runden Berg; den ganzen Weg rannten sie und versteckten sich in einer Berghöhle. Sobald alle drinnen waren, verrammelten sie den Eingang, verriegelten ihn fest. Keiner konnte da hindurchkommen.

Nachdem seine Frau davongelaufen war, warf Hitschinna seine Rippen hinab, eine nach der andern, und rief nach seiner Frau, wo sie denn bliebe. Er bekam keine Antwort. Sie war fort, und er wußte es nicht. Erst warf er alle Rippen von der rechten Seite hinab, dann die von der linken Seite. Jedesmal, wenn er eine hinabwarf, rief er seiner Frau zu: »Uuh, uuh!«

Schließlich war von ihm auf dem Baum nichts mehr übrig als sein Kopf, und der kam bald darauf herab. Die Augen waren jetzt sehr groß, quollen hervor, rollten mit Blicken wild und irr. Der Kopf lag eine Weile unter dem Baum. Hitschinna war ein anderer geworden, ein Putokya. Er gehörte jetzt zum Schädelvolk, einem überaus bösartigen Volk. Jeder von ihnen ist nur ein Schädel.

Putokya ist etwas Neues. Er hat einen neuen Geist, neue Begierden. Er ist unter dem Baum und liegt dort eine Weile. Er kann nicht mehr gehen. Er kann nur noch auf dem Boden dahinrollen, wie eine Kugel. Nachdem er sich erholt und eine Weile nachgedacht hatte, beginnt er seine Frau zu suchen. Er rollt, bis er ans Feuer kommt, doch seine Frau ist nicht da. Er blickt sich um und findet sie nicht, er blickt sich wieder um und sieht das Kind. Er rollt hin zum Kind, nimmt es in seinen Mund, verzehrt es in einem Augenblick. Der Kopf erzählt nun, er sagt: »Ich träumte letzte Nacht, daß ich meinen eigenen Sohn esse.«

Nun ist er der Schrecken selbst. Er wirft die Kiefernzapfen wild durcheinander, verlöscht das Feuer, rast und brüllt vor Wut: ein echter Putokya. Er rollt, springt, schlägt gegen Bäume und reißt sie nieder, schmettert sie in Stücke, streut sie aus. Als nächstes rollt er aufs Dorf zu, springt, hüpft wie ein Fußball, macht schrecklichen Wind. Er erreicht die Häuser, schaut hinein. Alles ist weg aus dem Haus, aus dem Dorf. Alle sind nach Wamarawi gezogen.

Erst rüttelt er gegen sein eigenes Haus, stößt es um, zertrümmert es, und dann zerschmettert er alle Häuser, eins nach dem andern, auf die gleiche Art. Alles zerreißt und zerschmeißt er und legt das ganze Dorf nieder, als wäre ein heftiger Wirbelsturm hindurchgerast. Die Bewohner sind alle in Wamarawi, in der Steinhöhle unten im Berg; eine große Menge Volk ist dort.

Putokya sieht sich um, findet Spuren, folgt dem Volk nach Süden. Er rollt mit schrecklichem Brüllen daher, erzeugt heftigen Wind; er wirft alles nieder, was sich ihm entgegenstellt, außer den Felsen, von denen er abfedert wie ein Ball. Er folgt den Dorfbewohnern, folgt ihrer Spur und macht vor Wamarawi halt. Er rollt an den Höhleneingang, wird ruhig und horcht hinein: Drinnen hört er ein Geräusch wie das Summen von Bienen. Putokya ist voll Freude. Er hält eine Weile inne und denkt nach, was zu tun ist. »Ihr könnt mir jetzt nicht mehr entkommen«, sagt er.

Alle Menschen waren im Berg, mit Ausnahme von Metsi (dem Kojoten); der war irgendwohin nach Norden gegangen. »Ich will in die Höhle einbrechen«, sprach Putokya. Er begann auf der Westseite, nahm einen Anlauf von gut einer Meile, dann rollte, hüpfte, raste er auf den Berg zu, kam durch die Luft gesaust mit einem Heulen, wie es nur der stärkste Wind vermag. Er prallte auf den Berg, riß ein großes Loch hinein, konnte aber nicht bis zur Höhle durchdringen. Putokya aber war sicher, daß er es schaffen würde. Er rollte wieder eine gute Meile zurück und kam diesmal von der Nordseite; er hüpfte und raste vorwärts und machte ein entsetzlich großes Loch in der Nordseite; aber er kam nicht hindurch, und der Fels schloß sich wieder.

Die Menschen drinnen sind nun erleichtert, sie lachen, sie wähnen sich sicher, sie beginnen, Putokya zu verhöhnen. Putokya hört sie. Er ist zorniger denn je, er rast nur so. »Ich will es auf der Ostseite versuchen«, spricht er, »von dort geht es eher.«

Er rollte zurück wie die Male zuvor, raste vorwärts und stieß im Osten ein tiefes Loch hinein; doch es schloß sich wieder, und er zog ab. Nun versuchte er es von Süden, aber auch hier erging es ihm wie mit den anderen Seiten. Putokya verhält eine Weile, er befürchtet schon, er möchte doch nicht hinein- und an die Menschen herankommen. »Die Yana sind nicht besonders klug«, sprach er, »ich möchte wissen, wer ihnen das eingeredet hat. Von selbst sind sie nicht darauf gekommen. Wer hat ihnen bloß gesagt, nach Wamarawi zu gehen?«

Nun versuchte er auf den Gipfel des Berges zu kommen und dort ein Loch zu machen. Aber was er auch anstellte, er konnte nicht heraufrollen, sondern fiel bei jedem Versuch wieder herunter; er vermochte eben nur auf ebenem Boden vorwärts zu kommen und sich nur hüpfend über ihn zu erheben. »Ich komme da nicht hinauf, ich bin nicht dazu imstande«, sprach er. Er legte sich nahe dem

Höhleneingang nieder und dachte eine Weile nach. Da fiel ihm ein, er könne ja hüpfen wie ein Ball, könne von Bergspitze zu Bergspitze springen, immer höher und höher, die Nachbarberge hinauf, bis er sehr weit oben sei, und dann hinabgesaust komme auf den Gipfel des Wamarawi. Das tat er dann, kam hüpfend auf die Spitze anderer und immer höherer Berge, bis er schließlich hoch genug war. Da kam er mit einem riesigem Satz heruntergesprungen auf den Gipfel des Wamarawi, fiel auf ihn nieder mit furchtbarem Getöse. Er riß ein ungeheuer großes Loch auf, größer als alle vier zusammengenommen, die er zuvor in die Flanken des Berges gemacht hatte. Und dieses Loch schloß sich nicht; es reichte aber immer noch nicht bis zur Höhle hinab.

Nach diesem Stoß kam er wieder auf ebenen Boden zurück. Dort lag er und sprach zu sich: »Ich habe es fünfmal versucht, diesen Menschen beizukommen. Nun versuche ich es noch ein einziges Mal. Und diesmal komme ich an sie heran.«

Er stieg hoch hinauf zum Himmel, höher als zuvor. Er war fürchterlicher, rasender denn je, und er kam herab mit noch gewaltigerem Krachen; der ganze Berg schwankte und bebte. Nicht einer in der Höhle drinnen lachte mehr. Alle waren entsetzt.

Putokya war fast bis zur Höhle durchgeschlagen; die Felsdecke über den Menschen war von dem Stoß ganz dünn geworden, und das Loch schloß sich auch diesmal nicht wieder. »Ich will es nicht noch einmal versuchen«, sprach Putokya, »ich komme den Menschen einfach nicht bei.« Entmutigt verließ er Wamarawi.

Alle Menschen im Berg waren voller Schrecken. »Versucht er's noch einmal, so sind wir verloren«, sagten sie. »Er wird durchbrechen und einen jeden von uns auffressen.« Das große Loch blieb auf dem Berggipfel bestehen, und die Leute sagen, es sei da oben jetzt ein See mit Goldfischen darin.

Putokya rollte nun nordwärts, nach Pulschu Aina, seinem eigenen Dorf (gelegen an der sog. Tamarack Road, östlich von Millville). Als er heimwärts zog, kam er mit gewaltigem Brüllen und Wind daher, mähte Bäume und Büsche nieder, Menschen, Tiere, einfach alles, was sich ihm in den Weg stellte. Hinter sich ließ er eine glatte Bahn. So fegte er durch Pulschu Aina und zog weiter nordwärts, fast bis Jigulmatu.

Metsi, der Kojote, zog indes nach Süden und kam auf dem gleichen Weg daher; er war sehr gut gekleidet. Metsi war überhaupt immer gut gekleidet, trug einen prachtvollen Elchfellgürtel und ein Haarnetz und sah blendend aus. Metsi hat-

te die Hälfte des Weges bereits hinter sich. Er hatte erfahren, daß Putokya weiter im Süden Menschen morde. Er hörte sein Brüllen schon aus weiter Ferne und sagte bei sich: »Das ist Putokya. Er tötet alle Menschen.«

Metsi dachte darüber nach, was zu tun sei. »Ich will ihm entgegengehen. Ich will zu diesem Putokya sagen: ›Du bist ein netter, feiner Kerl, aber du bist krank, und ich will dich kurieren.‹« Metsi zog nun hastig alle seine hübschen Kleider aus, versteckte sie und stand ganz nackt da. »Ich muß mich sputen«, sagte er. »Lärm und Wind kommen näher und näher. Ich wünsche, daß ein abgenutzter alter Korb vor mir steht.« Der Korb war zur Stelle. Er wünschte sich noch ein altes Tragband für den Korb, und auch dies war da, so wie der Korb.

Putokya kam herangefegt, sein Brüllen schwoll immer mehr an. Metsi wußte,

wie gefährlich Putokya war und daß er sehr auf der Hut sein mußte. Er griff sich weiße Tonerde und bemalte sein Gesicht damit, gab ihm das Aussehen einer sehr alten Frau. Putokya war schon ganz nahe. Metsi machte sich bereit, den Korb auf dem Rücken, einen Stock in der Hand. Er schlich langsam daher, ganz eine steinalte, klapprige Frau. Die Alte begann zu keuchen: »En, en, en!« Da bremste Putokya seinen Lauf, verstummte und horchte zu der Alten hin. »Er hält still, er hört mir zu«, sprach Metsi bei sich, und er keuchte noch mehr, keuchte laut und erbärmlich. Putokya verhielt sich ruhig. Metsi schlurfte geradewegs zu ihm hin, sah ihn an und sagte: »Ich wäre fast auf dich draufgetreten.« Metsi senkte seine Stimme etwas. »Bist du ein Toter?« fragte er. Putokya schwieg. »Ich hörte dich, wo ich auch war«, fuhr Metsi fort, »ich hörte dich, wie du einen bösen Traum hattest, ich hörte dich im Süden, hörte dich allerorten, hörte auch, wie du ein Putokya wurdest, einer von den Schädelleuten, und wie du jedermann töten wolltest. Früher warst du ein Guter, ein Kluger, aber jetzt bist du krank. Du wirst sterben und nicht länger mehr unter den Menschen sein, außer du wirst geheilt. Deshalb bin ich nach Süden aufgebrochen; ich ging südwärts, dich zu suchen, dich zu sehen. Es ist gut, daß du hier hinaufkamst, ich sehe dich nun mit eigenen Augen. Ich bin deine Verwandte, deine Cousine. Ich will, daß du wieder gesund wirst, so wie früher, daß du deine Arme wiederbekommst und deine Beine, daß du dich wohlfühlst. Ich wünsche sehnlich, dich zu heilen.«
Metsi schluchzte die ganze Zeit über, er gab sich den Anschein, furchtbar traurig zu sein – natürlich war er's nicht, denn Metsi trauerte nie um jemanden, hatte für keinen auf der Welt je etwas übrig; er wollte einzig und allein Putokya aus dem Weg haben, ihn töten. Metsi war ein Erzbetrüger.
»Vor einer ganzen Weile«, fuhr Metsi fort, »traf ich einen Mann so wie du. Auch er hatte einen Traum gehabt, auch er war nur noch ein Kopf, so wie du. Damals war ich wie heute auf der Wanderschaft und begegnete diesem Mann, so wie ich dich heute treffe, hier auf dem Weg. Du magst dem Glauben schenken oder nicht, das ist mir gleich. Ich will dir nur erzählen, was ich für den Mann tat und wie ich ihn heilte. Soll ich dir sagen, was ich für ihn tat?«
Putokya hatte die ganze Zeit mit seinen großen Wildkatzenaugen die Alte angestarrt. Nun sprach er, sagte: »Sprich davon, erzähl mir alles, altes Weib. Ich will hören, was du mir zu sagen hast.« – »Gut. Ich machte wieder einen Mann aus dem Kopf, ich heilte den Putokya. Ich stellte ihn wieder her, ich machte ihn neu, und er spazierte umher wie zuvor. Ich gab ihm Beine und Arme wieder, und alles Böse wich von ihm. Ich machte ihn wieder schmuck, gesund und gut.« –

»Wie fingst du das an, Alte?« fragte Putokya. »Wie kannst du einen Menschen wieder ganz machen? Das möchte ich sehen.« – »Ich will's dir sagen, wie ich's gemacht habe. Ich klebe dich fest. Ich klebe dich fest, auf diesem Weg, genauso, wie ich es bei dem andern Mann gemacht habe. Ich grub ein Loch in den Boden, ein anständig großes und geräumiges Loch.  Das legte ich mit Steinen aus. Dann zündete ich ein Feuerchen an mit Manzanitaholz, und als es hübsch warm wurde in dem Loch, tat ich eine Menge Pech hinein und setzte den Kopf oben auf das Pech. Es war wirklich schön und angenehm für ihn, so weich und bequem auf dem Pech zu ruhen. Ich deckte noch einen flachen, handlichen Felsen über das Loch. Der Mann blieb eine Weile darin, dann war er geheilt.«

Putokya glaubte ihm alles, er hatte volles Vertrauen in Metsi und sagte: »Sehr schön! Kleb mich nur fest, so wie du den anderen festgeklebt hast. Mach mich wieder ganz, daß ich so werde wie zuvor.« Metsi fuhr fort: »Ich tat also eine dicke Lage Pech hinein, einen Fuß hoch ringsherum, und setzte ihn in das warme Loch. Sodann bedeckte ich ihn. Hübsch bald begann er sich zu dehnen und zu strecken, und so wuchs er wieder zu dem heran, der er früher war. So kurierte ich diesen Mann.« – »Das ist wirklich gut«, sagte Putokya, »kleb mich genauso fest, kleb mich so, wie du ihn geklebt hast.« – »Ich tu's«, sagte Metsi, »ich klebe dich fest, so wie ich es mit dem Mann gemacht habe, und du wirst werden wie früher; du wirst wieder richtig werden und keinen Ärger mehr haben und nie wieder krank sein.«

Metsi tat genau das, was er vorhergesagt hatte. Er grub ein großes, tiefes Loch, tat Feuer hinein sowie eine Lage Pech, genau einen Fuß hoch. Er setzte Putokya auf das Pech, legte einen breiten, flachen Stein über ihn, gab noch andere dazu, legte die Steine sehr rasch auf, bis sich ein großer Haufen auftürmte.

Das Pech brannte gut, wurde heißer, wurde siedend, wurde kochend, es versengte und verbrannte Putokya. Er mühte sich ab, aus dem Pech herauszuspringen, doch die Steine hielten ihn nieder, das Pech hielt ihn fest. Er starb einen grauenhaften Tod. Wäre Putokya aus dem Loch herausgekommen, es wäre Metsi auf Erden recht schlimm ergangen.

Als Putokya unter dem Steinhaufen gestorben war, warf Metsi die alten Sachen weg, den Korb und den schäbigen Rock, zog seine schmucken Kleider an und setzte seine Reise fort.

Metsi war ein Erzbetrüger. Er konnte sich stets aufs neue verwandeln, und er narrte die Leute, wann immer sich eine Gelegenheit bot. Aber einmal hat er doch etwas Gutes vollbracht: als er Putokya verbrannte.

Aus dem Amerikanischen von Ulf Diederichs

Ein in Nordamerika und Nordasien weitverbreitetes Märchen, hier erzählt von den Yana-Indianern im Sacramento-Gebiet. Nicht auf den ersten Blick erkennbar, daß es sich um eine Mondgeschichte handelt. Der Mond als rollender Schädel, als Kopf-dämon und Kannibale: Diese Vorstellung war vielen Naturvölkern vertraut, so den Inuit, den östlichen Indianerstämmen und auch den kalifornischen Ureinwohnern. Die Mondnatur des rollenden Schädels geht auch aus seiner Verbrennung durch den »Trickster« Kojote hervor, der hier die Sonne vertritt. Im Bild des rasenden Schädels wird der Hurrikan deutlich, eine Naturerscheinung jener Breiten. Die Irokesen zum Beispiel haben sich den Zyklon stets als mächtigen Kopf vorgestellt.

Geschichten, in denen der Kojote als Trickster auftritt, der seine Taten entweder durch Täuschung und Betrug oder durch Wagemut und Klugheit oder eben durch Kombination beider scheinbar gegensätzlicher Methoden vollbringt, zeigen ihn als Sieger über seine Gegner. Besonders beliebt bei den Indianern westlich des Mississippi waren »Coyote Stories«, die den Präriewolf als einen dem weißen Mann Überlegenen schildern. Früher war die Erzählung solcher Mythen den Männern vorbehalten – zumeist in den Winternächten.

Jeremiah Curtin (1835-1906) hat diesen Text in seine »Creation Myths of Primitive America« (Boston 1903) aufgenommen.

Der Kuhhirt und die Weberin

Einst lebten zwei Brüder, beide waren Bauern: der eine klug, der andere nicht so klug. Der zweite Bruder ging Tag für Tag zum Kühehüten in die Berge, deshalb nannten ihn die Leute den Kuhhirt. Der erste Bruder nahm sich eine Frau. Sie sah bald, daß der Schwager sich nur aufs Kühehüten verstand, und redete ihrem Mann sehr zu, den Besitz beider Brüder zu teilen. Er aber wollte die Aufteilung nicht und hörte nicht auf die Reden seiner Frau. Sie machte sich nun daran, den Kuhhirt beiseite zu schaffen.

Eines Tages, als Kuhhirt in den Bergen weidete, fing eine Kuh an zu sprechen: »Wenn du heute zur Essenszeit nach Hause kommst, nimm vom Gebäck aus dunklem Mehl, iß kein weißes!« Kuhhirt wunderte sich darüber, aber er mochte die alte Kuh und dachte: »Sicher hat sie recht.« Als er abends nach Hause kam, stand auf dem Tisch zweierlei Gebäck. Er nahm ein dunkles. Die Schwägerin fragte ihn, warum er vom dunklen Gebäck genommen hätte, und er sagte, die dunklen sähen so schön aus. Es war aber so, daß die Schwägerin das weiße Gebäck vergiftet hatte, denn sie wollte den Kuhhirt aus dem Weg schaffen. Dieser Plan war gescheitert.

Nun fing sie an, ihrem Mann jeden Tag zu erzählen, sein Bruder habe das und das Üble getan, und sie drang in ihn, er möge den Besitz zwischen ihnen aufteilen. Schließlich sagte ihr Mann, na schön, und er wolle die Angelegenheit mit seinem Bruder besprechen.

An jenem Tag war Kuhhirt mit den Kühen wieder auf die Hochweide gezogen, und die alte Kuh redete ihn wieder an: »Dein Bruder und seine Frau haben vor, den Besitz zu teilen. Ärgere dich nicht und sei nicht betrübt, bitte ihn, daß er mich dir gibt. Ich kann dir helfen, jede Schwierigkeit zu überwinden.« Als Kuhhirt nach Hause kam, begannen Bruder und Schwägerin damit, ihm nahezulegen, daß der Besitz am besten geteilt werden solle, und sie fragten ihn, was er denn haben wolle. Kuhhirt bat darum, man möge ihm ein strohgedecktes Häuschen lassen, dazu ein morsches Wägelchen und die alte Kuh. Er schirrte sie ein und fuhr zu seinem Häuschen.

Sie hatten eine Zeitlang einträchtig unter einem Dach gelebt, da sprach die Kuh eines Tages: »Kuhhirt, mach dich morgen auf ins Gebirge zum Wasserfall. In

291

dem Becken unterhalb des Wasserfalls werden sieben Feen ein Bad nehmen, und auf einem Stein werden ihre Kleider liegen. Nimm eins der Kleider unbemerkt weg und versteck es gut. Es ist ein Feenkleid, ohne das die Fee nicht mehr zum Himmel aufsteigen kann. Sag ihr dann, sie solle deine Frau werden. Sie wird gezwungen sein, dir das Jawort zu geben.«

Am nächsten Morgen stieg der junge Mann hinauf zum Wasserfall. Und er sah dort sieben wunderschöne Mädchen baden, und sieben Kleider lagen schimmernd und glitzernd auf einem großen Stein nahe dem Becken. Geduckt lief er hinzu, ergriff eines der Kleider und eilte damit nach Hause. Dort legte er das Feenkleid in ein sicheres Versteck.

Die Fee, die nun keine Kleider mehr hatte, war die Tochter des Jadekaisers (Yu Huangdi, auch Himmelsherrscher genannt). Sie war sehr klug und besonders geschickt im Weben von Brokat- und Seidenstoffen, deshalb nannte man sie »die Weberin«. Zum Himmel konnte sie nun nicht mehr zurückkehren, denn ihr Kleid hatte ein Irdischer geraubt; und sie konnte gar nicht anders, sie mußte der Aufforderung des Mannes folgen und seine Gattin werden.

Einträchtig lebten sie eine Reihe von Jahren und hatten miteinander einen Sohn und eine Tochter. Mittlerweile war die Kuh schon hochbetagt, und eines Tages sprach sie zum Kuhhirt: »Wenn ich sterbe, mußt du mir das Fell abziehen und daraus Schuhe machen. Sollte es geschehen, daß die Fee wieder zum Himmel auffliegt, dann zieh diese Schuhe an. Nur so kannst du ihr folgen und sie einholen.« Wenig später starb die alte Kuh, und der junge Mann war sehr betrübt, aber er tat, was sie ihm aufgetragen hatte, schabte ihr Fell säuberlich aus und machte sich Schuhe daraus. Die legte er ebenfalls in ein Versteck.

Mit der Zeit überkam die Weberin große Sehnsucht nach dem Himmel. Einige Male sagte sie, sie würde ihre Eltern dort gern besuchen, doch als sie ihren Mann ersuchte, ihr das Feenkleid zu geben, stellte er sich taub.

Als die beiden Kinder einmal Verstecken spielten, entdeckten sie unversehens das Kleid und brachten es ihrer Mutter. Die Weberin erkannte auf der Stelle, daß das ihr Kleid war, rasch zog sie es an, sagte zu den Kindern hastig: »Eure Mutter kehrt jetzt zum Himmel zurück«, und schon war sie aus dem Haus geeilt. Im selben Augenblick kam Kuhhirt vom Feld und sah seine Frau in dem glitzernden Kleid aus dem Haus rennen. Da wußte er, sie würde zum Himmel zurückkehren, und eilte hinter ihr her. Doch das Weinen seiner Kinder ließ ihn umkehren. Er setzte sie in Körbe und hängte diese an die Enden seiner Tragestange.

Dann folgte er wieder der Fee. Jetzt fielen ihm die Schuhe ein. Er rannte zurück, um sie zu suchen, zog sie an und nahm die Verfolgung erneut auf. Vor sich in einiger Entfernung sah er die Weberin, wie sie auf einer weißen Wolke saß und zum Himmel schwebte. Doch auch Kuhhirt mit seinen Kuhhautschuhen konnte mit einem Mal himmelwärts fliegen und war schon nahe daran, sie einzuholen. Plötzlich ertönten vom Himmel wunderliebliche Stimmen, es waren die ihrer Mutter, der Jadekaiserin, und die der Feen, die sich zu ihrem Empfang eingefunden hatten.

Als die Jadekaiserin bemerkte, daß Kuhhirt ihrer Tochter nachgeflogen kam, zog sie einen ihrer goldenen Haarpfeile heraus und machte einen Strich quer über den Himmel. Dieser Strich wurde zum breiten Himmelsfluß (Milchstraße), der Weberin und Kuhhirt voneinander trennte. Es war ihm unmöglich, sie zu erreichen.

In ihrer Himmelswohnung hatte die Weberin von Zeit zu Zeit Heimweh nach ihrem Mann und den beiden Kindern. Schließlich erlaubte ihr der Jadekaiser, einmal im Jahr Mann und Kinder zu treffen: in der Nacht des siebten Tages im siebten Monat. In dieser Nacht müssen auf Geheiß des Jadekaisers alle Elstern zum Himmel auffliegen und mit ihren Körpern eine Brücke bilden über dem Himmelsfluß. So gelingt es, daß Kuhhirt und Weberin sich einmal im Jahr treffen.

Aus dem Chinesischen von Julia Weber

Dieses Mythenmärchen vom Typ Schwanjungfrau ist in China seit jeher beliebt, hängt es doch mit altem Sternenglauben und dem Jahresfest der jungen Mädchen zusammen, das auf den siebten Tag des siebten Monats fällt. Es ist auch unter dem Namen »Kuhhirt und Spinnerin« bekannt: In jener Version ist die Spinnerin eine von neun Töchtern des Nephritkaisers, die für ihre himmlischen Eltern die Wolkenseide spinnt und die Näharbeiten der Mädchen auf Erden überwacht; um ihrer Pflicht nachzukommen, muß sie schon nach sieben Tagen Abschied von ihrem Mann nehmen. In anderen Fassungen vernachlässigen beide ihre Pflichten, und als die Elstern dem Paar mitteilen sollen, es könne sich einmal im Monat treffen, sagen sie ihm aus Versehen, es dürfe sich nur einmal im Jahr sehen; zur Strafe für diese Panne müssen daher Elstern jedes Jahr die Brücke bilden. Im übrigen sind Elstern in China Freudenbringer, sie verheißen – wie aus der alten Sternenmythe ersichtlich – Eheglück.
Das Sternbild der Spinnerin oder Weberin besteht aus drei Sternen westlich der Milchstraße; östlich davon ist das aus sechs Sternen gebildete Sternbild des Kuhhirten zu sehen.
Der Text geht auf ein Typoskript des taiwanischen Folklore-Forschers Ch'en Hsin-hsiung zurück; er hat sich die Geschichte von Hu-Sheng-i, einem Hakka-Bauern, 1972 erzählen lassen.

Geschichten von der Regenbogenschlange

Zu Anfang gab es nur das große Salzwasser. Aus seinen Tiefen kam Ungud in Gestalt der mächtigen Regenbogenschlange, ohne Mund und ohne Ohren. Steil richtete er sich empor, nahm seinen Bumerang und warf ihn über die Weite des Salzwassers. Überall, wo er auf seinem Flug die Fläche des Weltmeeres berührte, schäumte das Wasser hoch auf und glattes, ebenes Land kam zum Vorschein. Ungud wanderte über dieses Land und legte viele Eier, denen neue Urzeitwesen entschlüpften. Es waren die Wandjina, und sie wanderten in alle Richtungen.

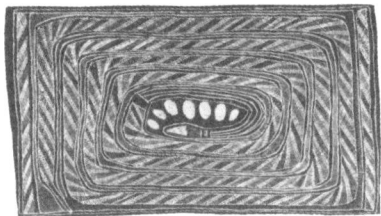

In der Traumzeit durchwanderte Nagacork, der Schützenfisch-Alte, den Norden Australiens. Am Fluß »Fliegender Fuchs« schuf er eine große Wasserstelle, die Talawung heißt, und bevölkerte sie mit den Seinen. Als Nagacork nach langem Umherstreifen wieder nach Talawung kam, sah er über den üppigen Pandanuspalmen und Papierrindenbäumen am Ufer den Rauch vieler Herdstellen. Überall war das Lärmen von Menschen zu hören. Sie lagerten im Schatten der Baumkronen, und die jungen Männer gingen mit Kurzspeeren auf Fischfang, während Frauen und Kinder den Flußschlamm nach Muscheln und Wasserlilienknollen absuchten. Die Sammlerinnen schoben ihre bootartigen Coolamons (hölzerne schüsselartige Behälter) vor sich her, während sie schwatzten und lachten. »Komm her, Alter, iß mit uns«, riefen die Männer schon von weitem Nagacork zu, »es ist auch für dich genug da.«

Nagacork antwortete ihnen nicht. Stumm ging er entlang dem Gewässer und suchte nach den Fischen, die er dort zurückgelassen; erst, als sein Suchen ver-

295

geblich blieb, kehrte er um. Da kamen Jäger vorbei, zeigten auf das trübe Wasser und riefen: »He, sind das die Fische, die du suchst?« Einige wateten hinein und trieben sie mit ihrem Schreien gegen das Ufer, daß er sie sähe, doch der Alte schüttelte jedesmal den Kopf.

Nagacork ging zurück. Da sah er, wie Scharen roter Ameisen den Stamm eines Eukalyptus hinaufliefen, bis sie oben in einem Astloch verschwanden. Unverzüglich kletterte er ihnen nach und blickte durch die dunkle Öffnung. Im Bauminneren sah er die abgenagten Skelette vieler Schützenfische liegen.

Nagacork stieg hinab und lagerte sich unter Pandanuspalmen. Den Kopf auf die Knie gelegt, saß er traurig und müde da. Er stimmte den alten Gesang an, der Kurrichalpongo, die schwarze Felsenschlange, herbeiruft. Weithin ertönte sein Lied. »Ich sehe, wie die große Schlange aus den nördlichen Bergen hervorkommt«, rief Datat, der grüne Papagei, bald darauf vom hohen Papierrindenbaum. Da hob Nagacork den Kopf. Ein mächtiger, buntschillernder Regenbogen zeigte sich am wolkenlosen Himmel, er überwölbte alles.

Kurrichalpongo aber wanderte unter der Erde bis nach Talawung und bohrte am Ufer ein tiefes Loch. Reißende Fluten brachen hervor. Die Menschen gerieten in Schrecken, sie versuchten zu fliehen, doch die wildschäumenden Wogen überschwemmten das ganze Gebiet und begruben alles Leben unter sich. Manche Menschen wurden in Vögel verwandelt, die krächzend durch die Lüfte zogen. Andere wurden zu Schildkröten und entgingen so der Vernichtung.

Kurrichalpongo legte ihre Eier in der Wasserstelle ab. Junge Regenbogenschlangen schlüpften hervor und krochen in alle Richtungen davon. Manche der Eier verwandelten sich in Steine, wie sie in Talawung noch heute zu sehen sind.

Die große Schlange wanderte weiter. Ihre Spur grub eine tiefe Wasserrinne in den trockenen Boden. Und Bäume und Schilfgewächse umgaben sie, verschattete Wasserlöcher glänzten im hellen Strahl der Sonne. Längs der Spur bildeten sich Berge und grünes Buschland.

Als sie an die Warrlook-Narlook-Ebene kam, kämpfte Kurrichalpongo mit dem räuberischen Dingo (Steppenhund) Kandagun. Nachdem der Gegner vertrieben war, fiel sie in einen tiefen Schlaf. Im Traum machte sie den bitteren Yams, der seither in dieser Gegend wächst. Dann setzte sie die Wanderung fort und kam nach Luralingi, das am Hodgson-Fluß liegt.

Zwei junge Frauen vom Stamm der Marambella waren vor ihren Männern hierher geflüchtet. Sie hatten sich mit den beiden Söhnen des Nagacork zusam-

mengetan. Diese vier wurden in hohlen Baumstämmen junge Regenbogenschlangen gewahr, erschlugen sie und brachten sie dem Alten. »Dafür werdet
ihr sterben«, sagte dieser, »ihr habt die Nachkommen der großen Schlange getötet.«

Als die böse Kurrichalpongo den Ort Luralingi erreicht hatte, verwandelte sie
sich in Bolong (Bulaingg), die mächtige Regenbogenschlange. Die Erde erbebte von furchtbaren Donnerschlägen, vielzackige Blitze schossen über den
nachtdunklen Himmel und fuhren in die Berge, die mit Riesengetöse ausein-
anderbrachen und unter Massen von Felsgeröll die Frevler begruben.

Ein Ingurug (weibliche Regenbogenschlange) war auf Wanderschaft und kam
nach Nyangomada. Der Regen hatte aufgehört. Sie versuchte zu gehen, konnte
es aber nicht und grub sich in die Erde ein. Zwei Männer fanden die Spur von
Ingurug, sie folgten ihr bis zu der Stelle, wo sie sich eingegraben hatte. Dort war
ein großer Hügel entstanden. Der Hügel war trocken auf der einen und feucht
auf der anderen Seite. Auf der dritten Seite sah er wie ein Regenbogen aus.

Die beiden Männer kamen nahe an den Hügel heran. In ihren Händen trugen
sie ein Wolwarra (flache Muschelschale, ein Zauberinstrument). Sie sahen, daß
Ingurug in dem Hügel war. Sie kamen immer näher heran. Sie wollten Ingurug
töten, wußten aber nicht, wie sie es machen sollten. Der eine Mann warf sein
Wolwarra, der andere seinen Speer. Sie töteten Ingurug in ihrem Schwanz, sie
machten sie steintot. Sie entzündeten ein großes Feuer, bereiteten den Schwanz
zu und ließen ihn liegen.

Sie gingen ins Camp und sagten jedem: »Wir haben Biliyengg (großes Essen).«
Jeder ging, um etwas von dem Essen zu bekommen. Doch die Medizinmänner
wußten, daß das Biliyengg eine Ingurug war. Sie wollten davonfliegen. Als alle zu der Stelle kamen, konnten sie das große Feuer und den gekochten Schwanz
von Ingurug sehen.

Alle setzten sich um das Feuer herum, nahmen die Nahrung heraus und wollten essen. Die alten Männer mit den Djimare (Beschneidungsmessern) in ihren Bärten kamen herbei. Jeder von ihnen schnitt mit dem Djimare das Fleisch. Als sie aber zu schneiden begannen, brach Wasser heraus und alle ertranken. Die Ingurug ist heute immer noch an dieser Stelle und wirft Wolken heraus.

Aus der Nyigina-Sprache von Helmut Petri
Aus dem Englischen von Ulf Diederichs

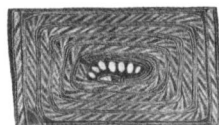

Die Regenbogenschlange der australischen Aborigines, bald männlich, bald weiblich gedacht, hat viele Namen. Sie steht im Zentrum des mythischen Weltbildes, gilt als Spender und Hüter der mystischen Heilungsriten – sei es der Wandjina-Kult im nordwestlichen Kimberly, der Taipan-Kult im östlichen Queensland oder alter Geisterglaube in Arnhemland. Im Osten gelten Quarzkristalle als Symbol und Zeichen ihrer Kraft, im Nordwesten Perlmuscheln.
In der welterschaffenden »Traumzeit« ist sie die Ungud – riesige Python, die Wasser und Himmel verbindende Regenbogenschlange. Als Galaru, Schöpferin der Flüsse und des Regens, Stifter der Ehegesetze und Bringer geistig aufgeweckter Kinder, wird sie noch in diesem Jahrhundert in weiten Teilen Kimberleys verehrt. Bei den Nyigina heißt sie einmal Bolong (Bulaingg), was einen vermutlich geheimen Männernamen bezeichnet, ein andermal Ingurug, wie das weibliche Tier allgemein und ganz offen genannt wird. Bolang kann aber auch der geheime Name für eine »böse« Ingurug sein.
Die erste und dritte Mythe ist Helmut Petris kulturgeschichtlichem Forschungsbericht »Sterbende Welt in Nordwest-Australien« (Braunschweig 1954) entnommen; die zweite wurde aus Roland Robinsons »Legend and Dreaming« (Sidney 1952) übersetzt.

Der elternlose Kagtagtorajik

Es war einmal ein armer, elternloser Junge, der Kagtagtorajik hieß. Ach, war er verlassen! Die einzigen, die ihn lieb hatten, waren seine alte Großmutter und ein Vetter seines Vaters, doch wagten sie aus Angst vor den Wohnplatzgenossen nichts für ihn zu tun. Er wuchs nicht und wurde gar nicht größer.

Kagtagtorajik pflegte mit den anderen Kindern zu spielen. Wollte er aber ins Haus, so wurde er immer beim Eingang an den Nasenlöchern hochgehoben, und wenn ihn alle der Reihe nach hochgehoben hatten, schüttelten sie ihn, bis er hinfiel. Wenn dann seine Nase blutete und er vor Schmerz weinte, schlug man ihn und zwang ihn, seine Tränen hinunterzuschlucken. Als man ihn zuerst an den Nasenlöchern hochgehoben hatte, konnte man nur den kleinen Finger hineinstecken, nach und nach aber erweiterten sie sich so, daß man den Zeige- und Mittelfinger und schließlich die ganze Hand hineinstecken konnte. Auf diese Weise waren die Nasenlöcher das einzige, was an dem Jungen größer wurde.

Wenn die Hausgenossen ganze Seehunde heimbrachten und das Fleisch verteilt wurde, bekam Kagtagtorajik auch ein kleines Stück. Doch durfte er kein Messer gebrauchen, sondern mußte das Fleisch mit den Zähnen und Nägeln zerreißen, so daß er nie satt wurde; und dennoch sagten die Bewohner des großen Hauses, daß er zuviel und zu schnell esse.

Einst ruderte er mit dem Vetter seines Vaters zum Seehundsfang, und als sie einen Seehund gefangen hatten, sagte der Vetter zu Kagtagtorajik: »Von diesem Seehund sollst du eine ganze Hälfte haben. Aber du darfst nur ein Stück davon mit nach Hause nehmen, den Rest mußt du in ein Versteck legen, denn wenn du mit so viel Fleisch nach Hause kommst, wird man es dir wegnehmen. Ich will dir ein Versteck zeigen, von wo du dir ab und zu ein Stück holen kannst.« Von da ab holte Kagtagtorajik sich Fleisch, sooft er hungrig war. Er holte einmal, er holte zweimal; als er aber zum drittenmal kam, war das Fleisch gestohlen. Es nützte nichts, daß er mit den Füßen nach den Steinen stieß und seiner Wut durch Tränen Luft zu machen versuchte. Als er sich satt geweint hatte, sagte er zu sich selbst: »Anstatt zu weinen, will ich mir lieber etwas ausdenken, womit ich mich in meinem Kummer zerstreuen kann.« Und kaum hatte er so gedacht, als er auch

schon zu rufen begann: »Wer kann mir helfen, wer kann mir helfen? Wer will mich rütteln und schütteln, bis ich umfalle?« Da hörte er eine gewaltige Stimme, die rief: »Ich! Ich will dich rütteln und schütteln, bis dir Hören und Sehen vergeht.«

So gewaltig aber war die Stimme, daß sie Kagtagtorajik fast das Trommelfell gesprengt hätte. Als er sich umblickte, sah er einen großen Mann, einen Riesen, und bevor er sich aus dem Staub machen konnte, fing der Riese an, ihn von oben bis unten zu beklopfen. Und während er klopfte, rasselten ihm kleine Holzpuppen aus dem Körper: Aus dem Kopf kamen Puppen, aus der einen Seite Kajaks, aus der anderen Schlitten und aus dem Rücken Seehundsknochen. Darauf sagte der große Mann zu ihm: »So, jetzt kannst du wachsen. All dies Zeug hat einer, der dir übel wollte, dir in den Körper gehext, darum konntest du nicht wachsen.« Kagtagtorajik lief nach Hause und erzählte seiner Großmutter, was ihm zugestoßen sei, und er dauerte sie, weil er soviel durchmachen mußte.

Von jenem Tag an begann Kagtagtorajik zu wachsen und wuchs so stark, daß die alte Großmutter seine Pritsche verlängern mußte, indem sie ein Loch in die Erde grub. Denn niemand sollte entdecken, daß Kagtagtorajik wuchs. Wenn die Wohnplatzgenossen ihn aufforderten, zum Spielen herauszukommen, antwortete die Alte, daß er krank sei. Dann wurde aus vollem Halse gelacht, und Kinder wie Erwachsene strömten herbei und riefen: »Der klägliche Kagtagtorajik soll herauskommen und mit uns spielen.« Und jedesmal, wenn sie beteuerte, daß er krank sei, wurde noch lauter gelacht. Schließlich war er so groß geworden, daß er selbst meinte, nun könne es genug sein.

Zur selben Zeit geschah es, daß ein großer Holzstamm an den Strand getrieben wurde, so groß, daß keiner der Wohnplatzgenossen ihn an Land ziehen konnte. Abends, als alle zur Ruhe gegangen waren, stand Kagtagtorajik auf und zog die Kamiken (Fellstiefel) seiner Großmutter an, die er aber erst aufschneiden mußte, damit er sie über die Füße ziehen konnte; auf gleiche Weise zog er auch ihren Pelz an und begab sich darauf zum Strand, hob den Baumstamm auf, trug ihn zu dem Haus, wo man ihn immer gequält und mißhandelt hatte, und rammte ihn gerade vor dem Eingang in die Erde. Darauf begab er sich zur Ruhe. Als aber die Hausgenossen am nächsten Morgen erwachten und ihre Notdurft besorgen wollten, konnten sie des Baumstammes wegen nicht herauskommen.

Auf diese Weise merkten sie, daß ein starker Mann zum Wohnplatz gekommen sei, und um Kagtagtorajik zu verhöhnen, riefen sie, daß er es sicher gewesen sei, der den großen Baumstamm vor dem Haus eingerammt habe. Die kleinsten Kinder konnten sich hindurchzwängen, und sie liefen zu Kagtagtorajiks Großmut-

ter und riefen durchs Fenster: »Sag, Kagtagtorajik soll herauskommen und den großen Baumstamm, den er uns vors Haus gesetzt, wieder forttragen.« Abends aber, als die Wohnplatzgenossen zur Ruhe gegangen waren, stand Kagtagtorajik auf, zog den Baumstamm heraus und trug ihn wieder zum Strand hinunter. Darauf legte er sich zur Ruhe. Und man erfuhr nie, wer es getan hatte.

Mancher Tag verging, ohne daß sich etwas Besonderes ereignete. Eines Tages aber kamen drei Bären zum Wohnplatz, die so groß waren, daß die Bewohner sie nicht anzugreifen wagten. Da zog Kagtagtorajik abermals die Lumpen seiner Großmutter an und begab sich hinaus. Kaum war er draußen, als alle riefen: »Seht, dort kommt der klägliche Kagtagtorajik, seht doch nur, wie groß er geworden ist!« Kagtagtorajik aber kehrte sich nicht an ihr Schreien, ging den Bären entgegen und tötete sie nacheinander mit Fußtritten. Dann nahm er die Bären, einen auf den Rücken, einen unter jeden Arm, und sagte dazu: »Dieser soll mein Pelz sein, dieser meine Hosen, dieser meine Kamiken!«

So trug er sie hinauf, ohne seinen Wohnplatzgenossen einen Jagdanteil davon zu geben; als sie aber zerlegt waren, lud er die anderen zum Gelage ein, und alle kamen und aßen, und sie sagten: »Jetzt essen wir den Bären, von dem Kagtagtorajik einen Pelz bekommen soll.« Und andere sagten: »Jetzt essen wir den Bären, von dem Kagtagtorajik Hosen bekommen soll.« Und wieder andere: »Jetzt essen wir den Bären, von dem Kagtagtorajik Kamiken bekommen soll.« Zuletzt kamen zwei Männer, die Kagtagtorajik immer am schlimmsten mißhandelt hatten, und kaum zeigten sie sich im Hausgang, als er sie in die Nasenlöcher faßte und mit solcher Gewaltsamkeit hochhob, daß ihre Nasen platzten.

Später rächte er sich an seinen Wohnplatzgenossen, indem er sie auf ebenso grausame Weise mißhandelte, wie sie ihn behandelt hatten. Einigen gab er große Knochen zu essen und zwang sie, sie hinunterzuschlucken, so daß sie daran erstickten; anderen gab er kochende Suppe und zwang sie, sie zu trinken, bis ihre Eingeweide verbrüht waren, und so tötete er alle diejenigen, die ihn mißhandelt hatten, und dann bekam sein Gemüt Ruhe.

Von da an entwickelte er sich zu einem großen Fänger und gewaltigen Kämpfer, der weit durch die Länder reiste, um alle herauszufordern, von denen er sagen hörte, daß sie an Geschicklichkeit beim Fang und Gewandtheit bei allen Leibesübungen ihresgleichen suchten. Und er bezwang sie alle.

Aus dem Ostgrönländischen von Knud Rasmussen und Julia Koppel

Der Held des Eskimomärchens, eines der weitestverbreiteten, ist in Westgrönland auch als Kagsagsuk, Kausaksuk, Kassaksuk und in Labrador als Kaujakjuk bekannt. Er ist der kleinwüchsige Kümmerling, der es zu ungeahnten Kräften bringt; das Waisenschicksal sichert ihm allgemeines Mitgefühl. Seine Heldentaten sind legendär, und so wurden bis ins 20. Jh. eskimoische Hausruinen als Kagsagsuks Wohnung, Bärenfelle etc. bezeichnet.

Die bekannteste Fassung ist die von Hinrich Rink; sie ist aus neun verschiedenen Fassungen kontaminiert (Eskimoiske Eventyr og Sagn, Bd. 1, Kopenhagen 1866; Tales and Traditions of the Eskimo, Edinburgh 1875). Anders ging Knud Rasmussen, Sohn eines dänischen Pastors und einer Inuit, zu Werke. Als er auf seiner 4. Thule-Expedition 1919 die ostgrönländische Volksüberlieferung erforschte, hielt er es so: »Ich ließ mir die Erzählung zuerst ohne Unterbrechung von Anfang bis Ende erzählen. Darauf schrieb ich die Geschichte nieder, indem ich sie mir Satz für Satz wiederholen ließ. Durch die tägliche Arbeit mit demselben Stoff erlangt man solch große Übung im Zuhören und Erinnern, daß man die Erzählung, indem man sie hört, gleichzeitig auswendig lernt.« Der Text ist Knud Rasmussens »Grönlandsagen« (Berlin 1922) entnommen.

Der kleine Däumling

Es waren einmal ein Holzfäller und eine Holzfällerin, die hatten sieben Kinder, alles Jungen. Der älteste war erst zehn und der jüngste gerade erst sieben. Wundert euch nicht, daß der Holzfäller in so kurzer Zeit so viele Kinder hatte, aber seine Frau war rasch bei der Sache und bekam immer gleich zwei auf einmal.

Sie waren schrecklich arm, und ihre sieben Kinder fielen ihnen sehr zur Last, denn noch keines konnte sein Brot selbst verdienen. Was sie außerdem bekümmerte, war, daß der Jüngste sehr zart war und kaum ein Wort sagte; sie nahmen für Dummheit, was doch ein Zeichen für die Kraft seines Verstandes war. Er war winzig klein, und als er zur Welt kam, maß er nicht länger als ein Daumen, weshalb man ihn nur den kleinen Däumling nannte.

Das arme Kind war der Prügelknabe des ganzen Hauses, und alles Unrecht schob man ihm zu. Dabei war er der gescheiteste und aufgeweckteste von allen Brüdern, und wenn er auch wenig sprach, so hörte er doch aufmerksam zu.

Es kam ein sehr hartes Jahr, und die Hungersnot war so groß, daß die armen Leute beschlossen, sich ihre Kinder vom Hals zu schaffen. Eines Abends, als die Kinder im Bett lagen und der Holzfäller mit seiner Frau am Feuer saß, sagte er zu ihr, und es schnürte ihm das Herz ab vor Schmerz: »Du siehst ja, daß wir unsere Kinder nicht länger ernähren können; ich könnte es nicht ertragen, sie vor meinen Augen verhungern zu sehen. Ich habe mich entschlossen, sie morgen mit in den Wald zu nehmen, um sie dort umkommen zu lassen. Das wird sehr leicht gehen, denn während sie sich tummeln, das Reisig aufzuklauben, brauchen wir nur wegzulaufen, ohne daß sie es merken.« – »Ach«, rief die Holzfällersfrau, »könntest du denn wirklich deine Kinder ins Verderben schicken?« Ihr Mann mochte ihr noch so sehr ihre große Armut vorhalten, sie wollte nicht einwilligen. Sie war arm, aber sie war ihre Mutter.

Schließlich, nachdem sie bedacht hatte, welch tiefer Schmerz sie treffen würde, wenn sie zusehen müßte, wie ihre Kinder verhungerten, willigte sie ein und ging weinend zu Bett.

Der kleine Däumling hörte alles, was sie sagten, denn weil er von seinem Bett aus mitbekommen hatte, daß sie von wichtigen Dingen sprachen, war er leise aufgestanden und unter den Schemel seines Vaters gekrochen, um ihnen zuzuhören, ohne selbst gesehen zu werden. Als er sich wieder ins Bett legte, konnte er die ganze Nacht nicht mehr schlafen und überlegte hin und her, was er tun solle.

Am frühen Morgen stand er auf, lief zum Rand eines Baches, füllte dort seine Taschen mit kleinen weißen Kieseln und kehrte wieder ins Haus zurück. Alle machten sich auf den Weg, und der kleine Däumling verriet seinen Brüdern nichts von all dem, was er wußte.

Sie gingen in ein Waldesdickicht, wo auf zehn Schritt Entfernung keiner den andern mehr sehen konnte. Der Holzfäller fing an, Holz zu schlagen, und seine Kinder klaubten das Reisig auf, um es zu bündeln. Wie nun Vater und Mutter sie in ihre Arbeit vertieft sahen, entfernten sie sich sachte und eilten auf einem schmalen verborgenen Pfad davon.

Als die Kinder merkten, daß sie allein waren, fingen sie aus Leibeskräften an zu schreien und zu weinen. Der kleine Däumling ließ sie ruhig schreien, da er genau wußte, wie sie wieder heimfinden konnten; denn er hatte den ganzen Weg lang, während sie gingen, die kleinen weißen Kiesel fallenlassen, die er in seinen Taschen trug. Er sagte also zu ihnen: »Habt keine Furcht, liebe Brüder, Vater und Mutter haben uns hier zurückgelassen, aber ich will euch heil nach Hause bringen, folgt mir nur nach.« Sie gingen hinter ihm her, und er führte sie auf demselben Weg, wie sie in den Wald gekommen waren, bis an ihr Haus. Zuerst getrauten sie sich nicht einzutreten, sondern stellten sich alle an die Tür, um zu horchen, was Vater und Mutter wohl redeten.

Kaum waren aber die Holzfällerleute nach Hause gekommen, so hatte ihnen der Herr des Dorfes zehn Taler geschickt, die er ihnen schon lange schuldig war und auf die sie gar nicht mehr gehofft hatten. Das rettete ihnen das Leben, denn die armen Leute waren drauf und dran, zu verhungern. Der Holzfäller schickte seine Frau sofort in die Metzgerei, und weil es schon so lange her war, daß sie etwas gegessen hatte, kaufte sie dreimal soviel Fleisch, als es für ein Abendessen zu zweit nötig gewesen wäre. Als sie satt waren, sagte die Holzfällersfrau: »Herje, wo mögen jetzt meine armen Kinder sein? Jetzt wäre noch genug übrig, daß auch sie satt werden könnten. Aber du, Guillaume, warst es ja, der sie hat umbringen wollen; ich habe ja gleich gesagt, daß wir es noch bereuen würden. Was werden sie jetzt im Wald anfangen? Mein Gott, vielleicht haben die Wölfe sie schon gefressen! Du bist ein Unmensch, daß du deine Kinder so ins Verderben gestürzt hast!«

Der Holzfäller verlor am Ende die Geduld, denn sie wiederholte es mehr als zwanzigmal, daß sie es noch bereuen würden, und daß sie es gleich gesagt habe. Er drohte, sie durchzuprügeln, wenn sie nicht endlich Ruhe gäbe. Dabei war der Holzfäller eher noch niedergeschlagener als seine Frau, aber sie machte ihm den Kopf schwindelig, und er gehörte zu der Art Männer, die es schätzen, wenn ihre Frauen sagen, was zutrifft, die es aber für sehr unbequem halten, wenn diese meinen, immer recht gehabt zu haben. Die Holzfällersfrau war schon ganz in Tränen aufgelöst. »Herje, wo sind jetzt bloß meine Kinder, meine armen Kinder?« Einmal sagte sie es so laut, daß die Kinder, die draußen vor der Tür standen, es hörten und alle miteinander zu rufen anfingen: »Hier sind wir, hier sind wir!«

Sie lief geschwind hin, machte ihnen die Tür auf und sagte ihnen unter Herzen und Küssen: »Wie froh bin ich, euch wiederzusehen, ihr lieben Kinder. Ihr seid sicher recht müde und habt großen Hunger. Und du, Pierrot, wie schmutzig du bist; komm und laß dir das Gesicht abwaschen.« Dieser Pierrot war ihr Ältester, und den hatte sie lieber als alle anderen, weil er rötliche Haare hatte und sie auch.

Sie setzten sich um den Tisch herum und aßen mit solchem Appetit, daß Vater und Mutter ihre Freude daran hatten; dabei erzählten sie von ihrer Angst, die sie im Walde ausgestanden hatten, und sie redeten fast immer alle auf einmal. Die guten Leute waren entzückt, ihre Kinder bei sich zu sehen, und diese Freude hielt genau solange vor, wie die zehn Taler reichten. Als aber das Geld verbraucht war, verfielen sie wieder in ihren alten Kummer und entschlossen sich, sie wieder ins Verderben zu führen und, um keinen Fehlschlag zu riskieren, sie noch viel weiter wegzuführen als das erste Mal.

Sie konnten das aber nicht so heimlich bereden, als daß der kleine Däumling sie nicht doch gehört hätte. Er rechnete fest darauf, aus der Sache herauszukommen, wie es ihm schon einmal geglückt war. Aber obwohl er am frühen Morgen aufstand, um kleine Kiesel zu sammeln, konnte er dies nicht ausführen, denn er fand die Haustür doppelt abgeschlossen. Nun wußte er nicht, was er tun sollte. Als aber die Holzfällersfrau jedem von ihnen zum Frühstück eine Scheibe Brot abschnitt, fiel ihm ein, er könne statt der Kieselsteine sein Brot nehmen und es krümchenweise längs des Weges, den sie nehmen würden, ausstreuen, und so schob er es in seine Tasche.

Vater und Mutter führten sie in das dichteste und dunkelste Waldstück, und kaum waren sie dort angelangt, machten sie sich auf einem Schleichweg davon und ließen die Kinder allein. Den kleinen Däumling bekümmerte das nicht allzusehr, weil er festen Glaubens war, seinen Weg leicht wiederzufinden mit Hilfe des Brotes, das er überall da, wo er entlanggegangen, ausgestreut hatte. Aber wie sehr überraschte es ihn, als er auch nicht ein Krümchen mehr finden konnte: Die Vögel waren gekommen und hatten alles aufgepickt.

Da waren sie nun sehr betrübt; denn je weiter sie liefen, um so mehr verirrten sie sich und gerieten immer tiefer in den Wald. Die Nacht brach herein, und es erhob sich ein heftiger Wind, der ihnen schreckliche Angst machte. Von allen Seiten glaubten sie das Heulen der Wölfe zu hören, die herankamen, um sie zu fressen. Sie getrauten sich kaum, miteinander zu reden oder den Kopf zu wenden. Dazu prasselte kräftig der Regen nieder und durchnäßte sie bis auf die Haut; bei jedem Schritt rutschten sie und fielen hin, standen dreckverschmiert wieder auf und wußten nicht recht, was sie mit ihren Händen anfangen sollten.

Der kleine Däumling kletterte auf einen hohen Baum, um zu sehen, ob er nicht etwas entdecken könnte. Wie er nun nach allen Seiten spähte, sah er einen schwachen Schimmer wie von einem Kerzenlicht, aber noch weit weg, weit drüben über dem Wald. Er kletterte vom Baum herab, und als er wieder unten war, sah er nichts mehr. Er war recht niedergeschlagen. Doch nachdem er eine Weile mit seinen Brüdern weitergegangen war, immer in der Richtung, wo er das Licht gesehen hatte, da erblickte er, als er aus dem Wald heraustrat, es wieder. Sie fanden endlich zu dem Haus, wo das Kerzenlicht brannte, nicht ohne einige Angst auszustehen; denn oft verloren sie es aus den Augen, und zwar jedesmal, wenn sie eine Senke hinabstiegen. Sie klopften an die Tür, und eine gute Frau kam und machte ihnen auf. Sie fragte nach dem Begehr, und der kleine Däumling gab ihr zur Antwort, sie seien arme Kinder, die sich im Wald verirrt hätten, und sie bäten um ein Nachtlager aus reiner Barmherzigkeit. Als nun die Frau sah, wie sie alle so lieb waren, fing sie zu weinen an und sagte zu ihnen: »Ach, ihr armen Kinder, wo seid ihr hingeraten? Wißt ihr nicht, daß dies das Haus eines Menschenfressers ist, der kleine Kinder auffrißt?« – »Ach, liebe Frau«, erwiderte der kleine Däumling, am ganzen Leibe zitternd wie seine Brüder auch, »was sollen wir tun? Wenn Ihr uns nicht bei Euch aufnehmt, werden uns ganz sicher die Wölfe des Waldes noch in dieser Nacht erbarmungslos fressen. Und weil dem nun einmal so ist, wollen wir immer noch lieber von Monsieur gefressen werden. Vielleicht hat er ja auch Mitleid mit uns, wenn Ihr ein gutes Wort für uns einlegt.«

Die Frau des Menschenfressers war des Glaubens, bis zum nächsten Morgen könnte sie sie schon vor ihrem Mann verstecken, sie ließ sie deshalb eintreten und führte sie zum Wärmen an ein mächtiges Feuer. Dort hing ein ganzer Hammel am Bratspieß, als Abendessen für den Menschenfresser.

Kaum hatten sie sich ein wenig gewärmt, so hörten sie es drei- oder viermal an die Tür poltern. Das war der Menschenfresser, der heimkam. Blitzschnell ließ seine Frau sie unter das Bett kriechen, dann ging sie hin und machte die Tür auf. Der Menschenfresser fragte gleich, ob das Abendessen fertig und der Wein gezapft sei, dann setzte er sich augenblicklich zu Tisch. Der Hammelbraten war noch ganz blutig, aber ihm schien er nur um so mehr zu schmecken. Er schnüffelte nach rechts und nach links und sagte, er rieche frisches Fleisch. »Das muß wohl das Kalb sein, was Ihr riecht«, sagte seine Frau zu ihm, »ich habe es eben zubereitet.« – »Ich rieche frisches Fleisch, ich sag's dir noch einmal«, gab der Menschenfresser zurück, wobei er seine Frau von der Seite her ansah, »hier ist etwas, was mir nicht gefällt.« Bei diesen Worten stand er vom Tisch auf und ging

schnurstracks zum Bett hin. »Aah!« sagte er, »so willst du mich also betrügen, du verfluchtes Weibsstück. Ich weiß nicht, wie es kommt, daß ich dich nicht auch fresse. Du kannst von Glück sagen, daß du so ein zähes Biest bist. Dies Wildbret da kommt mir allerdings recht, um es den drei Menschenfresserfreunden vorzusetzen, die mich dieser Tage besuchen kommen.«

Er zog die Kinder eines nach dem anderen unter dem Bett hervor. Die armen Kleinen warfen sich auf die Knie und baten um Erbarmen, aber sie hatten es mit dem grausamsten aller Menschenfresser zu tun, der, weit davon entfernt, mit ihnen Mitleid zu haben, sie jetzt schon mit seinen Augen verschlang und zu seiner Frau sagte, das würden leckere Bissen abgeben, wenn sie noch eine gute Soße dazu machte. Er holte ein großes Messer, und während er auf die Ärmsten zuging, wetzte er es an einem länglichen Stein, den er in der Linken hielt. Schon hatte er eines der Kinder gepackt, als seine Frau zu ihm sagte: »Was wollt Ihr denn damit zu so später Stunde? Hat das nicht bis morgen Zeit?« – »Halts Maul!« erwiderte der Menschenfresser, »dafür sind sie dann gut abgehangen.« – »Aber Ihr habt doch noch so viel Fleisch im Haus«, warf die Frau ein, »das Kalb da, die zwei Hammel und noch dazu das halbe Schwein!« – »Du hast recht«, sagte der Menschenfresser, »gib ihnen anständig zu essen, so daß sie nicht abmagern, und bring sie dann zu Bett.«

Die gute Frau war überglücklich und tischte ihnen ein reichliches Nachtmahl auf, aber sie konnten nichts herunterbringen, so tief saß ihre Angst. Der Menschenfresser sprach wieder dem Wein zu, ganz selig darüber, etwas zu haben, was er seinen Freunden vorsetzen konnte. Er trank ein Dutzend Becher mehr als gewöhnlich, was ihm doch ein wenig zu Kopf stieg und ihn nötigte, sich hinzulegen.

Nun hatte der Menschenfresser sieben Töchter. Sie waren zwar noch Kinder, aber schon richtige kleine Menschenfresserlein und alle von lieblicher Gesichtsfarbe, weil sie wie ihr Vater von rohem Fleisch lebten; aber ihre Äuglein waren grau und kugelrund, ihre Nasen krumm und ihre Münder gewaltig groß, mit langen, spitzen, weit auseinanderstehenden Zähnen. Noch waren sie  nicht sehr bösartig, aber doch vielversprechend, denn sie bissen schon kleine Kinder, um Blut zu schlecken. Man hatte sie frühzeitig zu Bett geschickt, und nun lagen sie alle sieben in einem breiten Bett, jede mit einem goldenen Krönchen auf dem Kopf. Im selben Zimmer stand noch ein zweites Bett, ebenso groß, und dieses Bett wies die Frau des Menschenfressers den sieben kleinen Buben an, um sich dort schlafen zu legen, worauf sie sich entfernte und sich zu ihrem Mann legte.

Der kleine Däumling hatte bemerkt, daß die Töchter des Menschenfressers goldene Krönchen auf den Köpfen hatten; und weil er fürchtete, daß es den Menschenfresser gereuen könnte, sie nicht gleich am Abend umgebracht zu haben, stand er gegen Mitternacht auf, nahm die Mützen seiner Brüder und die seinige und ging leise hin, um sie den sieben Töchtern aufzusetzen. Ihre goldenen Krönchen hatte er ihnen zuvor abgenommen und setzte sie nun seinen Brüdern und sich selber auf – damit der Menschenfresser sie für seine Töchter hielte und seine Töchter für die Buben, die er umbringen wollte. Die Sache glückte so, wie er sie sich gedacht hatte; denn als der Menschenfresser gegen Mitternacht aufwachte, gereute es ihn, das auf den nächsten Morgen verschoben zu haben, was er am Abend hätte erledigen können. Er sprang also jäh aus dem Bett und packte sein großes Messer. »Ich will mal nachschauen«, sagte er, »wie es den kleinen Schlingeln geht; laß uns zur Sache kommen.« Er stieg also nach oben, tastete sich ins Zimmer seiner Töchter und kam an das Bett der kleinen Buben, die alle schliefen – außer dem kleinen Däumling, der eine Heidenangst bekam, als er die Hand des Menschenfressers seinen Kopf betasten fühlte, wie dieser das schon mit all seinen Brüdern getan. Der Menschenfresser, der die goldenen Krönchen spürte, sagte: »Da hätte ich beinahe etwas Schönes angerichtet. Ich merke schon, ich habe gestern abend zuviel getrunken.« Er ging zum Bett seiner Töchter, und nachdem er die Mützen der Buben spürte, sagte er: »Ah, da sind ja unsere Bürschchen; nun aber rasch ans Werk!« Mit diesen Worten schnitt er ohne jedes Zögern seinen sieben Töchtern die Kehle durch. Hochzufrieden über dieses Unternehmen legte er sich wieder zu seiner Frau ins Bett.

Sobald der kleine Däumling den Menschenfresser schnarchen hörte, weckte er seine Brüder und bat sie, sich rasch anzuziehen und ihm zu folgen. Sie hangelten sich leise in den Garten hinab und sprangen über die Mauer. Sie liefen, was das Zeug hielt, fast die ganze Nacht, immer noch schlotternd und ohne zu wissen, wohin sie liefen.

Als der Menschenfresser aufwachte, sagte er zu seiner Frau: »Geh hinauf und mach die kleinen Schlingel von gestern abend zurecht.« Die Menschenfresserin war höchst erstaunt über die Freundlichkeit ihres Mannes, nicht ahnend, was er mit Zurechtmachen meinte; sie glaubte, er trage ihr auf, sie anzukleiden. Sie stieg also hinauf und war mehr als überrascht, ihre sieben Töchter mit durchschnittenen Kehlen und in ihrem Blute schwimmend vorzufinden. Sogleich fiel sie in Ohnmacht (denn das ist der erste Notbehelf, auf den fast alle Frauen bei solchen Gelegenheiten verfallen). Da der Menschenfresser befürchtete, seine Frau möge bei der Besorgung dessen, was er ihr aufgetragen, allzulange brauchen, stieg er nach oben, um ihr behilflich zu sein. Er war nicht minder erstaunt als seine Frau, als er das grausige Schauspiel erblickte. »Ah, was habe ich angerichtet!« rief er aus. »Das sollen sie mir büßen, die Elenden, und zwar auf der Stelle.«

Gleich schüttete er seiner Frau einen Topf Wasser ins Gesicht, und als er sie wieder zu sich gebracht hatte, sagte er zu ihr: »Gib mir geschwind meine Siebenmeilenstiefel, damit ich sie noch erwische.« Er machte sich auf die Socken, und nachdem er in alle Richtungen sehr weit gelaufen war, geriet er endlich auf den Weg, den die Kinder einhergingen; sie waren nur noch hundert Schritte vom Haus ihres Vaters entfernt. Sie sahen den Menschenfresser von Berg zu Berg schreiten und über Flüsse setzen, so leicht, als handle es sich um den kleinsten Bach. Der kleine Däumling, der einen hohen Felsen wahrnahm, dicht bei der Stelle, wo sie gerade waren, wies seine Brüder an, sich dort zu verstecken. Er selbst verbarg sich auch, hielt aber ständig Ausschau, wo der Menschenfresser bliebe. Dieser war von dem weiten, bislang vergeblichen Weg sehr ermattet (denn Siebenmeilenstiefel machen ihren Träger müde), wollte verschnaufen und setzte sich zufällig auf den Felsen, in welchem die Buben sich versteckt hielten.

Da er vor Müdigkeit nicht mehr konnte, schlief er ein, nachdem er sich verpustet hatte, fing aber so fürchterlich zu schnarchen an, daß die armen Kinder nicht weniger Angst hatten als zuvor, wo er sein großes Messer schwang, um ihnen die Kehle durchzuschneiden. Der kleine Däumling hatte weniger Angst und rief seinen Brüdern zu, sie sollten rasch heimlaufen, solange der Menschenfresser noch so fest schlafe, und seinetwegen sollten sie sich keine Sorgen machen. Sie vertrauten seinem Rat und liefen schnell nach Haus.

Der kleine Däumling aber trat an den Menschenfresser heran, zog ihm sachte die Stiefel aus und legte sie sich gleich selbst an. Die Stiefel waren sehr groß und sehr weit, aber da es Zauberstiefel waren, hatten sie die Gabe, zu wachsen oder zu schrumpfen, je nach dem Bein dessen, der sie anzog; darum paßten sie so genau zu seinen Füßen und zu seinen Beinen, als wären sie für ihn gemacht. Er ging direkten Wegs zum Haus des Menschenfressers, wo er dessen Frau traf, wie sie bei ihren erstochenen Töchtern weinte. »Euer Mann«, sagte der kleine Däumling zu ihr, »ist in großer Gefahr. Er ist einem Haufen Räuber in die Hände gefallen, und die haben geschworen, ihn umzubringen, wenn er ihnen nicht all sein Gold und all sein Silber gibt. Gerade als sie ihm den Dolch an die Kehle setzten, hat er mich bemerkt und mich gebeten, Euch über die Lage, in der er sich befindet, zu verständigen, und Euch zu sagen, daß Ihr mir alles geben sollt, was er an Barem besitzt, ohne das geringste zurückzubehalten; sie würden ihn sonst erbarmungslos töten. Da die Sache sehr eilt, wollte er, daß ich seine Siebenmeilenstiefel nehme – hier sind sie –, damit ich schnell vorankäme, und auch, damit Ihr nicht etwa denkt, ich sei ein Betrüger.«

Die gute Frau war sehr erschrocken und gab ihm sofort alles, was sie hatte; denn der Menschenfresser war ein vorzüglicher Ehemann, auch wenn er kleine Kinder fraß. Als nun der kleine Däumling mit allen Reichtümern des Menschenfressers beladen war, kehrte er in sein Vaterhaus zurück und wurde dort mit großen Freuden empfangen.

Mit diesem letzten Umstand stimmen viele Leute nicht recht überein, sie behaupten, der kleine Däumling habe solchen Diebstahl am Menschenfresser nie begangen; die Wahrheit sei, er habe ihm bloß die Siebenmeilenstiefel weggenommen, und das ohne schlechtes Gewissen, weil der Menschenfresser sich ihrer bedient habe, um den kleinen Kindern nachzustellen. Diese Leute versichern, sie hätten das aus erster Quelle, weil sie selber im Haus des Holzfällers gebechert und gegessen hätten. Sie versichern auch, der kleine Däumling sei, als er besagte Stiefel angezogen, an den Hof gegangen. Er wußte nämlich, daß man in großer Sorge war um die Armee, die zweihundert Meilen weit weg stand, und um den Ausgang der Schlacht, die dort stattgefunden. Er habe, so sagen sie, den König aufgesucht und ihm versichert, daß er ihm auf Wunsch noch vor Tagesende über die Armee Bericht geben könne. Der König versprach ihm eine große Summe, wenn ihm das gelänge. Der kleine Däumling machte noch selbigen Abends Meldung. Und dieser erste Kurierdienst machte ihn bekannt, er verdiente soviel, wie er nur wollte. Der König bezahlte ihn außerordentlich gut für das Überbringen seiner Befehle an die Armee, und unzählige Damen gaben ihm, was immer er verlangte, um Nachricht von ihren Liebhabern zu erhalten (und hier lagen seine größten Einkünfte). Einige Frauen erlegten ihm sogar Briefe an ihre Ehemänner auf; aber sie zahlten so schlecht, und die Sache trug so wenig ein, daß er es nicht der Mühe wert hielt, dies als Einnahme mitzuzählen.

Nachdem er eine Zeitlang den Kurierberuf ausgeübt und dabei ein großes Vermögen gemacht hatte, kehrte er zu seinem Vater zurück, und die Freude des Wiedersehens läßt sich kaum beschreiben. Er verhalf seiner ganzen Familie zu

Wohlstand. Er kaufte neu geschaffene Ämter für seinen Vater und seine Brüder, womit er alle wohlversorgte. Zugleich versah er in glänzender Weise den Dienst bei Hofe.

> *Moral:*
> Ne große Kinderzahl schafft selten Not,
> Wenn alle wohlgeraten, proper und im Lot,
> Ihr Äußeres gar strahlend schön.
> Wenn eines aber kraftlos, wenn's am Wort gebricht,
> Wird es gehänselt und muß Spott bestehn.
> Und doch bringt oft ein solcher kleiner Wicht
> Familienglück und aller Wohlergehen.

Aus dem Französischen von Ulf Diederichs

Der kleine Däumling ist, obschon französischer Herkunft, in vielem der Prototyp für den deutschen Hänsel – das Motiv der im Walde ausgesetzten Kinder findet sich hier, das Markieren des Weges mit weißen Kieselsteinen, dann mit Brosamen; das Sich-verirren im Wald, die Ankunft im Dämonenhaus, die planvolle Vorbereitung eines kannibalistischen Schmauses. Charles Perraults »Le petit poucet« (1697) scheint allerdings von anderer Statur als der um 115 Jahre jüngere Hänsel. Der muß sich keiner älteren Brüder erwehren, weiß sich mit seiner einzigen Schwester Gretel im Bunde. Dieser hier ist der zurückgebliebene »Kleine«, offenbar der einzige Nicht-Zwilling. Er wird als Isolierter gezeigt, als verkannter Dummling. Aber gerade er entwickelt sich zum Anführer und Sprecher der Brüderschar, ist in jeder Situation der aktive Held und behält die Führungsrolle bei, im Unterschied zu dem eingesperrten Hänsel, der die Führung an Gretel abgeben muß. Der kleine Däumling ist der umsichtige Planer, der Familienversorger schlechthin. Er macht bei Hofe Karriere, was allerdings erzählerisch offen bleibt, im Konjunktiv gehalten ist (weshalb die Schlußepisoden oft gestrichen werden).
Es sei an Erich Kästners Wort erinnert: »Gerade die grausamsten der Märchen sind, oft genug, zugleich die schönsten.« Die Meuchelung der Menschenfressertöchter sucht ihresgleichen, dennoch erscheint sie gemildert durch Ironie der Handlung und Sprachkomik. Diese grausige Komik findet sich auch in der Illustrierung dieses Märchens wieder, von Grandville bis Doré, von Cruikshank bis Gordon Browne.

Das klingende Lindchen

Es waren einmal ein Mann und eine Frau, die hatten ein Töchterchen. Ehe das Mädchen herangewachsen war, starb die Mutter. Einst ging das Mädchen zu seiner Patin in die Spinnstube. Die redete ihm sehr zu, der Vater solle sie zur Frau nehmen. »Dann will ich«, versprach die Patin, »dir die Füßchen mit Milch waschen und das Köpfchen mit Bier.« Der Vater nahm sich die Patin, und die Patin wusch dem Patchen die Füßchen mit Milch und das Köpfchen mit Bier. Beim zweiten Mal und dann weiter wusch die Patin es mit Jauche. Nach einer Zeit bekam die Patin vier Töchterchen, und das erste hatte ein Auge, das zweite zwei und das dritte drei und das vierte vier Augen. Nun mußte das Patchen die Kühe hüten und bekam von der Stiefmutter einen lehmigen Laib Brot und einen mit Pfeffer versetzten Käse mit auf die Weide, und doch blühten seine Wangen mehr als die Wangen der Stiefschwestern zusammen. Die Stiefmutter wollte gern wissen, wovon das Patchen so schön sei. Sie schickte deshalb das erste Töchterchen mit einem Auge auf die Weide, damit es herausbekomme, wovon das Patchen so schön rot sei. Als sie hinausgetrieben hatten, sagte das Töchterchen mit einem Auge: »Setz dich und flicht mir das Haar.« Und als das Patchen kämmte, sagte es flüsternd: »Schlaf Einäuglein.« Und das Mädchen schlief ein. Nun kam eine bunte Kuh und gab dem Patchen aus einem Horn zu trinken und aus dem anderen zu essen. Am Abend trieben sie heim und die Stiefmutter fragte ihr Töchterchen: »Was hast du denn gesehen?«, und das wußte nichts.

Am nächsten Tag trieb das zweite Töchterchen mit hinaus und sagte draußen: »Kämme mir das Haar.« Und das Patchen sagte flüsternd: »Schlaf Einauge, schlaft alle beide.« Wieder kam die bunte Kuh und gab ihm aus einem Horn zu trinken und aus dem anderen zu essen. Und als es Abend war, sagte das Patchen: »Steh auf, Schwesterchen, wir wollen nach Hause treiben.« Die Stiefmutter fragte das Töchterchen: »Was hast du gesehen?«, und es wußte nichts.

Am Morgen trieb die dritte mit auf die Weide, und als sie hinausgetrieben hatten, sagte sie: »Setz dich, Schwester, und kämme mir das Haar.« Flüsternd sagte diese: »Schlaf Einauge, schlaft zwei Augen, schlaft alle drei.« Wieder kam die bunte Kuh und gab ihm aus einem Horn zu trinken und aus dem anderen zu essen. Und als es Abend wurde, sagte das Patchen: »Schwesterchen, steh auf, wir wollen heimtreiben.« Zu Hause fragte die Stiefmutter das Töchterchen: »Was hast du gesehen?«, aber es wußte nichts.

Und am anderen Tag trieb das vierte Töchterchen mit, und als sie auf die Weide getrieben hatten, sagte es: »Setz dich, Schwester, und kämme mir mein Haar.« Das Patchen setzte sich und sagte flüsternd: »Schlaf Einauge, schlaft zwei Augen, schlaft drei Augen.« Das vierte Auge hatte es vergessen. Wieder kam die bunte Kuh und gab ihm aus einem Horn zu trinken und aus dem anderen zu essen. Das vierte Auge hatte alles gesehen, während drei schliefen. Am Abend sagte das Patchen: »Steh auf, Schwesterchen, wir treiben heim.« Zu Hause fragte die Stiefmutter das Töchterchen: »Was hast du gesehen?« Das sagte: »Als drei Augen schliefen, kam die bunte Kuh und gab ihm mit einem Horn zu trinken und mit dem anderen zu essen.« Die Stiefmutter ärgerte das, und sie mästete die bunte Kuh, um sie zu schlachten. Das Mädchen mußte nun zu Hause bleiben und lehmiges Brot und gepfefferten Käse essen. Jeden Tag aber besuchte es die bunte Kuh und weinte bei ihr. Einmal sagte die Kuh: »Heute werde ich geschlachtet, aber bitte dir von der Stiefmutter meinen Magen zum Reinigen aus, darin findest du ein Steinchen, das pflanze dir unter das Fenster, daraus wird ein Lindchen wachsen, und das wird gläsern sein, und unter dem Lindchen wird ein Hündchen bellen.«

Das Mädchen tat, wie ihm die Kuh geheißen hatte, und aus dem Steinchen wuchs ein gläsernes Lindchen. Unter ihm bellte ein Hündchen. Und unter dem Lindchen plätscherte ein Brunnen. Und das Mädchen mußte im Brunnen Wäsche waschen, daß ihm die Hände bluteten.

Einst fuhr ein vornehmer Herr vorbei, und als er das Mädchen erblickte, wollte er es zur Frau haben, obgleich es arm war. Die Stiefmutter aber willigte nicht ein. Nach einer Woche kam der Herr wieder angefahren und verlangte es von neuem. Diesmal willigte die Stiefmutter ein, befahl aber ihren Töchtern: »Nehmt eine Kette und bindet das Lindchen fest.« Das Mädchen kleidete sich an, setzte sich auf den Wagen und fuhr fort. Aber das Lindchen riß sich aus und flog auf den Wagen, und das Hündchen bellte hinter dem Wagen.

Nach einem Jahr hatte die junge Herrin ein Söhnchen. Als das die Stiefmutter erfuhr, ging sie zu Besuch. »Töchterchen, bist du krank oder gesund?« fragte sie. Und ehe sie wegging, versprach sie, morgen wiederzukommen. Am anderen Tag brachte sie ihre Tochter mit den zwei Augen mit und fragte: »Töchterchen, bist du krank oder gesund?« Das Töchterchen antwortete: »Ja, ich bin Gott sei Dank gesund.« – »Schau zum Fenster hinaus, Töchterchen«, sagte die Stiefmutter, »wie im Teich die Fischlein spielen.« Und als die junge Herrin zum Fenster hinaussah, stieß sie die Stiefmutter zum Fenster hinaus in den Teich, daß die Arme ertrank. Und ihre Seele flog in eine Ente und schwamm traurig auf dem Teich. Die Stiefmutter legte ihre Tochter ins Bett und ging heim. Und als der junge Herr nach Hause kam und seine Herrin erblickte, fragte er: »Warum bist du so häßlich, bist du vielleicht krank?« – »Krank genug«, antwortete diese, und der Herr bemitleidete sie.

In der Nacht um zwölf flog die Ente herbei, zum Fenster herein und verwandelte sich in die junge Herrin und badete weinend ihr Söhnchen. Und als sie es wieder eingewickelt hatte, küßte sie ihm den Mund und klagte: »Mein Lindchen klingt nicht, mein Hündchen bellt nicht, und mein Söhnchen weint sehr. Zwei Nächte komme ich noch und dann niemals mehr.« Sie flog wieder als Ente zum Fenster hinaus in den Teich.

In der zweiten Nacht kam die Ente wieder zum Fenster hereingeflogen und verwandelte sich in einen Menschen, füllte das Bad und badete das Söhnchen. Und als sie es eingewickelt hatte, küßte sie es auf den Mund und klagte: »Mein Lindchen klingt nicht, das Hündchen bellt nicht, und mein Söhnchen weint so sehr. Eine Nacht komme ich noch und dann niemals mehr.« Und wieder flog sie als Ente zum Fenster hinaus in den Teich. Der Herr aber hatte hinter einem Vorhang sitzend geweint und sie gesehen und ihre Worte gehört.

In der dritten Nacht kam sie wieder angeflogen und badete das Söhnchen, und als sie es eingewickelt hatte, weinte sie wieder und klagte: »Mein Lindchen klingt nicht, mein Hündchen bellt nicht, und mein Söhnchen weint immer so sehr. Nun komme ich niemals, niemals wieder!« Da sprang der junge Herr hervor, der sich hinter dem Vorhang versteckt hatte, und ergriff sie, ehe sie sich in eine Ente verwandelt hatte. Die junge Herrin bat traurig: »Laß mich los, Lieber, laß mich, solange die Stunde günstig ist.« – »Ich laß dich aber nicht!« rief der junge Herr. Und die junge Herrin sagte: »Wenn du es fertigbringst, ich habe um den Leib einen Gürtel, wenn du ihn mit einem Schlag mit dem Schwert durchschlägst, darf ich bei dir bleiben, sonst aber wird es für mich schlimm.« Der Herr nahm das Schwert und durchschlug den Gürtel, und vor ihm stand die junge Herrin wieder so schön und rot, wie sie früher gewesen war, und erzählte ihm, was die Stiefmutter mit ihr gemacht hatte.

Am Morgen wurde die Stiefmutter mit ihrem Haar einem Pferd an den Schwanz gebunden, dem Pferd aber wurden die Augen verbunden, und das scheuende Pferd wurde über Wurzelstöcke getrieben. Als das Pferd wieder nach Hause kam, hatte es nur Haare mit. Das Lindchen klang wieder, das Hündchen bellte und das kleine Söhnchen lächelte.

Aus dem Sorbischen von Paul Nedo

»Klinkotata lipka«, die sorbische Fassung des Märchens vom Erdkühlein, ist von eigentümlich melodiösem und akustischem Reiz. Da ist das Flüstern des Mädchens – die klingende (gläserne) Linde – das feine Bellen des Hündchens. Anders als in dem verwandten Grimmschen Märchen »Einäuglein, Zweiäuglein, Dreiäuglein«, ebenfalls sorbischen Ursprungs, stehen hier zwei äußerlich gleiche Mädchen gegeneinander; das allzu Sinnbildliche ist abgemildert.
Der Pfarrer Handrij Ducman, zu deutsch Andreas Deutschmann, hat dieses Märchen bereits als Schüler gesammelt und in das handschriftliche Jahrbuch der Serbowka »Kewtki« (Blumen) in Prag eingetragen; es wurde dann 1860 in der Monatszeitschrift »Luzican« (Der Lausitzer) publiziert. Diese Fassung übernahm der tschechische Märchendichter Karel Jaromir Erben in sein »Slawisches Lesebuch« (Slovanská citanka, Prag 1863). Der sorbische Erzählforscher Paul Nedo, der es in seinen »Sorbischen Volksmärchen« (Bautzen 1956) zweisprachig abdruckte, rühmt es als ein Meisterstück der Volkskunst.

Marusja und der Böse

In einem Land, in einem Reich lebte ein Mann mit seiner Frau, und sie hatten eine Tochter, die hieß Marusja. In ihrem Dorf war es Sitte, den Tag des heiligen Andreas (30. November) ordentlich zu feiern. Die jungen Mädchen kamen in einem Haus zusammen, buken Krapfen und hatten eine Woche lang ihren Spaß, manchmal noch länger.

Als der Andreas-Tag wieder einmal angebrochen war, kamen die Mädchen zusammen, buken und kochten die üblichen Gerichte. Abends fanden sich die Burschen ein mit ihren Schalmeien, brachten auch Wein mit, und auf ging's zum Tanz. Alle Mädchen tanzten gut, aber Marusja tanzte am besten. Bald nach Festbeginn betrat ein so hübscher Bursche das Haus, daß alle auf ihn sahen. Wie Milch und Blut sah er aus, und vornehm und sauber gekleidet war er. »Seid gegrüßt, schöne Mädchen!« sprach er. »Sei gegrüßt, junger Fremder!« – »Euch allen ein schönes Fest!« – »Feier doch mit uns.« Sogleich zog er einen Beutel mit Gold hervor, schickte nach Wein, ließ Nüsse holen und Pfefferkuchen, und im Nu war alles zur Stelle. Er traktierte die Mädchen und die Burschen, keiner ging leer aus. Und dann tanzte er, tanzte so gut wie kein Zweiter, und Marusja gefiel ihm von allen am besten, keinen Schritt wich er ihr von der Seite. Schließlich wurde es Zeit, nach Hause zu gehen. Der schmucke Bursche sagte: »Marusja, komm und begleite mich!« Sie trat mit ihm vor das Haus, und er sagte: »Marusja, mein Herz, willst du, so nehme ich dich zur Frau.« – »Wenn du mich nimmst, bin ich's mit Freuden. Von wo bist du eigentlich?« – »Ich wohne da und da und bin Gehilfe bei einem Kaufmann.« Sie nahmen voneinander Abschied, und jeder ging seines Weges.

Marusja kehrte heim, und ihre Mutter fragte: »Hast du dich gut amüsiert?« – »Sehr gut, Mütterchen! Und ich hab dir was Gutes zu berichten: Es war ein junger Fremder dort, hübsch ist er und obendrein reich. Und der will mich heiraten.« – »Hör auf mich, Marusja: Wenn du morgen wieder zu den Mädchen gehst, nimm ein Garnknäuel mit; und wenn du ihm Lebwohl sagst, dann hänge ihm die Endschlaufe um einen Knopf und laß das Knäuel sich sachte abrollen; dann kriegst du heraus, wo er wohnt.«

Als Marusja am nächsten Tag zu den Mädchen ging, nahm sie ein Garnknäuel mit. Und wieder kam der hübsche Bursche. »Sei gegrüßt, Marusja!« – »Guten

Abend auch!« Es wurde gespielt und getanzt, und wieder machte ihr der Bursche den Hof und wich ihr nicht von der Seite. Dann wurde es Zeit, nach Hause zu gehen. »Marusja«, sprach der Gast, »komm und begleite mich!« Sie ging mit ihm hinaus auf die Straße, und als sie voneinander Abschied nahmen, legte sie ihm verstohlen die Schlaufe um einen Rockknopf. Der Bursche ging seines Weges, sie aber blieb stehen und wickelte das Knäuel ab. Sie ließ es ganz abrollen und lief dann dem Faden nach, um zu sehen, wo ihr Verlobter wohne. Zuerst zog sich der Faden den Weg entlang, dann aber über Zäune und Gräben und schließlich führte er direkt zu der Kirche, auf das Portal zu. Marusja versuchte die Tür zu öffnen, aber sie war verschlossen. Sie ging um die Kirche herum, fand eine Leiter, stellte sie unter ein Fenster und stieg hinauf, um zu sehen, was in der Kirche vorging.

Sie ist nun oben und schaut hinein. Da steht ihr Verlobter an einem Sarg und frißt eine Leiche. Man hatte die Nacht über in der Kirche einen Toten aufgebahrt. Marusja wollte ganz leise die Leiter hinunterklettern, aber in ihrer Angst sah sie sich nicht vor, es gab ein Geräusch, als die Leiter gegen die Mauer stieß. Sie rannte nach Hause, wie besinnungslos, und mehr tot als lebendig kam sie dort an.

Am Morgen fragte die Mutter: »Wie war's denn, Marusja? Hast du deinen Fremden gesehen?« – »Hab ich, Mütterchen.« Aber was sie gesehen hatte, erzählte sie nicht. Am Abend saß Marusja in Gedanken da: Sollte sie zu dem Fest gehen oder nicht? »Geh nur hin«, sagte die Mutter, »hab deinen Spaß, solange du jung bist!« Als sie zu ihren Freundinnen kam, war der Böse schon da. Es wurde wieder gespielt und getanzt und gelacht; die Mädchen ahnten ja nichts!

Als sie nach Hause aufbrachen, sagte der Böse: »Marusja, komm her und begleite mich!« Sie wollte aber nicht und hatte Angst. Die Freundinnen redeten ihr gut zu: »Sei doch nicht so schüchtern! Geh und begleite den hübschen Kerl!« Sie konnte nun gar nicht anders, als mit ihm zu gehen und auf Gott zu vertrauen. Kaum waren sie auf der Straße, da fragte er sie: »Warst du gestern bei der Kirche?« – »Nein.« – »Und hast du gesehen, was ich dort tat?« – »Nein.« – »Ach! Morgen wird dein Vater sterben.« Und mit diesen Worten verschwand er. Marusja kehrte nach Hause zurück, gramvoll und tiefbetrübt. Als sie am nächsten Morgen aufwachte, lag der Vater tot da. Sie klagten, weinten und legten ihn in den Sarg. Am Abend fuhr die Mutter zum Popen, und Marusja blieb zu Hause. Doch so allein zu sein, war nicht zum Aushalten. »Lieber geh ich zu meinen Freundinnen«, dachte sie. Als sie hinkam, war der Böse schon dort. »Guten Abend, Marusja, bist du etwa traurig?« fragten die Mädchen. »Wie sollte ich fröhlich sein? Mein Vater ist tot.« – »Ach, du Arme!« Alle zeigten ihr Mitgefühl, auch der Erzböse, als ob es nicht sein Werk wäre.

Schließlich brachen die Mädchen nach Hause auf. »Marusja«, sprach er, »begleite mich.« Sie wollte nicht. »Was ist mit dir? Stell dich nicht an wie ein kleines Mädchen, geh doch mit!« redeten ihr die Mädchen zu. Sie ging mit ihm. Als sie auf die Straße traten, fragte er: »Marusja, sag mir, warst du bei der Kirche?« – »Nein.« – »Aber du hast gesehen, was ich dort tat?« – »Nein.« – »Ach! Morgen wird deine Mutter sterben.« So sprach er und verschwand.

Marusja kehrte nach Hause zurück, noch betrübter als am Abend zuvor. Die Nacht verging, am Morgen wachte sie auf – die Mutter lag tot da. Sie weinte den ganzen Tag, und als die Sonne sank und die Dunkelheit kam, überkam sie ein Grauen und sie ging zu den Freundinnen. »Was ist mit dir, du bist ja bleich wie ein Leintuch?« – »Wie sollte ich nicht? Gestern ist mir der Vater gestorben und heute die Mutter.« – »Ach, du Arme, Unglückliche!« klagten alle.

Es wurde Zeit, nach Hause zu gehen. »Marusja«, sprach der Böse, »begleite mich.« Sie ging mit ihm hinaus. »Sag mir, warst du bei der Kirche?« – »Nein.« – »Aber du hast gesehen, was ich dort tat?« – »Nein.« – »Ach! Morgen abend wirst du selber sterben.«

Marusja schlief in dieser Nacht bei Freundinnen, stand frühmorgens auf und dachte nach, was sie tun sollte. Da fiel ihr ein, sie hatte ja noch eine uralte Großmutter, die war schon so alt, daß ihre Augen nichts mehr sahen. »Ich will zu ihr gehen und sie um Rat fragen.«

Sie lief zu ihrer Großmutter. »Guten Tag, Großmütterchen!« – »Guten Tag, Kindchen! Wie geht's dir denn, sind Vater und Mutter wohlauf?« – »Sie sind tot, Großmutter!« Und sie erzählte alles, was ihr widerfahren war. Die Alte hörte aufmerksam zu und sagte: »Ach, du Unglückskind! Geh rasch zum Popen und sag ihm: Wenn du gestorben bist, sollen sie unter die Schwelle hindurch ein Loch graben und dich nicht durch die Tür zum Haus hinaustragen, sondern durch diese Öffnung ziehen; und bitte ihn, dich an einem Kreuzweg zu begraben – dort, wo zwei Wege sich kreuzen.« Marusja ging gleich zum Popen und bat ihn inständig, unter Tränen, dem Rat der Großmutter nachzukommen. Dann kehrte sie nach Hause zurück, kaufte einen Sarg, legte sich hinein und war sogleich tot. Man verständigte den Popen, und der beerdigte zuerst den Vater und die Mutter Marusjas und dann sie selbst. Sie wurde unter der Schwelle hindurchgezogen und an einem Kreuzweg begraben.

Kurze Zeit darauf fuhr der Sohn eines Bojaren (vornehmer Herr) an Marusjas Grab vorbei. Er sah auf dem Grab eine wunderbare Blume blühen, eine wie er sie noch nie gesehen. Der junge Herr sagte zu seinem Diener: »Geh und grab mir diese Blume samt der Wurzel aus; wir nehmen sie mit nach Hause und tun sie in einen Topf, dann blüht sie bei uns.«

Sie gruben die Blume aus, brachten sie heim, pflanzten sie in einen glasierten Topf und stellten ihn vors Fenster. Die Blume wuchs, wurde von Tag zu Tag schöner. Eines Nachts konnte der Diener nicht schlafen; er schaute zum Fenster hin und sah – o Wunder –, wie die Blüte bebte, sich vom Stengel löste, zu Boden fiel – und sich in eine schöne Jungfrau verwandelte. Die Blüte war schön gewesen, das Mädchen aber ist um vieles schöner! Sie geht durch die Stuben, holt sich allerlei Speisen und Getränke, ißt und trinkt, wirft sich zu Boden und wird wieder zur Blüte; sie schwebt zum Fenster empor und setzt sich auf den Stengel.

Am nächsten Tag erzählte der Diener dem jungen Herrn, was er nachts gesehen hatte. »Ach, mein Lieber, warum hast du mich nicht geweckt? Heute nacht wollen wir beide wachen.« Die Nacht kam heran; sie wachten und warteten. Schlag zwölf regte sich die Blume, bog sich hin und her, fiel auf den Boden – und die schöne Jungfrau steht vor ihnen. Sie holt sich Speisen und Getränke, setzt sich zu Tisch, will nachtmahlen. Der junge Herr läuft hinzu, faßt sie an den weißen

Händen. Und er führte sie in sein Gemach, konnte sich nicht satt sehen an ihr und ihre Schönheit nicht genug bewundern.

Am nächsten Morgen sprach er zu Vater und Mutter: »Erlaubt mir zu heiraten; ich habe eine Braut gefunden.« Die Eltern gaben ihren Segen. Marusja aber sagte: »Ich kann nur dann deine Frau werden, wenn ich vier Jahre nicht zur Kirche gehen muß.« – »Gut!«

Sie wurden getraut, lebten ein Jahr und noch eins und bekamen einen Sohn. Eines Tages kamen Gäste gefahren, sie schmausten, sie becherten und sie begannen, mit ihren Ehefrauen zu prahlen. Der eine hatte eine sehr schöne, der andere eine um so schönere. »Ihr könnt sagen, was ihr wollt«, sprach der Hausherr, »aber eine Schönere als die Meine gibt es auf der ganzen Welt nicht.« – »Schön ist sie, aber ungetauft!« entgegneten die Gäste. »Wieso das?« – »Na, sie geht doch nicht zur Kirche!«

Diese Schmach wollte der Mann nicht auf sich sitzenlassen. Er wartete den Sonntag ab, dann befahl er seiner Frau, die schönsten Kleider anzulegen und mit ihm zur Messe zu gehen. »Ich will von nichts weiter wissen, mach dich fertig und komm!« Sie schickte sich drein, und sie fuhren zur Kirche. Der Mann geht hinein und sieht nichts, sie aber erblickt ihn sofort – oben im Fenster sitzt der Böse. »Ach, du bist wieder da! Kannst du dich jetzt erinnern: Warst du nachts bei der Kirche?« – »Nein!« – »Du hast gesehen, was ich dort tat?« – »Nein!« – »Ach! Morgen werden dein Mann und dein Sohn sterben.«

Marusja jagt aus der Kirche, läuft zu ihrer alten Großmutter. Die gab ihr ein Fläschchen mit Weihwasser und ein zweites mit dem Wasser des Lebens und schärfte ihr ein, was sie tun sollte. Am nächsten Tag lagen Marusjas Mann und Sohn tot da. Der Verderber kam geflogen und fragte: »Bist du nachts bei der Kirche gewesen?« – »Ja, ich war dort.« – »Und hast du gesehen, was ich tat?« – »Eine Leiche hast du gefressen.« So sprach sie und besprengte ihn mit dem Weihwasser. Da zerfiel der Verderber in Staub. Danach besprengte sie ihren Mann und ihr Söhnchen mit dem Wasser des Lebens. Da wurden sie gleich wieder lebendig. Und von Stund an kannten sie weder Kummer noch Trennung und lebten lange glücklich miteinander.

Aus dem Russischen von Gisela Strasser

A. N. Afanasjew gab dem Märchen, das im sechsten Band seiner Russischen Volksmärchen (1861) erschien, den Titel »Upyr'«, Vampir. Damit wird nun eigentlich der Untote, der Wiedergänger bezeichnet – hier aber handelt es sich um den Leibhaftigen, der, in Art vieler Teufelsmärchen, nicht direkt beim Namen genannt wird. Er ist »der Arge«, der »Unreine«, »der Verderber«; daß er als schmucker Bursche und wilder Tänzer daherkommt, ist auch durch andere slawische Märchen bezeugt (z. B. das tschechische »Katscha und der Teufel«, das Dvorak zu einer Oper verarbeitet hat).

Der Teufel bekommt hier Gewalt über Marusja, so wie auch die Jungfrau Maria über das »Marienkind« strafende Gewalt gewinnt: durch die Lüge. Das fortgesetzte Leugnen ist ein dramatisch-steigerndes Moment. Beim Marienkind führt die Übertretung des Türöffnungs-Verbots und dessen Leugnen dazu, daß sie aus dem Himmel vertrieben, daß ihr dann ihr kleines Kind weggenommen wird, auch das zweite, das dritte, bis sie schließlich als vermeintliche Kinderfresserin den Tod auf dem Scheiterhaufen erleiden soll: Erst jetzt kommt es zum Geständnis.

Eine Kombination von Erzähltypen wie hier – »der Leichenfresser« und »das Blumenmädchen« – ist in deutscher Überlieferung so gut wie unbekannt. Auch das macht die Faszination dieses Märchens aus. Es beginnt mit dem heiteren Motiv des Andreas-Orakels »Wer wird mein Liebster?« und den Dämonien der Andreas-Nacht. Es führt dann zu auswegslosem Sterben, zum großmütterlich-hilfreichen Rat, zum Bild der Blume (Unschuld, Unvergänglichkeit) und zum Erkennen der Blume durch den, für den sie bestimmt ist – der aber im Zorn das Kirchentabu vergißt, was ihn (zunächst) den Tod kostet. Das Uneingestandene, Ungelöste dieser Partnerschaft wird durch Marusjas Handlung aufgehoben, im Bild vom »Wasser des Lebens«.

Blanca Flor, die Tochter des Teufels

Es war einmal ein Junge, der hatte eine Verlobte und stritt sich mit ihr. Und als er sich mit seiner Verlobten stritt, da sagte er, er gehe jetzt zu dem Schloß Du-wirst-hingehen-und-nicht-zurückkehren.

Und er machte sich auf die Suche nach jenem Schloß. Er ging und ging, und eines Tages stieß er auf einen Bauern, den fragte er, ob er wisse, wo das sei, das Schloß Du-wirst-hingehen-und-nicht-zurückkehren. Und der Bauer sagte zu ihm: »Geh nur immer geradeaus, dann wird dir einer schon den Weg weisen.« Und er ging immer weiter und weiter und traf schließlich auf einen anderen Bauern; den fragte er, ob er wisse, wo das Schloß Du-wirst-hingehen-und-nicht-zurückkehren sei. Und dieser Bauer sagte zu ihm: »Siehst du dahinten, ganz dahinten das Licht? Dort ist das Schloß.« Da machte sich der Junge wieder auf den Weg und kam zu dem Schloß. Und in diesem Schloß lebte der Teufel mit seiner Frau und drei Töchtern. Und die jüngste der Töchter hieß Blanca Flor.

Der Junge klopfte an die Tür, und der Teufel kam nachzusehen. Und er sagte zu dem Jungen: »Was suchst du?« Und der Junge gab zur Antwort, er suche das Schloß Du-wirst-hingehen-und-nicht-zurückkehren. Da forderte der Teufel ihn auf, einzutreten. Und er sagte zu ihm: »Schau her, nimm diese Weinrebe und pflanze sie ein. Bis mittag mußt du die Traube gepflückt und gestampft haben und mir den Wein an den Tisch bringen. Tust du das nicht, töte ich dich.«

Da ging der Ärmste ganz betrübt mit seiner Weinrebe weg und sagte bei sich: »Jetzt wird er mich doch töten. Wie soll ich ihm den Wein bis mittags bringen?« Und Blanca Flor, die jüngste Tochter des Teufels hatte ein gutes Herz, und sie ging zu dem Jungen und sagte: »Was ist mit dir? Warum bist du so traurig?« Da erzählte er ihr, was ihm der Teufel aufgetragen hatte. Und sie sagte: »Hab keine Angst, ich werde alles machen.« Und im selben Augenblick ging sie hin, pflanzte die Weinrebe und pflückte die Traube, stampfte sie und brachte den Wein. Und der Junge ging hin und brachte dem Teufel den Wein zum Mittagsmahl. Darauf sagte der Teufel zu ihm: »Nun gut, jetzt nimm diesen Weizen. Geh und säe ihn, und bis zwölf bringst du mir das Brot zum Mittagessen.« Und wieder ging der Junge ganz traurig weg und traf auf Blanca Flor und sagte zu ihr: »Weißt du, was dein Vater jetzt will: Ich soll diesen Weizen säen und bis zwölf muß ich ihm das Brot zum Mittagessen bringen.« – »Hab bloß keine Angst, ich mach das schon«, sagte Blanca Flor zu ihm. Und im selben Augenblick ging sie hin, säte den Weizen, sammelte die Halme ein und drosch sie, machte Brot und brachte es ihm. Und der Junge ging hin und brachte dem Teufel das Brot zum Mittagsmahl. Daraufhin sagte der Teufel zu ihm: »Nun gut. Morgen mußt du in den Wald gehen und diese Pinienzapfen säen und mir bis mittags Holz zum Essenkochen bringen.«

Und wieder ging der Junge ganz traurig zu Blanca Flor und sagte zu ihr: »Jetzt ist dein Vater immer noch nicht zufrieden. Ich habe ihm das Brot gebracht und nun soll ich diese Pinienzapfen säen und ihm bis morgen mittag Holz zum Essenkochen bringen.« – »Hab keine Angst, ich mach das schon alles«, sagte Blanca Flor zu ihm. Und am nächsten Tag ging sie hin und säte die Pinienzapfen, und bis mittags schon war der Junge da mit dem Holz. Daraufhin sagte der Teufel zu ihm: »Nun gut, jetzt mußt du mir aus dem Meer einen Ring holen, der meinem Ururgroßvater hineingefallen ist.«

Da ging der Junge wieder hochbetrübt weg zu Blanca Flor und erzählte ihr, daß er nun für den Teufel einen Ring aus dem Meer holen solle, der seinem Ururgroßvater hineingefallen war. »Also gut«, sagte Blanca Flor, »jetzt mußt du mich töten und in einer Flasche ins Meer werfen. Du mußt mich mit diesem Messer töten, und paß auf, daß kein Tropfen Blut verlorengeht. Und wenn du mich ins Meer geworfen hast, nimmst du eine Gitarre und spielst.«

Aber der Junge wollte sie nicht töten. »Herrje, ich kann dich nicht töten!« Aber sie sagte, es habe so zu geschehen. Und schon nahm er das Messer und stieß zu und tötete sie. Und er steckte sie in eine

Flasche und warf sie ins Meer. Aber einen Tropfen Blut hatte er dabei vergossen. Dann begann er Gitarre zu spielen, und er spielte und spielte, und sie kam nicht heraus. Da schlief er schon ein, und sie rief ihm von unten aus dem Meer zu: »Junge, du schläfst ein, du schläfst ein!« Und schon kam sie mit dem Ring im Mund heraus. Da ging der Junge hin und gab ihn dem Teufel. Und der Teufel sagte: »Nun gut. Morgen mußt du ein Pferd besteigen und es zähmen.«

Und der Junge ging zu Blanca Flor, um ihr zu erzählen, was der Teufel diesmal wolle. Und sie sagte zu ihm: »Hab keine Angst, wir werden das schon schaffen. Schau, das Pferd ist mein Vater, das Geschirr ist meine Mutter und die Zügel bin ich. Und wenn du aufsteigst, schlägst du das Pferd mit dieser Gerte.« Am nächsten Tag ging der Junge hin, führte das Pferd hinaus und bestieg es. Da begann das Pferd zu rasen und auszuschlagen, und der Junge schlug und schlug immer wieder, bis der Teufel die Schläge nicht mehr ertragen konnte. Da sagte der Junge zu Blanca Flor, nun, da sie alles gut überstanden hätten, sollte sie ihn heiraten und sie sollten gemeinsam fortgehen. Und sie sagte ja, sie werde ihn heiraten. Aber da der Teufel von allem wußte, beschloß er, beide zu töten.

Und als die Nacht kam, sagte Blanca Flor zum Jungen, er solle in den Stall gehen und ein Pferd aussuchen, damit sie beide fliehen könnten. Und sie sagte ihm, in dem Stall stünden zwei Pferde, und eines wäre das Pferd des Gedankens, völlig mit Spinnweben bedeckt, und das andere wäre das Pferd des Windes, und er solle das des Gedankens auswählen. Damit der Teufel keinen Verdacht schöpfte, ging sie zu Bett, während der Junge in den Stall ging. Und sie trat zu ihrem Bett hin und gab Spucke auf einen Teller und legte zwei Schläuche Wein in das Bett, damit der Teufel denken sollte, sie seien es.

Da kam auch schon der Junge mit dem Pferd. Er hatte aber, als er das Pferd des Gedankens so über und über mit Spinnweben behangen und so alt und mager gesehen hatte, das andere ausgewählt, das Pferd des Windes. Als sie sah, daß er mit dem Pferd des Windes ankam, sagte sie zu ihm: »O weh, jetzt sind wir verloren! Was hast du gemacht?« Aber da keine Zeit zu verlieren war, stiegen sie sogleich auf und stoben davon wie der Wind.

Aber der Teufel hörte den Lärm und stand auf, um nachzusehen. Und er ging zum Zimmer der Blanca Flor und sprach: »Blanca Flor, Blanca Flor, wo bist du?« Und die Spucke antwortete: »Hier im Bett, hier im Bett.« Doch der Teufel glaubte das nicht und trat an das Bett, um nachzusehen. Und als er die Weinschläuche erblickte, glaubte er, daß die beiden dies wären, und versetzte ihnen zwei Hiebe, und der Wein spritzte ihm ins Gesicht. Und als er seinen Irrtum bemerkte, lief er hinaus und hinunter zum Stall, um ein Pferd zu nehmen und sie zu suchen und zu töten. Und er bestieg das Pferd des Gedankens und jagte los.

In wenigen Augenblicken hatte er sie fast schon eingeholt. Und als Blanca Flor ihn kommen sah, nahm sie einen Kamm aus ihrem Haar und warf ihn hin, und es entstand ein Wald aus Kämmen, so hoch und so groß, daß der Teufel nicht hindurch konnte. Und sie ritten weiter. Nach und nach überwand der Teufel den Wald aus Kämmen und hatte sie fast schon wieder eingeholt. Da sagte sie zu ihrem Verlobten: »Jetzt verwandle ich mich in die Jungfrau Maria und dich in den Einsiedler und das Pferd in eine Einsiedelei.« Und der Teufel kam heran und fragte den Einsiedler, ob er nicht zwei auf einem Pferd habe vorbeireiten sehen. Und der Einsiedler sagte: »Ich weiß nicht, aber man läutet gerade zur Messe, wenn Ihr eintreten wollt.« Da antwortete der Teufel voll Zorn: »Mann, das will ich gewiß nicht. Meine Frage ist, ob du zwei auf einem Pferd hast vorbeireiten sehen.« Und wieder sagte der Einsiedler zu ihm: »Man läutet zur Messe, wenn Ihr eintreten wollt.« Da glaubte der Teufel, dort seien alles Dummköpfe, und ritt davon. Diesmal kehrte er in sein Schloß zurück und sagte zu seiner Frau: »Die kann man nicht einholen. Erst traf ich auf einen Wald aus Kämmen, den ich nicht rechtzeitig durchqueren konnte, um sie einzuholen. Und dann kam ich zu einer Einsiedelei, wo anscheinend alle Dummköpfe sind, denn ich fragte sie, ob sie zwei auf einem Pferd hätten vorbeireiten sehen, und alles, was sie antworteten, war, daß gerade zur Messe geläutet werde, und ob ich eintreten wolle.« Und die Teufelin, die klüger war als der Teufel, sagte zu ihm: »Dummkopf, das waren sie doch. Mach dich wieder auf die Suche, bis du sie einholst, und töte sie.«

Und wieder machte sich der Teufel auf die Suche nach Blanca Flor und ihrem Verlobten. Schon hatte er sie beinahe eingeholt, als sie sich in Wasser verwandelte und das Pferd in einen Fluß und den Verlobten in einen Hund. Und der Teufel kam und durchquerte den Fluß, und der Hund biß ihm ins Bein.

Da mußte der Teufel umkehren, und er sagte zur Teufelin: »Die kann man nicht einholen. Ich kam an einen Fluß, und als ich ihn durchquerte, biß mich ein Hund ins Bein.«

Und schon kamen sie (die beiden Flüchtenden) in dem Dorf an, wo er lebte. Und sie blieb am Dorfende zurück, während er sich zu seinen Eltern aufmachte. Blanca Flor sagte ihm, daß er nicht seine Großmutter umarmen dürfe, denn sobald er dies täte, würde er sie vergessen und sich nie mehr an sie erinnern. Und er kam in sein Haus, und die Großmutter trat auf ihn zu und umarmte ihn, und im selben Augenblick vergaß er Blanca Flor und erinnerte sich überhaupt nicht mehr an sie. Blanca Flor blieb allein auf dem Feld und wartete vergeblich auf ihren Verlobten und sagte sich: »Ich Arme! Was wird aus mir?« Und sie verwandelte sich in eine Taube und flog über das Dorf, wo ihr Verlobter lebte, und sagte:

> »Ich Arme,
> Taube auf dem Feld,
> einzig auf mich gestellt.«

Und als sie sah, daß er sich nie mehr an sie erinnern würde, gab sie sich das Aussehen einer Lehrerin und ging in das Dorf ihres Verlobten. Und da sie so hübsch war, kamen alle, sie anzuschauen. Und als ihr Verlobter kam, sie anzusehen, streckte sie ihm ihre Hand entgegen, denn sie wollte ihm den Finger zeigen, an dem ein Stückchen fehlte. Und das Stückchen fehlte dem Finger, weil ihm ein Tropfen Blut entfallen war, als er sie getötet und ins Meer geworfen hatte. Nichts sah er. Doch sie streckte ihm so oft die Hand entgegen, während sie mit ihm sprach, daß er schließlich den Finger sah und sich an alles erinnerte und sie erkannte. Da heirateten sie und waren glücklich und aßen Rebhühner.
Und mich haben sie hierher geschickt, damit ich's dir erzähle.

Aus dem Spanischen von Ulrike Diederichs

Nicht weniger als 88 Versionen der spanischen Teufelstochter hat Aurelio Macedonio Espinosa (senior) aufgezeichnet und etliche, so auch »Blanca Flor, la hija del diablo«, in seinen »Cuentos populares españoles« veröffentlicht (Bd. 2, Stanford 1924).
Im Deutschen ist die beherzte Dämonenhelferin, die den Part einer aktiven Heldin übernimmt, aus Grimms »De beiden Künigeskinner« bekannt. Der Plot findet sich allerdings schon im indischen »Ozean der Märchenströme« (11. Jh.). Dort verfolgt der Königssohn Sringabhuja einen Rákshasa-Fürsten, den er in Kranichgestalt verwundet hat, bis zu dessen Schloß, gewinnt die Liebe seiner Tochter Rúpasikha, löst mit ihrer Hilfe die unmöglichsten Aufgaben und gewinnt sie zur Frau. Nach der Hochzeit reiten die beiden heimlich davon; als ihnen der Dämon nachsetzt, macht Rúpasikha den Prinzen und das Pferd unsichtbar und verwandelt sich in einen Holzhacker, später in einen Boten. Die »magische Flucht« und das glückliche Ende sind also seit Jahrhunderten vorgezeichnet.

Die Prinzessin auf dem Baum

Es war einmal ein armer Junge, der mußte tagaus, tagein die Schweine in den Wald treiben, daß sie bei Bucheckern und Eichelmast fett würden. Dabei war er nach und nach achtzehn Jahre alt geworden. Eines Tages trieb er seine Schweine tiefer in den Wald, als er gewöhnlich zu tun pflegte; da sah er plötzlich einen allmächtig hohen Baum vor sich, dessen Zweige sich in den Wolken verloren. »Der Tausend, das ist aber ein Baum!« sagte der Junge bei sich. »Wie mag es wohl sein, wenn du dir von seinem Wipfel aus die Welt beschaust!« Gedacht, getan; er ließ seine Schweine im Boden wühlen und kletterte an dem Stamm empor. Er kletterte und kletterte, es wurde Mittag, die Sonne ging unter, aber noch immer war er nicht in das Geäst gekommen. Endlich, als es schon zu dunkeln begann, erreichte er einen armlangen Stutz, der in die freie Luft hinausragte. Daran band er sich mit der neuen Peitschenschnur, die er in der Tasche trug, fest, daß er nicht hinabstürzte und Hals und Bein bräche, und dann schlief er ein. Am andern Morgen hatte er sich so weit verkobert (erholt), daß er sich mit frischen Kräften wieder an die Arbeit machen konnte. Um die Mittagszeit langte er denn auch in dem Geäst an, und von dort ging das Steigen leichter, doch den Zopf erreichte er auch diesmal nicht; wohl aber kam er gegen Abend in einem großen Dorf an, das in die Zweige hineingebaut war.

»Wo kommst du her?« fragten die Bauern verwundert, als sie ihn erblickten. »Ich bin von unten heraufgestiegen«, antwortete der Junge. »Da hast du eine weite Reise gehabt«, sprachen die Bauern, »bleib bei uns, daß wir dich in unsern Dienst nehmen!« – »Hat denn hier der Baum schon ein Ende?« fragte der Junge. »Nein«, gaben die Bauern zurück, »der Wipfel liegt noch ein gut Stück höher.« – »Dann kann ich auch nicht bei euch wohnen bleiben«, versetzte der Junge, »ich muß in den Zopf hinauf. Aber zu essen könnt ihr mir geben; denn ich bin hungrig, und müde bin ich auch.« Da nahm ihn der Schulze des Dorfes in sein Haus, und er aß und trank, und nachdem er satt geworden war, legte er sich hin und schlief. Am andern Morgen bedankte er sich bei den Bauern, sagte ihnen Lebewohl und stieg weiter den Baum hinauf.

Die Sonne stand schon hoch am Himmel, als er ein großes Schloß erreichte. Da schaute eine Jungfrau zum Fenster hinaus, die freute sich sehr, daß ein Mensch gekommen sei, sie in ihrer Einsamkeit zu trösten. »Komm zu mir herein und bleibe bei mir«, sagte sie freundlich. »Hat hier denn der hohe Baum sein Ende?« fragte der Junge. »Ja, höher hinauf kannst du nicht«, sprach die Jungfrau, »und nun komm herein, daß wir uns die Zeit vertreiben.« – »Was machst du denn hier oben so alleine?« fragte der Junge. Antwortete die Jungfrau: »Ich bin eines reichen Königs Tochter, und ein böser Zauberer hat mich hierher verwünscht, daß ich hier leben und sterben soll.« Sprach der Junge: »Da hätte er dich auch ein wenig tiefer verwünschen können.« Das half nun aber nichts, sie saß da oben und mußte da oben bleiben; und weil die Prinzessin ein hübsches, artiges Mädchen war, so beschloß er, nicht wieder zurückzukehren und mit ihr zusammen im Schlosse hauszuhalten.

Das war ein lustiges Leben, das die beiden da oben im Schlosse auf dem hohen Baum führten. Um Speise und Trank durften sie nicht sorgen; denn was sie wünschten, stand auch sogleich vor ihnen; nur wollte dem Jungen nicht behagen, daß die Prinzessin ihm verboten hatte, in ein bestimmtes Zimmer im Schlosse zu treten. »Gehst du hinein«, hatte sie ihm gesagt, »so bringst du mich und dich ins Unglück.« Eine Zeitlang gehorchte er ihren Worten; endlich aber konnte er es nimmermehr aushalten, und als sie sich nach dem Essen hingelegt hatte, um ein Stündchen zu schlafen, nahm er den Schlüsselbund und suchte den Schlüssel hervor, ging hin und schloß die verbotene Tür auf. Als er drinnen im Zimmer war, gewahrte er einen kohlschwarzen Raben, der war mit drei Nägeln an die Wand geheftet; der eine ging ihm durch den Hals, und die andern beiden durchbohrten seine Flügel. »Gut, daß du kommst«, schrie der Rabe, »ich bin vor Durst schier verschmachtet! Gib mir von dem Krug, der dort auf dem Tisch steht, einen Tropfen zu trinken, sonst muß ich elendiglich des Todes sterben!« Der Junge aber hatte über dem Anblick einen solchen Schrecken bekommen, daß er auf die Worte des Raben gar nicht achtete und zur Tür zurücktrat. Da schrie der Rabe mit kläglicher Stimme, daß es einen Stein erweichen konnte: »Ach, geh nicht fort, ehe du mich geletzt hast; denke, wie dir zumute wäre, wenn dich jemand Durstes sterben ließe.« – »Er hat recht«, sprach der Junge bei sich, »ich will ihm helfen!« Dann nahm er den Krug vom Tisch und goß ihm einen Tropfen Wasser in den Schnabel hinein. Der Rabe fing ihn mit der Zunge auf, und sobald er ihn heruntergeschluckt hatte, fiel der Nagel, der durch den Hals ging, zu Boden. »Was war das?« fragte der Junge. »Nichts«, antwortete der Rabe, »laß mich nicht verschmachten und gib mir noch einen Tropfen Wasser!« – »Meinetwegen«, sagte der Junge und goß ihm einen zweiten Tropfen in den

Schnabel hinein. Da fiel auch der Nagel, welcher
den rechten Flügel durchbohrt hatte, klirrend auf
die Erde herab. »Nun ist's aber genug«, sagte er.
»Nicht doch«, bat der Rabe, »aller guten Dinge sind drei!« Doch als der Junge ihm
auch den dritten Tropfen eingeflößt
hatte, war der Rabe seiner Fesseln frei,
schwang die Flügel und flog krächzend zum Fenster hinaus.
»Was hast du getan?« rief der Junge erschrocken. »Wenn es nur die Prinzessin
nicht merkt!« Die Prinzessin merkte es
aber doch; denn er sah kreidebleich aus,
als er zu ihr in die Stube trat. »Du bist wohl
gar in dem verbotenen Zimmer gewesen?«
sprach sie hastig. »Ja, das bin ich gewesen«, antwortete der Junge kleinlaut, »aber ich habe dort weiter
nichts Schlimmes verübt. Es hing nur ein verdursteter
schwarzer Rabe an der Wand, dem gab ich zu trinken; und
als er drei Tropfen getrunken hatte, fielen die Nägel, mit denen er angeheftet war, auf den Erdboden herab, und er bewegte die Flügel und flog durch das Fenster davon.« – »Das
ist der Teufel gewesen, der mich verzaubert hat«, jammerte die Prinzessin, »nun wird's nicht mehr lange währen, so
holt er mich nach!« Und richtig, es dauerte nicht lange,
so war eines Morgens die Prinzessin verschwunden,
und sie kam nicht wieder, obgleich der Junge drei Tage lang auf ihre Rückkehr wartete.
»Kommt sie nicht zu mir, so gehe ich zu ihr!« sagte
er bei sich, als sie auch am Abend des dritten Tages
nicht wieder zurückgekehrt war, und
machte sich mit dem fol-
genden Morgen auf
den Weg, den Baum
herab. Als er in dem Dorf
ankam, fragte er die Bauern:

»Wißt ihr nicht, wo meine Prinzessin geblieben ist?« – »Nein«, sagten die Bauern, »wie sollen wir es wissen, wenn du es nicht weißt, der du von dem Schlosse kommst!« Da stieg der Junge tiefer und tiefer, bis er endlich wieder auf den Erdboden gelangte. »Nach Hause gehst du nicht, da gibt's Schläge«, dachte er; darum wanderte er immer waldein, ob er nicht irgendwo die Spur der Prinzessin ausfindig machen könnte. Nachdem er drei Tage im Wald umhergeirrt war, begegnete ihm ein Wolf. Er fürchtete sich und floh; doch der Wolf rief: »Fürchte dich nicht! Aber sage mir, wohin führt dich dein Weg?« – »Ich suche meine Prinzessin, die mir gestohlen ist«, antwortete der Junge. »Da hast du noch weit zu laufen, ehe du sie bekommst«, sagte der Wolf. »Aber hier hast du drei Spier Haare (Haarspitzen) von mir. Wenn du in Lebensgefahr bist und die Haare zwischen den Fingern reibst, so bin ich bei dir und helfe dir aus der Not.« Der Junge bedankte sich bei dem Wolf und ging weiter.

Über drei Tage kam ihm ein Bär in den Weg, und der Junge war vor Schreck wie versteinert; denn er hielt sich verloren. Auf einen Baum klettern nutzte zu nichts, denn der Bär wäre ihm nachgestiegen und hätte ihn in den Zweigen zerrissen. Der Bär war aber gar nicht blutdürstig gesinnt, sondern rief dem Jungen freundlich zu: »Fürchte dich nicht, ich tue dir kein Leid an. Erzähle mir, was dir fehlt.« Als der Junge sah, wie gutmütig der Bär war, sagte er dreist: »Mir fehlt meine Prinzessin, die hat mir ein böser Zauberer gestohlen, und ich wandere jetzt in der Welt umher, bis ich sie finde.« – »Da hast du noch einen guten Weg, bis du zu ihr gelangst«, erwiderte der Bär, »aber hier hast du drei Spier von meinen Haaren! Wenn du in Lebensgefahr kommst und meiner bedarfst, so reibe die Haare zwischen den Fingern, und ich bin bei dir und stehe dir bei.«

Der Junge steckte die Haare zu sich, bedankte sich und zog wieder drei Tage im Wald umher. Da begegnete ihm ein Löwe, und als der Junge vor Angst gerade auf einen Baum klettern wollte, rief das wilde Tier ihm zu: »Nicht doch, bleib unten, ich tue dir nichts.« – »Das ist etwas anderes«, sagte der Junge, und dann erzählte er auch dem Löwen, warum er ohne Weg und Steg in dem Wald herumlaufe. »Da hast du's gar nicht mehr weit«, antwortete der Löwe, »eine gute Stunde von hier sitzt die Prinzessin in dem Jägerhaus. Mach dich auf und geh zu ihr! Und wenn du in Lebensgefahr kommst und mich brauchen kannst, so nimm diese drei Spier Haare und reibe sie zwischen den Fingern; dann bin ich bei dir und helfe dir aus aller Not.« Damit übergab er dem Jungen die drei Spier Haare und trottete weiter in den Busch hinein; der Junge aber schritt wacker zu, um das Jägerhaus bald zu erreichen.

Es dauerte auch gar nicht lange, so sah er es durch die Bäume schimmern, und noch ein klein Weilchen, so hatte er die Tür aufgeklinkt und stand in der Stube und sah die Prinzessin vor sich stehen. »Junge, wo kommst du her?« rief sie erstaunt. »Wo ich herkomme?« antwortete der Junge. »Denkst du, ich werde allein oben bleiben und dich bei dem bösen Zauberer lassen? Aber jetzt gib mir geschwind etwas zu essen, und dann wollen wir uns auf und davon machen und zu deinem Vater gehen!« – »Ach, mein Junge, das geht nicht so«, sagte die Prinzessin traurig, »der alte Jäger, der mich bewacht, ist zwar den ganzen Tag über im Wald; aber er hat einen dreibeinigen Schimmel im Stall, der weiß alle Dinge und jagt ihm sogleich nach, wenn wir geflohen sind. Und wenn er das weiß, so holt er uns bald ein.« Der Junge ließ sich das aber wenig kümmern, aß und trank, und als er satt war, nahm er die Prinzessin bei der Hand und lief mit ihr aus dem Jägerhaus auf und davon.

Als sie ein Weilchen gegangen waren, schrie der dreibeinige Schimmel im Stall Mord und Zeter und hörte nicht auf, bis der alte Jäger herbeigelaufen kam und ihn fragte, was ihm fehle. »Es ist jemand gekommen und hat die Prinzessin gestohlen!« schrie der Schimmel. »Sind sie schon weit?« fragte der Jäger. »Weit noch nicht«, antwortete der Schimmel, »setz dich nur auf meinen Rücken, wir werden sie bald einholen!« Als der Jäger den Jungen und die Prinzessin erblickte, rief er zornig: »Warum hast du mir meine Prinzessin gestohlen?« – »Warum hast du sie mir gestohlen?« gab der Junge trotzig zurück. »Ach, du bist's«, antwortete der alte Jäger, »da will ich dir die Sache für diesmal verzeihen, weil du damals mitleidig warst und mich mit dem Wasser tränktest. Aber unterstehst du dich noch einmal und raubst mir die Prinzessin, so muß dich mein dreibeiniger Schimmel in den Erdboden stampfen, daß du des Lebens vergißt.« Dann nahm er dem Jungen die Prinzessin ab, hob sie vor sich auf den Sattel und ritt mit ihr in das Jägerhaus zurück. Der Junge schlich sich jedoch leise nach, und als der alte Zauberer wieder in den Wald gegangen war, trat er von neuem in das Haus hinein und sagte zur Prinzessin: »Höre einmal, ich rette dich doch! Wenn ich nur erst einen solchen Schimmel habe, wie ihn der alte Jäger besitzt. Ich werde unter das Bett kriechen, und du fragst ihn dann, wenn ihr im Bett seid, wie er den dreibeinigen Schimmel erworben hat.« Damit war die Prinzessin einverstanden, und der Junge kroch unter das Bett und wartete, bis der Abend kam und der Jäger nach Hause kehrte.

»Väterchen«, sagte die Prinzessin zutraulich, als der Zauberer zu Bett gegangen war, und kraute ihm die struppigen Haare, »Väterchen, wie seid Ihr zu dem dreibeinigen Schimmel gekommen? Das ist ein prächtiges Pferd, ist klüger als ein Mensch und läuft schneller als der Wind.« – »Das will ich dir sagen, mein Töchterchen«, sprach der alte Jäger und schmunzelte über sein garstiges Gesicht, denn das Krauen tat ihm wohl, »den Schimmel habe ich mir in drei Tagen erworben.« – »Kann sich jeder Mensch ein solches Pferd verdienen?« fragte die Prinzessin. »Gewiß«, antwortete der Jäger, »wenn er klug ist, kann's ihm nicht fehlen. Ein Stündchen von hier im Wald wohnt eine Bauersfrau, das ist eine arge Hexe. Sie besitzt die schönsten Pferde weit und breit; und wer ihre Fohlen drei Tage zu hüten vermag, der kann sich zur Belohnung das Pferd aussuchen, das ihm von allen Tieren im Stall am besten gefällt. Vorzeiten gab sie auch noch zwölf Lämmer obendrein, mir hat sie sie aber nicht gegeben; so kam's, daß die zwölf Wölfe, die in dem Wald wohnen, als ich mit meinem Schimmel davonritt, auf mich losstürzten. Und da ich keine Lämmer hatte, die ich ihnen vorwerfen konnte, so eilten sie meinem Schimmel nach, und ehe ich über die Grenze kam, die sie nicht überschreiten dürfen, hatten sie dem Tier den rechten Fuß ausgerissen, und seitdem hat er drei Beine bis auf den heutigen Tag.« – »Wer nun aber die Fohlen nicht hüten kann, wie geht's dem?« fragte die Prinzessin. »Dem geht's schlecht«, erwiderte der alte Jäger, »die Hexe schlägt ihm das Haupt ab und spießt es auf dem Zaun auf, der um das Gehöft geht; und da staken schon so viel Köpfe, daß sie bald einen neuen Zaun bauen muß, um sie alle unterzubringen.« Jetzt wußte der Junge unter dem Bett genug; die Prinzessin hörte darum auf mit Fragen, und sie schliefen alle drei die ganze Nacht hindurch.

Am anderen Morgen, als der Jäger wieder in den Wald gegangen war, kroch der Junge unter dem Bett hervor, aß und trank mit der Prinzessin, und dann machte er sich auf den Weg nach dem Gehöft der Hexe, von dem der Jäger in der Nacht gesprochen hatte. Es dauerte auch gar nicht lange, so sah er den Zaun mit den Menschenköpfen vor sich, und nun wußte er Bescheid, daß er nicht irregegangen sei. Als er an dem Hoftor war, trat ihm auch schon die Hexe entgegen und sprach zu ihm: »Was willst du hier?« – »Deine Fohlen hüten!« antwortete der Junge. »Gut, ich will dich annehmen«, sagte die Hexe, »und wenn du mit den Pferden jeden Abend hübsch pünktlich um acht Uhr nach Hause kommst, so darfst du dir nach drei Tagen das Pferd in meinem Stall aussuchen, das dir am besten gefällt. Das soll dein Lohn sein! Kommst du aber später heim, so schlage ich dir das Haupt ab und stecke es auf den Staketenzaun.« – »Das magst du tun«, erwiderte der Junge, »aber der Lohn ist mir nicht hoch genug. Ich verlange außer dem Pferd noch zwölf Lämmer obendrein.« – »Das habe ich früher getan«, antwortete die Hexe, »aber die Zeiten sind schlechter geworden, und die Pferdezucht wirft die zwölf Lämmer nicht ab.« – »Dann hüte ich gar nicht«, antwortete der Junge. Als die Hexe sah, daß er auf seinem Kopf bestand, brummte sie: »Meinetwegen, bekommen wird er sie ja ebensowenig wie das Pferd«, dann sprach sie laut: »Die Sache ist abgemacht, du sollst auch die zwölf Lämmer erhalten, und morgen früh treibst du meine zwölf Fohlen auf die Wiese.«

Und so tat der Junge auch. Am frühen Morgen, ehe die Sonne aufging, schwang er sich dem stärksten Füllen auf den Rücken und ritt zur Wiese hinab, und es dauerte gerade eine halbe Stunde, bis er dort angelangt war. »Um halb acht mußt du wieder aufbrechen«, dachte er bei sich, dann ließ er die Fohlen grasen und legte sich hinter einen Schlehenbusch, um die schönen Sachen zu verzehren, die ihm die alte Hexe in den Kaliet (Korb) gepackt hatte. Da war Weißbrot und Braten und Wurst, aber das Beste von allem war eine halbe Flasche Branntwein. Als er die an die Lippen gesetzt hatte und der erste Schluck die Kehle hinabgelaufen war, da tat ihm der Trank so wohl, und er trank und trank, bis er den ganzen Branntwein ausgetrunken hatte. In den Branntwein hatte die alte Hexe aber einen Schlaftrunk gemischt, und so kam's, daß er in einen tiefen Schlaf verfiel.

Nachdem er endlich wieder aufgewacht war, rieb er sich die Augen und sah sich um. Ja, da war von den Fohlen nichts mehr zu sehen, sie waren auf und davon gegangen, und er klagte und jammerte und schlug sich mit der Hand vor den Kopf. Endlich fiel ihm der Wolf ein: »Wenn du in Not bist, sollst du die drei Spier Haare zwischen den Fingern reiben!« hat er dir gesagt! Und damit zog er die Wolfshaare aus der Tasche hervor und rieb sie zwischen den Fingern.

Sogleich stand der Wolf neben ihm und sprach: »Was ist dir, mein Junge, womit kann ich dir helfen?« – »Ach, mir sind meine Fohlen weggekommen«, jammerte der Junge, »und wenn du mir nicht hilfst, lieber Wolf, so schlägt mir die alte Hexe heute abend den Kopf ab und steckt ihn auf den Staketenzaun.« – »Zehn Meilen sind die Fohlen schon gelaufen«, antwortete der Wolf, »darum setz dich schnell auf meinen Rücken, und wenn ich sie eingeholt habe und ihnen zuvorgekommen bin, so schlage mit den drei Zäumen, die du in der Hand hast, drei Kreuze vor ihnen, und sie müssen stehenbleiben, als wären sie angewachsen.« Da setzte er sich dem Wolf auf den Rücken, und der lief so schnell, daß dem Jungen die Haare nur so flogen. Es dauerte auch gar nicht lange, so hatte der Wolf den Fohlen einen Vorsprung abgewonnen; der Junge schlug mit den Zäumen dreimal ein Kreuz, und sie konnten weder vorwärts noch rückwärts.

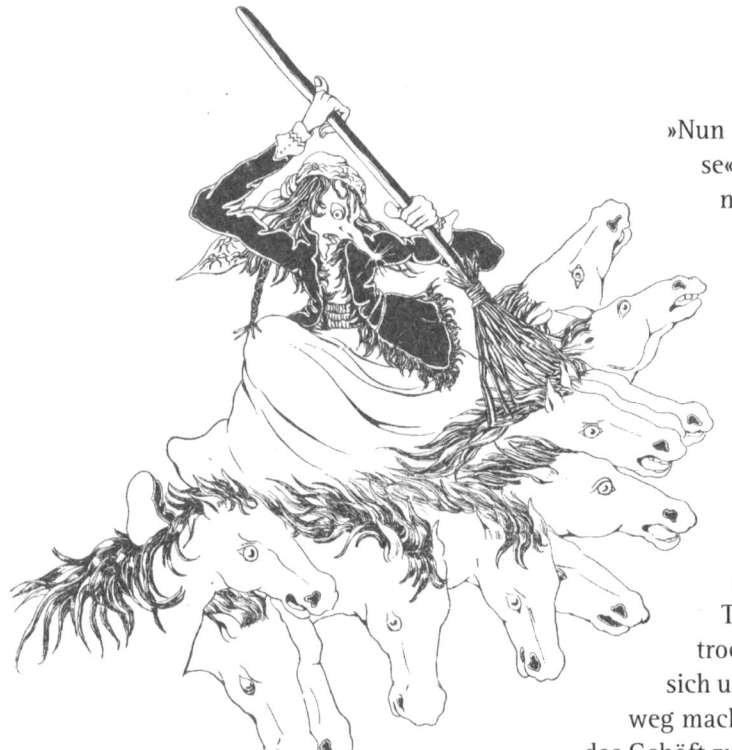

»Nun reite mit ihnen nach Hause«, sprach der Wolf, »du wirst noch beizeiten heimkommen.« Das ließ sich der Junge nicht zweimal sagen, er schwang sich auf den Rücken des stärksten Füllens hinauf, und dann kehrte er mit ihnen im Trab zur Wiese zurück und langte dort an, ehe die Glocke die siebente Stunde verkündet hatte. Dann ließ er die Tiere noch ein Weilchen abtrocknen und grasen, bis er sich um halb acht auf den Heimweg machte und zur rechten Zeit in das Gehöft zurückkehrte.

Die alte Hexe riß die Augen weit auf, als sie den Jungen mit den Fohlen zur rechten Zeit heimkehren sah; aber sie bezwang sich und reichte ihm freundlich die Hand und sprach: »Du bist ein tüchtiger Hütejünge, du gefällst mir!« Dann führte sie ihn in die Stube und setzte ihm Speise und Trank vor, doch während er aß, lief sie in den Stall und bearbeitete die Fohlen mit dem Besenstiel: »Konntet ihr ihm denn nicht entlaufen, ihr ungehorsamen Tiere«, rief sie zornig. »Wir sind zehn Meilen gelaufen«, schrien die Füllen, »er kam uns aber auf einem Wolf nachgeritten und hat uns wieder zurückgebracht.« – »Ein Wolf?« sagte die Hexe verwundert. »Das ist etwas anderes, da müssen wir schon ein stärkeres Mittel gebrauchen.« Und am anderen Morgen gab sie dem Jungen die Flasche, drei Viertel mit Branntwein gefüllt, mit auf den Weg. Der mundete ihm wieder so köstlich und tat ihm im Herzen so wohl, daß er ihn mit einem Zug austrank; dann sank er um und schlief unter dem Schlehdornbusch ein und rückte und rührte sich nicht.

Als er endlich aufwachte, merkte er wohl, daß die Mittagszeit schon vorüber sei, und von seinen Fohlen war wiederum nichts mehr zu sehen. Diesmal besann er sich nicht lange. »Gestern hat mir der Wolf geholfen, heute muß mich der Bär aus der Not retten«, dachte er und rieb die Bärenhaare zwischen den Fingern. Und schon stand er vor ihm und sprach: »Was ist dir, mein Junge, und womit kann ich dir helfen?« – »Hilf mir zu meinen Fohlen«, antwortete der Junge. »Zwanzig Meilen sind sie schon gelaufen«, sprach der Bär, »aber setz dich geschwind auf meinen Rücken, daß wir sie einholen.« Da stieg der Junge dem Bären auf den Rücken, und der Bär lief, daß die Haare seines Reiters in der Luft sausten, und er hörte nicht eher auf, als bis er den Fohlen einen Vorsprung abgewonnen hatte. Darauf schlug der Junge mit den drei Zäumen die Kreuze, und als sie stillstanden, schwang er sich auf sein Handpferd hinauf und ritt so schnell wie möglich zur Wiese zurück; aber, so sehr er die Füllen auch laufen ließ, er konnte die Wiese vor halb acht nicht erreichen, so daß er stracks weiterreiten mußte, um noch zur Zeit in den Hof der Hexe zu gelangen.

»Das nenn ich mir einen Hirten«, sagte die Alte freundlich, und doch war sie inwendig Gift und Galle, »jetzt komm nur herein und verzehr dein Abendbrot.« Und als der Junge in der Stube saß und aß, lief sie wieder in den Stall hinab und hieb mit dem Besenstiel auf die Fohlen ein. »Wir können nichts dafür«, riefen die Fohlen und schrien vor Schmerz, »wir sind zwanzig Meilen gelaufen, da kam er uns nachgeritten auf einem Bären und hat uns wieder zurückgebracht.« – »Auf einem Bären?« sagte die Hexe. »Der Junge ist stärker als ich. Aber warte nur, morgen sollst du mir nicht entkommen.« Den anderen Tag gab ihm die Hexe die ganze Flasche voll Branntwein mit auf den Weg, und der Junge bedankte sich noch bei der alten Hexe für das schöne Getränk. Und als er auf der Wiese angelangt war, trank er die ganze Flasche in einem Zuge aus und legte sich ins Gras und schlief fest ein und erwachte erst zur Nachmittagszeit wieder aus dem Schlaf. »Donner Sachsen! Hilft mir heute der Löwe nicht, so bin ich gewißlich verloren!« rief er erschrocken, zog die drei Spier Löwenhaar eilends aus der Tasche hervor und rieb sie zwischen den Fingern. Alsbald stand der Löwe vor ihm und sprach: »Nur rasch auf meinen Rücken, wir haben keine Zeit zu verlieren! Dreißig Meilen haben die Fohlen schon zurückgelegt.« Und als der Junge sich auf ihn gesetzt hatte, lief er, wie der Sturmwind saust, und die Haare sausten und summten dem Jungen um den Kopf, und als die Sonne sich ihrem Untergang neigte, hatte der Löwe auch die Fohlen eingeholt und der Junge sie zum Stehen gebracht. »So, nun spare Sporn und Peitsche nicht und laß sie laufen, was sie können, dann kommst du noch hin auf den Hof«, rief der Löwe, und der Junge tat, wie ihm geheißen war, und spornte sein Pferd, daß ihm das Blut aus den Weichen floß, und hieb auf die anderen Fohlen mit der Peitsche ein, daß die Fetzen flogen, und langte ein Viertel vor acht auf der Wiese an. Da war an Ruhe und Rast nicht zu denken, er trieb die Füllen nur um so stärker an, und als die Glocke acht schlug, war er im Torweg, und die Flügel des Tores, welche die Alte zuwarf, hätten ihm beinahe die Fersen abgeschlagen.

»Das war die höchste Zeit!« rief der Junge atemlos und trat in das Haus hinein; die Alte aber lief zu den Fohlen und schlug sie mit dem Besenstiel, daß es einen Stein erbarmen konnte. »Wir können nichts dafür, verschon uns«, baten die Fohlen, »wir sind dreißig Meilen gelaufen, er aber kam uns auf einem Löwen nachgejagt und hat uns in Eile wieder zurückgebracht.« Als die Hexe das hörte, ließ sie nach mit dem Schlagen und kehrte ärgerlich in die Stube zurück; dafür ging jetzt der Junge in den Stall hinein, um sich ein Pferd auszusuchen, und der Hexe kleine Tochter begleitete ihn. In dem Stall standen viele Pferde, und eins war immer schöner als das andere. Ganz hinten stand in einer besonderen Bucht ein hochbeiniger, magerer Schimmel. »Das ist meiner Mutter Reitpferd«, sagte das kleine Mädchen, »das läuft so schnell wie der Wind.« Da wußte der Junge genug und ging wieder hinein zu der alten Hexe.

Am anderen Morgen sagte die Hexe: »Nun, Junge, welches Pferd willst du haben als Lohn für die Hütezeit?« – »Den Schimmel in der kleinen Bucht«, antwortete der Junge. »Ach, was willst du mit dem, er ist ja das Mitnehmen nicht wert! Sieh doch, wie mager und schmutzig er aussieht. Nein, mit dem Tier kann ich dich nicht ziehen lassen, die Leute würden über mich reden, wenn ich dir solch ein Pferd zum Lohn gäbe!« Der Junge blieb aber bei seinem Willen, und da mußte sich die Hexe wohl oder übel fügen. Als er jedoch aus dem Stall getreten war, holte sie schnell einen Bohrer herbei und bohrte damit dem Schimmel Löcher durch alle vier Hufe, darauf nahm sie ein Rohr und sog ihm alles Mark aus seinem Gebein und tat es in einen irdenen Topf. Dann nahm sie Mehl, mengte es mit dem Mark und buk einen Dinsback (Kuchen) daraus. Den schob sie dem Jungen ins Vorderhemd, daß er unterwegs zu essen habe und nicht Hunger leide. Nachdem sie das getan hatte, holte sie zwölf Lämmer aus dem Stall hervor und band sie an den Hinterfüßen an einer Schnur auf und hing sie über den Schimmel. »Da hast du deinen Lohn«, sprach sie, und der Junge sagte ihr Lebewohl und ging neben dem Schimmel her zum Torweg hinaus. Auf das Pferd setzten mochte er sich nicht, denn es trat so steif auf und ließ sich so schwach an, als ob es bald sterben müsse. Auch wunderte ihn, daß es immer mit der Zunge nach seinem Vorderhemd leckte. »Was willst du denn dort, Schimmelchen?« fragte der Junge mitleidig. Da hub der Schimmel zu reden an und sprach: »Ich lecke nach dem Dinsback, denn die alte Hexe hat mir mit einem Rohr alles Mark aus meinem Gebein durch die Hufe gesogen, hat es mit Mehl gemengt und in deinen Dinsback gebacken.« – »Dann iß ihn nur«, sprach der Junge, »denn er steht dir von Rechts wegen zu.«

Und als der Schimmel den Kuchen gegessen hatte, kam die alte Kraft wieder in sein Gebein, und der Junge schwang sich auf seinen Rücken, und er griff mächtig aus. Es dauerte aber nicht lange, so kamen sie in den Wald, und wie sie ein wenig darin gewesen waren, stürzten die zwölf Wölfe, von denen der alte Jäger gesprochen, auf sie los. Rasch schnitt der Junge mit seinem scharfen Messer die Schnur entzwei, und die zwölf Lämmer fielen auf die Straße herab, und die zwölf Wölfe stürzten über sie her und erwürgten sie und fraßen sie auf. Als sie die Lämmer gefressen hatten, war der Schimmel aber schon so weit gekommen, als die Macht der Hexe reichte, und der Junge hatte ihn also mit heilem Leib vor den Wölfen in Sicherheit gebracht.

Nun machte er, daß er zum Jägerhäuschen kam. Dort ließ er den Schimmel am Türpfosten halten und lief hinein, holte die Prinzessin heraus und setzte sie vorne auf das Roß. Dann schwang er sich selbst hinauf und ließ den Schimmel laufen, was er laufen wollte. Als er fort war, erhob der dreibeinige Schimmel wie damals einen grausamen Lärm und ruhte nicht eher, als bis der alte Zauberer herbeigelaufen kam und fragte: »Warum schreist du so? Was ist denn geschehen?« – »Der Junge ist wieder hier gewesen und hat die Prinzessin geraubt«, antwortete der dreibeinige Schimmel. »Sind sie schon weit?« – »Nein, weit sind sie noch nicht, wir werden sie schon einholen; setz dich nur auf meinen Rücken.« Das tat der Zauberer und ritt dem Jungen nach. »Schimmelchen, lauf! Schimmelchen, lauf!« rief der Junge, als er den Zauberer erblickte. Aber der Schimmel lief nicht, sondern ging gemächlich Schritt. Da war's denn kein Wunder, daß der alte Jäger sie einholte. »Räuber!« rief er dem Jungen zu. »Hab ich dir's nicht gesagt, du solltest es nicht noch einmal wagen, die Prinzessin zu stehlen; nun soll dich mein Schimmel in den Erdboden stampfen.« Indem er das sagte, rief der vierbeinige Schimmel dem dreibeinigen zu: »Schwesterchen, wirf ihn ab!« Da warf der dreibeinige Schimmel den alten Zauberer auf die Erde, und der vierbeinige kam ihm zu Hilfe, und dann traten sie so lange mit ihren harten Hufen auf ihm herum, bis auch kein einziger Knochen unzermalmt war.

Als der Zauberer tot war, setzte der Junge die Prinzessin auf den dreibeinigen Schimmel, er selbst blieb sitzen, wo er war, und sie ritten zusammen in das Königreich, wo der Vater der Prinzessin regierte. Da war einmal die Freude groß,

als er seine einzige Tochter wiederhatte, und als er hörte, daß der Junge sie erlöst habe, gab er sie ihm sogleich zur Frau, und es wurde Hochzeit gefeiert in großer Pracht und Herrlichkeit. Der alte König starb bald darauf; da wurde der arme Schweinejunge König an seiner Statt, und er herrschte über seine Untertanen nach Recht und Gerechtigkeit.

Eines Tages fielen ihm seine beiden Schimmel ein, und er ging in den Stall hinab, wo sie untergebracht waren. Da sprach der vierbeinige Schimmel zu ihm: »Mein Schwesterchen und ich haben dir geholfen, nun hilf du uns auch. Zieh dein Schwert und schlag uns das Haupt ab.« Antwortete der junge König: »Das werde ich bleiben lassen. Ich habe euch viel zu lieb, und so lohnt man seinen Freunden nicht.« – »Wenn du mir nicht gehorchen willst«, sprach der Schimmel, »so schaffen wir dir Unglück über Unglück auf den Hals.« Das wollte der junge König auch nicht haben, drum zog er das Schwert aus der Scheide und schlug damit den beiden Schimmeln die Köpfe ab. Kaum hatte er das getan, so standen ein stattlicher Prinz und eine wunderschöne Prinzessin vor ihm, die bedankten sich, daß er sie erlöst habe. Derselbe alte Jäger, der die junge Königin auf den hohen Baum verwünscht hatte, hatte auch sie in Pferde verwandelt. Nun aber waren sie und ihr ganzes Reich von dem Zauber erlöst, und die ganzen großen Wälder, in denen der alte Jäger sein Wesen getrieben hatte, waren mit erlöst und jetzt Städte und Dörfer, Mühlen und Seen geworden, und der Prinz und die Prinzessin waren Herrscher über das ganze Land. Sie blieben noch eine Zeitlang bei ihrem Erlöser und seiner Frau, dann zogen sie in ihr eigenes Königreich. Der junge König lebte mit seiner Frau glücklich und zufrieden sein Leben lang, und wenn sie nicht gestorben sind, dann leben sie heute noch.

Aus dem Pommerschen Platt von Ulrich Jahn

Ein solch dämonisches Märchen findet sich bei den Brüdern Grimm nicht, wohl aber in der russischen Sammlung von A. N. Afanasjew; es heißt dort »Marja Morewna«, und eine Hexe, bei der der Held drei Tage lang die Pferde hüten muß (dort die Baba Jaga), ist ebenso im Spiel wie ein böser männlicher Dämon (Kostschej der Unsterbliche) als Widersacher des Helden. Auch Kostschej besitzt ein wissendes, sprechendes Pferd – und wird am Ende durch das Pferd Iwan Zarewitschs, das sich dieser bei Baba Jaga erdient hat, getötet.

Das vielschichtige Märchen von der Prinzessin auf dem Baum findet sich in Ulrich Jahns »Volksmärchen aus Pommern und Rügen« (1891) und steht in Paul Zaunerts bekannten »Deutschen Märchen seit Grimm« (Jena 1912) obenan. Carl Gustav Jung hat es ausführlich interpretiert. Die beiden dämonischen Gegenspieler sah er als »negative Elternimagines in der Welt des Unbewußten«, und die rätselhafte Kreuzigung des Raben im himmelhohen Schloß vergleicht er mit der Kreuzigung Christi auf der Welt unterhalb des Mondes: »Der Retter, der die Menschheitsseele von der Herrschaft des Herrn dieser Welt befreit hat, ist unten in der sublunaren Welt ans Kreuz geheftet wie der diebische Rabe im himmlischen Wipfel des Weltbaumes für seinen Übergriff an die Wand genagelt wurde« (Eranos-Jahrbuch 1945).

Die Nachtschwärmerin

Es war einmal ein Zar, der hatte eine sehr schöne Tochter, die verdarb jede Nacht einen Anzug und zerriß ein Paar gelbe Schuhe. Das verdroß den Zaren und er fragte alle Dienerinnen aus, ob sie wüßten, daß vielleicht seine Tochter jede Nacht irgendwohin aus dem Hause ginge und so Kleider und Schuhe zerrisse. Die Dienerinnen versicherten ihm, daß die Zarentochter nicht ausginge. Er glaubte ihnen aber nicht und stellte eine Wache auf, die die ganze Nacht vor der Tür stehen und aufpassen sollte, ob seine Tochter in der Nacht aus dem Zimmer ginge. Aber auch das half nichts. Schuhe und Kleider waren jeden Morgen, den Gott gab, zerrissen und wieder zerrissen.

Da wurde der Zar zornig, und um irgendwie auf die Spur zu kommen, schickte er einen Boten aus und ließ im Volk verkünden: wer ihm sagen könnte, wohin seine Tochter jede Nacht geht und wie sie ihre Kleider zerreißt, dem würde er sie zur Frau geben.

Als diese Botschaft sich im Reich verbreitete, kamen von allen Seiten tapfere Burschen herzu, um die Zarentochter zu bewachen. Aber keiner konnte herausbringen, wo sie in der Nacht bleibt. Nur soviel erfuhr man, daß sie sich jeden Abend schön anzieht, dann mit einem Mal weg ist, ohne daß jemand sehen konnte, wann und wohin sie geht; in der Frühe traf man sie wieder in ihrer Stube mit verdorbenen Kleidern und zerrissenen Schuhen.

Endlich machte sich ein armer Bursche auf den Weg, um die Zarentochter zu bewachen, ob ihm vielleicht das Glück hold wäre, daß er was erfährt. Unterwegs kam er auf ein weites Feld und traf dort drei Brüder, die drauf und dran waren, sich bis aufs Blut zu schlagen. Er rief sie als Bundesbrüder an (Blutsbrüder, ein durch Riten geheiligter Freundschaftsbund) und fragte sie, warum sie sich schlagen. Die Brüder antworteten: »Was fragst du uns, da du uns doch nicht helfen kannst?« – »Es kann wohl sein, daß ich es kann«, meinte der arme Bursche, »sagt mir nur, um was ihr euch schlagt.«

Da erzählte ihm der älteste Bruder, wie ihnen nach dem Tod des Vaters drei Dinge hinterblieben wären: ein kleiner Teppich, eine Kappe und ein Stock, sie aber auf keine Weise das unter sich aufteilen könnten. Der Bursche lachte und sagte zu ihnen: »Und um solche Kleinigkeiten schlagt ihr euch?« Darauf antworteten die Gebrüder: »Das sind keine Kleinigkeiten, Bruder, sondern Dinge von großem, großem Wert. Jedes von ihnen hat eine besondere Kraft: Wenn man sich auf den Teppich setzt, kann man hinkommen, wohin man wünscht; wenn man die Kappe auf den Kopf setzt, kann einen niemand sehen, und mit dem Stock kann man Stein und Eisen durchschlagen.« – »Na, wenn es so steht, kann kein Friede zwischen euch sein und ihr selbst könnt die Sachen nicht verteilen. Aber wenn ihr mir folgen wollt, werde ich im Nu Frieden unter euch stiften und so teilen, daß es allen recht ist.« – »Da sag nur wie«, riefen alle drei zugleich. »Also, ihr geht weg auf den Hügel da und stellt euch dort in einer Reihe auf. Wenn ich dann mit der Hand winke, rennt ihr los, und wer zuerst zu mir kommt, dem gebe ich den Teppich, wer als zweiter anlangt, dem gebe ich die Kappe, und der letzte kriegt den Stock.«

Die entzweiten Brüder bedachten sich etwas, einigten sich aber zuletzt und gingen darauf ein. Sie übergaben ihr Vatererbe dem Burschen und zogen ab auf den Hügel. Sowie sie weg waren, setzte der Bursche geschwind die Kappe auf, setzte sich auf den Teppich, nahm den Stock in die Hand und dachte sich, er wollte im Zarenpalast sein, und im Augenblick war er weg. Als er vor den Zarenpalast geflogen kam, nahm er die Kappe vom Kopf, stieg von dem Teppich ab, wickelte beides hübsch zusammen und steckte es in den Busen. Dann zeigte er dem Zaren an, er sei gekommen, seine Tochter zu bewachen. Der Zar gab ihm die Erlaubnis.

Als nun der Abend kam und alle bei Hof zur Ruhe gingen, legte sich der Bursche vor die Tür der Zarentochter, zog die Kappe aus dem Busen, setzte sie auf den Kopf und begann also, unsichtbar aufzupassen und zu horchen. Zu einer Nachtstunde ging die Stubentür leise auf und aus dem Zimmer guckte die Zarentochter heraus, schön wie eine Bergesvila (Bergfee). Das neue Kleid schimmerte nur so an ihr. Als sie über die Schwelle getreten war, zog sie die gelben Schuhe an, machte die Tür hinter sich zu und kam unhörbar wie ein Schatten durch den Palast ins Freie, ohne daß sie einer sah außer dem armen Burschen. Der zog gleich auch den Teppich aus dem Busen, setzte sich darauf, faßte den Stab fest in der Hand und wünschte sich, er möchte bei ihr sein.

Als sie nun aus dem Palast heraus waren, gingen sie lange Zeit eins hinter dem andern her, die Zarentochter schwebte voran und der Bursche unter der Tarnkappe hinterdrein. So kam die Zarentochter an eine schöne Wiese und sprach: »Gras, mach Platz, daß ich durchkann.« Darauf rückte das Gras auseinander und die Zarentochter ging hindurch, der Bursche hinter ihr. Der griff nach dem Gras und pflückte davon ab, dann steckte er sich's in den Busen. Darauf fing das Gras an zu sprechen: »Bis jetzt bist du durchgegangen, Zarentochter, und hast uns keinen Schaden getan.« Die Zarentochter wunderte sich, was das bedeuten sollte, und sah sich um, aber hinter sich sah sie nichts und ging weiter.

Danach kam sie in einen wunderschönen Garten, in dem waren mancherlei Bäume mit Früchten aus Gold und Edelstein. Da rief die Zarentochter: »Macht Platz, ihr Bäume, daß ich durchkann.« Sogleich rückten die Bäume zur Seite und ließen ihr einen Pfad frei. Der Bursche blieb immer hinter ihr, griff nach den Zweigen und pflückte Früchte von Gold und Edelstein; die steckte er sich in den Busen. Die Bäume aber begannen darauf gleich zu sprechen: »Bis jetzt bist du durchgegangen, Zarentochter, und hast uns keinen Schaden getan.« Die Zarentochter verwunderte sich wieder, was das sein könnte, und sah sich um, wurde aber hinter sich keine lebendige Seele gewahr und ging weiter.

Bald darauf kam sie ans Meer und sprach: »Mach Platz, Meer, daß ich durchkann.« Das Wasser wich sogleich auseinander und die Zarentochter ging hindurch wie auf trockenem Land, der Bursche hinter ihr. Da sah er auf dem Grund schöne Perlmuscheln, nahm einige Perlen und steckte sie in den Busen. Da sprach das Meer: »Bis jetzt bist du durchgegangen, Zarentochter, und hast mich nicht beschädigt.« Da fuhr die Zarentochter vor Schrecken zusammen und dachte, was das bedeuten sollte, da sie doch keinen Schaden getan hatte. Sie sah sich wieder um, aber da sie niemand bemerkte, beruhigte sie sich und ging weiter.

Als sie ans Ufer kamen, lag ein Gefilde vor ihnen ausgebreitet, mitten drin stand ein hoher Apfelbaum und an seiner Wurzel war eine Steinplatte; die Zarentochter klopfte dreimal mit dem Schuh auf die Platte, sie hob sich und unter ihr tat sich ein unterirdischer Gang auf. Die Zarentochter ließ sich da hinab und die Platte schloß sich über ihr. Da holte der Bursche mit seinem Stab aus, tat einen

Schlag auf die Platte, und als die sich aufgetan hatte, stieg auch er hinab und ging in kurzer Entfernung hinter der Zarentochter her.

Da unten gab es was zu sehen! Schöne Paläste, hoch und weit, Stuben und Säle fügten sich unübersehbar eins ans andere und in ihnen schimmerte alles von Gold und Edelstein; Leuchter wie die Sonne erhellten die Paläste, alles glänzte und funkelte, daß man nicht darauf hinsehen konnte. Der Palast war ganz voll von Leuten, alles nur Vilen (Feen) und ihre Gespielen. Diener eilten wie beflügelt hin und her und bedienten die Gäste.

In einigen Stuben waren Tische für die Gäste aufgestellt, reich besetzt; die schönsten Speisen und Getränke in goldenem Geschirr standen in größter Fülle auf den Tischen. Die Gäste setzten sich zu Tisch und taten sich gütlich an Speise und Trank. Der arme Bursche sah das alles an und dachte bei sich, warum er so hungrig bei dem Essen dabeistehen soll; da langte er selber zu, nahm vom Tisch die besten Bissen, gerade wie sein Herz begehrte, und trank den funkelnden Rotwein. Die Gäste sehen, wie die Speisen vor ihnen verschwinden, wie die vollen Becher sich leeren, wundern sich, denn sie können nicht sehen, wer das tut. Noch mehr erstaunen sie, als auch die goldenen Becher, aus denen sie trinken, vor ihren Augen verschwinden. Während sie so verwundert dastehen, stopfte der Bursche sich die Kostbarkeiten in den Busen.

Schon an der Tür hatte ein junger Mann, schön wie gemalt, die Zarentochter erwartet; es war der Sohn des Vilenzaren. Sowie sie eintrat, nahm er sie bei der Hand und setzte sich mit ihr in eine Ecke; dort unterhielten sie sich, scherzten und lachten, während die anderen aßen und tranken; sie brauchten nicht Speise noch Trank, wenn sie nur einander sehen konnten, ob auch hungrig und durstig. Da erscholl von irgendwoher himmlisches Flötenspiel, alle Gäste standen von den Tischen auf und gingen dem Flötenklang nach, auch die Zarentochter mit dem Sohn des Vilenzaren und hinter ihnen der arme Bursche. Sie traten nun in einen großen, großen Saal, ringsum Säulen aus Elfenbein, auf ihnen erhob sich ein Gewölbe wie der Himmel, mitten daran leuchtete eine Sonne, um sie Mond und Sterne. Von oben ertönte die Flöte, als wenn die Engel des Himmels Harfe spielten. Die Vilen und Vilengespielen faßten sich zum Reigen an und begannen zu tanzen.

Der Vilenreigen hob an, erst langsam, dann immer schneller und schneller; es sah aus, als stünden die Tänzer nicht auf dem Erdboden, als schwebe der Reigen, als wiegten ihn die Töne der Flöte hin und her. Die Flöte tönte immer eindringlicher und Tänzer und Tänzerinnen tanzten immer heftiger. Zuletzt kam es wie Tollheit über sie und sie fingen an zu springen, unter ihnen die Zarentochter, als wäre sie wie von Sinnen. Sie und der Sohn des Vilenzaren umschlangen sich fest und sprangen, sprangen, bald nach rechts, bald nach links. Der Zarentochter platzte das Kleid und die Schuh gingen in Stücke; von dem schönen Gewand, das sie zu Hause angezogen hatte, hingen nur noch die Fetzen herab.

So wurde fortgetanzt bis an den lichten Tag; als aber die ersten Hähne krähten, hörte die Flöte plötzlich auf, der Reigen löste sich auf, die Vilen und Vilengespielen gingen aus dem Saal in die Zimmer nebenan und waren in kurzer Zeit alle irgendwohin verschwunden.

Auch die Zarentochter ging fort und ihr Tänzer geleitete sie; beim Herausgehen aus dem unterirdischen Palast umarmten und küßten sie sich; sie ging durch den Gang ins Freie hinaus und der arme Bursche hinter ihr her. Auf demselben Weg, den sie gekommen waren, kehrten sie zurück und kamen gerade als es Tag wurde in den Zarenpalast. Die Zarentochter ging unhörbar in ihr Zimmer und legte sich todmüde ins Bett. Der Bursche nahm seine Kappe ab, wickelte sie und den Teppich zusammen und steckte sie in den Busen, den Stock vor sich, und legte sich an seinen alten Platz vor der Tür nieder.

Am Morgen ließ der Zar den Burschen zu sich rufen und fragte ihn, ob er was entdeckt habe. Der berichtete ihm alles, was er gesehen hatte, und erzählte ihm, wohin seine Tochter in der Nacht geht und was sie anstellt, woher ihre Kleider zerrissen sind, und wie er ihr auf ihrer Nachtreise gefolgt war. Der Zar wunderte sich nicht wenig, als er all das hörte, ließ seine Tochter rufen und befragte sie, wo sie die Nacht gewesen wäre und woher die zerrissenen Kleider kämen. Sie antwortete, sie sei die ganze Nacht in ihrem Zimmer gewesen. Da gab der Zar dem Burschen einen Wink und der hielt dem Mädchen alles vor, wo sie in der Nacht gewesen war und was sie angestellt hatte.

Als die Zarentochter das hörte, war sie im ersten Augenblick sehr bestürzt, dachte aber, das alles könne nur ein Fallstrick sein, denn wie sollte der arme Bursche oder irgendein Mensch auf der Welt ihr auf ihrem nächtlichen Spaziergang folgen und in den unterirdischen Palast gelangen können. Darum leugnete sie und blieb dabei, sie sei nicht aus dem Palast gegangen. Da rechnete der Bursche ihr alles einzeln vor, wohin sie gegangen war, was sie gesagt hatte, was Gras, Bäume und Meer gesprochen hatten; dann zog er aus dem Busen all das hervor, was bezeugen konnte, daß er auf demselben Weg hinter ihr hergegangen war, zeigte ihr auch Becher und Geschirr von dem Gastmahl und sagte ihr, wie sie auf dem Tanzgelage in dem unterirdischen Palast gewesen und mit wem sie getanzt hatte.

Nun erkannte die Zarentochter, warum Gras, Bäume und Meer sich beklagt hatten, was sie in der Nacht zuvor nicht hatte verstehen können. Und sie sah: Man war ihr auf die Spur gekommen, und es gab keinen Ausweg. Da schämte sie sich und ging auf ihr Zimmer. Der Zar aber überzeugte sich, daß alles, was der arme Bursche gesagt hatte, wahr sei; er hielt sein Versprechen und gab ihm seine Tochter zur Frau.

Aus dem Serbischen von August Leskien

Feen heißen bei den südslawischen Völkern Vilen: Es sind schöne weibliche Wesen, die im Wald, im Gebirge und auch an Seen leben. Ihre nächtlichen Tanzplätze erkennt man daran, daß nachts kein Tau darauf fällt; gerät ein Mensch unter die tanzenden Vilen oder tritt auf ihrem Tanzplatz das Gras nieder, dann töten sie ihn oder fügen ihm zumindest Schaden zu.

Dieses Märchen stand zuerst in der Zeitschrift »Bosanska Vila«, Jg. 1895, wurde dann in Tihomir Ostojitschs Sammlung »Srpske narodne pripovijetke« (Ragusa/Dubrovnik 1911) übernommen und von dort in August Leskiens »Balkanmärchen« (Jena 1915). Es gleicht in vielem dem Grimm-Märchen von den Zertanzten Schuhen; der Prinz ist hier kein geringerer als der Sohn des Vilen-Fürsten, des Herrschers in der Anderswelt. Die für die südslawische Folklore ebenfalls charakteristischen »Bundesbrüder« verweisen auf einen geheiligten Freundschaftsbund zweier Nichtverwandter, die sich zu gegenseitigem Beistand in allen Lebenslagen verpflichten.

Momotarō, der Pfirsichjunge

Vor langer Zeit lebte in einem Ort ein alter Mann mit seiner Frau. Der alte Mann sagte, er gehe in den Wald Feuerholz holen, und die alte Frau ging zum Fluß Wäsche waschen. Da trieben, auf dem Wasser tanzend, Pfirsiche vorbei. Sie fischte sich einen heraus und probierte ihn. Er war äußerst wohlschmeckend.

Was für ein leckerer Pfirsich, dachte sie, und ich habe nichts für meinen Mann übriggelassen. Sie rief: »Ihr guten Pfirsiche, hierher! Ihr bitteren, schwimmt weiter!« Da trieb ein großer schöner Pfirsich auf sie zu. Sie fing ihn heraus und nahm ihn mit nach Hause. Dort schloß sie ihn im Schrank ein.

Als es Abend wurde, kam der Alte mit dem Feuerholz auf dem Rücken nach Hause. »He, Großmutter, ich bin wieder da.« Sie rief: »Großvater, Großvater, ich habe heute einen köstlichen Pfirsich aus dem Fluß gefischt und ihn für dich aufgehoben. Du mußt ihn probieren.« Sie holte den Pfirsich aus dem Schrank, legte ihn auf ein Brett und wollte ihn gerade aufschneiden, als er wie von selbst auseinanderbrach und ein niedlicher Junge, laut plärrend, geboren wurde. Sie erschraken und riefen: »O je, was für eine Geschichte!« In großer Aufregung kochten sie Wasser, badeten den Jungen und zogen ihm ein Jäckchen an. Dann sprachen sie: »Weil er aus einem Pfirsich geboren ist, soll er den Namen Momotarō bekommen«, und so nannten sie ihn Momotarō, den Pfirsichjungen.

Sie zogen ihn auf, fütterten ihn mit Brei und Fisch, erst einen Teller voll, dann zwei Teller, und je mehr er aß, desto größer wurde er. Er lernte zehnmal mehr als man ihm beibrachte. Er wuchs und wuchs und wurde immer stärker und ein überaus kluges Kind. Die beiden Alten liebten ihren Momotarō zärtlich und hatten an ihm ihre helle Freude. Eines Tages jedoch kam Momotarō zu ihnen, kniete sich vor sie hin, legte beide Hände nach vorn flach auf den Boden und sagte: »Großvater, Großmutter, ich bin jetzt groß und möchte die Teufel von der Teufelsinsel vertreiben, bitte laßt mich ziehen.« Die beiden Alten erschraken: »Wieso? Du bist noch nicht alt genug. Die Teufel sind nicht zu besiegen.« Obwohl sie ihm abrieten, wollte Momotarō nicht auf sie hören. »Doch, doch, ich werde sie besiegen!«

Als die beiden Alten nichts auszurichten vermochten, sagten sie: »Nun gut, bleib aber nicht so lange fort.« Sodann machte die Großmutter eine Menge Hirseklöße, die besten von ganz Japan. Sie zog Momotarō eine neue Kimonojacke und eine neue Hose an, band ihm ein neues Stirnband um, übergab ihm ein neues Schwert und dazu eine Fahne mit der Aufschrift »Momotarō, der Stärkste von ganz Japan«, und sie hängte ihm die Hirseklöße an den Gürtel. »Also, paß auf dich auf und komm bald wieder. Wir werden warten, bis du zurückkommst und die Teufel vertrieben hast.« Mit diesen Worten schickten ihn die beiden Alten los, und Momotarō machte sich auf den Weg.

Als er bis zur Dorfgrenze gekommen war, lief bellend ein Hund herbei. »Momotarō, Momotarō, wohin des Wegs?« – »Ich? Ich gehe zur Teufelsinsel, die Teufel zu unterwerfen«, erwiderte er. »Und was habt Ihr da am Gürtel hängen?« fragte der Hund. »Das sind die besten Hirseklöße von ganz Japan«, antwortete Momotarō. Da sagte der Hund: »Ich will mit Euch zur Teufelsinsel ziehen. Bitte gebt mir zuvor einen Eurer Hirseklöße.« – »Fein, dann begleite mich und werde mein Mitstreiter. Hier nimm! Wenn du einen davon ißt, wirst du so stark wie zehn Männer.« Momotarō nahm einen Kloß aus seiner Gürteltasche und reichte ihn dem Hund, und der wurde nun sein Mitstreiter.

Dann gingen sie in Richtung der Berge, wo als nächstes ein Rebhuhn mit schrillem Ruf herbeigeflogen kam. Wie zuvor der Hund wurde nun auch das Rebhuhn sein Mitstreiter. Immer tiefer drangen Momotarō und seine Begleiter in die Berge vor. Da kam ein Affe mit lautem Kreischen herbei. Auch er erhielt einen Hirsekloß und schloß sich den dreien

an. Momotarō war der Anführer des Trupps, und der Hund trug die Fahne. So eilten sie der Teufelsinsel entgegen.

Dort angekommen, fanden sie ein großes schwarzes Tor vor. »Don, don«, klopfte der Affe an das Tor. Von drinnen rief es: »Wer da?« und ein kleiner roter Teufel kam heraus. Momotarō sagte: »Ich bin Momotarō, der Stärkste von ganz Japan. Ich bin gekommen, die Teufel der Teufelsinsel zu unterwerfen. Kommt alle heraus und ergebt euch!« Dann zog er sein Schwert und ging hinein. Ihm folgten der Affe mit seinem langen Speer sowie Hund und Rebhuhn mit gezückten Schwertern. Der kleine Teufel machte ein Mordsgeschrei und floh nach drinnen, wo die großen Teufel gerade ein Trinkgelage veranstalteten. Als sie hörten, Momotarō sei gekommen, liefen sie herbei und machten sich über ihn lustig: »Pfirsichjunge, was ist denn das für einer?«

Weil die vier aber die besten Hirseklöße von ganz Japan gegessen hatten, waren sie stärker als vierzig Mann, so daß sämtliche Teufel von ihnen besiegt wurden. Ihr Anführer, ein schwarzer Teufel, kam und kniete vor Momotarō nieder, und Tränen rollten aus seinen großen Augen. »Mit euch können wir uns nicht messen. Schont wenigstens unser Leben. Von nun an werden wir bestimmt nichts Böses mehr tun.« So flehte er um Gnade. Momotarō sprach: »Nun denn, wenn ihr ab sofort nichts Böses mehr tut, so will ich euch das Leben schenken.« Daraufhin sagte der Teufel: »Ich werde euch unseren ganzen Besitz geben«, und er holte alle vorhandenen Schätze und schenkte sie Momotarō. Der lud alles auf einen Karren, ließ ihn von Hund, Affe und Rebhuhn mit lautem »Enjara, enjara« (Hau-ruck) zu sich nach Hause ziehen und schenkte ihn seinen Großeltern, zur Erinnerung an den Kampf.

Die beiden Alten freuten sich sehr und waren sehr stolz auf ihn. Als dem Kaiser die Sache zu Ohren kam, wurde Momotarō in den Palast geladen und vom Kaiser belobigt. Und von der reichen Belohnung, die er erhielt, konnten die beiden Alten ihr Leben lang in Wohlstand leben. Damit ist die Geschichte zu Ende.

Wenn ihr aber nicht genug Muttermilch trinkt und nicht tüchtig Reis eßt, werdet ihr nie so groß wie Momotarō.

Aus dem Japanischen von Ricarda Luley-Krantz

Die Geschichte vom Pfirsichgeborenen ist eines der beliebtesten Kindermärchen
Japans – und durch Übersetzungen ins Deutsche, öfters breit ausgeschmückt, sowie
durch Zeichentrick- und Puppenfilme auch bei uns bekannt.
Momotarōähnelt dem Starken Hans, seine selbst Teufel bezwingende Kraft liegt darin,
daß er »die besten Hirseklöße von ganz Japan« gegessen hat. Die Quintessenz lautet:
Werdet wie er! Im Sinnbild vom Pfirsich mag auch das chinesisch-mythische Symbol
von der Langlebigkeit eine Rolle spielen. Charakteristisch für japanisches Erzählen ist
die knappe, bündige Form. Vorlage für diese Neuübersetzung ist die klassische Edition
des Seki Keigo, »Nihon mukashibanashi taisei« (Bd. 3, 3. Aufl. Tokio 1982), nach Auf-
zeichnung in der Provinz Aomori.

Das Apfelmädchen

In alten Zeiten lebten einmal ein König und eine Königin, die waren ganz verzweifelt, weil sie keine Kinder hatten. Und die Königin sagte eines Tages: »Warum kann ich denn keine Kinder haben, so wie der Apfelbaum Äpfel trägt?«

Da geschah es, daß die Königin schwanger wurde, und als die Zeit um war, gebar sie anstelle eines Kindes einen Apfel. Es war ein schönes Äpfelchen, rot und golden wie man kaum je eins gesehen hatte. Und der König nahm den Apfel und legte ihn auf einen goldenen Teller, den stellte er auf seine Terrasse.

Gegenüber dem königlichen Palast wohnte aber ein anderer König, und jener andere König blickte eines Tages aus dem Fenster und sah, wie auf der Terrasse des Königs ein wunderhübsches, kleines Mädchen war, weiß und rot wie ein Äpfelchen; das saß da und wusch und kämmte sich. Der andere König brachte vor Staunen den Mund nicht mehr zu, denn so ein schönes Mädchen hatte er noch nie gesehen. Aber kaum hatte das Mädchen bemerkt, daß es beobachtet wurde, da lief es zu dem goldenen Teller, schlüpfte in den Apfel und verschwand. Aber so kurz der Augenblick auch gewesen war, er hatte genügt, daß sich jener König sterblich in das Mädchen verliebte.

Er überlegte hin und überlegte her, schließlich klopfte er an die Tür des gegenüberliegenden Palastes, ließ sich zur Königin führen und bat sie: »Majestät, ich möchte Euch um eine Gunst bitten.« – »Gern, Majestät«, antwortete sie, »unter Nachbarn soll man sich gefällig zeigen, wann immer es sich einrichten läßt. Worum geht es Euch?« – »Ich möchte jenen schönen Apfel, den Ihr da auf der Terrasse habt.« – »Aber was sagt Ihr, Majestät! Wißt Ihr denn nicht, daß ich diesen Apfel geboren habe?«

Aber jener König bedrängte sie so lange, daß sie endlich nicht mehr nein sagen konnte, wenn sie nicht die gute Freundschaft zerstören wollte. So trug jener König den Apfel mit in seine Gemächer. Er ließ alles herbeibringen, was man zum Waschen und Kämmen braucht, und das schöne Mädchen verließ jeden Morgen den Apfel, wusch sich und kämmte sich, während der König sie beobachtete. Sonst tat das Mädchen gar nichts: Es aß nicht und es trank nicht, und man hörte sie auch kein einziges Wort sprechen. Sie wusch und kämmte sich nur, und dann kehrte sie regelmäßig in den Apfel zurück.

Jener König lebte mit seiner Stiefmutter zusammen, die nun jeden Morgen wahrnahm, daß der König sich in seiner Kammer einsperrte, und sich darüber den Kopf zerbrach. »Ich möchte doch wissen«, sagte sie eines Tages, »warum sich mein Sohn immer verborgen hält!«

Nun kam es dazu, daß ein Krieg ausbrach, und jener König mußte auch in den Krieg ziehen. Ihm brach schier das Herz bei dem Gedanken, daß er seinen Apfel mit dem schönen Mädchen zurücklassen sollte. Er rief seinen treuesten Diener und sagte zu ihm: »Ich lasse dir hier den Schlüssel zu meiner Kammer. Paß auf, daß ja keiner hineingeht! Richte jeden Morgen das Wasser und den Kamm für das Apfelmädchen her, und sieh zu, daß es ihm an nichts fehlt! Denk daran, daß sie mir alles einmal genau erzählen wird.« (Das war zwar gar nicht wahr, denn das Mädchen sprach nie, er sagte aber so.) »Gib acht, daß ihr auch nicht ein Haar fehlt, denn wenn ihr in meiner Abwesenheit etwas zustößt, kostet es dich deinen Kopf.« – »Zweifelt nicht, Majestät, ich werde mein Bestes tun.«

Kaum war der König abgereist, da schickte sich die Stiefmutter an, sich zu jenem Zimmer Eintritt zu verschaffen. Sie ließ dem Diener ein Schlafmittel in den Wein mischen, und als er in tiefen Schlummer gesunken war, stahl sie ihm den Schlüssel. Sie lief schnell zum Zimmer, öffnete die Tür und durchstöberte den ganzen Raum, aber je mehr sie suchte, um so weniger fand sie etwas. Es gab da nur jenen schönen Apfel auf dem goldenen Teller. »Dann kann nur dieser Apfel die geheimnisvolle Sache sein!«

Es ist bekannt, daß Königinnen stets im Gürtel ein Stilett tragen. Das nahm sie also und fing an, den Apfel zu durchschneiden. Und mit jedem Schnitt drang eine Welle Blut aus dem Apfel. Da ergriff die Stiefmutter ein großer Schrecken, sie lief auf der Stelle davon und steckte den Schlüssel wieder unbemerkt in die Tasche des Dieners, der immer noch schlief.

Als der Diener endlich erwachte, wußte er nicht, was geschehen war. Er lief in die Kammer des Königs und fand dort alles voll Blut. »Ach, weh mir Armem!« rief er aus, »was soll ich nun machen?« Und er entfloh eilends. Er lief und lief, bis er endlich zu seiner Tante kam, die war eine Fee und kannte allerlei Zauberei. Die Tante gab ihm ein Zauberpulver, das für verwunschene Äpfel gut ist, und ein anderes, das für verhexte Mädchen gut ist; und die beiden Pulver mischte sie und gab sie ihrem Neffen.

Der Diener kehrte schnell in den Palast zurück und lief in das Zimmer seines Herrn. Dort angekommen, schüttete er vorsichtig in jeden Schnitt etwas von dem Zauberpulver. Da öffnete sich der Apfel und das Mädchen kam heraus, das war überall verbunden und verpflastert.

Es verging einige Zeit, doch schließlich kam der König wieder aus dem Krieg zurück. Mit Ungeduld lief er auf sein Zimmer. Da fand er zu seinem Staunen das Mädchen, dessen Wunden in der Zwischenzeit geheilt waren. Noch mehr aber verwunderte er sich, als die Schöne nun zu sprechen begann: »Höre, deine Stiefmutter hat mir eine Reihe Dolchstiche versetzt, und ich hätte verbluten müssen, wenn mich nicht dein Diener gerettet und geheilt hätte. Jetzt bin ich auch von dem Zauber befreit. Ich bin achtzehn Jahre alt, und wenn du mich willst, werde ich deine Braut sein.« Da rief der König: »Verflixt! Und ob ich will!«

Da ward in den beiden benachbarten Palästen ein großes Fest gefeiert mit viel Jubel und Trubel. Es fehlte nur die Stiefmutter, denn die hatte sich davongemacht, und niemand hat je wieder von ihr gehört.

> So konnten sie froh und glücklich leben.
> Mir aber haben sie nichts gegeben.
> Sie schenkten mir nur ein Pfenniglein,
> Das steckte ich in die Tasche ein.

Aus dem Italienischen von Felix Karlinger

Das Motiv vom Apfelmädchen folgt dem der Tierbraut: Durch einen unbedachten Wunsch des kinderlosen Ehepaars kommt die Frau mit einer Frucht nieder. Auch die Motivik des Zitronen- bzw. Pomeranzenfräuleins spielt mit hinein. In Italien hat dieses Märchen Tradition, es läßt sich schon bei Basile (La mortella, Der Myrthenzweig) nachlesen. Die obligat böse Stiefmutter tritt hier an die Stelle der bösen Weiber Basiles, aber entgegen aller Märchentradition entgeht sie – ganz im Sinne des spielerischen Erzählstils – einer Bestrafung. Das Original »La mela« ist in Giuseppe Pitrés Sammlung »Novelle popolari toscane« (1885) zu finden.

Die Geschichte der drei Bären

Es war einmal eine Zeit, da lebten drei Bären zusammen in ihrem eigenen Haus, und das lag im Wald. Einer von ihnen war der kleine, schmächtige Winzigbär, und einer war der mittlere Bär und einer war der großmächtige Bär. Jeder hatte eine Schüssel für ihren Porridge: eine kleine Schüssel für den kleinen, schmächtigen Winzigbär, eine mittelgroße Schüssel für den mittleren Bär und eine Riesenschüssel für den großmächtigen Bär. Und jeder hatte einen Stuhl, um sich hineinzusetzen: einen kleinen Stuhl für den kleinen, schmächtigen Winzigbär, einen mittelgroßen Stuhl für den mittleren Bär und einen Riesenstuhl für den großmächtigen Bär. Und jeder hatte ein Bett, um darin zu schlafen: ein kleines Bett für den kleinen, schmächtigen Winzigbär, ein mittelgroßes für den mittleren Bär und ein Riesenbett für den großmächtigen Bär.

Eines Morgens hatten sie sich Porridge für ihr Frühstück gemacht und ihre Schüsseln damit gefüllt und waren hinausgegangen in den Wald, solange der Porridge abkühlte; denn sie wollten sich ihre Münder nicht verbrennen und deshalb nicht zu früh mit dem Essen beginnen. Während sie so des Weges zogen, kam eine alte Frau vor das Haus. Es war beileibe keine gute und anständige alte Frau. Zunächst schaute sie durchs Fenster, guckte dann durchs Schlüsselloch, und weil sie keinen im Haus sah, drückte sie die Klinke nieder. Die Tür war nicht verriegelt, weil die Bären gutmütige Bären waren, die keinem etwas taten und nie daran dachten, ein anderer könnte ihnen etwas tun. So war es für die kleine, alte Frau ein leichtes, die Tür zu öffnen und hineinzuschlüpfen. Und sie wurde recht vergnügt, als sie den Porridge auf dem Tisch dampfen sah. Wäre sie eine gute und anständige Frau gewesen, sie hätte auf die Rückkehr der Bären gewartet und hätte dann, vielleicht, um etwas zum Frühstück gebeten. Denn es waren durchaus gutmütige Bären – ein wenig ruppig oder so, wie nun Bären mal sind, aber doch von Natur sehr gutmütig und gastfreundlich. Doch dreist wie sie war, setzte sich die schlimme, alte Frau hin und bediente sich selbst.

Zuerst probierte sie den Porridge des großmächtigen Bären, aber der war zu heiß für sie, und sie machte eine böse Bemerkung. Und dann probierte sie den Porridge des mittleren Bären, aber der war ihr zu kalt, und wieder ließ sie ein böses Wort fallen. Und dann wandte sie sich dem Porridge des kleinen, schmächtigen Winzigbären zu und kostete ihn: da war er weder zu heiß noch zu kalt, sondern genau richtig. Und es schmeckte ihr so gut, daß sie ihn ganz aufaß. Aber diese freche alte Frau ließ sich auch über die kleine Porridgeschüssel aus, denn der Inhalt war ihr zuwenig.

Dann setzte sich die kleine alte Frau in den Stuhl des großmächtigen Bären, doch der war ihr zu hart. Und dann setzte sie sich in den Stuhl des mittleren Bären, doch der war ihr zu weich. Und dann setzte sie sich in den Stuhl des kleinen, schmächtigen Winzigbären, und der war weder zu hart noch zu weich, sondern genau richtig. So machte sie es sich darin bequem, bis der Stuhlboden durchkrachte und sie herabfiel und auf die Erde plumpste. Da bedachte die freche Frau auch ihn mit einem üblen Wort.

Dann ging die kleine alte Frau nach oben in die Bettenkammer, in der die drei Bären schliefen. Zuerst legte sie sich auf das Bett des großmächtigen Bären, doch das war am Kopfende zu groß für sie. Und als nächstes legte sie sich auf das Bett des mittleren Bären, doch das war am Fußende zu groß für sie. Und dann legte sie sich auf das Bett des kleinen, schmächtigen Winzigbären, und das war weder am Kopfende zu groß noch am Fußende zu groß, sondern genau richtig. Sie deckte sich zu, machte es sich kuschelig und schlief ganz schnell ein.

Nun war es Zeit, dachten die drei Bären, daß ihr Porridge genug abgekühlt sei, und sie kehrten heim, um zu frühstücken. Die kleine alte Frau hatte jedoch den Löffel des großmächtigen Bären liegengelassen, er steckte noch im Porridge.

»Da hat einer von meinem Porridge gegessen«, sagte der großmächtige Bär, mit seiner tiefen, rauhen, brummigen Stimme. Und als der mittlere Bär auf seinen schaute, sah er auch darin den Löffel stecken. Es waren Löffel aus Holz; wären sie aus Silber gewesen, hätte die freche alte Frau sie gewiß schon in die Tasche gesteckt.

»Da hat einer von meinem Porridge gegessen«, sagte der mittlere Bär mit seiner mittelhohen Stimme. Dann schaute der kleine, schmächtige Winzigbär auf den seinen, und da lag der Löffel in der Schüssel, aber der ganze Porridge war weg.

»Da war einer an meinem Porridge und hat ihn ganz aufgegessen«, sagte der kleine, schmächtige Winzigbär mit seiner kleinen, dünnen Piepsstimme.

Nachdem die drei Bären festgestellt hatten, daß einer in ihr Haus eingedrungen war und das Frühstück des kleinen, schmächtigen Winzigbären aufgefuttert hatte, begannen sie sich nach ihm umzusehen. Nun hatte die kleine alte Frau das harte Sitzkissen nicht geglättet, als sie vom Stuhl des großmächtigen Bären aufgestanden war.

»Da hat einer in meinem Stuhl gesessen«, sagte der großmächtige Bär mit seiner tiefen, rauhen, brummigen Stimme. Und die kleine alte Frau hatte das sanfte Kissen des mittleren Bären niedergedrückt. »Da hat einer in meinem Stuhl gesessen«, sagte der mittlere Bär mit seiner mittelhohen Stimme. Und ihr wißt schon, was sie kleine alte Frau mit dem dritten Stuhl gemacht hat. »Da hat einer in meinem Stuhl gesessen, und der Boden ist durchgekracht«, sagte der kleine, schmächtige Winzigbär mit seiner kleinen, dünnen Piepsstimme.

Da überlegten die Bären, sie müßten noch weiter suchen. So gingen sie nach oben zu ihrer Bettkammer. Nun hatte die kleine alte Frau das Kissen des großmächtigen Bären aus seiner Lage gebracht. »Da hat einer in meinem Bett gelegen«, sagte der großmächtige Bär mit seiner tiefen, rauhen, brummigen Stimme. Und die kleine alte Frau hatte das Keilkissen des mittleren Bären verschoben. »Da hat einer in meinem Bett gelegen«, sagte der mittlere Bär mit seiner mittelhohen Stimme.

Und als der kleine, schmächtige Winzigbär nach seinem Bett schaute, da war das Keilkissen in Ordnung, und das Kissen darüber war auch in Ordnung, aber auf dem Kissen lag der schaurige, schmutzige Kopf der kleinen alten Frau – und das war nicht in Ordnung, der hatte da nichts zu suchen. »Da hat einer in meinem Bett gelegen – und da liegt sie noch«, sagte der kleine, schmächtige Winzigbär mit seiner kleinen, dünnen Piepsstimme.

Die kleine alte Frau hatte im Schlaf die tiefe, rauhe, brummige
Stimme des großmächtigen Bären durchaus
gehört, aber sie schlief so

fest, daß es ihr nichts anderes schien als Windesrauschen und Donnergrollen. Sie hatte auch die mittelhohe Stimme des mittleren Bären gehört, aber es hatte für sie geklungen wie eine Stimme im Traum. Doch als sie die kleine, dünne Piepsstimme des kleinen, schmächtigen Winzigbären vernahm, so piepsig und so schrill, da wachte sie mit einem Mal auf. Sie fuhr hoch. Als sie die drei Bären an der einen Bettkante sah, da rollte sie sich auf die andere und stürzte aus dem Fenster. Das Fenster war nämlich offen, weil die Bären, brav und reinlich, wie sie nun mal waren, ihr Bettkammerfenster immer geöffnet hielten, wenn sie morgens ausgingen.

Ob sie sich nun bei ihrem Sturz den Hals gebrochen hat, ober ob sie in den Wald rannte und dort verlorenging, oder ob sie herausfand aus dem Wald und ein Polizist sie aufgegriffen hat und als Streunerin, die sie war, in die Besserungsanstalt eingeliefert hat – keiner weiß es. Jedenfalls haben die drei Bären sie nie wieder gesehen.

Aus dem Englischen von Ulf Diederichs

Seit seiner frühen Buchausgabe als »The Story of the Three Bears, metrically related« (1831) hat diese im Angelsächsischen wohlbekannte »nursery tale« eine bemerkenswerte Entwicklung genommen. Aus dem Eindringling, der greulichen Alten, wurde mit der Zeit eine junge, kesse Schönheit: erst Silver-Hair genannt (1849), dann Silver-Locks (1858), dann gesteigert zu Golden Hair und Goldilocks (1904). Bei diesem Goldlöckchen blieb es dann.
Natürlich eignete sich dieses Märchen wunderbar als kindliches Rollenspiel und ließ sich – hierarchisch überschaubarer als »Schneewittchen und die sieben Zwerge« – gut als Familienstück einsetzen, mit Vater Bär, Mutter Bär und Baby Bär in den Hauptrollen.

Das Hochzeitsfest

»Ich werde heiraten«, sagte Schwester Jaguar zu den Tieren. Alle hatten sie Angst vor ihr, und deshalb flüsterte Bruder Affe ihnen zu: »Was können wir bloß tun, damit wir sie nicht von ihrer schlimmsten Seite erleben? Ich hab's: Wir richten ihr die Hochzeit aus.« Die Tiere überlegten: »Wir erkaufen uns so ein bißchen Frieden. Kann sein, daß Schwester Jaguar uns dann eine Weile in Ruhe läßt.« Fast alle waren mit einem Hochzeitsfest einverstanden, und Bruder Affe erklärte: »Ich werde eine Rede halten. Ungefähr so: ›Schwester Jaguar ist unsere Königin. Ihr Fell schimmert wie Samt. Ihre Augen funkeln. Sie ist die Stärkste und Mutigste auf der ganzen Welt!‹« Um seine Rede halten zu können, kaufte sich Bruder Affe eine neue Brille. Und weil er gut aussehen wollte, ließ er sich ein elegantes grünes Jackett mit seidenen Aufschlägen schneidern.

Als Bruder Affe Geld sammeln ging für ein Festbankett mit Tanz, kam er auch zu Bruder Kaninchen. »Wir wissen ja, wie gemein Schwester Jaguar ist«, sagte er zu ihm. »Ständig ist sie hinter uns her, und nur zu gern guckt sie sich einen von unseren Leuten als Mahlzeit aus. Und jetzt, wo sie heiratet, wird alles nur noch schlimmer, weil sie dann Junge bekommt. Und wir werden noch mehr Feinde haben, die uns fressen wollen.« – »Und warum willst du dann ein Fest für sie geben?« fragte Bruder Kaninchen. »Wir wollen sie bei Laune halten«, antwortete der Affe. »Wenn sie sich an das Essen erinnert und all das Gute, das ich in meiner Rede über sie sage, dann wird sie uns nichts mehr tun. Du bist doch ein kluger Kerl und kannst uns dabei helfen.« Doch Bruder Kaninchen winkte ab: »Auf mich kannst du nicht zählen. Denkst du, ich gebe mich dazu her, meinen ärgsten Feind zu bejubeln? Meinen Namen kannst du von der Liste streichen. Ich bin zwar kein großes Tier, aber ich habe meinen Stolz.«

Bruder Kaninchen meinte es ernst. Er schaute Bruder Affe an und sagte noch: »Von dir hätte ich das nicht gedacht. Du hast so viele Bücher gelesen. Du weißt so viel. Warum kommst du ihr bloß so entgegen!« Bruder Affe war gekränkt, doch kam er rasch darüber hinweg. »Wenn du schon nicht mitmachen willst, dann verdirb uns wenigstens nichts«, sagte er zu Bruder Kaninchen. »Vor der Arbeit drückst du dich gern, doch wenn irgendwo gefeiert wird, bist du immer der erste. Genießt das Essen und das Trinken und läßt die anderen bezahlen. Immer greifst du dir das Beste! Also versprich wenigstens, daß du dich von diesem Fest fernhältst.« – »Das kann ich nicht«, erwiderte Bruder Kaninchen. »Wenn ich nicht zugegen bin, wer sonst würde Schwester Jaguar beibringen, daß es noch lautere Seelen gibt? Ich komme still und leise, sobald die Gäste Platz genommen haben. Ich reiße alles vom Tisch runter und verschwinde.«

Der Affe war darüber so entsetzt, daß Bruder Kaninchen zu ihm sagte: »Laß Schwester Jaguar ruhig wissen, was ich vorhabe. Dann gibt sie nicht dir die Schuld. Und freu dich drauf: Ich werde dort nichts essen. Was Schwester Jaguar schmeckt, schmeckt mir ohnehin nicht.«

Bruder Affe schüttelte bekümmert den Kopf und verabschiedete sich von Bruder Kaninchen. Und er seufzte tief, als er die Braut in Bruder Kaninchens Vorhaben einweihte. »Nimm's nicht so schwer und reg dich nicht so auf, Bruder Affe«, sagte Schwester Jaguar zu ihm. »Wir werden ihn überlisten. Er kann doch nicht schwimmen. Wir feiern unser Fest auf der Insel mitten im Fluß. Und wenn ihn wirklich jemand übersetzt, will ich mich schon um ihn kümmern. Unser Festschmaus wird dann um ein Gericht reicher sein: gebackenes Kaninchen in Tomatensauce. Also ganz ruhig. Und überlaß mir den Kerl!«

Der Festtag kam heran. In letzter Minute gab es noch einiges zu erledigen. Bruder Affe schwang sich von Ast zu Ast und übte seine Rede, die Wolken am Himmel waren sein Publikum. Und je mehr er übte, desto größer fielen die Schmeicheleien für Schwester Jaguar aus. An einer anderen Stelle des Waldes hatte Bruder Eidechse zu tun. Er war für die Musik zuständig und suchte Sambas und Bassa Novas aus. »Meine silbernen Hörner werden Karnevalsmusik spielen, und jeder wird dabei an Mardi Gras (Höhepunkt des Karnevals) denken, an die Kostüme und die tanzende Menge in den Straßen«, sagte er voller Stolz. »Meine Hörner werde ich polieren, bis sie nur so glänzen.« Um sich für das große Ereignis zu rüsten, nahm Schwester Jaguar ein ausgiebiges Bad in einem kühlen Weiher. Mit ihren scharfen Klauen kämmte sie dann ihr glattes, gelbschwarzes Haar.

Als es an der Zeit war, schwammen die Gäste zur Insel herüber. Wer es nicht allein schaffte, den nahm Bruder Wasserschwein auf seinen Rücken. Bruder Kaninchen hatte sich im Gebüsch versteckt und wartete zu, bis alle auf der Insel gelandet waren. Dann ließ er sich auf einen großen Stein am Ufer nieder. Er war betrübt, weil es ihm nicht möglich schien, das einzuhalten, was er Bruder Affe angedroht hatte.

Auch Bruder Alligator war nicht zum Fest geladen. Als er so im Fluß schwamm,

sah er Bruder Kaninchen und seine traurige Miene, er kam näher und wünschte ihm freundlich einen guten Abend. »Warum bist du nicht auf dem Fest?« –
»Wie könnte ich denn?« sagte Bruder Kaninchen, »ich kann doch nicht schwimmen.« – »Ich könnte dich hinbringen, wenn du auch etwas für mich tust«, schlug
der Alligator vor. »Bring mir doch ein Stück Schweinebraten mit.« Für Bruder
Kaninchen war das ein Hoffnungsschimmer. »Aber du müßtest mich hin- und
zurückbringen, und gefährlich ist es auch«, sagte er zu Bruder Alligator. »Es ist
nämlich so, daß ich gesagt habe, ich würde Schwester Jaguars Fest vermasseln.
Ich habe verkündet, daß ich alles Essen vom Tisch reißen werde. Wenn du mich
sicher rüberbringst, Bruder Alligator, dann schmeiße ich alles in deine Richtung.
Dann kriegst du mehr als ein Stück Schweinebraten. Dann kriegst du das ganze
Mahl.«
Bruder Alligator spürte den Geschmack der Speisen schon fast auf der Zunge.
Überdies ärgerte ihn sehr, daß niemand ihn eingeladen hatte. Also wollte er hel-

fen und sagte: »Steig auf meinen Rücken, und es geht los. Oder hast du Angst, Bruder Kaninchen?«, fragte er. »Angst?« entgegnete das Kaninchen. »Du kennst mich nicht, sonst wüßtest du, daß das nicht wahr ist. Nur möchte ich, daß wir am Leben bleiben, bis wir alt sind, deshalb bin ich vorsichtig. Wenn wir von hier aus losziehen und schnurstracks herüberschwimmen, wird man uns fangen. Laß uns lieber die andere Seite der Insel ansteuern. Dort können sie uns nicht so leicht entdecken. Wir treffen uns an der Biegung des Flusses.«

Weil man sie beide nicht sehen sollte, schwamm der Alligator unter Wasser. Bruder Kaninchen blieb ungesehen, da er durchs Gebüsch hoppelte. Ehe es dann ins Freie ging, wälzte er sich im Sand und überzog sich mit einer Schmutzschicht. Kaum zu glauben, wie er aussah! Als er schließlich auf Bruder Alligators Rücken saß, hatte sein Fell die gleiche Farbe wie das schlammige Wasser.

Die beiden Freunde landeten sicher auf der dem Festplatz abgewandten Seite der Insel. Die Gäste lärmten und tranken viel zuviel. Bruder Opossum konnte kaum noch aufrecht stehen, als er mit der quiekenden Tochter von Bruder Affe eine Samba tanzen wollte. Bruder Affe selbst war gerade dabei, den Tisch zu decken. Er breitete ein hübsches weißes Tischtuch mit langen goldenen Fransen aus. In die Mitte des Tisches stellte er Blumen, weiße Orchideen mit purpurroten Herzen. Dann tischte er das Nationalgericht auf: gekochte schwarze Bohnen, mit Schweinefleisch, Süßkartoffeln und Orangenscheiben. Die heißen Speisen servierte er auf goldenen Tellern, und in hohe schimmernde Gläser goß er ein apfelfarbenes Getränk: guaraná. Die kleinen Tassen für den starken schwarzen Kaffee hatte er auch schon bereitgestellt.

Bruder Affe klatschte in die Hände und verkündete: »Das Essen steht auf dem Tisch.« Und er fühlte sich sehr bedeutend, als er Schwester Jaguar zu ihrem Platz an der Spitze der Tafel führte. »Ihr könnt euch setzen«, sprach die hochmütige Braut zu ihren Gästen.

Inzwischen hatte Bruder Kaninchen das Ufer erreicht. Bruder Alligator, voller Hunger, war im Wasser geblieben. Leise schlich sich das Kaninchen an die Tafel heran und versteckte sich hinter einem Baumstumpf, um sich zu sammeln. Dann tastete er sich mit einer Pfote vor, bis er die Fransen der Tischdecke fest im Griff hatte. Nun zog er mit aller Kraft! Und jede Speise, jeder Bissen, landete im Wasser, wo Bruder Alligator mit offenem Rachen darauf wartete. Die Tiere waren wie vom Donner gerührt. Bruder Kaninchen aber wollte keine Zeit verlieren; er sprang auf den Rücken des Alligators, und ab ging es nach Hause. Als die zornbebende Schwester Jaguar und die anderen Tiere wieder zur Besinnung kamen und aufs Wasser blickten, hatte Bruder Kaninchen bereits die Flußmitte erreicht. »Also auf bald!« rief er ihnen zu und winkte freundlich.

Aus dem Amerikanischen von Ulf Diederichs

Sis Jaguar, Schwester Jaguar – Brer Rabbit, Bruder Kaninchen – Brer Monkey, Bruder Affe: Hinter diesen zutraulichen Namen steckt die alte indianische Angewohnheit, die Angehörigen des eigenen Stammes mit Verwandtschaftsgraden zu bezeichnen; das jüngere Mädchen ist »Schwester« oder »Cousine«, der ältere Mann ein »Onkel«.
In diesem brasilianischen Kindermärchen, entnommen der Sammlung »Young Brer Rabbit and Other Trickster Tales from the Americas« (ed. Jacqueline Shachter Weiss, Owings Mills 1985), wird eine herkömmliche Vorstellung vom Jaguar tradiert, die eines renommiersüchtigen und dümmlichen Tieres, das am Ende meistens als Gefoppter dasteht. Ganz anders das Kaninchen, brasilianisch o coelho, für das die Wesensmerkmale des »Trickster« zutreffen: klein, schlau und wendig – oder anders ausgedrückt: den eigenen Trieben folgend, impulsiv und energiegeladen. Das sind die heldenhaften Züge, welche die »Brer Rabbit Tales« bei Kindern so beliebt machen, und zwar in »beiden Amerikas«.

Die Entzauberung des Zauberers von Oz

Zur Vorgeschichte: Die kleine Dorothy, die bei ihren Adoptiveltern in Kansas lebt, wird von einem Hurrikan über Nacht in ein fremdes Land geweht. Nur das Hündchen Toto ist noch bei ihr. Das Land Oz, das sie nun durchreist, ist im Osten bevölkert von blauen Mümmlern, im Westen von braunen Flügelaffen oder Winkis, im Süden von knallroten Pummeln. Vier Hexen teilen sich die Herrschaft über die vier Reiche, zwei gute und zwei böse. In der Landesmitte befindet sich die grüne Smaragdstadt. Sie wird vom Zauberer von Oz beherrscht, und er allein, heißt es, könne der kleinen Dorothy zur Heimkehr nach Kansas verhelfen.

Unterwegs hilft Dorothy drei seltsamen Figuren: dem Vogelscheuchenmann, dem Blech-Holzfäller und dem Furchtsamen Löwen. Sie schließen sich ihr als Reisegefährten an. Bei ihrem ersten Besuch beim Zauberer verspricht er ihnen, jeweils in Einzelaudienz, die Erfüllung ihrer individuellen Wünsche. Und er stellt jedem die gleiche Aufgabe: Töte die Hexe des Westens. – Das ist Dorothy und ihren drei Helfern nach mühevollen Kämpfen gelungen. Nun soll der Zauberer auch zu seinem Wort stehen.

Die vier Reisenden gingen auf das Tor der Smaragdstadt zu und zogen an der Glocke. Nachdem sie einige Male geläutet hatten, wurde ihnen vom selben Wächter der Tore geöffnet, dem sie schon einmal begegnet waren. »Was? Seid ihr schon wieder da?« – »Siehst du uns denn nicht?« erwiderte die Vogelscheuche. »Aber ich dachte, ihr wolltet die Böse Hexe des Westens besuchen.« – »Wir haben sie besucht«, erwiderte die Vogelscheuche. »Und sie hat euch wieder fortgelassen?« fragte der Mann verwundert. »Es blieb ihr nichts anderes übrig, sie ist nämlich geschmolzen«, erklärte die Vogelscheuche. »Geschmolzen! Das ist aber wirklich eine gute Nachricht«, sagte der Mann. »Wer hat sie geschmolzen?« – »Das war Dorothy«, sagte der Löwe mit ernster Miene. »Du meine Güte!« rief der Mann und verbeugte sich wirklich sehr tief vor ihr.

Dann führte er sie in sein kleines Zimmer und setzte ihnen die Brillen aus der großen Schachtel auf ihre Nasen, genau wie beim letzten Mal. Hinterher passierten sie das Tor in die Smaragdstadt, und als die Leute vom Wächter der Tore hörten, daß sie die Westhexe geschmolzen hatten, scharten sich alle um die Reisenden und eine riesige Menge begleitete sie zum Palast von Oz.

Der Soldat mit dem grünen Backenbart hielt immer noch Wache vor der Tür, aber er ließ sie sofort passieren. Jetzt nahm sie wieder das bildschöne grüne Mädchen in Empfang und führte sie sofort in ihre alten Zimmer, damit sie sich ausruhen konnten, bis der Große Oz bereit war, sie zu empfangen. Der Soldat ließ Oz sofort die Nachricht zukommen, daß Dorothy und die anderen Reisenden wieder zurückgekehrt waren, nachdem sie die Hexe des Westens vernichtet hatten. Doch Oz gab keine Antwort.

Sie dachten, der große Zauberer würde sofort nach ihnen schicken, aber das tat er nicht. Auch am nächsten Tag ließ er nichts von sich hören und auch nicht am nächsten und am nächsten wieder nicht. Das Warten war lästig und ermüdend, und schließlich wurden sie böse, weil Oz sie so schäbig behandelte, nachdem er sie losgeschickt hatte und sie Plackerei und Sklaverei über sich ergehen hatten lassen.

Also bat der Vogelscheuchenmann schließlich das grüne Mädchen, Oz noch eine Nachricht zu überbringen: wenn er sie nicht sofort empfange, würden sie die Flügelaffen zu Hilfe rufen und herausfinden, ob er sein Wort halte oder nicht. Als der Hexer diese Nachricht erhielt, bekam er eine solche Angst, daß er sie für den nächsten Morgen um vier Minuten nach neun Uhr in den Thronsaal bestellen ließ. Er war den Flügelaffen einmal im Land des Westens begegnet, und er wollte ihnen nicht noch einmal begegnen.

Die vier Reisenden verbrachten eine schlaflose Nacht; jeder dachte an das Geschenk, das Oz ihm versprochen hatte. Dorothy schlief nur einmal kurz ein und träumte, sie wäre in Kansas, wo Tante Em ihr sagte, wie froh sie sei, ihr kleines Mädchen wieder bei sich zu Hause zu haben.

Schlag neun am nächsten Morgen kam der Soldat mit dem grünen Backenbart zu ihnen, und vier Minuten später gingen sie alle in den Thronsaal des Großen Oz. Natürlich hatte jeder von ihnen damit gerechnet, den Zauberer in der Gestalt zu sehen, in der er sich vorher gezeigt hatte, doch zur großen Überraschung aller war er gar nicht im Raum. Sie blieben nahe bei der Tür und dicht beieinander, denn die Stille im Raum war beängstigender als all die Gestalten, in denen sie Oz bis jetzt erlebt hatten.

Und dann hörten sie eine Stimme, die anscheinend von irgendwoher ganz oben aus der großen Kuppel kam. Sie sagte voller Ernst: »Ich bin Oz, der Große und Furchtbare. Warum sucht ihr mich?« Sie sahen sich noch einmal im ganzen Raum um, und als sie niemanden entdeckten, fragte Dorothy: »Wo sind Sie?« – »Ich bin überall«, erwiderte die Stimme, »doch für die Augen gewöhnlicher Sterblicher bin ich unsichtbar. Ich werde mich jetzt auf den Thron setzen, dann dürft ihr mit mir Konversation machen.« Und, tatsächlich, jetzt schien es, als käme die Stimme vom Thron selbst. Also gingen sie darauf zu und stellten sich in einer Reihe auf. Dorothy sagte: »Wir sind hier, damit Sie Ihr Versprechen einlösen, o Oz.« – »Welches Versprechen?« fragte Oz. »Sie haben mir versprochen, mich zurück nach Kansas zu schicken, sobald die Böse Hexe vernichtet ist«, sagte das Mädchen. »Und mir haben Sie einen Verstand versprochen«, sagte die Vogelscheuche. »Und mir haben sie ein Herz versprochen«, sagte der Blechmann. »Und mir haben Sie Mut versprochen«, sagte der Furchtsame Löwe. »Ist die Böse Hexe wirklich vernichtet?« fragte die Stimme, und Dorothy hatte das Gefühl, sie zittere ein bißchen. »Ja«, erwiderte sie. »Ich habe sie mit einem Eimer Wasser geschmolzen.« – »Meiner Treu«, sagte die Stimme, »wie unverhofft! Ja, also dann kommt morgen zu mir, denn ich brauche Zeit, um darüber nachzudenken.« – »Sie hatten schon genug Zeit«, sagte der Blechmann erbost. »Wir werden keinen Tag länger warten«, sagte die Vogelscheuche. »Sie müssen die Versprechen einhalten, die Sie uns gegeben haben!« rief Dorothy.

Der Löwe fand, es wäre vielleicht eine gute Idee, dem Zauberer Angst zu machen, und brüllte ganz laut. Er brüllte so laut und so schrecklich, daß Toto entsetzt von ihm wegsprang und dabei den Wandschirm, der in einer Ecke stand, umriß. Der fiel mit einem solchen Getöse, daß aller Blicke sich darauf richteten, und im nächsten Augenblick erstarrten sie alle vor Staunen. Denn da sahen sie, genau an der Stelle, die der Wandschirm verdeckt hatte, einen kleinen, alten Mann mit Glatze und faltigem Gesicht und, wie es schien, genauso überrascht wie sie. Der Blechmann hob seine Axt, stürzte auf den kleinen Mann zu und rief: »Wer bist du?« – »Ich bin Oz, der Große und Furchtbare«, sagte der kleine Mann mit zitternder Stimme, »aber bitte, schlag mich nicht – bitte nicht –, ich werde alles tun, was ihr wollt.« Unsere Freunde sahen ihn an, voller Staunen und voller Enttäuschung. »Ich dachte, Oz wäre ein großer Kopf«, sagte Dorothy. »Und ich dachte, Oz wäre eine wunderschöne Dame«, sagte der Vogelscheuchenmann. »Und ich dachte, Oz wäre eine schreckliche Bestie«, sagte der Blechmann. »Und ich dachte, Oz wäre ein Feuerball«, rief der Löwe.

»Nein, ihr irrt euch alle«, sagte der kleine Mann kleinlaut. »Ich hab nur ein bißchen Hokuspokus gemacht.« – »Hokuspokus!« rief Dorothy. »Sind Sie etwa kein großer Zauberer?« – »Psst, meine Liebe«, sagte er. »Rede nicht so laut, es könnte uns jemand belauschen – und dann wäre ich ruiniert. Man hält mich nämlich für einen großen Zauberer.« – »Und bist du das nicht?« fragte sie. »Nein, kein bißchen, meine Liebe. Ich bin ein ganz gewöhnlicher Mann.« – »Sie sind mehr als das«, sagte die Vogelscheuche beleidigt. »Sie sind ein Scharlatan.« – »Genau!« sagte der kleine Mann und rieb sich die Hände, als würde ihn das zufrieden stimmen. »Ich bin ein Scharlatan.« – »Aber das ist ja furchtbar«, sagte der Blechmann. »Wie soll ich denn je zu meinem Herzen kommen?« – »Oder ich zu meinem Mut?« fragte der Löwe. »Oder ich zu meinem Verstand?« jammerte die Vogelscheuche und wischte sich die Tränen aus den Augen.

»Meine lieben Freunde«, sagte Oz. »Ich flehe euch an, sprecht nicht von diesen Lappalien. Denkt doch mal an die furchtbare Bredouille, in der ich mich befinde, wenn man mir auf die Schliche kommt.« – »Weiß denn sonst niemand, daß Sie ein Scharlatan sind?« fragte Dorothy. »Keiner außer euch vieren weiß es – und ich selbst«, erwiderte Oz. »Ich habe alle schon so lange zum Narren gehalten, daß ich dachte, man würde mir nie draufkommen. Es war ein großer Fehler, euch überhaupt in den Thronsaal zu lassen. Gewöhnlich empfange ich nicht einmal meine Untertanen, und sie halten mich für etwas Furchtbares.« – »Aber ich versteh das nicht«, sagte Dorothy verwundert. »Wie konnten Sie mir dann als Großer Kopf erscheinen?« – »Das war einer meiner Tricks«, erwiderte Oz. »Bitte, kommt hier entlang, dann werde ich euch alles erzählen.«

Er ging
voran in
eine klei-
ne Kam-
mer am hin-
teren Ende
des Thronsaals
und alle folgten ihm.
Er zeigte in eine Ecke, wo der Große
Kopf lag. Er bestand aus vielen Schichten
Papier, mit einem sorgfältig gemalten Gesicht.
»Den habe ich an einem Draht an der Decke aufge-
hängt«, sagte Oz. »Ich hab mich hinter den Wandschirm gestellt und an einem
Faden gezogen, damit sich die Augen bewegten und der Mund sich öffnete.« –
»Aber wie haben Sie das mit der Stimme gemacht?« fragte sie. »Oh, ich bin
Bauchredner«, sagte der kleine Mann, »ich kann das Geräusch meiner Stimme
erklingen lassen, wo ich will, so daß ihr geglaubt habt, sie käme aus dem Kopf.
Hier sind die anderen Sachen, mit denen ich euch getäuscht habe.« Er zeigte der
Vogelscheuche das Kleid und die Maske, die er getragen hatte, als er ihr als wun-
derschöne Dame erschienen war, und der Blechmann sah, daß seine schreckli-
che Bestie nur ein Haufen zusammengenähter Felle war, mit Latten, damit die
Seiten abstanden. Und was den Feuerball betraf, den hatte der falsche Zaube-

rer auch an der Decke aufgehängt. In Wirklichkeit war es ein Wattebausch, aber wenn man Öl drauf goß, brannte er ganz heftig. »Also wirklich«, sagte die Vogelscheuche, »Sie sollten sich schämen, so ein Scharlatan zu sein.« – »Tue ich ja – tue ich wirklich«, erwiderte der kleine Mann traurig, »aber ich hatte keine andere Wahl. Setzt euch bitte, es gibt reichlich Stühle, und dann erzähl ich euch meine Geschichte.«

Also setzten sie sich und hörten sich folgende Geschichte an: »Ich bin in Omaha geboren ...« – »Aber das ist ja gar nicht weit von Kansas!« rief Dorothy. »Nein, aber es ist ziemlich weit weg von hier«, sagte er und schüttelte traurig den Kopf. »Als ich erwachsen war, wurde ich Bauchredner und bin von einem großen Meister ausgebildet worden. Ich kann jeden Vogel, jedes Tier imitieren.« Und an dieser Stelle miaute er so täuschend genau wie ein Kätzchen, daß Toto die Ohren spitzte und sich überall danach umsah. »Nach einiger Zeit«, fuhr Oz fort, »hat mich das gelangweilt, dann bin ich Ballonfahrer geworden.« – »Was ist das?« fragte Dorothy. »Ein Mann, der an einem Zirkustag in einem Ballon aufsteigt, um eine Menschenmenge anzulocken und sie dazu zu kriegen, Eintritt für den Zirkus zu bezahlen«, erklärte er. »Oh«, sagte sie, »das kenn ich.«

»Also, eines Tages bin ich im Ballon aufgestiegen und die Seile haben sich verheddert, so daß ich nicht mehr runterkam. Der Ballon ist ganz hoch über die Wolken aufgestiegen, so hoch, daß ihn eine Luftströmung erfaßt hat und ihn viele, viele Meilen weit weg getragen hat. Einen Tag und eine Nacht lang bin ich durch die Lüfte gereist, und am Morgen des zweiten Tages bin ich aufgewacht und habe entdeckt, daß der Ballon über einem seltsamen und schönen Land schwebte. Er ist ganz langsam heruntergeschwebt, und ich hab mir überhaupt nicht weh getan. Aber dann war ich plötzlich inmitten von seltsamen Menschen, die glaubten, ich wäre ein großer Zauberer, weil ich aus den Wolken gekommen war. Ich ließ sie natürlich in dem Glauben, weil sie Angst vor mir hatten und mir versprachen, alles zu tun, was ich nur wollte. Und einfach nur zu meinem Vergnügen und um die guten Leute auf Trab zu halten, befahl ich ihnen, diese Stadt zu bauen und meinen Palast, was sie sehr bereitwillig und gut erledigten. Dann dachte ich mir, weil doch das Land so grün und so schön war, nenne ich es die Smaragdstadt. Und damit der Name besser paßte, hab ich allen Menschen grüne Brillen aufgesetzt, so daß alles, was sie sahen, grün war.«

»Aber ist denn hier nicht alles grün?« fragte Dorothy. »Auch nicht mehr als anderswo«, erwiderte Oz, »aber wenn man eine grüne Brille trägt, sieht natürlich alles grün aus. Die Smaragdstadt wurde vor sehr, sehr vielen Jahren erbaut, ich war nämlich noch ein junger Mann, als der Ballon mich hierher brachte, und jetzt bin ich ein sehr alter Mann. Aber mein Volk hat so lange grüne Brillen vor den Augen gehabt, daß die meisten glauben, es wäre wirklich eine Smaragdstadt, und es ist ja auch ein wunderschöner Ort, an dem es Juwelen und kostbare Metalle im Überfluß gibt und alle guten Dinge, die man braucht, um glücklich zu sein. Ich war immer gut zu den Menschen und sie mögen mich. Aber seit dem Tag, an dem dieser Palast gebaut wurde, hab ich mich darin eingeschlossen und keinen von ihnen empfangen. Am meisten Angst hatte ich vor den Hexen. Ich besaß nämlich überhaupt keine magischen Kräfte, fand aber bald heraus, daß die Hexen tatsächlich all diese wunderbaren Dinge tun konnten. Es gab vier von ihnen in diesem Land, und sie herrschten über die Menschen, die im Norden, im Süden, im Osten und im Westen leben. Glücklicherweise waren die Hexen des Nordens und des Südens gute Hexen, und ich wußte, sie würden mir nichts Böses tun, aber die Hexen des Ostens und des Westens waren schrecklich böse, und wenn sie nicht geglaubt hätten, daß ich mächtiger sei als sie, hätten sie mich sicher vernichtet. Jedenfalls habe ich viele Jahre lang in Todesangst vor ihnen gelebt. Ihr könnt euch wohl vorstellen, wie erfreut ich war, als ich hörte, daß dein Haus, Dorothy, auf die Böse Hexe des Ostens gefallen war. Als ihr zu mir kamt, war ich bereit, alles zu versprechen, damit ihr mir die andere Hexe aus dem Weg schafft. Aber jetzt, wo ihr sie geschmolzen habt, muß ich zu meiner Schande gestehen, daß ich meine Versprechen nicht einhalten kann.«

»Ich finde, sie sind ein sehr schlechter Mensch«, sagte Dorothy. »O nein, meine Liebe, in Wirklichkeit bin ich ein sehr guter Mensch, nur bin ich ein sehr schlechter Zauberer, das muß ich allerdings zugeben.« – »Können Sie mir denn keinen Verstand geben?« fragte die Vogelscheuche. »Du brauchst ihn nicht. Du lernst jeden Tag etwas. Ein Baby hat Verstand, aber es weiß nicht viel. Erfahrung ist das einzige, was Wissen bringt, und je länger du auf der Welt bist, desto mehr Erfahrung wirst du mit Sicherheit bekommen.« – »Das mag ja alles wahr sein«, sagte die Vogelscheuche, »aber ich werde sehr unglücklich sein, wenn Sie mir keinen Verstand geben.« Der falsche Hexer sah ihn sich genau an. »Ja nun«, sagte er und seufzte. »Wie ich schon sagte, als Magier bin ich keine Leuchte, aber wenn du morgen früh zu mir kommst, werde ich deinen Kopf mit Verstand vollstopfen. Ich kann dir aber nicht sagen, wie du ihn benutzen sollst, das mußt du selber rausfinden.« – »Oh, danke sehr – ich danke Ihnen!« rief die

Vogelscheuche. »Ich werde eine Möglichkeit finden, ihn zu benutzen, keine Angst!«

»Aber was ist mit meinem Mut?« fragte der Löwe besorgt. »Du hast einen Haufen Mut, da bin ich sicher«, erwiderte Oz. »Alles, was du brauchst, ist Selbstvertrauen. Es gibt kein Lebewesen, das nicht Angst hätte, wenn es mit Gefahr konfrontiert wird. Wahrer Mut heißt, sich der Gefahr zu stellen, wenn man Angst hat, und von der Art Mut hast du reichlich.« – »Vielleicht stimmt das ja, aber ich hab trotzdem Angst«, sagte der Löwe. »Und ich werde sehr unglücklich sein, wenn Sie mir nicht so einen Mut geben, der einen vergessen läßt, daß man Angst hat.« – »Also gut, ich werde dir morgen so einen Mut geben«, erwiderte Oz.

»Und was ist mit meinem Herz?« fragte der Blechmann. »Ja, nun, was das angeht«, erwiderte Oz, »ich finde es falsch, daß du dir ein Herz wünschst. Es macht die meisten Menschen unglücklich. Wenn du wüßtest – du hast Glück, kein Herz zu besitzen.« – »Das muß Ansichtssache sein«, sagte der Blechmann. »Ich für meinen Teil will das Unglücklichsein ohne Murren ertragen, wenn Sie mir ein Herz geben.« – »Na schön«, erwiderte Oz kleinlaut. »Komm morgen zu mir und dann sollst du dein Herz haben. Ich habe so viele Jahre lang den Hexer gespielt, da kann ich ihn ruhig noch ein Weilchen länger spielen.«

»Und wie«, sagte Dorothy, »soll ich jetzt nach Kansas zurückkommen?« – »Darüber muß ich nachdenken«, erwiderte der kleine Mann. »Gebt mir zwei, drei Tage Zeit, damit ich mir die Sache durch den Kopf gehen lassen kann, und ich werde versuchen eine Möglichkeit zu finden, wie ich dich durch die Wüste bringen kann. Seid bis dahin meine Gäste, und während ihr im Palast lebt, werden euch meine Leute bedienen und euch jeden noch so kleinen Wunsch erfüllen. Ich will euch nur um eines bitten für meine Hilfe – soweit es eine Hilfe ist. Ihr müßt mein Geheimnis wahren und keinem sagen, daß ich ein Scharlatan bin.«

Sie einigten sich darauf, nichts von dem zu verraten, was sie erfahren hatten, und kehrten bester Dinge in ihre Zimmer zurück. Sogar Dorothy hatte die Hoffnung, daß der »Große und Furchtbare Scharlatan«, wie sie ihn nannte, eine Möglichkeit finden würde, sie zurück nach Kansas zu bringen. Und wenn ihm das gelänge, war sie bereit, ihm alles zu verzeihen.

Aus dem Amerikanischen von Malla Mrkowatschki

Der Zauberer Oz, der keineswegs über magische Kräfte verfügt, sondern mit Illusionen arbeitet, ist wie das wundervolle Land Oz eine Erfindung der Jahrhundertwende: »ein Höhepunkt in der Entwicklung des amerikanischen Märchens« (Jack Zipes). In »The Wizard of Oz« (Chicago 1900) entwickelte Frank L. Baum drei seltsame Figuren, die zu eigenständigen amerikanischen Typen wurden: den Vogelscheuchenmann mit dem Kopf voller Stroh – er will vom Zauberer Hirn und Verstand –, den Holzfäller aus Blech, den es nach einem Herz verlangt, und den feigen Löwen, der statt Herzklopfens sich endlich mehr Mut wünscht. »Brains, heart and courage« werden den Gefährten der kleinen Dorothy auf der Reise mehrfach abverlangt. Wie im klassischen Märchen werden die, denen geholfen wird, selbst zu Helfern, stehen der Heldin gegen die Wölfe, Krähen und Bienen der »Hexe des Westens« bei; eine Zauberkappe ist ebenso im Spiel wie magische Transportmittel, in diesem Fall sind das ein Hurrikan und ein Paar rote Schuhe.

Zugleich wird der Zeitgeist bedient: die Depression in den Heartlands, der amerikanische Pionier- und Erfindungsdrang, Zuversichten, Wunschvorstellungen. Baum schrieb noch 13 weitere Oz-Bücher, die auch verfilmt wurden – darunter der Klassiker mit der jungen Judy Garland als Dorothy und dem Song »Somewhere over the rainbow« (1939).

Die Geschichte des Asbin-Pferdes

Die Asbin-Leute ritten ein Asbin-Pferd. Sie wollten es verkaufen, aber sein Preis war sehr hoch, so daß es schwer zu kaufen war. Der Besitzer des Pferdes sagte: »Dieses hier, mein Pferd, wird nicht um Geld gekauft, sondern nur um die Brust einer Frau.« Die Leute kamen und fragten den Besitzer: »Wieviel kostet dein Pferd?« – »Mein Pferd ist nur für die Brust einer Frau käuflich.« Die Leute sagten: »Oh, dein Pferd kostet sehr viel, wer kann es kaufen?«

Ein Knabe kam und fragte den Besitzer: »Wieviel kostet es?« Er sagte ihm: »Nur für die Brust einer Frau ist es käuflich.« Der Knabe sagte: »Gut.« Er wußte, was immer er wollte, seine Mutter würde es für ihn tun. Er fragte den Besitzer des Pferdes noch einmal: »Wieviel kostet das Pferd?« Der sagte: »Wenn du kannst, geh hin, um deiner Mutter Brust abzuschneiden und sie zu mir zu bringen, dann bekommst du das Pferd.« Der Knabe sagte: »Gut.« Er ging und bat seine Mutter: »Meine Mutter, kauf mir dieses Pferd um deine Brust.« Sie sagte zu ihm: »Gut.« Sie sagte weiter: »Geh hin und hole ein Messer.« Der Knabe ging, holte ein Messer und schnitt die Brust seiner Mutter ab. Dann ging er hin und brachte sie dem Besitzer des Pferdes. Der gab ihm das Pferd. Nun hatte der Knabe das Pferd.

Nach drei Tagen sagte er zu seiner Mutter: »Ich will auf Reisen gehen, ich will das Ende der Welt sehen.« Seine Mutter sagte: »Gut«, und sein Vater sagte auch: »Gut, Gott geleite dich.« Der Knabe sagte zum Pferd: »Pferd, siehe, ich kaufte dich um die Brust meiner Mutter, führe mich an das Ende der Welt.« Der Knabe machte sich fertig, band den Sattel auf und ging weg. Als er so dahin ging, traf er seinen Freund, den Gizo (die Spinne). Der Gizo fragte ihn: »Du, Kind, wo gehst du hin?« Er antwortete: »Ich gehe, um das Ende der Welt zu sehen.« Gizo sagte: »Soll ich dich begleiten?« Er sagte: »Begleite mich.«

Der Gizo machte sich einen Sattel aus einer Baumblüte. So gehen sie dahin, gehen immer weiter, bis sie an einen Ort gelangten, wo kein Land mehr war. Dort trafen sie eine Frau, eine Hexe, sie sahen sie, aber sie sah sie nicht. Der Knabe und der Gizo kamen zu ihr, sie grüßten sie, sie erwiderte ihren Gruß und sagte: »Geht's euch gut, meine Kinder?« Sie antworteten: »Ganz gut.« Sie sagte ihnen: »Kommt, wir wollen in mein Haus gehen.« Sie erwiderten: »Es ist gut.«

Nun gehen sie hin, wo kein Land ist, wo keine Bäume sind, nur Wind, nur Wasser, nur ein schwarzer Ort; so kamen sie in das Haus der Hexe. Als es Abend wurde, suchte die Hexe einen Hahn, um ihn zu schlachten, aber der Hahn lief weg und verbarg sich im Gras. Sie sucht und sucht ihn, findet ihn aber nicht. Sie kochte nun Klöße und bereitete sie dem Knaben und dem Gizo zu und sagte ihnen: »Eßt!« Sie sagten: »Gut.« Der Knabe sagte zu Gizo: »Ich mag diese Klöße nicht essen.« Der Gizo sagte: »Es ist nichts anderes da, das wir essen könnten.« Sie setzten sich hin und aßen die Klöße. Der Gizo hatte einen eisernen Stock. Als sie mit dem Essen fertig waren, gingen sie weg (zum Schlafen). Mitten in der Nacht nahm die Hexe ein Messer und schärfte es. Da krähte der Hahn: »Siehe sie, sie kommt, nehmt euch in acht!« Der Knabe verstand die Worte des Hahnes. Die Hexe sagte: »Wo ist der Hahn? Den ganzen Tag habe ich ihn gesucht und ihn nicht gefunden.« Sie sah nach unter dem Bett, steckte ihre Hand unter das Bett, tastete herum, fand ihn aber nicht. Da setzte sie sich wieder hin. Bald darauf nahm sie wieder das Messer, schärfte es und sagte dabei: »Friß Fleisch, friß Fleisch!« Plötzlich krähte der Hahn wieder: »Siehe sie, sie kommt.« Die Hexe verstand die Worte des Hahnes. Dreimal krähte der Hahn, da wurde es Morgen. Sie weckte die Kinder und sagte zu ihnen: »Habt ihr gut geschlafen?« Dann fragte sie: »Habt ihr heute nacht gesehen, daß ich etwas Unrechtes tat?« Der Gizo antwortete: »Ich sah dich.«

Die Hexe schämte sich. Sie ging hin, um den Hahn zu fangen und zu schlachten. Als sie ihn geschlachtet hatte, machte sie dem Gizo und dem Knaben ein Abendessen daraus. Sie aßen und gingen dann schlafen. Der Gizo sagte zum Knaben: »Heute nacht paß auf!« Das Kind sagte: »Gut.« Der Gizo nahm seinen eisernen Stock und stellte ihn zu ihren Häupten. Er setzte sich während der Nacht hinter die Tür. Die Frau rüstete sich, sie kommt, um den Knaben und den Gizo zu töten und zu essen. Sie schleift ihr Messer und sagt dabei: »Friß Fleisch, friß Fleisch!« Der Gizo machte sich bereit, er sagte: »Siehe, sie kommt.« Da nahm er seinen eisernen Stock und stellte sich in die Tür. Die Hexe kam leise, leise. Da nahm der Gizo seinen eisernen Stock, und während die Hexe ihren Kopf in das Haus steckte, zerbläute er ihr den Kopf mit dem eisernen Stock. Da kehrte sie wieder in ihr Haus zurück und leckte sich das Blut ab. Darauf wartete sie ein wenig und sagte: »Jetzt schlafen sie.« Sie schärfte ihr Messer wie vorhin und kam dann leise heran. Aber der Gizo hörte sie. Die Hexe steckte wieder ihren Kopf in das Haus und verletzte sich wieder den Kopf an dem eisernen Stock. Sie kehrte ins Haus zurück und leckte ihr Blut wie vorher.

Dreimal machten sie es so, die Hexe und der Gizo, bis es Morgen wurde. Da sagte der Gizo zu seinem Freund: »Siehe, diese Frau ist eine Hexe, die ganze Nacht habe ich sie ganz blutig geschlagen.« Der Knabe sagte: »Wirklich?« Er sagte: »Wirklich«. Und er sagte: »Wir wollen uns rüsten und am Morgen wieder in unser Land gehen.« Die Frau kam zu ihnen und sagte: »Habt ihr gut geschlafen?« Der Gizo antwortete: »Ganz gut, aber heute wollen wir wieder in unsere Heimat gehen.« Die Hexe sagte: »Geht in Frieden.« Der Knabe nahm ein Rasiermesser und band es in den Schwanz seines Pferdes. Dann sattelte er, machte sich fertig und bestieg sein Pferd. Der Gizo bestieg ein Baumblatt, das war sein Pferd. So ziehen sie dahin. Die Frau verwandelte sich in eine Hexe, sie wollte den Knaben fangen, sie griff in den Schwanz des Pferdes, das Rasiermesser schnitt ihr in die Hand. Da stand sie still und leckte sich das Blut ab. Plötzlich kam sie wie der Wind und sagte: »Steht still am Rande dieses Feuers, jetzt habe ich euch gefangen, jetzt werde ich euch essen.«

Der Knabe und der Gizo liefen und kamen an einen heißen See. Der Knabe sagte zu seinem Pferd: »Bringe mich über dieses heiße Wasser, um die Brust meiner Mutter habe ich dich gekauft.« Das Pferd sprang auf und setzte über den ganzen heißen See hinweg. Als der Gizo herüberritt, fiel er in das heiße Wasser, er und sein Pferd. Da kehrte der Knabe um und zog den Gizo heraus. Die Hexe kam nahe an das heiße Wasser und griff nach dem Schwanz des Pferdes, aber das Rasiermesser schnitt ihr wieder in die Hand. Sie ließ los, stand still und leckte ihr Blut ab. Der Knabe und der Gizo eilten weiter und kamen an ein Feuer, das war wie Wasser. Die Hexe rief ihnen zu: »Steht still hier, ich habe euch, ich esse euch.« Der Knabe sagte zu seinem Pferd: »Trage mich über dies Wasser, um die Brust meiner Mutter habe ich dich gekauft.« Da schlug er das

Pferd mit der Peitsche; das sprang auf und setzte über das ganze Feuer. Den Gizo hatte der Knabe mit sich genommen.

Als sie das Feuer überschritten hatten, kam die Frau wieder wie der Wind. Sie hatte den Knaben eingeholt und griff in den Schwanz des Pferdes, aber sie schnitt ihre Hand in dem Messer: Da stand sie still und leckte das Blut ab. Der Knabe und der Gizo galoppierten weiter, sie kamen an einen großen Fluß mit kaltem Wasser. Der Knabe sagte zu seinem Pferd: »Trage mich über dies Wasser«; er schlug das Pferd, nahm den Gizo mit sich, und so setzten sie über den Fluß.

Da ließ die Hexe ab, sie sagte: »Es ist besser, ich gehe nach Hause, ich kriege sie doch nicht.« Sie kehrte um in ihre Heimat. Der Knabe und der Gizo gingen, bis sie wieder an Land kamen. Sie gingen nach Hause. Der Knabe ging in das Haus seiner Mutter, seines Vaters und seines Bruders. Als sie ihn sahen, freuten sie sich, weil ihr Kind wiedergekommen war.

Kamno; talauel am i rei. (Das ist es; meine Geschichte ist aus)

Aus der Ful-Sprache von Diedrich Westermann

Asbin oder Azbin gehört zu den sieben alten Haussa-Staaten (vgl. R. C. Abraham, Dictionary of the Hausa Language, London 1962). Das Asbin-Pferd ist daher besonders edel – als käme es von dort.
Das Märchen ist in der Sprache der Fulbe erzählt, einem Volk von Rinderhirten, das sich auf die Savannen der Sahelzone verteilt. Leo Frobenius hat ihre Erzählungen wiedergegeben in dem berühmten Band VI seiner Sammlung Atlantis, »Spielmanns-geschichten der Sahel« (Jena 1921). Wortgenauer und damit überlieferungsgetreuer ist dieser Text, der sich zweisprachig im Anhang von Diedrich Westermann, »Hand-buch der Ful-Sprache« (Berlin 1909) findet. Wie schon in seiner vorausgegangenen »Grammatik der Ewe-Sprache« ging es dem deutschen Missionar um adäquate Wiedergabe von Sprache, Rhythmus, Erzählmelodie.

Kleiner Indianer

Es waren einmal zwei kleine Indianer. Da sagte der erste: »Ich will zum Vulkan gehen« und machte sich auf. »Ich gehe auf die Jagd«, sagte er.

Als er hinkam, fand er Guanakos (eine Art Lama) und erlegte sie mit dem Boleador. Guanakos und Strauße fand er reichlich vor. Er hatte auch einen Hund bei sich. So stieg er zum Vulkan empor und kam oben auf der Spitze an. An einer ganz dunklen Stelle, da gab er seinem Maultier die Sporen. So kam er geradewegs zu dem Haus des Cherufe (Dämon, der in Vulkanen haust). An der Tür des Hauses machte er halt. Der Knecht des Cherufe wurde zornig und sagte zu ihm: »Wozu kommst du hierher? Gleich wird der Cherufe kommen. Mach dich fort! Wenn der Cherufe ankommt, wird er dich töten.« Da wurde der kleine Indianer böse und sagte: »Warum sollte er mich gerade töten?« und blieb im Haus des Cherufe stehen.

Der Cherufe hatte einen Hund, so groß wie ein Ochse; der fing an, mit dem Hund des kleinen Indianers zu streiten, aber er konnte seiner nicht Herr werden. Da rief man ihm zu: »Rrrusch, geh hinaus!« Es waren da auch zwei hübsche Mädchen, die waren wie Schafe angebunden, damit der Cherufe Fleisch zu essen habe.

Kurz vor Mittag kam der Cherufe an. »Geh fort! Der Cherufe ist angekommen; sogleich wird man dich töten«, sagte man zu dem kleinen Indianer. »Ist denn der Cherufe so wild?« fragte er. »Wild und ein Menschenfresser ist er. Sobald er dich erblickt, wird er dich töten«, war die Antwort. Da kam der Cherufe schon ganz nahe heran und schleuderte mit großem Getöse Menschenköpfe umher. Da blitzte es; mit offenem Mund kam der Cherufe an. Da hetzte der kleine Indianer seinen Hund: »Sei mutig, Hündchen, beiß ihn!« Und als der Cherufe ganz nahe kam, da gab er seinem Maultier die Sporen und rannte den Cherufe an; so kämpften sie beide miteinander. Da ermutigte er wieder seinen Hund. So tötete er den Cherufe. Als er tot war, befreite er die beiden hübschen Mädchen und nahm sie mit sich nach Hause. Als er sie heimbrachte, da sagten die beiden hübschen Mädchen zu ihm: »Wir wollen uns gleich mit dir verheiraten.« – »Ich will nicht. Geht zu eurem Vater und eurer Mutter!« sagte er zu ihnen. Aber sie wollten nicht.

Abermals machte sich der kleine Indianer auf und stieg zum Vulkan empor, um zu jagen. Oben auf einem hohen Felsblock blieb er über Nacht. Da ging ein Cherufe ihm nach und fand ihn. Und als er ihn sah, stürzte er den Felsblock um, so daß der kleine Indianer darunter begraben wurde. So blieb er zwei Tage verloren.

Da sagte sein Bruder: »Ich will meinem Bruder nachgehen«, setzte sich auf eine Ziege wie auf ein Pferd und machte sich auf den Weg. Auf einem hohen Felsblock angekommen, sagte er: »Hier will ich mich schlafen legen.« So legte er sich hin zum Schlafen. Da kam wieder ein Cherufe; aber der Indianer sah ihn, wie er herankam, und sagte zu seinem Hündchen: »Sei mutig, laß uns kämpfen!« Der Cherufe kam heran und setzte sich oben auf einen Felsblock. Da erbebte der Felsen. Der Indianer aber zog sein Messer heraus und erhob es gegen den Cherufe und verwundete ihn und warf ihn auf die Erde nieder, und sie bissen aufeinander ein. So nahm er den Cherufe gefangen und fragte ihn aus: »Wo hast du meinen Bruder gelassen?« sagte er, »sogleich wirst du mir meinen Bruder zeigen.« – »Du mußt hier die Steine auf der Erde umwälzen«, antwortete der Cherufe. »Nein, das werde ich nicht. Wie käme ich dazu, die Steine umzuwälzen. Du wirst das tun, und wenn du sie nicht umwälzt, so werde ich dich töten«, sagte der Indianer zum Cherufe.

Da wälzte er alle Steine um, und unter einem großen Stein sprang schnell der kleine Indianer hervor. Ein bißchen weiter davon kam auch das Maultier wieder heraus, und als er noch einen Stein umwälzte, sprang auch das Hündchen wieder hervor. Da erzählten sich die beiden Brüder: »Wie kam denn das, daß er dich totmachte?« sagte der eine. »Er hat mich hinterlistig angegriffen, und so hat er mich getötet«, sagte der kleine Indianer. Dann sagte er zu dem Cherufe: »Mach, daß du fortkommst!«

Darauf gingen die beiden nach Hause. Dort blieben sie, und der kleine Indianer betrank sich. Da sagte er: »Ich bin ein tapferer Kerl. Ich habe den Cherufe totgeschlagen.« Aber keiner glaubte es ihm.

Es war einmal ein kleiner Indianer, der Sohn eines sehr reichen Mannes. Eines Tages sagte er: »Ich will ausziehen.« So zog er denn aus und nahm ein ausnehmend schönes Pferd mit und all seine Kleider und machte sich auf den Weg. Da traf er einen alten Mann, der war hundearm. Als sie sich so trafen, redeten sie miteinander. »Wo willst du hin?« fragte er den alten Mann. »Ich bin auf dem Weg nach Arbeit, irgendwohin«, antwortete der Alte. »Und du, wo willst du hin?« fragte er den kleinen Indianer. »Ich geh auch irgendwohin auf Arbeit. Ich werde dir mein Pferd und meine Kleider geben«, sagte er zu dem Alten; »gib du mir deine Kleider.« – »Gut«, antwortete der andere. So tauschten sie denn ihre Kleider aus, und der kleine Indianer machte sich wieder auf den Weg.

Unterwegs traf er alle, alle Tiere versammelt. Da waren Vögel, Jaguare, Pumas, Füchse, Stinktiere, Ameisen, Falken. Da hatte er Angst, sich ihnen zu nähern, aber er ging doch hinzu. Da fragten ihn die Tiere: »Wo willst du hin?« – »Ich gehe meines Weges nach Arbeit«, antwortete der kleine Indianer. »Gut so«, war die Antwort. »Möchtest du wohl recht tapfer sein?« fragte man ihn. »Klar möchte ich gern recht tapfer sein«, antwortete er. »So will ich dir ein Zauberkraut geben«, sagte man ihm. Und alles, was da an Tieren und Vögeln versammelt war, das gab ihm Zauberkräuter. »Was dir auch geschehe, wenn auch noch so viele Männer dich töten wollen, wenn auch noch so viele hundert Reiche dich vernichten wollen, sie werden dich nicht töten. Alles was du willst, wirst du werden. Willst du springen doppelt so weit wie ein schnelles Pferd, so kannst du es. Willst du eine Ameise werden, so bist du es. Willst du zwei Mannslängen tief unter der Erde sein, so vermagst du es.« So sprachen die Tiere zum kleinen Indianer.

Also ging er denn seines Weges. Da wollte er einmal versuchen, was die Tiere gesagt hatten, und sprach so: »Hier will ich Ameise sein.« Da wurde er eine Ameise. Ein bißchen weiter weg sagte er: »Hier will ich einen Sprung tun doppelt so weit wie ein schnelles Pferd«, da tat er ihn. Darauf stieg er zum Vulkan empor, und als er oben auf dem Gipfel angekommen war, da erblickte er das Haus des Cherufe. Sowie er ankam, ging er in das Haus hinein. In der Tür des Hauses stand ein Mann, zu dem sagte er: »Hast du keine Arbeit, Vater?« – »Es gibt keine Arbeit. Mach, daß du fortkommst. Sobald der Cherufe kommt, wird er dich töten.« So sagte der Mann zu dem kleinen Indianer. Da erblickte er ein sehr hübsches Mädchen.

Da kehrte er um, und auf dem Rückweg kam er in eine Stadt. »Hier möchte ich ein hübsches Vögelchen sein«, sagte er, da war er eins. In dieser Gestalt kam er bei einer Jungfrau an, die noch keinen Mann geliebt hatte, und setzte sich nahe beim Haus hin. Da sah sie ihn, und er gefiel ihr ausnehmend gut. »Geh, hol mir zwei Männer, die mir das Vöglein fangen«, sagte das Mädchen, Da ging ein Bursche hin und holte zwei Männer. »Ich will doch sehen, ob ich es nicht allein fangen kann«, sagte das Mädchen. Und sie ergriff das Vögelchen, denn es war ganz zahm. Da tat sie es ins Haus und steckte es in einen Kasten.

Als es Nacht wurde, legte sich das Mädchen zur Ruhe und schlief fest ein. »Jetzt will ich hinaus«, sagte da der kleine Indianer. »Eine Ameise will ich sein!« Da wurde er eine Ameise. Als er nun aus dem Kasten heraus war, sagte er: »Jetzt will ich ein Mensch sein!« Da wurde er wieder Mensch und betrachtete das Mädchen. Da erwachte das Mädchen und rief: »Wer ist hier?«, sprang auf und entzündete das Feuer. Als sie aber das Feuer anzündete, da sagte der kleine Indianer: »Ich will Ameise sein!« Und sie sah ihn nicht.

So legte sich denn das Mädchen wieder schlafen. Eine Weile darauf sprach der kleine Indianer: »Ich will wieder Mensch sein!« und wieder näherte er sich ihr, um bei ihr zu schlafen. Da erwachte das Mädchen und schrie: »Hier ist jemand!« Als nun Leute herbeikamen, sahen sie niemand, denn er hatte sich wieder in eine Ameise verwandelt und war in den Kasten gekrochen. Da überlegte sie und sagte: »Was mag das nur sein? Sollte es etwa das Vöglein sein?« Damit machte sie den Kasten auf, aber da war das Vöglein darinnen. Da sagte das Mädchen: »Wenn er noch einmal kommt, werde ich mit ihm sprechen.«

Ein Weilchen darauf, als sie schlief, kam abermals der kleine Indianer heran. Da sprach sie wirklich zu ihm, und sie unterhielten sich beide. »Wer bist du denn eigentlich?« sagte sie zu ihm. »Hiih, ich bin der, den du vorher gefangen hast«, antwortete er. »Ja, wer bist du denn aber in Wahrheit?« fragte sie wieder. »Bist du etwa der Herrscher der Menschen?« sagte sie zu dem kleinen Indianer. »Ich bin ein wirklicher Mensch«, antwortete er. Da ließ sie ihn bei sich schlafen, und sie waren zueinander wie Mann und Frau. So verbrachten sie die Nacht bis zum Morgen. Als es tagte, da erblickten sie sich. »Ich habe ein Mädchen gesehen, am Vulkan, die sah ganz so aus wie du. Bist du etwa einmal auf dem Vulkan gewesen?« so sagte er zu dem Mädchen. »Ich selbst nicht. Aber vor langer Zeit hat mir der Cherufe eine Schwester entführt«, antwortete das Mädchen. »Ich werde sie dir herbeiholen«, sprach der kleine Indianer. Und er machte sich auf zu dem Vulkan.

»Hier will ich ein Falke sein!« sprach der kleine Indianer. Da war er einer. Als er dann zum Vulkan kam, wurde er wieder Mensch. So kam er zum Haus des Cherufe. In der Tür des Hauses stand der Knecht des Cherufe. Wie nun der kleine Indianer ankam, so fragte er ihn um Arbeit. »Hier gibt's überhaupt keine Arbeit«, sagte der Knecht des Cherufe und wurde böse. »Warum bist du mir böse?« fragte der kleine Indianer. »Wozu kommst du hierher? Er wird dich sogleich töten«, war die Antwort. Da wurde der kleine Indianer auch böse.

»Gut, dann werde ich dich ganz schnell töten«, sagte der Knecht des Cherufe und drang rasch auf ihn ein. Da versetzte der andere ihm einen Stich, und so tötete ihn der kleine Indianer. Der Cherufe aber schlief. Da ging er zu ihm heran und tötete ihn ebenfalls. Darauf wollte er das Mädchen mitnehmen, sie aber wollte nicht kommen. »Wenn du nicht gehst, werde ich dich auf der Stelle töten«, sagte er zu dem Mädchen. Da kam sie denn zu ihm heraus. Dann sagte der kleine Indianer: »Hier will ich ein Jaguar sein!« So wurde er ein Jaguar. »Steig auf!« sagte er zu dem Mädchen. Da stieg sie auf, wie auf ein Pferd, und sie machten sich zusammen auf den Weg. »Halt dich gut fest!« sagte er zu ihr. Das tat sie denn auch.

So kamen sie an. Als sie nun ganz nahe waren, sagte er wieder: »Ich will Mensch sein!« und wurde Mensch. Als dann die Nacht herankam, schlief er mit den beiden Mädchen zusammen. In der Mitte lag der kleine Indianer. So blieb er da.

»Ich will noch einmal ausziehen«, sagte er und zog aus und machte sich auf den Weg zu einem anderen reichen Mann. Als er dort ankam, sagte er: »Gibt's keine Arbeit?« Da bekam er Arbeit als Rinderhirt. Als er nun eintrat, sagte der Herr zu ihm: »Bring es mir nicht an das Ufer des Meeres. All mein Vieh kommt mir dort um.« So führte er es auf die Weide und war ein guter Hirte.

Eine Weile darauf kam ein Cherufe heraus, um das Vieh zu töten. Und er tötete drei Rinder. »Hier will ich Falke sein!« sagte der kleine Indianer und wurde einer.

Er zog sein Messer heraus und drang schnell auf den Cherufe ein. So tötete er ihn.

Eine Weile darauf machte sich der Herr auf. Als er ankam, sagte er zu dem kleinen Indianer: »Warum hast du das Vieh hierher gebracht?« und als er die toten Rinder sah, wurde er böse. »Was macht denn das?« erwiderte der kleine Indianer. »Der dir deine Rinder mordete, ist tot«, sagte er zu dem Herrn. »He, das ist recht, mein Sohn«, sagte der Herr zum kleinen Indianer. »Wirf ihn mir ins Meer.« Als sie aber den toten Cherufe ins Meer warfen, wurde er wieder lebendig. Nach einer kleinen Weile kam er wieder heraus. Da verwandelte sich der kleine Indianer abermals und tötete den Cherufe wieder. Dieses Mal aber ließen sie ihn liegen. Da schätzte der Herr den kleinen Indianer hoch ein. »Gleich sollst du meine Tochter heiraten«, sagte er zu ihm. »Ich will nicht«, antwortete der. »Ja, wenn ich ein reicher Herr wäre, möchte ich mich wohl schon mit deiner Tochter verheiraten.« – »Heirate sie nur«, war die Antwort. »Ich will nicht«, sagte der kleine Indianer. Da gab man ihm ein ungesatteltes Pferd.

Unterwegs traf er wieder einen hundearmen Mann. Da gab er ihm sein ganzes gesatteltes Pferd. Darauf sprach er: »Ich will wieder zum Vulkan gehen.« Und er machte sich auf und kam auf dem Vulkan an. Von weitem sah man ihn schon. Ein Schuß krachte und traf. Getroffen sank der kleine Indianer nieder und starb. Der Mörder war der Cherufe.

Aus dem Nachlaß des Lateinamerika-Forschers Theodor Koch-Grünberg

Beide araukanischen Geschichten sollten ursprünglich in dem von Theodor Koch-Grünberg herausgegebenen Band »Indianermärchen aus Südamerika« (Jena 1920) erscheinen, entfielen jedoch aus Umfangsgründen. Sie sind bisher ungedruckt. Die Araukaner leben in der Cordillere de los Andes, also auf dem Staatsgebiet Chiles und Argentiniens. Sie sind ein altes indianisches Kulturvolk, mit eigener Mythologie. Bergdämonen spielen darin eine erhebliche Rolle, so der ewig zürnende Berggeist Trawum, den die Ahnen auch Pillan, Vulkangott, oder Trauku, den Alten vom Berge, nennen; dann der gefürchtete Riese Wentru Malén, der Mann und Frau in einer Person ist. Der im Vulkan hausende riesenhafte Cherufe entspricht etwa unserem Drachen: Er frißt am liebsten die jungen Mädchen – was mit den Opferritualen der Inkazeit zusammenhängen mag, als blutjunge Mädchen auf den eisigen Gipfeln der Anden »geopfert« wurden.

Von dem Schönen und vom Drakos

Es war einmal ein Mann, der verpraßte seine Jugend in jeder Art von Lust und Vergnügen. Nachdem er sich aber ausgetobt hatte, entschloß er sich zu heiraten. Seine Frau gebar ihm zwei Knaben, von denen der jüngste sehr schön war und daher von seinem Bruder sehr gehaßt wurde. Als sie nun eines Tages zusammen in den Wald gingen, da packte der Ältere seinen Bruder, band ihn an einen Baum und ging seiner Wege, indem er hoffte, daß der schöne Junge so verschmachten müsse.

Der Zufall wollte aber, daß ein alter und buckliger Schäfer mit seiner Herde an dem Baum vorüberzog, an dem der Junge angebunden war, und als dieser ihn erblickte, fragte er: »Sage mir doch, mein Sohn, warum sie dich so an den Baum gebunden haben.« Dieser antwortete: »Weil ich sehr bucklig war, haben sie mich an den Baum gebunden, und davon ist mein Rücken ganz gerade geworden.« – »Willst du mich nicht auch binden«, sagte darauf der Schäfer, »damit auch mein Rücken gerade werde?« – »Nun, warum soll ich dir nicht den Gefallen tun?« antwortete der Junge, »wenn du mich losbindest, will ich dich daran binden, so gut ich es nur vermag.« Da löste der Schäfer die Stricke, mit denen der Junge gebunden war. Der band nun den Schäfer an seiner Statt an den Baum; und mit dieser List nahm er dem Schäfer die Herde und zog damit fort. Darauf begegnete er einem Pferdehirten und betrog ihn um dessen Herde, und dann begegnete er einem Ochsenhirten und nahm auch dem die Herde.

Durch diese und ähnliche Streiche wurde er nach und nach so berühmt im Lande, daß sein Ruf bis zu dem König drang und dieser neugierig wurde, den Menschen zu sehen, welcher alle Welt betrügen könne. Er befahl also seinen Leibwächtern, den Schönen einzufangen und vor ihn zu führen.

Als nun der Schöne vor den König gebracht wurde, sprach dieser zu ihm: »Du hast durch die Streiche, die du den Leuten gespielt, dein Leben verwirkt. Wenn du aber imstande bist, mir das Flügelpferd des Drakos zu bringen, so will ich dir das Leben schenken. Wenn du das nicht kannst, so lasse ich dich in Stücke hauen!« Da sagte der Schöne: »Wenn es weiter nichts ist, das will ich schon holen.« Er machte sich also auf und ging geradewegs in den Stall, wo das Flügelpferd des Drakos stand; sowie er aber die Hand ausstreckte, um es am Zaum zu fassen, da fing es, so stark es konnte, zu wiehern an.

Der Stall war aber genau unterhalb der Stube, in der der Drakos schlief, so daß dieser von dem Wiehern des Gaules geweckt wurde und ihm zurief: »Was hast du denn, mein Schätzchen, daß du so spektakelst?« Nach einer Weile versuchte der Schöne von neuem, den Gaul loszubinden, der fing aber wieder so laut zu wiehern an, daß der Riese abermals aufwachte und den Gaul fragte, was er denn habe, daß er so spektakle. Als nun der Schöne abermals den Gaul abzubinden versuchte und dieser wiederum wieherte und den Drakos zum dritten Mal weckte, da wurde der böse, ging in den Stall, nahm eine Peitsche und gab dem Pferd eine derbe Tracht Schläge. Das verdroß aber den Gaul, und als sich daher der Drakos wieder niedergelegt hatte und der Schöne von neuem versuchte, ihn abzubinden, so ließ er sich das ruhig gefallen. Da zog der Schöne den Gaul aus dem Stall, setzte sich darauf und rief, so laut er konnte: »He Drakos, Drakos! Wenn dich einer fragt, wer dir deinen Gaul genommen habe, so sag, das sei der Schöne gewesen«, und ritt darauf so rasch er konnte zum König.
Der König aber sagte ihm: »Das Flügelpferd reicht mir nicht hin, du mußt mir auch die Bettdecke mit den Schellchen des Drakos bringen, sonst lasse ich dich in Stücke hauen.« Da antwortete der Schöne: »Wenn es weiter nichts ist, die will

ich schon holen.« Er ging also zum Haus des Drakos, stieg in der Nacht auf das Dach und öffnete die Dachluke, ließ die Kesselkette herab und versuchte mit dem Kesselhaken die Bettdecke heraufzuziehen. Da fingen aber die Schellchen zu klingen an, und davon wachte der Drakos auf und rief: »Frau, du hast mich aufgeweckt!« und zog die Decke wieder an sich und zugleich den Schönen aus der Dachluke herunter in die Stube. Da packte ihn der Drakos und band ihn und sprach zur Drakäna: »Morgen werde ich in die Kirche gehen, du aber mußt zu Hause bleiben und ihn schlachten und zurichten, und wenn ich aus der Kirche komme, so wollen wir ihn verzehren.«

Als nun am andern Morgen der Drakos zur Kirche gegangen war, packte die Drakäna den Schönen, um ihn zu schlachten. Während sie ihn losband, sagte er zu ihr: »Warte ein bißchen, damit ich mich noch einmal vor dir verbeugen kann«; und wie sie ihm ein bißchen Luft ließ, so daß er sich bücken konnte, da packte er sie bei den Beinen, riß sie zu Boden, schlachtete sie und steckte sie in den Backofen, den sie für ihn angezündet hatte; ihre Brüste aber schnitt er ab und hängte sie an den Nagel. Dann nahm er die Schellendecke und brachte sie dem König. Der König aber sagte: »Auch das ist noch nicht genug, du mußt mir den Drakos selbst holen, oder ich lasse dich in Stücke hauen.« Da antwortete der Schöne: »Auch das soll geschehen, aber du mußt mir dazu zwei Jahre Zeit lassen, damit mir der Bart wächst und er mich nicht erkennt.« Der König war das zufrieden, und nun wartete er zwei Jahre lang, bis ihm der Bart gewachsen war. Dann machte er sich auf den Weg zu dem Haus des Drakos und begegnete einem Bettler, den fragte er, ob sie nicht ihre Kleider tauschen wollten. Und da der es zufrieden war, so zog er dessen Kleider an und gab ihm dafür die seinigen. Darauf ging er geradewegs in das Haus des Drakos und traf ihn, wie er gerade einen Kasten zimmerte, und sprach: »Guten Tag, Deiner Herrlichkeit, gib mir ein Stückchen Brot.« Dieser aber sprach: »Wart ein bißchen, bis ich den Kasten fertig habe, dann gebe ich dir.« Da fragte ihn der Bettler: »Was hast du denn mit diesem Kasten vor?« Der Drakos erwiderte: »So und so ist es mir mit dem Schönen ergangen und darum habe ich diesen Kasten gemacht, um ihn hineinzustecken, wenn ich ihn erwische.« Da sprach der Bettler: »Das ist in der Tat ein großer Bösewicht, denn der ist auch schuld an meinem Elend und hat mich so heruntergebracht. Aber dein Kasten ist zu klein für ihn, denn er ist ein großer Mensch.« – »Ei was«, antwortete der Drakos, »der Kasten ist ja für mich groß genug.« Der Bettler sagte: »Ja, aber der Schöne ist auch fast so groß wie du, geh her und probier's einmal. Wenn du hineingehst, so geht auch er hinein.«

Da legte sich der Drakos in den Kasten, und der Schöne machte den Deckel zu und rief: »Drücke mal, um zu sehen, ob du den Kasten nicht sprengen kannst.« Da drückte der Drakos, was er konnte, und rief dann: »Er ist fest, mach nur auf!« Statt dessen aber schlug der Schöne den Deckel mit Nägeln noch fester zu und schlug auch Nägel in die Bretter, damit er sich nirgends widerstemmen könne. Darauf lud er den Kasten auf den Rücken und trug ihn zum König. Dieser war aber so neugierig, den Drakos zu sehen, daß er ein Loch in den Kasten schnitt, um hineinzusehen. Da, wo er das Loch schnitt, war grade der Mund des Drakos, und wie nun der König hineinsah, verschluckte ihn der Drakos auf einmal. Darauf nahm der Schöne die Königstochter zur Frau und wurde der König des Landes.

Aus dem Griechischen von Johann Georg von Hahn

Der Diebstahl der drei Zauberdinge eines Menschenfressers ist ein überaus beliebter Erzähltyp, wie der französische »Kleine Däumling« zeigt, der englische »Jack und die Bohnenranke«, die schottische »Maol a Chliobain« und eben auch dieser griechische »Schöne«, der sehr trickreich vorgeht. Sein Gegenspieler, der »Drakos«, hat, anders als unser »Drache«, menschliche Gestalt; doch er kann auch Schatzhorter und Jungfrauenverschlepper sein, oder einer von vierzig Räuberbrüdern. Das Riesenhafte und die Verschlingungsgelüste (bei aller Kirchenfrömmigkeit) weisen auf Nähe zu den antikischen Zyklopen, das Flügelpferd auf Nähe zu den ostslawischen Drachen. Seine Frau, die Drakäna, ist dem Helden keineswegs freundlicher gesonnen. In diesem Märchen ergeht es ihr wie der Hexe in »Hänsel und Gretel« – nur daß der Schöne ihr vorher die Brüste abschneidet und an einen Nagel hängt. Walter Scherf deutet diese Handlung als »blutiges Zeichen seiner geglückten Ablösung von dem verschlingenden Mutterdämon« (Das Märchenlexikon, 1995).
Das Märchen stammt aus Kukuli (Epirus). Es findet sich als Nr. 3 in dem klassischen Werk des Diplomaten und Balkanforschers Johann Georg von Hahn, »Griechische und albanesische Märchen« (Leipzig 1864); in den Anmerkungen werden noch drei weitere Varianten erzählt.

Zum Teufel mit dem Geld – Ich weiß, was ich weiß

Ein Mann hatte drei Töchter, die waren mit drei Bergtrollen verheiratet. Einmal wollte er sie besuchen, und seine Frau gab ihm etwas trockenes Brot mit auf den Weg. Aber als er ein Stück gegangen war, da wurde er müde und hungrig. Er setzte sich also auf die östliche Seite des Hügels und machte sich daran, sein trockenes Brot zu essen. Da kam seine jüngste Tochter heraus und sagte zu ihm: »Vater, warum kommst du nicht herein zu mir?« – »Ja, antwortete er, »hätte ich gewußt, daß du hier wohnst, und hätte ich einen Eingang gesehen, dann wäre ich wohl hereingekommen.«

Kurz darauf kam der Troll heim. Die Frau erzählte ihm, daß ihr Vater gekommen war, und sie bat ihn, etwas Fleisch zur Suppe zu kaufen. »Ach, das können wir bequemer haben«, entgegnete der Troll. Und er schlug einen großen Nagel in den Balken und rannte mit seinem Kopf dagegen, so daß er große Stücke Fleisch abriß. Danach war er aber schnell wieder wohlauf, und sie genossen alle eine kräftige Suppe. Dann gab der Troll dem Alten einen Sack voll Geld, und damit ging dieser wieder nach Hause.

Als er aber in die Nähe seines Hauses gekommen war, fiel ihm ein, daß er eine trächtige Kuh hatte. Er setzte das Geld ab, lief heim, so rasch er konnte, und fragte seine Frau, ob die Kuh schon gekalbt habe. »Wie kommst du denn angerannt?« sagte seine Frau. Nein, die Kuh habe noch nicht gekalbt. »Gut, dann mußt du jetzt mitkommen und mir helfen, einen Sack voll Geld hereinzutragen«, sagte der Mann. »Einen Sack voll Geld?« fragte die Frau. »Ja, gewiß, einen Sack voll Geld«, sagte der Mann. »Ist das denn so verwunderlich?«

Auch wenn die Frau nicht besonders viel darauf gab, was der Mann ihr erzählte, fügte sie sich doch und ging mit hinaus. Als sie aber zu der Stelle kamen, da war das Geld verschwunden. Ein Dieb hatte es mitgenommen. Da wurde die Frau wütend und schimpfte mit dem Mann. »Ja, ja«, sagte der Mann. »Zum Teufel mit dem Geld. Ich weiß, was ich weiß.« – »Was weißt du denn?« fragte die Frau. »Hm, ja, das weiß ich eben«, entgegnete der Mann.

Als einige Zeit vergangen war, bekam der Mann Lust, seine zweitälteste Tochter zu besuchen. Wieder gab ihm seine Frau etwas trockenes Brot mit, und als er unterwegs müde und hungrig wurde, setzte er sich auf die östliche Seite eines Hügels und begann zu essen. Und während er noch aß, kam seine zweit-

älteste Tochter aus dem Hügel und sagte zu ihm: »Vater, warum sitzt du hier, komm herein!« Da ging er mit ihr. Kurz danach kam der Troll heim. Es war dunkel geworden, und die Frau bat ihren Mann, eine Kerze zu kaufen. »Licht sollen wir wohl bald haben«, sagte der Troll, und mit diesen Worten hielt er seine Finger ins Feuer. Nun leuchteten die Finger, und sie nahmen dabei überhaupt keinen Schaden. Der Alte bekam diesmal zwei Säcke voll Geld und stolperte damit heim. Und als er fast zu Hause war, da fiel ihm wieder die Kuh ein, die ein Kalb bekommen sollte. Er setzte das Geld ab, lief heim und fragte seine Frau, ob die Kuh schon gekalbt habe. »Du kommst ja herein, als ob das ganze Haus zusammenfallen sollte«, sagte die Frau. »Du kannst ganz beruhigt sein, die Kuh hat noch nicht gekalbt.« Da verlangte der Mann wieder, seine Frau sollte ihm helfen, das Geld zu schleppen. Die Frau glaubte zwar nicht besonders an das Geld, aber der Mann blieb so lange bei seinen Beteuerungen, daß sie einwilligte und ihm folgte. Aber als sie an die Stelle kamen, war der Dieb wieder dagewesen und hatte das Geld mitgenommen. Kein Wunder, daß die Frau böse Worte fand. Aber der Mann antwortete nur: »Ach, wenn du wüßtest, was ich weiß.«
Schließlich zog der Mann ein drittes Mal los, diesmal, um seine älteste Tochter zu besuchen. Als er zu einem Hügel kam, setzte er sich auf die östliche Seite und verspeiste sein trockenes Brot. Da kam die Tochter heraus und nahm ihren Vater mit hinein. Wenig später kam der Troll. Es stellte sich heraus, daß Fisch fehlte, und die Frau wollte, daß der Troll welchen kaufen sollte. Aber der sagte, das könne man bequemer haben. Sie solle ihm nur ihren Backtrog und eine Schöpfkelle geben. Der Troll und seine Frau setzten sich in den Trog und segelten hinaus. Als sie ein Stück weit hinausgefahren waren, fragte der Troll: »Sind meine Augen grün?« – »Nein, noch nicht«, antwortete die Frau. Da segelten sie noch ein Stück weiter. Der Troll fragte wieder: »Sind meine Augen noch nicht grün?« –»Doch«, sagte die Frau, »jetzt sind sie grün.« Da sprang der Troll ins Wasser und schöpfte Fische in den Trog, bis keine mehr hineinpaßten. Und als sie heimkamen, genossen sie alle die gute Mahlzeit, und hinterher bekam der Alte drei Säcke voll Geld. Als er aber fast zu Hause angekommen war, fiel ihm wieder die Kuh ein. Diesmal stellte er seine Holzschuhe auf das Geld, denn er meinte, dann würde es keiner stehlen. Aber da irrte er sich gewaltig, denn als er im Haus war, um zu fragen, ob die Kuh inzwischen gekalbt habe, kam ein Spitzbube und stahl die Säcke, aber die Holzschuhe ließ er liegen. Als die Frau herauskam und nur die Holzschuhe, aber kein Geld fand, wurde sie sehr wütend und beschimpfte den Mann. Er blieb jedoch ganz ruhig und

antwortete nur: »Zum Teufel mit dem Geld. Ich weiß, was ich weiß.« – »Was weißt du denn?« fragte die Frau. »Das würde ich gern erfahren.« – »Das wirst du früh genug sehen«, antwortete der Mann.

Eines Tages hatte die Frau kein Fleisch zur Suppe. Da sagte sie zu dem Mann: »Geh in die Stadt und kauf uns etwas Fleisch!« – »Das ist nicht notwendig«, entgegnete er. »Das können wir viel bequemer haben.« Mit diesen Worten schlug er einen großen Nagel fest in den Balken und lief dagegen, so daß das Blut nur so strömte und er lange Zeit krank im Bett liegen mußte. Als er sich endlich wieder erholt hatte, fehlte der Frau eines Tages Licht, uns sie bat ihn, eines zu kaufen. »Nein«, sagte er, »das ist nicht nötig.« Und er steckte seine Hand ins Feuer, und wieder mußte er lange Zeit das Bett hüten.

Als er wieder auf den Beinen war, brauchte die Frau Fisch. Auch diesmal wollte er nicht in die Stadt gehen, und er sagte der Frau, daß sie einen Backtrog und eine Schöpfkelle bringen sollte. Sie setzten sich beide in den Trog und segelten hinaus. Als sie ein Stück hinausgekommen waren, fragte der Mann: »Sind meine Augen grün?« – »Nein«, antwortete die Frau, »wie sollten sie auch?« Wenig später fragte der Mann wieder, aber die Frau blieb dabei und sagte nein. Da drängte der Mann: »Ach, kannst du nicht einmal sagen, daß meine Augen grün sind?« – »Na gut«, sagte die Frau, »sie sind grün.« Sobald er das hörte, sprang er mit der Schöpfkelle ins Wasser, um zu fischen. Aber da wurde er selbst den Fischen zur Beute.

Aus dem Dänischen von Ulrike Strerath-Bolz

390

Die Geschichte von den drei Troll-Schwiegersöhnen und den vergeblichen Versuchen, ihre Künste nachzuahmen, hat Svend Grundtvig unter dem leitmotivischen Spruchtitel »Pogger med pengene – jeed veed, hvad jeg har laert« (Zum Teufel mit dem Geld – ich weiß, was ich weiß) 1854 in Kopenhagen veröffentlicht: im ersten Band seiner »Gamle dansker Minder i Folkemunde«. Sein Gewährsmann war Nikolaj Christensen, die Geschichte selbst wurde in Nordjütland erzählt und aufgezeichnet.

Scheinen die Trolle der altnordischen Sagas mehr oder weniger »erlebte Dämonen«, personifizierte Naturgewalten gewesen zu sein, so sind Märchentrolle vorwiegend in narrativer Absicht geschaffen – »um dem Helden in der Rolle des übernatürlichen Widersachers oder aber eines Helfers zu begegnen« (Lutz Röhrich).

391

Jack und die Bohnenranke

Vor langer Zeit lebte eine arme Witwe, die hatte einen einzigen Sohn, der hieß Jack, und eine Kuh, die sie »Milchweiß« riefen. Alles, was sie zum Leben hatten, war die Milch, die die Kuh jeden Morgen gab; die brachten sie zum Markt und verkauften sie. Aber eines Morgens gab Milchweiß keine Milch, und sie wußten nicht, was sie tun sollten.

»Was sollen wir bloß machen, was sollen wir bloß machen?« sagte die Witwe und rang die Hände. »Sei guten Mutes, Mutter, ich will losgehen und mir irgendwo Arbeit suchen«, sagte Jack. »Das haben wir schon früher versucht, aber niemand wollte dich nehmen«, sagte seine Mutter, »wir müssen Milchweiß verkaufen und mit dem Geld einen Laden aufmachen oder sonstwie handeln.« – »Also gut, Mutter«, sagte Jack, »heute ist Markttag, da werde ich Milchweiß bald verkauft haben, und dann sehen wir, wie's weitergeht.«

So nahm er denn die Kuh am Strick und machte sich auf den Weg. Er war noch nicht weit gekommen, da traf er einen sonderbaren alten Mann, und der sprach ihn an: »Guten Morgen, Jack.« – »Auch Euch guten Morgen«, sagte Jack und wunderte sich, daß der andere seinen Namen kannte. »Nun, Jack, und wohin geht's?« – »Ich gehe auf den Markt und will unsere Kuh hier verkaufen.« – »Oh, du schaust mir ganz danach aus, daß du Kühe verkaufen kannst«, sagte der Mann, »ich frage mich, ob du weißt, wie viele Bohnen fünf ergeben.« – »Zwei in jeder Hand und eine in Eurem Mund«, sagte Jack etwas spitz. »Ganz recht«, sagte der Mann, »und da sind sie auch schon, die sehr besonderen Bohnen«, und er holte aus seiner Tasche eine Handvoll Bohnen von eigenartigem Aussehen. »Und weil du so scharfsinnig bist, habe ich nichts dagegen, mit dir einen Tausch zu machen: deine Kuh für diese Bohnen.« – »Geh weiter«, sagte Jack, »das würde Euch so passen.« – »Ah, du weißt nur nicht, was das für Bohnen sind«, sagte der Mann. »Wenn du sie abends einpflanzt, so sind sie am nächsten Morgen bis zum Himmel gewachsen.« – »Wirklich«, sagte Jack, »Ihr macht wohl Spaß?« – »Nein, es ist so, und falls es nicht stimmt, kannst du deine Kuh zurückhaben.« – »Also abgemacht«, sagt Jack, drückt ihm Milchweißens Strick in die Hand und steckt sich die Bohnen ein.

Jack geht nach Hause zurück, und weil er nicht eben weit gegangen war, kam er noch bevor es dunkelte zur Tür herein. »Schon zurück, Jack?« sagte die Mutter. »Ich sehe, du hast Milchweiß nicht mehr dabei, also hast du sie verkauft. Wieviel hast du für sie bekommen?« – »Das wirst du nie erraten, Mutter«, sagte Jack. »Nein, was du nicht sagst. Braver Kerl! Fünf Pfund, zehn, fünfzehn – es können doch nicht zwanzig sein.« – »Ich sagte doch, du kannst es nicht erraten. Was sagst du zu diesen Bohnen; sie haben Zauberkraft; pflanz sie ein über Nacht und ...« – »Was!« rief da die Mutter, »bist du so ein Narr gewesen, so ein Schwachkopf, so ein Hirnriß, daß du meine Milchweiß weggeben hast, die beste Milchkuh in der Gegend und das allerbeste Fleisch, für eine Handvoll lausiger Bohnen! Da, nimm das! Und das! Und das! Und deine überaus kostbaren Bohnen da, aus dem Fenster, weg damit! Und nun marsch mit dir ins Bett! Heute abend kriegst du keinen Schluck zu trinken und keinen Bissen zu essen.«

Da stieg Jack die Treppe hinauf zu seinem Dachkämmerlein, traurig und niedergeschlagen, und das gewiß ebensosehr seiner Mutter wegen wie wegen des entgangenen Abendessens. Endlich schlief er aber doch ein.

Als er erwachte, sah es in seiner Kammer so merkwürdig aus. In einen Teil schien die Sonne, alles andere aber war dunkel und schattig. Jack sprang auf, zog sich an und lief zum Fenster. Und was glaubt ihr, was er sah? Nun, die Bohnen, die seine Mutter zum Fenster hinaus in den Garten geworfen hatte, waren aufgegangen zu einer großen Bohnenranke und höher und höher geschossen, bis zum Himmel hinauf. Der Mann hatte also doch die Wahrheit gesagt.

Die Bohnenranke wuchs ganz nah an Jacks Fenster vorbei, so brauchte er es nur zu öffnen und einen Sprung zu tun auf die Bohnenranke, die wie eine große Leiter hinaufführte. Jack kletterte also und kletterte, kletterte und kletterte, kletterte und kletterte und kletterte, bis er endlich am Himmel anlangte. Und wie er dort war, kam er auf eine lange und breite Straße, so schnurgeradenwegs wie ein Pfeil. Die ging er also weiter, ging weiter und weiter, bis er zu einem großmächtig hohen Haus kam, und auf der Türschwelle stand eine großmächtig hohe Frau.

»Guten Morgen, Madam«, sagte Jack, so höflich er nur konnte. »Würdet Ihr so freundlich sein und mir etwas zum Frühstück geben?« Denn er hatte, wie ihr wißt, schon am Abend nichts zu essen bekommen und war hungrig wie ein Jäger. »So, ein Frühstück willst du also haben?« sagt die großmächtig hohe Frau, »du wirst bald selbst ein Frühstück sein, wenn du die Beine nicht von hier fortbewegst. Mein Mann ist ein Menschenfresser, und nichts mag er lieber als gebratene Jungen auf Toast. Also verschwinde lieber, denn er wird gleich kommen.« – »Ach bitte, Madam, gebt mir etwas zu essen«, sagt Jack. »Madam, seit gestern früh habe ich nichts mehr im Magen gehabt, wirklich und wahr, Madam. Ich kann genausogut gebraten werden wie ich Hungers sterbe.«

Nun, die Frau des Menschenfressers war am Ende gar nicht so übel. Sie nahm Jack mit in die Küche und gab ihm eine Scheibe Brot mit Käse und einen Krug Milch. Aber Jack hatte kaum die Hälfte verputzt, als – dum, dum, dum! – das ganze Haus zu dröhnen begann von dem Lärm, den jemand beim Näherkommen machte. »Ach, du meine Güte, da kommt mein Alter!« sagte die Menschenfressersfrau. »Was in aller Welt mache ich bloß? Schnell, komm, kriech da hinein!« Und sie bugsierte Jack in den Backofen, gerade als der Menschenfresser hereintrat. Das war ein Riesenkerl, da könnt ihr sicher sein. An seinem Gürtel hatte er drei Kälber hängen, an ihren Hinterbeinen zusammengebunden; die hakte er los, warf sie auf den Tisch und sagte: »Hier, Frau, brate mir zwei davon zum Frühstück. Ah, was rieche ich da?

> Fie-fei-fo-fam,
> Hier riecht's nach Blut von 'nem Englischmann,
> Sei er noch lebend oder schon tot,
> Seine Knochen will ich zermahlen zu Brot.«

»Unsinn, mein Lieber«, sagte seine Frau, »du träumst wohl. Oder du riechst vielleicht die Überreste von dem kleinen Jungen, der dir gestern als Mittagessen so gut gemundet hat. Jetzt geh nur und wasch dich und mach dich ordentlich! Und wenn du zurückkommst, ist das Frühstück für dich fertig.«

Da ging der Menschenfresser hinaus, und Jack war schon drauf und dran, aus dem Ofen zu springen und fortzulaufen, als die Frau zu ihm sagte: »Warte, bis er eingeschlafen ist. Er macht immer ein Nickerchen nach dem Frühstück.« Nun, der Menschenfresser bekam sein Frühstück, und danach geht er zu einer großen Truhe, nimmt zwei Säcke Gold heraus, setzt sich nieder, zählt und zählt – bis ihm schließlich der Kopf auf die Brust sank und er zu schnarchen begann, daß wieder das ganze Haus wackelte.

Jetzt kroch Jack auf Zehenspitzen aus seinem Backofen, und wie er an dem Menschenfresser vorbeischlich, nahm er einen der beiden Goldsäcke unter seinen Arm und rannte, was das Zeug hielt, bis er zur Bohnenranke kam; da warf er den Sack mit Gold hinunter, der natürlich in den Garten seiner Mutter fiel, und dann kletterte er abwärts, bis er schließlich zu Hause landete und seiner Mutter alles erzählte. Er zeigte ihr das Gold und sagte: »Nun, Mutter, habe ich nicht recht gehabt mit den Bohnen? Es sind wirklich Zauberbohnen, wie du siehst.«

So lebten sie eine ganze Weile von dem Sack Gold, aber schließlich ging es damit zu Ende, und Jack beschloß, noch einmal sein Glück da oben auf der Bohnenranke zu versuchen. Eines schönen Morgens stand er zeitig auf und schwang sich auf die Bohnenranke, er kletterte und kletterte, kletterte und kletterte, kletterte und kletterte, bis er endlich wieder zu der Straße kam und zu dem großmächtig hohen Haus, wo er schon vordem gewesen. Und richtig, da stand auch wieder die großmächtig hohe Frau auf der Türschwelle.

»Guten Morgen, Madam«, sagt Jack ebenso kühn wie kess, »würdet Ihr so freundlich sein und mir etwas zu essen geben?« – »Lauf bloß fort, mein Junge«, sagt die riesig große Frau, »oder mein Mann verspeist dich zum Frühstück. Aber bist du nicht das Jüngelchen, das schon einmal hier war? Stell dir vor, am gleichen Tag vermißte mein Mann einen seiner Goldsäcke.« – »Das ist sonderbar, Madam«, sagt Jack. »Ich glaube beinahe, ich könnte Euch darüber etwas erzählen, aber ich bin so hungrig, daß ich kein Wort herausbringe, bevor ich nicht etwas gegessen habe.« Nun, die riesig große Frau war so neugierig, daß sie ihn einließ und ihm etwas zu essen gab. Kaum hatte er zu kauen begonnen, so langsam wie es nur ging, da hörten sie – dum, dum, dum! – die Schritte des Riesen, und die Frau versteckte Jack im Ofen.

Alles lief so ab wie das erstemal. Der Menschenfresser trat ein, sagte »Fie-feifo-fam« und bekam zum Frühstück drei gebratene Ochsen. Dann sagte er: »Frau, bring mir die Henne, die die goldenen Eier legt.« Sie brachte sie also, und der Menschenfresser sagte: »Lege!« und die Henne legte ein Ei ganz aus Gold. Und dann sank dem Menschenfresser allmählich der Kopf nach hinten, und er fing an zu schnarchen, daß das Haus nur so bebte.

Jetzt kroch Jack auf Zehenspitzen aus dem Backofen, schnappte sich die goldene Henne und war auf und davon, ehe du »Jack Robinson« sagen kannst. Aber auf einmal gackerte die Henne, und davon erwachte der Menschenfresser. Gerade als Jack zum Haus hinauslief, hörte er ihn brüllen: »Frau, herrje, was hast du mit meiner goldenen Henne angestellt?« Und die Frau rief: »Wieso, mein Lieber?« Das war alles, was Jack noch hörte, denn er raste davon zur Bohnenranke und kletterte hinunter so rasch wie das Feuer, wenn's Haus brennt. Und als er heimkam, zeigte er seiner Mutter die wunderbare Henne und sagte: »Lege!« und da legte sie jedesmal, wenn er dies sagte, ein goldenes Ei.

Aber Jack war es nicht zufrieden, und es dauerte nicht lange, da beschloß er, ein

Designed & etched by George Cruikshank

Jack gets the Golden Hen, away from the Giant.

letztes Mal da oben auf der Bohnenranke sein Glück zu versuchen. So stand er eines schönen Morgens zeitig auf und schwang sich auf die Bohnenranke, er kletterte und kletterte, kletterte und kletterte, bis er ganz oben war. Aber diesmal wußte er etwas Besseres, als schnurstracks zum Haus des Menschenfressers zu gehen. Als er sich in dessen Nähe befand, wartete er hinter einem Busch, bis er die Frau des Menschenfressers herauskommen sah; sie trug einen Eimer, um Wasser zu holen. Nun schlüpfte er ins Haus und kroch in den kupfernen Wasserkessel. Es dauerte auch nicht lang, da hörte er ein »Dum, dum, dum!« wie zuvor, und der Menschenfresser und seine Frau kamen herein.

»Fie-fei-fo-fam, ich riech das Blut von 'nem Englischmann!« rief der Menschenfresser, »ich rieche ihn deutlich, Frau, ich rieche ihn.« – »Wirklich, mein Liebster?« sagte die Menschenfressersfrau. »Wenn es dieser kleine Schurke ist, der dir dein Gold gestohlen hat und die goldene Eier legende Henne, dann hält er sich sicher im Ofen versteckt.« Und beide rannten sie zum Backofen. Aber Jack war da nicht, zu seinem Glück, und die Menschenfressersfrau sagte: »Du mit deinem ewigen Fie-fei-fo-fam! Sicher riechst du noch was von dem Jungen, den du gestern abend geschnappt hast und den ich dir zum Frühstück schon gebraten habe. Ach, wie vergeßlich ich bin – und wie unachtsam von dir, daß du nach all den Jahren den Unterschied nicht kennst zwischen dem Lebendigen und dem Toten.«

Nun setzte sich der Menschenfresser zum Frühstücken hin und aß, aber alle Augenblicke murmelte er: »Ich hätte geschworen ...« Und er stand auf und suchte in der Speisekammer, in den Schränken, überall. Zum Glück dachte er nicht an den kupfernen Wasserkessel.

Als er mit dem Frühstücken fertig war, rief er: »Frau, ach bring mir meine goldene Harfe!« Da brachte sie sie und stellte sie vor ihn auf den Tisch. Dann sagte er: »Singe!« und die goldene Harfe sang ganz wunderschön. Und sie sang immerzu, bis der Menschenfresser in Schlaf fiel und zu schnarchen begann wie Donnergrollen.

Da hob Jack sachte den Deckel des Kessels und schlüpfte heraus wie ein Mäuschen, kroch auf Händen und Knien bis zum Tisch, krabbelte hoch, griff sich die goldene Harfe und eilte mit ihr zur Tür. Aber da rief die Harfe ganz laut: »Meister, Meister!« und der Menschenfresser wachte auf und konnte Jack gerade noch mit der Harfe davonlaufen sehen.

Jack rannte, so schnell er konnte, und der Menschenfresser ihm dicht auf den Fersen; und er hätte ihn auch beinah erwischt, aber Jack kam dem zuvor, schlug ein paar Haken – er wußte, wohin er wollte. Als er zu der Bohnenranke kam, war der Menschenfresser nur noch zwanzig Schritte hinter ihm, und da sah er plötzlich, wie Jack einfach verschwand, und als er ans Ende der Straße kam, sah er unter sich Jack um sein Leben klettern. Also, dem Menschenfresser gefiel es ganz und gar nicht, sich solch einer Leiter anzuvertrauen; er blieb stehen und wartete, und so bekam Jack wieder einen Vorsprung. Aber gerade in dem Moment rief die Harfe wieder: »Meister, Meister!« und der Menschenfresser schwang sich hinunter auf die Bohnenranke, daß sie von seinem Gewicht nur so schaukelte. Immer tiefer kletterte Jack, und hinter ihm her der Menschenfresser. Jack kletterte hinab und kletterte und kletterte, und schon war er nahe bei seinem Haus, da schrie er: »Mutter, Mutter! Bring mir eine Axt, bring mir eine Axt!« Und seine Mutter kam herausgestürzt, mit einer Axt in der Hand. Aber

als sie zu der Bohnenranke kam, blieb sie vor Schreck stocksteif stehen: Denn da sah sie den Menschenfresser mit den Beinen gerade durch die Wolken kommen.

Doch Jack sprang herunter, packte die Axt und gab der Bohnenranke einen Hieb, daß sie halb durchgeschlagen wurde. Der Menschenfresser spürte, wie die Bohnenranke zitterte und bebte, und er hielt an, um nachzusehen, was los wäre. Da schlug Jack mit der Axt ein zweites Mal zu, davon wurde die Bohnenranke ganz durchgeschlagen, sie wankte und kippte um. Da fiel der Menschenfresser herunter und brach sich den Schädel, und hinter ihm stürzte die Bohnenranke nieder.

Nun zeigte Jack seiner Mutter

die goldene Harfe, und sie ließen sie andere Leute sehen und verkauften die goldenen Eier, und Jack und seine Mutter wurden sehr reich davon; und er heiratete eine hochvornehme Prinzessin, und sie lebten allezeit glücklich.

Aus dem Englischen von Ulf Diederichs

Diese berühmte »Jack tale« wurde anfangs, so um 1730, als Feengeschichte erzählt. Der Held hieß Jack Spriggins, und seine Großmutter besaß eine Zauberbohne. Als er die stahl und einpflanzte, schoß sie so rasch nach oben, daß er sich an der Nase verletzte. Die ergrimmte Alte verwandelte sich in eine Kröte und scheuchte ihn den Bohnenstengel hoch. Auch der Wirt des Gasthauses, in dem er auf seinem Weg nach oben verschnaufen will, erweist sich als Hexer. Zum Schluß ist der Menschenfresser-Riese Gogmagog vernichtet und die vielen Ritter und Jungfrauen, die ihm als Frühstück dienen sollten, sind befreit.
Die vorliegende Version basiert auf Tabarts »Popular Stories for the Nursery« (1807). Eine ebenfalls sehr bekannte wird als »The History of Mother Twaddle« geführt (Erstdruck ebenfalls 1807). Jacks Geschichte war einer der ersten Comics von Walt Disney in den 20er Jahren. Bruno Bettelheim strich die entwicklungspsychologische Bedeutung des Märchens heraus. Nach seiner Analyse (Kinder brauchen Märchen, 1976) befreit sich Jack von seinem Vater, der auf der oralen Ebene als eifersüchtiger Menschenfresser erlebt wird; indem er die Axt an die Bohnenranke legt, schwört er »allen magischen Lösungen ab und wird sein eigener Herr«.

Der Pfeil des Kurupira

Es war einmal ein Jäger, der verirrte sich im Wald. Als er nachts zu einem großen Baum kam, legte er sich darunter schlafen. Da hörte er es schreien. Es war der Kurupira (Waldgeist), der gegen die Baumwurzeln schlug und schrie, und wieder dagegen schlug und schrie. Er kam immer näher. Schließlich hörte er ihn ganz nahe. Da kam der Kurupira auch schon heran und setzte sich neben ihn, und sie begannen miteinander zu reden. »Enkel, wie geht es dir?« – »Ganz gut, Großvater, aber wie geht es dir?« – »Auch ganz gut.« – »Großvater, ich habe mich verirrt?« – »Ist es denn möglich? Enkel, dein Haus steht doch nicht weit von hier. Wann bist du von dort weg?« – »Gestern, Großvater.«

Dann redeten sie von neuem. »Enkel, ich habe Hunger.« – »Auch ich habe Hunger, habe heute noch nichts gegessen.« – »Enkel, ich möchte essen.« – »Ich auch.« – »Enkel, gib mir deine Hand zu essen.« – »Hier nimm, Großvater.« Er schnitt die Pfote eines Affen ab, den er am Abend geschossen hatte, und gab sie ihm. Der Kurupira nahm sie und aß. »Enkel, deine Hand schmeckt mir. Ich möchte auch die andere essen.« – »Hier nimm, Großvater.« Er nahm sie und aß. »Enkel, deine Hand schmeckt so gut. Gib mir auch deinen Fuß zu essen.« – »Hier nimm, Großvater.« Er schnitt dem Affen einen Fuß ab und gab ihn ihm. »Hier nimm, Großvater.« Der Kurupira nahm ihn und aß. »Enkel, dein Fuß schmeckt mir.« – »Ist es so, Großvater?«

Dann bat der Kurupira weiter: »Enkel, ich möchte auch dein Herz haben.« – »Ist es so, Großvater? Hier nimm.« Er holte das Herz des Affen hervor und gab es ihm. Der Kurupira nahm das Herz des Affen und aß es auf.

Darauf bat ihn der Jäger: »Großvater, nun möchte ich auch dein Herz haben.« Bevor der Kurupira noch um irgend etwas bitten konnte, bat er ihn um sein Herz. »Ist es so, Enkel? Dann gib mir dein Messer.« – »Hier nimm mein Messer.« Der Kurupira nahm sofort das Messer und stieß es sich in die Brust. Er fiel um und starb. Der Jäger machte sich auf, ließ ihn liegen. »Gut, daß er endlich tot ist!« Damit ging er.

Nach einem Jahr erinnerte er sich wieder an die Sache. »Jetzt will ich den toten Kurupira aufsuchen und ihm die grünen Zähne ziehen, dann hab ich ein Zaubermittel. Er muß schon ziemlich verwest sein. Und seine Knochen kann ich brauchen als Pfeilspitzen.« Er kam zu der Stelle, fand bereits gebleichte Knochen vor und machte sich mit der mitgebrachten Axt daran, sie herauszulösen. »Und jetzt ziehe ich ihm damit die Zähne aus«, sagte er und schlug mit der Axt auf die Zähne.

Da wurde der Kurupira wieder lebendig. Er setzte sich auf. Der Jäger erschrak bis ins Mark. »Enkel, ich habe Durst, ich will Wasser.« – »Ist es so?« Und rasch schlug er sein Wasser in seinem Hut ab. »Hier nimm das Wasser, Großvater.« – »Jetzt bin ich wieder richtig wach. Aber ich weiß nicht mehr, wo wir stehengeblieben waren, als ich einschlief. Enkel, was war es noch?« – »Ich weiß es nicht.« – »Wir wollen jetzt gehen. Enkel, was willst du haben?« – »Ich weiß es nicht.« –
»Ich gebe dir einen Pfeil, damit kannst du Beute machen.« – »Ist gut, Großvater.« – »Also gehn wir.« – »Gehn wir.«
Sie gingen hinein in den Wald, und dort gab ihm

der Kurupira den Pfeil. »Jetzt hast du einen Pfeil für die Jagd. Willst du losziehen?« – »Ja, ich will losziehen.« – »Weißt du vielleicht, wo dein Haus steht?« – »Nein.« – »Dann will ich mit dir zu deinem Haus gehen.« – »Gut, Großvater, laß uns gehn!« Sie kamen in die Nähe des Hauses. »Enkel, ich gehe jetzt und lasse dich hier. Wenn du mich brauchst, wirst du mich schon finden. Und wenn du es wünschst, komme ich zu dir, gut so? Also Leb wohl. Die Kraft dieses Pfeils kennst nur du. Nimm ihn ja nicht mit in dein Haus! Und erzähl niemandem davon, nicht mal deiner Frau! Du allein bist in der Lage, damit zu jagen. Dieser Pfeil ist eine Surukuku (Lachesis mutus, Giftschlange). Du benötigst keinen Bogen dazu, um Beute zu machen. Schleudere einfach den Pfeil. Ich erzähl dir das, damit du es weißt und ihn nicht etwa verlierst. Gut so? Ich gehe jetzt.« – »Auf Wiedersehen, Großvater. Ich komme dich bald besuchen.« – »Es ist gut, Enkel. Ich bin für dich da.«

Von der Zeit an war der Jäger immer erfolgreich. Keiner von den anderen erlegte mehr Wild als er. Dabei wußte keiner, wie er jagte. »Wie schafft er das nur«, sagten sie. »Er schießt Vögel, er schießt Vierbeiner. Warum können wir das nicht

genauso?« – »Ich weiß es nicht.« – »Wir gehen tagelang in den Wald und erbeuten nichts. Er aber geht nur kurz und kommt schon zurück, wenn wir ihn noch gar nicht erwarten.« Andere sagten: »Wie kann das nur zugehen? Wir wollen ihm auf die Schliche kommen, wie er seine Beute macht.« – »Laßt uns zwei Jungen losschicken, daß sie ihn beobachten.« – »Also los.«
Die Jungen machten sich sogleich auf seine Fährte. Als er in den Wald ging, schlichen sie hinter ihm her. Sie beobachteten, wie er seinen Pfeil von dem Ast eines Baumes abschoß, und schlichen hinzu, um zu sehen, wie er mit dem Pfeil tötete. »Jetzt werden wir sehen, wo der Pfeil steckt. Jetzt werden wir bald die Wahrheit wissen.« Und sie belauerten ihn weiter. Er sah einen Vogel auffliegen. Da beobachteten sie, wie er den Pfeil hinter ihm her schleuderte und wie er zu dem Vogel lief, der, den Pfeil neben sich, tot am Boden lag. »Kaum zu glauben. Jetzt wissen wir, wie er Beute macht.« Sie kehrten beide um und sagten sich: »Morgen werden wir hingehen und seinen Pfeil ausprobieren. Wir werden sehen, wie er die Beute erlegt.«
Am nächsten Morgen gingen sie hin, suchten den Pfeil und zogen ihn aus dem Versteck. Sie probierten ihn aus. Als ein Vogel aufflog, schleuderten sie den Pfeil, und er flog dahin. Aber dann kehrte er um und traf einen der Jungen. Dieser stürzte zu Boden und starb. Der andere rannte nach Hause und rief: »Mein Freund ist tot!« – »Woran ist er denn gestorben?« – »An einem Schlangenbiß.« – »Laß uns nachsehen.« Sie liefen hin und fanden den Jungen tot.
Als der Herr des Pfeils auf die Jagd gehen wollte, suchte er nach seinem Pfeil, aber er fand ihn nicht. »Wo ist mein Pfeil hingekommen? Ist er etwa zu seinem Herrn zurückgekehrt? Was mache ich nur, ich hab keinen Pfeil mehr. Vielleicht hat man ihn entdeckt, und er ist deshalb zurückgekehrt. Ja, vielleicht ist der Pfeil zu Kurupira zurückgekehrt!« Es gab ihm keine Ruhe, bis er erfuhr, daß zwei Jungen seinen Pfeil gefunden und ausprobiert hatten, daß der eine von der Schlange gebissen wurde und starb, und daß der Pfeil offenbar zu Kurupira zurückgekehrt war. »Das ist eine schlimme Sache. Wer hat ihnen gesagt, sie sollen den Pfeil anrühren? Haben sie gedacht, es sei ein gewöhnlicher Pfeil, wo es doch eine Schlange war? Ooh, sie haben mich um den Pfeil gebracht, und nie mehr kehrt er zu mir zurück!«
Aus Furcht vor der Rache des Jägers machte sich der Junge davon und floh mit den Seinen in ein anderes Land. Dort suchten sie sich einen neuen Wohnsitz.

Aus dem Portugiesischen von Gisela Strasser

Die Indianer im Amazonasgebiet, vor allem die am Rio Negro, erzählten sich diese Geschichte; Joao Barbosa Rodriguez hat sie in »Poranduba Amazonense« aufgezeichnet (Rio de Janeiro 1890). Kurupira ist diesen Völkern als Schutzgeist der Wälder und des Wildes wohlbekannt. Im Amazonasgebiet tritt er als kleiner Mann auf, keine drei Fuß hoch, kahlköpfig, am Körper langbehaart, einäugig, großohrig, mit blauen oder grünen Zähnen, die Füße nach rückwärts gebogen. Der Kurupira ist von außerordentlicher Körperkraft. Sein Wohnsitz ist in hohlen Bäumen tief im Dschungel. Das Krachen der alten Bäume, das Klopfen der Spechte an den Baumstämmen wird ihm zugeschrieben. Er lädt die Leute ein, im Wald zu wohnen, ahmt alle Vierfüßler und Vögel nach und täuscht so den Jäger, der glaubt, das Wild zu verfolgen, während er dem Waldgeist nachläuft. Im Regenwald sich verirren heißt, vom Kurupira verzaubert zu sein.
Als »Herr des Waldes« kann er Böses zufügen, aber auch Gutes tun. Die ihm gehorchen, oder derer er sich erbarmt, belohnt er. Auch kann er dankbar sein für das Gute, das man ihm erweist. Stets legt er Bedingungen auf, deren Nichterfüllung verhängnisvoll werden kann.

Die drei Hunde

Es war einmal ein alter Bauer, der hatte einen Sohn und eine Tochter. Als er ans Sterben kam, rief er beide zu sich und sagte: »Meine Kinder, ich muß nun sterben und hinterlasse euch nichts weiter als drei Schafe im Stall. Seht zu, daß ihr friedlich miteinander auskommt, dann werdet ihr nie Hunger leiden.«

Nachdem er gestorben und begraben war, blieben Bruder und Schwester weiter zusammen. Der Junge hütete die Schafe auf der Weide, und das Mädchen blieb zu Hause, um zu spinnen und so für das nötige Brot zu sorgen. Eines Tages, als der Junge mit den Schafen im Wald war, begegnete ihm ein Mann mit drei Hunden. »Guten Tag, Junge!« sagte der Mann. »Guten Tag auch, Mann!« erwiderte der Junge. »Du hast da aber drei schöne Schafe.« – »Und Ihr habt da drei schöne Hunde.« – »Willst du mir nicht einen abkaufen?« – »Was wollt Ihr für einen Hund haben?« – »Wenn du mir eines deiner Schafe gibst, gebe ich dir dafür einen meiner Hunde.« – »Ja, aber was wird dann meine Schwester sagen?« – »Was kann sie schon sagen? Du erklärst ihr, daß du einen Hund brauchst zum Schafehüten.«

Da ließ sich der Junge überreden, gab dem andern ein Schaf und erhielt dafür einen Hund. »Wie heißt er denn?« fragte der Junge. »Er heißt Eisenbeiß«, antwortete der Mann.

Als es Zeit war, nach Hause zu gehen, klopfte dem Jungen das Herz bis zum Hals, denn seine Schwester würde sicher mit ihm schimpfen. Und tatsächlich, als er die Schafe in den Stall brachte und seine Schwester sah, es waren nur zwei Schafe und ein Hund dabei, da begann sie ihn heftig zu schelten und zu schlagen. »Was sollen wir mit einem Hund, kannst du mir das sagen? Der frißt uns noch das bißchen Brot weg. Wenn du mir morgen nicht alle drei Schafe wieder nach Hause bringst, kannst du etwas erleben!« Aber sie ließ sich halbwegs davon überzeugen, daß man zum Schafehüten einen Hund braucht.

Am andern Morgen machte sich der Junge mit dem Hund und den beiden Schafen auf den Weg und führte sie auf die Weide. Da begegnete ihm wieder der Mann mit den zwei Hunden und dem einen Schaf. »Guten Morgen, Junge!« sagte der Mann. »Guten Morgen auch, Mann!« – »Mein Schaf stirbt mir vor Kummer, weil es so allein ist«, sagte der Mann. »Auch mein Hund ist arg traurig, daß er allein ist«, sagte der Junge. »Dann gib mir doch noch ein Schaf, und ich gebe dir noch einen Hund.« – »Mamma mia! Meine Schwester wollte mich schon wegen des einen Schafes fast auffressen. Stellt Euch nur vor, was sie mit mir macht, wenn ich Euch noch eins gebe!« – »Hör mal, ein Hund nützt dir überhaupt nichts. Wenn zwei Wölfe kommen, wie rettest du dich dann?«

Da besann sich der Junge und stimmte zu, und wieder tauschte er ein Schaf gegen einen Hund. »Und wie heißt dieser?« wollte der Junge wissen. »Kettenreiß.«

Als der Junge mit dem Schaf und den beiden Hunden abends nach Hause kam und seine Schwester ihn fragte: »Hast du nun alle drei Schafe wieder beisammen?« da wußte er nicht, was er sagen sollte. So sprach er nur: »Ich habe alle Tiere schon in den Stall geführt; es ist nicht nötig, daß du kommst, ich melke schon selber.« Aber das Mädchen wollte selbst nachsehen, und als sie die Bescherung sah, gab es für den Jungen statt des Abendessens eine Tracht Prügel. »Wenn du mir morgen nicht alle drei Schafe wieder zurückbringst, schlag ich dich tot!« schrie sie Schwester.

Am andern Morgen zog der Junge mit beiden Hunden und dem Schaf los, und als es im Wald weidete, kam wieder der Mann vorbei, jetzt mit zwei Schafen und einem Hund. »Guten Morgen, Junge!« sagte er. »Guten Morgen auch, Mann!« sagte der Junge. »Nun stirbt mir dieser eine Hund vor Kummer.« – »Und meinem Schaf geht es genauso.« – »Dann gib mir doch dein Schaf, und ich gebe dir dafür meinen Hund.« – »Nein, nein, sprechen wir nicht davon!« – »Aber warum nicht? Du hast doch schon zwei, warum willst du nicht auch den dritten?« – »Und wie heißt dieser dritte?« – »Er heißt Mauerspleiß.«

Da willigte der Junge ein und gab sein letztes Schaf für den Hund. »Eisenbeiß, Kettenreiß, Mauerspleiß, folgt mir!« Und der Junge machte sich auf den Weg, aber nicht nach Hause, denn dazu fehlte ihm der Mut. »Lieber ziehe ich in die Welt hinaus«, dachte er.

Und so wanderte er über Berg und Tal, wanderte und wanderte; es begann zu gießen, und es war auch schon zappenduster, und er wußte nicht mehr, wohin. Da sah er tief im Wald einen hell erleuchteten Palast, umgeben von einer hohen Mauer. Er klopfte ans Tor, aber niemand machte ihm auf. Da rief der Junge: »Mauerspleiß, hilf mir!« Und kaum hatte er dies gesagt, schon hatte der Hund mit einigen Pfotenhieben die Mauer durchbrochen, so daß der Junge mit den Hunden hindurchgehen konnte. Aber sie kamen nicht weit, denn nun standen sie vor einem eisernen Gitter. »Eisenbeiß, du bist an der Reihe!« rief der Junge. Und kaum hatte er dies gesagt, schon stürzte sich der Hund darauf und zerbiß im Nu das eiserne Gitter. Aber der Eingang zum Palast war durch schwere Ketten gesichert, und so rief der Junge: »Kettenreiß, los jetzt!« Und schon hatte der Hund die Ketten zerrissen, das Portal öffnete sich, und die Hunde voran, ihr Herr hinterdrein stiegen sie die Treppe hinauf.

Nirgendwo im Palast war eine lebende Seele anzutreffen, doch in einem Kamin brannte ein hübsches Feuer, und ein Tisch war mit vorzüglichen Dingen gedeckt. Der Junge setzte sich zum Mahl nieder, und unter der Tafel standen drei Schüsseln mit der Suppe für die Hunde. Als sie ordentlich gegessen hatten, gingen sie weiter in ein anderes Zimmer, dort fanden sich ein bequemes Bett und drei Körbe für die Hunde. Der Junge legte sich nieder und schlief bis zum nächsten Morgen.

Als er sich wieder erhoben hatte, fand er eine Jagdflinte vor, und am Portal stand ein Pferd gesattelt. Nun ritt er mit den Hunden zur Jagd aus, und als er zurückkam, fand er die Tafel schon wieder gedeckt und das Bett gemacht. So verbrachte der Junge eine Reihe von Tagen, und die Zeit verging mit Jagen, Essen und Schlafen. Nie sah er irgend jemanden im Palast, und dennoch hatte er ein Leben wie ein großer Herr. Da kam ihm seine Schwester in den Sinn, die zu Hause sicher ein Hungerleben führte, und er sagte sich: »Ich will hingehen und sie holen, damit wir wieder zusammensein können. Nachdem es mir jetzt so gut geht, wird sie mich sicher nicht mehr ausschimpfen, wenn ich die Schafe nicht zurückbringe.«

Am nächsten Morgen bestieg er sein Pferd, pfiff seinen Hunden und ritt, wie ein Herr gekleidet, zum Haus seiner Schwester. Als er dort anlangte, sah ihn seine Schwester kommen und sagte: »Wer mag dieser schöne, feine Herr sein, der da zu mir geritten kommt?« Aber als sie dann ihren Bruder erkannte, fing sie sogleich wieder an, ihm eine ihrer üblichen Szenen zu machen. Er aber sagte: »Was lamentierst du so herum? Ich führe doch jetzt ein Herrenleben und bin gekommen, dich zu holen. Was brauchen wir denn noch Schafe?« Und er setzte seine Schwester hinter sich aufs Pferd und ritt zum Palast zurück, wo nun auch sie das Leben einer großen Dame führte. Aber die Hunde konnte sie nach wie vor nicht leiden, und jedesmal, wenn der Bruder nach Hause kam, begann sie zu brummeln und zu murren.

Eines Tages, als ihr Bruder wieder zur Jagd geritten war, ging sie hinaus in den Garten, und da sah sie einen schönen Orangenbaum. Sie lief hin, um sich eine Frucht zu pflücken, und wie sie den Zweig berührte, da sprang ein Drache hervor und wollte sie verschlingen. Sie begann nun zu weinen und sich zu ent-

schuldigen; nicht etwa sie, sondern ihr Bruder habe als erster den Garten betreten, und er möge doch ihren Bruder fressen. Der Drache sagte darauf: »Deinen Bruder kann ich nicht fressen, er hat ja immer die drei Hunde dabei.« – »Aber was soll ich denn tun?« – »Binde die Hunde an eiserne Ketten, und zwar jenseits des Gitters und jenseits der Mauer. Dann werde ich dich verschonen.« Das Mädchen versprach, dies zu tun, und der Drache ließ sie laufen.

Als der Bruder nach Hause kam, begann die Schwester wieder zu brummeln und zu murren: sie wolle diese garstigen Hunde nicht im Hause haben, wo sie alles verdreckten. Und der Bruder, immer darauf bedacht, es ihr ja recht zu machen, band die Hunde jenseits des Gitters und jenseits der Mauer an, wie sie es verlangt hatte. Dann schickte sie ihn in den Garten, er solle ihr doch einige Orangen von jenem Baum holen. Der Junge ging hinaus, und wie er gerade die Früchte pflücken wollte, da stürzte der Drache hervor. Der Junge merkte sogleich, daß seine Schwester ihn verraten hatte, und rief: »Eisenbeiß, Kettenreiß, Mauerspleiß!« Da fetzten die Hunde jedes Hindernis weg, kamen im Nu herbeigelaufen und zerfleischten den Drachen.

Der Junge aber kehrte ins Haus zurück und sagte: »Jetzt reicht es! Ist das die Art, wie du mir gut sein willst? Du schickst mich zu einem Drachen, daß er mich frißt! Nein, mit dir will ich nicht länger zusammenbleiben!« Und damit nahm er sein Pferd, pfiff seinen Hunden und ritt davon, ohne sich umzudrehen. Er ritt und ritt und kam zu einem König, der hatte nur eine einzige Tochter. Und es gab in jenem Land einen schrecklichen Drachen, der drohte, das ganze Land zu verwüsten, wenn er nicht die Prinzessin zur Speise bekäme. Der Junge ritt zum König und fragte: »Majestät, wollt Ihr mir nicht Eure Tochter zur Frau geben?« Der König sah wohl, daß da ein vornehmer junger Herr war, aber er sagte:

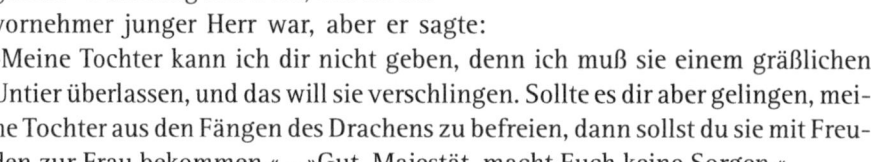

»Meine Tochter kann ich dir nicht geben, denn ich muß sie einem gräßlichen Untier überlassen, und das will sie verschlingen. Sollte es dir aber gelingen, meine Tochter aus den Fängen des Drachens zu befreien, dann sollst du sie mit Freuden zur Frau bekommen.« – »Gut, Majestät, macht Euch keine Sorgen.« Und er ritt dorthin, wo der Drache sich aufhielt und wohin man auch die Prinzessin gebracht hatte. Kaum schnaubte der Drache daher, da griff ihn der Junge mit seinen Hunden an; die hatten ihn bald in Stücke gerissen und fraßen ihn ganz und gar auf. So kam der Junge als Sieger zurück, und der König war voller Freude und gab ihm seine Tochter zur Braut.

Der Hochzeitstag nahte, und der Jüngling, der schon ganz vergessen hatte, was ihm seine Schwester angetan, lud auch sie zum Fest ein. Nach der Vermählung sagte die Schwester, die ihrem Bruder immer noch grollte: »Diesen Abend will ich meinem Bruder das Bett bereiten.« Und alle waren es zufrieden, denn sie dachten: »Das ist aber mal ein liebes Mädchen.«

Indessen legte sie unter das Laken auf der Seite des Bräutigams eine scharf geschliffene Säge. In der Nacht, als sich der Jüngling zur Ruhe legte, wurde er der Länge nach in zwei Teile zerschnitten. Unter Klagen und Jammern trug man ihn tags darauf in die Kirche und bahrte die Leiche auf. Dann schloß man die Kirche zu. Die drei Hunde aber waren drinnen geblieben und hielten die Totenwache: einer zur Rechten, einer zur Linken und einer zu Häupten.

Als die Hunde sahen, daß niemand mehr da war, sagte einer von ihnen: »Ich werde es fassen.« Und der zweite sagte: »Ich werde es mit herbringen.« Und der dritte: »Und ich werde ihn salben.« So liefen zwei der Hunde davon und kehrten nach einer Weile mit einem Salbgefäß wieder, und der dritte, der als Wache zurückgeblieben war, salbte die Wundränder des Toten behutsam ein, und da kehrte der Jüngling ins Leben zurück. Er verließ die Kirche und begab sich zum König, dessen Trauer – und die der Prinzessin – sogleich in Freude umschlug. Der König ließ nun nachforschen, wer die Säge unter das Laken gesteckt habe. Und so entdeckte man, daß die Schwester ihren eigenen Bruder umgebracht hatte, und der König verurteilte sie zum Tode.

Nun lebte der Jüngling glücklich und zufrieden mit seiner jungen Frau, um so mehr, als der alte König, des Regierens überdrüssig, abdankte und seinem Schwiegersohn die Krone übertrug. Nur eine einzige Sache betrübte ihn: Die drei Hunde waren verschwunden, und soviel man auch nach ihnen suchte und forschte, sie blieben unauffindbar. Er weinte oft darum, aber schließlich mußte er sich dreinschicken.

Eines Morgens wurde ihm ein Gesandter gemeldet, und dieser brachte ihm Kunde, daß da drei Schiffe vor Anker lägen, die drei vornehmen Herren gehörten, und diese hätten den Wunsch geäußert, ihre alte Freundschaft mit dem König erneuern zu dürfen. Da lachte der junge König, denn er war ja nur ein armer Bauernjunge gewesen und kannte keine vornehmen Herren. Trotzdem sagte er dem Gesandten, er werde die Herren gern empfangen und sie sollten nur zu ihm kommen. Da kamen drei stattliche Herren, ein Kaiser und zwei Könige, und sie sagten: »Kennst du uns nicht mehr?« – »Aber ihr müßt euch täuschen«, sagte der junge König, »ich habe euch noch nie gesehen.« – »Ah! Das hätten wir doch nie gedacht, daß du uns vergessen würdest.« – »Ja, wie heißt ihr denn?« – »Ich heiße Eisenbeiß.« – »Und ich Kettenreiß.« – »Und ich Mauerspleiß.« – »Ja, meinte der König verwundert, »ich hatte wohl drei Hunde, die mir sehr teuer waren, und die so hießen ...« – »Das sind wir!« – »Und wie seid ihr in diese Gestalt gekommen?« – »Wir waren durch einen bösen Zauberer in drei Hunde verwandelt und konnten nicht zur menschlichen Gestalt zurückfinden, ehe wir nicht einem Bauern zum Thron verholfen hatten. Deshalb müssen wir dir dankbar sein, so wie du uns dankbar sein mußt, da du uns deinen Thron verdankst. Und wie früher, so wollen wir auch in Zukunft gute Freunde sein.«

Der Kaiser und die Könige blieben nun mehrere Wochen bei unserm König in der Stadt, und es wurden große Feste gefeiert, und wenn sie noch kein Ende haben, so dauert das Fest noch an.

Aus dem Italienischen von Gisela Strasser

Eines der berühmtesten – im ganzen Mittelmeerraum sehr beliebten – Drachentöter-märchen, hierzulande bekannt durch Bechstein, bei dem die drei Hunde allerdings eine bescheidenere Rolle spielen. Hier bewähren sie sich als Tierhelfer nicht nur beim Drachenkampf, sondern auch bei der Wiederbelebung des Helden, und erweisen sich am Schluß als verzauberte Menschen. Auch die Gestalt der bösen Schwester erfährt hier eine deutlichere Zeichnung: Sie tritt als Gegenspielerin des Helden an die Stelle des »Mohren«.

Diese Fassung stammt aus der Emilia-Romagna, wurde erzählt von Teresa Ronchi und in die »Märchenproben« des Giuseppe Gaspare Bagli aufgenommen (Saggio di novelle e fiabe in dialetto romagnolo, Bologna 1887).

Zauberturban, Zauberknute, Zauberteppich

Wo es war und wo es nicht war, es gab einmal zwei Brüder. Ihre Eltern waren gestorben und die Brüder teilten das Erbe untereinander auf. Der Ältere richtete sich einen Kramladen ein; der Jüngere aber, der nicht ganz bei Trost war, ergab sich der Schwelgerei. Er trieb dies so lange, bis er eines Tages kein Geld mehr hatte. Er ging nun hin zu seinem Bruder, bat ihn um einige Paras, und als er auch diese verzehrt hatte, ging er wieder zu seinem Bruder. Dies tat er so lange, bis er endlich dem Älteren zur Last wurde. Der konnte sich von ihm auf keine andere Weise befreien, als daß er sein Hab und Gut zu Geld machte und ein Schiff bestieg, um nach Ägypten auszuwandern. Der Jüngere bekam aber Wind von der Sache, und bevor noch das Schiff abfuhr, schlich er sich hinein und verkroch sich, damit man ihn nicht bemerkte. Der Ältere hingegen fürchtete sich, daß der andere, wenn er seine Absicht erfahre, ihm nachfolge, und zeigte sich deshalb nicht auf dem Verdeck. Aber kaum hatte man die Segel gespannt, als beide zum Vorschein kamen und so der Jüngere dem Älteren wieder am Halse war.

Der Ältere ärgerte sich darüber genug, aber vergebens; das Schiff trug sie bis nach Ägypten. Dort sagte der Ältere zu seinem Bruder: »Bleib du nur hier. Ich suche uns zwei Maultiere, damit wir weiterreisen können.« Der Junge setzte sich am Ufer nieder und wartete auf die Rückkehr seines Bruders, aber vergeblich. Ich werde ihn aufsuchen, dachte er bei sich und machte sich also auf den Weg zu seinem Bruder.

Er ging und ging, machte kleine, machte große Schritte, sechs Monate lang ging er auf solche Weise. Einmal aber blickte er nach rückwärts und sah, daß er einen ziemlich kurzen Weg zurückgelegt hatte. Er machte also größere Schritte, ging ein halbes Jahr vorwärts, pflückte Veilchen, und als er auf diese Weise vorwärts schritt, gelangte er an den Fuß eines Berges. Drei Bürschlein zankten sich dort herum. Er sah ihnen als vierter zu und fragte sie, weshalb sie sich herumrauften.

»Wir sind die Kinder eines Vaters«, sprach der Älteste. »Er starb unlängst und hinterließ uns als Erbe einen Turban, eine Knute und einen Gebetsteppich. Wer sich diesen Turban aufs Haupt setzt, den erblickt kein Auge. Wer sich auf den Teppich setzt und mit der Knute knallt, der fliegt wie ein Vogel davon. Wem aber

der Turban, wem die Knute, wem der Teppich gehören soll, das ist unser fort-
während er Streit.«

»Alle drei Dinge soll einer besitzen!« riefen sie alle. »Mir, dem ältesten, gehören
sie!« – »Nein mir, dem mittleren, gebühren sie!« – »Mir, dem jüngsten, sollen sie
angehören!« Mit Reden und mit Stöcken bearbeiteten sie sich, so daß der Junge sie kaum auseinanderbringen konnte.

»Nicht doch«, meinte der Bursche, »ich werde aus einem Hölzchen einen Pfeil
schnitzen und ihn abschießen. Ihr lauft ihm nach, und wer ihn am schnellsten
hierher zurückbringt, dem sollen alle drei Dinge gehören.«

Der Pfeil fliegt ab, es laufen die drei Brüder, der Junge aber denkt sich eins, setzt
sich den Turban auf, kauert auf den Teppich hin, knallt eins mit der Knute und
»hipp-hopp, dort will ich sein, wo mein Bruder ist!« und ehe er sich's versieht,
so befindet er sich, sieh da, vor einer großen Stadt.

Kaum kam er in die Stadt, als ein Mann des Padischah (Fürst) den Leuten ver-
kündigte, daß die Sultanstochter jede Nacht verschwinde. Wer es erfahren könne, wohin sie gehe, dem solle das Mädchen und das halbe Königreich gehören.

»Da bin ich«, rief der Narr, »führt mich hin zum Padischah! Wenn ich es nicht
erfahre, so – hier mein Kopf!«

Der Narr befand sich nun bald im Palast, abends dann im Gemach der Sultanstochter; er legte sich nieder und harrte mit halbgeschlossenen Augen der kom-
menden Dinge. Das Mädchen wartete nur, daß er einschlafe, dann stach sie ihn
mit einer Nadel in die Fußsohle, und als er darauf nicht erwachte, nahm sie eine Kerze zur Hand und entfernte sich durch eine Seitentür. Den Turban auf dem
Kopf ging ihr der Junge nach, und kaum trat er hinaus, stand ein Araber vor
ihm, der auf dem Haupt ein goldenes Becken hatte, in dem die Sultanstochter
saß. Der Narr sprang ebenfalls hinein und kippte die Schüssel beinahe um. Der
Araber erschrak und fragte die Maid, was sie denn treibe; er habe sie beinahe
fallen lassen. »Ich habe kein Glied gerührt«, gab das Mädchen zur Antwort, »so
wie du mich in die Schüssel gesetzt hast, so sitze ich!«

Kaum machte der Araber einige Schritte, da bemerkte er, daß die Schüssel ungewöhnlich schwer war. Den Jungen machte freilich der Turban unsichtbar, und
der Araber sprach abermals zur Maid: »Was ist mit dir geschehen, o Herrin? Du
bist heute so schwer, daß ich unter dir fast zusammenbreche.« – »Lieber Lala
(Araber)«, antwortete sie, »ich bin weder schwerer noch leichter geworden.«

Kopfschüttelnd setzte der Araber seinen Weg fort, und bald gelangten sie in einen wunderbaren Garten, dessen Bäume aus Silber und Diamanten bestanden.

Der Junge brach einen Zweig ab und steckte ihn in seine Tasche, worauf die Bäume zu seufzen begannen: »Menschenkind hat uns weh getan, Menschenkind hat uns weh getan!« Der Araber und das Mädchen blickten sich erstaunt an.

Sie schritten bald wieder vorwärts und gelangten in einen anderen Garten, wo die Bäume aus Gold und Edelsteinen waren. Auch hier brach sich der Junge einen Zweig ab, worauf die Bäume so laut seufzten, daß der Himmel erbebte: »Menschenkind hat uns weh getan, Menschenkind hat uns weh getan!« Der Araber wußte nun nicht, was er sich denken sollte. Nun erreichten sie eine Brücke, und über diese hinwegschreitend kamen sie zu einem Palast, wo die Maid von einer Sklavenschar erwartet wurde. Sie verschränkten die Arme über der Brust und beugten sich vor der Jungfrau tief zur Erde. Die Sultanstochter stieg darauf vom Kopf des Arabers herunter, und als man ihr mit Edelsteinen besetzte Schuhe brachte, steckte der Junge den einen in seine Tasche. Das Mädchen zog den anderen an, suchte das Paarstück, ließ sich andere bringen, aber auch da verschwand der eine.

Ärgerlich eilte sie in den Palast hinein. Aber der Junge, mit dem Turban auf dem Kopf, in der Hand die Gerte und den Teppich haltend, folgte ihr überall nach. Das Mädchen trat in ein Gemach ein, wo sich der arabische Peri-Schah (Feenfürst) befand, dessen eine Lippe den Himmel, die andere die Erde fegte. Er fragte die Maid, wo sie so lange geweilt habe. Die Sultanstochter erzählte ihm von den Seltsamkeiten, aber der Peri tröstete sie und meinte, das Ganze sei nur Einbildung.

Sie setzten sich nun nieder und er ließ durch einen Diener Scherbet (eisgekühlter Fruchtsaft) holen. In diamantenem Napf brachte ein Schwarzer den süßen Trank, und als er ihn der Sultanstochter überreichen wollte, versetzte der unsichtbare Junge dem Diener einen solchen Schlag auf die Hand, daß er den Napf fallen ließ, so daß er zerbrach. Ein Stückchen davon steckte der Junge in seine Tasche. »Hab ich es nicht gesagt«, schrie die Sultanstochter, »daß es heute nicht mit rechten Dingen zugeht. Ich will kein Scherbet haben. Ich will gar nichts haben. Ich will bald nach Hause gehn!« Der Peri-Schah beruhigte sie und ließ durch einen anderen Diener Speisen herbeiholen. Man deckte den Tisch, brachte viele Speisen herbei, und als sie aßen, griff auch der hungrige Narr zu, worauf die beiden vor Schrecken fast umfielen, als sie sahen, daß auch ein unsichtbarer Dritter von den Speisen aß. Auch der Peri-Schah wurde nun unruhig, besonders, als auch von dem Zuckerwerk und von den Tassen so manches Stück verschwand. Er selbst sagte der Sultanstochter, seiner Geliebten, daß sie heute früher als sonst heimkehren solle. Der Peri wollte das Mädchen küssen, doch der Junge riß sie voneinander. Beide erbleichten und riefen den Lala herbei. Die Sultanstochter setzte sich in die Schüssel und ließ sich heimtragen. Der Narr nahm schnell von der Wand einen Säbel herab und schlug mit einem Hieb den Kopf des Peri-Schah vom Rumpf. Aber kaum fiel der Kopf zu Boden, so erzitterten Himmel und Erde. Jammern und Wehgeschrei erhob sich: »Wehe uns, Menschenkind hat unseren König getötet!« Der Narr selbst erschrak nun und wußte nicht, woran er war. Er setzte sich schnell auf seinen Teppich, knallte eins mit der Knute, und als die Sultanstochter in den Palast zurückkehrte, da schnarchte der Narr schon in seinem Gemach. »Verwünschtes Schwein!« sprach das Mädchen grimmig, »du hast mir heute genug Unruhe verschafft.« Wieder nahm sie eine Nadel hervor, stach damit in die Fußsohle des Jungen, und als dieser sich gar nicht bewegte, glaubte sie, daß er schlafe, und legte sich denn auch nieder. Am nächsten Morgen weckte man ihn auf, um zu erfahren, ob er die Sache ausgeforscht habe, widrigenfalls man ihm das Haupt abschlage. »Ja, ich weiß schon alles«, entgegnete er, »euch aber sage ich es nicht. Führt mich zum Padischah.« Man führte ihn also zum Vater des Mädchens. Dem aber sagte er, daß er alles nur dann erzählen werde, wenn man alle Bewohner der Stadt, groß und klein, Mann und Frau, um ihn versammle. »So werde ich meinen Bruder am leichtesten finden«, sagte er sich. Man versammelte nun die Bewohner auf dem Marktplatz. Auf einem erhabenen Platz saß der Padischah mit seiner Tochter, neben ihnen stand der Narr und erzählte die Sache, so wie sie geschehen, von der Schüssel angefangen bis zum Peri-Schah. »Glaub es nicht, Vater, es ist eine Lüge, Padischah!« unterbrach ihn das Mädchen öfters.

Er nahm nun aus seiner Tasche den diamantenen Zweig voll Edelsteinen, die goldenen Schuhe, die kostbaren Eßbestecke hervor und begann schon den Tod des Peri-Schah zu erzählen, als er in der Volksmenge seinen Bruder erblickte. Er sprach und hörte nichts mehr, sondern sprang von der Erhöhung herab zu seinem Bruder, der zu laufen begann. Der Narr lief ihm nach und holte ihn endlich ein. Nun kehrten sie beide zurück, der Ältere erzählte dann seine Geschichte, der Jüngere aber sein Abenteuer und bat dann den Padischah, er möge die Tochter und das halbe Königreich dazu seinem Bruder geben. Er habe genug an seinem Turban, seinem Zauberteppich und seiner Knute; mit diesen Dingen könne er sich bis zu seinem Tod alles verschaffen, was er zum Leben brauche; nur möge er stets in der Nähe seines Bruders bleiben dürfen.

Am meisten freute sich die Sultanstochter, als sie den Tod des Peri-Schah erfuhr. Mit Gewalt hatte sie eines Tages der Peri-Schah aus ihrem Gemach geraubt
und sie so bezaubert, daß sie von ihm nicht lassen konnte. In ihrer Freude willigte sie ein, daß der Bruder des Narren ihr Gemahl werde, und sie feierten nun
vierzig Tage und vierzig Nächte hindurch ihre Hochzeit. Auch ich war dabei und
als ich Pilaf verlangte, gab mir der Koch einen solchen Schlag auf die Hand, daß
ich auch jetzt noch davon krumm gehe.

Aus dem Türkischen von Ignaz Kúnos

*Eindeutiger als das verwandte Brüder-Grimm-Märchen »Die zertanzten Schuhe« weiß
dieses türkische vom Reich der Feen (Peris), der Jenseitigen, zu erzählen: Dem irdischen Padischah ist der Peri-Schah gegenübergestellt, und die Vaterbindung der jungen Frau spiegelt sich in der »Bezauberung« durch den Dämon, der ihr Geliebter ist.
Eine weitere Besonderheit ist die Bruderrivalität – der Ältere, der unter dem Jüngeren
leidet, ihn verläßt und schließlich die Sultanstochter zur Frau erhält; der aktive Jüngere, der sein Erbe verspielt und drei Zauberdinge gewinnt.
Walter Scherf hat im »Märchenlexikon« (1995) dies als Aufspaltung der Hauptgestalt
in zwei Handelnde gedeutet, und daß beide – der eine lebenspraktisch, der andere mit
Zugang zu sonst verschlossenen Welten – einander brauchen.
Die Motivik der Erbstreitschlichtung findet sich auch in den Jenseitsreisen europäi-
scher Märchen, so in denen vom Glasberg (»Der König vom goldenen Berge«) oder vom
Reich der Vilen (»Die Nachtschwärmerin«). Der Budapester Turkologe Ignaz Kúnos hat
diesen Text in seiner Sammlung »Türkische Volksmärchen aus Stambul« (Leiden 1905)
veröffentlicht.*

Trillevip

Ein Mädchen aus Nørre-Efterbølle auf Fyn ging eines Tages nach der Kirche durch den Wald, der zu Sandagergård gehört. Sie ging so in Gedanken und zählte bis zwanzig, aber als sie sich umsah, da ging der Sohn vom Hof mit der Büchse im Nacken ganz dicht hinter ihr. Da wurde sie rot, denn sie war ziemlich sicher, daß er gehört hatte, wie sie mit sich selbst sprach. Er fragte sie auch gleich, was das bedeuten sollte, daß sie so ging und zählte, und in ihrer Verlegenheit griff sie aus der Luft nach der nächstbesten Antwort und sagte: »Ich ging und rechnete nach, wie viele Spindeln Garn ich jeden Abend spinnen könnte.«

Als er nun heimkam, erzählte er seiner Mutter, so und so, er habe da mit einem Mädchen im Wald gesprochen, die könne jeden Abend zwanzig Spindeln Garn spinnen; das sei wohl etwas anderes als ihre Mägde. Und was tut die Frau – sie schickt sofort Nachricht zu dem Mädchen und bietet ihr das Blaue vom Himmel herunter, wenn sie nur bei ihr als Spinnmagd dienen wollte. Und das Mädchen schlug bald ein, denn sie dachte nicht daran, daß die Frau ihre damaligen Worte im Hinterkopf hatte.

Das Mädchen trat also den Dienst an, und am Abend kam die Frau mit Wollspulen für zwanzig Spindeln Garn, denn »so viele«, sagte sie, »habe ich gehört, kannst du spinnen«. Das Mädchen spann und spann, soviel es nur konnte, und es wurde spät, ja fast Mitternacht; aber sie war weder halb noch ganz fertig. Das arme Mädchen! Sie spann und weinte, und es ging mehr schlecht als recht. Da, gerade als es Mitternacht wurde, kam ein kleiner Kerl mit einer kleinen roten Mütze auf dem Kopf daher und sagte: »Was sitzt du da und weinst? Soll ich dir helfen?« – »Ja, so und so ist die Sache«, sagte sie. »Das hier alles sollte ich heute abend fertig spinnen, und ich bin nicht einmal halb fertig. Wenn du mir helfen könntest, wäre ich schon froh.« – »Ja, daran soll es nicht fehlen«, sagte der Kleine, »wenn du fürs erste meine Liebste sein willst, und später meine Frau.« Und so versprach das Mädchen in seiner Not etwas, das sie ungern bis zum Tod halten wollte. Und eins, zwei, drei: Da war alles fertig. Von nun an half der Kleine ihr mit allem, was sie zu tun hatte, und die Frau mochte sie so gut leiden, daß es gar kein Vertun mehr gab: Sie sollte den Sohn heiraten, weil sie so tüchtig war.

Aber das war natürlich ganz schlecht, denn sie hatte ja dem kleinen Kerl ihr Versprechen gegeben, und das wagte sie nicht zu erzählen. Nun wurde das Fest vorbereitet, aber je näher der festgesetzte Tag kam, um so trauriger wurde das Mädchen, so daß der Kleine bald merkte, daß da etwas nicht stimmte. Da erzählte sie ihm alles, wie es war. Erst knurrte er ein wenig, aber dann bot er ihr an, sie freizugeben, wenn sie seinen Namen raten könnte. Sie dürfte sogar dreimal raten und habe drei Tage Bedenkzeit.

Ja, sie wollte es natürlich probieren, auch wenn sie sich gar keinen Rat wußte. Da geschah aber nicht mehr und nicht weniger, als daß der Jäger des Hofes, der jeden Tag für die Hochzeit auf Wild ausging, eines Abends spät an einem Hügel vorbei kam, nicht weit vom Hof, und er sah schrecklich viele Lichter in dem Hügel, und die Bergmännchen tanzten. Der kleine Kerl war ganz fürchterlich übermütig und sprang und sang:

> »Hab gehaspelt und gesponnen,
> hab 'ne schöne Maid gewonnen,
> ich, der kleine Trillevip.«

Inzwischen vertraute das Spinnmädchen einer anderen Magd das heimliche Versprechen und die Verlegenheit an, in die sie mit dem Bergmännchen geraten war. Nun hatte aber das andere Mädchen gerade den Jäger davon berichten hören, was er am Abend zuvor gehört und gesehen hatte, und so erzählte sie dem Spinnmädchen von Anfang bis Ende, was der Jäger gesagt hatte. Als nun der kleine Kerl kam und es ans Raten ging, da wollte sie nicht gleich damit herausrücken, und so nannte sie ihn erst Paul und dann Per, und der Kleine stand und hüpfte von einem Bein aufs andere und strahlte wie ein neues Zwei-Schilling-Stück. Aber bald blies der Wind aus der anderen Richtung, denn als sie zum drittenmal raten sollte, da sagte sie: »Trillevip heißt du.«

Ja, da war es nun vorbei mit der kleinen Liebelei. Aber obwohl er sie nun nicht mehr bekommen konnte, wollte er ihr doch noch ein letztes Mal helfen, und das konnte sie gut gebrauchen, das wußte er wohl. Denn der junge Herr hatte sie ja zur Frau genommen, weil sie soviel spinnen konnte, und es würde ihr ganz schlimm ergehen, wenn er merkte, wie alles zusammenhing, und am Ende würde er sie verstoßen. Deshalb sagte das Bergmännchen, indem es fortging: »An deinem Hochzeitstag werden drei alte Weiber in die Stube treten, wenn ihr zu Tisch sitzt. Die erste sollst du Mutter, die zweite Großmutter und die dritte Urgroßmutter nennen, wenn sie auch noch so häßlich sind. Und wenn dein Mann auch noch so zornig wird, sollst du sie doch so gut bewirten, wie du nur kannst.«

Es geschah nun wirklich so, wie er gesagt hatte; und sie hielt sich genau an seine Anweisungen, auch wenn sie überhaupt nicht verstehen konnte, wozu das Ganze gut sein sollte. Die erste, die hereinkam, war eine scheußliche Alte mit zwei großen, roten Augen, die ihr hinunterhingen bis mitten auf die Wangen. Und als der junge Mann sie fragte, woher es käme, daß ihre Augen so rot wären, da sagte sie: »Das kommt davon, daß ich so viel des Nachts gesessen und gesponnen habe.« Die zweite kam gleich, als die erste gegangen war, und das war auch ein häßliches altes Weib. Ihr Mund reichte fast bis hinauf zu ihren Ohren. »Wie ist denn bloß Euer Mund so breit geworden?« fragte der junge Herr. »Ach, das kommt wohl davon, daß ich so oft meinen Finger angeleckt habe, wenn ich saß und spann, denn sonst wird der Faden nicht richtig glatt. Und nun habe ich so lange Zeit gesponnen, Tag und Nacht – ein Wunder ist, daß mein Mund nicht noch mehr hängt, als er es ohnehin schon tut.« Schließlich kam die allerhäßlichste von den dreien. Sie schleppte sich an zwei Stöcken daher und konnte weder gehen noch stehen, so schwach waren ihre Beine. »Was fehlt Euch, Mütterchen«, sagte der Mann wieder, »daß Ihr so daherschleicht?« – »Ja, so schwach bin ich geworden vom Spinnrad-Treten«, sagte die Alte, »denn ich spinne und spinne, so lange ein Mensch zurückdenken kann; ich will nicht hoffen, daß jemand das eggen muß, was ich gepflügt habe, oder auch nur halb so elend wird wie ich.«

Als sie nun auch ihres Weges gegangen war, da sagte der junge Mann zu dem Spinnmädchen, das nun seine Frau war: »Du sollst auf keinen Fall mehr soviel spinnen, denn ich will nicht, daß du irgendwann so aussiehst wie deine Mutter, Großmutter oder Urgroßmutter.« Da verstand sie, was der kleine Kerl für sie getan hatte, und sie war froh, daß sie seinem Rat auf Punkt und Komma gefolgt war.

Aus dem Dänischen von Ulrike Strerath-Bolz

Das dänische »Rumpelstilzchen«, erzählt mit hintersinnigem Humor. Die Geschichte vom Spinnhelfer, in die der Schwank von den drei abschreckenden Spinnerinnen einbezogen ist, hat Svend Grundtvig im zweiten Band seiner »Gamle danske Minder i

Folkemunde« (Kopenhagen 1857) veröffentlicht; als Gewährsmann gab er den Lehrer Knud Sörensen aus Jaelling an, der sie in Nordfünen aufgezeichnet habe.

Der von innen erleuchtete Hügel im dunklen Wald, das tanzende Bergvolk sind nordischer Prägung. Keineswegs geht es dem Kobold mit der roten Mütze nur ums Erraten seines Namens: Er nötigt das Mädchen zur Liebe – und sie bekommt erst Macht über ihn, als sie seinen Namen weiß.

Die Figur findet sich zum erstenmal im frz. Feenmärchen »L'histoire de Ricdin-Ricdon« der Mme. L'Heretier de Villandon (1705). Jener Ricdin-Ricdon tritt als großer, dunkelblickender Mann auf, seinen Namen gibt er gleich bekannt – denn er weiß, sie wird ihn vergessen –, und anstatt sich als Spinnhelfer dreimal abzumühen, überläßt er dem Mädchen Rosanie lieber einen Zauberstab, der alle Arbeit elegant verrichtet.

Die weiße Katze

Es war einmal ein König, der hatte drei wohlgestalte und mutige Söhne. Er fürchtete aber, daß sie noch vor seinem Tode Lust bekommen könnten, regieren zu wollen; ja es hatte sich sogar das Gerücht verbreitet, sie suchten sich Anhänger, um ihm sein Königreich zu nehmen. Der König merkte zwar, daß er alt wurde, aber die Kräfte seines Geistes hatten noch in keiner Weise abgenommen, auch empfand er nicht die mindeste Lust, seinen Söhnen den Platz zu überlassen, den er selbst gut ausfüllte. Er dachte also, das beste Mittel, um selbst in Ruhe leben zu können, wäre, sie mit Versprechungen hinzuhalten, deren Erfüllung sich dann immer noch vereiteln ließe.

Eines Tages ließ er daher seine Söhne zu sich rufen, und nachdem er geraume Zeit sehr gütig zu ihnen gesprochen hatte, sagte er: »Ihr werdet zugeben, meine lieben Söhne, daß mein hohes Alter mir nicht mehr so erlaubt, mich wie früher den Pflichten des Staates zu widmen. Aus der Sorge, daß meine Untertanen darunter leiden könnten, will ich meine Krone einem von euch aufs Haupt setzen. Aber ihr müßt mir für dies Geschenk etwas leisten und mir helfen, damit ich mich aufs Land zurückziehen kann. Ich glaube, ein kleiner, hübscher, treuer und anstelliger Hund würde mir dort eine angenehme Gesellschaft sein. Deshalb werde ich denjenigen unter euch zum Thronerben erklären, der mir den schönsten kleinen Hund bringen wird.«

Die Prinzen waren über den Wunsch ihres Vaters, einen kleinen Hund zu besitzen, sehr erstaunt. Die beiden Älteren dachten, es würde ihnen leicht gelingen, einen solchen Hund zu finden, und sie nahmen das Angebot an. Der jüngste Prinz aber war zu schüchtern und zu ehrfurchtsvoll, um seine Rechte geltend zu machen.

Nun nahmen sie Abschied vom König, der ihnen Geld und Juwelen mitgab und hinzufügte, sie sollten sich übers Jahr genau am gleichen Tag wieder einfinden und ihre kleinen Hunde mitbringen.

Ehe sie aber abreisten, gingen sie in ein Schloß, das nur eine Meile von der Stadt entfernt lag, und gaben dort große Feste und versprachen sich ewige Freundschaft. Dann reisten sie ab, nachdem sie vereinbart hatten, sich bei ihrer Rückkehr im gleichen Schloß wieder einzufinden, um zusammen zum König zu gehen. Sie wollten von niemand begleitet sein, veränderten ihren Namen, um unerkannt zu bleiben, und ritten ab.

Jeder von ihnen nahm einen anderen Weg. Die beiden älteren Brüder hatten viele Abenteuer, aber wir erzählen nur die des jüngsten. Der war freundlich und hatte ein fröhliches und heiteres Gemüt, einen hübschen Kopf, einen edlen Wuchs, regelmäßig geformte Züge und schöne Zähne, er besaß viel Geschicklichkeit in körperlichen Übungen, wie sie ein Prinz haben soll. Er sang sehr gut, spielte Laute und Harfe mit großem Geschick. Er zeichnete und malte, mit einem Wort, er hatte eine gute Schule und war zugleich tapfer und geistesgegenwärtig.

Fast alle Tage kaufte er nun Hunde, große und kleine: Windspiele, Doggen, Schäferhunde, Jagdhunde, Pudel, Möpse, Rehpinscher und so weiter. Wenn er einen schöneren Hund bekommen hatte, ließ er den weniger schönen wieder laufen, um den anderen zu behalten. Es wäre ja auch unmöglich gewesen, ganz allein dreißig- bis vierzigtausend Hunde mitzunehmen, da er weder Kammerherren noch Diener oder Pagen bei sich führte. So setzte er seinen Weg fort, ohne ein bestimmtes Ziel zu verfolgen, als er einst in einem Wald von Dunkelheit, Regen und Sturm so plötzlich überrascht wurde, daß er den Weg nicht mehr sehen konnte.

Er ritt so einen Pfad entlang, und nachdem er ihn eine Zeitlang verfolgt hatte, erblickte er in der Ferne ein kleines Licht. Er ging darauf zu und kam so an das Tor des prächtigsten Palastes, den er je gesehen. Die Tür war von Gold und mit Edelsteinen verziert, deren reiner und glänzender Schein die Umgebung erhellte. Das war das Licht gewesen, welches der Prinz von weitem erblickt hatte. Die Mauern waren von durchsichtigem Porzellan, auf dem die Geschichten aller Feen seit Beginn der Welt aufgemalt waren, die der Eselshaut, die der Finette, die vom Orangenbaum, die von der Schönen, die im Walde schlief, und Hunderte mehr. Er freute sich, den Prinzen Lutin wiederzuerkennen, war jener doch sein Onkel. Lange mochte sich der Prinz mit der Betrachtung dieser Wunder nicht aufhalten, denn der Regen hatte ihn völlig durchnäßt. Er betrat das Schloß und kam an eine andere goldene Tür, an der eine Rehpfote an einer Kette aus Diamanten hing. Er zog an der Rehpfote und hörte alsbald ein Glöckchen klingen, das dem Ton nach aus Gold oder Silber sein mußte. Einen Augenblick später wurde die Tür geöffnet, ohne daß man etwas anderes gesehen hätte als zwölf Hände, die in der Luft schwebten und je eine Fackel hielten. Der Prinz war so überrascht, daß er zunächst zögerte einzutreten. Er verspürte jedoch andere

Hände, die ihn ziemlich heftig in den Raum stießen. Voller Unruhe ging er weiter und legte für alle Fälle seine Hand ans Schwert, aber als er in einen mit Porphyr und Lasuren ausgelegten Gang kam, hörte er zwei reizende Stimmen, die sangen: »Edler Prinz, tretet nur ein.«

Da konnte er nicht mehr glauben, daß man ihm Böses tun wolle, indem man ihn so freundlich einlud, und da er sich zu einer hohen Tür aus Korallen geführt sah, die sich bei seinem Näherkommen öffnete, betrat er einen großen Saal aus Perlmutt und andere Säle, die mit verschiedenen Malereien und Juwelen verziert waren. Ein Saal war durch Tausende und aber Tausende von Lichtern erhellt, die auf Kronleuchtern, Wandleuchtern und Armleuchtern prangten. Als er etwa sechzig Gemächer durchschritten hatte, hielten ihn die Hände an, die ihn bis hierher geführt hatten. Da sah er einen großen Lehnstuhl, der sich ganz von selbst zum Kamin bewegte. Gleichzeitig wurde dort ein Feuer entzündet, und die Hände, ihn sehr schön – weiß, klein und zierlich – dünkten, kleideten ihn aus, denn der Regen hatte ihn ganz durchnäßt. Man reichte ihm, ohne daß er jemand gesehen hätte, ein so schönes Hemd, als wenn sein Hochzeitstag gewesen wäre, dazu einen Schlafrock von Goldbrokat, mit kleinen Smaragden bestickt. Die körperlosen Hände rückten einen Tisch vor ihn, auf dem sich ein prächtiges Waschbecken befand. Dann kämmten sie ihn mit einer Zartheit und Geschicklichkeit, daß ihm wohl wurde. Zuletzt kleidete man ihn wieder an, aber nicht mit seinen Gewändern, vielmehr brachte man ihm viel schönere. Schweigend ließ er alles geschehen und bewunderte, was um ihn vorging.

Als man ihn frisiert, gepudert, angekleidet, geschmückt und schöner als Adonis selbst gemacht hatte, führten ihn die Hände in einen prunkvollen Saal mit vergoldeten Möbeln. An den Wänden sah man Bilder mit den Geschichten der berühmtesten Katzen: den Rodillardus, auf Rat der Mäuse an den Füßen aufgehängt; den gestiefelten Kater des Marquis von Carabas; die Katze, die schreiben konnte; die Katze, welche zur Frau wurde; die Zauberer, die zu Katzen werden; der Hexensabbat mit seinen Zeremonien – kurz und gut, es gab nichts Kurioseres als diese Bilder.

Der Tisch war gedeckt; es lagen darauf zwei Gedecke, jedes mit einem goldenen Besteck. Der Kredenztisch überraschte durch die Vielzahl kostbarer Gefäße aus Bergkristall und seltenen Edelsteinen. Der Prinz wußte nicht, für wen die beiden Bestecke bestimmt waren; da bemerkte er mehrere Katzen, die sich auf ein kleines Orchesterpodium setzten, das man dort angebracht hatte. Eine Katze hielt ein kleines Notizbuch, eine zweite schlug mit einer Notenrolle den Takt, die anderen hatten kleine Gitarren. Schließlich begannen sie alle zusammen, in verschiedenen Tonarten zu maunzen und mit ihren Krallen die Saiten der Gitarren zu zupfen, so daß die seltsamste Musik ertönte, die man je gehört hatte. Der Prinz dachte gerade über all die wunderlichen Dinge nach, die er in diesem Palast erlebt hatte, als er bemerkte, wie eine kleine Gestalt eintrat, kaum größer als eine Elle. Diese kleine Gestalt war mit einem langen Schleier aus schwarzer Gaze bedeckt, zwei Katzen führten sie, in schwarze Mäntel gekleidet und mit Degen zur Seite. Zahlreiche Katzen liefen hinterher, einige trugen Fallen von Ratten, andere Käfige mit Mäusen. Der Prinz kam aus dem Staunen nicht heraus und wußte nicht, was er denken sollte. Das schwarze Persönchen näherte sich ihm, und als es seinen Schleier lüftete, sah er die schönste kleine Katze, die je gelebt hat und je leben wird. Sie sah sehr jung und sehr traurig aus, miaute so sanft und reizend, daß es ins Herz drang, und sprach zu dem Prinzen: »Sei willkommen, Königssohn, meine maunzende Majestät sieht dich mit Freude.« – »Madame Katze«, erwiderte der Prinz, »Ihr seid sehr großzügig, mich mit soviel Güte zu empfangen. Aber mir scheint, daß Ihr kein gewöhnliches Tierchen seid, denn die Gabe der Sprache und dieser prächtige Palast bezeugen es.« – »Königssohn«, antwortete die weiße Katze, »ich bitte Euch, hört auf, mir Komplimente zu machen. Ich bin schlicht in meinem Reden und meinem Benehmen, aber gut in meinem Herzen.« Da-

mit wandte sie sich an ihr Gefolge: »Man lasse auftragen, und die Musikanten sollen schweigen, der Prinz versteht ihre Sprache doch nicht.« – »Sprechen sie denn etwas, Madame Katze?« fragte der Prinz. »Allerdings«, erwiderte sie, »wir haben hier Poeten von großem Verstand, und wenn Ihr einige Zeit hier bei uns bleibt, werdet Ihr Euch selbst davon überzeugen können.« – »Oh, es bedarf nur Eurer Versicherung, um es zu glauben«, sagte der Prinz artig.

Nun wurde das Nachtmahl aufge-

tragen, wobei die Hände, deren Körper unsichtbar waren, bedienten. Zuerst trug man zwei Suppen herein: die eine von jungen Tauben, die andere von fetten Mäusen. Bei deren Anblick erschrak der Prinz, und so zögerte er, auch von der Taubensuppe zu essen, da er dachte, der gleiche Koch hätte beide Suppen zugerichtet. Aber die kleine Katze versicherte ihm, daß seine Gerichte eigens zubereitet seien und daß er alles ruhig essen könne, weil nichts von Ratten oder Mäusen darin sei.

Während der Prinz aß, sah er ein kleines Medaillon, das die Katze trug, und das ihn überraschte. Er bat sie, es ihm zu zeigen, im Glauben, es handele sich um den Meister Minagrobis. Aber zu seinem Erstaunen merkte er, daß es einen schönen jungen Mann darstellte, der ihm selbst aufs Haar glich, so daß man ihn gar nicht hätte besser treffen können. Der Prinz ahnte wohl, daß dahinter ein Geheimnis verborgen sein könne, aber er wagte es nicht, danach zu fragen, aus Angst, der Katze zu mißfallen oder sie zu kränken.

Nach dem Nachtmahl lud die weiße Katze ihren Gast in einen Saal, wo ein Theater errichtet war, auf welchem zwölf Katzen und zwölf Affen ein Ballett tanzten. Und so endete der Abend. Die weiße Katze bot ihrem Gast eine gute Nacht, die Hände, die ihn bisher geführt hatten, geleiteten ihn in eine Kammer, die im anderen Flügel des Palastes lag. Sie war sehr hübsch und niedlich; alles war mit Schmetterlingsflügeln ausgelegt, deren verschiedene Farben tausenderlei Blumen darstellten. Federn von seltenen Vögeln, die man kaum sonst kannte, dienten zur Verzierung. Die Bettvorhänge waren aus Gaze, mit vielen Bändern und Schleifen gerafft. Spiegel reichten von der Decke bis zum Fußboden, und die geschnitzten goldenen Rahmen zeigten kleine Amoretten.

Der Prinz legte sich zu Bett, schlief aber nur wenig, da ihn ein dumpfes Lärmen weckte. Die Hände halfen ihm sogleich aus dem Bett und zogen ihm Jagdkleider an. Als er in den Hof blickte, sah er dort an die fünfhundert Katzen, von denen einige Jagdhunde an der Leine führten, während andere in Jagdhörner bliesen. Alles war zum Jagdfest bereit. Die weiße Katze wollte jagen und bat den Prinzen, daß sie begleite. Die dienstfertigen Hände führten ihm ein hölzernes Pferd vor, das gesattelt war und gut gebaut. Der Prinz aber zögerte, es zu besteigen, weil er dachte, es fehle ihm noch viel zum Ritter Don Quijote. Sein Widerstand nützte jedoch nichts, denn man setzte ihn auf das hölzerne Pferd, das einen Sattel aus Goldstickerei mit Diamanten trug. Die weiße Katze bestieg einen Affen, nachdem sie ihren Schleier abgelegt und ein Dragonermützchen aufgesetzt hatte, das ihr ein so martialisches Aussehen gab, daß sich alle Mäuse der

Umgebung vor ihr fürchteten. Es gab die reizvollste Jagd, die man sich denken kann. Die Katzen rannten schneller als die Hasen und Kaninchen, und die weiße Katze veranstaltete ein Wettrennen. Auch die Vögel waren nicht in Sicherheit, denn die Katzen erklommen die Bäume, und der große Affe, auf dem die weiße Katze saß, trug sie bis hinauf zu den Nestern der Adler.

Als die Jagd beendet war, kehrte man in den Palast zurück. Der Prinz ließ sich weiter von den Händen bedienen und vergaß darüber sogar seine Heimat. Manchmal tat es ihm leid, kein Kater zu sein, um so sein ganzes Leben in dieser vornehmen Gesellschaft verbringen zu können. »Ach«, sprach er dann zur weißen Katze, »wie werde ich mich entschließen können, Euch zu verlassen, da ich Euch so zärtlich liebe!«

Ein Jahr verfließt recht schnell, wenn man weder Sorgen noch Kummer hat. Die weiße Katze wußte die Zeit, zu der er zurückkehren sollte, und da er selbst nicht daran dachte, erinnerte sie ihn daran: »Weißt du auch«, sagte sie, »daß du nur noch drei Tage Zeit hast, um den kleinen Hund zu suchen, den der König, dein Vater, zu haben wünscht? Und weißt du, daß deine Brüder bereits schöne Hunde gefunden haben?« Da kam der Prinz zu sich und sagte: »Welcher Zauber hat mich das Wichtigste der Welt vergessen lassen? Mein Glück und meine Ehre hängen davon ab. Wo soll ich so einen Hund herbekommen, wie man ihn braucht, um das Reich zu erwerben, und wo kann ich ein so schnelles Pferd finden, das den weiten Weg in drei Tagen zurücklegt?« Da tröstete ihn

die weiße Katze und sagte: »Königssohn, ängstige dich nicht, denn du hast ja mich zur Freundin. Du kannst ruhig noch einen Tag hierbleiben, denn wenn es auch in deine Heimat fünfhundert Meilen wären, so wird dich das hölzerne Pferd doch in weniger als zwölf Stunden hinbringen.« – »Ich danke dir, schöne Katze«, antwortete der Prinz, »aber es reicht nicht, daß ich rechtzeitig zurückkomme, ich muß ja meinem Vater auch einen kleinen Hund mitbringen.« – »Schau«, sagte die weiße Katze, »hier in dieser Eichel steckt ein so niedlicher Hund, daß deine Brüder schwerlich einen ähnlichen herzeigen werden.« – »Ach, Madame Katze«, erwiderte der Prinz, »Majestät spotten meiner.« – »Nicht doch«, sagte die weiße Katze, »halte die Eichel an dein Ohr, dann wirst du ihn bellen hören.« Der Prinz folgte ihr, und in der Tat hörte er den kleinen Hund bellen, was ihn sehr freute: denn ein Hund, der in einer Eichel Platz hatte, muß außerordentlich niedlich sein. Er wollte die Eichel gar zu gern öffnen, aber die weiße Katze sagte, der Hund würde unterwegs erfrieren, und es sei besser zu warten, bis er vor dem König, seinem Vater, stünde. Da bedankte sich der Prinz tausendmal und nahm zärtlich von ihr Abschied.

Er traf als erster bei dem vereinbarten Schloß ein, und bald danach kamen auch seine Brüder. Sie umarmten sich und erzählten von ihren Reisen, nur unser Prinz verschwieg den Brüdern seine Erlebnisse und zeigte ihnen einen häßlichen Hund, der als Ziehhund gedient hatte. Sosehr sich auch die Brüder mochten, so empfanden doch die beiden älteren insgeheim eine gewisse Freude über die schlechte Wahl des jüngsten.

Am nächsten Morgen reisten sie zusammen im selben Wagen zu ihrem Vater. Die beiden Älteren hatten kleine Hunde in Körben, so hübsch und zierlich, daß man sie kaum anzurühren wagte. Der Jüngling nahm den armen Ziehhund mit, der so schmutzig war, daß man ihn gar nicht anschauen mochte. Als sie in den Palast des Königs kamen, begrüßte man sie und geleitete sie in das Gemach des Königs. Der wußte zunächst nicht, für wen er sich entscheiden sollte, denn die beiden kleinen Hunde der Älteren waren gleich schön; so stritten sich beide um die Thronfolge. Da trat der Jüngste hinzu und zog die Eichel aus der Tasche, die ihm die weiße Katze gegeben hatte, öffnete sie rasch, und da lag ein winziger Hund in einem Körbchen aus Flaum; er ließ ihn heraus und hielt ihm einen Fingerring hin, da sprang er hindurch, ohne ihn zu berühren. Als ihn der Prinz zu Boden setzte, fing er gar an, eine Barcarole zu Kastagnetten zu tanzen, so federleicht wie die berühmteste italienische Tänzerin. Sein Fell spielte in vielerlei Farben, und seine Ohren hingen bis auf den Boden herab. Der König war ganz entzückt, denn unmöglich ließ sich etwas gegen die Schönheit des Hündchens sagen. Er hatte aber noch gar keine Lust, seine Krone loszuwerden, denn der kleinste Stein daraus war ihm lieber als alle Hunde des Universums. Er sagte daher zu seinen Kindern, daß er mit ihren Bemühungen sehr zufrieden wäre, weil ihnen die Erfüllung seines ersten Wunsches so gut gelungen sei. Er wolle ihre Geschicklichkeit noch einmal prüfen, ehe er sein Wort erfülle. Er ließe ihnen deshalb ein Jahr Zeit, damit sie ein so feines Linnen suchen könnten, das durch das Öhr einer englischen Nähnadel ginge.

Da waren alle drei Brüder sehr traurig, sich noch einmal auf die Suche begeben zu müssen. Sie sagten sich Lebewohl und zogen ihres Weges, ohne so zärtlich Abschied zu nehmen wie das erstemal, denn der Ziehhund hatte ihre Liebe abgekühlt. Unser Prinz schwang sich auf sein hölzernes Pferd, und da er keine andere Hilfe erstrebte als durch die Freundschaft der weißen Katze zu gewinnen war, ritt er schnell davon und kehrte zu jenem Palast zurück, wo er schon einmal so gut aufgenommen worden war. Er fand alle Tore offen, und die Hände, die ihn bereits früher so gut bedient hatten, nahmen sich wieder seiner an, führten das hölzerne Pferd in den Stall und den Prinzen selbst in das Zimmer der weißen Katze. Diese lag in einem Körbchen von weißem Atlas, ihr Kleidung war vernachlässigt, und sie schien ziemlich niedergeschlagen. Doch als sie den Prinzen sah, tat sie tausend lustige Sprünge, um ihm ihre Freude zu bezeigen. »Wenn ich auch Ursache hatte, auf deine Rückkehr zu hoffen«, sagte sie zu dem Prinzen, »so bin ich doch überrascht, diesen Wunsch erfüllt zu sehen, weil ich sonst in meinen Wünschen wenig Erfolg habe.« Der dankbare Prinz überhäufte die weiße Katze mit Liebkosungen, erzählte ihr vom Erfolg seiner Reise, von dem sie vielleicht mehr wußte als er selbst, und berichtete, daß der König ein Stück Linnen zu besitzen wünsche, so zart, daß es durch ein englisches Nadelöhr ginge, daß er die Sache allerdings für unmöglich halte, jedoch alles von ihrer Freundschaft und Hilfe erhoffe. Die weiße Katze antwortete mit großer Ernsthaftigkeit, daß zu seinem Glück in diesem Schloß Katzen wären, die sehr gut zu weben verstünden, und daß auch sie selbst spinnen wolle und er ganz ruhig sein könne.

Das zweite Jahr verfloß wie das erste. Der Prinz konnte keinen Wunsch aussprechen, den ihm nicht die Hände alsbald erfüllt hätten. Die weiße Katze, die immer über sein Geschick wachte, erinnerte ihn daran, daß es Zeit wäre, sich auf den Weg zu machen. Sie sagte ihm auch, daß sie ein ganz wunderbares Linnen gewoben hätte. Dann übergab sie ihm eine Nuß und sprach: »Öffne diese

Nuß erst in Gegenwart des Königs! Du wirst das Linnen, das du von mir erbeten hast, darin finden.« – »Liebe weiße Katze«, antwortete der Prinz, »ich muß dir gestehen, daß ich von deiner Güte so überwältigt bin, daß ich lieber mein Leben hier bei dir verbringen würde als in der Herrschaft, die mir zusteht.« – »Königssohn«, sprach darauf die weiße Katze, »ich bin von der Güte deines Herzens überzeugt. Es ist dies eine seltene Sache bei den Prinzen, die von jedermann geliebt sein wollen, selbst aber niemanden lieben. Du zeigst, daß du eine Ausnahme zur Regel bist. Ich werde deine Liebe zu einer kleinen weißen Katze, die nur zum Mäusefang taugt, nicht vergessen.« Der Prinz küßte ihr die Pfote und reiste ab.

Obwohl sein hölzernes Pferd sehr schnell war, kam er doch nicht so früh zum Palast seines Vaters, weil er durch das Gefolge aufgehalten wurde, welches ihm die weiße Katze mitgegeben hatte. Als seine Brüder merkten, daß er nicht rechtzeitig eintraf, sprachen sie leise untereinander: »Das ist sehr gut! Entweder ist er tot oder er ist krank und kann so in dieser wichtigen Sache nicht mit uns konkurrieren.« Sie breiteten also ihre Linnen aus, die in der Tat so fein waren, daß sie durch das Öhr einer groben Nähnadel gingen. Als jedoch der König die feine englische Nadel vorwies, zeigte es sich, daß ihr Linnen dieses Öhr nicht passieren konnte, was der König mit Freude bemerkte. Die Prinzen und ihre Freunde murrten viel bei diesem Streit, als die Ankunft des Jüngsten gemeldet wurde.

Nachdem unser Prinz seinen Vater und die Brüder begrüßt hatte, zog er aus einer mit Rubinen bedeckten Schatulle die Nuß hervor, brach sie auf und erwartete, darin das Linnen zu finden. Statt dessen fand er jedoch eine Haselnuß. Er öffnete auch diese und fand darin einen Kirschkern und fand darin ein Getreidekorn und in diesem wiederum ein Hirsekorn. Er gab zwar nichts auf das Spotten des Hofes, wurde aber doch mißtrauisch und sprach bei sich: »Weiße Katze, weiße Katze, du hast dich über mich lustig gemacht!« Im selben Augenblick spürte er eine Katzenkralle, die seine Hand so sehr zerkratzte, daß ihm das Blut herablief. Er wußte nicht, ob ihn diese Kralle ermutigen oder entmutigen wollte, öffnete aber dennoch auch das Hirsekörnchen. Die Überraschung aller war groß, als er daraus ein Stück Linnen zog, das an die vierhundert Ellen lang war, so wunderbar gewebt, daß man darauf alle Vögel, Fische und Bäume der Erde erblicken konnte. Als der König das Linnen erblickte, wurde er ebenso bleich, wie der Prinz beim langen Suchen rot geworden war. Man reichte ihm die englische Nadel hin, und die Leinwand ging sechsmal durch das Öhr. Der König verstummte. Endlich, nach langem Schweigen, wandte er sich an seine Kinder und sagte: »Nichts erfreut mich so sehr in meinen alten Tagen als eure Gefälligkeit gegen mich. Ich möchte sie jedoch auf eine letzte Probe stellen. Reiset also noch ein Jahr umher, und wer dann das schönste Mädchen bringt, soll sie heiraten und König werden; ich schwöre, die versprochene Belohnung dann nicht länger zu verzögern!«

Diese Ungerechtigkeit traf nun vor allem unseren Prinzen, aber er wollte dem Willen seines Vaters nicht widersprechen und kehrte deshalb zu seiner ihm so lieben weißen Katze zurück. Diese wußte den Tag seiner Rückkunft und hatte den ganzen Weg mit Blumen bestreuen lassen. Sie lag auf einem persischen Teppich unter einem Baldachin aus Goldbrokat in einem Gemach, von dessen Fenstern sie ihn kommen sah. »Wie steht es, Königssohn«, redete sie ihn an, »du kommst ja wieder ohne Krone zurück?« Er antwortete: »Deine Güte hätte mich imstand gesetzt, sie zu gewinnen, aber ich bin überzeugt, es macht dem König, meinem Vater, mehr Kummer, sich von ihr zu trennen als es mir Vergnügen machen würde, sie zu besitzen.« – »Das macht nichts«, entgegnete sie, »du darfst nichts unversucht lassen, um sie zu gewinnen. Ich werde dir auch weiter helfen, und da du nun deinem Vater ein schönes Mädchen vorweisen sollst, werde ich dir eines suchen, welches den Preis verdient.«

Nichts vergeht so schnell wie sorglose Zeiten. Wenn nicht wieder die weiße Katze sich des Zeitpunktes erinnert hätte, der Prinz hätte den Termin verstreichen lassen, ohne sich weiter darum zu kümmern. Am Abend vorher eröffnete sie ihm, daß er eine der schönsten Prinzessinnen werde mitnehmen können. Es sei nun Zeit, das verhängnisvolle Werk einer Fee zu zerstören, und er müsse sich entschließen, ihr den Kopf und den Schwanz abzuhauen und beides schnell ins Feuer zu werfen. »Wie« rief er aus, »sollte ich so grausam sein, dich zu töten! Willst du mich nur prüfen? Aber du weißt ja, daß ich unmöglich vergessen kann, was ich dir an Freundschaft und Dankbarkeit schulde.« – »Nein, mein Königssohn«, antwortete die weiße Katze, »ich habe dich nicht verdächtigt, untreu zu sein. Aber tu das, was ich wünsche, und wir werden beide glücklich werden. Du wirst, bei meiner Ehre, erkennen, daß ich wirklich deine Freundin bin.«

Der Prinz sprach noch alle möglichen Zärtlichkeiten, um sie umzustimmen, aber sie blieb eigensinnig und wollte von seiner Hand sterben. Schließlich zog er zitternd seinen Degen und hieb mit unsicherer Hand seiner guten Freundin, der weißen Katze, den Kopf und den Schwanz ab. Im gleichen Augenblick erblickte er die lieblichste Verwandlung, die sich denken läßt: Der Körper der weißen Katze dehnte sich und wurde zu einem reizenden Mädchen, von schönstem Wuchs und edelsten Zügen und den sanftesten Augen, die sich denken lassen. Als der Prinz sie erblickte, war er wie bezaubert. Er konnte nicht sprechen, seine Augen reichten nicht aus, sie gebührend zu bewundern, seine Zunge war zu starr, der Bewunderung Ausdruck zu geben. Sein Erstaunen wuchs noch, als er sah, wie eine große Anzahl von Damen und Herren eintrat, die alle ein Katzenfell über die Schultern geworfen hatten, und die nun vor dem Mädchen, ihrer Königin, niederknieten. Sie empfing alle mit Zeichen der Güte, und nachdem sie sich eine Weile mit ihnen unterhalten hatte, befahl sie ihnen, sie mit dem Prinzen allein zu lassen, und sagte zu ihm:

»Denkt nicht, Monsieur, daß ich immer eine Katze gewesen bin. Mein Vater besaß sechs Königreiche. Er liebte meine Mutter zärtlich und ließ ihr volle Freiheit in all ihren Handlungen. Reisen war ihre Lieblingsbeschäftigung, und da sie einmal von einem Berg gehört hatte, von dem man sich wunderbare Dinge erzählte, beschloß sie, dorthin zu fahren. Als sie unterwegs war, erzählte man ihr, daß in der Nähe ein Feenschloß stünde, in dessen Garten die besten Früchte seien, die man jemals genossen. Da kam meine Mutter, die Königin, eine große Lust an, von jenen Früchten zu kosten. Sie gelangte an das Tor eines prächtigen Palastes, aber sie klopfte vergebens an, niemand öffnete ihr, der Palast schien wie ausgestorben. Ihr Verlangen nach den Früchten stieg durch diese Beschwernis, sie ließ Leitern holen, um über die Mauer in den Garten zu steigen. Sicher hätte sie auch ihren Zweck erreicht, wenn die Mauer nicht beim Hinaussteigen immer höher geworden wäre, so als ob jemand unsichtbar daran arbeite.
Es wurde zwar eine Leiter auf die andere gestellt, aber sie brachen schließlich nur unter dem Gewicht zusammen und verletzten diejenigen, die darauf gestanden hatten. Die Königin war sehr verzweifelt: Vor sich sah sie die hohen Bäume voller köstlicher Früchte, und sie verlangte, davon zu essen oder zu ster-

ben. Sie ließ deshalb vor jenem Palast Zelte errichten und hielt dort hof, wohl sechs Wochen lang. Sie schlief nicht und aß nicht und sprach von nichts anderem als von den Früchten des unerreichbaren Gartens. Schließlich wurde sie krank, ohne daß ihr jemand helfen konnte. Die unerbittlichen Feen erschienen nicht, solange man auch vor dem Palast wartete.

Eines Nachts, als die Königin kaum eingeschlafen war, erwachte sie wieder und sah eine kleine häßliche Alte auf einem Lehnstuhl am Bett sitzen. ›Wir finden es sehr zudringlich, Majestät‹, sagte diese, ›daß Ihr unbedingt von unseren Früchten essen wollt, aber weil es um Euer kostbares Leben geht, so wollen meine Schwestern und ich Euch erlauben, soviel davon mitzunehmen, wie Ihr tragen könnt. Aber Ihr müßt uns dafür ein Geschenk geben.‹ – ›Ach, Mütterchen‹, rief die Königin aus, ›sprecht, was Ihr wollt, ich gebe Euch meine Reiche, mein Herz, ja meine Seele, wenn ich nur von Euren Früchten bekomme.‹ – ›Wir begehren, Majestät‹, erwiderte die Alte, ›Eure Tochter, von der Ihr bald Mutter werdet. Wir werden sie holen, sobald sie geboren ist. Sie soll bei uns erzogen werden, sie soll mit Schönheit und Klugheit bedacht werden, kurz, sie soll unser Kind sein, und wir wollen sie glücklich machen. Aber Eure Majestät wollen bedenken, daß Ihr sie nie wiedersehen dürft, bis sie verheiratet sein wird. Nehmt Ihr unseren Vorschlag an, so werde ich Euch sogleich gesund machen und in unseren Obsthain führen, denn trotz der Nacht wird es hell genug sein, daß Ihr nach Herzenslust auswählen könnt. Gefallen Euch meine Worte nicht, so schlaft wohl, denn dann gehe ich zu Bett.‹ – ›Welch harte Bedingungen Ihr stellt‹, entgegnete die Königin, ›aber ich will sie lieber annehmen als sterben. Denn so könnte ich keinen Tag mehr leben und würde mit mir auch meine Tochter zugrunde richten.‹

Da berührte die Fee meine Mutter mit einem kleinen goldenen Stab und sprach: ›Majestät, Eure Krankheit seid Ihr los.‹ Die Königin fühlte sich auf der Stelle gesund, ließ ihre Hofdamen kommen und teilte ihnen mit fröhlicher Miene mit, daß sie genesen sei und aufstehen wolle, da ihr die verschlossenen und verriegelten Tore des Feenpalastes nun geöffnet würden und sie so von den Früchten werde essen können. Ihre Damen kleideten sie an, und die Königin folgte eilends der alten Fee, die auf sie gewartet hatte. Sie trat in den Palast ein, in dem alles schön und wunderbar eingerichtet war.

Ihr werdet es leicht glauben, Monsieur«, fügte die weiße Katze hinzu, »wenn ich Euch sage, daß es derjenige war, in dem wir uns augenblicklich befinden. Zwei andere Feen, etwas jünger als jene, die meine Mutter eingeführt hatte, empfingen sie freundlich am Tor. Die Königin bat sie, doch gleich in den Garten geführt zu werden, wo die besten Früchte hingen. ›Wir sind gern bereit‹, sagten die Feen, ›aber erinnert Euch des uns gemachten Versprechens, das Ihr nicht widerrufen dürft.‹ – ›Ich bin überzeugt‹, entgegnete die Königin, ›daß man sich bei Euch wohlfühlt; und wäre da nicht der König, mein Gemahl, ich würde bei Euch bleiben, denn dieser Palast ist wirklich sehr schön. Fürchtet also nicht, daß ich mein Wort breche!‹ Da waren die Feen sehr zufrieden, öffneten alle ihre Gärten und ließen die Königin darin drei Tage zubringen. Dann pflückte die Königin sich Früchte auf Vorrat, denn Feenfrüchte verderben nie, und mit viertausend Tragtierlasten kehrte sie nach Hause zurück. Der König war entzückt über die Rückkehr seiner Gemahlin, und der ganze Hof freute sich mit ihm. Es wurden Bälle, Maskenspiele und Festivitäten veranstaltet, wobei die mitgebrachten Früchte aufgetischt wurden. Der König bevorzugte diese Früchte vor allen anderen Speisen, und da er von der Vereinbarung der Königin mit den Feen nichts wußte, fragte er sie oft, aus welchem Land sie diese Köstlichkeiten mitgebracht habe. Sie antwortete einmal, sie wüchsen auf einem fast unzugänglichen Berg, ein andermal, man fände sie in Tälern, und schließlich, mitten in einem Wald. Der König wunderte sich über diese Widersprüche und fragte ihre Begleitung, aber die Königin hatte so streng verboten, ihre Abenteuer zu erzählen, daß niemand davon zu sprechen wagte.

Im Laufe der Zeit wurde die Königin schwermütig, weil sie immer an ihr den Feen gegebenes Versprechen dachte. Sie seufzte ständig und veränderte sich sehr. Der König geriet darüber in Sorge und drängte die Königin, ihm die Ursache ihres Kummers zu entdecken, und nach vielen Mühen erzählte sie ihm, was zwischen ihr und den Feen vorgefallen war, und daß sie ihnen ihre Tochter versprochen habe, welche sie bald zur Welt brächte. ›Was‹, rief der König aus, ›wir haben keine Kinder, und du weißt, wie sehr ich mir welche wünsche! Und wegen einiger Früchte versprichst du mir nichts, dir nichts deine Tochter! Du mußt gar keine Liebe zu mir haben!‹ Und damit ließ er sie in einen Turm sperren und stellte Wachen an die Tore, um zu verhindern, daß jemand sie besuche.

Die unguten Vorfälle zwischen König und Königin betrübten den Hof unendlich. Alle zogen ihre Staatskleider aus und legten schlichte Trauergewänder an, um sich dem allgemeinen Schmerz anzupassen. Aber der König war unerbittlich. Er sah seine Gemahlin nicht mehr an, und mich ließ er gleich nach der Geburt in seinen Palast bringen, um mich dort erziehen zu lassen. Die Feen erfuhren alles, was geschah. Sie waren sehr zornig darüber und verlangten mich, denn sie betrachteten mich als ihr Eigentum und bezeichneten es als Diebstahl, daß ich ihnen nicht übergeben wurde. Als der König auf all ihre Vorhaltungen taub blieb, ließen sie einen furchtbaren Drachen los, der alle Orte vergiftete und groß wie klein auffraß. Der König geriet dadurch in schwere Sorgen. Er hatte eine Fee zur Freundin, die schon sehr alt war; zu der ging er und machte ihr Vorwürfe, daß sie bei solchen Verfolgungen untätig bliebe. ›Was soll ich tun?‹ fragte die Fee, ›Ihr habt meine Schwestern erzürnt, und sie haben viel mehr Macht als ich. Auch handeln wir nicht gegeneinander. Sucht meine Schwestern zu besänftigen, indem Ihr ihnen Eure Tochter gebt, denn die kleine Prinzessin gehört ihnen.‹

Der König, mein Vater, liebte mich innig. Aber er sah keine andere Wahl, um sich von dem schrecklichen Drachen zu befreien, und so erklärte er sich bereit, mich den Feen zu übergeben, wenn ich geliebt und meinem Stande gemäß erzogen würde. Die Fee sagte ihm, er brauche nichts weiter zu tun, als mich in meiner Wiege auf den Blumenberg zu setzen, im übrigen solle er unbesorgt sein; sie wolle ihre Schwestern verständigen.

Gleich nach der Rückkehr in seinen Palast ließ der König seine Gemahlin mit ebensoviel Pomp und Prunk zurückholen, als er mit Zorn und Wut sie einst verbannt hatte. Mit Tränen in den Augen bat er sie, den Kummer, den er ihr bereitet, zu vergessen. Die Königin antwortete ihm, daß sie ja selbst nicht unschuldig sei, weil sie ihre Tochter leichtfertig den Feen versprochen habe, und wenn etwas zu ihren Gunsten spräche, dann nur der Zustand, in dem sie sich befunden habe. Der König erklärte meiner Mutter, er wolle mich nun den Feen übergeben, doch erst nach vielen Widerreden willigte sie ein, und man bereitete alles für die Übergabe vor. Ich wurde in eine Wiege aus Perlmutt gelegt, und der ganze Hof begleitete mich, jeder nach seinem Rang. Während unser Zug den Berg hinaufging, hörte man eine melodische Musik, die langsam näher kam. Es erschienen die Feen, sechsunddreißig an der Zahl, in einem feierlichen Aufzug. Sie trugen Ölzweige als Zeichen, daß sie mit dem König Frieden schließen wollten. Als sie mich empfangen hatten, überhäuften sie mich mit vielen Liebkosungen, so daß es schien, sie wären nur da, um mich glücklich zu machen.

Der Drache, den sie zur Strafe gegen meinen Vater ausgesandt hatten, wurde mit diamantenen Ketten gebunden und mußte ihnen als Flugboot dienen, auf dem sie mit mir zu ihrem Palast zurückkehrten. Dort hatten die Feen für mich einen Turm errichten lassen, in dem man wohl tausend Gemächer für alle Jahreszeiten finden konnte. Doch besaß der Turm keine Türen, und man konnte nur durch die hochgelegenen Fenster hinein. Oben auf den Zinnen befand sich ein schöner Garten mit vielen Blumen und einem herrlichen Springbrunnen. An diesem Ort zogen mich die Feen auf, und das mit einer Sorgfalt, welche das der Königin gegebene Versprechen weit übertraf. Sie lehrten mich alles, was meinem Alter und meinem Stand gebührte, und da ich außer ihnen niemanden sah, hätte ich wohl mein ganzes Leben dort glücklich zugebracht. Die Feen kamen immer auf dem Drachen, von dem ich schon gesprochen habe, nannten mich ihre Tochter, und ich glaubte, es zu sein. Niemand blieb bei mir im Turm als ein Papagei und ein kleiner Hund, den sie mir zu meiner Unterhaltung gegeben hatten.

Die eine Seite des Turmes grenzte an einen Wald hoher Bäume, und nie, seit ich dort war, hatte ich ein menschliches Wesen erblickt. Eines Tages aber, als ich an dem Fenster zum Wald stand und mit meinem Papagei und meinem Hund plauderte, hörte ich ein Geräusch. Ich sah mich überall um und erblickte endlich einen jungen Mann, der innehielt, um unsere Unterhaltung zu belauschen. Bis dahin hatte ich Männer nur auf Bildern gesehen, daher kannte ich die Gefahr nicht und betrachtete ihn. Er machte mir eine tiefe Verbeugung und schien zu überlegen, wie er mit mir sprechen könne, denn er wußte wohl, daß ich in dem Palast der Feen war. Als es Abend wurde, blies er in sein Horn, dann ging er fort, ohne daß ich gesehen hätte wohin, denn es war bereits zu dunkel. In tiefen Gedanken blieb ich zurück und hatte nun keine Lust mehr, mich mit meinem Papagei oder mit dem Hündchen zu unterhalten. Der Papagei verstand alles, denn er war sehr klug, aber er ließ sich nichts anmerken.

Sobald es Morgen wurde, stand ich auf, eilte an jenes Fenster und war entzückt, wieder den jungen Mann am Fuße des Turmes zu erblicken. Er sprach mit mir durch ein Sprachrohr, das den Ton der Stimme weiter trägt, und fragte mich, ob ich es ihm übelnähme, wenn er alle Tage zu dieser Stunde unter mein Fenster käme. Wenn ich es erlaubte, sollte ich ihm etwas hinunterwerfen. Ich hatte einen Ring aus Türkis, den warf ich ihm schnell hinunter und machte ihm Zeichen, sich zu entfernen, weil ich hörte, wie von der anderen Seite die Fee Violanta auf dem Drachen nahte, die mir das Frühstück brachte.

Beim Eintreten sagte sie als erstes: ›Ich rieche hier die Stimme eines Mannes. Drache, such!‹ Ich erstarrte vor Schreck, daß er zum anderen Fenster hinausfliegen und den jungen Mann verfolgen könnte, der mir so sympathisch war. Deshalb sagte ich: ›Du scherzest, liebe Mama, wenn du meinst, eine Menschenstimme zu riechen. Riecht denn eine Stimme überhaupt nach etwas? Und wenn das so wäre, wer könnte so frech sein, in diesen Turm zu steigen?‹ – ›Du hast recht, Tochter‹, sagte die Fee, ›ich freue mich, dich so klug reden zu hören.‹ Und damit reichte sie mir mein Frühstück und meine Spindel. ›Wenn du gespeist hast, vergiß nicht zu spinnen‹, fuhr sie fort, ›denn du hast gestern nicht gearbeitet, und meine Schwestern würden sonst böse werden.‹

Sobald sie gegangen war, legte ich die Spindel beiseite und stieg auf den Söller, um die Gegend besser überschauen zu können. Ich hatte ein gutes Fernrohr, und nichts beschränkte den Ausblick. Ich sah nach allen Seiten und entdeckte meinen Ritter auf einem hohen Berg, wo er von vielen Hofleuten umgeben war. Nun zweifelte ich nicht, daß er der Sohn eines benachbarten Königs sei. Und da ich Angst hatte, der Drache könne ihn entdecken, wenn er zum Turm zurückkehrte, sandte ich meinen Papagei aus mit der Bitte, er möge zu jenem Prinzen fliegen und ihm sagen, er solle nicht zum Turm zurückkehren, weil ich die Wachsamkeit meiner Wächter fürchten müsse.

Der Papagei richtete diesen Auftrag wie ein Vogel von Verstand aus, und alle waren erstaunt, als er sich dem Prinzen auf die Schulter setzte und ihm die Botschaft ins Ohr flüsterte. Er richtete hundert Fragen an den Papagei und dieser ebensoviel an ihn, denn er war von Natur neugierig. Dann übergab ihm der Prinz einen Ring für mich, der war herzförmig und mit Diamanten besetzt. ›Es gehört sich, daß ich dich wie einen Gesandten behandele‹, sagte er zum Papagei, ›hier nimm mein Bild, zeige es aber nur deiner reizenden Herrin!‹ Damit band er ihm sein Bild unter den Flügel und steckte ihm den Ring in den Schnabel.

Ich erwartete die Heimkehr meines Papageis mit großer Ungeduld. Er berichtete mir, daß derjenige, zu dem ich ihn geschickt hatte, ein großer König sei, der nur für mich leben wolle, und alle Gefahren sollten ihn nicht davon abhalten, am Fuße des Turmes zu erscheinen. Diese Botschaft bereitete mir große Unruhe. Ich fing an zu weinen, und der Papagei und mein Hündchen Tutu taten alles mögliche, mich zu trösten. Die Feen, die mich besuchten, fanden mich verändert und glaubten, ich litte an Langeweile. Deshalb wollten sie unter den Zauberern nach einem Gemahl für mich suchen. Sie musterten einige durch und einigten sich schließlich auf den kleinen König Migonnet, dessen Reich fünfmal hunderttausend Meilen von ihrem Palast entfernt lag: für Feen eine Kleinigkeit. Der Papagei hörte ihre Beratungen, und als wir wieder allein waren, sagte er: ›Ach, wie bedaure ich Euch, meine Herrin, daß Ihr die Gattin von König Migonnet werden sollt, denn er ist so häßlich, daß man sich vor ihm fürchten muß.‹

– ›Kennst du ihn denn, Papagei?‹ fragte ich. ›Das will ich meinen‹, antwortete er, ›ich bin mit ihm zusammen auf dem gleichen Ast groß geworden.‹ – ›Wie, auf dem gleichen Ast?‹ – ›Ja, denn er hat Füße wie ein Adler.‹
Diese Nachricht erschreckte mich so sehr, daß ich die ganze Nacht nicht schlafen konnte. Tutu und mein Papagei verplauderten mir die Zeit. Erst gegen Morgen schlief ich ein, erwachte aber bald wieder und eilte ans Fenster. Da erblickte ich den König, der die Arme nach mir ausstreckte und mir durch sein Sprachrohr zurief, er könne nicht länger ohne mich leben; ich möchte ein Mittel ausfindig machen, aus dem Turm zu entkommen oder ihn einzulassen. Ich befahl dem Papagei, ihm zu sagen, daß es kaum möglich sein würde, seine Wünsche zu erfüllen, daß ich aber Mittel und Wege suchen wolle.
Der König ging und ließ mich in der größten Verlegenheit zurück, denn ich wußte nicht, wie ich aus dem Turm entkommen sollte. Als die Fee Violanta kam, fand sie mich mit verweinten Augen. Sie fragte mich nach der Ursache meiner Tränen. ›Ach‹, antwortete ich zitternd, ›ich habe das Spinnen so satt; und ich wünschte mir kleine Netze, um die Vögel zu fangen, die die Früchte in meinem Garten fressen.‹ – ›Wenn du sonst nichts willst‹, sagte sie, ›so brauchst du nicht zu weinen. Du sollst Schnüre bekommen, soviel du verlangst. Vor allen Dingen aber‹, setzte sie hinzu, ›denke daran, deine Schönheit zu erhalten, denn in kurzem wird der König Migonnet hierher kommen, der dich heiraten soll.‹ Bei dieser Nachricht überlief mich ein kalter Schauer und ich antwortete nichts.
Sobald ich die Schnüre bekam, fing ich an, zwei oder drei Netze zu stricken, doch vor allem knüpfte ich eine Strickleiter, die mir gut geriet, obwohl ich noch nie eine gesehen hatte. Dann schickte ich den Papagei zum König und ließ ihm ausrichten, er solle am nächsten Abend kommen, er werde eine Leiter vorfinden und das weitere erfahren. Ich befestigte also die Leiter und war im Begriff hinabzusteigen, doch er, die Leiter gewahrend, stieg schnell herauf, trat in mein Zimmer und umarmte mich
Seine Gegenwart verursachte mir so viel Freude, daß ich alle Gefahr vergaß, die damit verbunden war. Er erneuerte seine Schwüre und flehte mich an, sein Glück nicht länger aufzuschieben, sondern ihn auf der Stelle zum Gemahl anzunehmen. Ich war es zufrieden. Tutu und der Papagei waren unsere Zeugen, und wohl niemals ist eine Hochzeit unter erlauchten Personen mit weniger Glanz gefeiert worden, aber auch niemals sind zwei Herzen glücklicher gewesen als die unsrigen. Der Morgen war noch nicht gekommen, als der König mich

verließ. Ich hatte ihm von der fürchterlichen Absicht der Feen erzählt, mich mit einer Mißgeburt zu verheiraten, und er war ebenso entsetzt wie ich selbst.

Als ich dem davoneilenden König nachblickte, sah ich einen feurigen Wagen durch die Luft kommen, von Salamandern gezogen, die sich mit einer solchen Schnelligkeit bewegten, daß ihnen das Auge kaum folgen konnte. Wer in dem Wagen saß, konnte ich nicht recht sehen; wiewohl ich nicht zweifelte, es müßte eine Fee oder ein Zauberer sein. Wenig später trat die Fee Violanta in mein Zimmer und sagte: ›Ich bringe dir gute Nachricht, dein Bräutigam ist angekommen; setze dich an deine Toilette, um ihn gehörig zu empfangen. Hier hast du Kleider und Schmuck.‹ – ›Wer hat Euch denn gesagt, daß ich ihn heiraten will?‹ sprach ich, ›schicken Sie Ihren König Migonnet wieder nach Hause. Ob er mich schön oder häßlich findet, ich werde seinetwegen keine einzige Nadel mehr anstecken. Für ihn bin ich nicht zu haben.‹ – ›Aber, aber‹, sagte die Fee, ›was fehlt dir denn? Ich rate dir, laß den Scherz, sonst werde ich dich ...‹ – ›Was werden Sie tun, um mich noch trauriger zu machen? Kann man elender leben als ich? Eingeschlossen in einen Turm, mit einem Papagei und einem Hündchen als Gesellschaft!‹ – ›Undankbare!‹ rief die Fee erbost, ›verdienst du soviel Sorgen und Mühen?‹ Und sie eilte zornig zu ihren Schwestern, um ihnen mein Betragen zu erzählen und sich über meine Undankbarkeit zu beklagen.

Ich aber war so stolz, das Herz eines Königs zu besitzen, daß ich die Feen verachtete. Ich zog mich nicht an, zerzauste mir im Gegenteil die Frisur, um auf den König Migonnet einen möglichst schlechten Eindruck zu machen. Er ließ nicht lange auf sich warten; auf dem Söller entstieg er seinem feurigen Wagen. Einen kleineren und häßlicheren Zwerg hat es wohl nie gegeben. Er konnte nicht auf seinen Adlerfüßen stehen, sondern schleppte sich mühsam auf zwei diamantenen Krücken einher. Sein Königsmantel war nur eine halbe Elle lang und schleppte noch um ein Drittel nach. Sein Kopf war so groß wie ein Faß und seine Nase so lang, daß darauf ein Dutzend Vögel saßen, deren Gesang ihn zu erheitern schien. Seine Ohren standen um Armeslänge von seinem Kopf ab, aber man bemerkte es kaum wegen einer hohen, spitzigen Krone, die er trug. Die Flammen seines Wagens brieten die Früchte, trockneten die Blumen aus und ließen die Fontänen in meinem Garten versiegen. Er kam mit offenen Armen auf mich zu. Da ich aber ganz gerade stehenblieb, mußte ihn sein Stallmeister in die Höhe heben, um mich zu erreichen. Da wandte ich mich um und floh in mein Zimmer, dessen Tür und Fenster ich fest verschloß, worauf sich der Zwerg sehr aufgebracht zu den Feen begab. Als es Abend geworden war, ließ ich wieder die Strickleiter hinab, fest entschlossen, diesmal mit dem König zu entfliehen. Mein Gemahl kam, stieg herauf, und wir lagen uns in den Armen. Während wir uns noch unterhielten, gingen die Fenster auf, und die Feen kamen auf ihrem abscheulichen Drachen angeritten, und der Zauberer Migonnet folgte ihnen auf seinem feurigen Wagen nach. Mein Gemahl griff nach dem Degen und dachte nur daran, mich zu verteidigen. Aber, o wehe, was half ihm sein Mut? Die grausamen Feen hetzten den Drachen auf ihn, und in demselben Augenblick war er verschlungen. In meiner Verzweiflung wollte auch ich mich in den Rachen des Ungeheuers stürzen, um meine Pein zu enden. Schon schnappte er nach mir, als ihn die Feen zurückriefen. ›Sie muß eine längere Strafe haben‹, schrien sie, ›ein schneller Tod ist zu gnädig für dieses böse Wesen!‹

Dann berührten sie mich mit einem Zauberstab und gaben mir die Gestalt einer Katze, von der Sie mich vor wenigen Augenblicken befreit haben. Darauf führten sie mich in diesen Palast und verwandelten alle Herren und Damen des Königreiches in Katzen; nur einige ließen sie übrig, von denen man aber nichts als die Hände sah. Dies war ihnen noch nicht genug. Um meine Schmerzen zu vermehren, verrieten sie mir das Geheimnis meiner Geburt und zeigten mir den Tod meiner Eltern an. Dazu verfügten sie den Spruch, daß ich meine Gestalt nicht eher wiedererhalten würde, als bis ich einen Mann gefunden hätte, der mich liebte und meinem Gemahl vollkommen ähnlich sähe. – Ihr, Herr, habt diese Ähnlichkeit: dieselben Züge, derselbe Anstand, derselbe Ton der Stimme. Ich war sofort davon überrascht, als ich Euch sah. Ich wußte plötzlich alles, was geschehen würde, um meine Qualen zu beenden.«

»Und werden die meinen von langer Dauer sein, schönste Dame?« fragte der Prinz, indem er sich ihr zu Füßen warf. »Ich liebe Euch schon mehr als mein Leben, Monsieur«, antwortete die Prinzessin, »doch wir müssen jetzt zu Eurem Vater reisen, um sein Urteil über mich zu erfahren und zu sehen, ob er in unsere Wünsche einwilligt.«

Da reichte ihr der Prinz die Hand, und sie gingen hinaus und stiegen in einen Wagen, noch viel kostbarer und reicher als das vorige Mal. Die Gebisse der Pferde waren von Smaragden und die Hufnägel aus Diamanten. Ähnliches ist nie zuvor gesehen worden.

Als sie in die Nähe des Palastes kamen, der den drei Prinzen als Treffpunkt diente, ließ die Prinzessin ihre Kutsche anhalten und setzte sich in eine Sänfte, die aus einem einzigen Kristall verfertigt und rundum mit Vorhängen umgeben war. Junge, hübsche Männer trugen diese Sänfte, indes der Prinz in der Kutsche blieb. Sobald er auf seine Brüder traf, die ausnehmend schöne Prinzessinnen bei sich führten, fragten sie ihn, ob auch er eine schöne Dame mitbrächte. Da antwortete er, er sei leider unglücklich gewesen und habe nur eine kleine weiße Katze mitgebracht. Seine Brüder fingen an, über seine Dummheit zu lachen, und riefen: »Eine Katze? Hast du Angst, daß unser Schloß von Mäusen aufgefressen wird?«

Danach nahm jeder seinen Weg für sich in die Stadt zum Palast des Vaters. Dessen Kammerherren beeilten sich, ihm die Botschaft von der Ankunft seiner Söhne zu bringen. »Haben sie schöne Prinzessinnen dabei?« fragte der König. »Unvergleichlich schöne«, sagten die Kammerherren. Diese Antwort war ihm wenig willkommen. Da kamen auch schon die beiden älteren mit ihren wunderschönen Prinzessinnen. Der König empfing sie sehr freundlich und wußte nicht, wem er den Preis geben sollte. Dann sah er den jüngsten Sohn und fragte: »Kommst du denn diesmal ganz allein?« – »Eure Majestät werden in dieser Sänfte eine kleine weiße Katze finden; sie hat so weiche Samtpfötchen, daß sie Euch gefallen wird.« Der König lächelte und ging auf die Sänfte zu. Im gleichen Augenblick drückte die Prinzessin auf eine Feder, die kristallene Sänfte öffnete sich, und die Prinzessin trat hervor, schön wie die Sonne; ihr blondes Haar floß auf ihre Schultern herab und fiel in Locken bis zu den Füßen. Ihr Haupt war mit Blüten bekränzt, ihr Kleid von leichter, weißer Gaze, mit rotem Taft gefüttert. Sie stand auf und machte dem König eine Reverenz. Da konnte er sich nicht zurückhalten und rief voll Staunen aus: »Das ist die Unvergleichliche, die meine Krone verdient!«

»Gnädigster Herr«, entgegnete sie, »ich bin nicht gekommen, um Euch Euren Thron zu rauben, den Ihr so würdig besitzt. Ich habe selbst sechs Königreiche. Erlaubt mir, daß ich Euch eines davon anbiete. Eine gleiche Gabe will ich jedem Eurer Söhne machen. Als Belohnung erbitte ich nur Eure Freundschaft und diesen jungen Prinzen als Gemahl.« Da bezeigte der König seine große Freude und ganzes Entzücken. Man feierte sogleich die Hochzeit der drei Prinzen, und der Hof gab sich mehrere Monde den Festen und Lustbarkeiten hin.

Dann reiste jeder in sein Königreich ab, und die weiße Katze wurde durch ihre Güte und Freigebigkeit wie durch ihre seltenen Tugenden und ihre große Schönheit in der ganzen Welt berühmt.

> *Moral*
> Der Königin, die ihr Kind verschenkt
> Um einer schnöden Gaumenlust,
> Man ihre Tat mit Recht verdenkt.
> Der Prinz gewann schier unbewußt
> Ein Königreich von seiner Braut.
> Was er zuerst als Kätzchen fand,
> Ward ihm als Königin angetraut,
> Und so fand er zu Thron und Land.

Aus dem Französischen von Felix Karlinger

Das berühmte Feenmärchen »La chatte blanche« der Marie-Catherine d'Aulnoy, erstmals niedergelegt in »Contes nouveaux ou Les fées à la mode« (2. Bd., 1698), ist bis heute als illustrierte Einzelausgabe beliebt – in ganz Europa. In Frankreich ist ein eigener Märchentypus nach ihm benannt (internationaler Terminus: Die Maus als Braut). In Deutschland haben nicht nur die Grimms davon profitiert (»Der arme Müllersbursch und das Kätzchen«), sondern auch das plattdeutsche Volksmärchen (»De lütt witt Katt«).

Mme d'Aulnoy ist eine außergewöhnliche Erzählerin. Als gebürtige Normannin greift sie nach Märchenstoffen, die auf dem Lande kursieren, und bringt sie à la mode: so die »unmöglichen Aufgaben« des alternden Königs, der sich die Söhne vom Hals halten will. Als Frau von Welt – europäische Abenteurerin, Salondame und Klosterfrau in einem – liebt sie es literarisch, flicht in die Geschichte von der Tierbraut deren eigene Story ein, die vom Katzenkönigreich. Sieht man genauer hin, ist ihr Märchen nicht nur eine Art Katzenpandämonium, in der auf Gemälden alle berühmten Katzen Revue passieren; auch der Perraultschen Märchenfiguren wird gedacht, so der Eselshaut, der Schlafenden Schönen, dem Gestiefelten Kater.

Urihimeko und Amanodschaku

Es ist wohl schon lange her, da lebte in einem Dorf ein alter Mann mit seiner alten Frau. Als die Alte eines Tages an den Fluß ging, um Wäsche zu waschen, da kamen zwei Kisten dahergeschwommen. Und sie rief: »Kiste ohne Frucht, schwimm weiter! Kiste mit Frucht, her zu mir!« Worauf eine schwere Kiste herangetrieben kam, die die Alte mit nach Hause nahm. Als sie und ihr Mann die Kiste öffneten, fanden sie darin eine Melone. Aus dieser Melone wurde ein kleines Mädchen geboren, und darum nannten sie es Urihimeko, Melonenprinzessin. Sie zogen sie liebevoll auf, und allmählich wuchs sie zu einer schönen Tochter heran.

Eines Tages, als die beiden Alten in die Berge gehen wollten, ermahnten sie ihre Tochter: »Urihimeko, wir gehen in die Berge, also nimm dich in acht. Die Amanodschaku könnte kommen, sie ist eine böse Frau und hat lange Krallen, mit der kannst du es nicht aufnehmen; deshalb antworte ihr lieber nicht.« Und sie schoben die Riegel vor Türen und Fenster.

Alsbald begann Urihimeko im Schatten des Gitterfensters zu weben.

> *tokkin katari kin katari*
> Hab ich kein Spulchen,
> web ich doch
> sieben Klafter weit
> *tokkin katara kin*

Unterdessen kam, so wie vorausgesagt, die Amanodschaku und sagte: »Urihimeko, Urihimeko, willst du nicht mit mir spielen?« Doch Urihimeko tat so, als höre sie nichts. Da wurde Amanodschakus Stimme immer einschmeichelnder: »Kannst du mir die

Tür nicht wenigstens ein bißchen öffnen?« Da sie so sehr darauf bestand, dachte Urihimeko, wenn es weiter nichts ist, und öffnete sie schließlich ein ganz klein wenig. Sofort zwängte Amanodschaku ihre langen Krallen in den Spalt und schob ratternd die Tür auf. So hatte sie die arme Urihimeko hereingelegt. Nun schlug sie ihr vor: »Laß uns zum reichen Dorfvorsteher gehen und in dessen Garten Pfirsiche pflücken.« Urihimeko wandte ein, daß ihre alten Eltern sie schelten würden, doch Amanodschaku gab nichts darauf. Und als Urihimeko darauf sagte: »Wenn ich in Strohsandalen gehe, dann macht es doch *ponpon*«, da entgegnete ihr Amanodschaku: »Dann geh doch in Holzsandalen.« Und als sie darauf sagte: »Wenn ich in Holzsandalen gehe, dann klappert es doch«, da entgegnete Amanodschaku: »Dann trage ich dich eben.« Und als sie wiederum einwandte: »Du kannst mich nicht tragen, du hast doch solche Stacheln auf dem Rücken«, da sagte Amanodschaku: »Dann hole ich mir von hinten einen Futtertrog und binde ihn mir auf dem Rücken fest.« Also band sich Amanodschaku einen Trog um, ließ Urihimeko aufsitzen und machte sich auf den Weg.

Im Obstgarten des Dorfvorstehers kletterte zuerst Amanodschaku auf den Pfirsichbaum, und während sie die wohlschmeckenden Pfirsiche aß, warf sie Urihimeko nur die schlechten zu. »Da hast du die harten, die fleckigen, mit Ohrenschmalz und Nasenschleim.« Als schließlich Urihimeko selbst auf den Baum stieg, da trieb Amanodschaku sie von unten immer höher: »Die weiter oben sind besser. In denen da sind Würmer drin.« Und um ihr einen Schreck einzujagen, sagte sie: »Sieh nur, da kommt der Dorfvorsteher!« Urihimeko erschrak, fiel von dem hohen Baum und starb.

Sogleich schlüpfte Amanodschaku in ihre Haut und nahm Urihimekos Gestalt an. Dann ging sie, als sei nichts geschehen, zu ihr nach Hause und setzte sich an den Webstuhl. Sein Klappern ertönte:

> *tokkin katari kin katari*
> Hab ich kein Spulchen,
> web ich auch nicht
> *tokkin katari kin*

Als die beiden Alten aus den Bergen heimkehrten, merkten sie, daß der Webstuhl anders klang, und sie fragten: »Urihimeko, Urihimeko, war Amanodschaku wirklich nicht da?« Doch die falsche Urihimeko tat, als wisse sie von nichts, und log: »Nein, nein, sie war nicht da.«

Nun machten sie Reisklöße mit Farnspitzen zurecht und sagten: »Urihimeko, geh und bring sie dem Dorfvorsteher.« Da nahm sie die Kistchen mit Reisklößen und ging los, wie ihr geheißen. Doch unterwegs aß sie alle auf. Den beiden Alten erzählte sie, der Dorfvorsteher habe gesagt: Wenn ich ihm noch eine Lage Klöße bringe, dann nimmt er mich zur Braut. Da freuten sich die beiden Alten und füllten noch einmal die Kistchen mit Reisklößen. Damit ging sie nun zum Dorfvorsteher und sagte mit schlauer Berechnung: »Meine Eltern bitten Euch, mich zur Frau zu nehmen.«

Doch ihm war die Sache ernst, und man kam überein, daß er und die falsche Urihimeko heiraten sollten. Als der Tag da war, kam eine Krähe herbeigeflogen, setzte sich auf den Baum neben dem Haus und rief: »Urihimeko, steig in die Sänfte! Amanodschaku reist zum Bräutigam. Kaa, kaa.« Da wunderten sich die beiden Alten doch sehr, und es kamen ihnen immer mehr Zweifel. Sie brachten die falsche Urihimeko zur Quelle hinter dem Haus und zwangen sie, ihr Gesicht zu waschen. Urihimeko aber, anders als sonst, strich nur leicht über ihre Stirn. Da schrubbten die Eltern sie gründlich, und die falsche Haut blätterte ab, und hervor kam Amanodschaku.

Die beiden Alten waren außer sich vor Wut. Sie zerrten Amanodschaku durchs Schilf und quälten sie, bis ihr Blut in Strömen floß. Noch heute, so sagt man, sind die Schilfwurzeln deshalb rot gefärbt.

Aus dem Japanischen von Ricarda Luley-Krantz

Das Märchen vom Melonenmädchen Urihimeko, ebenso aus einer Frucht geboren wie der Pfirsichjunge Momotarō, ist in Japan weitverbreitet; die kinderbedrohende Dämonin Amanodschaku macht deutlich, daß es sich hier um eines der häufigen Warnmärchen handelt: Laßt keine Fremden ins Haus! In der vorliegenden Fassung wurde »Urihimeko to Amanodschaku« in der Provinz Akita erzählt; Textvorlage ist Seki Keigo, »Nihon mukashibanashi taisei« (Bd. 3, 3. Aufl. Tokio 1982).

Werft die Alten hinaus

In einem Land war es einst der Brauch, einen Spruch »Werft die Alten hinaus« in der Weise zu befolgen, daß man alle alten Männer auf eine unbewohnte Insel brachte, wo sie vor Hunger umkamen. Nun gab es da einmal einen Sohn, der seinen Vater sehr liebte, und als der Tag nahe war, an dem er seinen Vater aussetzen sollte, versteckte er ihn im Keller seines Hauses und brachte ihm dorthin Speise und Trank.

In jenem Land aber lebte ein König, der von einem Dämon gequält wurde. Jede Nacht erschien dieser Dämon und setzte sich auf die Brust des Königs, der unter dieser Last fast erstickte, und erst mit der Morgendämmerung entwich der Dämon wieder durchs Fenster. Man versuchte alles, um ein Eindringen des Dämons zu verhindern, aber er zerbrach Fenster oder Türen und kam dorthin, wo der König schlief. Und wenn er erst einmal auf der Brust des Königs saß, brachte man ihn von dort nicht mehr weg. Der König ließ ausrufen: »Wer mich von dem Dämon befreit, der soll einen Wunsch frei haben!« Der Sohn, der seinen Vater im Keller versteckt hatte, erzählte davon dem Alten, als er ihm das Essen und den Wein brachte. Und der Vater sagte: »Nichts leichter als das. Man muß den König in einen Raum bringen, der nur ein Fenster hat, die Scheibe zerschlagen, und nahe beim Fenster muß man einen Spiegel anbringen.«

Der Sohn ging hin und machte es so, wie der Vater ihn gelehrt hatte. In der Nacht erschien der Dämon und wunderte sich, daß die Fensterscheibe bereits zerschlagen war, denn sonst hatte man sie tagsüber immer wieder neu eingesetzt. Und als er durchs Fenster blickte, sah er sich im Spiegel selbst. »Weh!« rief er aus, »da hat sich doch schon ein anderer Dämon eingefunden. Hier sieht man mich nicht wieder!« Und damit verschwand er und kehrte nie mehr zurück.

Als der König merkte, daß er den Dämon los war, fragte er den jungen Mann: »Was wünschst du dir?« – »Ich wünsche mir, daß man die Alten nicht mehr hinauswirft. Denn mein Vater hat mir den Rat gegeben, wie der Dämon vertrieben werden kann.« – »Wenn das so ist«, sagte der König, »soll man die Alten im Land behalten, denn wir brauchen ihren Rat.«

Und so wurden die Alten nicht mehr ausgesetzt.

Aus dem Portugiesischen von Felix Karlinger

Die Altentötung als literarisches Motiv geht nicht erst auf die Spartaner und deren Praxis, die Alten in den Schluchten des Taygetos auszusetzen, zurück; schon im alt-babylonischen Märchenroman »Achiqar« wird der Titelheld von seinem Neffen und Ziehsohn fast zu Tode gebracht. Über das frühpersische »Sindbad-Name« und sein europäisches Pendant, den »Dolopathos« (13. Jh.), kam Kunde von einer Geschichte »Die Ermordung der Greise«, welche die Extremform des Generationenkonflikts behandelt; eingangs heißt es: »Und kein Vater hatte einen grimmigeren Feind als den Sohn.« Ein bulgarisches Volksmärchen sagt es in schönster Deutlichkeit: »Es war einmal ein König, der den Befehl gab, alle alten Leute umzubringen, weil sie alt wären und nicht arbeiten könnten, um dem Königreich nützlich zu sein.«

Felix Karlinger, einer der letzten lebenden Feldforscher, hat das portugiesische Märchen in den fünfziger Jahren aufgezeichnet. Das Besondere daran ist, daß sich eine Beispielerzählung (unverzichtbarer Rat eines alten Mannes) mit dem Motiv des Märchentyps vom Dämon und dem Spiegel (der sich selbst erblickende Verschling-dämon) verbindet.

Mijnheer Mond

Ein abgedankter Soldat kommt auf der Heimreise, es dunkelt schon und ist winterlich kalt, an eine Höhle. Er kriecht hinein und trifft auf eine alte Frau, die ihn freundlich bewirtet und beherbergt. Vor dem Schlafengehen liest er noch in einem Buch, das sie ihm gegeben hat, da erscheint plötzlich ein kleines Männchen. »Sag mir, was du willst?« redet es den Soldaten an. »Einen Beutel mit Geld«, sagt er, und im Nu hat es einen solchen Beutel herbeigeschafft.

Am nächsten Morgen sagt er der alten Frau Lebewohl, und sie fragt ihn, wie weit er denn reise. »Wohl noch hunderttausend Meilen weit.« – »Da wirst du auf deinem langen Weg gewiß meine Brüder treffen, den Morgenstern, den Mond und die Sonne. Grüß sie von ihrer Schwester, die in der Höhle wohnt, und sag ihnen, es ginge ihr immer noch gut.« Der Soldat verspricht, dies auszurichten, und setzt, mit einem weiteren Beutel Geld von ihr beschenkt, seinen Weg fort.

Am Abend kommt er in einer schönen Stadt an. Nach längerem Umherlaufen gelangt er an eine himmelblaue Pforte, auf die ein silberner Stern gemalt war, und darüber stand zu lesen: »Hier wohnt Mijnheer Morgenstern.« Der Soldat klingelt, eine Magd öffnet ihm, und sobald er eingetreten, richtet er dem Hausherrn die Grüße seiner Schwester aus. Der wundert sich und beherbergt den Soldaten die Nacht über. Als es ans Essen ging, da brachte die Magd einen Tisch so groß wie ein Puppentischchen, die Teller waren wie Untertäßchen, die Brote wie Makronen, die Gläser wie Fingerhüte, und man konnte wohl drei Stücke Fleisch zugleich in den Mund stecken. Der Soldat und die Magd hatten gar großen Hunger und steckten immer ganze Brote in den Mund.

Am andern Morgen geht es wieder wie den vorigen Tag. Der Hausherr fragt, wie weit er denn reise, und als er die Antwort vernimmt, trägt er dem Soldaten auf, den Mond und die Sonne von ihrem Bruder, dem Morgenstern, zu grüßen; auch gibt er ihm einen Beutel voll Geld.

Abends kommt der Soldat in eine große und schöne Stadt und findet nach einigem Umherlaufen gleichfalls eine blaue Pforte, aber mit einem goldenen Mond bemalt und darüber die Worte: »Hier wohnt Mijnheer Mond.« Bei dem nun geht es dem Soldaten ganz genauso wie bei dem Morgenstern, nur hat er doppelte Grüße auszurichten, von jenem wie von der Schwester in der Höhle, und beide haben schon seit hunderttausend Jahren nichts von sich hören lassen. Als es ans Essen ging, da waren die Gläser so groß wie Eimer, da kam ein ganzes Kalb auf den Tisch, und die Brote waren so groß wie Wagenräder und die Kannen mit Bier so groß wie Fässer. Es wurde dem Soldaten schwer, auch nur ein halbes Butterbrot aufzuessen. Nach getaner Mahlzeit fragt der Hausherr den Soldaten, ob er heute nacht mit ihm scheinen wolle, und dieser hat nichts dagegen. Da aber die Magd meldet, der Himmel sei überwölkt, so vertreiben sie sich inzwischen die Zeit mit Kartenspielen, wobei der Soldat seinem Wirt alles Geld abgewinnt. Endlich verkündet die Magd klares Wetter, Hausherr und Gast kriechen

jeder in ein Feldbett, und es scheinen in jener Nacht zwei Monde.

Am andern Morgen, als es zu tagen beginnt und der Soldat die ganze Welt mit allen Städten und Wäldern, Kirchen und Schlössern gesehen hat, sinken die Betten nach und nach vom Himmel herab und fahren schließlich zu des Mondes Haustür hinein.

Wieder erhält der Soldat beim Abschied einen Beutel mit Geld nebst Grüßen des Mondes an seinen Bruder Sonne. Doch solle der sich davor hüten, noch einmal eine Finsternis zu machen, der Mond würde ihn sonst die Schwere seines eisernen Handschuhs fühlen lassen; auch solle der Soldat ihm bei der Rückkehr berichten, was sein Bruder dazu gesagt habe.

Gegen Abend nun kommt der Soldat in eine so schöne Stadt, wie er noch nie eine gesehen, und nach längerem Suchen langt er bei einer goldenen Pforte an, sie trägt eine diamantene Sonne und die Inschrift: »Hier wohnt Mijnheer Sonne.« Eine Magd läßt ihn ein, bedeutet ihm aber, sein Taschentuch vor die Augen zu halten, um durch den Glanz ihres Herrn nicht zu erblinden. Der Soldat tritt nun vor den Hausherrn und richtet die Grüße der Schwester wie die der beiden Brüder aus, und daß es allen noch immer recht gutginge; auch vergißt er die zusätzlichen Worte des Mondes nicht, worauf ihm der Bescheid zuteil wird, daß Bruder Sonne durchaus keine Furcht habe und auf den eisernen Handschuh mit seinem eisernen Hebebaum antworten werde.

Am andern Morgen begibt sich der Soldat auf die Rückreise, von der Sonne mit einem neuen Beutel Geld versehen. Bei dem Mond richtet er dann die Antwort des Bruders aus, die aber gleichfalls keine Furcht erweckt, vielmehr tun Wirt und Gast sich an dem Abend sehr gütlich, worauf sie wieder lange Karten spielen, bis der anfangs bedeckte Himmel aufklart. Wie das vorige Mal steigt nun jeder in ein besonderes Bett, wohin der Soldat seine Siebensachen mitnimmt, und in jener Nacht scheinen wiederum zwei Monde. Sie wandeln über die ganze Welt hin, bis sie endlich über der Stadt angelangt sind, wo der Soldat wohnt. Dort läßt ihn der Mond auf die Außentreppe des Hauses nieder, und der Soldat, der seine Sachen aus dem Bett herausgenommen und sich vom Mond verabschiedet hat, wartet auf der Schwelle geduldig den Anbruch des Tages ab. Eben dort findet ihn der Vater und empfängt ihn mit Freuden.

Da lebten sie denn noch lange und glücklich, als die Reichsten der Stadt.

Aus dem Flämischen von Felix Liebrecht

In europäischen Märchen spielt der Mond auf der Suchfahrt des Helden öfters eine Rolle: Er ist einer der zumeist drei »wegweisenden Instanzen«. In der flämischen Geschichte, die Adolfe Lootens in seine Sammlung »Oude Kindervertelsels in den Brugschen Tongval« (Brüssel 1868) aufnahm, ist der Mond ein wegweisendes Gestirn noch in einem anderen, originellen Sinn: nämlich als Chauffeur, der den Soldaten endlich nach Hause bringt.

Schwesterchen Aljonuschka und Brüderchen Iwanuschka

Zwei Waisenkinder, Schwesterchen Aljonuschka und Brüderchen Iwanuschka, waren auf Wanderschaft, sie gingen über ein weites Feld, und die Hitze machte ihnen sehr zu schaffen. Iwanuschka plagte der Durst. »Schwesterchen Aljonuschka, ich möchte trinken!« – »Warte, Brüderchen, bis wir an einen Brunnen kommen.« Sie gingen und gingen. Die Sonne steht hoch, der Brunnen ist weit, die Hitze peinigt, der Schweiß rinnt. Auf einmal sehen sie einen Kuhtritt voller Wasser. »Schwesterchen Aljonuschka, kann ich ein Schlückchen aus dem Kuhtritt nehmen?« – »Trinke nicht, Brüderchen, sonst wirst du ein Kälbchen.« Das Brüderchen gehorchte, und sie gingen weiter.

Die Sonne steht hoch, der Brunnen ist weit, die Hitze peinigt, der Schweiß rinnt. Auf einmal sehen sie einen Pferdehuf voller Wasser. »Schwesterchen Aljonuschka, darf ich aus dem Pferdehuf trinken?« – »Trinke nicht, Brüderchen, sonst wirst du ein Fohlen.« Iwanuschka seufzte, und sie gingen weiter.

Die Sonne steht hoch, der Brunnen ist weit, die Hitze peinigt, der Schweiß rinnt. Auf einmal sehen sie den Huf eines Schafbocks voll mit Wasser. Das Brüderchen sah ihn und trank ihn leer, ohne Aljonuschka zu fragen. Aljonuschka rief nach Iwanuschka, aber statt Iwanuschka kam ein weißes Böckchen gesprungen. Da verstand sie, was geschehen war, brach in Tränen aus, setzte sich unter einen Heuschober und weinte, das Böckchen aber tummelte sich vor ihr im Gras.

Ein Herr kam dahergefahren, hielt an und fragte: »Warum weinst du, schönes Mädchen?« Sie erzählte ihm von ihrem Unglück. »Heirate mich«, sagte der Herr, »ich werde dir schöne Kleider und Silberschmuck geben und auch für dein Böcklein sorgen: Wo du sein wirst, da soll es auch sein.« Aljonuschka willigte ein; sie hielten Hochzeit und lebten so glücklich miteinander, daß ihr Anblick die guten Menschen erfreute und die schlechten mit Neid erfüllte.

Eines Tages war der Mann von Hause fort und Aljonuschka ganz allein. Da band ihr eine Hexe einen Stein um den Hals und warf sie ins Wasser, zog sich dann Aljonuschkas Kleid an und nahm ihre Stelle in dem herrschaftlichen Haus ein; keiner merkte es, sogar der Ehemann ließ sich täuschen. Nur das Böckchen wußte alles, es war traurig, ließ den Kopf hängen, nahm kein Futter an, lief von morgens bis abends am Wasser auf und ab und rief immerzu: »Bäh, bäh!« Die Hexe erfuhr davon, und der Zorn packte sie. Sie befahl, Reisig aufzuhäufen und Feuer zu machen, eiserne Kessel zu erhitzen und scharfe Messer zu wetzen, sie sprach: »Das Böckchen wird geschlachtet!« Und sie sandte einen Diener aus, um es einzufangen. Ihr Mann aber wunderte sich: »Sie hat das Böcklein doch so geliebt, immerzu mußte ich es tränken und füttern – und jetzt läßt sie es schlachten!« Als das Böckchen merkte, daß es nicht mehr lange leben sollte, legte es sich am Ufer nieder und klagte:

>»Aljonuschka, Schwesterchen,
>Geschlachtet wird dein Brüderchen,
>Die hellen Flammen lodern schon,
>Die Eisenkessel kochen schon,
>Die scharfen Messer sind gewetzt!«

Und Aljonuschka gab ihm zur Antwort:

>»Ach, Brüderchen Iwanuschka!
>Der Stein liegt mir am Halse schwer,
>Und Algen schnüren die Hände sehr,
>Auf meiner Brust liegt gelber Sand!«

Ein Diener hörte sie so klagen und wunderte sich. Er ging und berichtete es seinem Herrn, und sie beschlossen, der Sache auf den Grund zu gehen. Wieder kam das Böckchen ans Ufer, rief nach Aljonuschka und klagte:

>»Aljonuschka, Schwesterchen,
>Geschlachtet wird dein Brüderchen,
>Die hellen Flammen lodern schon,
>Die Eisenkessel kochen schon,
>Die scharfen Messer sind gewetzt!«

Und Aljonuschka gab ihm zur Antwort:

»Ach, Brüderchen Iwanuschka!
Der Stein liegt mir am Halse schwer,
Und Algen schnüren die Hände sehr,
Auf meiner Brust liegt gelber Sand!«

»Leute, herbei!« rief der Herr, »ihr Knechte, kommt schnell! Legt die Reusen aus,
werft die seidenen Netze aus!« Alles Gesinde lief herbei, warf die seidenen
Netze aus und fischte Aljonuschka heraus. Sie brachten sie ans Ufer und
befreiten sie von dem Stein, badeten sie in frischem Wasser, hüllten sie in
weißes Linnen – da war sie schöner als je zuvor und fiel ihrem Mann um den
Hals. Das Böckchen wurde wieder zu Brüderchen Iwanuschka, und sie lebten
von Stund an so glücklich und einträchtig wie zuvor. Nur der Hexe erging es
übel: Aber das geschah ihr recht, denn eine Hexe, so heißt es, braucht keinem
leid zu tun.

Aus dem Russischen von Gisela Strasser

Das in Rußland wohl beliebteste Brüderchen-und-Schwesterchen-Märchen ist
»Sestrica Alenuschka i bratec Iwanuschka«, das in A.N. Afanasjews klassischer
Sammlung im vierten Band (1858) steht, gleich gefolgt vom »Weißen Entchen«, in
dem ebenfalls eine Hexe stellvertretend den Platz der jungen Frau einnimmt und
die andere ins Wasser verwünscht. Die Nähe beider Märchen hat den Illustrator
Iwan J. Bilibin zu einer Doppelausgabe bewogen, einem seiner berühmten St. Peters-
burger Farbbilderbücher (1903).
Anders als das Grimmsche Märchen kommt dieses ohne die böse Stiefmutter, ohne
das Aufbruchs- und Nachstellungsmotiv aus (»Seit die Mutter tot ist, haben wir keine
gute Stunde mehr«). Die Dämonie der verführerischen Wasserstellen, Huftritte dreier
verschiedener Tiere, findet sich auch im ungarischen Märchen vom Rehbrüderlein
wieder; dort sind es Fährten von Wildtieren – Wolf, Bär und Rehbock. Beide Male
wählt das Brüderchen das kindhafteste Verführungsangebot: hier das Schafböckchen,
dort das Rehkitz. In der Tierkindgestalt wird die Geschwisterbindung manifest:
Brüderchen ist in jeder Weise auf die Schwester angewiesen – und er wittert sie,
weiß um sie, verhilft letztlich ihr zur Erlösung und sich damit auch.

Die Geschichte von den drei kleinen Schweinchen

Once upon a time
When pigs spoke rhyme
And monkeys chewed tobacco,
And hens took snuff
To make them tough,
And ducks went quack, quack, quack, O!

In alten Zeiten, lang ist es her,
Da fiel den Schweinen das Reimen nicht schwer,
Da kauten die Affen Kautabak,
Da schnupften die Hühner, um damit
Cooler zu werden und topfit,
Und die Enten watschelten: quack, quack, quack.

Es war einmal eine alte Sau, die hatte drei kleine Schweinchen, und weil sie nicht genug besaß, um sie aufzuziehen, schickte sie sie los, damit sie ihr Glück versuchten. Das erste (und jüngste) ging fort, traf einen Mann mit einem Strohbündel und sagte zu ihm: »Mann, bitte gib mir dieses Stroh, daß ich mir ein Haus bauen kann.« Der Mann gab es ihm, und das kleine Schweinchen baute sich ein Haus damit. Nicht lange, so kam ein Wolf daher, pochte an die Tür und sagte: »Schweinchen klein, Schweinchen klein, laß mich reinkommen.« Und das Schweinchen antwortete darauf: »Beim Haar an meinem Schnäuzchen, o nein, nein, nein.« Doch der Wolf erwiderte: »Dann will ich husten und will pusten und blas dir dein Haus ein.« Und er hustete und pustete und blies ihm sein Haus ein und fraß das kleine Schweinchen ratzeputz auf.

Das zweite kleine Schweinchen traf einen Mann mit einem Ginsterbündel und sagte: »Mann, bitte gib mir dies Ginsterbündel, daß ich mir ein Haus bauen kann.« Der Mann gab es ihm, und das Schweinchen baute sich sein Haus damit. Dann kam der Wolf daher und sagte: »Schweinchen klein, Schweinchen klein, laß mich reinkommen.« –»Beim Haar an meinem Schnäuzchen, o nein, nein, nein.« – »Dann will ich husten und will pusten und blas dir dein Haus ein.« Und er hustete und pustete und pustete und hustete, und schließlich blies er das Haus nieder und fraß das kleine Schweinchen ratzeputz auf.

Das dritte kleine Schweinchen traf einen Mann mit einer Ladung Ziegelsteine und sagte: »Mann, bitte gib mir diese Ziegel, daß ich mir ein Haus bauen kann.« Da gab ihm der Mann die Ziegel, und es baute sich sein Haus damit. Da kam wie zuvor bei den anderen kleinen Schweinchen der Wolf daher und sagte: »Schweinchen klein, Schweinchen klein, laß mich reinkommen.« – »Beim Haar an meinem Schnäuzchen, o nein, nein, nein.« – »Dann will ich husten und will pusten und blas dir dein Haus ein.« Nun, er hustete und pustete, und er hustete und pustete, und er pustete und hustete, aber er konnte das Haus nicht niederblasen. Als er merkte, daß er es nicht schaffte, mit all seinem Husten und Pusten das Haus niederzublasen, sagte er: »Schweinchen klein, ich weiß, wo ein schönes Rübenbeet liegt.« – »Wo?« fragte das kleine Schweinchen. »Oh, im Hausgarten von Mr. Smith, und wenn du morgen früh bereit bist, hole ich dich ab, und wir gehen zusammen hin und nehmen uns etwas zum Essen.« – »Ausgezeichnet«, sagte das kleine Schweinchen, »ich werde mich bereithalten. Um welche Zeit dachtest du so?« – »Oh, so um sechs.«

Nun, das kleine Schweinchen stand um fünf Uhr auf und holte die Rüben, noch ehe der Wolf kam – er kam natürlich um sechs – und fragte: »Schweinchen klein, bist du bereit?« Und das kleine Schweinchen sagte. »Ob ich bereit bin? Ich war dort und bin schon wieder zurück und habe einen leckeren Topf voll fürs Mittagessen.«

Den Wolf ärgerte das mächtig, aber er dachte sich, daß er schon an das kleine Schweinchen herankäme, so oder so, und er sagte: »Schweinchen klein, ich weiß, wo ein schöner Apfelbaum steht.« – »Wo?« fragte das Schweinchen. »Drunten in Merrygarden«, antwortete der Wolf, »und wenn du mich nicht austrickst, komme ich morgen um fünf bei dir vorbei, und wir gehen zusammen hin und holen uns Äpfel.«

Nun, das kleine Schweinchen stand andern Morgens um vier Uhr eilig auf und ging nach den Äpfeln, und es hoffte, es könne zurückkehren, ehe der Wolf käme. Doch diesmal mußte es weiter gehen, und es mußte auf den Baum steigen. Und wie es beim Herunterklettern war, sah es den Wolf daherkommen, und ihr könnt euch denken, daß es da sehr erschrak. Als er herankam, sagte der Wolf: »Schweinchen klein, was soll das? Du bist vor mir da? Sind die Äpfel denn schön?« – »Ja, sehr schön«, sagte das kleine Schweinchen, »ich werfe dir einen herunter.« Und es warf ihn so weit, daß das kleine Schweinchen, rrratsch, herunterspringen und nach Hause laufen konnte, während der Wolf noch beschäftigt war, den Apfel aufzuheben.

Am nächsten Tag kam der Wolf wieder, und er sagte zu dem kleinen Schweinchen: »Schweinchen klein, in Shanklin ist heute nachmittag Jahrmarkt, gehst du hin?« – »O ja«, sagte das Schweinchen, »ich gehe hin. Und wann machst du dich auf?« – »Um drei«, sagte der Wolf.

Da brach das kleine Schweinchen wie bisher schon vor der Zeit auf, und es kam zum Jahrmarkt und kaufte dort ein Butterfaß. Gerade wollte es sich damit auf den Heimweg machen, da sah es den Wolf daherkommen. Nun war guter Rat teuer. Also kroch es in das Faß, um sich zu verstecken, und als das getan, kippte es das Faß um, und das rollte den Hügel hinunter mitsamt dem Schweinchen innen drin. Darüber erschrak der Wolf so sehr, daß er nach Hause lief und nicht den Jahrmarkt besuchte. Er ging vor das Haus des kleinen Schweinchens und erzählte ihm, welch mächtig rundes Ding ihn erschreckt habe, das da den Hügel herunter an ihm vorbeigesaust war. Darauf sagte das kleine Schweinchen: »Hah, dann hab ich dich erschreckt. Ich war auf dem Jahrmarkt und habe ein Butterfaß gekauft, und als ich dich sah, kroch ich hinein und rollte den Hügel hinunter.«

Das ergrimmte den Wolf über die Maßen, und er erklärte, nun werde er Klein-Schweinchen ganz gewiß auffressen, und er wolle durch den Kamin kriechen und zum Schweinchen hinunterrutschen. Als das kleine Schweinchen nun wußte, was er vorhatte, hing es den Kessel mit Wasser auf, schürte darunter ein loderndes Feuer, und sobald der Wolf heruntergerutscht kam, nahm es den Deckel ab und der Wolf plumpste hinein. Blitzgeschwind setzte das

kleine Schweinchen den Deckel wieder auf den Kessel, kochte den Wolf gar und verspeiste ihn zum Abendessen. Und von Stund an lebte es für alle Zeit glücklich.

Aus dem Englischen von Ulf Diederichs

Die drei kleinen Schweinchen gehören im Angelsächsischen, auch dank Walt Disneys erstem Zeichentrickfilm-Erfolg »The Three Little Pigs« (1933), zu den beliebtesten Kinderhelden. Ihre Herkunft aus den hübsch verspielten, pädagogisch klug verpackten »Nursery Rhymes and Tales« (mit J. O. Halliwell als Autor, um 1843) können sie nicht leugnen; jedenfalls erzielte man mit ihnen in englischen und amerikanischen Kinderstuben mehr Vergnügen als mit dem Vorlesen alter Tierfabeln.

Herr Spinne und der Elefant

»Mise gli lo!« – *»Gli neva!«* (Höret eine Fabel! – Die Fabel möge kommen!)

Die Fabel kam von weither und fiel auf den Leopard, Herrn Spinne und den Elefanten. Der Leopard machte Farbe mit Honig, färbte Baumwollgarn damit und webte ein Tuch daraus. Eine Zeit darauf hatte Herr Spinne einen Todesfall, er kam zum Leoparden und bat ihn, er möge ihm das Tuch leihen, damit er zur Totenfeier gehen könne. Der Leopard war ganz einverstanden und lieh ihm das Tuch.

Als Herr Spinne zur Totenfeier gewesen war und heimkehrte, fing es an zu regnen, da rollte Herr Spinne das Tuch zusammen und legte es sich auf den Kopf. Der Regen schlug heftig auf ihn und drang in das Tuch und tröpfelte ihm auf den Mund. Herr Spinne schluckte etwas von dem Wasser und merkte, daß es sehr süß war. Deshalb benachrichtigte er seine Genossen, er wolle ein wenig beiseite gehen, er komme gleich. Herr Spinne ging, verbarg sich, aß das ganze Tuch auf und blieb nackend. Als er nun lange unterwegs war, begegnete er einem Elefanten, er bat ihn, er möge doch ein Stück von seinem Ohr abschneiden und ihm geben, damit er es umschlage, er werde es ihm nachher wieder schicken. Der Elefant sagte, es sei gut, er solle selber ein Stück mit seinem Arm abmessen, dann wolle er es ihm abschneiden. Herr Spinne nahm das Ohr und ging damit nach Hause. Als er nach Hause kam, siehe, da kochte gerade Frau Spinne eine Suppe. Herr Spinne nahm nun das Ohr, röstete es, sie kochten die Suppe damit und aßen.

Einige Tage darauf schickte der Elefant jemanden, er solle ihm das Ohr holen, die Fliegen plagten ihn zu sehr. Der Bote kam mit leerer Hand zurück, er hatte das Ohr nicht erhalten. Nun nahm der Elefant selber es auf sich, zu kommen und das Ohr zu holen. Herr Spinne hatte mit seinen Kindern und seiner Frau ausgemacht, sobald der Elefant käme, sollten sie in die Schnupftabakdose fliehen.

Der Elefant kam, und die beiden (Elefant und Spinnenmann) unterhielten sich. Nach einer Weile sagte Herr Spinne zu einem seiner Kinder: »Geh hin und hole deinem Großvater (dem Elefanten) Schnupftabak.« Als es gegangen war, schlüpfte es in die Schnupftabakdose. So schickte er sie eins nach dem andern, und alle schlüpften hinein. Zuletzt schickte er Frau Spinne auch, aber deren Kopf klemmte sich in der Öffnung der Schnupftabakdose. Darauf sagte Herr Spinne zum Elefanten, seine Kinder seien Esel, deshalb wolle er selber gehen und den Schnupftabak holen.

Als er ging, sah er, wie der Kopf der Frau Spinne in der Öffnung klemmte, da stieß er sie mit der Faust und sagte: »Frau Spinne, du Breit-, du Breit-, du Breitkopf, schnell hinein!« Dann schlüpfte er selber hinein. So gingen sie alle in die Dose und schlossen hinter sich zu.

Der Elefant wartete lange, bis er müde wurde, dann stand er auf, aber er fand niemanden im Hause. Er ging im Hause herum und suchte nach etwas, das er an Stelle des Ohres nehmen könnte, aber er fand nichts Besonderes, nur die Schnupftabakdose sah er. Er sagte: »Gut, ich will seine Schnupftabakdose nehmen, damit er nicht mehr schnupfen kann.« Der Elefant tat sie in seine Tasche und machte sich auf den Heimweg.

Unterwegs fingen Herr Spinne und seine Kinder an, ein Totenklagelied zu singen: »Ao, Ao, die Elefantenmutter ist gestorben.« Der Elefant wußte nicht, wo eigentlich das Weinen tönte, und er sagte: »Soeben habe ich meine Mutter verlassen, und nun ist sie schon gestorben?« Herr Spinne mit den Seinen weinte kräftig weiter; da nahm der Elefant die Schnupftabakdose und schleuderte sie gegen einen Stein, daß sie zerbarst. Sogleich kam Herr Spinne mit den Seinen heraus, und sie gingen alle in den Felsen.

Der Elefant wurde zornig und bestellte Leute, daß sie ihn griffen. Herr Spinne hatte ein scharfes Messer, gegen das fliegt keine Fliege, fliegt sie dagegen, so wird sie in sieben Stücke zerschnitten. Das Wildschwein und die Hyäne sagten, sie wollten ihn fangen und bringen. Aber als das Schwein die Schnauze ausstreckte, hieb ihm Herr Spinne den Rüssel ab (daher hat das Schwein eine platte Schnauze). Als die Hyäne das sah, fing sie an zu schreien: »Herr Spinne hat des Schweines Schnauze abgehauen!« (Dies ist bis heute der Schrei der Hyäne.) Das geriet allen anderen Tieren zur Furcht, und sie gingen lieber nicht mehr. So weilt die Spinne bis heute unter Steinen.

Deshalb sagt man: Der Barmherzige bekommt keinen Dank. – Das haben die Leute mir erzählt, und ich habe euch damit unterhalten.

»*Yo, dze nu mee wò!*« – »*To goboe mi!*« (Wohl, du Salzmund! – Ihr seid Rundohrige!)

Aus der Ewesprache von Diedrich Westermann

Anansi, die Spinne, ist eine berühmte westafrikanische Märchenfigur. Die Haussa, Aschanti, Baule und Ewe stellen sie sich als Mann vor, mit Kleidern, einem Hut und spirreligen Beinen, dazu mit Familie, mit Haus und Hof. Dieser Herr Spinne ist ausgesprochen einfallsreich und gerissen, er betrügt gern und haut, wenn er sich einen Vorteil verspricht, Mensch und Tier übers Ohr. Nicht immer gelingen seine waghalsigen Manöver, und seine Prahlereien können sich gegen ihn kehren. Zum Schluß steht solch ein »Trickster« gelegentlich als betrogener Betrüger da.

Dieses Märchen hat der deutsche Missionar Diedrich Westermann Anfang des Jahrhunderts von den Ewe aus Togo und Ghana mitgebracht. Da er an einer »Grammatik der Ewe-Sprache« arbeitete, hat er dem Erzähler genau zugehört. Die merkwürdigen Anfangs- und Schlußsätze erschlossen sich ihm als rituelles Zwiegespräch zwischen dem Erzähler – dem wortmächtigen »Salzmund« – und den hörbegierigen »Rundohrigen«. Gewiß hat er miterlebt, wie sich der Märchenmann in jede Person hineinversetzen konnte: wie er als Herr Spinne mit langen Beinen daherstakst, oder wie er sich ein Tragetuch umwickelt, wenn er von Frau Spinne spricht. Solch pantomimisches Erzählen ist für Afrikaner heute noch charakteristisch.

Der Westermannschen Grammatik (Berlin 1907) wurden einige Textbeispiele zweisprachig beigegeben, darunter dieses als einziges Märchen. Der Märchenforscher Carl Meinhof sah es als beispielhaft an und fügte es in seine Sammlung »Afrikanische Märchen« ein (Jena 1917).

459

Frau Füchsin

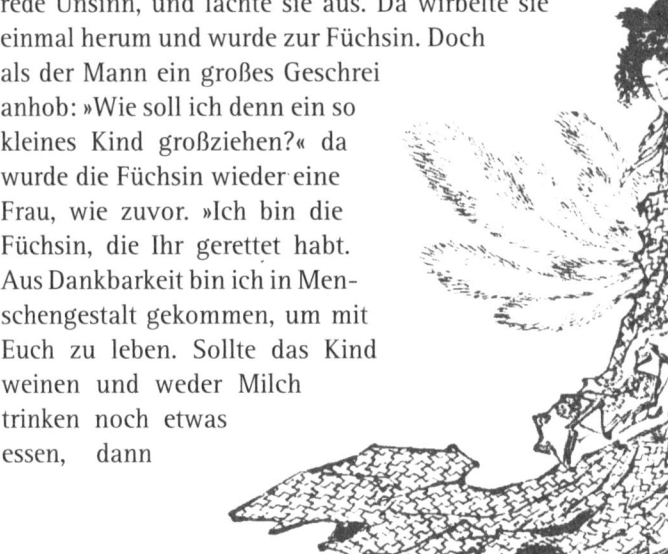

Drei Kinder hatten eine Füchsin gefangen und spielten am Wegrand mit ihr. Da kam eine Mutter mit ihrem Sohn vorbei, und obwohl sie arm waren, kauften sie den Kindern die Füchsin ab, gaben ihnen das Geld und ließen die Füchsin laufen.

Eine Weile war vergangen, da erschien eines Tages eine schöne Frau bei den beiden und sprach: »Bitte gebt mich Eurem Sohn zur Braut.« Da wunderten sie sich sehr – »Für unsereins ist eine so schöne Frau unerreichbar« – und wiesen sie ab. Weil sie aber so sehr darum bat, heiratete der Sohn sie schließlich, und sie lebten zusammen.

Endlich war es soweit, daß eine Geburt bevorstand. Die Frau wandte sich an ihren Mann und bat ihn: »Bitte kommt auf keinen Fall zu mir, wenn ich gebäre.« So wurde das Kind geboren, und als es neun Monate alt war, gestand die Frau, daß sie eine Füchsin sei. Ihr Mann meinte, sie rede Unsinn, und lachte sie aus. Da wirbelte sie einmal herum und wurde zur Füchsin. Doch als der Mann ein großes Geschrei anhob: »Wie soll ich denn ein so kleines Kind großziehen?« da wurde die Füchsin wieder eine Frau, wie zuvor. »Ich bin die Füchsin, die Ihr gerettet habt. Aus Dankbarkeit bin ich in Menschengestalt gekommen, um mit Euch zu leben. Sollte das Kind weinen und weder Milch trinken noch etwas essen, dann

kommt bitte mit dieser Flöte zum Berg Irgendwo und bringt mir etwas zu essen.«
Kaum hatte sie gesprochen, da war sie schon in den Bergen verschwunden.
Eines Tages bereitete der Vater köstliche Speisen zu, er nahm sein Kind auf den
Arm und ging mit ihm, auf der Flöte spielend, in die Berge. Da verwandelte sich
die Füchsin wieder in die schöne Frau und kam zu ihnen. Nachdem sie von den
Speisen genommen hatte, bildete sich bei ihr Milch, und sie säugte das Kind.
Dann sagte sie: »Nun muß ich zum letzten Mal Abschied nehmen.« Doch bevor
sie auf und davon ging, verzauberte sie die Flöte so, daß daraus Milch floß.
Fortan wuchs das Kind mit Hilfe dieser Flöte auf, und es soll ein vortrefflicher
Mensch geworden sein.

Aus dem Japanischen von Ricarda Luley-Krantz

*Die Märchen um »Frau Füchsin« sind in Japan die wohl bekannteste Version der Ehe
eines Irdischen mit einem Tierdämon. Die europäische Vorstellung von der »Tierbraut«,
die aus ihrer Dunkelgestalt erlöst werden muß, ehe es zum guten Ende kommt, ist
Japanern wesensfremd. Nach altem Glauben konnte sich das als Gottheit verehrte
Tier von selbst verwandeln; mag sein, daß früher animistischer Glaube an die Seelen-
kraft des Tieres darin fortwirkt. Dank der Fähigkeit, sich zu verwandeln, wird dem
Fuchs eine besondere Langlebigkeit nachgesagt: Mit fünfzig Jahren wird er eine Frau,
mit hundert ein schönes Mädchen, und als Tausendjähriger wird er zur neun-
schwänzigen Füchsin/Frau mit gewaltiger erotischer Anziehungskraft.
»Frau Füchsin« (kitsune nyobo) wurde in der Provinz Kagoshima erzählt; Textgrundlage ist Seki Keigo, »Nihon mukashibanashi taisei« (Bd. 2, 3. Aufl., Tokio 1982).*

Maol a Chliobain

Es war einmal eine Witwe, die hatte drei Töchter. Sie sagten ihr, sie wollten ausziehen und ihr Glück suchen. Da buk sie ihnen drei Haferkuchen. Sie sagte zu der Großen: »Was willst du lieber, die kleinere Hälfte und meinen Segen oder die größere Hälfte und meinen Fluch?« – »Lieber die größere«, sagte sie, »und deinen Fluch.« Sie sagte zur Mittleren: »Was willst du lieber, die größere Hälfte und meinen Fluch, oder die kleinere Hälfte und meinen Segen?« – »Lieber die größere«, sagte sie, »und deinen Fluch.« Sie sagte zur Jüngsten: »Was willst du lieber, die größere Hälfte und meinen Fluch oder die kleinere Hälfte und meinen Segen?« – »Ich will lieber die kleinere und deinen Segen.« Das gefiel ihrer Mutter, und sie gab ihr die Hälften der beiden anderen noch dazu.

Sie zogen nun los, aber die beiden Älteren wollten die Jüngste nicht bei sich haben und banden sie an einem Felsbrocken fest. Dann gingen sie fort – aber der Segen der Mutter kam und machte sie frei. Und als die beiden sich umschauten, wen sahen sie? Niemanden anders als sie mit dem Felsbrocken auf dem Rücken.

Sie ließen sie eine Weile in Ruhe, bis sie an einen Torfstapel kamen, an den banden sie sie fest. Sie gingen ein Stück weiter (aber der Segen ihrer Mutter kam und machte sie frei), und als die beiden sich umschauten, wen sahen sie? Niemanden anders als sie mit dem Torfstapel auf dem Rücken. Sie ließen sie eine Weile in Ruhe, bis sie zu einem Baum kamen, an den banden sie sie fest. Sie gingen ein Stück weiter (aber der Segen ihrer Mutter kam und machte sie frei), und als die beiden sich umschauten, wen sahen sie? Niemanden anders als sie, mit dem Baum auf dem Rücken.

Da merkten sie, daß sie ihr nichts anhaben konnten. Sie banden sie los und ließen sie mitkommen. Sie gingen, bis die Nacht hereinbrach. Sie sahen ein Licht weit in der Ferne, und obwohl es eine gehörige Strecke Weges war, dauerte es nicht lange, bis sie dorthin kamen. Sie gingen hinein. Was war das aber, wenn nicht eines Riesen Haus! Sie baten um ein Nachtquartier, das wurde ihnen gewährt, und sie teilten sich mit den drei Töchtern des Riesen ein Bett.

Der Riese kam nach Hause und sagte: »Hier drinnen riecht es nach fremden Mädchen.« Nun hatten die drei Riesentöchter Bernsteinketten um den Hals, und

sie selber trugen Roßhaarschnüre. Alles schlief, nur Maol a Chliobain (die Jüngste) schlief nicht.

Mitten in der Nacht bekam der Riese Durst. Er rief nach seinem kahlen, grobhäutigen Knecht, er solle ihm Wasser bringen. Der kahle, grobhäutige Knecht
sagte, es gäbe keinen Tropfen mehr drinnen. »Dann bring eins der fremden
Mädchen um«, sagte er, »und bring mir ihr Blut.« – »Wie soll ich sie denn erkennen?« fragte der kahle, grobhäutige Knecht. »Meine Töchter haben Bernsteinketten um den Hals, und die anderen Roßhaarschnüre.«

Maol a Chliobain hörte den Riesen, und so schnell sie konnte legte sie die
Roßhaarschnüre, die sie und ihre Schwestern am Hals trugen, den Riesentöchtern um den Hals, sich aber und den Schwestern knotete sie die Bernsteinketten
der Riesentöchter um den Hals. Dann legte sie sich fein still nieder.

Der kahle, grobhäutige Knecht kam, tötete eine der Riesentöchter und brachte
dem Riesen das Blut. Der verlangte mehr. Er tötete die nächste. Mehr, immer
mehr verlangte der Riese, und er tötete die dritte.

Maol a Chliobain weckte ihre Schwestern, lud sie sich auf den Rücken und ging
zügig los. Der Riese hatte sie bemerkt, und er folgte ihr. Die Feuerfunken, die sie
mit ihren Hacken aus den Steinen schlug, trafen den Riesen am Kinn, und die
feurigen Funken, die der Riese mit seinen Fußspitzen aus den Steinen schlug,
trafen Maol a Chliobain am Hinterkopf.

So ging es den ganzen Weg, bis sie an einen Fluß kamen. Sie riß sich ein Haar
aus, machte daraus eine Brücke und kam über den Fluß, und der Riese hatte das
Nachsehen. Maol a Chliobain sprang über den Fluß, aber der Riese konnte nicht
springen.

»Du bist drüben, Maol a Chliobain.« – »Das bin ich, wenn es auch hart für dich
ist.« – »Du hast meine drei kahlen, braunen Töchter umgebracht.« – »Ich habe
sie umgebracht, wenn es auch hart für dich ist.« – »Und wann wirst du wiederkommen?« – »Ich werde kommen, wenn mich meine Geschäfte herführen.«

Sie gingen weiter, bis sie zum Haus eines Bauern kamen. Der Bauer hatte drei
Söhne. Sie erzählten, was ihnen zugestoßen war. Sagte der Bauer zu Maol a
Chliobain: »Meinen ältesten Sohn werde ich deiner ältesten Schwester zum
Mann geben, und du verschaffst mir den feinen Kamm aus Gold und den gro-
ben Kamm aus Silber, die dem Riesen gehören.« – »Abgemacht«, sagte Maol a
Chliobain.

Sie ging fort. Sie kam zu dem Haus des Riesen, sie trat unerkannt ein; sie nahm
die Kämme an sich und lief hinaus. Der Riese entdeckte sie, und er im Nu ihr

nach, bis sie an den Fluß kamen. Sie sprang über den Fluß, aber der Riese konnte nicht springen. »Du bist drüben, Maol a Chliobain.« – »Das bin ich, wenn es auch hart für dich ist.« – »Du hast meine drei kahlen, braunen Töchter umgebracht.« – »Ich habe sie umgebracht, wenn es auch hart für dich ist.« – »Du hast meinen feinen Goldkamm und meinen groben Silberkamm gestohlen.« – »Das hab ich, wenn es auch hart für dich ist.« – »Wann wirst du wiederkommen?« – »Ich werde kommen, wenn mich meine Geschäfte herführen.«

Sie gab die Kämme dem Bauern, und ihre große Schwester und des Bauern großer Sohn heirateten. »Meinen mittleren Sohn werde ich deiner mittleren Schwester zum Mann geben, und du verschaffst mir das Lichtschwert des Riesen.« – »Abgemacht«, sagte Maol a Chliobain.

Sie ging fort. Sie kam zu dem Haus des Riesen, sie stieg in den Wipfel eines Baumes, der über des Riesen Brunnen stand. In der Nacht kam der kahle, grobhäutige Knecht mit dem Lichtschwert, um Wasser zu holen. Als er sich bückte, um den Eimer heraufzuziehen, sprang Maol a Chliobain herunter, stieß ihn in den Brunnen und ertränkte ihn. Das Lichtschwert nahm sie an sich.

Der Riese setzte ihr nach, bis sie an den Fluß kam. Sie sprang über den Fluß, aber der Riese konnte nicht springen. »Du bist drüben, Maol a Chliobain.« – »Das bin ich, auch wenn es hart für dich ist.« – »Du hast meine drei kahlen, braunen Töchter umgebracht.« – »Ich hab sie umgebracht, wenn es auch hart für dich ist.« – »Du hast meinen feinen Goldkamm und meinen groben Silberkamm gestohlen.« – »Das hab ich, wenn es auch hart für dich ist.« – »Du hast meinen kahlen, grobhäutigen Knecht getötet.« – »Ich hab ihn getötet, wenn es auch hart für dich ist.« – »Du hast mein Lichtschwert gestohlen.« – »Ich hab es gestohlen, wenn es auch hart für dich ist.« – »Wann wirst du wiederkommen?« – »Ich werde kommen, wenn mich meine Geschäfte herführen.«

Sie kam zum Haus des Bauern mit dem Lichtschwert, und ihre mittlere Schwester und des Bauern mittlerer Sohn heirateten. »Dir werde ich meinen jüngsten Sohn geben«, sagte der Bauer, »und du bringst mir den Bock, der dem Riesen gehört.« – »Abgemacht«, sagte Maol a Chliobain.

Sie ging fort und kam zu dem Haus des Riesen. Aber wie sie den Bock einfing, packte der Riese sie. »Was würdest du mir antun«, sagte der Riese, »wenn ich dir soviel angetan hätte wie du mir?« – »Ich würde dir so viel Milchporridge zu essen geben, bis du platzt. Ich würde dich dann in einen Sack stecken und an den obersten Dachbalken hängen. Ich würde dir Feuer unterm Hintern anzünden und mit Knüppeln auf dich eindreschen, bis du als Bündel Stecken zu Boden fällst.« Der Riese kochte Porridge mit Milch und ließ sie den Brei trinken. Sie schmierte sich Mund und Gesicht damit voll und fiel um, als sei sie tot. Der Riese steckte sie in einen Sack und hängte sie an den Dachbalken. Dann ging er mit seinen Leuten fort, im Wald Holz zu klauben.

Die Mutter des Riesen war im Haus. Als der Riese fort war, fing Maol a Chliobain an zu rufen: »Jetzt bin ich im Licht! Jetzt bin ich in der goldenen Stadt!« – »Läßt du mich auch hinein?« fragte die alte Frau. »Nein, ich laß dich nicht herein.« Schließlich ließ die Alte den Sack herunter. Maol stopfte alles hinein, Klapperweib, Katze und Kalb und den Krug mit Sahne, griff sich den Bock und ging fort. Als der Riese mit seinen Leuten kam, fingen sie alle Mann an, mit Knüppeln auf den Sack loszudreschen. Die alte Frau schrie: »Ich bin's, die hier drinsteckt!« – »Das weiß ich«, sagte der Riese und drosch weiter. Der Sack fiel herunter als ein Bündel klappernder Stecken, und was war darin, wenn nicht seine Mutter.

Als der Riese sah, was da gespielt wurde, rannte er Maol a Chliobain hinterher. Er setzte ihr nach, bis sie an den Fluß kam. Maol a Chliobain sprang über den Fluß, aber der Riese konnte nicht springen. »Du bist drüben, Maol a Chliobain.« – »Das bin ich, wenn es auch hart für dich ist.« – »Du hast meine drei kahlen, braunen Töchter umgebracht.« – »Ich hab sie umgebracht, wenn es auch hart für dich ist.« – »Du hast meinen feinen Goldkamm und meinen groben Silberkamm gestohlen.« – »Das hab ich, wenn es auch hart für dich ist.« – »Du hast meinen kahlen, grobhäutigen Knecht getötet.« – »Ich hab ihn getötet, wenn es auch hart für dich ist.« – »Du hast mein Lichtschwert gestohlen.« – »Ich hab es gestohlen, wenn es auch hart für dich ist.« – »Du hast meinen Bock gestohlen.« – »Ich hab ihn gestohlen, wenn es auch hart für dich ist.« – »Wann wirst du wiederkommen?« – »Ich werde kommen, wenn mich meine Geschäfte herführen.« – »Wenn du hier wärst und ich dort«, sagte der Riese, »was tätest du, um mir zu folgen?« – »Ich täte mich hinlegen und täte saufen, bis ich den Fluß ausgesoffen hätte.« Der Riese legte sich nieder und soff, und er soff, bis er platzte. Da heiratete Maol a Chliobain den jüngsten Sohn des Bauern.

Aus dem Englischen von Ulf Diederichs

Die schottische Heldin Maol a Chliobain ist eine Art weibliches Gegenstück zum französischen »Kleinen Däumling«. Typologisch heißt dies zum einen: Das Jüngste führt

seine Geschwister und überlistet den Menschenfresser; und zum anderen: Es raubt die
Schätze des Dämons – dort Siebenmeilenstiefel, hier Goldkamm, Silberkamm und
Lichtschwert. Das gälische Märchen beschreibt überdies in allen wunderbaren Details
eine »Magische Flucht«.

Die vertauschten Erkennungszeichen – bei den Töchtern des Ogers goldene Krönchen
auf dem Kopf, bei den Riesentöchtern hier Bernsteinketten um den Hals – sind ein
schon antikes Erzählmotiv. Auch das Eingangsmotiv vom großen und kleinen Brot ist
seit alters beliebt. Der schottische Erzählforscher John Francis Campbell of Islay hat
das Märchen in Band 1 seiner »Popular Tales of the West Highlands« (Edinburgh 1860)
veröffentlicht und Ann Mac Gilvray, Kilmeny (Islay), als Erzählerin benannt, zusammen mit drei weiteren Gewährsleuten. In seiner Feldforschungsmethodik wie auch in
der Anwerbung von Sammlern, die von ihm als gälische Experten geschult wurden,
war Campbell seiner Zeit weit voraus.

Der grünbärtige König

Wo war's, wo war's nicht, siebenmal sieben Königreiche weit von hier und auch noch jenseits davon, wo das kleine Ferkel mit dem kurzen Schwänzchen wühlt, da war ein grünbärtiger König. Dieser grünbärtige König machte sich einstmals auf und zog hinaus auf die Wanderschaft.

Er war schon sehr lange gewandert, traun, schon hundert Nadellängen war er gegangen, erst da kam es ihm in den Sinn, daß es gewiß schon siebzehn Jahre wären, seit er von Hause weg gezogen. Von dem vielen Hin- und Hergehen war er sehr müde, ihn dürstete. Er setzte sich am Ufer eines Baches nieder. Dann beugte er sich zum Wasserspiegel nieder, um einen tüchtigen Trunk zu tun. Kaum hatte er ein, zwei Schluck getan, da faßte jemand seinen Bart. Er wollte ihn zurückziehen, doch er konnte es nicht. Er schrie ins Wasser: »Hör, du Ich-weiß-nicht-wer! Laß meinen Bart los, solang dir's noch gut geht!« Doch er wurde nur noch stärker gezogen. Schon verlegte er sich aufs Bitten, denn er wurde so niederwärts gezogen, daß er schier erstickte.

Da sagte plötzlich jemand im Wasser: »Wenn du mir gibst, wovon du in deinem Reich nichts weißt, lasse ich deinen Bart los.« – »Von was in meinem Reich sollte ich wohl nichts wissen? Auch von der geringsten Nadel weiß ich«, sagte der grünbärtige König. »Also versprich mir nur, daß das mein werde, wovon du in deinem Reich nichts weißt«, sagte im Wasser der König der Teufel, denn das war er. »Nun gut, es sei dein! Davon wirst du aber auch kein Brot backen können, von dem, wovon ich in meinem Reich nichts weiß«, sagte der grünbärtige König. Doch war ihm schon ganz elend zumute bei diesem Wohl-oder-übel-auf-dem-Bauch-liegen-Müssen, als ihn der König der Teufel losließ. Dann wandte er sich heimwärts und dachte nach, was das wohl sein könnte, wovon er zu Hause, in seinem Reich, nichts wüßte.

Wie er nach Hause kommt, springt ihm ein schöner, großer Bube entgegen, fällt ihm um den Hals und küßt ihn wieder und wieder. »Ach, mein lieber Vater, wie lange hast du uns hier allein gelassen; wie gut, daß du einmal zu Hause bist!« Der König starrte ihn mit großen Augen an. Er stieß den Buben fast von sich. »Wessen Vater bin ich? Wessen Sohn bist du? Ich kenne dich nicht.« Doch seine Gemahlin erzählte ihm drinnen, daß das wirklich sein Kind wäre; es zähle gerade so viele Jahre wie vergangen, seit er von Hause fortgezogen wäre.

Jetzt erst ging ihm ein Licht auf. Er besann sich, daß er dem König der Teufel etwas versprochen hatte, von dem er in seinem Reich nichts wüßte. Also dieser schöne Bursche war es gewesen, von dem er nichts wußte. Er grämte sich sehr. Er dachte wohl auch daran, daß es gut wäre, den Knaben nicht hinzugeben, doch im selben Augenblick fürchtete er sich davor, daß dann der König der Teufel kommen würde, ihn selbst zu holen.

Er ließ den Buben zu sich rufen. Er erzählte ihm alles, wie es war. Der Jüngling erschrak keineswegs. Ja, er beteuerte sogar, es würde schon gut werden, er ginge fort. Anderntags rüstete er sich und ging auch von dannen.

Er geht, geht, wandert durch siebenmal sieben Königreiche, langt bei dem Bach an, wo seines Vaters Bart festgehalten worden war. Im Wasser schwammen sieben wunderschöne, goldene Wildenten, und am Ufer wehte der Wind ein Hemd hin und her. Er bückt sich, nimmt das Hemd auf, will es schon in seinen Ranzen stopfen, da wandelt sich eine der sieben Goldenten in ein zauberschönes Mädchen und spricht zum Königssohn: »Schöner Königssohn, ich weiß, wer du bist und wohin du eilst. Du bist des grünbärtigen Königs Sohn und gehst zu meinem Vater, denn der hat dich von deinem Vater gewonnen. Gib mir mein Hemd her; für deine gute Tat erwarte Gutes!«

Der Königssohn gab es hin. Das Mädchen kleidete sich an, zog einen Goldring vom Finger, gab ihn dem Königssohn: »Nun verwahre den. Durch zwölf Burgtore kannst du gehen, ohne daß es jemand merken wird. Dreh nur den Ring, dann öffnet sich das Tor von selbst. Und wenn du hineingelangt bist, dann wird dir schon mein Vater solche Dinge auftragen, die kannst du nicht verrichten, und wenn du ein Engel wärst. Ich werde dein Helfer sein. Abends gegen acht Uhr werde ich als Brummfliege dort bei deinem Fenster summen, laß mich ein und fürchte nichts.«

Der Jüngling steckte den Ring an den Finger, verabschiedete sich von dem Mädchen und ging zum Schloß des Teufelkönigs. Zwölf Burgtore versperrten ihm den Weg, doch wenn er den Ring drehte, tat sich jedes von selbst auf. Schließlich tat sich die Schloßtür auf, und nun stand der König der Teufel vor ihm. »Erlauchter König, Gnade meinem Haupt! Hier stehe ich vor dir.« – »Nun, wenn du hier bist, ist's gut«, sagte der König, »doch du sprichst sehr keck. Du weißt vielleicht nicht, zu wem du gekommen bist?« – »Ich weiß es«, sagte der Königssohn, »doch du bist nichts besseres als mein Vater: Der ist König, du bist auch König; so steht's damit.« Der König wurde sehr wütend. »Na warte nur! Drei Aufgaben mußt du erfüllen. Kannst du sie meistern, gut, wenn nicht, ist's aus mit dir. Hier ist dies Kohlblatt: Nimm es! Ich werde dich jetzt in ein Zimmer sperren; wenn du nicht bis morgen früh daraus eine Kranichfeder machst, so kannst du beten!«

Damit gingen sie in ein Zimmer. Die Türen wurden hinter dem Königssohn zugeschlossen, von allen drei Seiten. Essen und Trinken stellten sie ihm hinein, damit er sich nicht langweile. Als er allein gelassen war, wurden Seine Gnaden wahrlich betrübt. »Ach, daß du deine Mutter nicht mehr beweinen könntest, Teufelkönig«, sagte er zu sich, »du trugst mir auf, was ich nie und nimmer vollbringen kann, solange die Welt steht.«

Er hätte sich noch weiter gehärmt und gesorgt, doch da hörte er am Fenster ein Summen. Jetzt kam ihm das schöne Mädchen in den Sinn. Er geht hin, und da hört er, wie die Brummfliege sagt:

> »Laß mich, mein Täubchen, ein,
> Dein Helfer will ich sein!«

Er öffnete geschwind das Fenster, die Brumme flog hinein, ein wunderschönes Mädchen wurde aus ihr. »Nun, mein süßes Herz, mein schönes Lieb, sprich, worin kann ich dir helfen?« Da erzählte Janosch, wie bestürzt er wäre, sollte er doch aus diesem Kohlblatt einen Kranichfederhut machen. »Wenn's weiter nichts ist«, sagte das Mädchen, »dann ist's nicht schlimm. Wo ist dieses Kohlblatt?« – »Hier ist's.« – »Nun schau her!«, und im selben Augenblick lag auf dem Tisch ein so schöner Kranichfederhut, wie ihn sogar (Kaiser) Franz Josef auch noch nicht auf dem Kopf getragen hat.

Der Jüngling schaute sich fast die Augen aus, so schaute er. So etwas hatte er noch nicht gesehen. Dann sprach sie: »Morgen abend komme ich auch, aber zögere nicht so lange wie heute. Wenn du mein Brummen hörst, laß mich ein. Doch jetzt gehe ich, öffne das Fenster.« Im Augenblick wurde aus ihr eine kleine, winzig-wunzige Brumme. Und der Königssohn legte sich ruhig nieder. Er wußte, daß der Teufelkönig die Augen aufreißen würde, wenn er das erblickte.

Anderntags in aller Frühe kam auch schon der alte Teufel. Kaum war er eingetreten, so sah er auf dem Tisch den schönen Kranichfederhut. Er sagte zum Jüngling: »Na, das hast du brav gemacht!« – »Das will ich meinen«, sagte der Jüngling keck. »Hm, wenn du so übermütig bist, werde ich dir gleich etwas auftragen, was du sicherlich nicht vollbringen kannst.« Damit ging der Teufelkönig hinaus und brachte ein Töpfchen Kohlsuppe. »He, wenn du daraus nicht bis morgen früh einen silbernen Sporn machst, ist's aus mit dir!« Der Jüngling zuckte nur mit den Achseln. »Das wird auch schon noch werden, wenn der liebe Gott hilft.« Damit ging der König hinaus, und der Königssohn blieb allein. »Kohlsuppe und silberner Sporn! Na, daraus kann doch sicher nichts werden. Dieser König ist närrisch im Kopf, wenn er so etwas ausdenkt«, dachte er bei sich. Er erwartete den Abend, die achte Stunde. Kam die kleine Brumme:

> »Laß mich, mein Täubchen, ein,
> Dein Helfer will ich sein!«

Er ließ sie ein, und sie wurde wieder jenes schöne Mädchen, das er vom Bachesrand aus gesehen. Er erzählte ihr, was ihr lieber Vater befohlen hatte. Doch das war ihr auch wie nichts. Aus der Kohlsuppe fertigte sie einen solchen silbernen Sporn, daß, wer auch immer wollte, ihn hätte anschauen mögen. Ach, wie glücklich war der Königssohn, daß ihm der liebe Gott geholfen hatte! Er umarmte und küßte das Mädchen nach Herzenslust. Dann rüttelte sich das Mädchen wiederum, wurde zur kleinen Brumme und flog von dannen.
Anderntags fiel der Teufelkönig fast auf den Rücken, als er den prächtigen silbernen Sporn erblickte. Doch er ließ nicht ab vom Burschen, um jeden Preis trachtete er ihm nach dem Leben, wollte ihn verderben. Er brachte einen Humpen klaren, reinen Wassers herein. »He, wenn du daraus nicht bis morgen früh ein kupfernes Handbeil machst, kannst du dir im voraus dein Testament schreiben!«
Der Königssohn sagte nichts. Er wartete auf den Abend und glaubte, da bisher alles gegangen war, würde auch dies nachher gehen. Nun wohl! Als jedoch die kleine Brumme sich in ein schönes Mädchen verwandelt hatte und den Befehl erfuhr, da hat sie nur mit dem Kopf geschüttelt: Das konnte auch sie nicht zustande bringen!
»Weißt du was?« sprach sie zum Königssohn, »wir gehen fort, denn hier wird's uns nicht gut ergehen. Ich werde dich mit meinem Stecken schlagen, dann wandelst du dich in einen Goldring. Mein schönes, kleines, braunes Pferd wird zu einem goldenen Apfel, ich werde ein Vogel, und wir eilen von dannen.«
Wie sie gesagt hatte, so wurde es. Aus dem Königssohn wurde ein goldener Ring, aus dem schönen, kleinen, braunen Pferd ein goldener Apfel, und das Mädchen wurde ein Vogel, der nahm den Ring in den Schnabel, den Apfel in den Fuß und flog, flog wie der Gedanke.

Anderntags in der Frühe merkte ihr Vater, daß weder Tochter noch Königssohn da waren. Sogleich wußte er, daß sie unter einer Decke steckten. Er sagt zu seinem Knecht: »Auf, ihnen nach! Wenn du nur irgend kannst, bring sie zurück!« Solch Rennen soll's noch mal geben wie das, was dieser Knecht da loslegte! Er rannte wie der Blitz. Plötzlich sagt der Vogel zum Ring: »Wehe, hinter meinem Rücken weht ein hurtiger Wind, sie kommen hinter uns her!« Das war auch richtig. Er sah ein dichtes Gebüsch, gerade mittendrin ließ er sich nieder. Bald war der Knecht ihnen auf der Spur, doch vergeblich suchte, stöberte er umher, er fand nichts. Er geht heim, sagt zum König: »Erlauchter Herr! Ich habe von ihnen nicht soviel gesehen wie das Schwarze unter meinem Nagel! Einzig und allein ein Busch war auf der Pußta und mittendrin ein kleiner Vogel.« – »Das ist's gewesen, du Esel!« sagte der König. »Ich sehe schon, ich muß selbst gehen, denn auf euch ist kein Verlaß.« Doch wenn jemand schon ein hurtiges Laufen gesehen, den Teufelkönig hätte er sehen sollen! Der kleine Vogel stürmte wohl auch voran, doch nutzlos wäre es gewesen, wie sehr er sich auch beeilt hätte: Wenn dort nicht gleich des Reiches Grenze gewesen wäre, er wäre doch gefangen worden. Jedoch des Teufelkönigs Macht reichte nur bis zur Grenze seines Reiches, weiter nicht. Als er sah, sie hatten die Grenze überschritten, da wurde er so wütend, daß er auf der Stelle platzte.

Der kleine Vogel verwandelte sich ins schöne Mädchen, der Ring wurde zum Königssohn, der Goldapfel zum schönen, braunen Pferd. Auf das Pferd setzten sie sich beide, zogen heim in des grünbärtigen Königs Reich.

Zu Hause wurden sie getraut, hielten Hochzeit. Ich bin auch dort zur Hochzeit gewesen als Baßgeiger. Ich habe mich so satt gegessen an Salami und Bratwurst, daß ich noch anderntags kein Essen brauchte. Hans will ich heißen, wenn's nicht wahr ist. Und sind sie nicht gestorben, so leben sie auch jetzt noch.

Aus dem Ungarischen von Elisabet Róna-Sklarek

Die wahre Heldin des Märchens »A zöldszakállú király«, das aus der Habsburger k. u. k. Monarchie Anfang des Jahrhunderts stammt, aufgezeichnet von Berze Nagy in Tisza-Füred (Heveser Komitat), ist die Teufelstochter, die dem Königssohn hilft. Wie sonst nur in Spanien wird sie von den Magyaren hoch geschätzt. Mal heißt sie Viola und hilft der Dienstmagd Rosa, drei wilde Fohlen mit einer Eisenstange zu zähmen, besteht mit ihr dann die »magische Flucht« und heiratet zum Schluß einen von Rosas Brüdern.

Ein andermal heißt sie Julischka und hilft dem Dienstmann Mischka – seine Brüder haben ihn wegen Unfolgsamkeit dem Teufel ausgeliefert –, bei der Bewältigung der »drei unmöglichen Aufgaben«. Ein Handkuß macht, daß Mischka seine Teufelsbraut vergißt (das beliebte Motiv von der »vergessenen Braut«), sich eine andere nimmt, und erst das beziehungsreiche Hochzeitsgeschenk einer Unbekannten ihm die Augen öffnet: Julischka ist die Einzig-Wahre.

Den leichtfüßigen, fast übermütigen Erzählstil, der auch mit Versatzstücken zu spielen weiß, hat die Märchenforscherin Elisabet Róna-Sklarek in ihren »Ungarischen Volksmärchen« (Neue Folge, Leipzig 1909) beibehalten.

Die Mondgöttin stellt dem
Sonnengott eine Bedingung

Vor langer, langer Zeit wollte der Himmelsherrscher (Yu Huangdi) die Mondgöttin Chang Ou dem Sonnengott zur Frau geben. Der Sonnengott war ziemlich häßlich, und die schöne Göttin wollte nicht mit ihm verheiratet sein. Einige Male ging der Himmelsherrscher zu Chang Ou und sagte über den Sonnengott viel Gutes. Sicher, sein Äußeres ließe zu wünschen übrig, sagte der Himmelsherrscher, aber sein Herz sei gut. Als der Himmelsherrscher sie schon mehrmals aufgesucht hatte, meinte die Göttin, es wäre nicht höflich, den Antrag abzuweisen. Und so sagte sie: »Ich nehme den Antrag an, allerdings unter einer Bedingung.« Der Himmelsherrscher sprach: »Nenne deine Bedingung!« Die Mondgöttin erwiderte: »Wenn der Sonnengott mich selber holen kommt, will ich seine Frau sein. Kommt er nicht, wird nicht geheiratet.« Mit diesen Worten machte sich die Mondgöttin eilends auf ihren Nachtgang. Der Himmelsherrscher überbrachte dem Sonnengott die Nachricht, und augenblicklich sauste der Sonnengott los, hinter der Mondgöttin her. Doch als er im Osten ankam, hatte sie schon den Westen erreicht. Und als er im Westen ankam, war sie schon wieder im Osten. Er konnte es anstellen, wie er wollte, es gelang ihm nicht, sie einzuholen. Und so sind bis heute Mondgöttin und Sonnengott nicht miteinander vermählt.

Aus dem Chinesischen von Gu-Shenshing

Chinesische Mythen haben es an sich, daß sie noch heute als Märchen erzählt werden. So auch dieses aus Miao-li, Taiwan, erzählt von einer 45jährigen Bäuerin 1972 (Sammlung Wolfram Eberhard). Nach chinesischem Brauch wird ein Dritter als Heiratsvermittler(in) benötigt, der – meist im Auftrag der Eltern – die Modalitäten klärt, wie bei anderen Handelsabkommen auch. In diesem Fall ist es der Himmelsherrscher selbst, der die Sache regeln möchte. Auch bei einer Ehe auf Erden ist der Himmel stets mit im Spiel: Der Vermittler benötigt die »acht Zeichen«, das heißt die Daten des Jahres, des Tages und der Stunde der Geburt; die vergleicht er mit den Zeichen des Partners, um zu sehen, ob unter astrologischen Aspekten die geplante Ehe vielversprechend ist.

Geschichten von Wakdjunkaga

Als Wakdjunkaga so dahinwanderte, sah er vor sich plötzlich einen Hügel. Wie er näherkam, war er überrascht, unweit davon einen alten Büffel vorzufinden. »Ach wie ärgerlich«, rief er, »hätte ich nur mein Pfeilbündel nicht weggeworfen! Damit könnte ich dieses Tier leicht erlegen und essen.« Er zog nun sein Messer hervor, schnitt dürres Gras ab und knüpfte daraus menschliche Figuren; die stellte er im Kreis auf und ließ nur eine Seite offen. Der Boden war sehr morastig.

Als er diese Umzäunung errichtet hatte, ging er dorthin zurück, wo er den Büffel erblickt hatte, und rief: »Hoho, da ist ja mein kleiner Bruder! Da ist er tatsächlich und frißt und lebt ohne Sorgen. Nein, keiner soll ihm die Ruhe rauben, ich will ihn vor jedem Eindringling schützen.« So sprach er zum Büffel, der friedlich weitergraste. Dann fuhr er fort: »Hör mal, kleiner Bruder, dieser Platz ist fast völlig von Menschen umzingelt. Dort drüben aber ist noch eine Stelle offen, durch die könntest du entkommen.«

Da hob der Büffel, der nichts Arges witterte, den Kopf und sah sich tatsächlich von Menschen umzingelt. Nur an der Stelle, die ihm Wakdjunkaga gezeigt hatte, gewahrte er eine Öffnung. Dorthin rannte nun der Büffel. Bald jedoch sank er im Morast ein, und sogleich warf sich Wakdjunkaga auf ihn und tötete ihn mit dem Messer. Dann zerrte er ihn unter einige Bäume, um ihn zu häuten. Bei all dem benutzte er immer nur die rechte Hand.

Während er so hantierte, griff plötzlich die linke Hand nach dem Büffel. »Gib mir das zurück, das gehört mir«, rief die rechte Hand. »Halt ein, oder ich erhebe mein Messer gegen dich! In Stücke werde ich dich schneiden, ja wirklich, das werde ich mit dir tun.« Da ließ die linke Hand los. Aber bald darauf griff sie wieder zu und packte die rechte. Sie hielt das Handgelenk fest, gerade in dem Augenblick, als die

rechte Hand dazu ansetzte, den Büffel zu häuten. Dies wiederholte sich immer von neuem, und Wakdjunkaga ließ es geschehen, daß seine beiden Hände miteinander im Streit lagen. Doch aus dem Streit wurde bald ein wilder Kampf, wobei die linke Hand schwer verletzt wurde. »Oje, warum habe ich das getan, warum nur tat ich das? Ich habe mir selbst Schmerz beigebracht.« Die linke Hand blutete in der Tat heftig.

Dann bereitete er den Büffel zu. Als er fertig war, machte er sich wieder auf den Weg. Wie er so dahinwanderte, riefen die Vögel einander zu: »Schaut, schaut, da geht Wakdjunkaga!« So riefen sie und flogen davon. »Ach, ihr frechen Vögel! Wenn ich bloß wüßte, was sie sagen!« Und ständig ging es so weiter: Jeder Vogel, der ihm begegnete, rief: »Schaut, schaut! Da geht Wakdjunkaga, da wandert er umher!«

Wieder wanderte er ziellos über die Erde. Einmal kam er an eine Stelle, von wo er das Ufer eines Sees erblickte. Und er war überrascht, als er sah, daß jemand ganz nahe am Ufer stand. Also ging er rasch dorthin, um genauer zu sehen, wer das sei. Es war jemand, der ein schwarzes Hemd trug. Als Wakdjunkaga an den See kam, sah er, daß die Person auf der anderen Seite des Wassers stand und auf ihn deutete. Er rief hinüber: »Sag, kleiner Bruder, worauf zeigst du?« Aber er bekam keine Antwort. Wieder rief er hinüber: »Sag, kleiner Bruder, worauf zeigst du?« und wieder bekam er keine Antwort. Da rief er zum dritten Mal: »Sag, kleiner Bruder, worauf zeigst du?« Wiederum bekam er keine Antwort, und selbst beim vierten Mal blieb alles stumm. Aber immer noch stand der andere dort drüben, jenseits des Wassers, und deutete mit dem Finger auf ihn.

»Nun, wenn das so ist«, sagte Wakdjunkaga, »das schaffe ich auch. Auch ich kann dastehen und wie er auf etwas deuten, und auch ich kann mir ein schwarzes Hemd anziehen.« Also zog er ein schwarzes Hemd an, wandte sich in Richtung des anderen und deutete mit dem Finger auf ihn, genau so wie jener es tat. Lange Zeit stand er so da. Als Wakdjunkaga spürte, daß sein Arm erlahmte, rief er dem anderen zu: »Kleiner Bruder, laß uns damit aufhören.« Doch der andere antwortete nicht. Als ihm der Arm immer müder wurde, sagte er zum zweiten Mal: »Kleiner Bruder, laß uns damit aufhören, mein Arm ist eingeschlafen.« Wieder kam keine Antwort. Schließlich sagte er: »Kleiner Bruder, ich bin hungrig. Laß uns erst einmal essen, danach können wir weitermachen. Ich werde ein schmackhaftes Tier erlegen, von der Art, wie es dir besonders schmeckt, das werde ich für dich erlegen. Aber laß uns aufhören.«

Noch immer bekam er keine Antwort. »Ach, warum sage ich das alles, dieser Mensch hat kein Herz! Ich werde das gleiche tun, was er tut.« Mit diesen Worten ging er weg, und als er sich aus einiger Entfernung wieder umdrehte, sah er zu seiner Verwunderung, daß es ein Baumstumpf war, dem ein Ast vorsprang. Das also hatte er für einen Mann gehalten, der auf ihn deutete. »Wahrlich, die Leute haben recht«, sagte er bei sich, »wenn sie mich Wakdjunkaga, den Narren, nennen.« Dann ging er weiter.

Wakdjunkaga setzte seinen Weg fort. Als er so umherwanderte, kam er in eine lieblich-schöne Gegend. Dort setzte er sich nieder und fiel bald in Schlaf. Als er nach einiger Zeit aufwachte, bemerkte er, daß er ganz ohne Decke auf dem Rücken lag. Er schaute auf und sah zu seiner Verwunderung, daß etwas über ihm schwebte. »Aha«, sagte er bei sich, »die Häuptlinge haben ihre Banner aufgestellt. Das Volk hier muß ein großes Fest gefeiert haben, denn nur bei solchen Festen wird das Häuptlingsbanner ent-

rollt.« (Dabei handelt es sich um die Insignien der Häuptlinge des Donnervogel- und des Bären-Clans, zwei lange, federngeschmückte Krummstäbe.)

Wie ihm dies durch den Kopf ging, setzte er sich auf und merkte, daß seine Decke fort war. Doch was er über sich schweben sah, war seine Decke. Sein Penis war steif geworden und hatte die Decke hochgestemmt. »Immer passiert mir das«, sagte er. »Kleiner Bruder, du wirst die Decke verlieren, bring sie lieber zurück.« So sprach er zu seinem Penis. Dann ergriff er ihn, und als er ihn befühlte, wurde er weicher, und die Decke fiel sachte herab. Er rollte nun den Penis zusammen und steckte ihn in einen Kasten. Als er an das Ende des Penis kam, fand er auch die Decke vor. Den Kasten mit dem Penis trug er auf dem Rücken weiter.

Danach lief er einen Abhang hinunter und kam an einen See. Auf der anderen Seite sah er etliche Frauen schwimmen, es waren die Häuptlingstochter und ihre Freundinnen. »Jiih«, rief Wakdjunkaga, »das kommt mir zupaß! Jetzt werde ich sie begatten.« Darauf nahm er seinen Penis aus dem Kasten und sprach zu ihm: »Kleiner Bruder, lauf hinüber und such die Häuptlingstochter aus. Eile an ihren Freundinnen vorbei und achte darauf, daß du in sie, die Tochter des Häuptlings, hineintriffst.« Und nachdem er gesprochen, sandte er den Penis aus. Dieser glitt über die Oberfläche des Wassers dahin. »Kleiner Bruder, komm zurück, komm zurück! Wenn du ihnen auf diese Weise nahst, wirst du sie erschrecken.« Und er zog den Penis zurück, band ihm einen Stein um den Hals und sandte ihn wieder aus. Diesmal sank er auf den Grund des Sees. Wieder zog er ihn zurück und nahm einen anderen Stein, einen kleineren, den band er ihm um den Hals und schickte ihn wieder los. Diesmal glitt er unter der Oberfläche des Wassers dahin, doch warf er Wellen auf. »Bruder, komm zurück, komm zurück! Du wirst die Frauen vertreiben, wenn du solche Wellen machst.« Und er versuchte es ein viertes Mal. Jetzt fand er einen Stein von der richtigen Größe und dem rechten Gewicht und band ihn dem Penis um den Hals. Dieser lief, noch einmal ausgeschickt, los, schnurstracks auf die ihm gewiesene Stelle zu.

Er sauste an den Freundinnen der Häuptlingstochter vorbei und berührte sie kaum. Sie sahen ihn und schrien: »Kommt heraus aus dem Wasser, schnell, schnell!« Die Häuptlingstochter war die letzte im Wasser, sie kam nicht rechtzeitig ans Ufer, und der Penis fuhr mitten in sie hinein. Ihre Freundinnen kehrten zurück und versuchten ihn herauszuziehen, aber sie schafften und schafften es nicht. Dann wurden Männer gerufen, die allesamt im Ruf großer Stärke standen. Diese versuchten es ebenso, brachten ihn aber nicht heraus und gaben schließlich auf. Doch einer von ihnen sagte: »Es gibt da eine alte Frau, die vieles weiß. Die sollten wir holen.« Also gingen sie los und brachten sie zu der Stelle, wo es geschehen. Als sie eintraf, sah sie sofort, um was es sich handelte. »Ach so«, sagte sie, »das ist der Erstgeborene, der Trickster, der die Tochter des Häuptlings begattet. Verzieht euch, ihr stört hier bloß.« Dann ging sie fort, holte eine Ahle, setzte sich rittlings auf den Penis und stach in ihn hinein. Und dabei sang sie: »Erstgeborener, wenn du es bist, zieh ihn heraus, o zieh ihn heraus!«

So sang sie, und mitten in ihrem Singen fuhr der Penis heraus, und die Alte wurde ein ganzes Stück weit fortgewirbelt. Als sie sich, noch immer verwundert, wieder erhob, ließ der Trickster sich von der anderen Seite des Sees vernehmen: »Diese böse alte Frau! Warum tut sie das nur, wenn ich versuche, Spaß zu haben? Nun hat sie ihn mir ganz verdorben.«

Aus dem Amerikanischen von Ulf Diederichs

Nicht weniger als 49 Geschichten umfaßt der Wakdjunkaga-Zyklus der Winnebago, aufgezeichnet von Sam Blowsnake, einem Indianer aus dem Klan des Donnervogels, der dem Volk der Sioux angehört. Er hat ihn für den amerikanischen Ethnologen Paul Radin niedergeschrieben (Winnebago Hero Cycles, Baltimore 1945); sein Stammesgenosse John Baptiste hat eine englische Interlinearversion angefertigt, die den Helden als »Trickster« (trickreicher Tierheld, Kulturheros, skrupelloser Kreativer, Schelm) bezeichnet, wobei hier offenbleibt, in welcher Gestalt. Das Besondere an diesem Geschichtenkranz ist eine reflektierte, hochentwickelte Erzählkunst. Paul Radin zog als Fazit: »Die Ähnlichkeit der Abenteuer des Wakdjunkaga mit denen der übrigen Schelmen-Helden von Nordamerika ist erstaunlich groß. Man kann daraus nur schließen, daß dieser Mythen-Zyklus Kulturbesitz aller amerikanischen Indianer und inhaltlich ziemlich unverändert geblieben ist« (zitiert nach: Paul Radin, Karl Kerenyi, C. G. Jung, Der göttliche Schelm, Zürich 1954).

Die großen und die kleinen Füße

Im Süden des Landes herrschte einst ein König namens Dharma. Sein Reich war nur klein, doch zahlreich seine Verwandtschaft. Seine Gemahlin Tschandravatī stammte aus dem Mālava-Land; sie war von hoheitsvollem Wuchs, sie war die beste aller Frauen. Dem König schenkte sie eine Tochter, die zu Recht den Namen Lāvanjavatī führte: die Anmutige.

Als die Tochter reif für die Heirat war, da entthronten die Verwandten, die sich gegen ihren Vater verschworen hatten, den König Dharma und teilten sein Reich unter sich auf. Mit Frau und Tochter entfloh er des Nachts; nur seinen Kronschatz konnte er retten. Er führte ihn mit sich und lenkte seine Schritte in das Land des Mālava, seines Schwiegervaters.

Noch in eben dieser Nacht erreichte er mit Frau und Tochter den Wald des Vindhya-Gebirges. Dort verließ die Nacht den König, konnte ihm länger das Geleit nicht geben; mit Tautropfen weinte sie ihm nach. Auf den Berg des Ostens stieg die Sonne, streckte ihre ersten Strahlen zu ihm hin, als ob sie ihn warnen wollte: Geh nicht in jenen Wald, er ist voll von Räubern. Doch zusammen mit Frau und Tochter, deren Füße von dem scharfen Kuscha-Gras bald wund wurden, lief der König weiter und kam zu einem Dorf der wilden Bhillas. Männer lebten dort, die Fremde ihres ganzes Eigentums beraubten. Gute Menschen mieden diesen Ort, als ob der Todesgott dort hause.

Schon von weitem sahen die Räuber den Herrscher, prächtig gewandet und geschmückt. Da griffen sie sich die verschiedensten Waffen und liefen heran, um ihn auszurauben. Als der König Dharma sie erblickte, sprach er zu Frau und Tochter: »Erst werden diese Barbaren sich auf euch beide stürzen, darum versteckt euch irgendwo im Wald.« Und voller Schrecken rannte Tschandravatī, die Königin, mit ihrer Tochter Lāvanjavatī in das Dickicht des Waldes. Der tapfere König indes, angetan lediglich mit Schild und Schwert, fällte viele von den Räubern, die wahre Pfeilschwaden auf ihn regnen ließen.

Nun befahl der Dorfoberste all seinen Leuten, gegen den anzurennen, der da einzig auf sich gestellt kämpfte. Erst zerschlugen sie ihm seinen Schild in tausend Stücke, dann schlugen sie ihn tot und rissen seinen Schmuck an sich. Danach suchten alle das Weite.

Tschandravatī, die im Waldesdickicht sich verborgen hielt, mußte mit ansehen, wie ihr Mann erschlagen wurde. In Todesängsten floh sie mit ihrer Tochter weit weg, in einen anderen tiefen Wald. Die Mittagshitze quälte selbst den Schatten der Bäume, daß sie sich gleich den beiden Wanderern im Wurzelgrund Kühlung suchten. Weinend, vom Schmerz ermattet und todmüde ließ sich die Königin mit ihrer Tochter am Ufer eines Lotusteiches nieder, im Schutz eines Aschoka-baumes.

Zu der Zeit ritt gerade in jenem Wald ein Fürst, begleitet von seinem Sohn. Er hatte sein Reich ganz in der Nähe und war ausgezogen, um zu jagen. Als nun Tschandasimha – so hieß der Fürst – im Staub die vielen Fußabdrücke sah, sprach er zu Simhaparākrama dem Sohn: »Laß uns diesen reizend schönen Spuren folgen. Wenn wir die Frauen dazu finden, dann magst du die, die dir gefällt, zur Gattin wählen.« Simhaparākrama erwiderte ihm: »Der die kleinen Füße angehören, die soll meine Gattin werden; ich weiß, sie ist jung, und sie paßt daher gut zu mir. Die mit den großen Füßen ist gewiß älter an Jahren, und so meine ich, für dich wird sie gerade richtig sein.«

Tschandasimha ließ den Sohn erst reden, dann antwortete er: »Ich bitte dich, schweig! Kaum ist deine Mutter in den Himmel eingegangen, schon soll ich, der eine solche gute Frau verloren hat, nach einer anderen ver-

langen?« Darauf entgegnete der Sohn: »Rede nicht so, Vater. Öde ist das Heim des Hausherrn ohne Gattin. Hörtest du denn niemals Mūladevas Verse:

> Wo die Gattin fehlt mit festen Brüsten,
> Festen Lenden, voller Sehnsucht wartend
> Auf den Gatten – wer, der nicht ein Narr ist,
> Wird dies Haus betreten, das ein Haus nur
> Heißet, ein Gefängnis ist's in Wahrheit,
> Dem dazu nichts als die Ketten fehlen.

Dir, Vater, werde ich noch die Schuld geben, wenn ich daran sterbe, daß du die Gefährtin derer, die ich mir zum Weib erkoren, nicht zur Gattin wähltest.« Tschandasimha mußte die Worte seines Sohnes billigen. So verfolgten beide die Fußspuren. Langsam ritten sie bis zu dem Teich und sahen dort die Königin Tschandravatī, angetan mit reichem Perlenschmuck, im Schatten des Baumes sitzen. Wie der klare Mondschein den sommernächtigen Himmel sanft beleuchtet, so ward sie von ihrer Tochter Lāvanyavatī beschienen. Voller Neugier ritt Tschandasimha mit seinem Sohn an sie heran, doch bei ihrem Anblick sprang sie erschrocken auf, da sie glaubte, auch jene seien Räuber. Die Tochter aber sprach zu ihr: »Mutter, ängstige dich nicht. Diese beiden, die so stattlich aussehen und so schöne Kleider tragen, sind gewiß keine Räuber. Sicher sind sie zum Jagen hergekommen«. Doch die Königin plagten noch Zweifel.
Da stiegen sie vom Pferd, und Tschandasimha redete die beiden an: »Seid nicht erschrocken, ihr schönen Frauen. Nur aus Zuneigung kamen wir hierher und wollten euch sehen. Vertraut uns nur und erzählt uns getrost, wer ihr seid. Ihr scheint mir in diesen Wald geflohen wie Rati und Prīti (die beiden Gemahlinnen des Liebesgottes Kāma), um ihren Gemahl zu beweinen, weil ihn Schiwa durch seines (dritten) Auges Glut verbrannte. Wie seid ihr nur in diesen menschenöden Wald gekommen? Für eure Schönheit paßten doch Paläste besser, die vor Juwelen funkeln. Und daß eure Füße, die es verdienen, im Schoß schöner Frauen zu ruhen, sich auf diesen dornigen Weg verirrten, quält unsere Herzen. Ist's nicht wundersam, daß der Staub, der sich, aufgewirbelt vom Wind, auf euer Antlitz gelegt hat, auch dem unsern das frohe Aussehen nimmt? Und die heiße Glut der Sonnenstrahlen, die auf eure blumenzarten Leiber fällt – uns verbrennt sie! Darum erzählt uns alles. Unsere Herzen sind voller Unruhe. Und länger können wir nicht zulassen, daß ihr in diesem Wald voll wilder Tiere haust.«

So sprach Tschandasimha. Da erzählte ihm die Königin unter Seufzern, verwirrt vor Scham, bedrückt vor Kummer, ihr ganzes Schicksal. Tschandasimha sah nun wohl, daß ihr der Beschützer fehlte, und sprach ihr Trost zu. Mit süßen, lieblichen Worten gewann er ihr Vertrauen und zog sie zu sich. Er hob sie auf den Rücken seines Pferdes, der Sohn tat mit der Tochter desgleichen, und so führten sie sie nach Vittapapurī zu ihrem herrlichen Palast.

Widerstandslos ließ die Königin ihn gewähren; es war ihr, als weile sie in einem zweiten Leben. Was soll ein unbeschütztes Weib, das im Unglück ist, in fremdem Land auch anderes tun? – Simhaparākrama, der Sohn, nahm sich darauf die Königin Tschandravatī zur Gemahlin: denn die kleinen Füße gehörten ihr. Und sein Vater Tschandasimha vermählte sich mit Lāvanyavatī, der Tochter: denn sie besaß die großen Füße. Daß die großen und die kleinen Füße ihnen die Entscheidung bringen sollten, hatten sie ja vorher, als sie der Spuren Doppelreihe sahen, sich versprochen – und wer bricht schon das Wort, das er einmal gegeben hat?

Weil sie derart bei den Füßen irrten, ward die Tochter nun des Vaters Gattin, und der Sohn vermählte sich mit der Mutter. Die Mutter wurde so zur Schwiegertochter ihrer eigenen Tochter und die Tochter zur Schwiegermutter ihrer leiblichen Mutter. Mit der Zeit gebaren die beiden Frauen ihren Männern Söhne und Töchter, die ihrerseits auch Kinder bekamen. Beide Gattenpaare aber lebten glücklich weiter, bis zu ihrem Tod.

So erzählte der Vetāla dem König Trivikramasena auf ihrem nächtlichen Gang. Und nachdem er geendet, richtete er wieder eine Frage an ihn: »O König! Jene Kinder, welche Sohn und Vater mit der Mutter und der Tochter zeugten, waren wie miteinander verwandt? Weißt du's, so sag es mir. Schweigst du, obwohl du es weißt, wird dich der angekündigte Fluch treffen.«

Der König vernahm die Worte des Vetāla, prüfte und überlegte sie hin und her. Doch je mehr er die Frage – wieder und immer wieder – bedachte, er fand keine Antwort. So schritt er in tiefem Schweigen weiter.

Aus dem Sanskrit in Versform übertragen von Friedrich von der Leyen
In Prosa eingerichtet von Ulf Diederichs

Dies ist die vorletzte Geschichte der altindischen »Fünfundzwanzig Erzählungen eines Leichendämons« (Vetālapantschavimsatikā, 10. Jh.); Friedrich von der Leyen, der Nestor der neueren Märchenforschung, hat sie für seine »Indischen Märchen« (Halle 1898) übertragen. Der Geist Vetāla legt hier dem König Trivikramasena das Rätsel einer Geschichte vor, auf das seine Klugheit erstmals keine Antwort weiß. Wüßte er sie und sagt sie nicht, soll ihm der Kopf in hundert Stücke zerspringen.

Heinrich Zimmer hat das Rätsel erhellt: »Diese Kinder sind ja einander alles Mögliche zugleich, jeder Bestimmung an ihnen steht eine andere mit gleichem Recht entgegen, sie sind durchaus das Eine und das Andere füreinander. Ist so nicht überall Eines auch immer das Andere und Alles irgendwie Alles zugleich?« (H. Z., Abenteuer und Fahrten der Seele, Zürich 1961).

Die Länder auf der anderen Seite der Welt

Es war einmal eine Zeit, da lebte ein Mädchen schön wie die Sonne, und sie war so graziös und so anmutig wie keine andere auf der Welt. Alle jungen Männer, die sie sahen, wurden ebenso durch ihren Mutterwitz für sie eingenommen wie durch ihr gütiges Wesen. Unter den vielen tausend Männern, die sich in sie verliebten, waren drei, die sich sehr um sie bemühten und sie allzugern zu ihrer Frau gemacht hätten. Das Mädchen fand die drei auch recht galant, vertrieb sich die Zeit mit ihnen, konnte sich aber nicht für einen entscheiden. Gefiel ihr der eine, mochte sie den anderen noch lieber und mehr noch den dritten. Die drei wurden auf die Dauer unruhig, ständig in der Erwartung, sie würde sich für einen von ihnen entscheiden. Als immer mehr Zeit verstrich und sie sich für keinen der drei Galane entscheiden konnte, beschlossen sie, gemeinsam den Vater des Mädchens aufzusuchen, und ihn um die Hand seiner Tochter zu bitten.

Der Vater rief seine Tochter zu sich und sagte, da nun einmal nicht alle drei ihr Gemahl sein könnten, möge sie einem den Vorzug geben. Aber das Mädchen, das wirklich sehr schön und sehr graziös war, konnte sich nicht entscheiden und geriet immer mehr in Zweifel, wem es ihre Gunst geben sollte, bis der Vater wütend wurde und sprach: »Da du keine Entscheidung triffst, werde ich es tun.« Er wandte sich an die Bewerber und fuhr fort: »Seit meiner frühesten Jugend habe ich immer den Wunsch gehabt zu reisen, die Welt zu durchlaufen, fremde Länder und Erdteile zu besuchen, deren Sitten und Gebräuche ganz anders sind als unsere. Trotz all dieser sehnlichen Wünsche konnte ich aber nie mein Haus verlassen: zuerst, weil ich meine Eltern nicht allein lassen konnte, und später, weil ich die Kinder in meiner Obhut hatte. Da es mich nun einmal freut, möglichst viel über fremde Erdteile und deren Unterschiede zu unserem zu erfahren, werde ich meine Tochter dem von euch zur Frau geben, der nach einem Reisejahr mir die ungewöhnlichsten Dinge aus den Ländern, die er bereist hat, berichten kann. Wenn ihr euch diesem Handel anschließen wollt, empfehle ich euch, möglichst bald aufzubrechen.«

Die drei Bewerber waren mit den Worten des Vaters der Ersehnten einverstanden und bereiteten sich auf die Reise vor. Früh am nächsten Morgen verließen sie gemeinsam den Ort, und als sie draußen waren, knobelten sie mit Streichhölzern den Weg oder vielmehr die Richtung aus, in die jeder gehen sollte. Den ersten beschied das Los, sich gegen Sonnenaufgang zu wenden; der zweite hatte den Weg nach Süden, der dritte den nach Westen zu nehmen. Sie nahmen voneinander Abschied – bis zum nächsten Jahr zum gleichen Tag zur gleichen Stunde und am gleichen Platz. Dann entfernte sich jeder in die Richtung, die ihm das Los auferlegt hatte.

Der, der dem Sonnenaufgang folgte, wanderte und wanderte und kam, nachdem er viele Felder und Flüsse, viele Berge und Orte durchquert hatte, zur Kehrseite der Erde auf der anderen Seite der Welt, wo es umgekehrt zugeht wie bei uns hier. Sonne und Mond gehen im Westen auf und im Osten unter. Die Menschen gehen mit dem Kopf nach unten, mit den Händen auf dem Boden, mit den Füßen in der Luft, und sie tanzen, indem sie sich mit dem Kopf auf dem Boden drehen. Die Tiere gehen auf Menschenjagd, die Fische auf Fischerfang.

Die Schweine halten Menschen in Schweinekoben und schlachten sie zu Weihnachten, pökeln das Fleisch ein und bewahren es dann in großen Tonkrügen auf. Das Hühnervolk hält Männer, Frauen und Kinder in Hühnerställen, und an den Hauptfesttagen töten sie sie und brutzeln sie auf dem Feuer. Die Pferde reiten auf den Menschen und fahren in Karren und Wagen spazieren, die von Menschen gezogen werden. Um das Getreide zum Müller zu bringen, werden die

Säcke Menschen aufgebürdet, die auf allen Vieren gehen und von Eseln und Mauleseln gelenkt und gepeitscht werden. Statt auf der Mühle das Getreide zu mahlen, mahlen die Getreidesäcke den Müller, und die Mühle gibt Müllerpulver anstelle von Mehl her. Die Betschwestern nehmen dem Priester die Beichte ab; die Kleinen in der Schule geben dem Lehrer Unterricht, und wenn dieser etwas nicht weiß, geben sie ihm tüchtig Prügel und kehren ihn mit dem Gesicht zur Wand, die Arme auf dem Rücken, einen Besen in jeder Hand. Die Soldaten geben den Generälen Instruktionen. Die Bären, Affen und klugen Hunde gehen durch die Straßen und lassen die Menschen nach dem Klang der Schellentrommel tanzen. Der Stuhl setzt sich auf den Rücken des Menschen, der auf allen Vieren läuft. Die Glocke schwingt den Glöckner, die Trommel schlägt den Musiker, anstatt daß dieser die Trommel schlägt. Die Ratten stellen Fallen auf und die Vögel stellen Schlingen aus, um darin Menschen zu fangen. Der Baum versetzt dem Menschen Axthiebe, und die Tauben lassen den Taubenzüchter fliegen ... Landtiere und Federvieh schwimmen im Meer, während die Fische auf der Erde spazierengehen. Die Schiffe schwimmen auf den Bergen, und Karren und Wagen rollen auf den Meeren.

Als der Verliebte all diese enormen Außergewöhnlichkeiten sah, war er hochzufrieden, ja geradezu übermütig, denn er war sich vollkommen sicher, daß keiner der Kameraden soviel Glück mit einem so phantastischen Land haben würde wie er – und er deshalb die Geliebte heimführen werde.

Der Bewerber, der den Weg nach Süden zu gehen hatte, wanderte und wanderte, durchquerte viele Felder und Flüsse und Orte und kam endlich in das Schlaraffenland, auf der anderen Seite der Welt, wo das Geld auf der Straße lag, und keiner sich bückte, um es aufzuheben, denn alle waren reich. Das Geld wurde mit größter Gelassenheit auf die Straße gescheppert, es nützte ja keinem. Die Bäume trieben Früchte jeglicher Art und delikate, exquisite Speisen. Die Berge waren aus Nougat, Karamelzucker, Süßbrot und Schokolade, die Steine und Kiesel aus Zuckerwerk und feinsten Backwaren. In den Flüssen und Quellen floßen Milch, jede Art von Likören und Weinen. Die Teiche waren übervoll von Marmelade und köstlichen Gelees.

Alle Nächte regnete es die appetitlichsten und unterschiedlichsten Speisen: Schmorbraten, Brathähnchen, delikat zubereitetes Fleisch, Fisch in Soße, Suppe mit Klößen, Reis überbacken und die leckersten Bonbons und Kuchen. Wenn man schlafen ging, brauchte man nur Kochtöpfe oder irgendein Geschirr an die Tür, ans Fenster oder aufs Dach zu stellen: Morgens war alles voll von dem, was es in der Nacht geregnet hatte. Und es regnete tagtäglich die verschiedensten Speisen, hübsch und schmackhaft angerichtet, und wenn einer mal eine Speise wünschte, die es nicht geregnet hatte, dann genügte es, zu Busch oder Baum zu gehen, um von dort die Speise abzupflücken. Alle Nächte regnete es auch Kleider und Schuhe jeder Qualität und aller Art, Schuhe, Hüte, Schmucksachen und alles, was man zur Ausstaffierung braucht. Außerdem regnete es Möbel und anderen Hausrat, und wenn die einen gut waren, so waren die anderen noch besser. Diese Art Regen geschah nur einmal in der Woche und dauerte bis zum Morgengrauen. Zu dieser Zeit ging niemand durch die Straßen, denn wenn irgendein Tisch oder Schrank oder Kommode oder sonst ein Möbelstück auf den Kopf eines Passanten gefallen wäre, hätte es ihn verletzt, und er wäre womöglich gestorben. Am Tag nach solchem Regen gingen die Bewohner auf die Straße und fanden den Boden mit vielen Kostbarkeiten bedeckt, die es alle in der Nacht geregnet hatte. Da konnte man vieles sich aneignen, wenn man sich nur bückte, um es aufzuheben.

Alle Tage gab es Theater, Konzerte, Musik und Abendgesellschaften, an denen man teilnehmen konnte, ohne irgend etwas zu bezahlen. Man konnte mit allen Frauen tanzen, ohne daß die Ehemänner oder Verwandten dagegen waren oder sich ärgerten. Überall herrschten Freude und Ausgelassenheit. Wenn einer traurig war oder mißgelaunt oder wenn einer gar zu arbeiten wünschte: Das Gesetz bestrafte ihn mit Gefängnis. Aber man konnte sich an keinen Fall von Eingesperrtsein erinnern, denn alle waren zufrieden und mit dem Faulenzen sehr einverstanden. Es gab weder Arzt noch Apotheker, und alle waren pumperlgesund. Wer tatsächlich einmal eine leichte Unpäßlichkeit erlitt durch das viele Essen, der trank ein delikates Quellwasser, das als Abführmittel dienlich war, und in weniger als einer Viertelstunde war er wohlauf. Die Menschen starben ganz plötzlich an Übersättigung, ohne vorher krank gewesen zu sein.

Der Verliebte verbrachte ein ganzes Jahr in Wohlleben, ja er war so glücklich und zufrieden, daß ihn der Wunsch ankam, dieses Land der Glückseligkeit nie mehr zu verlassen. Doch letzten Endes vermochte die Liebe zu seiner Angebeteten mehr als der Egoismus des Wohllebens. Als der Tag gekommen war, brach er zur Heimreise auf und war überzeugt davon, daß seine Kameraden eine so außergewöhnliche Landschaft nicht gefunden hätten und der Vater der Geliebten ihm die Hand seiner Tochter geben würde.

Jener dritte Verliebte, der den Weg nach Sonnenuntergang zu gehen hatte, wanderte und wanderte, und nachdem er viele Felder und Flüsse, viele Berge und Orte durchwandert hatte, kam er schließlich auf die andere Seite der Erde und zwar in das Land der Dummen. Dort war das Volk so blöde und unwissend in all den Dingen, die bei uns schon von den Brustkindern gewußt werden.

Die Dummen errichteten eine Kirche ohne irgendein Fenster, was dazu führte, daß eine Finsternis herrschte wie in einem Wolfsrachen. Um Licht zu bekommen, fiel ihnen nichts Besseres ein als Kiepen in die Sonne zu stellen. Diese sollten sich mit Licht füllen und dann in das Innere der Kirche geschafft werden. Aber das Licht war so rebellisch, daß es in dem Augenblick entwich, wenn die Kiepen zur Kirchentür hereingebracht wurden, und sie leer zurückließ.

An dem Tag, als die Maurer ihre Arbeit an dem Kirchenbau beendet hatten, vergaß einer von ihnen seine Arbeitshose nahe der Mauer. Nachts wurde sie von irgendeinem Schlingel entwendet, und als man anderntags ihr Verschwinden bemerkte, glaubten alle, die Kirche habe sich fortbewegt und die Hose befinde sich unter dem Mauerwerk zwischen den Grundmauern. Um ihrer Sache sicher zu gehen, ließen sie am folgenden Tag wieder eine Hose an der Mauer zurück, die auf die gleiche Art und Weise verschwand. Der Maurer, der auf sein Eigentum pochte, wollte die Kirche niederreißen lassen, und diesem Wunsch wurde entsprochen.

Eines Tages, als die Maurer ihr Tagespensum fast geschafft hatten, ließen sie von der Spitze des Glockenturmes eine Leine herunter, um die Höhe festzustellen. In dem Moment läutete die Glocke zum Arbeitsende, und die Leine blieb darum hängen. Durch den Nachttau verkürzte sich die Leine ein Stück, und am nächsten Tag fehlten drei Fingerlängen bis zur Bodenkante. Alle glaubten, der Glockenturm wüchse. Das ging wie ein Lauffeuer in der Nachbarschaft herum, bis der Bürgermeister befahl, alle Einwohner, groß und klein, sollten Steine herbeischaffen, um sie oben auf dem Glockenturm abzuladen; wenn er so belastet würde, könne er nicht mehr wachsen.

An einem anderen Tag deuchte es ihnen, als stünde der Glockenturm auf der rechten Seite der Kirche nicht gut, und sie beschlossen, ihn auf die linke Seite zu übertragen. Um das Bauwerk nicht abbrechen zu müssen, holten sie ein Tau herbei, wie man es gebraucht, um Schiffe an der Mole festzumachen. Dieses war so dick wie der Oberschenkel eines Mannes. Auf Kommando zogen alle daran, aber das Tau riß, und alle purzelten auf den Rücken.

In der Umgebung des Ortes gab es eine Anhöhe, die ihnen lästig war und die sie zu entfernen wünschten. Sie bildeten sich ein, es wäre eine dicke Beule, und suchten sie daher mit Pflastern, Fetten und sonstigen Heilmitteln zum Verschwinden zu bringen.

Wurmstichiges Holz und vermottete und abgeschabte Kleider hielten sie für krank, für eine Art Leidende mit Wunden oder Hautausschlägen; um sie zu heilen, behandelten sie sie mit Medikamenten, mit Kräutern und Apothekerarzneien.

Kesselhaken, womit Kochtöpfe oder sonstige Gefäße über den Herd gehalten werden, kannten sie nicht. Wollten sie Essen zubereiten, mußten sie die Töpfe mit den Händen über das Feuer halten, wobei sie sich natürlich verbrannten. Die halbe Bevölkerung ging so mit verbundenen Armen.

Die Männer wußten nicht in die Hosen zu steigen. Mütter, Schwestern oder Ehefrauen gingen zum Fenster, wo sie die Hose nach draußen hielten. Die Männer sprangen dann vom Dach und versuchten, mit den Füßen voran in die Hosenbeine zu kommen.

Wenn sie Häuser bauten, machten sie die Türen so niedrig, daß man nicht hindurch konnte. Wer es versuchte, stieß mit dem Kopf an den Türbalken und verletzte sich die ganze Stirn. Die meisten hatten Beulen und Platzwunden an der Stirn infolge der empfangenen Stöße.

Brotschneiden, indem man das Brot vor der Brust hält, konnten sie nicht. Denn sie waren sich im unklaren, ob nicht in dem Moment, wo das Messer den Körper erreicht, dieser in zwei Teile geteilt würde. Einmal schnitt der Bürgermeister Brot, als er an einem Baum nahe der Kirche angelehnt stand. Und ohne es recht zu bemerken, zerschnitt er das Brot, teilte sich selbst und durchschnitt den Baum und die Kirche in zwei Hälften. Die Bestürzung darüber war groß. Die ganze Nachbarschaft lief zum Trauergottesdienst herbei, doch als die heilige Handlung beendet war, konnte niemand die Kirche verlassen – denn da alle Trauerkleidung trugen, konnte keiner mehr die eigenen Beine erkennen. Stunden brachten sie weinend und seufzend zu, bis zufällig ein Maultiertreiber vorüberging, der, als er das Geflenne hörte, die Kirche betrat. Er knöpfte sich all die

Dummköpfe mit Peitschenhieben vor, und in dem Moment erkannten sie wieder ihre eigenen Beine.

Um zu verhindern, daß die Schweine beim Fressen der von Eichen herabgefallenen Eicheln den Boden aufwühlten, warfen die Schweinehirten sie in die Luft, damit sie sie mit den Zähnen schnappten. Die Mägde stellten den Hühnern keineswegs eine Tränke hin, damit diese trinken könnten; sie banden ihnen vielmehr eine Schnur um den Hals und ließen sie in den Brunnen hinab.

Der Verliebte, der den Weg nach Sonnenuntergang genommen hatte, rieb sich vor lauter Zufriedenheit die Hände und war überzeugt: Keiner der Kameraden hatte ein so außergewöhnliches Land gesehen wie er. Am festgesetzten Tag kehrte er nach Hause zurück, festen Glaubens, er würde nunmehr das geliebte Mädchen ehelichen können.

Am zuvor festgelegten Tag und zur bestimmten Stunde fanden sich die drei erneut an der Stelle ein, wo sie sich voneinander verabschiedet hatten. Jeden beruhigte der Gedanke, daß er die Rivalen ausstechen werde. Gemeinsam traten sie vor den Vater der Geliebten, der sie mit offenen Armen empfing, neugierig und zugleich besorgt, ihren Bericht zu vernehmen. Der Sonnenaufgang-Wanderer erzählte die sonderbaren und merkwürdigen Dinge, die er in dem Land auf der anderen Seite der Erde, wo er gewesen war, erlebt hatte. Der Vater war mit diesem Bericht zufrieden. Der Süd-Wanderer erzählte nun die sonderbaren, seltsamen und merkwürdigen Dinge, die er im Schlaraffenland erlebt hatte. Dies gefiel dem Vater sehr, und er war noch zufriedener. Zum Schluß erzählte der Sonnenuntergang-Wanderer die sonderbaren, seltsamen und merkwürdigen Dinge, die er im Land der Dummen erlebt hatte. Hiervon war der Vater zutiefst befriedigt. Jeder der drei Bewerber glaubte, er werde die Konkurrenten übertreffen, und alle erwarteten gespannt die Entscheidung des Alten.

Dieser sprach zu ihnen: »Ich bin hochzufrieden mit dem, was ihr mir erzählt habt. Es übertrifft an Merkwürdigkeit alles, was ich mir hätte erträumen können, und ich bin euch dankbar dafür. Was nun die Hand meiner Tochter betrifft, so verfüge ich leider nicht mehr darüber, da sie seit einigen Monaten mit einem Schneider verheiratet ist, der sich über die Maßen in sie verliebt hat. Dreimal täglich wechselte er die Kleider, immer besser, immer schöner. Und da er nunmehr der einzige war, der meiner Tochter den Hof machte, war das Ende erklärlich. Sie haben bereits einen Sohn, der übrigens heute getauft wird. Ich als Pate lade euch herzlich zur Taufe ein. Dann könnt ihr meinen Schwiegersohn kennenlernen, der seinen Hochzeitsanzug tragen wird. Das ist das beste Stück von allen, die er gemacht hat. Ihr könnt es bewundern. Beim Imbiß könnt ihr eure Abenteuer den Gästen erzählen, sie werden ihnen sicher sehr gefallen und gut zur Unterhaltung beitragen.«

Als die drei Liebhaber das anhören mußten, wurden sie wild wie die Furien. Nach etlichem Hin und Her, was sie anfangen oder lassen sollten, beschlossen sie, einen Streit auszufechten mit dem Vater, mit der Tochter, mit dem Schneider und auch mit dem Kind, das gerade getauft werden sollte: beileibe keinen einfachen und kleinen Streit, sondern einen sehr ernsthaften. Sie begaben sich zum König, um ihn zu bitten, daß auch er den Streit unterstützen möge. Der Streit begann, dauerte an und dürfte noch heute dauern, und keiner weiß, wann er erledigt sein wird.

> Alles dieses die Wahrheit spricht,
> so, wie es nun aus ist mit der Geschicht.

Aus dem Katalanischen von Gisela Strasser

Daß es eine besondere Welt auf der Rückseite der Erde gibt, bezeugen viele europäische Märchen; das bezeugen auch sieben verschiedene katalanische Bilderbögen, einige von ihnen mehr als siebenhundert Jahre alt. Eine vorkolumbianische Legende weiß, daß in der Erde von unten sich alles genau umgekehrt verhält wie bei uns. Das entzündet die Phantasie: Ist es ein Land, das gegensätzlich funktioniert, oder ein Schlaraffenland, oder ein Land der Dummen? Die alten Seefahrer hatten die Vorstellung, daß das Meer am Horizont ins Leere stürze und aufgefangen werde in jenem jenseitig-irdischen Reich, das ihrer Meinung nach der minderwertige Teil der Welt war. Juan Martorell, ein »Mittler und Hausierer«, hat diese Geschichte 1918 dem bedeutenden Sammler und Erforscher katalanischer Folklore, Joan Amadés i Gelats (1890–1959), erzählt.

Danksagung

Für ihre Hilfe beim Zustandekommen dieses Buches möchte ich herzlich danken:
Marianne Beuchert für die Vorlagen zu den Vignetten am Beginn der Mär-
chentexte, die Emblemata-Bücher von Joachim Camerarius (4 Bände, Nürnberg
1605) und Daniel de la Feuille (Amsterdam 1695);
Annemarie Schimmel für die Neuübersetzung »Der Fischer und der Dämon«
aus der frühesten arabischen Textvorlage »1001 Nacht«;
Nasrin und Karl Schlamminger für die aus dem Aserbaidschanischen und Persischen erzählten Märchen;
Felix Karlinger, dem Nestor der Märchenfeldforschung, für die zur Verfügung
gestellten Übersetzungen »Das Apfelmädchen«, »Die weiße Katze«, »Werft die
Alten hinaus«;
den Erben Bertha Kößler-Ilgs für den Erstabdruck der Märchen aus dem Araukanischen: »Als Frau Mond sich von Herrn Sonne trennte«, »Der Kondor«, »Kleiner Indianer«; den Erben Hans Findeisens für den Abdruck der sibirischen Mythe »Die Schwanfrau«; Gerda Parzeller für die Verwendung von drei Texten aus
den frühen »Indischen Märchen« ihres Vaters Friedrich von der Leyen;
dem Eugen Diederichs Verlag für die Genehmigung zum Abdruck des berberi-
schen »Hemmed L'Hascheschi«, des dagestanischen »Bukutschi-Khan« und des
malaiischen »Zwerghirsch«; dem Domowina-Verlag für die Genehmigung zum
Abdruck des sorbischen Märchens »Das klingende Lindchen«;
der Stiftung Hans Arp und Sophie Taeuber-Arp e.V., Rolandseck, für die Genehmigung zum Abdruck des Eingangsgedichtes von Hans Arp (Hans Arp, Ge-
sammelte Gedichte. Band III, 1982, S. 86;
den Erben der Illustratoren Maria Braun und Tamara Ramsay für Abdruckge-
nehmigungen;
der Internationalen Jugendbibliothek und ihren Mitarbeitern für vielerlei
Auskünfte;
den Experten Wolfgang Bauer, Wilhelm Braun-Elwert, Uli Gruber, Walter Scherf
und Kurt Schier für mancherlei Rat.

Bildnachweis

305 Der Gang in den Wald. Illustration von Grandville, 1851.

308 Der Menschenfresser wetzt das Messer. Illustration von Grandville, 1851.

309 Kleindäumling nimmt die sieben Krönchen an sich. Illustration von Grandville, 1851.

319/320 Russischer Teufel. Aus einem Lubok »Die Geburt der Hexe Baba Jaga«. Moskau 1858.

325 Sonnenzeichen: aus einem der altspanischen auques-Kinderspiele. Holzschnitte 16. Jh.

331 Der himmelhohe Baum. Illustration von Tamara Ramsay, 1934.

336 Baba Jaga schlägt ihre Fohlen. Illustration von Tamara Ramsay, 1934.

340 Die Flucht mit dem Schimmel. Illustration von Tamara Ramsay, 1934.

344 Verfolgung der Zarentochter. Illustration von Maria Braun, 1926.

349 Zubereitung der Hirseklöße. Ausschnitt aus Blatt 10 der Serie »Anleitung zur Seidenraupenzucht« von Kitao Shigemasa, 1786.

357 Die Stühle der drei Bären. Illustration von John Hassall, 1928.

358 Die drei Bären. Illustration von Harrison Weir, 1850.

362 Hochzeitsfest der Schwester Jaguar. Illustration von Clinton Arrowood, 1985.

364 Bruder Alligator. Illustration von Clinton Arrowood, 1985.

365 Blech-Holzfäller und Vogelscheuchenmann. Illustration (Innentitel) von William Wallace Denslow, 1900.

369 Audienz beim Zauberer von Oz. Illustration von William Wallace Denslow, 1900.

376 Arabisches Pferd. Zeichnung von F.F. Zimmermann, 1865.

379 »Yndio Yumbo de las immediaciones de Quito«. Zeichnung von Vicente Albán, 1783.

380 Indio. Zeichnung eines Eingeborenen. Sammlung Theodor Koch-Grünberg.

385 Geflügeltes Pferd (der antiken Legende nach fing Bellerophontes es ein und erlegte damit, in den Lüften reitend, das Ungeheuer Chimära). Holzschnitt 1823.

390 Lachender Troll. Zeichnung von Erik Werenskiold, 1907.

396 Jack entwendet die goldene Henne. Illustration von George Cruikshank, 1853.

398 Jack klettert die Bohnenranke hinab. Illustration von C.W. Cope, 1844.

400/401/403 Affen. Zeichnungen von Indios. Sammlung Theodor Koch-Grünberg.

407/408/409 Drachen. Holzschnitte aus Gessners »Thierbuch«, 1563.

423 Reverenz vor der weißen Katze. Illustration von A. Minc, 1856.

425 Trauliche Katzenkonversation. Illustration von Pouget, 1856.

430/438 Weißes Kätzchen. Zeichnung aus Obaid-i Zakani, Katze und Maus, 1924.

441 Kurtisane tritt durch den Vorhang. Ausschnitt aus Blatt 17 der Serie »Maneemon« von Suzuki Harunobu. Um 1768.

447 »Entfernt von der Sonne leuchtet der Mond um so heller«. Holzschnitt aus den Emblemas morales de Don Sebastian de Covarrubias Orozco, Madrid 1610.

451 Der Herr hört das Böckchen am Ufer klagen. Farbillustration von Iwan J. Bilibin, 1901.

455 Das dritte kleine Schweinchen vorm Kamin. Illustration von L. Leslie Brooke. Um 1905.

457 Afrikanischer Elefant. Ausschnitt aus einer Zeichnung von Robert Kretschmer, 1865.

460 Die neunschwänzige Füchsin. Ausschnitt aus einem Holzschnitt von Katsushika Hokusai. Um 1840.

474 Nordamerikanischer Bison. Holzschnitt 1651.

476 Indianerhäuptling in vollem Schmuck. Zeichnung von George Catlin. Um 1840.

480 Fürstliche Jäger. Ausschnitt aus einem indischen Aquarell. Deccan, Bijapur. Um 1680.

485/86 »El Mundo al Revés« (Verkehrte Welt). 9 von 48 Holzschnitten eines spanischen Bilderbogens. Madrid, 19. Jh.

491 Jaguardämon und aufrecht sitzender Hirsch. Altperuanische Darstellung.

Der Märchenpalast.

Die schönsten Märchen Europas aus 52 Sprachen, erzählt für 365 Tage und eine Nacht. Herausgegegeben von Ulf Diederichs.
Mit 400 Illustrationen von Lucia Probst. Drei Leinenbände in Schuber, zusammen 1584 Seiten.

»Der Märchenkenner Ulf Diederichs hat im Verlag Droemer Knaur eine Märchensammlung vorgelegt, die wahrhaft märchenhaft ist. Nicht nur ein Märchenschloß wartet auf den Besucher, nein ein ganzer Märchenpalast. Drei Bände, Märchen aus 52 europäischen Sprachen, für alle 12 Monate und 365 Tage des Jahres, jeden Tag ein Märchen. Die Wanderung durch den Zauberpalast ist ein Gang durch die Märchenwelt der europäischen Völker – von den Skandinaviern, über die Schotten und Iren, die Franzosen, Spanier, Tschechen, Polen bis zu den Russen und Balten. Jahrzehnte hat es gedauert, alle diese Märchenschätze zu heben.«
Norddeutscher Rundfunk

»Die spannende Frage der bösen Stiefmutter: Wer ist die Schönste im Land? kann – auf Märchenausgaben bezogen – in diesem Jahr eindeutig beantwortet werden. 'Der Märchenpalast' erfüllt alle Wünsche. Gediegen in ochsenblutfarbenes Leinen gebunden, auf leichtgetöntem Papier gedruckt und reich bebildert mit rötlichen Federzeichnungen von Lucia Probst, ist diese Sammlung ein Schmuckstück, ein Hausschatz im Sinne der Brüder Grimm.«
Maria Frisé in der Frankfurter Allgemeinen Zeitung

Droemer Knaur